Rafael Ferber
Platonische Aufsätze

Beiträge zur Altertumskunde

―――

Herausgegeben von Susanne Daub, Michael Erler,
Dorothee Gall, Ludwig Koenen und Clemens Zintzen

Band 386

Rafael Ferber

Platonische Aufsätze

DE GRUYTER

ISBN 978-3-11-099168-0
e-ISBN (PDF) 978-3-11-063760-1
e-ISBN (EPUB) 978-3-11-063391-7
ISSN 1616-0452

Library of Congress Cataloging in Publication Control Number: 2019957102

Bibliografische Information der Deutschen Nationalbibliothek
Die Deutsche Nationalbibliothek verzeichnet diese Publikation in der Deutschen Nationalbibliografie; detaillierte bibliografische Daten sind im Internet über http://dnb.dnb.de abrufbar.

© 2022 Walter de Gruyter GmbH, Berlin/Boston
Dieser Band ist text- und seitenidentisch mit der 2020 erschienenen gebundenen Ausgabe.
Druck und Bindung: CPI books GmbH, Leck

www.degruyter.com

Vorwort

Die hier abgedruckten Arbeiten enthalten eine Auswahl von Aufsätzen, die der Verfasser im Verlaufe der letzten dreißig Jahre zu Platon und dessen Wirkungsgeschichte geschrieben hat. Mit der Ausnahme von „Who is the Measure of All Things in Plato?" sind sie alle bereits publiziert worden. Für diesen Sammelband wurden sie aber nochmals durchgesehen und z. T. erweitert. Die den Aufsätzen vorangestellten Abstracts geben knappe Zusammenfassungen und dienen der Übersicht. Die meisten dieser Aufsätze gehen auf Vorträge zurück, die der Verfasser an den Symposia Platonica von Perugia (1989) bis Brasilia (2016) der Internationalen Platongesellschaft und verwandten Tagungen gehalten hat. Der Verfasser dankt an dieser Stelle herzlich allen Auditorien für Zuspruch und Kritik.

Gedankt sei ebenfalls den Herausgebern der „Beiträge zur Altertumskunde", insbesondere Herrn Michael Erler, für die Aufnahme in diese Reihe, Herrn Holger Drosdek und vor allem Frau Katharina Reinecke für die Erfassung und Bearbeitung der Dateien und Frau Reinecke auch für die Erstellung der Register. Die Dr. Josef Schmid-Stiftung, Luzern, der Fonds für Altertumswissenschaften und die Privatdozenten-Stiftung der Universität Zürich haben einen Druckkostenzuschuss geleistet. Auch dafür sei hier herzlich gedankt.

Mögen diese Aufsätze dazu dienen, Platon als Philosophen weiterhin gegenwärtig zu halten.

Sachseln (Schweiz), im Herbst 2019   Rafael Ferber

Inhalt

Häufig verwendete Abkürzungen (nach Liddell/Scott/Jones) —— IX

Plato's *Apology*, Gorgias' *Defence of Palamedes* and Hippolytus' Defence in Euripides' *Hippolytus*
    An Introduction —— 1

Sokrates: Tugend ist Wissen —— 7

Was und wie hat Sokrates gewusst? —— 29

Deuteros Plous, the Immortality of the Soul and the Ontological Argument for the Existence of God —— 57

Plato as Teacher of Socrates? —— 85

„Was jede Seele sucht und worumwillen sie alles tut" —— 93

Ist die Idee des Guten nicht transzendent oder ist sie es doch?
    Nochmals Platons EPEKEINA TÊS OUSIAS —— 115

Is the Idea of the Good Beyond Being?
    Plato's *epekeina tês ousias* Revisited (*Republic* 6, 509b8–10) —— 139

Warum hat Platon die ‚Ungeschriebene Lehre' nicht geschrieben?
    Einige vorläufige Bemerkungen —— 147

Who is the Measure of All Things in Plato? —— 167

Plato's "Parhelia": Beauty, Symmetry and Truth
    Some Comments Concerning Semantic Monism and Pluralism of the "Good" in the *Philebus* (65a1–5) —— 177

Für eine propädeutische Lektüre des *Politikos* —— 197

„Auf diese Weise nun gebe ich selbst meine Stimme ab"
    Einige Bemerkungen zu Platons später Ideenlehre unter besonderer
    Berücksichtigung des *Timaios* —— **215**

Das Paradox von der Philosophenherrschaft im *Staat*, *Staatsmann* und in den *Gesetzen*
    Einige Bemerkungen zur Einheit und Variation des platonischen
    Denkens —— **239**

Hat Platon in der ‚Ungeschriebenen Lehre' eine „Dogmatische Metaphysik und Systematik" vertreten?
    Einige Bemerkungen zum Status Quaestionis —— **257**

Die „metaphysische Perle" im „Sumpf der Tropen"
    Einige Bemerkungen zur aristotelischen *Metaphysik*, Z 17,
    1041b4–9 —— **273**

Platon und Kant —— **295**

„The Origins of Objectivity in Communal Discussion"
    Einige Bemerkungen zu Gadamers und Davidsons Interpretationen des
    Philebos —— **313**

Statt eines Nachwortes —— **347**

Synopse der Erstveröffentlichungen —— **355**

Erwähnte Literatur —— **357**

Index locorum (Auswahl) —— **389**

Index rerum (Auswahl) —— **391**

Index nominum —— **395**

Häufig verwendete Abkürzungen (nach Liddell/Scott/Jones)

Platons Schriften

Ap. = Apologie des Sokrates
Chrm. = Charmides
Cra. = Kratylos
Cri. = Kriton
Criti. = Kritias
Def. = Definitiones
Ep. = Epistulae/Briefe
Euthd. = Euthydemos
Euthphr. = Euthyphron
Grg. = Gorgias
Hp.Ma., Mi. = Hippias Major, Minor
La. = Laches
Lg. = Leges/Nomoi/Gesetze
Ly. = Lysis
Men. = Menon
Phd. = Phaidon
Phdr. = Phaidros
Phlb. = Philebos
Plt. = Politikos/Staatsmann
Prm. = Parmenides
Prt. = Protagoras
R. = Respublica/Politeia/Staat
Smp. = Symposion
Sph. = Sophistes
Thg. = Theages
Tht. = Theaitetos
Ti. = Timaios

Aristoteles' Schriften

APo. = Analytica Posteriora
APr. = Analytica Priora
Cat. = Categoriae/Kategorienschrift
de An. = de Anima
EE = Ethica Eudemia/Eudemische Ethik
EN = Ethica Nicomachea/Nikomachische Ethik
GA = de Generatione Animalium

https://doi.org/10.1515/9783110637601-002

X ——— Häufig verwendete Abkürzungen (nach Liddell/Scott/Jones)

GC = de Generatione et Corruptione
Metaph. = Metaphysica
PA = de Partibus Animalium
Ph. = Physica
Pol. = Politica
Rh. = Rhetorica
SE = Sophistici Elenchi
Top. = Topica

Das ausführliche Abkürzungsverzeichnis nach LSJ ist im Internet verfügbar unter
http://stephanus.tlg.uci.edu/lsj/01-authors_and_works.html

Plato's *Apology*, Gorgias' *Defence of Palamedes* and Hippolytus' Defence in Euripides' *Hippolytus*

An Introduction

Abstract: *Plato's* Apology of Socrates *is a masterpiece of the philosophical literature. The question remains as to how much it has been influenced by earlier works, for example those of Gorgias of Leontinoi and Euripides. Nevertheless, comparative studies on Hippolytus' defence in Euripides' tragedy of the same name, on Gorgias'* Defence of Palamedes *and on Plato's* Apology *do not exist. This short paper introduces the* status quaestionis.

The contribution of Maria Cecília de Miranda Nogueira Coelho starts with the observation that comparative studies on Hippolytus' defence in Euripides' tragedy of the same name, on Gorgias' *Defence of Palamedes* and on Plato's *Defence of Socrates* (*Apology*) do not exist.[1] The best-known comparative studies on Gorgias' and Plato's texts were written by Guido Calogero (1957) and James Coulter (1964). Each arrive, however, at different conclusions: For Calogero, Gorgias is a source for the Socratic doctrine *nemo sua sponte peccat*, whereas Coulter understands Plato's *Apology* as an Anti-Palamedes. De Miranda Nogueira Coelho thinks that the prerequisites of both texts can be understood more clearly if one uses the speech for the defence of Hippolytus as a *tertium comparationis*, because the protagonist of this text is a mythical figure like Palamedes, and he is wrongly accused and punished like Socrates. The author tries to show similarities between the texts by discussing the defence of Hippolytus; this discussion rests on results of the author's doctoral thesis and some additional studies on this topic. Euripides' *Hippolytus* contains an ethical position which arises from a skeptical epistemological position regarding the possibility of recognizing reality. This position is connected with Phaedra's *akrasia* (see vv. 373–430). In verses 380/1, she says that although we know what is good, we do not do it. That is why

---

Originally published: Ferber, R., "Introduction to *Sophistae*", in: Luise, F. de / Stavru, A. (eds.), *Socratica III. Studies on Socrates, the Socratics and the Ancient Socratic Literature*, Sankt Augustin 2014, pp. 201–203 [Ferber, 2014].

[1] Miranda Nogueira Coelho, 2013.

https://doi.org/10.1515/9783110637601-003

many interpreters see an intellectual closeness between Euripides and Socrates and understand Euripides' text as a source for the Socratic doctrine that nobody errs voluntarily (*Prt.* 352d). The use of the word *glôssa* (tongue) in v. 991 reminds us of the beginning of Plato's *Apology;* the reference to Hippolytus' superiority over all other people (v. 1100), as well as the fact that he comes back to the stage – so to speak – as a dead man (v. 1365), shows strong similarities between Hippolytus, Palamedes and Socrates. Euripides seems to defend the position (cf. e. g. v. 1137) that one can rely on the *logos* even if the *logos* is unsatisfactory, as long as one remembers the limits of words and does not think that language always reveals the truth. This position is similar to one in the *Defence of Palamedes*, when Palamedes asks the jury to judge his case with more time, and to one at the end of Plato's *Apology* (38c).

Since Heinrich Gomperz (1912) pointed to the narrow textual proximity of Gorgias' *Defence of Palamedes* and Plato's *Defence of Socrates* (*Apology*), there has been a discussion about the authenticity of the *Defence of Palamedes* and the temporal priority of Gorgias' text. This discussion was continued by Guido Calogero (1957) and James Coulter (1964): While Coulter perceives Plato's *Defence of Socrates* as an Anti-Palamedes or Anti-Gorgias, Calogero understands the *Defence of Palamedes* as an early form of the Socratic principle *nemo sua sponte peccat.* Coulter puts forward the thesis that Plato's *Apology* literally reshaped the historical lawsuit and the historical Socrates for the purpose of criticizing Gorgias. This thesis has met with objections because none of the contemporary sources questions the historical basis of Plato's *Apology.* In his contribution, Alonso Tordesillas makes some remarks on the structure and the topics of the two defence speeches.[2] Palamedes' talk has a classical composition and follows the structure of contemporary defence speeches, and Socrates' defence follows the same rules: In both texts, the *diêgêsis* is missing – contrary to classical rules. The *pistis* of Plato's *Apology* has the same structure as the text of the *Palamedes.* The topic of *doxa, alêtheia* and *eikos* is used in both texts so that in *Ap.* 41b1, Socrates mentions that he meets Ajax and Palamedes in Hades, and he also wants to compare his adventures with those of Palamedes (41b2–7). Tordesillas thinks that the term *antiparaballonti* (cf. *Hp.Mi.* 369c6) points to the competition between the positions represented in the *Palamedes* and in Plato's *Apology.* However, he agrees with Coulter in saying that the general sense of this allusion is "je poserais ma vie et ma mort à celles de ces deux hommes comme une refutation et un défi quant à la valeur de ma position philosophique par rapport à celle qui fonde la *Défense de Palamède*" (p. 209, see Coulter, 1964,

---

[2] Tordesillas, 2013.

p. 297: Xenoph. *Ap.* 26 = I C 152 *Socratis Socraticorum Reliquiae*). The *erôtêsis* which is connected with this indicates an authentic core of the dialogue between Socrates and Meletos.

Discussion

Odile van der Vaeren draws attention to the following fact. We have to distinguish between two different charges, the old one (19b–c) and the new one (24b–c). The old runs as follows:

> "Socrates does wrong and is too concerned with inquiring about what's in the heavens and below the earth and to make the weaker argument appear to be the stronger and to teach these same things to others" – something like this. (Transl. Brickhouse and Smith)

The originality in replying to the old charge consists in the manner of leading the *erôtêsis*. Socrates himself gives to the public audience the initiative of asking questions:

> One of you, perhaps might respond: "So what's the matter with you, Socrates? Where did these accusations come from? For surely if you weren't engaged in something unusual but were only doing something different from most people, these rumors and talk about you wouldn't have gotten started. So tell us what it is, so that we don't reach a hasty judgment about you". (20c4–d1, Transl. Brickhouse and Smith)

In the reply, Socrates gives a new twist to the juridical process of questioning and answering because he himself replies to charges for which nobody in the public stands up. But why does Socrates not introduce witnesses against the old charge? *One* obvious answer may be that his friend from youth, Chairephon, is dead. To make good for this, he introduces "a witness" (20e7) whose authority is trustworthy for the Athenians: the oracle of Delphi. Evidently someone who acts on the authority of Apollon can do no wrong. In this way, Socrates seems to meet the objection that he does not introduce witnesses against the old charge. Unfortunately, Simon Slings' critique of Coulter is mentioned by neither Tordesillas nor Coelho:

> Most probably Plato knew Gorgias' epideictic speech, but I do not think that *any* of the similarities which Coulter (partly in the wake of others) finds between that work and the Platonic *Apology* is significant. In the sentence just quoted (*bios ou biôtos pisteôs esterômenô(i)*), Palamedes argues that if he had been a traitor to the Greeks, his life would have been ruined: he could neither take refuge among the Greeks nor among the bar-

barians for he would have been trusted nowhere "and life is intolerable (*ou biôtos*) when one is deprived of (other men's) confidence".³

This is something other than *ho de anexetastos bios ou biôtos anthrôpô(i)* (*Ap.* 38a5–6). Nevertheless, Tordesillas' interpretation of *antiparaballonti* (*Ap.* 41b3–4) repeats Coulter's interpretation: "I set my life, and my death (*pathê*), and what they both mean, as a direct challenge to (*antibaraballonti*), and refutation of, the validity of the philosophical position which is at the basis of Palamedes' defense of his life".⁴ As Richard Hunter remarks:

> In fact, however, the two texts are very different in this particular: in *Palamedes* 22–27 the hero addresses a series of questions to his accuser, but these neither expect nor receive any answer – this is simply a vivid use of second-person address, rather than the more usual third-person style in which one's opponent is treated: in the *Apology*, however, Socrates really does cross-examine Meletos *more suo* and at some length.⁵

This confirms Tordesillas' view that the dialogue between Socrates and Meletos has an authentic core.

We may then conclude: The author of the *Apology* – Plato – is a *poeta doctus* and seems to remember – maybe even by heart – Gorgias' *Apology of Palamedes* and perhaps also Euripides' *Hippolytos* (although the evidence in the latter case is rather weak).⁶ But certainly he remembers Aristophanes' *Clouds* (*Ap.* 19b3–c6). Probably he recalls also Aristophanes' *Knights* (cf. V, v. 535–536) and *Frogs*, when his Socrates proposes to be "fed in the Prytaneum" (*en prytaneiô(i) siteisthai*) (*Ap.* 36d8). Hereby Plato may allude to the following "law" in the *Frogs:*

> There is a law established here, / in all the great and noble arts / that the best man in his own field of talent / gets his meals in the Prytaneum (*sitêsis lambanein en prytaneiô(i)*), / and the seat next to Pluto. (*Ranae* V, v. 761–765, Transl. Dillon with modifications by R. F.)⁷

Nevertheless, Plato uses Gorgias' language and Aristophanes' proposal with quite another intention. This he does by transferring Aristophanes' proposal from old playwriters (cf. *Eq.* V, v. 533) to Socrates and by sharpening the meaning of expres-

---

3 Slings, 1994, p. 374.
4 Coulter, 1964, p. 279.
5 Hunter, 2011, p. 112, n. 9.
6 Calogero, 1957, p. 15: "[Socrates] must also have clearly remembered Gorgias' *Apology of Palamedes* when he pronounced before his judges his own apology".
7 This has been observed by Geiszler, 1905, esp. pp. 76–77, but ignored by Burnet, 1924, *ad. loc.*, Slings, 1994, *ad loc.* and others.

sions already used by Gorgias, such as *alêtheia* and *doxa*. This means not that the *Apology* is an Anti-Palamedes. The *Apology* is, rather, an 'Anti-Aristophanes' written *inter alia* against the *second* edition of the *Clouds*.[8] It is an example of what we may call with Auguste Diès "la transposition platoniciennce", here of the *sitêsis in the Prytaneum* from playwriters to Socrates and Gorgias-style rhetoric into a rhetoric of truthfulness: *rhêtoros de [aretê] talêthê legein* (Ap. 18a5–6).

---

8 This is the well-defended thesis of Geiszler, 1905, p. 85: "*Die Platonische Apologie des Sokrates ist eine von Plato zu Gunsten des Sokrates verfasste Verteidigungsschrift gegen die zweite Ausgabe der 'Wolken' des Aristophanes.*"

Sokrates: Tugend ist Wissen

Abstract: *The article examines the Socratic principle that (1) virtue is knowledge and its corollary that (2) nobody errs voluntarily. It tries to show (I) that both principles are* paradoxa, *that is, from a phenomenological point of view, they seem to be false; (II) that nevertheless the Platonic Socrates accepts both principles as true; and finally (III) that these principles are analytic truths a priori which enlarge our knowledge, but can only be understood if an individual finds them in him- or herself.*

Die zur Kennzeichnung der sokratischen Ethik verwendete These „Tugend ist Wissen" besagt: Tugend ist insofern Wissen, als das Wissen um die Tugend das Tun der Tugend impliziert. Durch Umkehrung ergibt sich, dass das Nichtwissen um die Tugend das Nichttun der Tugend zur Folge hat. Fehlt man nun infolge von Unwissenheit, so nicht deshalb, weil man fehlen will, sondern unfreiwillig. Daraus ergibt sich als Korollar zum Satz „Tugend ist Wissen": „Niemand fehlt freiwillig" (*nemo sua sponte peccat*). Die beiden Leitsätze der sokratisch-platonischen Ethik lauten so: Das Wissen der Tugend impliziert das Tun der Tugend, und niemand fehlt freiwillig. Die Übersetzung von *aretê* mit Tugend wirkt dabei altertümelnd. Eher würde die Übersetzung mit „Erfolg" uns heute näherbringen,[1] weshalb die sokratischen Fragen „Was ist Tugend?" und „Ist Tugend lehrbar?" für den damaligen Griechen so erheblich waren. Die sokratischen Fragen würden dann nämlich lauten: „Was ist Erfolg?" und „Ist Erfolg lehrbar?". Allerdings scheint die Übersetzung mit „Erfolg" den Sinn von *aretê* nicht adäquat wiederzugeben, insofern Erfolg zwar das Ergebnis von Arete, aber noch nicht die Haltung der Arete zu bedeuten scheint. Andere Übersetzungen jedoch wie z. B. „Tüchtigkeit", „Exzellenz", „Bestheit" oder gar „Tucht" sind ebenfalls mit irreführenden Konnotationen belastet, sodass ich die Übertragung mit „Tugend" *faute de mieux* und als *hommage* an die Sprache unserer Vorfahren beibehalte. Sosehr dabei der Gebrauch von *aretê* schon bei Platon keineswegs nur auf moralische Tugenden eingeschränkt ist – so z. B. können auch Hunde und Pferde *aretê* haben (vgl. *R.* 335b), wenn sie z. B. gut beißen oder gut rennen –, so meint dagegen in der

---

Erstveröffentlichung: Ferber, R., „Sokrates: Tugend ist Wissen", in: *Elenchos, Rivista di Studi sul Pensiero Antico* 11 (1991), S. 39–66 [Ferber, 1991a].

[1] Auf diese Übersetzung macht Seeskin, 1987, S. 118–119, aufmerksam.

sokratischen These *aretê* moralisch positives Verhalten: Nicht Rennen oder Beißen, nicht Tugend *simpliciter*, sondern moralische Tugend ist Wissen.

Im ersten Teil dieses Aufsatzes (I) möchte ich zeigen, warum beide Leitsätze der sokratisch-platonischen Ethik Paradoxien, im zweiten Teil (II), warum beide Paradoxien ungeachtet ihres falschen Anscheins für Sokrates wahr sind, und im dritten Teil (III) möchte ich sechs Thesen allgemeiner Natur zur sokratischen Verifikation der beiden Paradoxien für die frühen platonischen Dialoge zum Thema der Tugend statuieren. Wenn dabei von Sokrates gesprochen wird, so ist der platonische Sokrates des platonischen Dialogs *Protagoras* (352b–358e) gemeint. Was dagegen der historische Sokrates tatsächlich gedacht hat, scheint aus dem Grund faktisch unbeantwortbar zu sein, dass wir keinen Text von Sokrates haben, der uns dies sagt. Wie die anderen Sokratiker, so gebrauchte auch Platon den historischen Sokrates zur Demonstration seiner eigenen Zwecke, bzw. um es mit einer schönen Formulierung A. Momiglianos zu sagen: „He (*scil*. Sokrates) was not a dead man whose life could be recounted. He was the guide to territories as yet unexplored".[2] Wiewohl dabei die Pointe des platonischen Dialoges kompliziert und m. W. noch nicht erkannt ist,[3] so versuche ich doch, sie so einfach und klar herauszuarbeiten, wie ich kann. Es ist strukturell dieselbe Pointe wie die des ontologischen Gottesbeweises.

Um dabei dem Missverständnis vorzubeugen, dass ich die Ansicht des Sokrates teile, möchte ich vorausschicken, dass auch ich sie wie „die meisten Menschen" (*hoi polloi anthrôpoi*) (*Prt.* 352b2–3) für einen Irrtum halte, allerdings

---

[2] Momigliano, 1971, S. 46. Vgl. grundsätzlich Gigon, 1979, S. 7–68.
[3] So z. B. in den Standardwerken von Natorp, 1903, S. 10–18, Natorp, 1922, S. 519–526; Taylor, 1960, S. 257–261; Friedländer, 1964b, S. 26–32; Guthrie, 1975, S. 221–235; sowie den Interpretationen von Sullivan, 1961, S. 10–28; Gallop, 1964, S. 117–129; Sesonske, 1963, S. 73–79; Santas, 1966, S. 3–33; Vlastos, 1969, S. 71–88; Vlastos, 1971, S. 1–21; Taylor, 1976, S. 170–200; Gosling/Taylor, 1982, S. 47–68; Wieland, 1982, S. 263–280; Stokes, 1986, S. 349–420; Böhme, 1988, S. 79–90. Böhme schreibt zwar richtig: „Sokrates ist schon von seinen Zeitgenossen schlecht verstanden worden, und das blieb im wesentlichen auch so" (S. 88). Das bleibt aber auch bei Böhme so, wenn er die sokratische These durch folgende Phänomene zu plausibilisieren sucht: „Wenn man sich seiner Traurigkeit bewusst wird, so beginnt sie schon zu verfliegen; wenn man sich seines Zornes bewusst wird, so hält man bereits inne" (S. 90). Diese Platitüde, die im Übrigen für Sokrates falsch ist, da sie ja genau das auch von Sokrates nicht geleugnete Phänomen der *akrasia* leugnet (vgl. S. 43–44), ist mit dem Sokrates-Paradox nicht gemeint, das Gallop richtig so charakterisierte: „It is of labyrinthine complexity, densely concentrated and elliptical at crucial points, yet presented with an air of conviction that marks is as something more than a display of sophistical fireworks" (Gallop, 1964, S. 117–118). Es ist die Grundlage der platonischen Philosophie, die uns erst verstehen lässt, warum die Frage nach dem Guten so relevant wird. Irreführend ist auch Wielands Rede von einem „irrenden Willen", da für Sokrates nicht der Wille, wofür er kein Wort hat, sondern die Affekte gemessen an der Messkunst des Guten irren können.

für einen tiefen und ingeniösen Irrtum. Doch um zu zeigen, worin der Fehler liegt, müsste ich einen zweiten Aufsatz schreiben, sodass ich mich hier auf eine Exposition des sokratischen Irrtums mit einer knappen Indikation der Fehlerquelle beschränke. Es ist wohl eine der entscheidenden Fehlerquellen der platonischen Philosophie.

I

Bemerkenswert ist nun an diesen Leitsätzen zweierlei: (1) Platon hat an ihnen durch sein ganzes geschriebenes Werk hindurch von den frühen Dialogen bis zum *Timaios* und den *Gesetzen* implizit, und was den zweiten betrifft, auch explizit festgehalten (vgl. z. B. *Prt.* 345d-e; *R.* 382a, 413a, 589e; *Ti.* 86d; *Lg.* 731c, 860d). Hier scheint mir *einer* der Gründe zu liegen, weshalb es sinnvoll ist, von einer Einheit in Platons Denken zu sprechen. (2) Beide Leitsätze scheinen „phänomenal" falsch zu sein. Sie widersprechen dem „Phänomen" der Willensschwäche und laufen insofern auch unserer Meinung (*doxa*) zuwider (*para*), dass wir willensschwach werden können. Wir dürfen sie so im ursprünglichen Wortsinne als *paradoxa* bezeichnen. Wenn wir wissen, was Tugend ist, so heißt das noch nicht, dass wir sie auch in die Tat umsetzen. Im Gegensatz zum Ausspruch Erich Kästners „Es gibt nichts Gutes, außer: Man tut es!", lassen wir es gerne bei der Erkenntnis des Guten bewenden, ohne es zu tun. Ebenso: Wenn wir im moralischen Sinne fehlen, so heißt das noch nicht, dass wir nur aus Unwissenheit fehlen, sondern wir scheinen nicht nur das Gute, sondern auch das Böse wollen zu können. Das zeigt schon unsere Sprache, die nicht nur von einem „guten", sondern auch von einem „bösen" Willen spricht, nicht nur *wohl*wollende, sondern auch *übel*wollende Absichten kennt. Dieses Auseinandergehen (*amphisbêtein*) der sokratischen These mit den Phänomenen ist denn auch von Aristoteles (vgl. *EN* H 2, 1145b27–28) bis heute immer wieder beobachtet worden. Sie scheint eine Vorherbestimmtheit und Vorhersagbarkeit menschlichen Handelns nach erfolgter Erkenntnis des Guten zu involvieren, der wir nicht zustimmen würden. Eine konzise Formulierung findet sich etwa bei J. Gould:

> Socrates was wrong in supposing that if a man achieved an understanding of what justice involves, he would necessarily become just in behaviour; since the whole problem of choice intervenes between knowledge and action.[4]

---

4 Gould, 1955, S. 6, zitiert in Santas, 1979, S. 184.

Aus einer theoretischen Prämisse wie „Ich weiß, was Gerechtigkeit ist" folgt noch nicht die praktische Konklusion „Ich verhalte mich gerecht". Denn man kann die theoretische Prämisse wohl kennen und doch die praktische Konklusion nicht ziehen, da die theoretische Prämisse allenfalls ein Vernunftgrund, aber noch keine Wirkursache bzw. noch kein Motiv des Handelns ist. Doch sollte sie auch ein *notwendiges* Motiv sein, so noch kein *hinreichendes*. Das Phänomen ist uns allen vertraut und vielleicht schon von Euripides im *Hippolytos* gegen Sokrates formuliert worden:

> Das Rechte wissen und erkennen wir, führen es aber nicht aus, die einen infolge Faulheit, die anderen, weil sie eine andere Lust anstatt des Anständigen vorziehen (vv. 380–383).[5]

Beim Apostel Paulus lesen wir: „Denn das Gute, das ich will, das tue ich nicht, sondern das Böse, das ich nicht will, das tue ich" (*Röm.* 7, 19). *Video meliora, proboque, deteriora sequor* ist ein bekanntes lateinisches, *Le matin je fais des projets et le soir des sottises* ein bekanntes französisches, *knowing the better and doing the worse* ein stehendes englisches und etwas *wider besseres Wissen tun* ein stehendes deutsches Wort. Kurt Tucholsky schrieb einmal: „Der Zustand der gesamten menschlichen Moral lässt sich in zwei Sätzen zusammenfassen: *We ought to. But we don't.*" La Rochefoucauld scheint den Kern des Problems getroffen zu haben: „Nous n'avons pas assez de force de suivre toute notre raison". Der Grund also, weshalb die sokratische These nicht zutrifft, besteht in unserem Mangel an Kraft, griechisch, in unserer *akrasia*. Genau diese *akrasia* leugnet Sokrates. Heute würden wir sagen, dass er das Faktum der Willensschwäche leugnet. Zwar hat er weder einen Ausdruck für *Wille* noch für *Willens*schwäche. Gleichwohl ist Sokrates das Phänomen der Willensschwäche in Gestalt der *akrasia* wohl bekannt. Nachdem er nämlich an Protagoras die Frage nach der Erkenntnis (*epistêmê*) gestellt hat, „ob du auch hierüber so denkst wie die meisten Menschen (*hoi polloi anthropoi*) oder anders?" (352b2–3),[6] charakterisiert er deren Ansicht so:

> Die meisten nämlich denken von der Erkenntnis so ungefähr, dass sie nichts Starkes, nichts Leitendes und Beherrschendes ist; und sie achten sie auch gar nicht als ein solches, sondern meinen, dass oft, wenn auch Erkenntnis im Menschen ist, sie ihn doch nicht beherrscht, sondern irgend sonst etwas bald der Zorn, bald die Lust, bald die Unlust, manchmal die Liebe, oft auch die Furcht, so dass sie offenbar von der Erkenntnis denken wie von einem Sklaven (*andrapodou*), dass sie sich von allem anderen herumzerren lässt (*Prt.* 352b–c).

---

5 Übersetzt von R. F.
6 Die Übersetzung folgt, wo nicht anders vermerkt, derjenigen F. Schleiermachers mit kleinen Modifikationen von R. F.

Sokrates spricht hier etwas despektierlich von der Ansicht der meisten Menschen. Danach unterliegt nicht die Meinung, sondern die Erkenntnis (*epistêmê*) einer keineswegs erschöpfenden Liste von fünf Affekten: dem Zorn, der Lust, der Unlust, der Liebe und der Furcht. Wir können sie die *akrasia*-These unserer Erkenntnis nennen. Es handelt sich hier natürlich um eine spezifisch philosophische These, die D. Hume in der Neuzeit mit dem Slogan „Reason is [...] the slave of the passions"[7] zur Prominenz gebracht hat. Dabei fügt D. Hume noch in einer eigenartigen Überschreitung des Hume'schen Gesetzes von der Unableitbarkeit des Sollens aus dem Sein hinzu: „and ought only to be".[8] Demgegenüber behauptet Sokrates in Form einer rhetorischen Frage respektvoller die *kratos*-These der Erkenntnis:

> Dünkt nun auch dich so etwas von ihr, oder vielmehr, sie sei etwas Schönes, das wohl den Menschen regiere, und wenn einer Gutes und Böses erkannt habe, werde er von nichts anderem mehr gezwungen werden, irgend etwas anderes zu tun, als was seine Erkenntnis ihm befiehlt, sondern die richtige Einsicht (*phronêsis*) sei stark genug, dem Menschen durchzuhelfen? (*Prt.* 352c).

Sokrates bringt den professionellen Sophisten Protagoras leicht zu dem Zugeständnis der *kratos*-These der Erkenntnis, ohne dass dieser dabei schon die Konsequenzen seiner These – die Leugnung der *akrasia* – vorwegzunehmen vermöchte:

> So dünkt es mich, antwortete er, wie du jetzt sagst, Sokrates, und zudem wäre es, wenn für irgendeinen anderen, gewiss auch für mich unziemlich zu behaupten, dass Weisheit (*sophian*) und Erkenntnis (*epistêmên*) nicht das Mächtigste (*kratiston*) wäre unter allem Menschlichen (*Prt.* 352c–d).

Als paradigmatischen Fall für das Überwundenwerden durch die Affekte stellt Sokrates den Affekt der Lust hin. Um die *kratos*-These zu beweisen, behandelt er diesen Affekt *pars pro toto*. Protagoras als der Verächter der Menge, die er allerdings – ohne es zu merken – selber in einer *sophisticated* Version repräsentiert, möchte sich auf eine Widerlegung zuerst gar nicht einlassen: „Sagen doch wohl, sprach er, die Leute, o Sokrates, noch viel anderes Unrichtiges" (*Prt.* 352e). Auf die Aufforderung des Sokrates hin, „die Leute zu überreden und zu belehren, was für ein Zustand das ist, was sie nennen ‚von der Lust überwunden werden und um deswillen das Bessere nicht tun', denn erkannt habe man es ja" (*Prt.* 352e – 353a), meint er gar:

---

7 Hume, 1978, S. 415.
8 Hume, 1978, S. 415.

> Aber, o Sokrates, sagte Protagoras, was sollen wir denn die Meinung der Leute in Betrachtung ziehen, welche sagen, was ihnen einfällt? (*Prt.* 353a).

Das heißt: Protagoras möchte und kann nicht über seine *kratos*-These Rechenschaft ablegen, sondern ist das prototypische Beispiel für denjenigen, der sagt, was ihm einfällt, ohne Rechenschaft zu geben. Indem er die Menge kritisiert, macht er selber den Fehler, den er bei der Menge kritisiert. Im Gewande des Verächters der Menge ist Protagoras der Sprecher der Menge. So zeichnet sich schon hier die innere Verwandtschaft zwischen der Sophistik und der Meinung der Menge ab.

Wie andere Dialogpartner in anderen frühen Dialogen *will* Protagoras gar nicht wissen, was er eigentlich denkt. Um das wissen zu *wollen*, braucht es freilich Tapferkeit (vgl. *Men.* 81d). Erst die Erinnerung des Sokrates, dass Protagoras eine Erläuterung etwas helfen wird, um zu entdecken, wie sich die Tapferkeit zu den übrigen Teilen der Tugend verhalte (vgl. *Prt.* 353a–b), bringt Protagoras dazu, Sokrates weiter zu folgen (vgl. *Prt.* 353b). Denn im Unterschied zu Euthyphron, Menon, Kritias und Alkibiades, die quasi wegrennen vor der Entdeckung dessen, was sie selber denken,[9] weicht Protagoras Sokrates nicht einfach feige aus. Freilich tut er das nur in der Illusion, er sei der wissende Lehrer der Menge. Der Verlauf der Belehrung erweist Protagoras selbst als den Belehrten. Doch erst durch die scheinbare Belehrung der Menge entdeckt Protagoras, was er eigentlich mit der *kratos*-These der Erkenntnis selber denkt. Erst durch die illusionäre Belehrung der anderen vollzieht er *realiter* das Gebot des delphischen Gottes: *Gnôthi sauton*, das für Sokrates das erste Gebot der Ethik bzw. das erste Gebot von dessen „Diesseitsevangelium" (H. Maier) geworden ist.[10] Ich rekonstruiere den Gang dieser protagoreischen Selbsterkenntnis in drei Schritten. Wir dürfen annehmen, dass es Platon mit der Publikation des Dialogs auch um die Selbsterkenntnis des Hörers bzw. Lesers ging.

II

(a) Zuerst geben Protagoras und Sokrates eine Explikation des Explikandums, von der Lust überwunden zu werden. Dazu liefern sie Beispiele:

---

9 Darauf macht Seeskin, 1987, S. 6, aufmerksam.
10 Vgl. dazu Ritter, 1931, S. 57, Anm. 86, der den Ausdruck von Maier, 1913, übernimmt. Richtig schreibt Ritter: „Die Pflicht der Selbstprüfung aber lässt sich so tief und ernst fassen, dass sie wirklich die Summe aller Pflichten in sich schliesst" (S. 56).

> Noch einmal also, sprach ich, wenn sie uns fragten: Wie erklärt ihr also das, was wir nannten zu schwach sein gegen die Lust? So würde ich zu ihnen sagen: Hört denn! Protagoras und ich, wir wollen versuchen, es euch zu erklären. Ihr meint doch darunter nichts anderes, als was euch in solchen Dingen begegnet, wie dass ihr oft von Speise und Trank und Wollust als dem Angenehmen bezwungen, wiewohl ihr wisst (*gignôskontes*), dass es schlecht (*ponera*) ist, es dennoch tut? (*Prt.* 353c).

Auch die Menge weiß, dass diese Dinge manchmal schlecht sind, „weil sie diese Lust für den Augenblick gewähren, und also jedes für sich angenehm sind, [...] in der folgenden Zeit Krankheit und Mangel herbeiführen und viel anderes der Art bewirken?" (*Prt.* 353c–d). Umgekehrt sagen sie, dass manches Schmerzliche wie „die anstrengenden Leibesübungen, die Feldzüge, die Behandlungen der Ärzte mit Brennen und Schneiden, Arzneinehmen und Fasten" gut sind, „weil sie für den Augenblick die heftigsten Qualen und Schmerzen verursachen, [...] in der Folge Gesundheit daraus entsteht und Wohlbefinden des Körpers und Rettung der Staaten und sonst Herrschaft und Reichtum?" (*Prt.* 354b).

Kurz: Angenehme Dinge werden dann schlecht genannt, wenn sie langfristig Schmerz, unangenehme Dinge aber dann gut, wenn sie langfristig Lust verursachen. Die imaginierte Mehrheit der Menschen stimmt dieser Explikation ihres „linguistischen" Verhaltens zu (vgl. *Prt.* 354c1, 353c9, 353e4, 354a3–4, 354b1). So erreichen Sokrates und Protagoras von ihnen leicht das Zugeständnis des Hedonismus:

> Sind also diese Dinge aus einer anderen Ursache gut, als weil sie in Lust endigen und in der Unlust Abwendung und Vertreibung? Oder habt ihr ein anderes Ziel anzugeben, in Beziehung auf welches ihr sie gut nennt, als nur Lust oder Unlust? Ich glaube, sie werden kein anderes angeben. – Auch ich glaube es nicht, sagte Protagoras. – Also jagt ihr doch der Lust nach als dem Guten, und die Unlust flieht ihr als das Böse? Das würden sie zugeben. – So dünkte es ihn auch. – Dies also haltet ihr eigentlich für böse, die Unlust, und die Lust für gut; wenn ihr doch behauptet, das Wohlbefinden selbst sei in dem Fall böse, wenn es größere Lust raubt, als es selbst enthält, oder größere Unlust herbeiführt, als seine eigene Lust war. Denn wenn ihr in einer andern Hinsicht das Wohlbefinden für böse hieltet und in Beziehung auf ein anderes Ziel: So würdet ihr uns das auch wohl sagen können, aber ihr werdet es nicht können. – Ich glaube auch nicht, dass sie es können, sagte Protagoras (*Prt.* 354b–d).

Die These des Hedonismus wird in den Worten formuliert: „Dies also haltet ihr eigentlich für böse, die Unlust, und die Lust für gut" (*Prt.* 354c5–6). Wiewohl Sokrates die Unterscheidung zwischen einem psychologischen und einem ethischen Hedonismus noch nicht macht, so indiziert doch der vorausgehende Satz „Also jagt ihr doch der Lust nach als dem Guten, und die Unlust flieht ihr als das Böse?" (*Prt.* 354c3–5), dass Sokrates der Menge einen psychologischen Hedonismus unterstellt.[11] Sokrates sagt: „Also jagt ihr doch der Lust nach als dem Guten, und die Unlust flieht ihr als das Böse?", aber nicht: „Also *sollt* ihr doch der Lust nachjagen als dem Guten, und die Unlust fliehen als das Böse?". Dies wäre die Folgerung aus einem ethischen Hedonismus, der in der Lust das ethisch Gute, in der Unlust das ethisch Schlechte sieht.

Aus diesem psychologischen Hedonismus folgt aber weder logisch, dass wir die Lust als das Gute verfolgen und den Schmerz als das Böse meiden *sollten*, noch wird es uns von Sokrates „unterstellt". Sokrates lässt vielmehr erst im *Gorgias* Kallikles auch einen ethischen Hedonismus vertreten (vgl. *Grg.* 494c), den er aber mit zwei „kunstvoll geführten Beweisen"[12] widerlegt (vgl. 495c – 500e). Wenn wir die Lust als das Gute verfolgen und den Schmerz als das Böse vermeiden, so tun wir damit noch nicht das, was wir – im ethischen Sinne – tun sollten. Zwar involviert moralisches Verhalten Glück, unmoralisches aber Unglück (vgl. *Grg.* 470c – 479a; *R.* 612a – 621d), Glück aber Lust und Unglück Unlust. Nicht aber involviert das Verfolgen von Lust und das Vermeiden von Schmerz schon moralisches Verhalten. Insoweit stimmt Sokrates mit dem *common sense* und der überwältigenden Mehrheit aller Moralphilosophen überein. Es erscheint so unabhängig von der Datierungsfrage unplausibel, dass Platon während der Abfassungszeit des *Protagoras* eine „hedonistische Epoche" durchlebte. Sollte aber der *Gorgias* gar vor dem *Protagoras* zu datieren sein, so erscheint es erst recht ausgeschlossen. Richtig schreibt vielmehr P. Friedländer: „Sieht man den Dialog in seiner dramatischen Lebendigkeit, so kann man die Partie nur so verstehen, dass Sokrates sich *vorläufig* auf diese Diskussionsebene begibt"[13] (Hervorhebung von R. F.). Wenn Sokrates aber im *Protagoras* der Menge einen psychologischen Hedonismus unterstellt, so heißt das aber auch noch nicht, dass Platon damit die Position des historischen Sokrates markiert.[14] Diese Aussage ist unverifizierbar. Er lässt vielmehr damit seinen Sokrates im Dialogkalkül eine wohlüberlegte Stra-

---

11 Vgl. dazu Sullivan, 1961, S. 19 – 20. Es erscheint seltsam, dass Taylor, 1976, S. 182 – 186, einen ethischen Hedonismus unterstellt, wiewohl bereits Hackforth, 1928, S. 39 – 42, richtig einen psychologischen Hedonismus nachweist.
12 Friedländer, 1964b, S. 246.
13 Friedländer, 1964b, S. 282, Anm. 24; vgl. für einen Versuch, den *Gorgias* vor dem *Protagoras* zu datieren, Kahn, 1988, S. 69 – 102.
14 Diese längst widerlegte Position vertreten wieder Gosling/Taylor, 1982, S. 67. Vgl. zur Literatur und Widerlegung Friedländer, 1964b, S. 282, Anm. 24; Guthrie, 1975, S. 231– 235, präsentiert drei verschiedene Deutungsmöglichkeiten, entscheidet sich dann aber für die auch uns richtig scheinende: „Socrates *is* arguing from the Sophist's own premises, his principles of relativism, empiricism and the *ad hoc* in conduct as well as theory, illustrated in this dialogue by his little harangue on the relativity of the concept ‚good' (334 A-C)" (S. 232). Die entscheidende Prämisse ist jedoch die des psychologischen Hedonismus.

tegie verfolgen. Sie besteht darin, die *kratos*-These der Erkenntnis – Tugend ist Wissen – unter Voraussetzung der Wahrheit des psychologischen Hedonismus zu beweisen. Um das von Sokrates hier und anderswo gegenüber seinen Dialogpartnern und insbesondere den Sophisten verwendete „Strategem" auch explizit zu bezeichnen: Wenn man etwas fangen will, so muss man es zuerst loslassen.[15] „Gefangen" werden soll die Meinung der Menge und deren Sprecher Protagoras, der scheinbar wissende Lehrer der Menge. Dazu aber muss deren Meinung – der psychologische Hedonismus – voll „losgelassen", d. h. voll entfaltet werden. Dann nämlich kann Sokrates leicht die *akrasia*-These von innen her sich selber zerstören lassen, indem er sie der Lächerlichkeit preisgibt.

Das geschieht so: Offensichtlich ist dieser psychologische Hedonismus schon empirisch falsch, insofern auch die Menge weder jede Lust als gut verfolgt noch jede Unlust als schlecht vermeidet. Das wissen auch die Menge (vgl. *Prt.* 353c) und Protagoras (vgl. *Prt.* 351b–e). Deshalb versucht Sokrates die These des psychologischen Hedonismus durch eine *reductio ad absurdum* ihres Gegenteils zu beweisen. Wenn Wohlbefinden bzw. die Lust schlecht ist, so heißt das noch nicht, dass die Lust nicht mehr gut und somit der psychologische Hedonismus in seiner „positiven" Formulierung falsifiziert ist. Im Gegenteil: Lust ist dann schlecht, wenn sie größere Lust raubt, als sie selbst enthält, oder größere Unlust herbeiführt, als ihre eigene Lust ist (vgl. *Prt.* 354c). Lust ist also nur insofern schlecht, als das Gute, das wir in ihr vermissen, nicht etwas anderes als Lust, sondern Lust ist. Umgekehrt: Wenn das Übelbefinden bzw. die Unlust gut ist, so heißt das noch nicht, dass die Unlust nicht mehr schlecht und somit der psychologische Hedonismus auch in seiner „negativen" Formulierung falsifiziert ist. Im Gegenteil: Das Übelbefinden bzw. die Unlust wird dann gut genannt, wenn es bzw. sie noch größere Unlust, als die es bzw. sie in sich selbst hat, entfernt, oder größere Lust, als die Unlust war, bereitet (vgl. *Prt.* 354d). Unlust ist also nur insofern gut, als das Schlechte in ihr nicht etwas anderes als Unlust, sondern Unlust ist.

---

15 Es handelt sich um das Strategem Nr. 16 der 36 chinesischen Strategeme, herausgegeben und kommentiert von Senger, 1990, S. 293–343. Bezeichnend ist, dass diese Strategeme auch im westlichen Kulturkreis angewendet, wenn auch kaum explizit genannt werden. Dafür ist nicht nur das Neue Testament ein Beispiel, vgl. Senger, 1990, S. 366–369, 399–402, sondern auch die frühen Dialoge Platons liefern zahlreiche Beispiele für strategemisches Verhalten Sokrates' gegenüber den Sophisten. So z. B. verwendet Sokrates im *Hippias Minor* gegenüber dem Sophisten Hippias sowohl das Strategem Nr. 16 als auch das Strategem Nr. 10: „Hinter dem Lächeln den Dolch verbergen", Senger, 1990, S. 166–175, vgl. *Hippias Minor*, insb. 281a–287a. Sokrates' Vorgehen kann schwerlich anders als heimtückisch bezeichnet werden, in der Tat ein *failure of love* (G. Vlastos).

Aber dieser Beweis des psychologischen Hedonismus – der Position der Menge und ironischerweise auch des Protagoras – ist kein empirischer Beweis durch Beobachtung der menschlichen Psyche, sei es durch Introspektion oder durch Observation ihres Ausdrucks im Verhalten. Es ist ein logischer Beweis, der nicht Tatsachen psychologischer Natur aufdeckt, sondern die sprachlichen Bezeichnungsweisen von Folgen im Falle uneingeschränkter Maximierung von Lust und Minimierung von Unlust. Im Gegensatz nämlich zum sprachlichen Schein, wo die Ausdrücke „Lust" und „Gutes", „Schmerz" und „Schlechtes" logisch unverbundene Begriffe zu bezeichnen scheinen, zeigt diese *reductio*, dass die These des psychologischen Hedonismus eine analytische oder begriffliche Wahrheit ist, die notwendig wahr ist. Die Bedeutung des Ausdrucks „Lust" enthält *im sprachlichen Verhalten der Menge* die Bedeutung des Ausdrucks „gut", und die Bedeutung des Ausdrucks „Unlust" die Bedeutung des Ausdrucks „schlecht". Deshalb kann Sokrates später die entsprechenden sprachlichen Prädikate „angenehm" und „unangenehm" durch „gut" und „schlecht" ersetzen:

> Dass dies lächerlich ist, wird euch ganz klar werden, sobald wir uns nur nicht mehr der vielerlei Namen zugleich bedienen wollen, des Angenehmen und Unangenehmen und des Guten und Schlechten, sondern da sich gezeigt hat, dass dieses nur zweierlei ist, es auch nur mit zwei Worten bezeichnen wollen, zuerst überall durch gut und schlecht und dann wieder überall durch angenehm und unangenehm (*Prt.* 355b–c).[16]

Wenn wir so sagen, „Die Lust bzw. das Angenehme ist gut" und „Die Unlust bzw. das Unangenehme ist schlecht", so sagen wir nicht mehr als „Die Lust ist lustvoll bzw. das Angenehme ist angenehm" und „Die Unlust ist unlustvoll bzw. das Unangenehme ist unangenehm". Wir machen nur explizit, was in der Bedeutung der Ausdrücke „Lust" und „Unlust" bereits enthalten ist. Sokrates versucht nichts anderes, als zu wissen, was er sagt, wenn er spricht wie jedermann sonst – die Menge –, und die Menge bzw. ihren Sprecher Protagoras ihr verborgenes „Wissen" auf die maieutische Art und Weise zu lehren. Das heißt: Er versucht, aus uns herauszuziehen, was wir bereits implizit „wissen" oder „wissen, ohne es zu wissen", wenn wir unsere Wörter gebrauchen, indem er uns durch sein Fragen zwingt, es explizit zu machen: „Le plus difficile au monde est de dire en y pensant ce que tout le monde dit sans y penser" (Alain). Und Protagoras stimmt der Explikation seiner scheinbar eigenen Belehrung zu (vgl. *Prt.* 355d–e). Damit konzediert er aber auch die analytische Wahrheit des psychologischen Hedonismus.

---

[16] *Kakos* wird von Vlastos, 1956, *ad loc.*, jeweils mit „schlecht" und nicht mit „böse" übersetzt, um deutlich zu machen, dass der Ausdruck sowohl das moralisch als auch das außermoralisch Schlechte bezeichnet, wohingegen „böse" vorwiegend in moralischen Kontexten verwendet wird.

Allerdings gilt diese analytische Wahrheit keineswegs absolut, sondern nur relativ auf sein und der Menge *linguistisches* Verhalten. Dieses dialogrelative Zugeständnis aber genügt Sokrates für den Beweis der *kratos*-These der Erkenntnis: „[...] und dann beruht gerade hierauf der ganze Beweis (*pasai hai apodeixeis*)" (*Prt.* 354e6 – 7).

(b) Hat Protagoras als der Sprecher der Menge dieser Erklärung des psychologischen Hedonismus als einer analytischen Wahrheit zugestimmt – und dies ist der entscheidende Schachzug des Sokrates –, dann hat Sokrates die Menge bzw. ihren Sprecher Protagoras auch schachmatt gesetzt. Er hat nämlich aus der Mehrheit bzw. ihrem Sprecher eine Prämisse herausgezogen, die sie für wahr halten, die jedoch die Negation der ursprünglichen These der Menge – nämlich der *akrasia*-These der Erkenntnis – impliziert:

> Nämlich ich sage euch, wenn sich dies so verhält, wird das nun eine lächerliche Rede, wenn ihr sagt, dass oftmals der Mensch, obgleich das Schlechte erkennend, dass es schlecht ist, es dennoch tut, unerachtet es ihm frei stände, es nicht zu tun, weil er von der Lust getrieben wird und betäubt; und ihr dann auch wieder sagt, dass der Mensch, das Gute erkennend, es dennoch nicht zu tun pflegt, der augenblicklichen Lust wegen und von dieser überwunden (*Prt.* 355a–b).

Wenn nämlich das Angenehme und Unangenehme nur verschiedene Namen für das Gute und Schlechte sind, so heißt, durch die Lust überwältigt werden, dass wir das Gute deshalb nicht tun, weil wir durch das Gute überwältigt oder überwunden werden (vgl. *Prt.* 355c):

> Ist nun der, welcher uns fragt, ein Spötter, so wird er lachen und sagen, das ist doch wahrhaftig eine lächerliche Sache, was ihr da sagt, dass ein Mensch das Schlechte, indem er erkennt, dass es schlecht ist, und obwohl er es nicht tun muss, es dennoch tut, weil er vom Guten überwunden ist! (*Prt.* 355c–d).

Warum ist diese Erklärung der *akrasia* als Überwundenwerden durch das Gute „lächerlich"? D. Gallop z. B. meint, die Erklärung sei deshalb lächerlich, weil sie sich in einen expliziten Widerspruch umwandeln lasse:

> The explanation is absurd in that it is transformed by means of the analysis of the expression ‚being overcome by pleasure' into an explicit contradiction, viz. ‚Though people know certain things are bad they nonetheless do them through ignorance of the fact that they are bad'.[17]

---

[17] Formulierung nach Taylor, 1976, S. 182. Vgl. Gallop, 1964, S. 120 – 122.

Doch das ist eher traurig, erklärt aber noch nicht, weshalb *akrasia* absurd bzw. genauer „lächerlich" ist. Eher trifft A. Graeser den Punkt: „Jemand weiß, dass X schlechter ist als Y, aber wählt gleichwohl X, weil er meint, dass X besser sei als Y".[18] Doch warum soll das in dem von Sokrates betonten Sinne „lächerlich" sein? Das Explikandum lautet: Von der Lust überwältigt werden. Das Explikat: Vom Guten überwältigt werden. Tun wir das Gute nach erfolgter Erkenntnis des Guten dennoch nicht, weil wir vom Guten überwältigt werden, so sind diese beiden Güter – Sokrates unterscheidet nicht zwischen Gutem und Gütern –, also dasjenige, das wir nicht tun, und dasjenige, von dem wir überwältigt werden, nicht gleich gut, sondern wir werden durch ein geringeres vom Tun eines größeren Gutes (355d8–e1) abgehalten, sodass sich die Konsequenz ergibt: „Offenbar also, wird er sagen, meint ihr unter diesem Überwundenwerden, dass jemand für geringeres Gutes mehr Schlechtes erhält" (*Prt.* 355e2–3). Die Lächerlichkeit der *akrasia* nach erfolgter Substitution der Lust durch das Gute besteht so in der praktischen Dummheit oder Irrationalität, dass wir für ein geringeres Gutes ein größeres aufgeben und dadurch mehr Schlechtes erhalten, als wenn wir das größere Gute verwirklichten. Das ist in der Tat lächerlich.

Nehmen wir z. B. ganz unsokratisch an, dass möglichst viel Geld das größte Gut ist. Nehmen wir weiter an, dass wir unter den künstlichen Bedingungen einer Lotterie für denselben Einsatz entweder eine Million oder tausend Franken gewinnen könnten. Dann scheint es dumm oder irrational, nicht auf eine Million zu setzen. Wir würden nämlich im Sinne des gewöhnlichen Sprachgebrauchs dumm oder irrational handeln, wenn wir – freie Wahl garantiert – nicht das geeignete Mittel wählen, um unser Ziel zu erreichen, nämlich möglichst viel Geld. Wenn wir aber akratisch handeln, so verhalten wir uns nach Sokrates ständig so dumm bzw. unwissend. Die Unterscheidung nämlich zwischen einem geringeren und einem größeren Guten ist nicht durch bloße Meinung möglich, die uns der „Gewalt des Scheins" (*Prt.* 356d4) bzw. einer perspektivischen Verzerrung[19] ausliefern würde, die uns das „augenblicklich Angenehme" (*Prt.* 356a6) größer erscheinen ließe als das „für die künftige Zeit Angenehme" (*Prt.* 356a6). Sie ist nur durch die richtige Erkenntnis möglich, welches der beiden Güter das größere und welches das geringere ist. Für diesen Zweck konzipiert Sokrates in Analogie zur Messkunst geometrischer Größen eine Messkunst des Guten (vgl. *Prt.* 356a–357a). Nur Messung nämlich kann die notwendige Unterscheidung zwischen einem größeren und einem geringeren Guten exakt vornehmen, wozu A. E. Taylor treffend be-

---

18 Graeser, 1983, S. 103, der hier Irwin, 1977, S. 105, folgt.
19 Graeser, 1983, S. 104.

merkt: „Errors of conduct are thus on the same level as false estimates of number, size, and weight".[20] Messung ist aber auch eine Kunst und Erkenntnis:

> Gut, ihr Leute. Da sich nun aber gezeigt hat, dass die Erhaltung unseres Lebens (*sôtêria tou biou*) auf der richtigen Auswahl von Lust und Unlust beruht, der mehreren und der wenigeren, größeren und kleineren sowohl nahen als fernen: zeigt sich zuerst nicht auch diese als ein Messen, da sie Überschuss, Untermaß und Gleichheit gegenseitig zu untersuchen hat? Notwendig ja. – Und wenn sie ein Messen ist, so ist sie notwendig eine Kunst und Erkenntnis? – Dem werden sie beistimmen. – Was für eine Kunst und Erkenntnis sie nun sein wird, wollen wir hernach sehen, dass es aber eine Erkenntnis ist, so viel ist jetzt hinreichend zu dem Beweise, den ich und Protagoras zu führen haben über das, wonach ihr uns gefragt habt (*Prt*. 357a–c).

Mit „Erhaltung unseres Lebens (*sôtêria tou biou*)" meint Sokrates nicht nur die Erhaltung unseres Überlebens, sondern auch die unseres guten Lebens, unseres Wohlbefindens (*eu prattein*) (vgl. *Prt*. 356d1). Die Erhaltung unseres Wohlbefindens beruht auf der richtigen Auswahl von Lust und Unlust. Diese aber ist ein Messen. Messen ist eine Kunst und Erkenntnis. Die Art und Weise dieser Kunst und Erkenntnis wird hier in der ersten Aussparungsstelle des platonischen Werkes[21] nicht erwähnt. Es genügt das Faktum. Das Faktum aber hat eine Konsequenz. Ist nämlich die richtige Auswahl von Lust und Unlust eine (richtige) Erkenntnis, so die falsche eine falsche. Das Explikat des Explikandums „Von der Lust überwunden werden", nämlich „Vom Guten überwunden werden", unterscheidet sich so nicht nur dadurch vom Explikandum, dass es statt „Lust" „Gutes" sagt und den unbewussten Hedonismus der Menge bewusst macht. Es unterscheidet sich auch dadurch, dass es die in der Lust unbewusste *kognitive* Dimension zum Vorschein bringt. Wenn wir von der Lust überwältigt werden, so nur deshalb, weil wir sie für etwas Gutes im Sinne einer analytischen Wahrheit *halten*. Indem wir von der Lust als dem Guten überwältigt werden, so von der in der Lust *qua* Gutem enthaltenen kognitiven Dimension. Sokrates antizipiert so einen wichtigen, von den „Platonikern" der Spätantike und der Neuzeit Augustinus und Pascal vertretenen, von den „Platonikern" des 20. Jahrhunderts M. Scheler und N. Hartmann aber auch systematisch vertieften Gedanken,[22] nämlich dass die Gefühle der Lust und Unlust wie andere Affekte keineswegs „blinde" Gefühle

---

20 Taylor, 1960, S. 259.
21 Krämer, 1959, S. 490–493; Krämer, 1982, S. 358.
22 Vgl. Scheler, 1966, S. 270–275; Hartmann, 1926, S. 104–107. Diese kognitive Geladenheit der Affekte impliziert noch keinen „Emotionalen Apriorismus des Wertgefühls" (Hartmann, 1926, S. 104–106), sondern es handelt sich um ein durch Erfahrung gewonnenes emotionales Aposteriori, das auch Werttäuschungen zulässt.

ohne kognitive Dimension sind, wie das D. Hume und in seiner Nachfolge die ethischen Emotivisten behaupten.[23] Sie haben vielmehr eine kognitive Dimension bzw. sind Formen des Wert- und Unwert*sehens*. Wir *erkennen* quasi nicht nur mit dem Verstand, sondern auch mit der Lust und der Unlust, den Affekten. Wenn wir Lust auf X und Unlust vor Y haben, so deshalb, weil wir Lust auf X für gut und die Unlust vor Y für schlecht halten. Im Gegensatz also zu der von D. Hume wieder aufgenommenen These der Menge „Die Vernunft ist der Sklave der Affekte" könnte Sokrates sagen: „Die Affekte sind der Sklave der Vernunft". Dies aber nicht in dem noch unaufgeklärten, auch von Protagoras vertretenen Sinne, dass die Vernunft das „Mächtigste" ist unter allem Menschlichen (*Prt.* 352d). Sondern in dem tieferen Sinne, dass die Affekte selber schon eine kognitive Dimension haben, deshalb wahrheits- und falschheitsfähig und so „Sklaven" eines wahren oder falschen Urteils sind.

Doch ein solches Urteil der Affekte ist für Sokrates nicht unfehlbar. Im Falle der *akrasia* nämlich, wo wir von einem geringeren Guten zugunsten eines größeren überwunden werden, handelt es sich am Maßstab einer solchen projektierten Messkunst des Guten gemessen um eine falsche Erkenntnis. Die *akrasia* existiert so noch für Sokrates, aber nicht mehr als das Phänomen des *Widerstreits* zwischen Vernunft und Lust, sondern als das Phänomen des *Widerspruchs* zwischen zwei verschiedenen Kognitionen des Guten, einer richtigen und einer falschen. Da die falsche aber auf Unverstand beruht, so verwandelt sich der Widerstreit zwischen Vernunft und Lust in den Widerspruch zwischen dem Urteil von Vernunft und Unverstand. Die praktische Dummheit der *akrasia* erweist sich so als Unverstand. Damit ist die *akrasia*-These von innen her zerstört und der Lächerlichkeit preisgegeben:

---

23 Vgl. Hume, 1978, III, S. 458: „Nun sind augenscheinlich unsere Affekte, unsere Wollungen und unsere Handlungen einer solchen Übereinstimmung oder Nichtübereinstimmung nicht fähig; sie sind ursprüngliche Tatsachen und Wirklichkeiten, in sich selbst vollendet, ohne Hinweis auf andere Affekte, Wollungen und Handlungen. Man kann also unmöglich von ihnen sagen, dass sie richtig oder falsch sind, der Vernunft entsprechen oder ihr widerstreiten" (Übers. Lipps). Hume verkennt die phänomenologisch richtige Einsicht von der kognitiven Geladenheit der Affekte. Erst Analyse fördert das künstliche Phänomen eines reinen Affekts zutage. Phänomenologisch dagegen sind Affekte von Kognitionen nicht scharf zu trennen. Besonders krass wird das Phänomen der Affekte von Ayer, 1970, S. 141–151, verkannt, der dem ethischen Emotivismus wohl seine krudeste Form gegeben hat, aber andererseits dadurch auch dessen Unhaltbarkeit am deutlichsten zeigt. Dies heißt nicht, dass hier einem Kognitivismus sokratisch-platonischer Prägung schon das Wort geredet wird. Doch hat jeder Emotivismus zuerst eine adäquatere Theorie der Affekte vorzulegen, als dies Hume und etwa Ayer getan haben.

> Wenn wir euch nun damals gleich gesagt hätten, er wäre eben Unverstand, so würdet ihr uns ausgelacht haben; jetzt aber, wenn ihr uns auslachen wolltet, müsst ihr euch selbst mit auslachen denn ihr habt selbst eingestanden, wer bei der Wahl der Lust und Unlust, das heißt des Guten und Schlechten fehle, der fehle aus Mangel an Erkenntnis, und nicht nur an Erkenntnis, sondern noch weiter habt ihr zugegeben, dass es eine messende sei. Eine ohne Erkenntnis verfehlte Handlung aber, wisst ihr wohl selbst, wird aus Unverstand so verrichtet, sodass also dies das Zuschwachsein gegen die Lust ist, der größte Unverstand (*amathia hê megistê*) (*Prt.* 357d–e).

Immer noch abhängig von der hedonistischen These, dass das Gute Lust ist, scheint so die *kratos*-These der Erkenntnis bewiesen und die *akrasia*-These widerlegt (vgl. *Prt.* 357b–c). Denn wenn schon die Lust auf einer Erkenntnis des Guten beruht und wir im Falle des Überwundenwerdens von der Lust von einer Erkenntnis des Guten überwunden werden, so fällt die Gegeninstanz gegen die *kratos*-These, nämlich die *akrasia*-These, weg, wonach wir von der bloßen Lust überwältigt werden. Es gibt zwar noch immer *akrasia*. Doch hat sie sich gewandelt: *akrasia* ist *amathia*, oder die Schwäche des Willens ist Schwäche der Vernunft. Umgekehrt lässt sich folgern: Stärke des Willens ist Stärke der Vernunft, d. h. Tugend ist Wissen. Wenn die scheinbare Gegeninstanz zur *kratos*-These – die *akrasia*-These auch in ihrer stärksten Formulierung – eine Bestätigungsinstanz der *kratos*-These ist, so ist die *kratos*-These gegen die *akrasia*-These bewiesen und die *akrasia*-These widerlegt. Da wir nämlich im Falle der *akrasia* von einer *amathia* geleitet werden, so werden wir im Falle des Tuns der Tugend von einem Wissen geführt. Die scheinbar synthetische und durch Erfahrung falsifizierbare These „Tugend ist Wissen" entpuppt sich so als analytische These, die wahr ist, was auch kommen mag: Im Begriff des „Tuns der Tugend" ist der des „Wissens um die Tugend" schon enthalten und umgekehrt im Begriffe des „Wissens um die Tugend" der des „Tuns".

(c) Ist *akrasia amathia*, so lässt sich leicht das Korollar zum Paradox „Tugend ist Wissen", nämlich „Untugend ist Unwissenheit" bzw. niemand fehlt freiwillig oder geht freiwillig dem Schlechten nach, ableiten:

> Wie nun? Nennt ihr das Unverstand, falsche Meinungen zu haben und sich zu täuschen über wichtige Dinge? – Auch dem stimmten alle bei. – Ist es nicht auch so, dass niemand aus freier Wahl dem Schlechten nachgeht oder dem, was er für schlecht hält? Und dass das, wie es scheint, gar nicht in der Natur des Menschen liegt, dem nachgehen zu wollen, was er für schlecht hält, anstatt des Guten, wenn er aber gezwungen wird, von zwei Übeln eins zu wählen, niemand das größere nehmen wird, wenn er das kleinere nehmen darf? (*Prt.* 358c–d).

Niemand geht freiwillig dem Schlechten nach bzw. demjenigen, was er dafür hält, weil man aufgrund der hier stillschweigend vorausgesetzten These des nun seiner selbst bewusst gewordenen Hedonismus nur die Lust als das (erkannte) Gute wollen, die Unlust aber als das (erkannte) Böse nicht wollen kann. Will man aber scheinbar das, was man für das Böse hält, so will man gar nicht das Böse als Böses, sondern als vermeintliches Gutes, wie das dann Thomas v. Aquin besonders klar so formuliert: „Malum nunquam amatur nisi sub ratione boni, scil. in quantum est secundum quid bonum et apprehenditur ut simpliciter bonum" (*Summa Theologiae*, Ia – IIae, qu. 27, art. 1 *ad* 1). In jedem Verfolgen des Schlechten liegt so eine verborgene Erkenntnis eines scheinbaren Guten, die sich im Lichte der richtigen Erkenntnis als falsch erweisen würde. Wir wollen nicht nur, wir können aus logischen Gründen nicht gegen unser Interesse handeln, weil Handeln impliziert, dass wir in unserem Interesse oder *sub ratione boni* handeln. Denn auch dann, wenn wir in Folge von *akrasia* gegen unser Interesse zu handeln scheinen, handeln wir gleichwohl in unserem, allerdings scheinbaren Interesse oder zugunsten eines scheinbaren Gutes. Deshalb geht niemand aus freier Wahl dem Schlechten nach oder dem, was er dafür *hält*, anstatt dem Guten. Würde aber jemand umgekehrt gezwungen, von zwei Übeln eines zu wählen, so würde niemand das größere nehmen, wenn er das kleinere nehmen darf (vgl. *Prt.* 358c–d). J. Gould (vgl. S. 9) ist so nach sokratischen Voraussetzungen im Unrecht:

> Socrates was wrong in supposing that if a man achieved an understanding of what justice involves, he would necessarily become just in behaviour; since the whole problem of choice intervenes between knowledge and action.

Das Problem der Wahl kommt nicht zwischen Erkenntnis und Handlung, da man nach erreichter Erkenntnis des Guten nur das Gute wählen kann. Das Korollar „Niemand tut freiwillig Unrecht" impliziert so ein drittes Paradox, nämlich dass man nur das Gute wollen kann, das dann im *Gorgias* weiterentwickelt wird (vgl. *Grg.* 467c – 468b). Doch – aus der Retrospektive – lässt sich schon dem *Protagoras* entnehmen, dass der platonische Sokrates auf eine vollständige Koinzidenz von Moralität und Rationalität, Immoralität und Irrationalität abzielt. Moralisches Handeln ist *per definitionem* rationales, unmoralisches Handeln dagegen *per definitionem* irrationales Handeln. Das moralische Individuum handelt *per definitionem* in Übereinstimmung mit dem von ihm erkannten Guten, d. h. in Übereinstimmung mit seinem aufgeklärten Interesse. Das unmoralische Individuum dagegen kennt das Gute nicht bzw. handelt gegen sein noch nicht aufgeklärtes Interesse. Das moralische Individuum ist sozusagen eine wandelnde Identität. „Es tut, was es will", und ist im Einklang mit sich selbst. Das unmoralische Individuum dagegen ist ein wandelnder „Widerstreit". „Es tut nicht, was es will", und ist nicht im Einklang mit sich selbst. Hier liegt auch ein wohl entscheidender Grund, weshalb für Sokrates das moralische Individuum glücklich ist – sogar in den schlimmsten äußeren Umständen, das unmoralische Individuum dagegen unglücklich, sogar in den besten äußeren Umständen. Da man nur das Gute wollen kann, lautet die Grundfrage der platonischen Philosophie: Was ist das Gute, das wir eigentlich wollen? Diese Frage wird in der *Politeia* wenigstens annäherungsweise im Verlaufe des Sonnen-, Linien- und Höhlengleichnisses zu beantworten versucht.[24] Sie ist nicht zuletzt deshalb geschrieben worden, um die erwähnten Koinzidenzen gegen alle möglichen Einwände vom ersten bis zum letzten Buch zu beweisen. In der Mitte der *Politeia* (vgl. 473c–e) führt das Sokrates-Paradox zum Paradox der Philosophenherrschaft bzw. zum Paradox des Philosophierens der Herrschenden, die zuerst das letztlich Gute – die Idee des Guten – zu erkennen haben, um die Tugend der Gerechtigkeit erkennen und verwirklichen und glücklich werden zu können. Es ist hier nicht der Ort, auch dieses Paradox zu entwickeln, obwohl es eine konsequente Amplifikation des Sokrates-Paradoxes „Tugend ist Wissen" darstellt.[25]

Abschließend sei auf eine Beweisstruktur des Sokrates-Paradoxes aufmerksam gemacht. Sie lässt sich m. E. im *Prinzip* auch auf vier weitere *Paradoxien* anwenden, die der *Gorgias* entfaltet: (4) Der Tyrann tut nicht, was er will (vgl. *Grg.* 466d–469c), (5) der Gerechte ist glücklich und der Ungerechte ist unglücklich (*Grg.* 470c–471d), (6) Unrecht zu leiden, ist besser, als Unrecht zu tun (vgl. *Grg.* 473a–476a) und (7), nachdem man Unrecht getan hat, ist es besser, bestraft zu werden, als nicht bestraft zu werden (vgl. *Grg.* 477a–480a). Ich entwickle diese Beweisstruktur in sechs Schritten.

III

(1) Ein Paradox wird statuiert. Dieses Paradox widerspricht der Meinung der Menge. So widerspricht das Paradox, dass Tugend Wissen ist, der Meinung, dass wir durch die Lust überwältigt werden können, die Tugend nicht zu verwirklichen. Die Aussage scheint falsifiziert zu sein. Eine Aussage, die falsifiziert werden kann bzw. deren Gegenteil wahr zu sein scheint, aber ist eine (scheinbar) synthetische Aussage.

(2) Doch diese Falsifikationsinstanz, dass wir durch die Lust überwältigt werden, wird in eine Bestätigungsinstanz verwandelt. Wenn wir überwunden

---
24 Vgl. dazu Ferber, 1989, S. 49–166.
25 Vgl. Ferber, 1989, S. 133–134.

werden durch die Lust, so nur deshalb, weil wir durch eines scheinbares Gutes überwunden werden. Das heißt für Sokrates: Wir werden durch einen Irrtum davon abgehalten, die Tugend zu verwirklichen.

Sokrates scheint dabei anzunehmen, dass sich dasselbe *mutatis mutandis* auch vom Überwundenwerden durch die Affekte des Zorns, der Unlust, der Liebe und der Furcht sagen ließe. Auch sie spiegeln uns ein scheinbares Gutes vor, sodass wir durch einen Irrtum davon abgehalten würden, die Tugend zu verwirklichen. Da so die einzige Falsifikationsinstanz der *akrasia* „als" *akrasia* wegfällt und in eine Bestätigungsinstanz verwandelt wird, kann das Paradox „Tugend ist Wissen" als eine analytische Wahrheit behauptet werden, die durch gegenteilige Erfahrung nicht falsifiziert werden kann. Denn diese gegenteilige Erfahrung der *akrasia* „als" *akrasia* gibt es nicht. Wie im ontologischen Argument für die Existenz Gottes der bewusstgemachte Begriff des Wesens von Gott die Existenz Gottes *logisch* impliziert, so impliziert im Sokrates-Paradox das bewusstgemachte Wissen um die Tugend logisch das Tun der Tugend wie umgekehrt das Nichtwissen das Nichttun. Wie im ontologischen Argument der Satz „Gott ist" eine analytische Wahrheit bildet – das scheint die einfachste und tiefste Formulierung des ontologisches Argumentes –, so ist der Satz „Tugend ist Wissen" bzw. „Wissen um die Tugend impliziert das Tun der Tugend" oder umgekehrt „Nichtwissen um die Tugend impliziert das Nichttun" eine analytische Wahrheit. Dies scheint die einfachste und tiefste Formulierung des Sokrates-Paradoxes. G. Vlastos hat somit recht, wenn er meint, dass die sokratische Frage „Was ist X?" eine *Begriffsanalyse* erfordert.[26]

(3) Diese analytische Wahrheit „Tugend ist Wissen" ist aber nicht nur eine Erläuterung dessen, was wir schon wissen, sondern erweitert unsere Erkenntnis. Sie ist also nicht eine bloße Tautologie, sondern lehrt uns, was wir vorher noch nicht wussten. T. Penner hat so ebenfalls recht, wenn er behauptet, dass die sokratische Antwort auf die Frage „Was ist X" nicht in das Analytisch-Synthetisch-Modell gepresst werden kann.[27] Doch verkennt er den erkenntniserweiternden Charakter analytischer Sätze. Die Antwort liegt nämlich darin, dass analytische Sätze im Gegensatz zu Kants bis heute wirksam gebliebenem Irrtum nicht bloße Erläuterungssätze zu sein brauchen, sondern unsere Erkenntnis in einem genuinen Sinne erweitern können, wie das F. Brentano wiederentdeckt hat.[28] Heraklit mag eine Ahnung von dieser selbsterweiternden Analyzität gehabt haben, als er den tiefsinnigen Satz schrieb: „Der Seele ist ein *logos* eigen, der sich selbst

---

[26] Vlastos, 1981, S. 410–417, insb. 416–417.
[27] Vgl. Penner, 1973, S. 35–68, insb. 66–68.
[28] Vgl. z. B. Brentano, 1925, S. 178–179.

erweitert" (D/K 22 B 115). Doch sind diese Paradoxien analytische Sätze, so sind sie nicht *a posteriori*, sondern *a priori*, d. h. vor aller Erfahrung und durch Erfahrung nicht falsifizierbar. Indem Sokrates diese Sätze gegenüber ihren Falsifikationsinstanzen immunisiert, entdeckt er auch deren nichtempirischen Charakter. Er entdeckt den durch Erfahrung nicht falsifizierbaren Charakter ethischer Grundsätze wie „Tugend ist Wissen", „Niemand tut freiwillig unrecht". Auch wenn jedermann glaubt, das Gegenteil erfahren zu haben, so sind sie gleichwohl wahr. Deshalb konnte wohl Platon bis an sein Lebensende an ihnen festhalten.

(4) Diese Art des Lehrens, die scheinbar synthetische Sätze in analytische verwandelt, ist ein frühes Beispiel der sokratischen Art und Weise des maieutischen Lehrens, d. h. ein Beispiel des ekphorischen Lehrens, das explizit zu machen versucht, was wir vorher schon implizit wussten. Im *Menon* wird Sokrates das Lernen, das dem ekphorischen Lehren entspricht, *anamnêsis* nennen, d. h. Erinnerung an das, was wir vor der Geburt einmal gewusst haben und in der „Geometriestunde" am Beispiel des ungebildeten Sklaven vorgeführt bekommen (vgl. *Men.* 80d–85e). Es entspricht wohl Platons schriftstellerischem Ökonomieprinzip, auf die Explikation der *anamnêsis*-Lehre im *Protagoras* zu verzichten, wiewohl kaum anzunehmen ist, dass sie ihm nicht schon im *Protagoras* präsent war. Die *epistêmê*, die der Sklave durch Analyse unserer Begriffe „nur aus sich selbst hervorholt" (*Men.* 85d4), kann aber nur deshalb durch *anamnêsis* gewonnen werden, weil *anamnêsis* unsere Erkenntnis erweitert, insofern wir nachher wissen, was wir vorher noch nicht wussten. In diesem Sinne kann der analytische Erkenntnisvorgang, wo er entdeckt wird, *anamnêsis* genannt werden. Wie nun *anamnêsis* impliziert, dass wir bereits mit der Geburt eine gewisse „embryonale" Erkenntnis mitbekommen haben, so bedingt auch die Erkenntnis der Tugend, dass wir mit der Geburt schon eine „embryonale" Erkenntnis der Tugend besitzen. Man kann die Erkenntnis der Tugend gar nicht suchen, ohne sie schon in gewissem Sinne zu besitzen, und d. h. nach dem Sokrates-Paradox: Man muss schon tugendhaft *sein*, um überhaupt die „Erkenntnis" der Tugend suchen zu können. Man muss z. B. die Tapferkeit haben, um die Untersuchung weiterzuführen und nicht vor der Entdeckung dessen wegzulaufen, was man eigentlich denkt.[29] Da

---

[29] Vgl. Seeskin, 1987, S. 17, 103–107. Vgl. auch die Bemerkung von Pétrement, 1947: „On croit souvent que la formule: ‚vertu est science' conduit à une sorte d'intellectualisme, qu'elle met le salut de l'homme à la portée de son intelligence: il suffit d'aquérir la science et l'on parviendra surement à la vertu. Mais si l'on cherche sur quoi repose cette formule, on voit qu'elle repose sur cette idée que celui qui fait le mal l'ignore, qu'il croit faire le bien. Or comment s'appliquerait-il à connaître le vrai quand il ne sait pas qu'il est dans l'erreur? La conséquence de cette idée n'est pas qu'il suffit de chercher la vérité, comme si c'était une chose facile, mais plutôt qu'on ne peut la chercher qu'à la condition de l'avoir. La vérité de Platon sera comme la Dieu de Pascal: ‚tu ne me

Protagoras diese gewisse Tapferkeit hat, kann Sokrates die Untersuchung über das Tugend-Paradox mit ihm durchführen. An dieser charakterlichen Voraussetzung der Philosophie hält Platon noch bis zum *Siebten Brief* (vgl. *Ep.* VII, 344a–b) fest.

(5) Dieses sokratische Lehren im maieutisch-anamnestischen Sinne betrifft aber nicht irgendeine Spezialität, für die es Lehrer genug gibt, sondern die Frage, wie wir unser Leben führen sollen (vgl. *Grg.* 500c; *R.* 352d). Dafür gibt es erstaunlicherweise keinen richtigen Lehrer, wiewohl es doch wichtiger als alle Spezialkenntnisse ist. Zwar bildet es auch das Ziel der Sophisten wie z. B. des Protagoras, die Jünglinge besser zu machen (vgl. *Prt.* 318a). Doch sind es für Sokrates falsche Lehrer, weil sie zu wissen glauben, was Tugend ist, und vorgeben, es lehren zu können, es *de facto* aber weder wissen noch lehren. Das sophistische Scheinwissen und Scheinlehren aber erscheint Sokrates wohl deshalb so bekämpfenswert, weil es im Sinne seines Paradoxes nicht auf den intellektuellen Bereich beschränkt ist, sondern notwendig ein moralisch falsches Handeln bei Lehrern und Schülern zur Folge hat, wie dann Platon an der Hinrichtung des Sokrates zeigt.[30] Das intellektuelle Unbehagen, das im Dialogpartner des Sokrates durch dessen Fragen hervorgebracht wird, ist so nur ein Symptom von etwas Tieferem, nämlich ein Symptom der praktischen moralischen Falschheit seines Lebens. Deshalb kann das intellektuelle Unbehagen wie z. B. bei Alkibiades auch von Scham über sein Leben begleitet sein (vgl. *Smp.* 216b). Entsprechend ist es ein schwerwiegendes Missverständnis, im sokratischen *Elenchos* ein bloß „logisches" Verfahren *ad rem* zu sehen. Es handelt sich vielmehr um ein „psychologisches" oder besser „psychagogisches" *ad hominem*. Umgekehrt können wir folgern, dass ein vollkommen moralisches Individuum eine vollkommene Erkenntnis der Tugend hätte. Deshalb – so können wir folgern – gibt es kein vollkommen moralisches Individuum, nicht einmal Sokrates, der nie zu wissen beanspruchte, was Tugend ist, sondern nur sein Nichtwissen reklamierte. Ebensowenig – so können wir außerdem folgern – kann es auch ein vollkommen glückliches Individuum geben, das nur tut, was es will, wohl aber viele unglückliche, die nicht tun, was sie wollen. Wie unsere Erkenntnis des Guten selbst in der *Politeia* ironisch relativierte Annäherung an das Gute bleibt und selbst der beste *philosophos* – sogar Sokrates – noch kein *sophos* ist, so kann auch das beste moralische Individuum nur moralisch und glücklich in einem approximativen, nie aber in einem vollkommenen

---

chercherais pas si tu ne m'avais trouvé'" (S. 85), zitiert in Kelsen, 1985, S. 423, Anm. 114. Doch muss man nicht schon die ganze Wahrheit haben, um sie suchen zu können, sondern man muss sie im embryonalem Sinne *haben*, um sich an sie erinnern zu können, d. h. man muss schon in gewissem Sinne tugendhaft *sein*, um die Tugend suchen zu können.

30 Vgl. das Höhlengleichnis, 517a, dazu Ferber, 1989, S. 128–129.

Sinne sein. Der theoretische „Approximativismus" der platonischen Philosophie, wonach die Idee des Guten nur in der Annäherung durch drei Gleichnisse, aber nicht vollständig erreicht wird, wird so notwendig ergänzt durch einen praktischen, wonach das Gute nur approximativ zu verwirklichen ist. Wie das Schicksal des Sokrates zeigt, genügt allerdings auch dieses approximative Wissen, aber definitive Nichtwissen, um moralisch korrekt handeln zu können.

(6) Diese Lehre des Sokrates hat aber im Gegensatz zu derjenigen des Protagoras nicht in einer langen Prunkrede (vgl. *Prt.* 320c – 328e), sondern in einem Dialog zu erfolgen. Denn um ein moralisches Leben zu führen, muss ich im Sinne des Sokrates-Paradoxes selber die Erkenntnis der Tugend hervorbringen, die ich dann verwirkliche. Sowenig ich mein Leben durch andere leben lassen kann, so wenig kann ich andere die Erkenntnis der Tugend für mich lernen lassen. Platon schreibt so nicht nur deshalb Dialoge statt Traktate, um Sokrates' Gespräche nachzuahmen oder wegen seiner Kritik des geschriebenen Wortes im *Phaidros* (vgl. *Phdr.* 274d – 279c), woraufhin der „geschriebene Dialog" die angemessene Antwort zu sein scheint, oder weil der Dialog der ideale „Anfang" der Philosophie ist, wie Ch. Griswold herausstellt.[31] Alle diese Gründe – insbesondere der letzte – sind tief und wahr. Aber der entscheidende Grund scheint mir zu sein: Um moralisch zu leben, muss ich wissen, was Tugend ist. Dieses Wissen aber wird mein Tun nie bewirken, wenn ich es nicht selbst aus mir gebäre oder die „Umwandlung der Seele" (vgl. *R.* 518b–d) nicht selbst vollziehe. Das erste Gebot der sokratischen Ethik, nämlich „Erkenne dich selbst!", verlangt so nicht nur Erkenntnis meiner selbst, sondern auch *durch* mich selbst. Weder ist die Seele ein Gefäß, wohinein Wissen einfach abgelegt werden kann (vgl. *Prt.* 314b), noch fließt Wissen bei bloßer äußerer Berührung von Lehrer und Schüler wie Wasser von einem vollen in ein leeres Gefäß über (vgl. *Smp.* 175d). Das Wissen muss vielmehr vom Schüler selber geboren werden. Um dieses Wissen zu gebären, braucht er eine Hebamme. Diese ist der erbarmungslose Frager Sokrates. Fragen und Antworten aber werden besser in einem Dialog als in einem Traktat dargestellt. Das moralische Ziel der frühen Dialoge verlangt so deren dialogische und d. h. die Mündlichkeit nachbildende Form. Entsprechend kann auch der Kontext der Rechtfertigung, das *logon didonai*, in den frühen Dialogen nicht vom Kontext der Entdeckung getrennt werden, weil die Rechtfertigung des *logos* nicht wirkt, wenn ich ihn nicht selbst aus mir gebäre. Das heißt: Die Einheit von Erkenntnis und Tat im Paradox „Tugend ist Wissen" spiegelt sich in der wohlbekannten Einheit von *logos* und *ergon* der frühen platonischen Dialoge. Deshalb sind sie nicht dramatisierte Traktate, sondern Dramen, Dramen der Seele. Es muss deshalb grund-

---

[31] Vgl. dazu den tiefschürfenden Aufsatz von Griswold, 1988, S. 143–167.

sätzlich fraglich bleiben, ob der von der Tübinger Schule gern zitierte Ausspruch G. W. Leibniz': „Si quelcun reduisoit Platon en système, il rendroit un grand service au genre humain",[32] tatsächlich die Intention Platons wiedergibt. Um nämlich ihr moralisches Ziel zu erreichen, brauchen sie wesentlich ihre dialogische Form.

Dass die sokratischen Dialoge dieses moralische Ziel aber *nicht* erreicht haben, zeigt die spätere Karriere von Menon, Alkibiades und anderen; von den Anklägern des Sokrates ganz zu schweigen.[33] Die sokratischen Dialoge scheinen so nicht nur ihr theoretisches Ziel, nämlich die Definition der Tugend, sondern auch ihr praktisches zu verfehlen. Gerne wird deshalb Sokrates heute als tragischer Held bezeichnet. Er durfte wohl auch schon von Platon so empfunden worden sein, der einen Teil seines Lebens damit verbracht hat, darüber nachzudenken, warum Sokrates zum Tode verurteilt worden ist. Instinktiv dürfte es wohl auch dem modernen Leser wie Kallikles im *Gorgias* gehen: „Ich weiß nicht, wie mir gewissermaßen gut vorkommt, was du sagst, Sokrates; es geht mir aber doch wie den meisten; ich glaube dir nicht sonderlich" (*Grg.* 513c). Ohne dass wir bereits G. Ch. Lichtenberg zustimmen müssten: „Ich kann nur die Oberfläche der Leute auf meine Seite bringen, ihr Herz erhält man nur mit ihren sinnlichen Vergnügungen, des bin ich überzeugt, als ich lebe", so zeigt dieses instinktive Nichtüberzeugtwerden des Dialogpartners doch an, dass mit dem Sokrates-Paradox auch logisch etwas nicht in Ordnung sein könnte. Der entscheidende Fehler scheint mir dabei weniger auf der Linie des Aristoteles zu liegen, wiewohl Aristoteles mit seiner Sokrates-Kritik ein Meisterstück seiner Analysetechnik vorführt (vgl. *EN* H 3, 1145b21– H 5, 1147b19). Der entscheidende Fehler scheint mir strukturell, aber auch nur strukturell, derselbe wie derjenige des ontologischen Gottesbeweises: Wie aus der Definition des Wesens von Gott als demjenigen, *quo maius nihil cogitari potest* (Anselm v. Canterbury), wohl folgt, dass Gott *in apprehensione intellectus* (Thomas v. Aquin, *Summa Theologiae* I, qu. II, art. 1), aber noch nicht *realiter* existiert, so folgt aus dem Wissen um das Wesen der Tugend höchstens, dass die Tugend *in apprehensione intellectus*, aber noch nicht *realiter* verwirklicht wird. Der Graben zwischen Erkenntnis und Wirklichkeit ist durch keine logische Brücke zu überschreiten, ohne in ihn zu fallen. Wurzelt in diesem philosophischen Fehler eines rein logischen Brückenschlages zwischen Denken und Wirklichkeit auch der ausschlaggebende philosophische Grund für die persönliche Tragik des Sokrates?

---

32 Leibniz, 1887, S. 637. Zitiert findet sich der Ausspruch z. B. bei Krämer, 1982, S. 136, Anm. 1. Reale, 1984, verwendet ihn als Motto zu seiner Schrift, vgl. Reale, 1984, S. 5.
33 Vgl. Seeskin, 1987, S. 13–14.

Was und wie hat Sokrates gewusst?

In memoriam Gabriele Giannantoni

Abstract: *The first part of the paper tries to answer the first question of the title and describes a set of seven „knowledge-claims" made by Socrates: 1. There is a distinction between right opinion and knowledge. 2. Virtue is knowledge. 3. Nobody willingly does wrong. 4. To do injustice is the greatest evil for the wrongdoer himself. 5. An even greater evil is if the wrongdoer is not punished. 6. The just person is happy; the unjust person is unhappy. 7. The pleasant is not the good. These claims seem to be the „few" (oliga) (Men. 98b3) but „very important" (kallista) (Grg. 472c8) things that Socrates claims to know. The second part tries to answer the second question and defends the thesis that the supposed „knowledge" of Socrates is dianoetic, but not noetic. The main new idea of this paper is the comparison of the Socratic knowledge-claims with the upper states of the mind symbolized in the Divided Line, noesis and dianoia (cf. R. 511d7 – e1).*

Bekanntlich wird dem historischen Sokrates das Wort zugeschrieben: „Ich weiß, dass ich nichts weiß". Damit findet die erste Titelfrage bereits eine Antwort: Sokrates hat gewusst, dass er nichts weiß. Offensichtlich ist diese Antwort aber widersprüchlich; denn wenn Sokrates gewusst hat, dass er nichts weiß, so auch, *dass* er nichts weiß.[1] Die Aussage „Ich weiß, dass ich nichts weiß" kann also nicht wahr sein. Doch ist sie nicht nur falsch, weil sie einen Widerspruch impliziert. Sie ist auch historisch nicht verifizierbar. Niemand kann wissen, was der historische Sokrates gewusst hat; denn um das zu wissen, müssten wir wohl Sokrates selber sein, wie das *cum grano salis* G. Ryle von Platon gesagt hat: „[O]nly by really being Plato could I really understand him".[2]

Nun findet sich der Ausspruch „Ich weiß, dass ich nichts weiß" nicht im *Corpus Platonicum*. Platon aber stellt unsere Primärquelle dar – wenn nicht für die Person, so doch für die Philosophie des historischen Sokrates.[3] Die erwähnte

---

Erstveröffentlichung: Ferber, R., „Was und wie hat Sokrates gewusst?", in: *Elenchos, Rivista di Studi sul Pensiero Antico* 28 (2007), S. 5 – 39 [Ferber, 2007c].

1 Vgl. Cic., *Academicorum posteriorum*, I 45.
2 Ryle, 1949, S. 57.
3 Ich schließe mich hier der Ansicht (Kahn, 1996, S. 87) an: „I conclude that neither Aristotle nor Xenophon is in a position to tell us anything about the philosophy of Socrates that he has not learned from Plato's dialogues. Aristotle is unable to do so because he arrived on the scene too

Sentenz findet sich meines Wissens erst bei Diogenes Laertios (wahrscheinlich 3. Jh. n. Chr.): „[A]uch wisse er nichts außer diesem, dass er nichts wisse" (II 32). Dagegen lässt Platon Sokrates in der *Apologie* sagen: „Denn ich selber war mir bewusst, sozusagen (*hôs epos eipein*) nichts zu wissen, von diesen aber [den Handwerkern] wusste ich doch, dass ich bei ihnen viel schönes Wissen finden würde" (*Ap.* 22c9 – d1).[4]

Gleichwohl entspricht seit der *Apologie* dem Ausspruch eine Reihe von Behauptungen der eigenen Unwissenheit hinsichtlich von: (1) Naturwissenschaften (*Ap.* 19c4 – 8), (2) Kunst der Rhetorik (19d8 – 20c3), (3) Politik (21c3 – d6), (4) Dichtung (22a8 – c3), (5) Handwerkskunst (22d3 – e1) und (6) Tod (29a6 – 29b7).[5] Insbesondere bezieht Sokrates das Orakel von Delphi, wonach er der weiseste aller Menschen sei, nicht nur auf die *tatsächlichen* Grenzen, sondern auch auf den *Wert* menschlicher Weisheit. Das Orakel will damit sagen: „Derjenige von euch Menschen ist der weiseste, der wie Sokrates erkannt hat, dass er hinsichtlich seiner Weisheit in Wahrheit nichts wert ist (*oudenos axios*)" (23b3 – 4). Um dieses negative Werturteil fällen zu können, muss Sokrates seine Weisheit an einem Maßstab messen. Dieser Maßstab ist „der Gott, der in der Tat weise ist" (23a5 – 6) und mit diesem Orakel sagen will, „dass die menschliche Weisheit wenig oder nichts wert ist" (23a6 – 7).

Nun ist die *Apologie* zwar schwerlich authentisch, auch wenn sie noch am ehesten ein Spiegelbild des historischen Sokrates sein *könnte*.[6] Verwandte Äußerungen des Sokrates über die eigene Unwissenheit finden wir aber auch innerhalb der Freiheiten, welche die neue literarische Gattung des sokratischen Dialogs für Platon schuf, etwa im *Menon* und im *Gorgias*:

> Denn nicht als ein selbst Wohlberatener mache ich die anderen ratlos; vielmehr, da ich selbst ratlos bin, mache ich so [d. h. aufgrund meiner eigenen Ratlosigkeit] die anderen ratlos. So weiß ich auch jetzt hinsichtlich der Tugend nicht, was sie eigentlich ist (*Men.* 80c8 – d1).

---

late; he was separated from Socrates by the dazzling screen of Plato's portrayal. Xenophon is unable because he has no personal understanding of philosophy at all." Kahns Ansicht findet sich antizipiert bei Maier, 1913, S. 77–102; Taylor, 1911, S. 40; vgl. Jaeger, 1973, S. 587, Anm. 24, wiewohl Maier und Taylor die platonische Quelle unterschiedlich ausgewertet und deshalb zu unterschiedlichen Ansichten hinsichtlich des historischen Sokrates gelangt sind; für eine überzeugende Widerlegung Taylors vgl. Ross, 1933, S. 7–24; zu Maier: Jaeger, 1915, S. 333–340, S. 381–389.
4 Die Übersetzungen stammen jeweils von mir, wenn nichts anderes vermerkt ist.
5 Ich folge hier Gómez-Lobo, 1996, S. 35–44.
6 Eine ausgewogene Übersicht über die dornige Frage der Authentizität bietet Strycker/Slings, 1994, S. 1–7, S. 6: „The most conclusive proof that Plato, when writing his *Apology*, did not feel bound to stick as closely as possible to the main lines of what Socrates had actually said is, in my eyes, its exceptional literary quality."

Ein analoges Bekenntnis zur Unwissenheit findet sich auch im *Gorgias:* „Denn was ich sage, sage ich nicht als ein Wissender, vielmehr suche ich mit euch gemeinsam" (*Grg.* 506a3–4, vgl. 509a4–5; *Euthphr.* 16a2; *Hp.Ma.* 304b7–c4).

Gleichwohl hat Sokrates nicht nur in der *Apologie*, sondern auch im *Menon* und im *Gorgias* explizite „Wissensansprüche" (*knowledge claims*) erhoben. So lesen wir in der *Apologie* die kategorisch formulierte Proposition:

> Unrecht handeln aber und dem Besseren [d. h. dem besseren Vorgesetzten], sei es einem Gott oder Menschen, ungehorsam sein, davon weiß ich (*oida*), dass es übel und verwerflich ist (*Ap.* 29b7–9).

Nicht kategorisch, sondern hypothetisch behauptet Sokrates im *Menon:*

> Dass aber eine richtige Meinung und Wissen zwei verschiedene Dinge sind, das glaube ich (*moi dokô*) durchaus nicht nur zu vermuten (*eikazein*), sondern, falls ich überhaupt etwas zu wissen behaupten würde (*all' eiper ti allo phaiên an eidenai*), und von wenigem (*oliga*) möchte ich dies tun, so würde ich auch dieses eine zu jenem (*hen d' oun kai touto ekeinôn*) zählen, was ich weiß (*Men.* 98b2–5).

Sokrates bekennt sich also nicht nur zur Unwissenheit, sondern behauptet auch, etwas – nach dem *Euthydemos* sogar „vieles" (*polla*) – zu wissen, auch wenn er es als „geringfügig" (*smikra*) bezeichnet (*Euthd.* 293b8). Die Gegensätzlichkeit des sokratischen Bekenntnisses sowohl zur Unwissenheit als auch zum Wissen ist schon Marsilius Ficinus (1433–1499) aufgefallen. Er schreibt in seiner Einführung in die *Apologie:*

> Zuerst finden wir diesen sowohl hier als auch anderswo oft wiederholten sokratischen Ausspruch „Ich weiß nur dieses Einzige, dass ich nichts weiß"; und gleichwohl behauptet Sokrates hier und anderswo Vieles (*multa*), wie wenn er darum wüsste.[7]

Im Folgenden sollen (I) die entscheidenden Wissensansprüche aus dem *Menon* und dem *Gorgias* zusammengestellt werden, um einen Überblick über das Corpus des sokratischen Wissens in *diesen beiden* Dialogen zu gewinnen. Damit wird versucht, die erste Frage des Titels, „Was hat Sokrates gewusst?", zu beantworten. Dann soll (II) die gegenläufige Behauptung der sokratischen Unwissenheit in diesen Dialogen interpretiert und mit der Behauptung des sokratischen Wissens vermittelt werden. Damit findet auch die zweite Frage des Titels, „Wie hat So-

---

7 „Primum socraticum illum et hic et saepe repetitum ‚hoc quidem unum scio quod nihil scio'; multa tamen et hic et alibi affirmat quasi sciens" (*Argumentum Marsili in „Apologiam"*, Allen, 1998, S. 200).

krates gewusst?", eine bestimmte Antwort. Der Systematik halber gehe ich dabei vom *Menon* aus, um dann zum *Gorgias* überzuleiten. Dazwischen setze ich den *Protagoras* an.

Ob wir tatsächlich die relative Chronologie *Menon–Protagoras–Gorgias* anzunehmen haben, möchte ich jedoch offenlassen: Denn weder über die absolute noch über die relative Chronologie der drei Dialoge lässt sich etwas Sicheres aussagen.[8] Wir dürfen allerdings vermuten, dass der von Ulrich von Wilamowitz-Moellendorff als das „Programm der Akademie"[9] bezeichnete Dialog *Menon* kurz nach der Gründung der Akademie um 386/85 v. Chr. verfasst wurde.[10]

Ebenso wenig gehe ich auf das Problem des *historischen* Sokrates ein, sondern ich beschränke mich auf den *platonischen*. Hinsichtlich des *historischen* Sokrates scheint mir das Wort des platonischen Alkibiades zuzutreffen, „dass niemand von euch diesen kennt" (*Smp.* 216c7). Hat der platonische Alkibiades – vielleicht ein autobiographisch gefärbtes Bild des homoerotischen Jünglings Platon – Sokrates nicht gekannt, so lässt sich vermuten, dass – nach mehr als einem Dezennium nach dessen Verurteilung zum Tode – auch der reife Schriftsteller Platon ihn literarisch rekonstruiert hat, wie das etwa H. Patzer treffend formuliert:

> Sokrates ist also, wie wir abschließend sagen können, nicht so sehr die Maske, hinter der sich Plato verbirgt, als vielmehr die rätselhafte Vorbildgestalt, deren Geheimnis Plato zu immer neuen sachlichen und dichterischen Deutungen antreibt und die sein Philosophieren eingebettet in immer neue Versuche einer dichterischen Gestaltung des Meisters vorwärtsbringt. Das obligate Mitwirken des Sokrates in allen platonischen Dialogen (außer den *Nomoi*) soll also sichtbar bekunden, dass Platon zeit seines Lebens Sokratiker blieb, der das unvollendete Werk des Meisters zu erfüllen bestrebt war.[11]

Sage ich nichts zur Philosophie des *historischen* Sokrates,[12] so doch *en passant* etwas zu der meines Erachtens irreführenden Trennung G. Vlastos', Ch. Rowes, M. Burnyeats und anderer zwischen dem frühen und mittleren *platonischen* So-

---

[8] Vgl. zur Chronologie die Übersicht bei Thesleff, 1982, S. 8–17; die Diskussion bei Kahn, 1996, S. 42–48; sowie Scott, 2006, S. 200–208, der aus (interessanten) inhaltlichen Gründen für eine Datierung des *Gorgias* nach dem *Menon* plädiert. So scheint die Anamnesis-Lehre auch in *Grg.* 474b2–4 vorausgesetzt zu sein.
[9] Wilamowitz-Moellendorff, 1919, S. 272.
[10] Bluck, 1961, S. 108–109.
[11] Patzer, 1965, S. 43, zit. in Kahn, 1996, S. 71.
[12] Vgl. zur Frage nach dem historischen Sokrates den Sammelband von Patzer, 1987, S. 391–446, sowie Rossetti, 2004, S. 81–94. Ich selber neige hinsichtlich der Philosophie des historischen Sokrates der These Kahns zu, zit. Kahn, 1992a, S. 240: „The philosophy of Socrates himself, as distinct from his impact on his followers, does not fall within the reach of historical scholarship."

krates, die D. Davidson so auf den Punkt gebracht hat: „In particular, the Socratic denial of the possibility of *akrasia* is explicitly dropped".[13] Meine Thesen sind folgende: (I) Sokrates hat um *mindestens* sieben Propositionen gewusst. Ich würde sie als das „Herzstück" (*central core*) seiner philosophischen „Wissensansprüche" bezeichnen. Verschiedene Interpreten würden sie verschieden formulieren.[14] Wenn ich mich auf sieben Propositionen beschränke, so deshalb, weil sie mir auch philosophisch interessant erscheinen. (II) Gemessen an den „Widerfahrnissen in der Seele" (*pathêmata en tê(i) psychê(i)*) des platonischen Liniengleichnisses (*R.* 511d7) hat Sokrates um diese Propositionen allerdings nicht im Sinne der Noesis, sondern allenfalls im Sinne der Dianoia gewusst. Neu ist meines Wissens,[15] dass ich den Status des sokratischen Wissens an den „Widerfahrnissen in der Seele" – Noesis, Dianoia, Pistis und Eikasia (vgl. *R.* 511d8 – e4) – der „Linie" zu messen suche. Damit versuche ich, die Titelfrage – zumindest aus der Sicht des mittleren oder reifen Platon – einer Antwort näher zu führen.

---

13 Davidson, 2005d, S. 227. Vgl. Vlastos, 1991, S. 45–80; bedeutend schwächer formulieren Penner/Rowe, 2005, S. 195, die Trennlinie so: „Socrates – the historical Socrates as Penner thinks, the Socrates of a certain fairly well-marked part of Plato's stylometrically early dialogues as Rowe is inclined to think [...] – is fundamentally at odds with Plato on the implications of only one question: a question about psychology of action. This is the question whether it is possible for any actions in that standard group of actions which Aristotle would later call ‚voluntary actions' to be the direct result merely of irrational desires taken together with certain beliefs." Ähnlich Burnyeat, 2006, S. 1–23: S. 19–21.
14 Vgl. Wolfsdorf, 2004, S. 75–142: S. 102: „In sum, Socrates claims or presumes to know or implies knowing the following propositions: Good men are just. Socrates has done no wrong. Hippocrates has courage. It is wrong to commit injustice by disobeying a superior, whether god or man. The craftsmen know many fine things. What excellence is." Ich bin nicht in der Lage, in allen „Wissensansprüchen" von Wolfsdorfs Sokrates ein bedeutsames philosophisches Interesse zu sehen. Ich setze „Wissensansprüche" in Anführungszeichen, da, wie T. Penner mich erinnert hat, Sokrates nicht explizit sagt, dass er um die Propositionen (1) bis (7) [siehe S. 35–39] weiß, wiewohl er explizit behauptet, um (1) – wenn auch konditioniert – zu wissen. Um einen wohl eher verbalen Disput zu vermeiden, können wir jedoch annehmen, dass er an die Wahrheit der Propositionen (2) bis (7) aufgrund eines *aitias logismos* (*Men.* 98a3) glaubt und insofern nach seinen eigenen vorläufigen Ansprüchen an den Begriff des Wissens eine Art von Wissen um diese Propositionen behaupten kann. Welche Art von „Wissen" dies ist, versuche ich im Folgenden zu klären.
15 Vgl. zur Literatur Patzer, 1985; sowie Döring, 1998, S. 140–178, S. 324–341. Die neueren deutschen Monographien etwa von Wieland, 1999, S. 252–263; Böhme, 1988, S. 117–129; Wolf, 1996, S. 120–123; Martens, 2004, S. 103–137, und anderer bleiben bedauerlicherweise hinsichtlich der Frage des sokratischen Wissens bzw. der sokratischen Unwissenheit z. T. hinter dem von Vlastos, 1985, S. 1–31, Vlastos, 1991, S. 45–80, und der von ihm ausgelösten Diskussion, z. T. auch hinter dem von Hiestand, 1923, erreichten Forschungsstand zurück.

I

Als ersten Wissensanspruch des platonischen Sokrates wähle ich die berühmten Worte aus dem *Menon:*

> [S_1] Dass aber eine richtige Meinung und Wissen zwei verschiedene Dinge sind,
> [S_2] das glaube ich (*moi dokô*) durchaus nicht nur zu vermuten (*eikazein*),
> [S_3] sondern, wenn ich überhaupt etwas zu wissen behaupten würde (*all' eiper ti allo phaiên an eidenai*),
> [S_4] und von Wenigem (*oliga*) möchte ich dies tun,
> [S_5] so würde ich auch dieses eine zu jenem (*hen d' oun kai touto ekeinôn*) zählen, was ich weiß (*Men.* 98b2–5).[16]

[S_1] sagt, dass Wissen und richtige Meinung zwei verschiedene Dinge sind.

[S_2] schreibt dieser Unterscheidung einen allerdings nur negativ charakterisierten „epistemischen" Status zu, nämlich dass diese Unterscheidung *keine* bloße Vermutung oder Meinung ist. Deswegen ist sie aber noch nicht Wissen (*epistêmê*).

[S_3] ist der optativisch ausgedrückte Vordersatz eines Konditionalsatzes: Sokrates behauptet nicht zu wissen, dass es einen Unterschied gibt, sondern nur: *Wenn* er überhaupt etwas zu wissen behaupten würde, *dann* würde er behaupten, dass es einen Unterschied gibt. [S_3] steht also in Einklang mit seiner bereits in der *Apologie* geäußerten These, „sozusagen nichts zu wissen" (*Ap.* 22d1). M. a. W.: Was immer er behaupten mag zu wissen, ist unter dem Vorzeichen dieser Unwissenheit zu lesen und hat insofern Hypothesis-Charakter.

[S_4] schränkt dieses hypothetische Wissen noch weiter ein. Es bezieht sich nicht auf Vieles, sondern nur auf Weniges.

[S_5] zählt zu diesem „Wenigen" den in [S_1] behaupteten Unterschied zwischen richtiger Meinung und Wissen.

---

[16] Ch. Rowe erinnert mich an das *ti allo*. Doch mit Schleiermacher, Apelt, Rufener, Sharples und anderen nehme ich mir – *pace* Rowe – die Freiheit, das *allo* nicht mit „else" zu übersetzen; vgl. Sharples, 1984, S. 185: „In either case *ti allo* in b3, literally ‚anything else', is best rendered in English by an emphatic ‚anything', ‚anything at all'; one may compare *allo te kai* = ‚especially' (see above, on 94c3)". Vgl. zu diesem Abschnitt, *Men.* 98b2–5, nun auch den gehaltvollen Aufsatz von Fine, 2004, S. 41–81, der allerdings keine Gliederung bietet.

Der Unterschied zwischen richtiger Meinung und Wissen ist aber nicht nur für den Sokrates des Dialoges *Menon*, sondern auch für die platonische Philosophie überhaupt zentral (vgl. *Smp.* 202a; *R.* 477c–e; *Tht.* 201c; *Ti.* 51d–52a).[17]

Zu betonen ist aber nochmals, dass Sokrates nicht zu wissen behauptet, worin genau dieser Unterschied liegt. Ob der Unterschied etwa darin besteht, dass das Wissen zusätzlich zur richtigen Meinung noch über einen *aitias logismos* verfügt, der in der Anamnesis besteht – das ist etwas, was Sokrates nicht weiß, sondern nur vermutet: „Allerdings sage ich dies nicht als ein Wissender (*ouk eidôs*), sondern nur im Sinne einer Vermutung (*eikazôn*)" (*Men.* 98b1). Der Unterschied könnte also in etwas anderem als der Anamnesis liegen. Sokrates sagt vielmehr nur konditioniert – „[W]enn [er] überhaupt etwas zu wissen behaupten würde" (*Men.* 98b3) –, dass es einen Unterschied gibt. Er ist „just groping for the truth about this difference by using images (*eikazôn*)".[18]

Wir können demnach als ersten *hypothetischen* „Wissensanspruch" lediglich formulieren:

(1) Es gibt einen Unterschied zwischen richtiger Meinung und Wissen.

Weiterhin behauptet Sokrates im *Gorgias* folgendes:

> Diese [Schlussfolgerungen], die uns schon dort oben in den früheren Reden (*anô ekei en tois prosthen logois*) so erschienen sind, werden, wie ich sage – sollte es auch etwas grob klingen – mit eisernen und stählernen Gründen festgehalten und gebunden (*dedetai*) [vgl. *Men.* 98a1–5], wie es nun so scheint (*doxeien houtôsi*). Wenn du – oder ein Stärkerer – diese Gründe nicht widerlegst, ist es nicht möglich, anders zu reden und die Wahrheit zu sagen. Denn ich bleibe immer bei derselben Rede, dass ich nicht weiß, wie sich die Sache verhält, dass aber von allen, mit denen ich zusammengetroffen bin, wie auch jetzt, keiner in der Lage ist, eine andere Ansicht zu vertreten, ohne sich lächerlich zu machen. Ich also setze nun [als gegeben voraus], dass sich die Sache so verhält (*Grg.* 508e6–509b1).

Unmittelbar bezieht sich Sokrates hier auf die Konklusionen zurück, dass (a) Unrecht das größte Übel ist für den, welcher es verübt, und (b) es ein noch größeres Übel als dieses größte gibt, nämlich dass der Unrechttuende nicht Strafe erleide (vgl. *Grg.* 509b3–4). *Mittelbar* aber ebenfalls auf das, was „dort oben in den früheren Reden" (508e6) ihm „mit eisernen und stählernen Gründen festgehalten und gebunden" (509a1–2) erschien. Deshalb sind meines Erachtens damit nicht nur die beiden Paradoxien gemeint, wonach es besser ist, Unrecht zu leiden,

---

17 Vgl. zu *Ti.* 51d–52a, Ferber, 1997b, übers. v. B. Centrone. Erweitert unter Ferber, 1998a, sowie Ferber/Hiltbrunner, 2005, hier S. 215–237. Zur philosophischen Bedeutung der sokratischen Unterscheidung vgl. Hare, 1981, § 2.1.
18 Klein, 1965, S. 249.

als Unrecht zu tun, und es besser ist, bestraft zu werden, statt unbestraft zu bleiben (vgl. 473a2–476a6; 477a5–479e9). Was „mit eisernen und stählernen Gründen festgehalten und gebunden" erscheint, ist vielmehr auch das Paradox, dass der Gerechte glücklich (*eudaimôn*) und der Ungerechte unglücklich (*athlios*) ist (vgl. 470c1–471d9).

Zwar folgen die Thesen „Der Gerechte ist glücklich" und „Der Ungerechte ist unglücklich" nicht logisch auseinander. Es könnte sein, dass die eine These – z. B. „Der Gerechte ist glücklich" – wahr ist und die andere – „Der Ungerechte ist unglücklich" – falsch. Um deren logische Unabhängigkeit zu markieren, nennen wir deshalb die erste (4a) und die zweite (4b). Dann dürfen wir das „Wenige" (*oliga*), das Sokrates – wie es nun so scheint (*doxeien houtôsi*) (*Grg.* 509a3) – gewusst hat, um die Thesen (2) bis (4) erweitern, indem wir (4) in die Unterthesen (4a) und (4b) gliedern:

(1) Es gibt einen Unterschied zwischen richtiger Meinung und Wissen.

(2) Unrecht zu tun, ist das größte Übel für den, der es verübt.

(3) Ein noch größeres Übel ist es, dass der Unrechttuende nicht Strafe erleide.

(4a) Der Gerechte ist glücklich, (4b) der Ungerechte ist unglücklich.

Aus These (2) „Unrecht zu tun, ist das größte Übel für den, der es verübt", folgt „Unrecht zu erleiden, ist das kleinere Übel für den, der es erleidet". Es folgt mit anderen Worten (2'): „Unrecht zu erleiden, ist besser, als Unrecht zu tun" (vgl. *Grg.* 472d–474c).

Aus der These (3) dagegen, „Ein noch größeres Übel ist es, dass der Unrechttuende nicht Strafe erleide", folgt (3'): „Es ist besser, bestraft zu werden, als unbestraft zu bleiben" (vgl. 476e–479c). Das „Wenige" (*oliga*), das Sokrates – „wie es nun so scheint" (*doxeien houtôsi*) (509a3) – gewusst hat, lässt sich dann auch so formulieren:

(1) Es gibt einen Unterschied zwischen richtiger Meinung und Wissen.

(2') Unrecht zu leiden, ist besser, als Unrecht zu tun.

(3') Es ist besser, bestraft zu werden, als unbestraft zu bleiben.

(4a) Der Gerechte ist glücklich, (4b) der Ungerechte ist unglücklich.

Nun finden wir im *Gorgias* aber auch die These „Tugend ist Wissen": „Also, nach demselben Verhältnis [vgl. 460a5–b6], ist auch, wer das Gerechte gelernt hat, gerecht" (460b6–7). Wenn derjenige, der das Gerechte gelernt hat, gerecht ist, so deshalb, weil er um das Gerechte weiß. Wer aber um das Gerechte weiß, der *ist* gerecht, insofern er das, was er weiß, auch *tut*. Wissen ist eine notwendige und hinreichende Bedingung des Handelns: Wenn also *x* weiß, dass *p* gerecht ist, dann tut *x p*. Daraus folgt: Wenn *x p* nicht tut, dann weiß *x* nicht, dass *p* gerecht ist. Willensschwäche dagegen oder Akrasia ist, wie wir aus dem *Protagoras* ergänzen können, Unwissenheit (*amathia*) (vgl. 357d1–e8).[19] Denn auch im *Gorgias* sind „in den früheren Argumenten" (508e6) Sokrates und Polos „übereingekommen (*hômologêsamen*), niemand tue mit Willen Unrecht, sondern alle Unrechttuenden täten Unrecht wider Willen" (509e4–7, vgl. 468d1–8); denn man kann ja nur das wirklich Gute und nicht das scheinbar Gute – die *ousa* und nicht die *dokousa eudoxia* (464a3) – wollen: „Um des Guten willen also tut alles dieses, wer es tut" (468b7–8).[20]

Diese These heißt aber für Sokrates in der *starken* Auslegung, die *Grg.* 464a3 nahelegt, *nicht*: Für jeden Menschen *x* gibt es ein Gut *y*, sodass gilt: *x* will *y*. Es heißt vielmehr: Es gibt *ein* Gut *y*, sodass für jeden Menschen *x* gilt: *x* will *y*. Im ersten Fall könnte das Gut für jeden Menschen im Prinzip in jedem Akt des Wollens wieder ein anderes sein. Im zweiten Fall dagegen handelt es sich um ein einziges Gut, welches dann näher zu bestimmen das Thema des „größten Lehrstückes" (*megiston mathêma*) (R. 505a2–3; 519c1–6) ist. Ähnlich folgt dann Aristoteles aus der These (a), „Jede Kunst und jede Untersuchung wie auch jede Handlung und Entscheidung scheint nach einem Gut zu streben" (*EN* A 1, 1094a1–2), die *starke* These: (b) „Deshalb hat man das [wirklich] Gute treffend als das bezeichnet, wonach jedermann strebt" (1094a2–3). Menschliche Handlungen, wenn auch noch nicht Handlungen des Menschen,[21] erfolgen sozusagen *immer* „unter der Idee des Guten", um die kantische Formulierung, wonach wir

---

19 Vgl. dazu meine Analysen in Ferber, 1991a, insb. S. 46–57, jetzt in diesem Band S. 7–28, insb. 21–22.
20 Vgl. Ferber, 1991a, S. 57–59, hier S. 22–23. Vgl. die Analyse von Kamtekar, 2006, S. 127–162, die auch auf Dodds, 1959, S. 236, aufmerksam macht: „The distinction between what people think they want and what they ‚really' want [...] evidently originated in the attempt to understand Socrates' saying that no one does wrong willingly. But it is perhaps only fully intelligible in light of Plato's later distinction between the ‚inner man' who is an immortal rational being and empirical self which is distorted by earthly experience (cf. *R.* 611bf)". Nur mein rationales Selbst will also das wirklich Gute, mein verkörpertes Selbst dagegen auch das scheinbar Gute und das wirkliche Gute nur, insofern es sich von falschen Meinungen über das scheinbar Gute befreien kann. Dodds verweist auf die Missbrauchbarkeit dieser Theorie: „Whatever its theoretical justification, in practice it too easily becomes an excuse for dictation. [...] Sooner or later ‚what I really want to do' turns out to be a polite paraphrase for ‚what you think I ought to want to do'".
21 Zur Differenzierung von menschlichen Handlungen (*actiones humanae*) und Handlung des Menschen (*actus hominis*) vgl. Thomas v. Aquin, *Summa Theologiae* Ia–IIae, q. 1: *De ultimo fine hominis, art. 1, utrum homini conveniat agere propter finem, responsio.*

nicht anders als „unter der Idee der Freiheit" handeln können, abzuwandeln.[22] Auch wenn wir also um eines scheinbar Guten willen (*phainomenon agathon*) handeln, so handeln wir nach dieser sokratisch-platonischen Ansicht unter der Idee des wirklich Guten (*to on agathon*). Oder wie Aristoteles den platonischen Gedanken dann umsetzt: „Denn begehrt wird das scheinbar Schöne (*phainomenon kalon*), gewollt aber wird an sich das wirklich Schöne (*to on kalon*)" (*Metaph.* Λ 7, 1072a27–28). Ebenso ließe sich nun sagen: Begehrt wird das scheinbar Gute (*phainomenon agathon*), gewollt wird das wirklich Gute (*to on agathon*).

Genau so, wie es nun absurd wäre zu sagen: „Ich bin überzeugt, dass p, aber p ist falsch"[23], so ist es absurd zu sagen: „Ich will p, aber p ist schlecht". Alles, was wir wollen, wollen wir unter dem Aspekt, dass wir es für ein Gut halten. Dabei ist noch nicht bestimmt, um was für ein Gut es sich handelt. Wenn nun der Tyrann will, dass p, p aber schlecht ist, so ist es absurd zu sagen, dass der Tyrann p unter diesem Aspekt, dass p etwas Schlechtes ist, will. In diesem Sinne will der Tyrann – wie etwa der Alkoholiker – das Schlechte nicht in der Meinung, es handle sich um etwas Schlechtes (vgl. *Grg.* 468c1–7). Er tut dies vielmehr in der Meinung, es handle sich dabei um ein Gut. Wenn x also etwas Schlechtes, p, tut, ohne zu wissen, dass p ungerecht ist, dann tut x p freiwillig. Denn *de re* verstanden, tut x freiwillig etwas Schlechtes: Indem x etwas, p, tut, und p schlecht ist; aber *de dicto* verstanden, tut x nicht freiwillig etwas Schlechtes: Indem x nicht etwas, p, tut, von dem x der Meinung ist, dass es schlecht sei.

Da Sokrates im *Gorgias* die Proposition „Niemand tut freiwillig Unrecht" explizit erwähnt und Platon an ihr mit Modifikationen bis zum *Timaios* und den *Gesetzen* festhält (vgl. *R.* 382a8–10; 413a6–8; 589e1–590a3; *Ti.* 86d7–e3; *Lg.* 731c3–5; 860d1–2), wollen wir sie ebenfalls explizit erwähnen. Das sokratische Wissenskorpus kann dann folgendermaßen erweitert werden:

(1) Es gibt einen Unterschied zwischen richtiger Meinung und Wissen.

(2') Unrecht zu leiden, ist besser, als Unrecht zu tun.

(3') Es ist besser, bestraft zu werden, als unbestraft zu bleiben.

(4a) Der Gerechte ist glücklich, (4b) der Ungerechte ist unglücklich.

(5) Tugend ist Wissen.

---

22 Kant, *GMS*, 3. Abschnitt, S. 447.
23 Vgl. Wittgenstein, 1974, S. 177, im Brief an Moore vom Oktober 1944: „‚There is a fire in this room, and I don't believe there is'. To call this, as I think you did, ‚an *absurdity* for psychological reasons' seems to me to be wrong, or highly misleading". Es ist für Wittgenstein keine psychologische Absurdität, sondern „*is* ruled out by common sense".

(6)   Niemand tut freiwillig Unrecht [*de dicto*].

Schließlich können wir zu dem, was in den früheren Logoi mit „eisernen und stählernen Gründen" (*Grg.* 509a1–2) „gebunden" (508e7) worden ist, auch die sokratische Unterscheidung zwischen dem Angenehmen und dem Guten zählen. Sokrates gibt dafür zwei Argumente, nämlich (a) dass mit dem Aufhören von Lust und Unlust das Gute und Böse nicht auch aufhören (vgl. *Grg.* 496d–497d) und (b) dass im Falle der Identität des Angenehmen und Guten der Gute schlecht und der Schlechte gut wären (vgl. 497e–499a). Sokrates resümiert dann: „Sind wohl das Angenehme und das Gute dasselbe? – Nicht dasselbe, wie ich und Kallikles übereingekommen (*hômologêsamen*) sind" (506c6–7).

Wir können also das „Wenige", das Sokrates gewusst hat, um einen siebten Punkt erweitern:

(7)   Das Angenehme ist nicht das Gute.

Somit haben wir folgende sieben Propositionen, die Sokrates als wahr vertritt, weil sie durch Gründe „gebunden" sind.

(1)   Es gibt einen Unterschied zwischen richtiger Meinung und Wissen.

(2') Unrecht zu leiden, ist besser, als Unrecht zu tun.

(3') Es ist besser, bestraft zu werden, als unbestraft zu bleiben.

(4a) Der Gerechte ist glücklich, (4b) der Ungerechte ist unglücklich.

(5)   Tugend ist Wissen.

(6)   Niemand tut freiwillig Unrecht.

(7)   Das Angenehme ist nicht das Gute.

Wir wollen dieses „Wissensminimum" als das „Herzstück" (*the central core*) des sokratischen „Wissens" bezeichnen. Ich setze nun den Ausdruck „Wissen" in Anführungszeichen, da diese Propositionen nach dem erwähnten vorläufigen sokratischen Standard des *aitias logismos* zwar einerseits Wissen beinhalten, andererseits aber nicht, wie wir gleich sehen werden.

Zuerst fragen wir jedoch, was es bedeutet, „mit eisernen und stählernen Gründen" (*Grg.* 509a1–2) „gebunden" (508e7) zu sein. Handelt es sich hier um empirische oder induktive Gründe, etwa dass Sokrates durch eine statistische Untersuchung des linguistischen Verhaltens seiner Mitbürger ausfindig gemacht hat, dass diese Propositionen von seinen Mitbürgern für wahr gehalten werden? Offensichtlich nicht. Die Propositionen (1) bis (7) sind nicht wahr-scheinliche Aussagen oder *endoxa*, „die allen oder den meisten oder den Weisen wahr scheinen, und unter diesen entweder allen oder den meisten oder den am meisten bekannten und berühmten" (Aristot., *Top.* A 1, 100b21–23). Sie werden im Gegenteil von den „am meisten bekannten und berühmten" Weisen – Protagoras, Gorgias, Polos, aber auch von Kallikles, dem Gastgeber des Gorgias (*Grg.* 447b7–8) – für falsch gehalten. Wir nennen sie vielmehr Paradoxa, weil sie wider (*para*) die gängige Meinung (*doxa*) laufen oder ihr widersprechen. Ebenso weiß Menon noch nicht, dass Wissen und richtige Meinung nicht dasselbe, sondern voneinander unterschieden sind. So behauptet noch der junge Theaitetos, dass Wissen dasselbe ist wie richtige Meinung (vgl. *Tht.* 187b–c). Entsprechend ist das „Wissen", das Sokrates mit den Propositionen (1) bis (7) zum Ausdruck bringt, kein empirisches Wissen, dessen Gegenteil ebenfalls der Fall sein kann:

Die Proposition (1) ist keine „Vermutung durch Bilder" (*eikasia*), sagt doch Sokrates explizit in [S_2] von *Men.* 98b2–4: „[D]as glaube ich (*moi dokô*) durchaus nicht nur zu vermuten (*eikazein*)". Die Proposition (1) beinhaltet also nicht den „epistemischen" Status der Eikasia (*R.* 511e2), d. h. eben „Vermutung durch Bilder".[24] Sie hat aber auch nicht den „epistemischen" Status der Pistis (*R.* 511e1). Das Wort dafür bezeichnet im Liniengleichnis meines Erachtens den dreidimensionalen Sinnesphänomenen entsprechenden Seelenzustand und lässt sich wohl am besten mit „Vertrauen" übersetzen.[25] Es ist offensichtlich nicht ein Sinneseindruck, wodurch Sokrates zur Proposition (1) kommt. Da also (1) weder eine Eikasia noch eine Pistis beinhaltet, Eikasia und Pistis aber unter dem Oberbegriff der Doxa subsumiert werden (*R.* 534a), so bringt (1) auch keine Doxa zum Ausdruck. Die Gründe für die Konklusion (1), wie wir sie dann später im *Theaitetos* (vgl. 188a–201c) finden, sind keine empirischen oder induktiven Gründe, sondern Vernunftgründe. Analoges gilt offensichtlich auch für die „eisernen und stählernen Gründe" (*Grg.* 509a1–2), womit die Propositionen (2) bis (7) „festgehalten und gebunden" (508e7) sind. Auch sie sind Vernunftgründe. Deshalb bringen auch die Propositionen (2) bis (7) nicht den Seelenzustand der Eikasia oder Pistis und demzufolge auch nicht der Doxa zum Ausdruck. Pistis ist zudem im *Gorgias* der durch Rhetorik bewirkte Seelenzustand (454e) und kann nicht nur wahr, sondern auch falsch sein (vgl. 454d4–5). Dahingegen ist die Episteme nicht falsch, sondern wahr (vgl. 454d8–9).

Das Wissen, das Sokrates mit den Propositionen (1) bis (7) zum Ausdruck bringt, ist also weder ein Erfahrungswissen noch eine Doxa, die wahr oder falsch sein kann. Das Kriterium für die Wahrheit dieser Konklusionen ist vielmehr die in einem Elenchos erreichte Homologie oder Kohärenz hinsichtlich der Bedeutung

---

24 Vgl. Ferber, 1989, S. 111.
25 Vgl. Ferber, 1989, S. 111.

der in ihnen verwendeten Ausdrücke. In der Umgangssprache dagegen werden diese Ausdrücke inkohärent verwendet.

So definiert Sokrates bereits in der *Apologie* den Seelenzustand, welcher dem Elenchos vorangeht, als ein „Sich-selbst-Widersprechen" (*ta enantia legein autos heautô(i)*, *Ap.* 27a5–6).[26] „Sich selbst widersprechen" aber nicht nur sein Ankläger Meletos, sondern auch Protagoras, Gorgias, Polos und Kallikles.

Aus der nicht widersprüchlichen, sondern kohärenten Verwendung des Ausdrucks „Wissen" dagegen folgt für Sokrates und seinen Gesprächspartner, dass Wissen nicht wahre Meinung ist; aus der kohärenten Verwendung des Ausdrucks „Tugend", dass Tugend Wissen ist; aus der kohärenten Verwendung des Ausdrucks „wollen", dass man nur das Gute wollen und niemand freiwillig Unrecht tun bzw. sich selber freiwillig schädigen kann usw.; und aus der kohärenten Verwendung des Ausdrucks „gut" folgt schließlich für Sokrates und Kallikles, dass das Angenehme nicht das Gute ist.

Da für Sokrates bezüglich der Propositionen (1) bis (7) die Kohärenz oder Widerspruchsfreiheit notwendige *und* hinreichende Bedingung der Wahrheit zu sein scheint, spricht dies dafür, dass (1) bis (7) nicht als empirische, sondern als begriffliche Wahrheiten zu betrachten sind.

Wie Sokrates nun im Einzelnen zur Behauptung dieser Propositionen kommt, habe ich am Beispiel der Propositionen „Tugend ist Wissen" und „Niemand tut freiwillig Unrecht" zu zeigen versucht.[27] Entscheidend scheint mir hier: *Wenn* (1) bis (7) begriffliche Wahrheiten sind, so kann ihr Gegenteil aus logischen Gründen nicht wahr sein, sondern muss einen Widerspruch enthalten.

So ist noch in den *Nomoi* der Athener von der (begrifflichen) Wahrheit der sokratischen Proposition (4a) „mindestens ebenso fest überzeugt, wie dass Kreta offenbar eine Insel ist" (*Lg.* 662b3–4).[28]

Die Verneinung des Satzes „Kreta ist eine Insel" – d. h. „Kreta ist nicht eine Insel" – ist ein empirischer Irrtum; die Verneinung der Proposition (4a) „Der Gerechte ist glücklich" – d. h. „Der Gerechte ist nicht glücklich" – dagegen ein

---

26 Auf diese Stelle macht mit treffender Beschreibung des Elenchos Brisson, 1997, S. 71–74, aufmerksam. Eine Forschungsgeschichte zum Problem des Elenchos und des sokratischen Wissens enthält Giannantoni, 2005, S. 141–196, vgl. insbesondere S. 192–195. Hervorhebenswert erscheint mir insbesondere seine These: „È molto probabile, allora, che l'origine del termine filosofia sia attica e vada ricercata nei circoli socratici; questa origine relativamente recente può anche spiegare l'uso non positivo che del termine è attestato presso gli oratori attici".
27 Vgl. Ferber, 1991a, insb. S. 59–66, hier S. 23–28, mit weiteren Literaturangaben. Diese Analyse kann meines Erachtens auch auf die Propositionen (4) bis (7) ausgedehnt werden.
28 Ich bin in der Interpretation dieses Satzes als empirischer Wahrheit durch Th. Hiltbrunner von einem Irrtum befreit worden.

begrifflicher. Denn wer sagt: „Der Gerechte ist nicht glücklich", würde sich widersprechen (*Lg.* 662e7–8).

Es ist künstlich, zu bestreiten, dass aus dieser Aussage des Atheners auch die Ansicht des platonischen Sokrates/Platon spricht.[29] Nun ist die empirische Tatsache, dass Kreta eine Insel ist, damals wie heute keine sehr informative und interessante empirische Wahrheit. Dagegen sind die Propositionen (1) bis (7) ungeachtet ihres begrifflichen oder analytischen Charakters interessante und informative Wahrheiten.

Sie sind also ungeachtet ihres analytischen Charakters nicht tautologisch, sondern erweitern unsere Erkenntnis.[30] So wird das Bewusstsein Menons durch die Unterscheidung zwischen richtiger Meinung und Wissen erweitert, insofern entfaltet wird, was er unentfaltet schon weiß. Theaitetos aber sagt explizit hinsichtlich des Unterschiedes von richtiger Meinung und Wissen: „Was mich betrifft, Sokrates, so hast du mich beim Zeus mehr sagen lassen, als mir [am Beginn unserer Unterredung] bewusst war" (vgl. *Tht.* 210b6, freie Übers.).

Wenn dem so ist, so entspricht das „Wenige", was Sokrates gewusst hat, dem Inhalt der Propositionen (1) bis (7). Darunter befindet sich, was seines Erachtens zu „wissen" (*eidenai*) „sehr wichtig" (*kalliston*), nicht zu wissen (*mê eidenai*) aber „sehr blamabel" (*aischiston*) (*Grg.* 472c8) ist: „Die Hauptsache nämlich dabei ist zu erkennen (*gignôskein*) oder nicht zu erkennen (*agnoein*), wer glücklich ist und wer nicht" (472c9–d1). So können wir die Frage „Was hat Sokrates gewusst?" folgendermaßen beantworten: Er hat *mindestens* um den Inhalt der Sätze, also die Propositionen (1) bis (7) gewusst.[31]

---

29 Anders Wieland, 1999, S. 224–236, insb. S. 236: „[…] Platon macht sich niemals unmittelbar für die Richtigkeit bestimmter Sätze stark. Es gibt keinen Satz, der unabhängig von Randbedingungen gültig wäre, wie sie dem Leser mit Hilfe der literarischen Techniken vor Augen gestellt werden".

30 Vgl. (mit Bezugnahme auf Brentanos Einsicht, dass analytische Urteile erkenntniserweiternd sind) Ferber, 1991a, S. 60–61, hier S. 24–25, *pace* Penner, 1973, S. 66–68.

31 Vgl. bereits Hiestand, 1923, S. 40: „*Das Nichtwissen des Sokrates ist kein totales*, seine [7] Grundsätze liefern den Gegenbeweis. *Sokrates verfügt über ein Wissen; dieses Wissen ruht aber, setzt sich nicht um in eine Lehre.* Es erscheint nämlich nicht im Dozierton, sondern als naturgegebene Voraussetzung des Gesprächs. Gerade diese Fiktion der Selbstverständlichkeit, die nur ein zustimmendes Kopfnicken, aber keine Kritik von seiten des Unterredners wünscht, die nirgends auf Widerstand stößt, nirgends um Rechenschaft gefragt wird, gibt ja das Recht, von Axiomen zu sprechen, von Urteilen, die dramatisch vorgängig der Zeit unseres Dialoges liegen, daher im Momente der Gesprächseröffnung gleichsam als Vor-Urteile latent schon vorhanden sind und dann nur zufällig an die Oberfläche treten". Allerdings schießt Hiestand, 1923, S. 74–83, wohl über das Ziel hinaus, wenn er Sokrates 24 solcher Grundsätze unterstellt.

II

Trotz dieses propositionalen Wissens behauptet Sokrates:

> Denn nicht als ein selbst Wohlberatener mache ich die anderen ratlos; vielmehr, da ich selbst ratlos bin, mache ich so [d. h. aufgrund meiner eigenen Ratlosigkeit] die anderen ratlos. So weiß ich auch jetzt betreffs der Tugend nicht, was sie eigentlich ist (*Men.* 80c8–d1).[32]

Wenn also Tugend Wissen ist, wie die Proposition (5) behauptet, so weiß Sokrates im *Menon* um die Proposition (5) nicht. Er äußert vielmehr nur die Hypothesis: *Wenn* Tugend Wissen ist, *dann* ist sie lehrbar (86c3). Ein analoges Bekenntnis zur Unwissenheit findet sich auch im *Gorgias:* „Denn was ich sage, sage ich nicht als ein Wissender, vielmehr suche ich mit euch gemeinsam" (506b3–4). Ferner:

> Denn ich bleibe immer bei derselben Rede, dass ich nicht weiß, wie sich die Sache verhält, dass aber von allen, mit denen ich zusammengetroffen bin, wie auch jetzt, keiner in der Lage ist, eine andere Ansicht zu vertreten, ohne sich lächerlich zu machen. Ich also setze nun, dass sich die Sache so verhält (*Grg.* 509a4–7, vgl. *Euthphr.* 16a2; *Hp.Ma.* 304b7–c4).

„Sich lächerlich machen" aber heißt für Sokrates: sich öffentlich widersprechen. Deshalb lautet das Problem: Wie konnte Sokrates die Wahrheiten (2) bis (7) oder implizit sogar (1) bis (7) mit Gründen festbinden und insofern auch wissen und gleichzeitig sagen, dass er nicht wisse, wie sich die Sache verhalte? Er gibt sich damit ja *selber* der Lächerlichkeit preis.

Zwei naheliegende Antworten hat bereits G. Vlastos in seinem bekannten Aufsatz *Socrates' Disavowal of Knowledge* (1985) zurückgewiesen,[33] die eine, dass es sich nur um *simple* – also nicht um *komplexe* – Ironie des Sokrates im Sinne einer Täuschung anderer handle;[34] die andere, dass Sokrates mit diesen Wissensansprüchen nur richtige Meinungen vertrete.[35] Vlastos' Zurückweisung scheint mir in beiden Fällen berechtigt zu sein.

Wäre das behauptete Wissen des Sokrates nur im Sinne *simpler* Ironie zu verstehen, so wäre es nicht Wissen, sondern Meinung.

---

32 Das ist auch das Motto zu Stefaninis Platondeutung im Sinne einer konstruktiven Skepsis, vgl. Stefanini 1991a, S. X.
33 Der Aufsatz wird vorweggenommen in Vlastos' Einführung in den *Protagoras*, Vlastos, 1956, vgl. die kritische Bemerkung von Dodds, 1959, S. 16, Anm. 2.
34 So Gulley, 1968, S. 69. Vgl. *contra* Vlastos, 1985, repr. in Burnyeat, 1994, S. 39–66: S. 40–42. Zum Unterschied zwischen simpler und komplexer Ironie vgl. Vlastos, 1991, S. 21–44, vgl. S. 59.
35 So Irwin, 1977, S. 39–40. Vgl. *contra* Vlastos, 1985, S. 42–48. Vgl. Benson, 2000, S. 176–188.

Dann aber würde Sokrates seine Gesprächspartner täuschen und nicht die Wahrheit sagen. Doch behauptet er seit der *Apologie* (vgl. 20d4–5), die Wahrheit zu sagen. Wäre das sokratische Wissen aber nur eine richtige Meinung, so bräuchte Sokrates keinen *aitias logismos* in Form von „eisernen und stählernen Gründen" für seine Meinungen zu geben oder dieser wäre ein rhetorischer Trick. Sokrates wäre dann ein „Sophist" wie Gorgias, Polos und Kallikles. Seine Unterscheidung zwischen Dialektik und Rhetorik (vgl. *Grg.* 454e–455a) würde hinfällig. Damit fällt aber nicht nur die Unterscheidung zwischen Wissen und falscher Meinung (vgl. 454d4–10), sondern auch die zwischen Wissen und richtiger Meinung (*Men.* 98b2–5).

Vlastos hat das Problem dadurch zu lösen versucht, dass er Sokrates einen dualen Gebrauch von „Wissen" unterstellt: Wissen im Sinne von [A] Unfehlbarkeit und Wissen im Sinne von [B] elenktischer Gewissheit. Das eine [A] nannte er knowledge$_c$, das andere [B] knowledge$_e$.

> To resolve the paradox we need only suppose that he is making a dual use of his words for knowing. When declaring that he knows absolutely nothing he is referring to that very strong sense in which philosophers had used them before and would go on using them long after – where one says one knows only when one is claiming certainty. This would leave him free to admit he does have moral knowledge in a radically weaker sense – the one required by his own maverick method of philosophical inquiry, the elenchus.[36]

Diese Lösung ist allerdings wiederum „unter Beschuss" geraten: Einmal sei es unwahrscheinlich, dass Sokrates, der im Sinne eines „semantischen Monismus" auf der Einheit des Definiendums besteht, zwei verschiedene Bedeutungen des Definiendums „Wissen" („knowledge") unterscheide, nämlich Wissen im Sinne von [A] Unfehlbarkeit (knowledge$_c$) und Wissen im Sinne von [B] elenktischer Gewissheit (knowledge$_e$).[37] Weiterhin ist moniert worden, dass Sokrates zwischen Expertenwissen und Nicht-Expertenwissen differenziere, aber für sein ethisches Wissen keinen den handwerklichen Fertigkeiten vergleichbares „Know-how" beanspruche und sich insofern als unwissend deklarieren könne.[38] Sokrates wäre demnach kein Ethikexperte.

---

[36] Vlastos, 1985, S. 49.
[37] Lesher, 1996, S. 261–274, S. 263: „In several early dialogues, he [Socrates] defends a principle of ‚semantic monism': that whenever we employ a word, there is a single quality designated by that term which, once properly identified, can serve as a distinguishing mark for all the thing designated by that term (*Meno* 72c, *Euthyphro* 66e, *Laches* 192, *Hippias Maior* 288). So multiplication of senses of ‚know' would be thoroughly ‚un-Socratic'".
[38] Woodruff, 1992, S. 86–106, insb. S. 90–91.

Doch scheinen mir beide Ansätze nicht völlig zu überzeugen: Auch wenn Sokrates diese einheitliche Definition von Wissen noch nicht gefunden hat, hätte er sich bemühen können, den Ausdruck „Wissen" sowohl im Sinne von [A] Unfehlbarkeit (knowledge$_c$) als auch im Sinne von [B] elenktischer Gewissheit (knowledge$_e$) konsistent zu gebrauchen. Genau das tut er aber nicht.[39] Weiterhin geht Sokrates zwar bei Proposition (5) „Tugend ist Wissen" vom Modell des handwerklichen Wissens aus (vgl. *Grg.* 460a5–b6). Er unterscheidet aber nicht explizit zwischen Wissen im Sinne von ethischem Wissen und im Sinne von handwerklichen Fertigkeiten.

Faktisch verwendet er seit der *Apologie* den Ausdruck *oida* auch im Sinne von richtiger Meinung. Zudem qualifiziert er ihn adverbial: „Und gleichwohl weiß ich beinahe (*oida schedon*), dass ich mir gerade dadurch Feinde mache, was auch ein Zeugnis dafür ist, dass ich die Wahrheit sage" (*Ap.* 24a6–7). Weiterhin: „Denn ich weiß sehr wohl (*eu oida*), dass, wohin ich auch gehe, die Jugend meinen Reden zuhört wie hier" (37d6–7). Sokrates verwendet also das Wort *oida* hier in einem umgangssprachlichen Sinne wie seine Zeitgenossen, wo das Wort schwerlich schon seine Bedeutung von Wissen als unterschieden von richtiger Meinung, sondern eher die Bedeutung von richtiger Meinung hat (vgl. *Tht.* 187b-c). Er qualifiziert den Ausdruck *oida* zudem adverbial durch „beinahe" (*schedon*), „sehr wohl" (*eu*) oder „ausreichend" (*hikanôs*) (vgl. *Ap.* 29b6).[40] Offensichtlich gibt es Grade des richtigen Meinens oder Glaubens auch in der gewöhnlichen Bedeutung des Wortes *oida*, wie es von Sokrates in der *Apologie* verwendet wird. Es ist deshalb nicht abwegig zu vermuten, dass Sokrates auch in der entscheidenden Stelle: „Unrecht handeln aber und dem Besseren, Gott oder Mensch, ungehorsam sein, davon weiß ich (*oida*), dass es übel und schändlich ist" (29b7), das Wort *oida* in der Bedeutung von „richtiger Meinung" verwendet.[41] Die einzige Stelle im *Corpus Platonicum*, worin Sokrates etwas unkonditioniert zu wissen beansprucht, wäre also so zu verstehen: „Unrecht handeln aber und dem Besseren [d. h. dem besseren Vorgesetzten], Gott oder Mensch, ungehorsam sein, davon bin ich der festen Meinung, dass es übel und schändlich ist". Auch in der *Apologie* spricht Sokrates wie seine Zeitgenossen; Platon kann freilich mit demselben Ausdruck noch eine „tiefere" Bedeutungsschicht verbinden.

Sokrates/Platon unterscheidet aber weder hier noch anderswo zwischen dem Ausdruck *oida* zur Bezeichnung von knowledge$_c$ und einem anderen zur Bezeichnung von knowledge$_e$ oder zwischen dem Ausdruck *oida* zur Bezeichnung

---

39 Lesher, 1996, S. 264–265: „Socrates appears to think of his knowledge, limited though it may be, as fixed and secure".
40 Vgl. dazu auch die Aufstellung von Gómez-Lobo, 1996, S. 44–49.
41 So Gill, 2004, S. 253.

von handwerklichen Fertigkeiten und einem anderen zur Bezeichnung von ethischem Wissen.

Explizit unterscheidet Sokrates jedoch in der *Apologie* zwischen menschlicher und göttlicher Weisheit (vgl. 23a5–7). Wenn aber die erwähnten Propositionen (1) bis (7) begriffliche Wahrheiten sind, so sind sie nicht falsifizierbar. Sie bleiben so gewiss und unrevidierbar wie begriffliche oder analytische Wahrheiten: „Denn das Wahre wird nie widerlegt" (*Grg.* 473b10–11). Wenn wir Unfehlbarkeit als ein Merkmal des göttlichen, d. h. des bestmöglichen, Wissens annehmen dürfen, so wäre das „menschliche" Wissen des Sokrates in dieser Hinsicht „göttliches" Wissen und der besagte Unterschied in der Bedeutung des Ausdrucks „knowledge" – [B] knowledge$_e$, das Sokrates hat, und [A] knowledge$_c$, das Gott hat – fiele (zumindest in dieser Hinsicht) dahin.

Doch unterscheiden sich „menschliches" und „göttliches" Wissen wirklich primär dadurch, dass das eine fehlbar, das andere unfehlbar ist? Gibt es nicht *für Sokrates* auch unrevidierbares menschliches Wissen, wie er das grundsätzlich von den Wahrheiten (1) bis (7) behauptet? So ist bereits für den Sokrates des *Gorgias* Wissen im Unterschied zur Pistis nicht wahr oder falsch, sondern (immer) wahr (454d6–7). Der „mittlere" oder platonische Sokrates der *Politeia* macht diese „Inerranz" des Wissens nur explizit, wenn er Wissen und Meinung folgendermaßen unterscheidet: „Wie könnte wohl auch ein vernünftiger Mensch, sagte er, das Unfehlbare mit dem nicht Fehlbaren je für dasselbe halten?" (*R.* 477e6–7).

Ich vermute deshalb, dass wir innerhalb des von G. Vlastos, T. Penner, Ch. Rowe, M. Burnyeat und anderen vertretenen Denkschemas eines „Socrates *contra* Socrates in Plato", d. h. eines „frühen" und eines „mittleren" platonischen Sokrates, die voneinander *scharf* zu unterscheiden wären, nicht weiterkommen.[42]

---

[42] Vgl. Vlastos, 1991, S. 45–80. Vgl. zur Kritik an dieser Unterscheidung insb. Kahn, 1996, S. 74–75, antizipiert in Kahn, 1992a, S. 233–58; sowie Prior, 2004, S. 1–11; Rowe, 2005b, insb. S. 73–78, mit weiteren Literaturangaben. Nach Rowe, 2005b, S. 75–76, und Penner/Rowe, 2005, S. 222, insb. Anm. 41, ist die Trennlinie die intellektualistische Handlungstheorie des Sokrates, wie er sie im *Protagoras* vertritt, einerseits, und die platonische, wie sie andererseits das 4. Buch der *Politeia* verteidigt. Ebenso Burnyeat, 2006, S. 18: „This is the break with Socrates, whom I, like many others, take to be awkward fellow envisaged at 438a as objecting that all desire is for what is good; even thirst, for example, being a desire, not just for drink, but for good drink or drink which is good (for me here and now)". Doch ist es wahrscheinlich, dass der platonische Sokrates der *Politeia* den des *Menon*, *Protagoras* und *Gorgias* so desavouiert, dass er den sokratischen Satz „Denn alle begehren das Gute" (*R.* 438a3–4) bestreitet? Antizipiert findet sich diese Theorie in Dodds, 1959, S. 213: „The theory of inner conflict, vividly illustrated in the *Republic* by the tale of Leontius, was precisely formulated in the *Sophist*, where it is defined as psychological maladjustment resulting ‚from some sort of injury', a kind of disease of the soul, and is said to be the cause of cowardice, intemperance, injustice, and (it would seem) moral evil in general, as distinct

Tatsache ist, dass Platon *einerseits* auch in der *Politeia* seine Lehre von der dreigeteilten Seele Sokrates in den Mund schiebt (vgl. *R.* 436a – 443a). *Andererseits* hat er nicht deutlich gemacht, in der *Politeia* von Sokrates' „intellektualistischer" Lehre abgewichen zu sein. Das Gute ist vielmehr – ähnlich wie in *Smp.* 205a5 – 7 – dasjenige, was jede Seele sucht und worumwillen sie alles tut (*panta prattei*) (*R.* 505d11 – e1). Tut jede Seele aber „alles" um des Guten willen, dann lässt sie nicht in einer schwachen Interpretation um des Guten willen nichts ungetan.[43] Sie tut eben in der starken Interpretation, die der Text nahelegt, „alles", d. h. auch das Schlechte, um eines – vermeintlichen – Guten willen. Sie befindet sich also in einem Irrtum, wenn sie etwas Schlechtes tut. Wäre Platon in einem so entscheidenden Punkt wie demjenigen, dass niemand freiwillig Schlechtes tut, in der *Politeia*, 505d1 – e1, von Sokrates' „intellektualistischer" Lehre (vgl. *Prt.* 357d1 – e8) bewusst abgewichen, dann fragt sich zumindest, (a) warum er in der *Politeia* nicht einen anderen Wortführer als Sokrates gewählt hat, (b) warum er in 553d3 den begehrlichen Teil „nichts anderes zu folgern und zu betrachten [lässt], als wie und woher aus wenigem Gelde vieles wird" (553d3 – 4), und (c) später auf diese sokratische Lehre mit Modifikationen wieder zurückgekommen ist (vgl. *R.* 589c6; *Phlb.* 22b6 – 8; *Ti.* 86d7 – e3; *Lg.* 731c3 – 5; 860d1 – 2). Sosehr also Platon im Leontios-Beispiel die Phänomenologie der Akrasia wahrt, so wenig heißt das, dass er die sokratische Analyse des Phänomens, wonach Akrasia Amathia ist, bereits aufgegeben hat. Er macht sie aber nicht explizit.[44]

---

from ignorance or intellectual failure. This is something quite different both from the rationalism of the earliest dialogues and from the puritanism of the *Phaedo*, and goes a good deal deeper than either; I take it to be Plato's personal contribution." Vgl. jedoch *contra* Carone, 2001, S. 107 – 148: S. 137. Carone zeigt, dass im Leontios-Beispiel nicht die Vernunft der Begierde schlechthin, sondern einer implizit intellektualistisch vermittelten Begierde widerstreitet, vgl. insb. S. 118 – 119, vgl. dazu Ferber, 1991a, S. 54 – 55, sowie Kahn, 1996, S. 253 – 257, insb. 255: „This is unmistakably a description of *akrasia*. But it is conceptually identical with the account of psychic *stasis* that is characterized as ‚injustice and depravity (*akolasia*) and cowardice and ignorance and, in short, all vice' [...] (444 B)". Leontios wird nicht nur von der Begierde beherrscht (*R.* 440a1), sondern von einer kognitiv geladenen Begierde, für die im Moment der Akrasia irrtümlicherweise die Lust, Leichen zu sehen, das Gute ist.

43 In diese Richtung tendiert die Übersetzung Apelts, *Gastmahl*, 1923: „Eine jede Seele also strebt dem Guten nach und lässt um seinetwillen nichts ungetan [...]", sowie Irwin, 1977, S. 336, Anm. 45: „go to all lengths", zit. in Burnyeat, 2006, S. 14, Anm. 20. Wenn die Seele um des letzten Guten willen nichts ungetan lässt oder ihr Möglichstes tut, dann bleibt unerklärlich, warum sie doch wie Leontios unbeherrscht handelt. Treffender scheinen mir die Übersetzungen Sartoris, „Ora, l'oggetto che ogni anima persegue e che pone come meta di tutte le sue azioni [...]", oder Radices: „Ora, quell'ideale che ciascuna anima persegue e al quale finalizza ogni azione [...]".

44 Vgl. dazu Prichard, 2002, S. 33: „The main explanation must lie in a quite different direction. There is no escaping the conclusion that when Plato sets himself to consider not what should, but

Der philosophisch interessante Punkt scheint mir folgender zu sein. Die begrifflichen Wahrheiten (1) bis (7), die „mit ehernen und stählernen Gründen" „gebunden" sind, genügen zwar der elenktischen Kohärenz oder Konsistenz. Doch bei Kohärenz oder Konsistenz bleibt immer noch die folgende Frage offen: Eine Proposition oder ein System von Propositionen mögen zwar kohärent oder konsistent sein; doch sind sie deswegen schon wahr?[45] Es ist logisch möglich, dass die Propositionen (1) bis (7) *Homologoumena* und gleichwohl nicht wahr, sondern falsch sind (d. h. *tanantia tois ousi*, *Sph.* 240d6). Um ihre Wahrheit zu behaupten, brauchen wir ein externes Kriterium der Wahrheit, das Übereinstimmung mit der Realität impliziert, und dies heißt für Sokrates/Platon Übereinstimmung mit einer idealen Realität. In der Tat vertritt Platon nicht nur eine Kohärenz-, sondern auch eine Korrespondenztheorie der Wahrheit (vgl. *Cra.* 385b5–8; *Sph.* 263b3–7).

Das heißt: Die Propositionen (1) bis (7) mögen zwar den Test des Elenchos bestehen und damit für die Dialogpartner „Homologien" sein. Doch das bedeutet noch nicht, dass sie deswegen auch mit der Realität übereinstimmen. Platon aber stellt im 7. Buch der *Politeia* diese Forderung an den Elenchos – d. h. an die Widerlegung –, wenn er dort von der Verteidigung des „nichtwankenden Logos" postuliert, „wie in einer Schlacht durch alle Elenchoi [Widerlegungen] hindurchzugehen, sie nicht im Hinblick auf eine Meinung, sondern auf ihren Realitätsgehalt zu prüfen suchend (*mê kata doxan, alla kat' ousian prothymoumenos elenchein*)" (*R.* 534c2–3).[46]

---

what actually does as a matter of fact, lead a man to act, when he is acting deliberately, and not merely in consequence of an impulse, he answers ‚The desire for some good to himself and that only'. In other words we have to allow that, according to Plato, a man pursues whatever he pursues simply as a good to himself, i. e. really as something which will give him satisfaction, or, as perhaps we ought to say, as an element in what will give him satisfaction, or, as perhaps we ought to say, as an element in what will render him happy. In the *Republic* this view comes to light in the sixth book." Bemerkenswert ist allerdings, dass Platon Prichards Unterscheidung zwischen „acting deliberately, and not merely in consequence of an impulse" in *R.* 505d–e nicht macht. Das bedeutet aber, dass auch Handlungen „in consequence of an impulse" um eines – vermeintlichen – Guten willen geschehen und damit die sokratische Leugnung der Akrasia auch im 6. Buch der *Politeia* zumindest implizit aufrechterhalten wird, explizit dann in *R.* 589c6.

[45] Der Punkt ist im Anschluss an Vlastos, 1999, insb. S. 52, prägnant von Davidson, 2005d, S. 224, herausgearbeitet worden: „But there is not much comfort in mere consistency. Given that it is almost certainly the case that some of our beliefs are false (though we know not which), making our beliefs consistent with one another may as easily reduce as increase our store of knowledge." Vgl. meine Kritik an der Kohärenz- und Konsenstheorie der Wahrheit, Ferber, 2009a, S. 96–98, S. 99–101, S. 103–104, sowie weiterführend nun Ferber, 2007a, S. 112–121.

[46] Darauf macht wieder Fine, 2004, S. 72, aufmerksam: „[T]he knower judges in accordance with being: that is, her knowledge is based on how things are."

Vlastos meint dazu: „Plato uses the same word in the *Republic* (534 C) to refer to a very different method with which the *Socratic* elenchus should not be confused".[47] Doch sosehr auch die philosophische Methode für die Erkenntnis der Idee des Guten die Methode von *synagôgê* und *dihairesis* ist (vgl. 510a8; 534a6),[48] wird doch auch hier das sokratische Wort *elenchein* verwendet. Zudem wird die möglichst kundige Verwendung des sokratischen Elenchos den angehenden Philosophenkönigen und -königinnen sogar zur gesetzlichen Vorschrift gemacht:

> Und bei deinen eignen Kindern, die du jetzt in unserer Rede erziehst und bildest, wenn du sie je in der Wirklichkeit erzögest, würdest du doch gewiss nicht zulassen, dass sie gleichsam als unvernünftige Wesen, wie Figuren den Staat regieren und das Wichtigste von ihnen abhängig machen? – Freilich nicht. – Sondern du wirst es ihnen zum Gesetz machen, derjenigen Bildung vorzüglich nachzustreben, durch welche sie in Stand gesetzt werden, so kundig wie möglich zu fragen und zu antworten. – Dies Gesetz werde ich allerdings geben mit dir (*R.* 534d3 – e1).[49]

Fragen und Antworten ist aber nicht nur seit dem *Kratylos* die entscheidende Fähigkeit des Dialektikers: „Und der zu fragen und zu antworten versteht, nennst du den anders als Dialektiker?" (*Cra.* 390c10 – 11). Fragen und Antworten gehört offensichtlich auch zur Methode des Elenchos. Das Wort Elenchos hat vielmehr auch in *R.* 534c2 – 3 die Bedeutung von „Widerlegung".[50] Es geht darum, durch Widerlegung aller möglichen hypothetischen Kandidaten für die Definition des Guten, das Wesen des Guten von allen hypothetischen Kandidaten zu abstrahieren (*apo tôn allôn pantôn aphelôn*) (534b9). Damit gelangt der Dialektiker zur menschlich oder wenigstens persönlich möglichen Gewissheit, dass sein „nichtwankender Logos" (534c3) vom Guten nicht „wankt" oder – in der Sprache des *Phaidon* – sozusagen „der beste und am schwersten zu widerlegende (*dyselenktotatos*) der menschlichen Logoi" (vgl. *Phd.* 85c8 – d1) ist.[51] Dieser „nichtwankende Logos" lehrt zumindest, welche anderen Logoi über das Gute infolge ihrer Inkohärenz auszuschließen sind, oder, was das Wesen des Guten *nicht* ist. Platons *realer* Philosoph, Sokrates, hofft jedoch, dass der *ideale* Philosoph, der Philosophenkönig oder die Philosophenkönigin, nach dieser negativen Methode der Reinigung seiner oder ihrer Seele von falschen Ansichten über das Gute schließlich auch genötigt werde, „den Strahl der Seele aufwärts richtend in das allem Licht Bringende hineinzuschauen" (vgl. *R.* 540a8 – 9). Wie immer wir diese

---

47 Vlastos, 1991, S. 111, Anm. 19.
48 Vgl. dazu ausführlich Ferber, 1989, S. 97 – 111.
49 Übers. v. Schleiermacher, mit Veränderungen von R. Ferber.
50 Darauf machen mit Recht Vegetti, 1999, S. 90, und Berti, 2002, S. 307 – 317: S. 310, aufmerksam.
51 Vgl. Vegetti, 2003a, S. 421.

Stelle zu interpretieren haben, entscheidend scheint mir Folgendes: Der mittlere oder reife Platon macht mit dem erwähnten Gebrauch von Elenchos (vgl. 534c2–3) deutlich, dass der von seinem Sokrates übernommene Elenchos sich nicht nur an der Meinung der Dialogpartner, sondern an der Realität zu orientieren hat.

Die Realität aber besteht für den mittleren Platon in einer idealen Realität oder „Verflechtung der Ideen (*symplôkê tôn eidôn*)" (vgl. *Sph.* 259c5–6) „under the sovereignty of the Good".[52] Sie besteht sozusagen in einem „Netz von Ideen", das in der Idee des Guten „verknotet" ist.

Um jedoch zwischen den Propositionen oder dem System von Propositionen (1) bis (7) auf der einen Seite und den ihnen entsprechenden „Verflechtungen der Ideen" auf der anderen Seite eine Übereinstimmung oder Korrespondenz behaupten zu können, müssten wir die Propositionen (1) bis (7) und – unabhängig von ihnen – auch die entsprechenden „Verflechtungen der Ideen" bereits kennen. Erst auf diese Weise könnten wir entscheiden, ob die Propositionen (1) bis (7) mit den entsprechenden „Verflechtungen" übereinstimmen oder nicht. Das „faktisch in barbarischem Schlamm vergrabene Auge der Seele" (*R.* 533d2) müsste sozusagen vom Standpunkt des „Auges Gottes" aus schauen können. Ähnlich wie es nach dem Sokrates der *Apologie* für „jedermann außer dem Gott" (42a5) unklar ist, ob weiterzuleben oder zu sterben „das bessere Ding" (42a4) sei, so kann letztlich nur „der Gott" über die Wahrheit der Propositionen (1) bis (7) entscheiden.

In der Tat ist das letzte Wahrheitskriterium für Platon – von der *Apologie* über die *Politeia* bis hin zum *Timaios* und den *Gesetzen* – das Wissen Gottes, „der in der Tat weise ist" (*Ap.* 23a5–6) oder das bestmögliche Wissen hat. So sagt der platonische Sokrates nach seiner Auslegung des Höhlengleichnisses: „Gott mag wissen, ob meine Hoffnung wahr ist" (*R.* 517b6–7), und dann Timaios hinsichtlich seiner Ansichten über die Seele: „Ob wir damit auch die Wahrheit getroffen haben, können wir dann und nur dann zuversichtlich behaupten, wenn Gott seine Zustimmung gibt (*theou symphêsantos*)" (*Ti.* 72d; vgl. *Lg.* 641d6–7). Das letzte sokratisch-platonische Wahrheitskriterium ist also das Wissen Gottes.

Das besagt nun meines Erachtens zumindest Folgendes: Gemessen am Wissen Gottes, bleibt auch das auf Homologie basierende begriffliche Wissen des platonischen Sokrates vorläufig. Es ist zwar aus der Binnenperspektive des frühen, mittleren und späten Platon (vgl. *Lg.* 662b1–663a10) nicht falsifizierbar. Doch ist sein hypothetischer Charakter für ihn gleichwohl „aufhebbar": „Nun aber, sprach ich, wandert allein die dialektische Methode, die Voraussetzungen aufhebend (*tas hypotheseis anhairousa*), zum Ursprung selbst, damit dieser befestigt werde [...]" (*R.* 533c6–d1). Ohne diese dialektische „Aufhebung" einerseits und

---

52 Vgl. den Titel von Murdoch, 1997, S. 363–385.

Ableitung aus dem „Ursprung selbst" andererseits sind die „Voraussetzungen" (*hypotheseis*) noch nicht an ihren Ursprung „festgebunden".

Die Kritik an der Homologie als letztem Wahrheitskriterium wird in der *Politeia* an folgender Stelle klar zum Ausdruck gebracht:

> Denn wenn man um das, welches für etwas Ursprung ist, nicht weiß (*mê oide*), und Mitte und Ende also aus dem, was man nicht weiß (*mê oide*), zusammengeflochten (*sympeplektai*) sind, wie soll wohl eine solche Homologie (*homologian*) jemals eine Wissenschaft (*epistêmên*) werden. Gewiss keine! sagte er (*R.* 533c4–7).[53]

Was hier von mathematischen Sachverhalten gesagt wird – „dem Geraden und Ungeraden und den Gestalten und den drei Arten der Winkel und was dem sonst verwandt ist" (510c4–5) –,[54] das die Mathematiker „als wissend (*hôs eidotes*) zugrundegelegt haben" (510c6), scheint aber auch von den ethischen Propositionen (2) bis (7) zu gelten. Wie die Mathematiker in einem gewissen Sinne um die erwähnten mathematischen *hypotheseis* wissen und in einem anderen Sinne nicht, so weiß der Sokrates der frühen Dialoge in einem gewissen Sinne um die erwähnten ethischen *hypotheseis* und in einem anderen Sinne nicht. Nicht zuletzt um die bereits im *Gorgias* „bewiesenen" Propositionen – (4a) „Der Gerechte ist glücklich" und (4b) „Der Ungerechte ist unglücklich" – auch für den Staat neu zu beweisen, wurde ja die *Politeia* geschrieben, Propositionen, die dann in den *Nomoi* vom Gesetzgeber kodifiziert und der Jugend in Gesängen nahegebracht werden (vgl. *Lg.* 659c–664e).

Wenn diese *hypotheseis* (1) bis (7) oder wenigstens (2) bis (7) nicht mit den objektiv bestehenden „Verflechtungen der Ideen" in Übereinstimmung gebracht und auf den Ursprung dieses Systems, d. h. auf die Idee des Guten, nicht zurückgeführt werden, dann ist auch die Homologie zwischen Sokrates und seinen Gesprächspartnern noch keine Episteme. Episteme heißt letztlich Zusammenführung (*synagôgê*) oder Zusammenschau (*synopsis*) aller mathematischen und, wie nun zu ergänzen ist, wohl auch ethischen Propositionen *auf* die Idee des Guten und die Ausgliederung oder Entfaltung (*dihairesis*) *aus* der Idee des Guten.

Es ist also nicht Unfehlbarkeit, was den Propositionen (1) bis (7) fehlt, sondern – aus der platonischen Perspektive – die dialektische Zurückführung auf ihren Ursprung und die Ableitung aus ihrem Ursprung.[55] Nur so könnte die „de-

---

[53] Das Wort *homologia* kann „Konsens" oder „Konsistenz" bedeuten. Vgl. meine Bemerkungen zu *homologoumenôs*, *R.* 510d2, in Ferber, 1989, S. 96, wo ich eher für Konsens plädiere.
[54] Zur Rechtfertigung dieser Interpretation vgl. Ferber, 1989, S. 86–89.
[55] Für die Details dieses Projektes vgl. Ferber, 1989, S. 97–111, S. 178–188, S. 206–211, und nun auch Fine, 2003, S. 225–251, insb. S. 109–111.

finitional ignorance" von Sokrates behoben werden.⁵⁶ Freilich handelt es sich hier um ein epistemisches Ideal, von dem meines Erachtens bezweifelt werden darf, ob der Vertreter dieses Ideals angesichts der Transzendenz (zweiter Stufe) der Idee des Guten dieses Ideal menschlichen Wissens auch faktisch erreicht hat.⁵⁷

In anderen Worten: Wie die geometrischen Propositionen ein dianoetisches, aber noch kein noetisches Wissen zum Ausdruck bringen (vgl. *R.* 511d8–e1), so enthalten die Propositionen (1) bis (7) zwar dianoetisches, aber noch kein noetisches Wissen. Das dianoetische Wissen ist zwar „heller als Doxa, aber dunkler als Episteme" (533d5). Ebenso scheint das Wissen des Sokrates, das er mit den Propositionen (1) bis (7) gewinnt, „heller als Doxa, aber dunkler als Episteme" zu sein. In der Tat wird bereits der erste „Wissensanspruch" – „Es gibt einen Unterschied zwischen richtiger Meinung und Wissen" – von Sokrates hypothetisch eingeführt: „Falls ich überhaupt etwas zu wissen behaupten würde (*all' eiper ti allo phaiên an eidenai*)" (*Men.* 98b3), dann würde „ich" behaupten, dass es „einen Unterschied zwischen richtiger Meinung und Wissen gibt" (vgl. 98b2). Die anderen „Wissensansprüche" (2) bis (7) aber sind *homologêmata* zwischen Sokrates und seinen Gesprächspartnern.

Homologêmata sind bedingt durch die Homologia zwischen den Gesprächspartnern. (2) bis (7) sind deshalb ebenfalls nicht absolute, sondern hypothetische Wahrheiten. Deshalb können wir von allen sieben sokratischen „Wissensansprüchen" sagen, dass sie wie die Wissensansprüche der Mathematiker hypothetische Voraussetzungen oder *hypotheseis* sind. Im Übrigen werden im *Theaitetos* die Axiome der Mathematiker explizit *homologêmata* genannt (vgl. *Tht.* 155b4; *Grg.* 480b3).

Dass sich Platon einer Grenze des sokratischen Wissens bewusst war, scheint auch Diotima im *Symposium* anzudeuten:

> Soweit nun, o Sokrates, vermagst wohl auch du in die Geheimnisse der Liebe eingeweiht zu werden; ob aber, wenn jemand die höchsten und heiligsten, auf welche sich auch jene beziehen, recht vortrüge, du es auch vermöchtest, weiß ich nicht (*Smp.* 209e5–210a2).⁵⁸

---

56 Vgl. zur *definitional ignorance*: *Chrm.* 165b4–c2; *La.* 200e2–5; *Men.* 71a–b; *R.* 337d–e; 354b–c; *Hp.Ma.* 286c–e; 304d–e; *Ly.* 223b.
57 Vgl. dazu Ferber, 2005, S. 149–174.
58 Vgl. Cornford, 1950, S. 75: „I incline to agree with those scholars who have seen in this sentence Plato's intention to mark the limit reached by the philosophy of his master." Einer dieser von Cornford nicht explizit erwähnten Interpreten ist Apelt, *Gastmahl*, 1923, S. 82, der *ad loc.* schreibt: „Die Figur der Diotima verdankt ihr Dasein wohl der Phantasie des Platon. Sie dient ihm, Sokratisches und Platonisches Erkenntnisgut scharf voneinander zu scheiden." Anders Bury, 1932, S. 125–126, der zwar zwischen dem historischen und idealen, d. h. platonischen Sokrates unterscheidet, aber nicht explizit macht, dass in Platons Philosophiebegriff eine Spannung zwi-

Das Wissen des Sokrates reicht nicht bis zum „Ende der Reise" (*telos tês poreias*, *R*. 532e2), sondern ist ähnlich wie das Wissen der Mathematiker (vgl. 533b6–c3) traumartig und nicht wachend: „Denn meine [Weisheit] dürfte wohl eine geringe und zweifelhafte sein, da sie wie ein Traum ist" (*Smp.* 175e2–3). Das ist gegenüber der Weisheit Agathons zweifelsohne *einerseits* ironisch gemeint.

Doch ist es *andererseits* nicht ironisch gemeint, da ein kohärentes Meinungssystems wie ein kohärenter Traum mit der Realität übereinstimmen, aber auch nicht übereinstimmen kann, und insofern „zweifelhaft" ist. Die Abwertung der eigenen Weisheit, *Smp*. 175e2–3, ist also nicht eine simple, sondern komplexe Ironie. Ähnlich behauptet Sokrates einerseits „nichts als Liebessachen zu wissen" (177d7–8) und „doch nichts von der Sache zu verstehen" (198d2).

Doch Diotima unterscheidet noch nicht zwischen Dianoia und Nous. Sie verwendet noch nicht einmal das Wort Nous, sondern spricht nur „von demjenigen [Organ], womit (*ekeino hô(i)*) man das Schöne schauen und mit ihm zusammen sein muss" (*Smp.* 212a1–2; vgl. *R.* 490b3–4).[59] Erst die im Liniengleichnis eingeführte Unterscheidung zwischen Dianoia und Noesis hilft uns, diese sokratische intellektuelle Grenze klar zu benennen und den Widerspruch zwischen dem sokratischen Wissen und der sokratischen Unwissenheit zu vermeiden. Wir können nämlich den erwähnten Widerspruch aus der Sicht der *Politeia* wie folgt lösen: Wenn Sokrates gesagt hat, dass er „nicht wisse, wie sich die Sache verhalte", so wusste er nicht im Sinne der Episteme bzw. der Noesis des platonischen Dialektikers um die Propositionen (2) bis (7); wenn er aber gleichwohl sagte, dass diese „mit eisernen und stählernen Gründen" gebunden sind, so wusste er um diese Homologien ähnlich wie im Sinne der Dianoia. Die mittels der Hypothesis-Methode (*Men*. 87c5) erreichbare *mathematische* Gewissheit war für ihn das Beste, was er sinnvollerweise für seine *moralischen* Überzeugungen erhoffen konnte. Wie jedoch das Liniengleichnis deutlich macht, ist auch das mathematische Hypothesis-Wissen defektiv oder hat noch nicht die letzte Begründung erreicht. Wie die Begründung oder der *aitias logismos*, so hat eben auch das *Wissen* des aus der Höhle ans Tageslicht Gelangte noch Abstufungen.

Nochmals anders: Die Propositionen (2) bis (7) enthalten für Sokrates bzw. Platon zwar *knowledge*, und nicht nur [B] knowledge$_e$, sondern auch [A] knowledge$_c$. Sie beinhalten aber noch nicht „understanding",[60] wiewohl auch sie

---

schen dem idealisierten Sokrates und dem weisen Philosophenkönig oder der weisen Diotima herrscht, vgl. weiterführend, Ferber, 2007a, S. 89–106, hier S. 104–105.
59 Vgl. Bury, 1932, S. 132.
60 Ich spiele hier auf die Unterscheidung zwischen *knowledge* und *understanding* an, wie sie durch Burnyeat, 1980a, S. 173–191, aufgebracht wurde und unter anderen insbesondere von Fine, 2003, weiterentwickelt wurde, indem Fine die *noêsis* im obersten Teil der Linie als *understanding*

„verstehbar" (*noêtôn*) wären „mit ihrem Ursprung" (*met' archês*, R. 511d2). Über diesem inkarnierten noetischen Verstehen, das „mit der Kraft der Dialektik" geschieht, wäre nur noch ein desinkarniertes göttliches Wissen anzusiedeln, das keiner sprachlichen Symbole mehr bedarf.

Zuletzt möchte ich einen Einwand gegen die „dianoetische" Auffassung der erwähnten Propositionen formulieren, insbesondere gegen die „dianoetische" Auffassung der Propositionen (4a) „Der Gerechte ist glücklich" und (4b) „Der Ungerechte ist unglücklich". Ich verwende dazu Platons eigene Worte:

> An diese Meinung (*tautên tên doxan*) [(4a) „Der Gerechte ist glücklich" und (4b) „Der Ungerechte ist unglücklich"] sich stählern haltend (*adamantinôs*), muss man hinab in den Hades gehen, um auch dort nicht geblendet zu werden durch Reichtümer und solcherlei Übel, und nicht, indem man auf Tyranneien und andere dergleichen Taten verfällt, viel unheilbares Übel stifte und selbst noch größeres erleide, sondern vielmehr verstehe, in Beziehung auf dergleichen ein mittleres Leben zu wählen und sich vor dem Übermäßigen nach beiden Seiten hin zu hüten, sowohl nach Möglichkeit in diesem Leben als auch in jedem folgenden. Denn so wird der Mensch am glückseligsten (R. 618e4–619b1).[61]

Hier scheint der platonische Sokrates den Propositionen (4a) und (4b) doch nur den kognitiven Status einer Meinung zuzuschreiben.

Doch ist eine Meinung, an die man sich „stählern" (*adamantinôs*) halten soll, wohl eine Meinung, die „mit eisernen und stählernen (*adamantinois*) Gründen festgehalten und gebunden ist (*dedetai*)" (vgl. *Men.* 98a1–5). Es ist zumindest eine stabile richtige Meinung (*doxa* oder *pistis monimos*) (vgl. 98a6; R. 505e2–3), an der man nicht „durch Gewöhnung ohne Philosophie" (vgl. R. 619d1), sondern durch Begründung mit Philosophie teilhat. Sie ist noch für den Athener in den *Nomoi* so klar wie der Satz „Kreta ist eine Insel" (*Lg.* 662b3–4). Die Verneinung dieses Satzes, d. h. „Kreta ist nicht eine Insel", ist ein empirischer Irrtum.

Die Verneinung der Proposition (4a) „Der Gerechte ist glücklich", d. h. „Der Gerechte ist nicht glücklich", ist ein begrifflicher Irrtum, d. h. ein logischer Widerspruch (vgl. *Lg.* 662e7–8). In der Tat ist der Status einer moralphilosophischen Meinung, die so klar ist wie die Aussage „Kreta ist eine Insel", kaum mehr unterscheidbar vom Status eines dianoetischen mathematischen Wissens, auch wenn dieses Wissen ähnlich wie mathematische Sätze wie z. B, dass die Diagonale nicht kommensurabel ist, nicht von Anfang an klar ist. Das sokratische

---

versteht (S. 109–111). Ihre interessante „kohärentistische" Auffassung der Idee des Guten, wonach diese insofern keine *ousia* sei, als sie die Struktur der Ideenverbindungen selber angebe, kann ich allerdings nicht teilen, vgl. Ferber, 2005, S. 156, Anm. 22, hier S. 123, Anm. 23, vgl. auch S. 108–110.
[61] Übers. v. Schleiermacher mit kleiner Änderung von R. Ferber. Ich verdanke den Hinweis auf diese Stelle Burnyeat, jetzt zitiert in Burnyeat, 2006, S. 3.

Wissen ist wenigstens „*quasi*-dianoetisches" Wissen und die sokratischen Axiome (1) bis (7) zumindest Quasi-Axiome.

Freilich würden heute in einem nachkantischen Kontext, der das moralisch Richtige oder Gerechte vom Guten trennt,[62] wohl die meisten Philosophen die meisten der moralischen Propositionen (2) bis (7) qualifizieren. Sie würden etwa mit Kant (4a) „Der Gerechte ist glücklich" und (4b) „Der Ungerechte ist unglücklich" wie folgt relativieren: (4a) „Der Gerechte ist moralisch glücklich, aber nicht unbedingt physisch"; (4b) „Der Ungerechte ist moralisch unglücklich, aber nicht unbedingt physisch".[63] Statt (7) „Das Angenehme ist nicht das Gute" würden sie sagen: „Das physisch Angenehme ist nicht notwendig das moralisch Gute".

Sokrates' „semantischer Monismus"[64] dagegen würde darauf insistieren, dass die Ausdrücke „glücklich", „gerecht" und „gut" nur auf *eine* Art und Weise richtig verwendet werden oder nur *eine* richtige Bedeutung haben, und alle anderen Verwendungsweisen die wesentliche Bedeutung nicht wiedergeben. Nur die Gerechtigkeit der Seele nämlich kann dem Glück bzw. der *eudaimonia* einen *character indelebilis* verleihen, da die Seele allein *indelebilis* ist. Auch wenn diese These erst im *Phaidon* bewiesen wird (vgl. *Phd.* 106e8–107a1), so ist Sokrates schon im *Gorgias* von der Unvergänglichkeit der Seele überzeugt (vgl. 524a8–b1). Der Gerechte ist *per se* oder wesentlich glücklich, der Ungerechte dagegen *per se* oder wesentlich unglücklich. Ein ungerechter Mensch kann also, auch wenn er gesund, reich und angesehen ist, nicht wirklich glücklich sein; ein gerechter dagegen kann, auch wenn er krank und arm ist und zuletzt zum Tode verurteilt wird, nicht wirklich unglücklich werden. Das Angenehme, wie z. B. Gesundheit, Reichtum, soziales Ansehen, ist für Sokrates *per se* noch nicht das Gute und das Unangenehme, wie z. B. Krankheit, Armut und ein ungerechtes Todesurteil, noch nicht *per se* das Schlechte. Mit Recht konnte so noch Benjamin Jowett (1817–1893) schreiben: „[...] remember always that Socrates, besides being the wisest, is also the most provoking of human beings."[65]

---

62 Kant, *KpV*, AA, S. 63: „Das Prinzip der Glückseligkeit kann zwar Maximen, aber niemals solche abgeben, die zu Gesetzen des Willens tauglich wären, selbst wenn man sich die allgemeine Glückseligkeit zum Objekte machte. Denn weil dieser ihre Erkenntnis auf Erfahrungsdatis beruht, weil jedes Urteil darüber gar sehr von jedes seiner Meinung, die noch dazu selbst sehr veränderlich ist, abhängt, so kann es wohl generelle, aber niemals universelle Regeln, d.i. solche, die im Durchschnitte am öftesten zutreffen, nicht aber solche, die jederzeit und notwendig gültig sein müssen, geben; mithin können keine praktischen Gesetze darauf gegründet werden."
63 Die Unterscheidung zwischen physischer und moralischer Glückseligkeit findet sich bei Kant, *RGV*, AA, B86, B100, Fußnote.
64 Vgl. Lesher, 1996, S. 263.
65 Brief an H. Taylor, 29. Okt. 1877, Jowett, 1897, 2, p. 117.

Zuletzt müssten sich die Vertreter einer Trennung des Gerechten vom Guten die sokratische Frage gefallen lassen, ob nicht erst durch *das* Gute „das Gerechte und alles, was sonst Gebrauch von ihm macht, nützlich und heilsam" (*R.* 505a3–4) – fügen wir hinzu – und angenehm „wird". Doch das ist eine andere, noch nicht zu Ende gedachte Geschichte.[66]

---

[66] Der Aufsatz geht auf einen Vortrag am VII Symposium Platonicum (*Gorgias–Menon*, 26–31 July 2004), zurück. Englische Kurzfassung, Ferber, 2007b, S. 263–267. Der Verfasser dankt insbesondere H. Ambühl und Th. Hiltbrunner für die Durchsicht einer früheren Fassung.

Deuteros Plous, the Immortality of the Soul and the Ontological Argument for the Existence of God

Abstract: *The paper deals with the* deuteros plous, *literally "the second voyage", proverbially "the next best way", discussed in Plato's* Phaedo, *the key passage being* Phd. 99e4–100a3. *The author first (I) provides a detailed non-standard interpretation of the passage in question, and then (II) outlines the philosophical problem that the passage implies, and, finally (III) tries to apply this philosophical problem to the final proof of immortality and to draw an analogy with the ontological argument for the existence of God, as proposed by Descartes in his 5th Meditation. The main points are as follows: (a) The "flight into the* logoi" *can have two different interpretations, a standard one and a non-standard one. The issue is whether at 99e–100a Socrates means that both the student of* erga *and the student of the* logoi *consider images ('the standard interpretation'), or that the student of the* logoi *does not consider images, but only the coherence of the* logoi *('the non-standard interpretation'). The author prefers the non-standard interpretation. (b) The non-standard one implies the problem of the unproved hypothesis, a problem analogous to the problem of the elenchus. (c) There is a structural analogy between Descartes' ontological argument for the existence of God in his 5th Meditation and the final proof for the immortality of the soul in the Phaedo.*

Plato's Socrates uses the term "*deuteros plous*" (Phd. 99c9–d1) in connection with his intellectual autobiography. His mental history led him away from that "wisdom" (*sophia*) they call "the study of nature" (*physeôs historia*) (Phd. 96a8) to look at "the truth of things" (*alêtheia tôn ontôn*) in the *logoi* (Phd. 99e6). He compares this move to a flight – the "flight into the *logoi*" – and calls this "flight into the *logoi*" the "second voyage" (*deuteros plous*) (Phd. 99c9–d1). The decisive passage runs as follows:

[S₁] *Edoxe dê moi chrênai eis tous logous kataphygonta en ekeinois skopein tôn ontôn tên alêtheian.*

An earlier version was published at: Ferber, R., "*Deuteros Plous*, the Immortality of the Soul and the Ontological Argument for the Existence of God", in: Cornelli, G./Robinson, Th. M./Bravo, F. (eds.), *Plato's* Phaedo. *Selected Papers from the Eleventh Symposium Platonicum*, Baden-Baden 2018, pp. 221–230 [Ferber, 2018].

https://doi.org/10.1515/9783110637601-006

[S₂] *Isôs men oun hô(i) eikazô tropon tina ouk eoiken.*
[S₃] *Ou gar pany synchôrô ton en [tois] logois skopoumenon ta onta en eikosi mallon skopein ê ton en [tois] ergois.* (Text Burnet)

Preliminary Translation
[S₁] So I decided that I must take refuge in the *logoi* and look at the truth of things in them.
[S₂] However, perhaps this image is inadequate;
[S₃] for I do not altogether admit that one who investigates things by means of [the] *logoi* is dealing with images more than one who looks at realities. (*Phd.* 99e4–100a3, Text Burnet, Transl. Grube with modification)

First (I) I will give a non-standard interpretation of this passage, and then (II) I will proceed to the philosophical problem that this passage in this interpretation implies, and (III) I will apply the philosophical problem to the final proof of immortality and draw an analogy with the ontological argument in Descartes' *Meditations* (*AT* VII, 67) for the existence of God. I conclude with some remarks on the philosophical aspect of this flight into the *logoi* and the validity of the ontological arguments for the immortality of the soul and the existence of God.

I

The proverbial expression "*deuteros plous*" is one whose correct meaning had been indicated by Eustathios from Thessaloniki (about 1110 to about 1195) by referring to Pausanias (2nd century): "*deuteros plous*" means "the next best way", that is, the way of those who try another method if the first does not succeed, namely those who "try oars when the wind fails according to Pausanias" (*Eusth.* p. 1453; cf. Burnet, 1911, *ad locum*; cf. Liddell-Scott et al., 1940⁹ *s.v.*; Martinelli Tempesta, 2003).[1] There has been some dispute about whether this is really Plato's intended meaning and whether the expression is not here used by Plato in an ironic way (Burnet, 1911, *ad locum*; Gadamer, 1968, p. 254),[2] that

---

1 Martinelli Tempesta, 2003, p. 89: "[...] il significato del celebre proverbio utilizzato da Platone in *Phd.* 99c–d può essere soltanto quello [...] di *second best*, come è suggerito inequivocabilmente da tutte le testimoninanze antiche". Martinelli Tempesta, 2003, pp. 123–125, also gives a useful index of the passages where the expression "*deuteros plous*" is used in a proverbial way, and argues on pp. 108–109, *pace* Kanayama, 2000, pp. 88–99, against the interpretation of Polyb. *Hist.* VIII 36, 6, 2B–W that the "*deuteros plous*" means merely the safer voyage second in time. Cf. note 4.
2 Cf. Burnet, 1911, p. 99, *ad locum:* "In any case, Socrates does not believe for a moment that the method he is about to describe is a *pis aller* or 'makeshift'". Gadamer, 1968b, p. 254: "Ein sehr ironischer Passus. Ich habe schon in meinem oben abgedruckten Buche 1931 ausgeführt, wie weit gerade die Erforschung des Seienden in den Logoi der Zugang zur Wahrheit des Seienden

is, if the second best is not the second best, but the best voyage for the Platonic Socrates. But after the study of St. Martinelli Tempesta, who insists that the expression "*deuteros plous*" is proverbial and not to be confused with a metaphor,[3] there can be no reasonable doubt that its meaning is that of second voyage not only in the chronological[4] but *also* in the evaluative sense of inferiority ("*deuterotês*") to the first voyage, and that it is not used here in an ironic way (cf. already Murphy, 1936, p. 41, n. 1; Hackforth, 1955, p. 127, n. 5), as it is not used in an ironic sense in the two other occurrences in Plato (*Phlb.* 19c2–3; *Plt.* 300c2) and Aristotle (cf. *NE* B 9, 1109a34–35, *Pol.* Γ 11, 1284b19). In fact, the related comparison of the Socratic enterprise with a "raft" (*Phd.* 85d1) – instead of a boat – is also not used in an ironic way (unless it is not 'simple' but 'complex' irony).

This "second voyage" stands in contrast to the "first" (*prôtos*). Although Socrates does not use the expression "first voyage" (*prôtos plous*), the first voyage is mirrored in his intellectual autobiography as a former student of natural sciences (*Phd.* 95a–99d). It was for him a method by which he hoped to get direct access to reality, which ended in disappointment:[5] It led to complete blindness of

---

ist [...]." Gadamer seems not to see the problem: how the Socratic *logoi* – esp. the hypothesis of ideas – can lead not only to consistency but also to truth, nor does he distinguish between 'simple' and 'complex' irony. Cf. also Thanassas, 2003, p. 10: "The 'images of logoi' are the only means at our disposal for approaching the truth of beings." But the hypothesis of ideas is not an image. Cf. for the distinction between 'simple' and 'complex' irony Vlastos, 1991, p. 31: "In 'simple' irony what is said just isn't what is meant: taken in its ordinary, commonly understood, sense that statement is simply false. In 'complex' irony what is said is and isn't what is meant: its surface content is meant to be true in one sense, false in another." For Gadamer's interpretation of the *Philebus* in 1931, cf. Ferber, 2010a, here pp. 321–326.

3 "'Deuteros plous' is not a metaphor, but just a proverb. In my view, they are two different kinds of expressions: the proverb has a single and fixed meaning which is always the same, while we can use a word or an expression in different metaphorical ways. Of course a proverb can be used as a metaphor of something else, but it is its sole meaning that can refer to something else, which is implied by its not equivocal meaning" (Letter from 25.02.2018, quoted with permission of the author).

4 Cf. the scholium quoted in Greene, 1938, p. 14: "Since those who failed in the prior voyage (*proteros plous*) prepare the second safely, the proverb 'second voyage' is said about those who do something safely", quoted in Kanayama, 2000, pp. 88–89, esp p. 89: "According to this reading, 'second' means only 'second in time' and there is no implication of the inferiority of the second voyage relative to the prior one; it rather suggests that the second voyage is better than the prior in being a safer voyage".

5 With Goodrich, 1903, p. 382, I assume that "*ta onta skopôn*" (cf. *Phd.* 100a2) "must refer to the physical speculations previously described and condemned"; therefore, I prefer the first of the three interpretations of the "first voyage", mentioned by Kanayama, 2000, p. 95, n. 112. The best overview of what belongs to Plato's and what to Socrates' mental history is still to be found in Hackforth, 1955, pp. 127–130.

the soul, that is, complete ignorance (cf. *Phd.* 99e2–3) because of its bewildering effect (cf. *Phd.* 79c7). In contrast to the "first voyage", the "second voyage" has the advantage of being the safer (*asphalesteron*) course (cf. *Lg.* 897e1–2), although slower and more laborious than the first. Thus, the second voyage implies a change of the means or method but not of the goal, that is, "to look at the truth of things" (*skopein tôn ontôn tên alêtheian*) (*Phd.* 99e5–6). This goal "of the second best voyage in search for the cause" (*deuteros plous epi tên tês aitias zêtêsin*) (*Phd.* 99c9–d1) implies that the Platonic Socrates investigated the "true" (*alêthôs*) (*Phd.* 98e1) or "real" (*tô(i) onti*) (*Phd.* 99b2) cause, that is, the final or second-order cause of the mechanical causes, which are only necessary (cf. *Phd.* 99b3) or "co-causes" (*synaitia*) (cf. *Phd.* 98c2–e1; *Ti.* 46c7) "that would direct everything and arrange each thing in such a way as would be best" (*Phd.* 97c5–6). Thus, Socrates starts from the anti-naturalistic assumption that nature has a teleological structure and that the "study of nature" should explain this structure, a project to be realized by Plato later in the *Timaeus* (cf. *Ti.* 30a2–7). But can we say in more detail what this "second best voyage" involves?

According to [S_1], it is a flight from direct perception or vision of "the things" (*ta pragmata, Phd.* 99e3) to the indirect method of the use of the *logoi*, which contrast with "the things". Plato's Socrates uses here a commonly accepted way of thinking, used for example in the *Apology* (cf. 32a4–5) and *Seventh Letter* (cf. 343c2–3), but then he changes what is normally believed, namely that *logoi* are empty talks (*adoleschia*, cf. *Phd.* 70c1, *Prm.* 135d5, *Tht.* 195b10; *keneagoria, R.* 607b7), and turns it into an interesting philosophical claim, which is at odds with what is commonly believed. The common contrast is between the realities (*ta onta, Phd.* 99e5) ("*ta onta* like *ta pragmata*", Burnet, 1911, p. 99, *ad locum*) and mere talk (*hoi logoi*). The Socratic claim is that the things that are commonly believed to be the realities are not true realities, and that attention to "mere talk" can lead us to the true realities. So, what looks like a way that leads far off from reality turns out to be just the way to the true realities. It is – so to speak – the Socratic turning away from "the study of nature" towards that what we say (*dialegesthai*) (cf. *Phd.* 63c7–8).

Although the Platonic Socrates does not yet use the substantive "dialectical pursuit" (*dialektikê methodos*) (*R.* 533c7),[6] he speaks nevertheless of "another form of pursuit" (*allos tropos tês methodou*) (*Phd.* 97b6–7) to find out "the reasons of each thing – why it comes into being, why it perishes, why it exists" (*Phd.* 96a9–10, Transl. Rowe), namely "the art concerning the *logoi*" (*hê peri*

---

6 Cf. for an interpretation Ferber, 1989, p. 102.

tous logous technê) (*Phd.* 90b7). To this art he may have already alluded when he speaks of a "path" or "by-way" (*atrapos*) (*Phd.* 66b4; cf. *Plt.* 258c3): "It looks as if there's a by-way (*atrapos*) that'll bring us and our reasoning safely through in our search (*en tê(i) skepsei*)" (*Phd.* 66b3–4, Transl. Rowe with modification by R. F.).

If it is not the straight way, then the by-way brings us "on to the trail in our hunt after truth" (Burnet, 1911, *ad locum*).[7] This "by-way" anticipates "another form of pursuit" (*allos tropos tês methodou*) (*Phd.* 97b6–7) for which the Platonic Socrates uses then the proverbial expression "second voyage". But both expressions – "by-way" and "second voyage" – indicate second-choice options to reach the goal. For these "second-choice options" Socrates gives no explicit affirmative theoretical definition (by genus and difference), but a negative contextual one when he distinguishes the "second voyage" (a) from the "first voyage" of Ionian natural philosophy because it makes no use of sense perception or proceeds *a priori* and (b) from "antilogic", that is, arguments that aim merely at contradiction (*antilogikoi logoi*) (*Phd.* 90c1, cf. 101e2, Aristophanes, *Nub.* 1173). He describes it positively as a method of "giving an account of being" (*logon didonai tou einai*), that is, a *logos tês ousias* by the method of question and answer (*erotôntes kai apokrinomenoi*) (*Phd.* 78d1–1, cf. Burnet, 1911, *ad locum*).

According to these negative contextual definitions, the "second voyage" is not to be identified *immediately* with (a) the hypothetical method or (b) the theory of forms or (c) the explanation of things in terms of formal causes (cf. Rose, 1966, pp. 466–477; Preus/Ferguson, 1969, p. 105). But we may ask *if* this 'dialectical turn' of Socrates leads to (a) the hypothetical method or (b) the theory of forms or (c) the explanation of things in terms of formal causes as defended by Rose (1966, p. 473). (In fact, it leads – in my opinion – indirectly to all of them, namely the hypothesis of forms which explains the characteristics of things by formal causes.) It is – if we may disregard here for a moment Parmenides, D/K, B3 – the first expression of what has later been called "metaphysics"[8] in the sense of giving an account of invisible things for which no experience by our sensory organs is possible. We may therefore also call this "flight" from "wisdom" (*sophia*) that they call "the study of nature" (*physeôs historia*) (*Phd.* 96a8) Socrates' 'dialectical turn' in the sense of Socrates' 'meta-physical turn'.

---

7 Cf. for this difficult passage Burnet, 1911, pp. 35–36; Dixsaut, 1991, p. 332, n. 83; Trabattoni, 2011, p. 41, n. 49; Casertano, 2015, pp. 292–293.
8 Cf. Reale, 1997, pp. 137–158.

On the meaning of the expression "*logoi*" in *Phd.* 100a1, which is "not easy to translate" (Burnet, 1911, p. 99, *ad locum*), we do not have in our European languages an equivalent word. Plato may use the word in *Phd.* 100a1 in a non-technical way as in *Phd.* 59a4 in the sense of "discussions" (Grube). But his "definiteness of intention", to use an expression of Arne Naess (1912–2009), may be more subtle in [S_1]. In fact, there have been a great variety of other translations (for a selection, cf. e.g. Murphy, 1936, p. 40; Casertano, 2015, pp. 360–362). I subdivide them into non-sentential and sentential translations and the sentential translations into mono- and poly-sentential and ambiguous translations:

Non-sentential translations	Sentential translations
	mono-sentential poly-sentential ambiguous

Non-sentential translations are "Begriffe" (Apelt), "ideas" (Jowett), "concepts" (Crombie), "conceptos" (Gual). But as J. Burnet has remarked: "The term *logos* cannot possibly mean 'concept'. So far as there is any Greek word for 'concept' at this date, it is *noêma*" (Burnet, 1920, p. 317, n. 1).[9] Ambiguous translations are "rationes" (Ficinus), "Gedanken" (Schleiermacher/Rufener) or "raisonnement" (Dixsaut) which do not render the linguistic aspect of *logoi* (cf. *Cra.* 431b5–c1; *Tht.* 189e4–6, 202b3–5; *Sph.* 264a8–9) and leave open whether these *rationes* or *Gedanken* or *raisonnement*, when expressed in sentences, are mono- or poly-sentential. Mono-sentential translations are "definitions" (Bluck), "propositions" or "statements" (Ross/Kanayama), "postulati" (Reale), or "Grund-Sätze" (Natorp). So W. D. Ross writes: "The language of 'agreement', and the fact that what Plato calls the 'strongest logos' is the proposition that Ideas exist, shows that *logoi* means statements or propositions" (Ross, 1951, p. 27).

But with the flight into the *logoi*, Plato also looks back to the *Crito*, where he describes his Socrates as "the kind of man who listens only to the *logos* [that is, the argument] that on reflection seems best (*beltistos*) to me" (*Cri.* 46b4–6). Later on, in the *Parmenides*, young Socrates' eager desire *epi tous logous* (cf. *Prm.* 135d3) implies also a zeal for *logoi* in the sense of arguments. In the section on *misologia* (*Phd.* 89d4), Socrates also uses the word in the sense of arguments (cf. *Phd.* 90b4, 6–7, c1, 4). Therefore, the "mono-sentential" translations with

---

9 So Loriaux, 1975, p. 93: "[...] dès 99e5, *tous logous* vise plus que de simples 'notions'".

"statements" or "propositions" may be replaced with "poly-sentential" ones, not with "discussions" (Grube), because discussions may not contain any arguments, but with "arguments" (Hackforth) or "theories" (Tredennick, Gallop) or "reasoned accounts" (Rowe), for theories or reasoned accounts contain arguments.[10] Nevertheless, we can maintain the translation "propositions" when we translate "*logoi*" with Th. Ebert as premises of theories, for premises of theories are propositions:[11] Thus, I attempt to elucidate the intended meaning by translating *logoi* in the following way:

[S₁]: "So I thought I must take refuge in theories and their premises, and investigate the truth of things in them."

[S₂] makes an addition and qualification: He declares the comparison with the sight of the reflection of the sun in water to be an image (*eikazô*) and qualifies the image as being in some sense inadequate. What is in some sense inadequate about this image? To see reality through an image suggests indirect access to reality; however, as R. Hackforth remarks: "[The image] is a good parallel in so far as the contrast of direct and indirect apprehension goes; but in so far as it might imply that *logoi* stand to physical objects (*erga*) in the relation of images to real things, it is misleading."[12]

[S₃] is indeed "misleading" or "confusing" (Gallop, 1975, p. 178).[13] It can have at least two different interpretations. I call these the standard[14] and the non-standard or astonishing interpretations.[15] The issue is in whether Socrates means that (a) both the student of *erga* and the student of *logoi* consider "the truth of things" in images, because *logoi* are also images ('the standard interpretation'), or (b) the student of *logoi* does not consider "the truth of things" in im-

---

10 Cf. Murphy, 1936, pp. 40–41: "[...]; *logoi* are verbally contrasted with *erga*, and perhaps some word like 'theories', though it is not an exact equivalent, would bring out this contrast, [...]."
11 Cf. Ebert, 2004, p. 350: "Die *logoi*, die Sokrates im Auge hat, sind also offenbar Teile von Argumenten oder allgemeiner von Schlüssen, sind aber selbst keine Argumente oder Schlüsse. Sie haben den Status von Prämissen, aber nicht den von Schlüssen."
12 Hackforth, 1955, p. 137, mentioned in Frede, 1999, p. 121, n. 29.
13 "The sentence [S₃] in which Socrates qualifies his comparison of 'theories' with images (a1–2) is confusing in translation." Cf. the different translations in the appendix. But the sentence is also confusing in Greek.
14 The standard interpretation has been defended, e.g. by Gallop, 1975, p. 178; Bostock, 1986, pp. 157–162; Gadamer, 1968a, p. 254; Gonzalez, 1998, pp. 188–208; Thanassas, 2003; Dancy, 2004, p. 295; Costa, 2017, p. 141.
15 The non-standard interpretation has been defended, e.g. by Burnet, 1911, p. 99, *ad loc.*: "It is not really the case that the *logoi* are mere images of *ta onta* or *ta pragmata*"; Dixsaut, 1991, p. 140: "Saisir une réalité à travers un discours réflexif, ce n'est pas n'en saisir qu'une image. Au contraire, c'est l'expérience concrète qui ne livre que l'image de la chose, alors que la réfléxion accède à sa réalité véritable"; Kanayama, 2000, p. 47, cf. here p. 66.

ages, because *logoi* are not *eo ipso* images of things ('the non-standard interpretation'), but have only to be coherent.

In the 'standard interpretation', the indirect way of theories is not inferior to the direct way, because theories are also images of reality, namely "pictures in words" (cf. *Cra.* 431ab2–c2),[16] as the image of the sun in water is an image of the real sun. It follows that Socrates "was really turning not from realities to their images, but from one kind of images to another" (Crombie, 1963, p. 157). *Logoi* or theories, which depict (*eikazein*) real things, would then be on the same level as what Socrates later called *eikasia*, that is, conjecture through images, or – more exactly – through images of images (cf. *R.* 511e2, 534a1–5; cf. also *R.* 598b6–8).[17] As the sun seen "in water or some such reflection" (*Phd.* 99d8–e1, my translation) is an image of the real phenomenon, so *logoi* would be images of realities. Then the upshot of Socrates' flight into the *logoi* is that theories as images of reality are inadequate – even if they would be "images of a higher grade than objects in the sensible world, and thus closer to Forms" (Gallop, 1975, p. 178). Socrates would then in some sense anticipate Wittgenstein's picture-theory of language and thought: "The picture is a model of [phenomenal] reality" (*TLP* 2. 12). As "a model of [phenomenal] reality", a picture is not an exact representation of phenomenal reality. According to I. Costa (Costa, 2017, p. 149), Plato's Socrates "seems even to anticipate" with his "*deuteros plous*" "an axiom of the present information theory" that there is "no direct or immediate access to pure dates".[18]

In the non-standard interpretation, S_3 makes the claim that the indirect way of theories is nevertheless not inferior to the direct way of vision; the indirect way does not use *logoi* in the sense of images, whereas the reflection of the sun in water is an image of the real sun.

---

[16] Cf. *Cra.* 431b2–c2, mentioned in Costa, 2017 p. 143, n. 28. Costa is anticipated by Bostock, 1986, p. 160, who gives the following caveat: "However, it is not even clear that this (rather confused) line of thought was Plato's own view at the time when he wrote the *Cratylus*. This is partly because the dialogue goes on to reject the premiss that names need to be rightly framed (434c–435c), and partly because there are evidently many things in that dialogue that Plato is not very serious about, and the way the argument is extended from names to propositions may well be one of them." Quoted without footnote.

[17] Cf. Ferber, 1989, pp. 85–91, pp. 111–114.

[18] Costa, 2017, p. 145: "Platone sembra anticipare un assioma del'odierna teoria dell informazione che nega che ci possa essere captazione diretta o immediata dai dati puri: 'non s accede mai ad essi e nemmeno li si può elaborare indipendentemente da un qualche livello di astrazione'". Quotation of Floridi, 2011, without indication of page.

But the standard interpretation involves the following problems: (a) It insinuates that the Platonic Socrates treats *logoi* like images – or even *eikasiai* – that is, conjectures through images of images; (b) it insinuates that *these* conjectures posit ideas and then (c) assumes the logical impossibility that the *logoi* which posit ideas (cf. *Phd.* 100b5) depict first what they then posit; (d) it leaves open the question about what false *logoi* depict, and (e) nowhere *in* the *Phaedo* are "objects in the sensible world" called explicitly "images of Forms".

But let's (f) nevertheless assume that the standard view stated in this form is right: What would then have been the "philosopher's progress" if the Platonic Socrates turned from the old method of observation of facts to the new one of *logoi* as inadequate images of facts? Would in this case Socrates not merely turn from blindness to inexactness or even confusion and his "progress" be a regress – to the malicious joy (*Schadenfreude*) of his enemies?

Since I do not allow this joy to his enemies, I prefer the non-standard interpretation.[19] In fact, the Socrates who turns to the *logoi* in the sense of theories and their premises is not simply looking at reflections: The criterion of consistency (*symphônia*) which *logoi* have to fulfill (*Phd.* 100a5) suggests that *logoi* are not just reflections of real things in the sense of the correspondence theory of truth, but that *symphônia* or "consistency should suffice for truth".[20]

> But in any case this was my starting point: hypothesizing (*hypothemenos*) on each occasion whatever account I judge to have the most explanatory power, I posit as true (*alêthê onta*) whatever seems to me in tune (*symphônein*) with this, [...]. (*Phd.* 100a3–4, Transl. Rowe)

So in the non-standard interpretation, *logoi* are not images of real things, but are posited "as true" even if they are only in tune or consistent with each other. In other words: In the standard interpetation of the *logoi*, Plato's Socrates adheres to a correspondence theory, in the non-standard interpretation, to a coherence theory of truth. According to the non-standard theory, the "philosopher's prog-

---

[19] Cf. for anticipations of the *interpretatio difficilior* Natorp, 1903, p. 156; Natorp, 2004, p. 167: "For logic is not something like a mere organ or instrument with which to grasp the 'existing' objects to be found outside us; it is not merely the eye-glass that protects from blinding, in order that we may look with impunity at the externally existing being of sensible things that radiates in the sunlight, so to speak, of immediate truth in itself. This simile is defective for it is not the logical shape of being that is merely a copy [...]" (Transl. Politis/Connolly). Murphy, 1936, p. 43: "the *logoi* are in no sense *like* the things being studied, and it becomes equally clear as we read on that the *logoi* are not *logoi of* the things. [...]. But surely they are independent propositions and thoughts introduced *ab extra*". *Logoi* (and hypotheses) are for Socrates not on the same level as images or *eikasiai*, cf. *R.* 511d6–4.

[20] Vlastos, 1991, p. 15.

ress" consists not merely in the move from the old method of "observation of facts" to the new one of the *logoi* as inadequate images of facts, but in the move from a presumed correspondence of the *logoi* with the facts to mere internal coherence of the *logoi*.

In my 'non-standard interpretation', Socrates will, as in the 'standard interpretation', "not admit that discussion is a less direct approach to truth than sense" (Shorey, 1933, p. 131) or, more exactly, "not altogether admit that his method of studying things is less direct than that of the physicists ([...])" (Ross, 1953, p. 27). But the 'non-standard interpretation' gives quite a different twist to these words than the common one does: The physicists study things *en ergois*, that is, in reality.[21] Socrates studies things *en [tois] logois*, that is, in the premises of theories. If Socrates "will not altogether admit that his indirect method of studying things is less direct than that of the physicists", then his indirect method is not less direct than that of the physicists. If it is not less direct, it is at least on an equal footing to the physicists' method of getting at the truth of things. In the words of Y. Kanayama: "[...], an enquirer who studies his objects in *logoi* studies them as directly and clearly as those who study in concrete, and what's more, without any fear of being blinded by the employment of the senses" (Kanayama, 2000, p. 47).

II

The question now – not asked by Y. Kanayama – arises: How is it possible that the indirect way of arguments is on an equal footing with the direct way of seeing, that is: *to skopein en [tois] logois ta onta* on equal footing with *to skopein ta onta en [tois] ergois*? This problem is analogous to the problem that was called by G. Vlastos "*the* problem of the elenchus";[22] let's call it *the* problem of the unproved hypothesis, that is – to use an expression from the pseudo-Platonic *Definitions* – *the* problem of the "unproved principle" (*archê anapodeiktos*) (*Def.* 415b10).

---

21 Robin, 1950, p. XLIX: "L'expression *en ergois*, [...] fait penser à l'*energeia* d'Aristote: *acte* qui est à la fois forme logique et réalité; qui, à l'état pur, est Dieu même."
22 Vlastos, 1999, pp. 38–39: "The question then becomes how Socrates can claim, [...] to have proved that the refutand is false, when all he has established is the inconsistency of p with premisses whose truth he has not undertaken to establish in that argument: they have entered the argument simply as propositions on which he and the interlocutor are agreed. This is *the* problem of the Socratic elenchus [...]."

In distinction to the elenchus of Plato's Socrates in the early dialogues, the Platonic Socrates of the *Phaedo* does not start from premises or hypotheses (*hypotheseis*) made by the interlocutor (cf. e.g. *Euthphr.* 11c4–5; *Hp.Ma.* 302c12; *Grg.* 454c4–5) to which he is not committed, but from his own to which he is committed; nevertheless, the "problem of the elenchus" persists in the problem of the unproved hypothesis or "unproved principle"; for all the theories can do is to arrive – like Plato's Socrates and his interlocutors in the early dialogues at *homologia* (cf. e.g. *Chrm.* 157c6–7; *Ly.* 219c4; *Grg.* 487e6–7) – at *symphônia*, that is, harmony or concord (cf. *Phd.* 100a5). The expression *symphônia* or "concord" has been made more precise by R. Robinson here and at 101d5 by distinguishing "consistency" from deducibility (cf. *Prt.* 333a6–8; *Grg.* 457e1–3; *Phdr.* 270c6–7).[23] I cannot enter here into the logical problems which the translations "consistency" and "deducibility" offer.[24] I make only the following point concerning consistency. If a hypothesis leads to inconsistent consequences, then it is supposed to be false: "If anyone should question the hypothesis itself, you would ignore him and refuse to answer until you could consider whether its consequences were mutually consistent (*symphônei*) or not (*diaphônei*)" (*Phd.* 101d3–5, Transl. Rowe). If the consequences are not mutually consistent, then the hypothesis is false and has to be rejected.

But consistency or "concord" is only a negative test of truth. This has been long before R. Robinson (1902–1996)[25] observed by G. W. Leibniz (1646–1716) in his *Platonis Phaedo Contractus*:

---

23 Robinson, 1953, p. 131.
24 Cf. Robinson, 1953, pp. 126–136. But cf. Kahn, 1996, p. 316: "I suggest that the term for consequence is deliberately avoided, because Plato is here presenting the method hypothesis as more flexible and also more fruitful than logical inference. [...] Whatever is incompatible with some basic feature of the model, as specified in the *hypothesis,* will be 'out of tune' (*diaphônein*) or fail to accord. But the positive relationship of 'being in accord' (*symphônein, synâ(i)dein*) is not mere consistency. It means fitting into the structure, bearing some positive relationship to the model by enriching or expanding it in some way". This point has been further developed by Bailey, 2005, esp. pp. 104–110, by accentuating the musical connection of "being in accord", a point made also by Stefanini, 1949, p. 258: "*Il criterio della verità, è,* adunque, *la legge stessa della muscia: armonia.* Ciò che resta fuori dell'eurithmia universale è ad un tempo dissonante e falso."
25 Cf. Robinson, 1953, pp. 135–136: "'Seeing whether the results accord', considered as a test, is merely negative. It can sometimes show that the hypothesis must be abandoned, but never that it must retained."

> [...] after establishing something like a second voyage I did enter another path which, if it does not explain everything, does not tolerate that something false is said. (Transl. R. F.)[26]

So the *deuteros plous* is also a "second best voyage" because it is merely a method of exclusion of errors given a *hypothesis*.

Nevertheless, we can ask the question which remains open: *Logoi* or theories may be consistent or harmonious like a piece of music, but are they also true in the sense of corresponding to reality? Mere consistency is for the Platonic Socrates clearly not yet by itself a guarantee of truth:

> If your premise (*hypothesis*) is something you do not really know and your conclusion and intermediate steps are a tissue (*sympeplektai*) of things you do not really know, your reasoning may be consistent with itself (*homologia*),[27] but how can it amount to knowledge (*epistêmê*)? (*R.* 533 c5–6, Transl. Cornford; cf. *Cra.* 436c7–d7)

What is said here from mathematical *hypotheseis*, which the mathematicians laid down "as known" (*R.* 510 c6) and treat as absolute or non-hypothetical assumptions, seems to me valid in an analogous way also to the hypothesis of ideas (cf. *Phd.* 100b1–9, p. 69–70). If the hypothesis of ideas is laid down as something much "talked about" (*polythrylêton*) (*Phd.* 100b5), it is therefore not yet true.

In fact, we find in Plato not only consensus (*homologia*) (cf. *Grg.* 487e6–7) or consistency (*symphônia*) as a criterion of truth (*Phd.* 100a4–7), but also correspondence: "A true *logos* says that which is, and a false *logos* says that which is not" (*Cra.* 385b7–8; cf. *Sph.* 263b3–7): "The [true] statement as a whole is complex and its structure *corresponds to* the structure of the fact" (Cornford, 1935, p. 311). In the same vein, we could say: A true hypothesis says that which is, and a false one says that which is not.

If the Socrates of the *Phaedo* tries to investigate "in the *logoi*" "the truth of things", he tries to arrive by his flight into the *logoi* at the reality of things. Therefore, [S₃] seems to indicate that, nevertheless, mere consistency is by itself a guarantee of truth no less than correspondence is.

Metaphorically speaking, the second sailing is no less a method to arrive at the goal – "the truth of things" – than is the first; or the rowing boat is no less a vehicle to get to the final destination than is the sailing boat. Or to put it differ-

---

[26] Cf. Leibniz, 1980, p. 294: "Cum ergo causas rerum ex optimi electione sumptas, neque ipse per me consequi, neque ab alio me discere posse viderim, velut secunda navigatione instituta aliud ingressus sum iter, quod si non omnia explicet, nihil tamen patiatur dici falsum."

[27] *Homologia* may mean consensus or consistency. Cf. the remarks to *homologoumenôs*, *R.* 510d2, in Ferber, 1989, p. 96, where I plea rather for consensus.

ently again: By dreaming – as sometimes Socrates does (cf. *Smp.* 175e2–3; *Cra.* 439c6–d; *Phd.* 60e1–61a4) – we may arrive at reality as in a state of wakefulness, whereas by seeing with our eyes, we are blinded – at least if our dreams are consistent or harmonious.

Or to use the metaphor which the Platonic Socrates then uses in the *Republic*: By distinguishing the essence of the Good from everything else and "surviving like in a battle all attacks of refutations" (*hôsper en machê(i) dia pantôn elenchôn diexiôn*) (*R.* 534c1–2, free transl. Ferber) with a "*logos* not liable to fall" (*aptôti tô(i) logo(i)*) (*R.* 534c3), the philosopher-kings and -queens not only survive all attacks with an infallible or irrefutable *logos*, but they are "brought at last to the goal" (*R.* 540a6), namely "to lift up the eye of the soul to gaze on that which sheds light on all things" (*R.* 540a7–9), that is, "the Good itself" (*R.* 540a8–9), a "principle which is not a hypothesis" (*anhypothetos archê*) (*R.* 510b7) to which the "something sufficient" (*ti hikanon*, *Phd.* 101e1) may allude (cf. Gallop, 1975, pp. 190–191).[28]

This is quite an astonishing claim. The question was *in principle* aptly formulated by Donald Davidson:

> Consistency is, of course, necessary if *all* our beliefs are to be true. But there is not much comfort in mere consistency. Given that it is almost certainly the case that some of our beliefs are false (though we know not which), making our beliefs consistent with one another may as easily reduce as increase our store of knowledge. (Davidson, 2005c, p. 223)

In fact, the flight into the *logoi* takes the risk that some of the *logoi* – or even the *logos* judged to be the "strongest" (*Phd.* 100a4), that is, the "hardest to refute" (*dysexelenktotatos*) (*Phd.* 85c9–d1) – are false. Now the method with which the Platonic Socrates takes refuge in the *logoi* in the *Phaedo* is the method of mathematics known from the *Meno* as the method of hypothesis (*ex hypotheseôs*) (*Men.* 86e3), which prefigures the *deuteros plous* of the *Phaedo*. But in the *Phaedo*, it is neither a mathematical hypothesis that is put forward (cf. *Men.* 85b7–86d2) nor the hypothesis that virtue is a science: "if virtue is a science, then it would be teachable" (*Men.* 87c5–6). It is the hypothesis that ideas exist where "is" has the emphatic Parmenidean meaning of being real or really real (*ontôs on*):[29]

> My aim is to try to show you the kind of reasons that engage me, and for that purpose I'm going to go back to those much-talked-about entities (*polythrylêta*) of ours – starting from

---

28 This is nevertheless a disputable issue, cf. Verdenius, 1958, p. 231; Ferber, 1989, p. 100.
29 Cf. for the influence of Parmenides in the *Phaedo* Hackforth, 1955, pp. 84–85.

them, and hypothesizing that there's something that's beautiful and nothing but beautiful, in and by itself, and similarly with good, big, and all the rest. If you grant me these, and agree that they exist, my hope is, starting from them, to show you the reason for things and establish that the soul is something immortal. (*Phd.* 100b1–9, Transl. Rowe)

The reasoning is roughly this: If the hypothesis of ideas is true, then the soul is immortal. Not only does the theory of ideas depend on a hypothesis, but the final proof of the immortality of the soul also depends on the hypothesis of ideas: The final proof depends on the hypothesis of ideas (*Phd.* 100b7–9), and the hypothesis of ideas depends on a hypothesis or premise.[30] So the immortality of the soul is, like the theory of ideas, "something necessary because of a hypothesis" (*ex hypotheseôs anankaion*) (cf. Aristotle, *PA* A 1, 642a9).

But the Platonic Socrates cannot do in the short time before his death – "as long as there is still daylight" (*Phd.* 89c7–8) – what the Platonic Parmenides does later in a kind of second *deuteros plous* in the *Parmenides:* to consider the consequences of the negations of his hypothesis, namely "if that same thing is hypothesized (*hypotithesthai*) not to be" (*Prm.* 136a1–2). What are the consequences if "the beautiful, the good and every such reality" (*Phd.* 76d8–9) are hypothesized not to be? In fact, Socrates assumes concerning the pre-existence of the soul: If these realities do not exist, then would not this argument be altogether futile (cf. *Phd.* 76e4–5)?

But how without this time-consuming "exercise" (*Prm.* 135c8, d4, 7, 136c5) does the Platonic Socrates know that his hypothesis of the individual ideas is at least a candidate of truth and not false *as* a hypothesis (cf. Aristotle, *APr.* 62b12–20) – as other hypotheses of him have been proven false (cf. Aristotle, *Pol.* B, 1261a16, 1263b29–31) – or, even worse, idle talk (*adoleschia*, cf. *Phd.* 70c1, *Prm.* 135d5, *Tht.* 195b10; *keneagoria*, *R.* 607b7), as commonly assumed (cf. p. 60)?

In fact, Plato's first interpreter, Aristotle, will say that the *polythrylêta* – the Platonic ideas – are *teretismata* (*APo.* A 22, 83a33), that is, twitters, and to speak of ideas as paradigms and participating is *kenologein*, idle talk (cf. *Metaph.* A 9, 991a21–22). Aristotle refers with this critique clearly to the *deuteros plous* of the *Phaedo* (cf. *Metaph.* A 9, 991b3–7); already Aristotle's remark "[…] [Plato's] introduction of the Forms (*eisagôgê tôn eidôn*), were due to his inquiry in the *logoi* (*en tois logois skepsis*), for the earlier did not partake in dialectic […]" (*Metaph.* A 6, 987b31–33) is "pretty clearly a reminiscence" of *Phd.* 99e5–100a4.[31] In *De generatione et corruptione*, Aristotle explicitly attributes the theory not to Plato,

---

30 Cf. Sedley, 2018, pp. 210–220.
31 Cf. Ross, 1924, I, p. 171, and now the careful article of Delcomminette, 2015.

but to the Platonic Socrates, that is, "the Socrates in the *Phaedo*" (*ho en tô(i) Phaidôni Sôkratês*) (*GC* B9, 335b10 – 14; cf. *Pol.* B, 1261a6).

The answer of Plato's Socrates on the "*the* problem of the Socratic elenchus" was: We have like Meno's slave hidden in us true opinions (cf. *Men.* 81a – d, 58b – 86b), because we are 'fallen souls', for "the truth of things is always in our soul" (*Men.* 86b1). D. Davidson thus writes in the article "Plato's Philosopher":

> [T]he assumption is that, *in moral matters, everyone has true beliefs which he cannot abandon and which entail the negations of his false beliefs*. It follows from this assumption that all the beliefs in a consistent set of beliefs are true, so a method like the elenchus which weeds out inconsistencies will in the end leave nothing standing but truths. (Davidson, 2005c, p. 229)

In the same vein, the Platonic Socrates *could* say in the *Phaedo*, evoking the *Meno*: Everyone has hidden true beliefs about the universals like "the equal" (cf. *Phd.* 74a5 – 75a3). Although "the equal" seems to belong to the *metaxy* between Ideas and sense phenomena (cf. Aristotle, *Metaph.* A 6, 987b14 – 18),[32] as Socrates uses also the plurals "the equals themselves" (*auto ta isa*) (*Phd.* 74c1) and "the three" (*ta tria*) (*Phd.* 104e1), the "equal" is nevertheless a universal like "the beautiful, the good and every such reality" (*Phd.* 76d8 – 9). But this hypothesis will remain at the end of the day true because an examination of this hypothesis would leave realism about the universals like the equal and "the beautiful, the good and every such reality" as the only viable option about the universals. We arrive through the *deuteros plous* at reality as through the '*prôtos*', because in us are true opinions about the universals, which entail negations of the false opinions, and cannot be shaken or are elenchus-resistant but must be made explicit by cross-examination.

Metaphorically, we can give the answer in the following way: The rowing boat has in itself a sail, which can be hoisted; that is, by *skopein en [tois] logois*, we arrive at the *alêtheia tôn ontôn*. Or, to use another metaphor: Our soul as the "place of ideas" (*topos eidôn*) (Aristotle, *de An.* Γ 4, 429a27 – 28)[33] is a mirror of the truth, but has in its incarnated form to be purified from its hidden contradictions by an examination of the *logoi* until it can see the unveiled truth.

---

32 Cf. Wippern, 1970, pp. 276 – 277: "Die Lösung dieser Aporie kann von Platon aus gesehen nur darin liegen, dass jedenfalls die Seele und die scheinbar nur der Exemplifikation dienenden partikulären 'Ideen' der *monas dyas, trias* oder der *pemptas* eine Art *Zwischenstellung* zwischen dem Reich der absoluten *eidê* selbst und der sinnlich wahrnehmbaren Dinge innehaben." Cf. also Wippern, 1970, p. 277, n. 14; Schiller, 1967, pp. 57 – 58; and Ross, 1924, p. 194.

33 Cf. Ferber, 2007a, p. 183.

Again, in the same vein, Socrates could say: Everyone has hidden true beliefs about his soul and its destiny after his death, for example that the soul brings life (*pherousa zôên*) (cf. *Phd.* 105d3–4; *Cra.* 399d11–e2; *Lg.* 895c11–12) "whenever it exists" (*hotanper ê*) (*Phd.* 103e5),[34] which entail the negations of his false beliefs, for example that the soul dies with the body. The hypothesis of the immortality of the soul will remain at the end true because an examination of this hypothesis would leave it as the only elenchus-resistant and viable option.

And *only now* are we able to disentangle the kernel of truth in the "standard interpretation" according to which the student of *logoi* considers the "truth of things" in images: *Logoi* or theories may become images of "the truth of things" in the sense of the correspondence theory only when purified from their hidden contradictions. But they are then no longer *eikasiai*, that is, conjecture through images, or through images of images (cf. *R.* 511e2, 534a1–5; cf. also *R.* 598b6–8), but express at least true beliefs which say that what is.

I use the expression "true beliefs", not knowledge, because there is in the *Phaedo* a caveat: As long as our soul is in a body, we may come in the best case as near as possible or "very near" (*engytata*) (*Phd.* 65e4, 67a3; cf. *homoiotaton*, 80b3 with *engys ti toutou*, 80b10) to the truth about the destiny of our soul, but it remains at a "distance" from the truth – caused by our corporeality. There is a distance between pure knowledge, which would imply complete consistency of our belief system, and the closest approach to this knowledge in life, which is not possible to bridge by a "by-way" or "short cut" (*atrapos*) (*Phd.* 66b4):

> [If] it's impossible to get pure knowledge of anything in the company of the body, then one or the other of two things must hold: Either knowledge can't be acquired, anywhere, or it can be, but only when we're dead; because that's when the soul will be alone by itself, apart from the body, and not until then. (*Phd.* 66e4–67a2)

If this principle is applied to the soul, it is impossible to acquire *pure* knowledge of its immortality in the company of the body, that is, in this life, although it may be possible to attain different degrees of approximations, depending on the progressive degrees of separation from the body (cf. *Phd.* 67a2–3).[35] But only after death, that is, after our excarnation, would we not only *believe*, but really

---

34 Cf. for the remarks "whenever it exists" (*hotanper ê*) (*Phd.* 103e5) the neglected, but pertinent, remarks of Wippern, 1970, pp. 273–274.
35 Cf. Fine, 2016, pp. 563–564.

know that we are immortal, if we are after death – paradoxically speaking – still alive.

This human impossibility to arrive at pure knowledge seems to remain true for Plato right up to the digression in the 7th letter "because of the weakness of *logoi* or arguments" (*dia to tôn logôn asthenes*) (*Ep.* VII, 343a1)[36] – a corollary of the "human weakness" (*anthrôpinê astheneia*) (*Phd.* 107b1; cf. *Lg.* 853e10 – 854a1; *Plt.* 278c9 – d6) caused by the *in*carnation of our souls. To this "human weakness" still the "*deuteros plous*" in the *Philebus* alludes: "But while it is a great thing for the wise [Anaxagoras?] to know everything [that is also *tas allas aitias tas sophas, Phd.* 100c9 – 10)], the second best voyage (*deuteros plous*) is not to ignore oneself, it seems to me" (*Phlb.* 19c1 – 3, Transl. Frede with modification).

III

Phd. 99e4 – 100a3 belongs to the "autobiographical pages" of Plato's Socrates. These pages have been called the "ancient counterpart of Descartes' *Discours de la Méthode pour bien conduire sa raison*" (Taylor, 1936, p. 200, n. 1).[37] Thus, for example D. Gallop writes:

> Like Descartes, Socrates professes to be confused by the senses and to abandon their use. Both are pioneers of a new philosophical method. Both seek metaphysical foundations for mathematics and natural sciences. And both formulate basic certainties that fortify their religious convictions. (Gallop, 1975, p. 169)

Here we may go a step further by *comparing* the "final proof" for the immortality of the soul with Descartes' ontological argument for the existence of God. The "final proof" extends from *Phd.* 105c9 – 107a1 and consists of two parts, a first sub-proof that the soul, since it is the cause of life in the body, is immortal (*Phd.* 105c9 – e7) and a second sub-proof that the soul, since it is immortal, is in-

---

36 Cf. Ferber, 2007a, esp. pp. 56 – 66, pp. 106 – 120. The interpretation of Burnyeat/Frede, 2015, pp. 121 – 132, does not take into account this discussion. Cf. now inter alia the critique of Burnyeat by Szlezák, 2017, pp. 311 – 323, esp. pp. 318 – 320.

37 "The autobiographical pages of our dialogue are thus the ancient counterpart of Descartes' *Discours de la Méthode pour bien conduire sa raison* with the interesting differences, (1) that though both philosophers are concerned to simplify philosophy by getting rid of a false and artificial method, Descartes' object is to revive the very 'mechanical' interpretation of nature which Socrates rejected, and (2) that Socrates left it to the piety of another to do for his mental history what Descartes did for himself."

destructible (*Phd.* 105e10–107a1). The second sub-proof has also been called the "ultimate final proof":[38] I call the first sub-proof the penultimate one.

The penultimate draws the conclusion: "In that case soul is something deathless – immortal" (*Phd.* 105e6, Transl. Rowe). The "ultimate final proof" draws the conclusion: "'There's nothing clearer, then, Cebes,' said Socrates, 'than that soul is something immortal and imperishable (*psychê athanaton kai anôlethron*), and that really and truly *our* souls will be (*tô(i) onti esontai hêmôn hai psychai*) there in Hades after all'" (*Phd.* 106e8–107a1, Transl. Rowe, cf. 70c4–5). So the premises of the final proof are the hypotheses of the individual ideas (cf. p. 70) and the conclusion is (a) that soul is something deathless/immortal, (b) that soul is indestructible and (c) that our souls will indeed be in Hades.

After D. Frede (1978) and N. Denyer (2007), D. Sedley (2018) has made a new – and as far as I know, the best available – attempt to show the validity of this conclusion, given the premises (Sedley, 2018).[39] In the following, I will not dare to make another new attempt to show the validity of this conclusion, but I will try to show that the "final proof" for the immortality of the soul shares with the ontological argument for the existence of God the same structure in the following sense: By *skopein en [tois] logois*, we are supposed to arrive at the *alêtheia tôn ontôn*. But if this is true, it shares also one of the problems.

I quote here from the penultimate final proof only the following lines:

> "Well now, what do we call that which does not admit death?"
> "Deathless/immortal [*athanaton*]."
> "Does soul not admit death?"
> "No."
> "Then soul is something deathless/immortal?" "It is something deathless/immortal."
> "Well now," said Socrates, "are we to say that this has been proved? What do you think?"
> "Yes, and most sufficiently, Socrates." (*Phd.* 105e2–10, Transl. Sedley)

This argument has a certain affinity with the ontological argument used by Descartes in his *Discours de la Méthode* (*AT* VI, p. 36) and his *5th Meditation on First Philosophy*.[40] I prefer Descartes' version of the ontological argument because it

---

38 Cf. Pakaluk, 2010, pp. 643–677.
39 Sedley, 2018, pp. 221–220. Cf. also Frede, 1978, and Denyer, 2007.
40 The first to have made this observation seems to be Nietzsche, 1995, p. 184: "Die letzte [Stufe] ist die des ontologischen Beweises, aus dem Begriffe: eine todte Seele ist ein logischer Widerspruch." Then Robin, 1950, p. 82, n. 1, quoted in Moreau, 1947, p. 328, n. 1. A fuller treatment we find in Moreau, 1947, pp. 320–343, esp. pp. 328–329: "la conclusion qu'on cherche à tirer de la définition de l'âme suppose une inférence de l'essence à l'existence; en quoi consiste pré-

has more affinity with the final proof than does Anselm's. Like the *Phaedo*, Descartes' *Meditations* try to prove the immortality of the soul, as is indicated by the subtitle of the first edition (1641) of the *Meditations*, "*In qua Dei existentia et animae immortalitas demonstratur*":[41]

> [...] from the fact that I cannot think of God except as existing (*nisi existentem*), it follows that existence is inseparable from God (*existentiam a deo esse inseparabilem*), and hence that he really exists (*revera existere*). It is not that my thought makes it so, or that it imposes any necessity on anything; but, on the contrary, it is the necessity which lies in the thing itself, that is, the necessity of the existence of God, which determines me to think in this way: for it is not in my power to conceive a God without existence, that is, a being supremely perfect, and yet devoid of an absolute perfection, as I am free to imagine a horse with or without wings. (*AT* VII, p. 67, Transl. J. Veitch/J. Cottingham)

The analogy consists in the following: As the *pen*ultimate proof for the existence of an immortal soul concludes from the meaning of the expression "soul" or "*psychê*" that a soul does not admit death *and* is – after the "*ultimate* final proof" – indestructible (cf. *Phd.* 106d5–7),[42] so, too, does the ontological argument conclude from the meaning of the word "God" as implying "existence" in the sense of a perfection that God exists *and* is real (*existentiam a Deo esse inseparabilem*, **ac** *proinde illum revera existere*) (*AT* VII, p. 67). But when God really (*revera*) exists, his existence is also indestructible. Thus, it would be a contradiction to think of God – that is, a supremely perfect being – as lacking real existence and being destructible, because he would then lack perfection and not be a supremely perfect being, just as it is a contradiction to think of an immortal and indestructible soul as mortal and destructible. Both proofs try to prove the real existence of something – in one case the real existence of God and in the other case the real existence of an immortal soul – by the method of a *skopein en [tois] logois*. By a *skopein en [tois] logois*, we are supposed to arrive at the *alêtheia tôn ontôn*. In Kantian terms: Both propositions – "God exists" and "The soul is im-

---

cisement une argumentation ontologique." After Moreau, O'Brien, 1968, pp. 95–106, p. 104, writes: "The conclusion of our unfolding of Plato's argument would be that many things may exist: but that one thing, soul, always and so necessarily or essentially exists. In this the complete explication of Plato's argument leads us to something like the notion of a necessary being, a necessary being of the kind that is required as the object of the so-called ontological argument for the existence of God". But the analogy is not so much the analogy with a necessary being, but with a being whose existence is enclosed in its perfection.

41 In fact, the *Meditations* arrive only at a premiss for the proof of the immortality of the soul (cf. *AT* VII, pp. 5–6) by proving its "real distinction" from the body (*AT* VII, p. 71), cf. Ebert, 1992, p. 189.

42 Cf. Pakaluk, 2010, pp. 643–677.

mortal" – are on the one hand analytic, and their negations – "God does not exist" and "The soul is mortal" – therefore false. On the other hand, they presume to give substantive information about reality.

The "ultimate final proof" is in this sense the ontological argument for the immortality of the soul. Both ontological arguments try to prove the extramental and indestructible reality of something by analytic propositions: Plato's Socrates tries to prove the indestructible reality of the soul, Descartes the (indestructible) reality of God. In contrast to Kant's opinion that analytic judgments do not enlarge our knowledge (cf. *Critique of Pure Reason*, A 258/B314), *both* ontological arguments presume to enlarge our knowledge. The difference lies in this: Whereas nowhere in the *Phaedo* does Socrates consider the possibility that he or his interlocutors lack a soul in life, Descartes assumes God's non-existence.

Now we may also understand better what the meta-physical turn (cf. p. 61) of the Platonic Socrates consists in. It is not the turn from synthetic propositions that can be false to synthetic propositions *a priori* which presume to be always true about things of which no experience is possible, but to analytic propositions *a priori* which are always true or "safe" (*Phd.* 100e1). But these analytic propositions enlarge our knowledge.[43] Whereas the "safe" (*asphalē*), but "unlearned (*amathē*) answer" (*Phd.* 105c1) – "through the beautiful, beautiful things are beautiful" (*Phd.* 100e1–3) – is merely a quasi-tautological truth, the "subtler (*kompsotera*) answer" (*Phd.* 105c2) involves a third item which always has the property whose presence in particular is what is to be explained: As a thing is hot because of fire, so the soul is immortal because soul brings life. It is therefore not only a tautological analytic truth, but an analytic truth which teaches us something we did not know before: "The soul is immortal and indestructible" evidently enlarges our knowledge.

Of course, there remain doubts about *both* ontological arguments. I cannot open the whole battery of arguments for and against these two ontological arguments, but confine myself to two counterarguments, one against the ontological argument for the existence of God and one against the ontological argument

---

43 Reale, 1997, p. 153, writes: "Possiamo, in conclusione, affermare che la platonica 'seconda navigazione' costituisce una conquista che segna, in un certo senso, come abbiamo già rilevato all'inizio, *la tappa più importante nella storia della metafisica*." He nevertheless does not mention this turn from synthetic propositions to analytic propositions which enlarge our knowledge as made evident by Brentano (1925, pp. 178–179). But cf. Sedley, 2009, p. 152: "[...] the necessity that the soul be alive, confer [sic] life on whatever it is in, and itself never admit death is presented by Socrates as having an intimate relation to the 'safe' causal efficacy which earlier, in his Second Voyage (*Phaedo* 99d4–102a3), he attributed to Forms".

against the immortality of the soul, which have nevertheless something in common.

Johannes Caterus (ca. 1590–1655), the author of the *First Set of Objections* to the *Meditations*, writes, for example:

> Even if it is granted that a supremely perfect being carries the implication of existence in virtue of its very title, it still does not follow that the existence in question is anything actual in the real world (*in rerum natura actu quid esse*); all that follows is that the concept of existence is inseparably (*conceptum existentiae inseparabilter*) linked to the concept of a supreme being. So you cannot infer that the existence of God is anything actual (*actu quid esse*) unless you suppose that the supreme being actually exists (*actu existere*); for then it will actually contain all perfections, including the perfection of real existence. (*AT* VII, p. 99, Transl. Cottingham)

This objection is similar to one of the objections of Strato of Lampsacus (ca. 335–269 BC) against the "ultimate final" proof for the immortality of the soul:

> Never can it rashly be accepted that, if the soul does not admit death and is in this sense deathless, it is also indestructible: immortal is namely also a stone in this way, but it is not indestructible. (Transl. R. F.)[44]

Although a stone is not a living being, the example is well chosen to illustrate a weakness of the "ultimate final proof": It proves only that a soul is deathless "as long as it is alive" (cf. *hotanper ê*) (*Phd.* 103e5), but therefore it is not indestructible. In other words: Whereas the predicate "deathless" describes – at least in the standard post-Kantian and post-Fregean tradition – a conceptual or second-order attribute of which we do not have any real experience, the predicate "indestructible" describes a real or first-order attribute of which we can have real experience like that of a (relatively) indestructible individual stone.[45] In the same way: If a supremely perfect being carries the implication of indestructible existence in the conceptual or – as I prefer to say – semantic existence sense, it does not carry the implication of existence in the real or the "actual" sense.[46] *A priori* we cannot say what really and individually exists or does not exist in the future. But Socrates is finally interested not in the immortality and

---

[44] Wehrli, 1969, fr. 123, h, p. 38. Cf. Repici, 2011, pp. 433–440.
[45] Cf. Frege, 1997, p. 146, n. H: "The ontological proof of God's existence suffers from the fallacy of treating existence as a first-level concept."
[46] For the distinction between real and semantic existence, cf. Ferber, 2015, p. 151, n. 151. It corresponds to that between "existing" (*hyparchein*) and "subsisting" (*hyphistasthai*), represented by the Stoics (cf. *Stoicorum veterum Fragmenta* II, fr. 322, pp. 488, 541).

indestructibility of the concept of soul, but of his individual soul, if "really our souls will be in the Hades" (*Phd.* 107a1; cf. Centrone, 2012).

To meet the objection of Caterus, Descartes replies: "But, from the fact that we understand [by clear and distinct perception] that actual existence is necessarily and always conjoined with the other attributes of God, it certainly does follow that God [really] exists" (*A/T* VII, 117, Transl. Cottingham). But Descartes leaves the decisive point open about whether the existence of God is an "actually" real or first-order predicate, or only a conceptually or semantically real or second-order predicate of God.

So the question remains: What do these arguments prove, the really real (*ontôs on, revera*) or only the conceptually or semantically real existence of God or of an immortal/indestructible soul? We do not have the reply of Plato to Strato (ca. 335–ca. 269 BC), but only of Damascius (ca. 458–after 538) to Strato, who seems to have sided *not* with the Socrates of the *Phaedo*, but with Strato.[47]

But if God and the immortal/indestructible soul are only conceptually or semantically real – that is, reified thoughts (*noêmata*) – would they not presuppose something really real? In an analogous vein: If the Platonic ideas were only thoughts (*noêmata*), were these thoughts not thoughts of something (*ti*), namely Platonic ideas (cf. *Prm.* 132b4–c8)? The Platonic Parmenides uses in this "Refutation of Idealism" or "Conceptualism", in the words of B. Russell, "a kind of ontological argument to prove the objective reality of ideas"[48]: He uses at least a proto-ontological argument, insofar as the concept of idea as the "thought of something" (*noêma tinos*) implies the extramental existence or objective reality of this "something" – just as the "thought of God" (*noêma theou*) implies in the ontological argument the extramental existence of God.

In this sense, Plato reassumes already in the *Phaedo* the Parmenidean "Ur-identity" if we may interpret the fragment *to gar auto noein estin te kai einai* (D/K, B3) at least in this *minimal* sense that thinking presupposes Being, that is, that thinking presupposes something that exists as its object.[49] The history

---

47 Cf. Gertz, 2015, p. 255.

48 Russell, 1945, p. 417: "The real question is: Is there anything we can think of which, by the mere fact that we can think of it, is shown to exist outside our thought? Every philosopher would *like* to say yes, because a philosopher's job is to find out things about the world by thinking rather than observing. If yes is the right answer, there is a bridge from pure thought to things, if not, not. In this generalized form, Plato uses a kind of ontological argument to prove the objective reality of ideas [and the immortality of the soul]".

49 This interpretation has been defended, e. g. by Shorey, 1900, pp. 210–212. Cf. for the relation between Plato and Parmenides, Ferber, 1989, pp. 38–48, and esp. pp. 71–73, and for the reading of the ontological argument seems to be a virtually never-ending story or circle, as "predicted" by the goddess of Parmenides: "It is indifferent to me where I make a beginning; for there I come back again" (D/K, B5). If we begin with thinking, we come back again to being, and if we begin with being, we arrive back at thinking.

In the same vein as the "thought of something", the concept or reified thought of an immortal/indestructible soul seems for Plato to presuppose an extramental immortal/indestructible soul if "soul" or "soul-stuff"[50] is a general or mass noun and denotes an entity which transfers its immortality/indestructibility to the individual soul. So the main objection to the ultimate final proof seems to me not that of Strato, but the step from the existence of an immortal and indestructible soul *in general* to the future existence of my immortal and indestructible *individual* soul if "really *our* [individual] souls will be there (*tô(i) onti esontai hêmôn hai psychai*) in Hades after all" (*Phd.* 107a1). This *metabasis* of a second-order predicate of which we have no experience to a first-order predicate of which we will have experience after our death seems to be the decisive mistake in the final argument.

This post-mortem existence of our individual souls may at best express a "great hope" (cf. *Phd.* 114c9). But if this hope would become true, we are better off if we believe in it already in life. In this sense, we can at least draw the normative conclusion from the factual conclusion if we modify it in the following way: *if* "really *our* souls will be there in Hades after all" we should behave already in life as if "really" (*tô(i) onti*) our souls will be there.

This seems also to be the teaching of the final myth if we consider it a "symbolic hypotyposis" (Kant) – that is, a symbolic presentation – of what the future has in store:

---

of *to gar auto noein estin te kai einai* in the sense of an identification of knowing and being Kahn, 2009, pp. 16–116, and Long, 2004, pp. 233–240. This reading does not exclude the minimal sense. Plato seems nevertheless to reinterpret the fragment also in a maximal sense in the simile of the sun, cf. Ferguson, 1963, pp. 188–193, esp. p. 193, although he does not mention the fragment explicitly.

50 I owe the expression "soul-stuff" to Gallop, 1975, pp. 89–90: "For the idea that soul is immortal, merely in the sense that there exists a permanent quantum of 'soul-stuff', would no more imply the immortality of individual souls than the notion of a permanent quantum of matter implies the immortality of individual bodies."

[...] for those who have died, and – as we have been told since antiquity – something much better for the good than for the bad. (*Phd.* 63c5–7, Transl. Tredennick with minor modifications. Cf. *Lg.* 959b4–5)[51]

The fact remains that both of these "ontological proofs" did not convince everybody, and, without a doubt, the final proof for the immortality of the soul did not convince the mature Aristotle when he wrote:

[...] All, however, that these thinkers do is to describe the specific characteristics of the soul; they do not try to determine anything about the body which is to contain it, as if it were possible, as in the Pythagorean myths, that any soul could be clothed in any body – an absurd view, for each body seems to have a form and shape of its own. (*de An.* 407b20–24, Transl. Barnes)

It is also significant that Plato did not return to the final proof of Socrates in the *Phaedo* for the immortality of the soul, but did develop another proof (*Phdr.* 245c5–246e3) which relies on the self-motion of the soul and deduces from this self-motion that "it cannot have a beginning" (*agenêton*) and is "indestructible" (*adiaphthoron*) (*Phdr.* 245d3–4). Aristotle seems not convinced by it either,[52] because self-motion is a contradictory concept (cf. *Ph.* VIII 5, 257b26–258a5).

Nevertheless, Plato returned to the topic not only in the *Phaedrus* but also in the *Republic* (610e5–611a2), and even in the *Laws* (cf. *Lg.* 894e3–895c11, 896a1–b3), although not in the form of a formal proof. The immortality of the soul remained for Plato, as for his Socrates in the *Phaedo* and *Meno* (cf. 81a10–b7), "an old and holy saying" (*palaios te kai hieros logos*) (*Ep.* VII, 335a3) to be obeyed although "hard to prove" (*dysapodeikton*, cf. *R.* 488a1).

Moreover, even his Socrates of the *Phaedo* seems not finally convinced of the premises of his proof when he says to Simmias: "[...] our initial hypotheses (*hypotheseis tas prôtas*) [the hypothesis of ideas] really must be examined more clearly, even if the *two of you* do find them trustworthy (*pistai*)" (107b5–7, Transl. Rowe, emph. R. F.). The initial hypotheses are the hypotheses of "the beautiful,

---

51 Kant, *CJ*, § 59: "All *hypotyposis* (presentation, *subjectio sub adspectum*), or sensible illustration, is twofold. It is either *schematical*, when to a concept comprehended by the Understanding the corresponding intuition is given *a priori;* or it is *symbolical*. In the latter case to a concept only thinkable by the Reason, to which no sensible intuition can be adequate, an intuition is supplied with which accords a procedure of the Judgement analogous to what it observes in schematism: it accords with it, that is, in respect of the rule of this procedure merely, not of the intuition itself; consequently in respect of the form of reflection merely, and not of its content" (Transl. J. H. Bernard).
52 Cf. for a formal reconstruction of the argument in the *Phaedrus*, Ferber, 2003b, p. 129.

the good and every such reality" (*Phd.* 76d8–9), that is, the hypotheses of the individual Platonic ideas. These hypotheses are in the *Phaedo* – which is not a "science of ideas" (*tôn eidôn sophia*) (*Ep.* VI, 322d5) or even a "treatise about Ideas" (*Peri Ideôn*), but rather a drama or "tragedy" of a "man" (*anêr*) (*Phd.* 57a5, 58c7, 58e3; cf. *Lg.* 817b5)⁵³ – "not hypotheses in an unqualified sense, but only to the learner" (Aristotle, *APo.* I 10, 76b29–30). They are hypotheses of the *prôtagonistês* Socrates for two youths (*neaniskoi*) (cf. *Phd.* 89a3), the "*deuteragonistês*" Cebes – the "most obstinate sceptic among men" (*Phd.* 77a8–9) – and the "*tritagonistês*" Simmias. They act differently in the drama (Grünwald, 1910; Sedley, 1996, pp. 14–21), but both finally accept the hypothesis of ideas as trustworthy. But when Platonic ideas are presupposed for the existence of an immortal soul, the theory of ideas needs first to be established. For this hypothesis, Socrates stands up personally with his intellectual autobiography, and his trustworthiness may be, if not "almost the most effective" (cf. Aristotle, *Rh.* 1356a13), still an effective means of persuasion. But we find for this hypothesis in the whole *Corpus Platonicum* only *one* "direct argument" (Kahn, 1996, p. 330),⁵⁴ namely at *Ti.* 51d3–51e6.⁵⁵ The "Sticks and Stones" argument (*Phd.* 74a5–75a3) presupposes the theory of ideas with its use of the emphatic Parmenidean meaning of *esti* (*Phd.* 75b6), but does not yet prove the theory,⁵⁶ any more than the other passages of the *Phaedo* prove the theory (*Phd.* 65d4–5, 76d7–9, 78d3–7, 100b3–7) in a direct and formal way. They suggest, rather, that Simmias and Cebes are already familiar with it, at least from hearsay (cf. *Phd.* 76d7, 100b1–3). So the final proof remains somewhat in the "air" of the oral history of the early Academy.

In fact, with the metaphor of a "raft" (*schedia*, sc. *naus*), "literally, 'improvised boat'" (Kanayama, 2000, p. 92) with which one must sail through life (*Phd.* 85d1–2), the Socrates of the *Phaedo* indicates not only the instrumental character of the flight into the *logoi* as a *Hilfskonstruktion*, but also of the hypothesis of the theory of ideas which *Hilfskonstruktion* Plato, too, later on "never asserts to be definitely true".⁵⁷ It is only "something necessary because of a hypoth-

---

[53] It is a merit of Egger, 1900, esp. pp. 25–53, unjustifiably ignored, to have shown this in detail; cf. now also Casertano, 2015, esp. pp. 7–32.
[54] Cf. for an analysis Ferber, 1998a, pp. 424–430.
[55] Cf. Ferber, 1997a.
[56] *Pace* Forcignanò, 2018, pp. 249–254; cf. Gallop, 1975, p. 97: "[The theory of Forms] is, however, nowhere defended, but is simply accepted without argument by all parties (65d6, 74b1, 78d8–9, 92d6–e2, 100c1–2, 102a10–b1)." Svavarsson, 2009, p. 60: "The argument is not intended to establish that there are Forms; their existence is explicitly assumed."
[57] Burnyeat/Frede, 2015, p. 167, n. 76.

esis" (*ex hypotheseôs anankaion*) (cf. Aristotle, *PA* A 1, 642a9): If we distinguish between true belief and knowledge, then we must also accept ideas[58] – at least if we may hear from the voice of Timaeus also Plato's voice: "So here's how I cast my own vote" (*Ti.* 51d3).

A raft is not a stable vehicle like a sailing or a rowing boat, although it can have, like the raft of Odysseus to which Simmias may allude (cf. *Phd.* 85d1), sails (*histia*) as well (cf. Hom. *Od.* 5, 259–261). A second voyage on a raft with oars *and* at least *one* sail (*histion*) which can be hoisted may also be an apt metaphor for the Socratic *deuteros plous* in the *Phaedo*. But for all its instability, a raft with oars and *one* sail is still a better way than swimming without the "raft" of a hypothesis through the troubled water, the *pontos atrygetos* of the *genesis* and *phthora* of our lives. This may be especially the case, if many or most of us, like Simmias, can neither find out the truth about the post-mortem destiny of our soul in a direct way by our sensory organs – that is, by a '*prôtos plous*' – nor rely on a presumed divine utterance.[59]

Translations of *Phd.* 99e4–100a3

> Quapropter operae pretium esse censui, ut ad rationes confugerem, atque in illis rerum veritatem considerarem. Forte vero nostra haec similitudo non omni ex parte congruat. Non enim prorsus assentior, eum, qui res in rationibus contemplatur, in imaginibus aspicere potius, quam qui in operibus intuetur. (Marsilius Ficinus)

> Sondern mich dünkte, ich müsse zu den Gedanken meine Zuflucht nehmen und in diesen das wahre Wesen der Dinge anschauen. Doch vielleicht ähnelt das Bild auf gewisse Weise nicht so, wie ich es aufgestellt habe. Denn das möchte ich gar nicht zugeben, dass, wer das Seiende in Gedanken betrachtet, es mehr in Bildern betrachtet, als wer in den Dingen. (F. D. Schleiermacher)

> So I thought I must take refuge in discussions and investigate the truth of things by means of words. However, perhaps this analogy is inadequate, for I certainly do not admit that one who investigates things by means of words is dealing with images any more than one who looks at facts. (G. M. A. Grube)

> So I thought I should take refuge in theories, and study in them the truth of the things that are. Perhaps my comparison is, in a certain way, inept; as I don't at all admit that one who

---

58 Cf. Ferber, 1998a, p. 438.
59 For stimulating discussions, I thank the audience during my presentation in the plenary session of 7th July 2016 of the XI Symposium Platonicum, esp. Andrea Capra, Barbara Sattler, and Harold Tarrant, and for written comments, Yahei Kanayama and Stefano Martinelli Tempesta and two anonymous commentators.

examines in theories the things that are is any more studying them in images than one who examines them in concrete. (D. Gallop)

So I decided that I should take refuge in theories and arguments and look into the truth of things in them. Now maybe in a way it does not resemble what I'm comparing it to. For I don't at all accept that someone who, when studying things, does so in theories and arguments, is looking into them in images any more than someone who does so in facts. (A. Long/D. Sedley)

Es erschien mir demnach notwendig, zu den Begriffen meine Zuflucht zu nehmen und an ihrer Hand das wahre Wesen der Dinge zu erforschen. Vielleicht trifft mein Vergleich nicht ganz zu; denn ich leugne auf das bestimmteste, dass der, welcher die Dinge begrifflich betrachtet, sich in höherem Grade einer bildlichen Betrachtungsweise bediene als der, welcher sich unmittelbar an die gegebenen Dinge wendet. (O. Apelt)

Es schien mir daher nötig zu sein, meine Zuflucht zu den Argumenten zu nehmen und in ihnen die Realität des Seienden zu untersuchen. Vielleicht ist aber mein Vergleich in gewissem Sinne unpassend: Denn ich will gar nicht zugeben, dass jemand, der das Seiende in Argumenten untersucht, dabei eher in Bildern untersucht als derjenige, der es in der Wirklichkeit untersucht. (Th. Ebert)

Voici alors ce qu'il me sembla devoir faire: me réfugier du côté des raisonnements, et, à l'intérieur de ces raisonnements, examiner la vérité des êtres. Il se peut d'ailleurs que, dans un sens, ma comparaison ne soit pas ressemblante: car je n'accorde pas du tout que lorsque l'on examine les êtres à l'intérieur d'un raisonnement, on ait plus affaire à leur images que lorsque'on les examine dans des expériences directes. (M. Dixsaut)

Perciò ritenni di dovermi rifugiare in certi postulati e considerare in questi la verità delle cose che sono. Forse il paragone che ora ti ho fatto in un certo senso non calza, giacché io non ammetto di certo che chi considera le cose alla luce di questi postulati le consideri in immagini più di chi le considera nella realtà. (G. Reale)

Juzgué, pues, que era necesario refugiarme en las proposiciones y buscar en ellas la verdad de las cosas; por cierto que la comparación de que me sirvo no me parece exacta, porque no convengo de ningun modo que quien examina las cosas en las proposiciones las examina en imágenes más que quien lo hace en los hechos. (C. Eggers Lan)

Plato as Teacher of Socrates?

Abstract: *What distinguishes the Socrates of the early from the Socrates of the middle dialogues? According to a well-known opinion, the "dividing line" lies in the difference between the Socratic and the Platonic theory of action. Whereas for the Platonic Socrates of the early dialogues, all desires are good-dependent, for the Platonic Socrates of the middle dialogues, there are good-independent desires. The paper argues first (I) that this "dividing line" is blurred in the* Symposium, *and second (II) that we have in the* Symposium *a more distinctive dividing line, namely the introduction of the separate existence of the idea of beauty. This introduction by Diotima/Plato of separate ideas and the lack of (noetic) understanding of separate ideas – here the idea of beauty – by Socrates may have been the limit not only of the Socrates of the early Platonic dialogues, but of the historical Socrates as well.*

That the historical Socrates did exist is a fact beyond reasonable doubt.[1] It is also a fact that Plato made him the protagonist of his early and middle dialogues, including the *Symposium*. Although Socrates as protagonist has been replaced in the later dialogues by the Eleatic Stranger, Timaeus and the Athenian, even the latter two remain Socratics in at least *one* important point. Both defend again the paradox that nobody does wrong willingly (cf. *Ti.* 86d7–e3; *Lg.* V, 731c3–5, IX, 860d1–2). If we assume that Plato expresses with the voices of Timaeus and the Athenian at least *some* of his own views, we may also assume that Plato, too, remains a Socratic (at least in *this* sense) throughout his life. In the following, I concentrate on the Platonic Socrates without discussing the philosophy of the historical Socrates – with the exception of a guess at the end.

I therefore do not enter into the question of what distinguishes the historical Socrates from the Platonic one, but what distinguishes the Socrates of the early from the Socrates of the middle dialogues. According to a well-known opinion, the "dividing line" lies in the difference between the Socratic and the Platonic theory of action. Whereas for the Platonic Socrates of the early dialogues all desires are good-dependent, for the Platonic Socrates of the middle dialogues there

---

Originally published: Ferber, R., "Plato as Teacher of Socrates?", in: Tulli, M./Erler, M. (eds.), *Plato in* Symposium. *Selected Papers from the Tenth Symposium Platonicum*, Sankt Augustin 2016, pp. 443–448 [Ferber, 2016].

[1] Cf. Kleve, 1987.

are good-independent desires. I argue first (I) that this "dividing line" is blurred in the *Symposium*, and second (II) that we have in the *Symposium* a more distinctive dividing line, namely the introduction of the separate existence of the idea of beauty.

I

> Socrates – [...] – is fundamentally at odds with Plato on the implications of only one question: a question about psychology of action. This is the question whether it is possible for any actions in that standard group of actions which Aristotle would later call "voluntary actions" to be the direct result merely of irrational desires taken together with certain beliefs.[2]

Under irrational desires, the authors of this statement – T. Penner and Ch. Rowe – seem to understand blind desires based on "physiological needs".[3] Terminologically we may call these irrational – or *subrational* – desires "sensations" in distinction from "emotions". Whereas sensations are not directed at intentional objects and are not dependent on some cognition of the good, emotions are directed at and depend on some cognition of the good. Sensations such as hunger or thirst, as simple raw experiences, have not yet fastened on any "objects" in the world. But they also include a degree of conscious experience and qualitative but not yet representational content. In distinction, emotions – such as anger (*thymos*), pleasure (*hêdonê*), grief (*lypê*), love (*erôs*) and fear (*phobos*) (cf. *Prt.* 352b7–8) – include representational and cognitive content. In fact, the Socrates of the *Apology* makes it sound as if fear is just a cognitive condition: "To fear death, gentlemen, is no other than to think oneself wise when one is not, to think one knows what one does not know" (*Ap.* 29a5–b1, Transl. Grube). To use Stoic terminology, sensations are pre-emotions or *propatheiai*, whereas emotions are *pathê* based on judgments.[4]

---

2 Penner/Rowe, 2005, p. 195, n. 2.
3 Rowe, 2005a, p. 216.
4 Cf. for this distinction, e.g., Seneca, *De ira* II 2: "[...] Omnes enim motus qui non uoluntate nostra fiunt inuicti et ineuitabiles sunt, ut horror frigida adspersis, ad quosdam tactus aspernatio; ad peiores nuntios surriguntur pili et rubor ad inproba uerba suffunditur sequiturque uertigo praerupta cernentis: quorum quia nihil in nostra potestate est, nulla quominus fiant ratio persuadet. Ira praeceptis fugatur; est enim uoluntarium animi uitium, non ex his quae condicione quadam humanae sortis eueniunt ideoque etiam sapientissimis accidunt, inter quae et primus ille ictus animi ponendus est qui nos post opinionem iniuriae mouet." I owe the reference to Stoic terminology to Anthony Price.

So formulated, the thesis would be that Plato introduced with the *epithymêtikon* of his tripartite model of the soul sensations or *propatheiai*. The *epithymêtikon* would *then* be a pre-emotion or *propatheia*. Although the doctrine of the tripartite soul may be traced back to the *Apology* (29d8) and the *Gorgias* (493a3–4),[5] we find the *explicit* argument for it only in the *Republic* (cf. 435e– 442a).[6] Nevertheless, the tripartite soul *may* also be implied in the *Symposium* when Diotima distinguishes between love for money-making (*chrêmatismon*), love for sport (*philogymnastia*) and love for wisdom (*philosophia*) (*Smp.* 205d4–5)[7] and between different kinds of immortality: biological, which corresponds to the *epithymêtikon*, and meritorious (*Smp.* 208d–210a), which corresponds to the *thymoeides*.[8] Eros is a kind of *epithymia* (cf. *Smp.* 200a2–3)[9] and seems to be itself tripartite, so that each part of the tripartite soul has its own eros, the *epithymêtikon*, for example for money, the *thymoeides* for social recognition and the *logistikon* for wisdom.

This tripartite model of the soul has been treated in Plato scholarship separately from other models of the soul. But we gain additional intelligibility of this model if we supplement it with the tripartite model introduced by Descartes and repeated by F. Brentano. Descartes distinguishes (a) ideas (in his sense),[10] (b) judgments and (c) acts of will,[11] and Brentano distinguishes (a) representations, (b) judgments and (c) acts of will, which he also calls motions of the soul, interests, or acts of love and hate.[12] This model may go back to Aristotle, insofar as right desire (*orexis orthê*) presupposes true thinking or judgment (*logos alêthes*) (cf. *EN* VI 2, 1139a21–26) and thinking images (*phantasmata*) (cf. *de An.* III 7, 431a14–16). Because "acts of will" in the broad sense of desires (*epithymiai*) are based on a belief, it partially even goes back to the early dialogues of Plato (cf. *Prt.* 358c6–d2, *Grg.* 468b1–2). According to this model, consciousness has different levels. The lowest is that of (a) ideas or representations, the second of (b) judgments and the third of (c) acts of will. Judgments require ideas or rep-

---

5 Cf. Burnet, 1924, ad 29d8: "This enumeration [*sophia, ischys, chrêmata*] implies the doctrine of the 'tripartite soul'; for it gives the objects of *to epithymêtikon, to thymoeides*, and *to logistikon*". Slings, 1994, p. 137 n. 33: "*tês* [...] *psychês touto en hô(i) epithymiai eisi*. This implies the existence of *to epithymêtikon*; it certainly is much more definitive than the popular distinction between 'reason and impulse' [Dodds *ad loc.*]".
6 Cf. Ferber, 2013a, pp. 233–236, with further literature, cf. here pp. 96–101.
7 So Vallejo-Campos, 2013, p. 196.
8 Cf. Hobbs, 2000, p. 251, and Nehamas, 2004, both quoted in Sheffield, 2006, p. 228.
9 This has been brought out by Sheffield, 2012, pp. 213–215.
10 Descartes, 1641, p. 160.
11 Descartes, 1996, Meditation 3, Section 5.
12 Brentano, 1973, ch. 6, § 3.

resentations; acts of will require both judgments and representations. Without representations, I cannot regard anything as either true or false, or desire anything as good or bad. Likewise, without judgment, that is, without evaluating something as good or bad, I cannot desire it as good or reject it as bad. As a rule, we do not desire or avoid "blindly" but "see" because our response is based on judgment. But this judgment need not always be explicit or pronounced. We sometimes find certain people appealing or unappealing, pleasant or unpleasant "at first sight". As Shakespeare put it: "Who ever lov'd, that lov'd not at first sight?" (*As You like It*, Act III, Scene 5). The point is that desires are based on a certain belief.

If we put these two tripartite models of the soul together, they do not contradict each other. On the contrary, the Cartesian/Brentanonian model functions well as the foundation of the tripartite Platonic one. So we have the following "quinquepartite" model:

a) ideas, representations (*phantasmata*)
b) judgments
c) acts of will in the broad sense, or first-order desires corresponding to the desires of the *epithymêtikon*
d) acts of will in a more narrow sense, or second-order desires corresponding to the desires of the *thymoeides*
e) acts of reason corresponding to the *logistikon*.

Where is Eros in the *Symposium* located in this scheme? Surely Eros is not merely something like a sexual itch, a sensation or *propatheia*. Eros is cognitively more advanced, an emotion or a desire (*epithymia*): "The main point is this: every desire (*epithymia*) for good things or for happiness is the 'supreme and treacherous love (*doleros erôs*) in everyone'" (*Smp.* 205d1–3, Transl. Nehamas and Woodruff). "Treacherous love" surely involves a cognitive component, a (perhaps erroneous) judgment on what is good (cf. *Smp.* 206a1, 206a11–12).[13] Eros in the *Symposium* is dependent on some cognition of the good or good-dependent. The psychology of *erôs* in the *Symposium* is in this respect not different from emotions like *erôs* in the *Protagoras* (cf. *Prt.* 352b7–8), which are not blind, but involve a cognitive component.[14] Concerning the *Symposium*, we may say: Instead of a sharp difference between the Socrates of the early dialogues and of the *Symposium*, we have continuity concerning the treatment of emotions like *erôs*, since *erôs* as a form of *epithymia* involves a cognitive component.

---

[13] These three passages have been treated in Sheffield, 2006, pp. 229–230.
[14] Cf. Ferber, 1991a, esp. pp. 54–55, and Rowe, 2006.

The theory of Eros is therefore not a "dividing line" between the Socrates of the early dialogues and of the *Symposium*.[15]

II

Nevertheless Plato, the author of the *Symposium*, must have been aware of deviating from the Socrates of his early dialogues when he lets him report the teaching of Diotima. As the author of the *Apology*, Plato refers to the Pythia to give Socrates' mission divine authority (*Ap.* 21a6); thus, as the author of the *Symposium*, Plato lets Socrates refer to "a woman of Mantinea, Diotima, who was wise both in these things and in much else" (*Smp.* 201d2–3) to give Socrates' theory of Love the authority of a "seer". Later Diotima is called "wisest" (*Smp.* 208b8) and even the "most perfect sophist" (*Smp.* 208c1–2). She seems to have already reached the level of the philosopher-kings and -queens in the *Republic* and may even be superior to them who are wise (cf. *R.* 546a8) by having supernatural powers (cf. *Smp.* 201d3–5). Although love is the only thing Socrates confesses to know (*Smp.* 177d7–8; cf. *Thg.* 128b2–4, *Ly.* 204c1–2), Diotima seems to realize that Socrates has not yet reached the ultimate knowledge of the object of love (*Smp.* 209e5–210a3, Transl. Rowe, minor modifications by R. F.):

> [S₁] Into these aspects of love, probably, Socrates, you too could be initiated (*myêtheiês*);
> [S₂] but as for those aspects relating to the final revelation (*ta de teleia kai epoptika*), the ones for the sake of which I have taught you the rest, if one approaches these correctly – I don't know whether you would be capable of being initiated into *them*.
> [S₃] Well, she said, I'll tell you this next part, and spare no effort in doing so;
> [S₄] and you must try to follow, if you can.

The first sentence [S₁] says that Socrates could be initiated into these "aspects of love", that is, the elenctic instruction in the passage 201d1–209e3. Although Diotima here is already using the expression *myeô*, which means "initiate into the mysteries", she refers to the instruction she gave to Socrates by applying the Socratic method of elenchos to Socrates himself. These are the "lower" mysteries.

The second sentence [S₂] mentions *ta de teleia kai epoptika*, that is, the final things to be seen – terminology which remembers again that of the mysteries.[16] Since with *ta de teleia kai epoptika* the idea of beauty is meant, the introduction

---

15 Cf. for the *Symposium* as a Socratic dialogue Rowe, 2006. *Pace* Rowe the psychology of action is in my opinion also not the "dividing" line between the Socrates of the early dialogues and of the *Republic*, cf. Ferber, 2013a, esp. pp. 233–236, cf. here pp. 96–99.
16 Cf. Riedweg, 1987, pp. 20–29.

into this idea is something analogous to an introduction into the "higher" mysteries. But Diotima expresses doubt that Socrates is able to follow her. Socrates is in a similar position to Diotima as Glaucon is to Socrates in the *Republic* (cf. *R.* 533a1–5). As Socrates in the *Republic* indicates the intellectual limits of Glaucon, so Diotima mentions the limits of Socrates. Since Diotima's speech is an invention of Plato, the author of the *Symposium*, Plato, is indicating the intellectual limits of Socrates. The passage has been interpreted in this way by most interpreters.[17]

In the third sentence [S_3], Diotima behaves again toward Socrates as Socrates does toward Glaucon (*R.* 533a2), since neither spares any willingness (*prothymia*) to share their knowledge. So the fault is not Diotima's if Socrates cannot follow, just as it is not Socrates' fault that Glaucon cannot follow.

In the fourth sentence [S_4], Diotima commands Socrates to follow if he can follow, and so Diotima is reinforcing her doubt concerning the intellectual limit of her pupil. Socrates' limit is exactly indicated: the limit to pass from the agreement or the *homologia* he has reached with Diotima on the topic of Eros to see the reality of the object of love, the idea of beauty.

Nevertheless, a minority of scholars think otherwise. I mention Alfred Edward Taylor:

> It has even been seriously argued that Plato is here guilty of the arrogance of professing that he has reached philosophical heights to which the "historical" Socrates could not ascend. Everything becomes simple if we remember that the actual person speaking is Socrates, reporting the words of Diotima. Socrates [...] as a modest man, cannot say anything that would imply that he has already "attained perfection" or is assured of "final perseverance".[18]

It is right that Socrates is reporting Diotima. But since Plato invented this report and put it into the mouth of Socrates, the image of Socrates in the *Symposium* would be very different from that in the *Republic*. Then Socrates would have really seen, that is, understood, the idea of beauty, something he denies explicitly concerning the idea of the Good in the *Republic*. He says only that he would insist that "something like" (*toiouton ti*) "the truth itself" (*auto to alêthes*) is finally to be seen (*idein*) (*R.* 533a3–5). He never says that *he* has seen the "truth itself". Socrates would then himself be on the level of the imagined philosopher-kings.

Of course, we find the theory of ideas already in the *Euthyphron* 6d–e. But what we do not find is the characterization of the ideas in the Parmenidean pred-

---

17 Cf. the authors mentioned in Bury, 1932, p. 123; Sier, 1997, p. 273, n. 225, cf. here p. 52, n. 58.
18 Taylor, 1960, p. 229, n. 1.

icates of the *Symposium*: The idea of beauty (a) is always and neither comes into being nor perishes, neither increases nor decreases (210e6–211a2); (b) is absolutely beautiful (211a2–5); (c) is incorporeal (211a5–7); (d) is placeless (211a6–b1); (e) is identical with itself and one (211b1); and (f) is not affected by the changing things (211b3–5).[19]

That in the introduction of separate ideas lies the "dividing line" between Socrates and Plato is confirmed by Plato's first interpreter, Aristotle: "But Socrates did not make the universals or the definitions exist apart; his successors, however, gave them separate existence, and this was the kind of thing they called Ideas" (*Metaph.* M 4, 1078a29–32). Aristotle is speaking of the historical Socrates. Since all other primary sources of the historical Socrates – Aristophanes (*Nub.* 740 ff.) and Xenophon (*Mem.* IV 5, 11)[20] – attest, like Plato in the early dialogues, that Socrates has dialectic power, we may guess that the introduction of the separate or quasi-Parmenidean existence of ideas is the "dividing line" between the Socrates of the early and of the middle dialogues.

In the terminology of the Divided Line in the *Republic*, we may formulate the epistemological counterpart to the introduction of separate ideas in the following way: Just as the geometrical propositions express a dianoetic, but not yet a noetic knowledge (cf. *R.* 533d5–6), in the same vein the knowledge of Socrates is "dianoetic" knowledge of love since he gets *homologoumena* with Diotima, but does not have "noetic" understanding of the final object of love, namely beauty.[21] This also makes sense of the following statement: "My [wisdom], I guess, will be an inferior sort of wisdom, or even a debatable one, existing as if in a dream" (*Smp.* 175e2–3). Socrates' wisdom is an inferior one existing like that of the mathematicians as if in a dream (*R.* 533b6–c3) because *homologoumena* may correspond with reality or not, as a dream may correspond with reality or not. Only "noetic" understanding of the object of love, in Diotima's or Plato's view the vision of the idea of beauty, gives correspondence.

I conclude with a guess on the philosophy of the historical Socrates: The separation of ideas and lack of (noetic) understanding of these ideas may have been the limit of the philosophy of the Socrates of the early Platonic dialogues *and* the historical Socrates. But since it would have been immodest if *Plato*, the pupil of Socrates, had overtly played the teacher of Socrates, he put his teaching into the mouth of Diotima.

---

19 This has been fully developed in the contribution of Kraus, 2016. Cf. also Ferber, 1989, pp. 38–48; Sier, 1997, 11, p. 284.
20 Cf. Philippson, 1932.
21 Cf. Ferber, 2007b.

Nevertheless, also this guess, based on the *homologia* between Aristophanes, Plato, Xenophon and Aristotle, is still "an inferior sort of wisdom, or even a debatable one, existing as in a dream" since none of us has immediate knowledge of the philosophy of the historical Socrates.[22]

---

[22] My thanks go to Lesley Brown, Francisco Gonzalez, Anthony Price and Nicholas Smith for some helpful remarks.

„Was jede Seele sucht und worumwillen sie alles tut"

Abstract: *The article first (I) gives an exegesis of the famous passage in the Republic, 505d11–506a2. Attention is drawn to the fact that the principle that every soul does everything for the Good* (panta prattei) *can be translated in two ways: Every soul does everything for the sake of the Good, or goes to all lengths for the sake of the Good. Depending on the different translations, we have a different picture of the Platonic Socrates in the* Republic, *an intellectualistic Socrates for whom pure irrational desires do not exist, or a Socrates who also accepts irrational desires. The article favours the first picture. Then it (II) attempts to show that we can elucidate two dark points in the Socratic thesis that the Good is what every soul pursues and for which every soul does everything, with the help of Aquinas. Finally, the article (III) outlines three substantive answers to the question „What is the Good?" – the henological, the perfectionist and the structuralist – and shows that these three answers lead into a trilemma. Instead of advancing a new answer, the article suggests an uncontroversial formal starting point for an answer to this question.*

„Was jede Seele sucht und um worumwillen sie alles tut" (*ho dê diôkei men hapasa psychê kai toutou heneka panta prattei*) (*R.* 505d11–e1), ist die Idee des Guten (508e2–3, 517b8–9). Der platonische Sokrates nennt es auch das „Gute selbst" (532b1, 534c4, 540a8–9) oder „das Gute" (509b7, 519c10). Es handelt sich um das *megiston mathêma* (505a2, 510c9–10), d. h. das Wichtigste, was es zu lernen gibt, oder das größte Lehrstück. Von der Idee des Guten als „wichtigstem Lehrstück" hat nicht nur Sokrates' Dialogpartner Glaukon damals (wohl in der platonischen Akademie) „oft gehört" (vgl. 505a3). Auch in den letzten zehn Jahren fand die Idee des Guten oft Gehör.[1]

Ursprünglich veröffentlicht unter: Ferber, R., „Was jede Seele sucht und worumwillen sie alles tut", *Elenchos, Rivista di Studi sul Pensiero Antico* 34 (2013), S. 5–31 [Ferber, 2013b].

[1] Vgl. Shields, 2011; Penner, 2007b; Penner, 2007c; Rowe, 2007a; Rowe, 2007b; Seel, 2007; Ferber, 2005 [erweiterte Version von Ferber, 2003a]; Lisi, 2007a, S. 199–227; Lisi, 2007b, S. 9–36: S. 10–30; 199–227; Ferrari, 2003; Szlezák, 2003a; Vegetti, 2003b; Dixsaut, 2003, Dixsaut, 2005. Die einschlägigen Beiträge des letzten Jahrhunderts werden in der Bibliographie von Lafrance, 1987, genannt, bes. S. 176–188; vgl. für die Jahre nach 1987: Brisson/Plin, 1999; Brisson/Castelnérac/Plin, 2004; Erler, 2007. Einen Überblick enthält Fronterotta, 2010, S. 143–146.

Leider können wir mit den Worten des platonischen Sokrates nicht nur behaupten, „[…] dass es viele und große Kontroversen (*amphisbêteseis*) darüber gibt, was denn das Gute sei" (*R*. 505d2).[2] Es gibt auch „viele und große Kontroversen" über die korrekte Interpretation dessen, was Sokrates meint, wenn er „das Gute" erwähnt. Das Problem liegt heute nicht etwa im Mangel, sondern in der Überfülle an Literatur. Deshalb kann wohl niemand sicher sein, nicht etwas zu sagen, was nicht vor ihm treffender gesagt oder sogar bereits seit Langem widerlegt worden ist. Der einzige Weg, um einen Verständnisfortschritt zu erzielen, falls ein solcher möglich ist, besteht darin, auf den Text genau einzugehen und unsere Deutungen so scharf zu formulieren, dass sie widerlegt werden können. Im Folgenden gehe ich darum auch nicht direkt auf die Frage ein, „was denn das Gute sei" (vgl. *Phlb*. 13e5–6), sondern gebe zuerst (I) eine Auslegung von 505d11– 506a2. Daraufhin (II) werde ich aufzuzeigen versuchen, dass wir zwei unklare Punkte mit der Hilfe des Aquinaten aufklären können, bevor ich dann (III) versuche, einen unbestrittenen Ausgangspunkt für jede korrekte zukünftige Interpretation der Idee des Guten zu finden, statt nochmals eine ‚neue' vorzulegen.

I

R. 505d11–506a2 ist ein einziger vom Relativpronomen *ho* abhängiger Satz.[3] Ich unterteile ihn jedoch der Verständlichkeit halber in sechs Untersätze:

[S$_1$] *Ho dê diôkei men hapasa psychê kai toutou heneka panta prattei,*
[S$_2$] *apomanteuomenê ti einai,*
[S$_3$] *aporousa de kai ouk echousa labein hikanôs ti pot' estin*
[S$_4$] *oude pistei chrêsasthai monimô(i) hoiâ(i) kai peri talla,*
[S$_5$] *dia touto de apotynchanei kai tôn allôn ei ti ophelos ên,*
[S$_6$] *peri dê to toioutôn kai tosoutôn houtô phômen dein eskotôsthai kai ekeinous tous beltistous en tê(i) polei hois panta encheirioumen?"* (*R*. 505d11–506a2).

[S$_1$] Was jede Seele sucht und worumwillen sie alles tut,
[S$_2$] ahnend, dass es so etwas gibt,
[S$_3$] wiewohl sie verwirrt ist und nicht ausreichend zu fassen weiß, was es wohl ist,
[S$_4$] weshalb sie auch nicht von einer festen Meinung Gebrauch machen kann wie bei den anderen Dingen
[S$_5$] und [deswegen] auch den Nutzen dieser anderen Dinge, wenn es denn einen gibt, noch verpasst,

---

[2] Die Übersetzungen stammen, wenn nichts anders vermerkt, vom Verfasser.
[3] Ich verdanke diese Bemerkung El Murr, 2010 (unveröffentlicht).

[S₆] wollen wir über etwas von dieser Art und Wichtigkeit die besten Männer [und Frauen] in der Stadt, deren Macht wir alles anvertrauen, im Dunkeln lassen?

[S₁] Der erste Satz sagt, dass das Gute das ist, was jede Seele sucht und um dessen willen sie alles tut. Wir können annehmen, dass jede *menschliche* Seele das Gute sucht und alles auf dieses hin tut; denn nur jede menschliche und nicht auch jede Tier- oder Pflanzenseele kann ahnen, dass es so etwas gibt. Was aber bedeutet es, dass jede menschliche Seele „alles" (*panta*) um des Guten willen „tut" (*prattei*)? Diesbezüglich haben wir zwei Übersetzungsvarianten:

(a) Jede menschliche Seele tut ihr Möglichstes um des Guten willen. In diesem Sinne wurde der Satz von dem italienischen Übersetzer Francesco Gabrieli und von dem deutschen Übersetzer Wilhelm Wiegand verstanden. Gabrieli übersetzt: „O quella cosa che ogni anima persegue e per *cui fa ogni sforzo*".[4] Wiegand übersetzt: „In betreff also des eigentlichen Guten, wonach jede Menschenseele strebt und dessentwegen sie *alle Anstrengungen unternimmt*".[5] Auch Otto Apelt übersetzt sinngemäß so, indem er den Worten *panta prattein* eine negative Wendung gibt: „Eine jede Seele also strebt dem Guten nach und *lässt um seinetwillen nichts ungetan*".[6] Ausdrücklich wurde diese Übersetzung von *panta prattei* von Terry Irwin verteidigt.[7]

Aber (b) *panta prattein* kann außerdem auch wörtlich übersetzt werden, sodass jede menschliche Seele alles um des Guten willen tut. Die Mehrheit der Übersetzer folgt dieser Interpretation.

Aus diesen beiden Übersetzungen (a) und (b) sind unterschiedliche Schlussfolgerungen zu ziehen.

Wenn jede menschliche Seele im Sinne von Übersetzung (b) alles um des Guten willen tut, würde jede Seele – selbst wenn sie Schlechtes tut – das Schlechte letztlich einzig und allein um des Guten willen tun. Dann scheint der platonische Sokrates des sechsten Buches der *Politeia* die „intellektualistische" Lehre des platonischen Sokrates aus dem *Menon* (vgl. 87b1–2), *Protagoras* (vgl. 358c6–d2) und *Gorgias* wieder aufzunehmen: „Daher ist es um des Guten willen, dass die Menschen alles tun (*hapanta tauta poiousin*)" (*Grg.* 468b7–8), wie z. B. „das Töten eines Menschen [...] oder die Verbannung oder Konfiskation

---

4 Übersetzung von Gabrieli, 1981, S. 23 (Hervorhebung R. F.).
5 Übersetzung von Wiegand, 1940, S. 239 (Hervorhebung R. F.).
6 Übersetzung von Apelt, *Staat*, 1923a, S. 259 (Hervorhebung R. F.).
7 Prichard, 2002, S. 33; Irwin, 1977, S. 336 Anm. 45: „The description of the Good as ‚what every soul pursues and for the sake of which does everything' (*panta prattei*, 505e1) conflicts with the anti-Socratic view of Book IV if ‚does everything' means ‚does everything that it does'. But it can also mean ‚go to all lengths'. [...]. Plato allows then the existence of incontinence."

seines Eigentums" (468b4 – 6). Wenn wir die wörtliche Übersetzung (b) vorziehen, dann finden wir im sechsten Buch der *Politeia* daher auch die sokratische Lehre, wonach niemand willentlich das Schlechte tut, weil er alles um des Guten willen vollbringt.

Falls jedoch im Sinne der Übersetzung (a) jede menschliche Seele ihr Möglichstes um des Guten willen tut oder um des Guten willen nichts ungetan lässt, so kann jede menschliche Seele auch durch einen Impuls[8] des begehrlichen Teiles überwältigt werden und deshalb nicht alles für das Gute tun. In diesem Fall würde der platonische Sokrates der *Politeia* mit der Einführung der dreigeteilten Struktur der Seele seine Theorie, wonach niemand freiwillig, sondern nur aus Unwissenheit Schlechtes tut, fallen lassen. Dies ist eine Theorie, die meines Wissens auf Eric R. Dodds zurückgeht und von Gregory Vlastos, Terry Irwin, Donald Davidson, Terry Penner, Christopher Rowe, Myles Burnyeat und anderen wieder aufgegriffen wurde.[9] Die Vertreter dieser Theorie beziehen sich dabei auf die Geschichte von Leontios im vierten Buch. Aber auch hier scheint die Begierde nicht vollständig blind zu sein. Es handelt sich vielmehr um eine Begierde, die auf einer Meinung beruht.[10] Leontios ist zwar „von der Begierde überwältigt" (*kratoumenos d' oun*

---

8 Prichard, 2002, S. 33.
9 Vgl. Dodds, 1951, S. 213: „The theory of inner conflict, vividly illustrated in the *Republic* by the tale of Leontios, was precisely formulated in the *Sophist*, where it is defined as psychological maladjustment resulting ‚from some sort of injury', a kind of disease of the soul, and is said to be the cause of cowardice, intemperance, injustice, and (it would seem) moral evil in general, as distinct from ignorance or intellectual failure [vgl. *Sph.* 228d–e]. This is something quite different both from the rationalism of the earliest dialogues and from the puritanism of the *Phaedo*, and goes a good deal deeper than either; I take it to be Plato's personal contribution." Vgl. Vlastos, 1991, S. 45–80; Irwin, 1995, S. 224; Davidson, 2005d, S. 157; Rowe, 2005a, S. 222, Anm. 41; Burnyeat, 2006, S. 18: „This is the break with Socrates, whom I, like many others, take to be the awkward fellow envisaged at 438a as objecting that all desire is for what is good; even thirst, for example, being a desire, not just for drink, but for good drink or which is good (for me here and now)." *Contra* Weiss, 2007, S. 95: „Third – and most importantly – it is likely that the objector is not just anyone [or the intellectualistic Socrates] but is actually Glaucon, Socrates' interlocutor." Weiss, 2007, S. 98: „There is nothing in Socrates' stand in the *Gorgias* or the *Meno* that is inconsistent with his stand in R. 4. In all three places people can desire – and choose – anything that strikes them as good in some way." Price, 2011, S. 276, meint: „Unfortunately, more weight is being put upon a few words – *toutou heneka panta prattei* (505e1–2) – than they can properly bear." Da uns die *intentio auctoris* verborgen ist, wissen wir allerdings nicht, „what these words can properly bear". Price' neutrale Übersetzung „does for its sake all *it can*" lässt die Frage offen.
10 *Pace* Penner, 1990; Rowe, 2005a, S. 216–217; richtig dagegen Carone, 2001, S. 138 („[…], his reason has been weakened and come to adopt the beliefs of the prevailing part") und Morris, 2006, S. 219, Anm. 52; Brickhouse/Smith, 2010, S. 206–209. Im Gegensatz zu Brickhouse/Smith stimme ich Carone, 2001, S. 139–140, darin zu, dass es sich auch bei Leontios nicht um synchrone, sondern um diachrone Akrasia handelt.

hypo tês epithymias) (R. 440a1), die Leichen der Jünglinge zu beschauen und möglicherweise auch zu missbrauchen.¹¹ Wir scheinen es hier daher mit einem reinen Fall von Willensschwäche zu tun zu haben. Doch dann, nachdem Leontios „seine Augen verhüllt hat", „sperrt er seine Augen auf, so weit es nur geht, und eilt auf die Leichen zu mit den Worten" (440a1–2): „Schaut sie euch an, ihr Unglückseligen, und sättigt euch an dem schönen Anblick!" (*kalou theamatos*) (440a2–3). Leontios' Augen sehen die toten Körper dabei *als* schön. Der Gegenstand des Anblicks ist nicht eine von Leontios uninterpretierte Beobachtung. Der Anblick (*theama*) ist vielmehr von einer expliziten Meinung mit einer propositionalen Struktur und einem Werturteil begleitet: „Dieser Anblick ist schön".

Vom Gesichtspunkt der *epithymia* des Leontios aus erscheint der Anblick toter Körper als schön, weil Leontios ein womöglich (perverses) sexuelles Interesse an den blassen Jugendlichen hat.¹² Was aber schön ist, das scheint in gewissem Sinne auch gut zu sein, nämlich gut für den begehrenden Seelenteil. Tatsächlich wird der Ausdruck „*kalon*" in der von Leontios übernommenen Perspektive des vernünftigen Seelenteils (*logistikon*) wohl ironisch verwendet und bezeichnet dann das Gegenteil von „schön" – nämlich hässlich, schändlich oder „*aischron*".¹³ Für den vernünftigen Seelenteil ist es demnach schändlich, Kadaver im Hinblick auf einen sexuellen Missbrauch anzusehen: „Dieser Anblick ist hässlich". Dahingegen ist gerade dieser Anblick für den (möglicherweise pervers orientierten) begehrenden Seelenteil des Leontios schön und angenehm. Leontios hat daher zwei Werturteile, nämlich das Werturteil erster Stufe des begehrenden Seelenteils und das Werturteil zweiter Stufe des muthaften Seelenteils. Im Moment des Vollzugs aber wird die Handlung des Leontios von seiner *epithymia* (Begierde) durch sein Werturteil erster Stufe motiviert. Seine Augen sehen als *kalon*, d. h.

---

11 In diese Richtung geht die Standardinterpretation, die allerdings auf einer unsicheren Emendation basiert, Herwerden, 1883, S. 346: „Ad hunc Leontium ejusque insanam cupiditatem spectat depravatissimus Theopompi comici *Kapêlidôn locus.*" Die Stelle bei Kapelides (Herodian. I 91, 8) lautet: *Leôtrophidês ho trimetros leontinos / euchrôs te phanei kai charieis hôsper nekros.* Kock, 1880, S. 739, emendiert zu: *Leôtrophidês ho trimneôs Leontiô(i) / euchrôs te phainetai kai charieis th' hôsper nekros.* Er kommentiert: „scilicet sensuum testimonium dubium esse docetur: sic Leotrophidem aliis macilentum et turpem, Leontiô(i) pulcherrimum videri utpote mortuorum pallori proximum. *trimneôs* trium librarum homo, i. e. levissimus."
12 So Burnyeat, 2006, Anm. 14.
13 So Burnyeat, 2006, S. 11: „The key word in the story is ‚fine' (*kalon*). It is used ironically, of course, implying its opposite ‚ugly, disgraceful' (*aischron*). The corpses are not beautiful and staring at them is not an appropriate way to behave. They are there to be noticed (see what happens when you find yourself on the wrong side of the Athenian justice system), but no decent person would (want to) linger over the sight."

schön an, was eigentlich *aischron*, d. h. hässlich ist, und befinden sich daher in einem Irrtum.

So betrachtet, ist Leontios' Begehren nicht nur ein rein körperliches bzw. ein von einer Auffassung des Guten unabhängiges Begehren. Es ist keine Empfindung ähnlich einem bloßen Juckreiz, von dem er überwältigt wird. Es ist vielmehr ein von einer (allerdings irrtümlichen) Auffassung des Guten abhängiges Begehren.[14] Leontios verspürt „zugleich ein Verlangen nach diesem Anblick", aber „zugleich fühlt er sich davon doch auch angeekelt" (*hama men idein epithymoi, hama de au dyscherainoi*, R. 439e9).

In der Begrifflichkeit Harry Frankfurts kann man diesen Sachverhalt wie folgt ausdrücken: Leontios hat zur gleichen Zeit sowohl „einen Wunsch erster Stufe", der im Anblick der Leichname besteht, als auch einen „Wunsch zweiter Stufe", der dem „Wunsch erster Stufe" entgegensteht.[15] Er hat demnach zwei zugleich bestehende entgegengesetzte Wünsche.

Nun kann man offensichtlich zugleich zwei einander entgegengesetzte Wünsche haben, aber nicht zwei einander entgegengesetzte Handlungen zugleich ausführen. Man muss vielmehr auf die eine Handlung zugunsten der anderen verzichten. Aber handelt es sich im Moment des Handlungsvollzugs von Leontios auch wirklich um einen Fall von *klar*sichtiger und nicht *dia*chroner, sondern *synchroner akrasia* (Willensschwäche)? Wenn Leontios' Handlung die Meinung voraussetzt: „Ich habe einen schönen Anblick" (*kalon theama*), so scheint es unmöglich, dass Leontios im *selben* Augenblick der Handlung auch der Meinung ist: „Ich habe einen hässlichen Anblick" (*aischron theama*). Also hat er nicht nur auf die eine *Handlung* zugunsten der anderen verzichtet, sondern auch die eine *Meinung* zugunsten der anderen handlungsunwirksam gemacht: Die Meinung des vernünftigen Seelenteils um das, was ehrenhaft ist,[16] wird im Augenblick der Handlung durch das (möglicherweise) perverse sexuelle Begehren verdunkelt und von der „Gewalt der Erscheinung" (*hê tou phainomenou dynamis*, Prt. 356d4) überwältigt und „gelähmt", sodass sie kausal unwirksam geworden ist. Die „Gewalt der Erscheinung" lässt das Vergnügen am Anblick blasser Jugendlichkeit (und am ggf. anvisierten Verbrechen der Leichenschändung) im Moment der Handlung in perspektivischer Verzerrung erscheinen; d. h. auch in angenehmeren Farben, als es *in the long run* sein mag.

Auf diese Art und Weise lässt sich die Geschichte von Leontios mit der im *Protagoras* vertretenen Lehre von der menschlichen Unmöglichkeit synchroner

---

14 Vgl. auch Weiss, 2007.
15 Vgl. Frankfurt, 1971. Vgl. Ferber, 2003b, S. 160–161; Lorenz, 2006, S. 16.
16 Bobonich, 2007, bes. S. 55–60.

Akrasia (vgl. *Prt.* 358c–d) in Einklang bringen. Akrasia ist Unverstand (*amathia*, 357e1–2),[17] hier der „monströse Unverstand" (*amathia hê megistê*, 357e29) des Leontios.

> Das paradigmatische Gegenbeispiel zur sokratischen Leugnung synchroner Akrasia scheint mir nicht die Geschichte von Leontios zu sein, sondern die Geschichte vom Birnendiebstahl, wie sie uns Augustinus im zweiten Buch seiner *Bekenntnisse* beschrieben hat: In seiner rekonstruierenden Erinnerung meint er, dass er als Jugendlicher Birnen nicht etwa deswegen gestohlen hat, weil es ihn nach ihnen als etwas Gutem gelüstete, sondern einzig deshalb, weil Birnendiebstahl schlecht und verboten ist (cfr. *Conf.* II 6, 14.).[18] Das heißt also, dass *nach* Augustinus (*contra* Sokrates) das Schlechte keineswegs nur um eines scheinbaren Guten willen, sondern auch nur um seiner Schlechtigkeit willen allein erstrebt werden kann.[19] Der Birnendiebstahl – und nicht das Leontios-Beispiel – scheint mir das entscheidende Gegenbeispiel gegen die intellektualistische Leugnung der (zeitgleichen und klarsichtigen) *akrasia* zu sein. Das lässt sich folgendermaßen zeigen:
>
> 1. Person P meint klarsichtig zum Zeitpunkt t, dass die Handlung H schlecht ist.
> (Subjektive Schlechtigkeit: Dem Birnendieb ist vollkommen bewusst, dass ein Birnendiebstahl nur zum Spaß, also um seiner selbst willen, etwas Schlechtes ist.)
>
> 2. Die Handlung H ist zum Zeitpunkt t tatsächlich schlecht.
> (Objektive Schlechtigkeit: Birnendiebstahl um seiner selbst willen ist tatsächlich etwas Schlechtes.)
>
> 3. Person P vollzieht willentlich die Handlung H zum Zeitpunkt t (also *synchron* zu 1 und 2), gerade, und nur, weil H schlecht ist.
>
> Also folgt:
>
> 4. Person P vollzieht willentlich, klarsichtig und synchron, zum Zeitpunkt t, etwas (subjektiv und objektiv) Schlechtes, gerade, und nur, weil es schlecht ist.
>
> Daraus folgt:
>
> 5. Es gibt eine Person, die willentlich, klarsichtig und synchron eine (subjektiv und objektiv) schlechte Handlung vollzieht.
>
> $\exists x \exists y ((P^1 x \land H^1 y) \land (V_w^2 xy \land ((M^2 xp \land p = S^1 y) \land S^1 y)))$
> (Es gibt eine Person x und eine Handlung y, dergestalt, dass x willentlich y vollzieht und x klarsichtig meint, dass y schlecht ist, und y tatsächlich schlecht ist.)
>
> Dieses Ergebnis widerspricht der These, dass es keine synchrone Akrasia gibt:

---

[17] Ferber, 1991a, S. 55–57.
[18] *Conf.* II 6, 14: *Ecce est ille ,servus fugiens dominum suum et consecutus umbram'. O putredo, o monstrum vitae et mortis profunditats! Potuitne libere quod non licebat, non ob aliud, nisi quia non licebat?*
[19] *Conf.* II 9, 17: *Sed quoniam in illis pomis voluptas mihi non erat, ea erat in ipso facinore, quam faciebat consortium simul peccantium.*

6. Es gibt keine Person, die willentlich, klarsichtig und synchron eine (subjektiv und objektiv) schlechte Handlung vollzieht.

$\neg \exists x \exists y \, ((P^1 x \wedge H^1 y) \wedge (V_w^{\,2} xy \wedge ((M^2 xp \wedge p = S^1 y) \wedge S^1 y)))$[20]

Erklärt man dagegen die Leontios-Erzählung in der oben genannten Weise, dann kann sie durchaus in Übereinstimmung mit der intellektualistischen Lehre gebracht werden: Leontios befindet sich demnach im Irrtum und tut unfreiwillig das (moralisch) Falsche, weil er zu dem Zeitpunkt, in dem er seine Handlung ausführt, über eine falsche Auffassung des Guten verfügt. Nach dieser Lesart kann die wörtliche Übersetzung von *panta prattein* in Übereinstimmung mit der intellektualistischen Theorie gebracht werden.

In der Tat wird auch im sechsten Buch der *Politeia* die dreigliedrige Seelenlehre nicht aufgegeben, sondern in Erinnerung gerufen. So sagt Sokrates zu Glaukon:

> Du erinnerst dich doch noch daran, dass wir drei Teile in der Seele unterschieden haben und so zu erklären versuchten, was Gerechtigkeit, Maß, Mut und Weisheit seien? – Wenn ich mich nicht mehr daran erinnerte, wäre ich nicht berechtigt, den Rest zu hören (R. 504a4–8).

Glaukon erinnert sich also an die Theorie der dreigeteilten Seele. Wenn sich nun aber sogar Glaukon an die Theorie der dreigegliederten Seele erinnert, so auch der platonische Sokrates. Die Theorie begegnet uns wieder im achten (vgl. 553c–d) und im zehnten (vgl. 588c–d) Buch. Sokrates spricht beispielsweise von der *aphrosynê* [Unbesonnenheit], welche darin besteht, die größte Tyrannei zu wählen (vgl. 619b8). Die sokratische Lehre, dass niemand freiwillig Schlechtes tut, taucht mit leichten Veränderungen ebenfalls wieder in den Spätdialogen auf (*Phlb.* 22b6–8, *Ti.* 86d7–e3 und *Lg.* 731c3–5, 860d1–2). Wir können daher sagen, dass nicht nur jede „einfache" Seele alles für das Gute tut, wie im *Protagoras* und *Gorgias* dargestellt, sondern auch jede dreigeteilte Seele. Deshalb scheint die dreigeteilte Seele des 4. Buches der *Politeia* nicht ein Hindernis für eine einheitliche Lesart der platonischen Theorie des menschlichen Handelns, wonach wir alles um des Guten willen tun, sondern vielmehr eine Ergänzung zu sein; auch jede dreigeteilte Seele tut alles um des Guten willen, aber alle drei Seelenteile haben eine eigene Auffassung vom Guten.[21] Die Vernunft (*logistikon*) sagt, was wirklich gut ist; der muthafte Teil der Seele dagegen, was gut im Sinne des

---

[20] Ich verdanke diese formale Fassung des Augustinischen Gegenbeispiels mit kleinen Änderungen von mir Herrn Gregor Damschen.

[21] Darauf hat auch Moss, 2008, hingewiesen, vgl. S. 62: „Each part of the soul desires what it takes to be good, and therefore each person, no matter which part of her soul rules her, pursues things under the guise of the good in all her actions."

Schönen oder Ehrenhaften ist, und der begehrliche Teil (*epithymêtikon*) sagt uns, was gut bzw. wenigstens attraktiv im Sinne des physisch Angenehmen ist.²²

[S₂] leitet zum kognitiven Zustand des Ahnens über, der sich in der geteilten Linie (vgl. *R*. 511d6–e5) nicht erwähnt findet. Es handelt sich dabei nicht um eine *doxa*, d. h. *eikasia* oder *pistis*, da das Ahnen sich ja seines Gegensatzes zum Wissen bewusst ist. Es ist aber auch nicht *noêsis*, und somit weder *dianoia* noch *nous*. Der ahnende platonische Sokrates hat somit weder ein noetisches noch ein dianoetisches Verständnis vom Guten. Er war ja bereits im *Symposion* nicht in der Lage, die Schönheit in der ihr eigenen Form zu schauen „durch das Organ, durch welches man sie erblicken sollte" (*Smp*. 212a1–2). Für dieses Organ der Seele – dem *nous* – hatte er im *Symposion* noch keinen Namen.²³ Die Grenzen von Sokrates' Wissen wurden also bereits durch Diotima aufgezeigt (vgl. 209e5–210a2),²⁴ eine Figur, die vermutlich von Platon erfunden wurde, um u. a. die Trennlinie zwischen dem Sokrates der frühen Dialoge und dem Sokrates der *Politeia* zu ziehen. Diese Trennlinie liegt also nicht in der dreigeteilten Seele, die wir vielleicht schon im *Gorgias*, 493a3–4, angedeutet finden,²⁵ sondern wohl eher in der Erfindung Diotimas als Lehrerin des Sokrates.

Das sokratische Ahnen beschreibt nun einen Zustand zwischen Meinung und Wissen und ist vergleichbar mit der Aktivität der *anamnêsis* (Wiedererinnerung) der verkörperten Seelen (vgl. *Men*. 86a6–8). Es handelt sich um ein bewusstes Meinen oder eine Doxa, die ihrer selbst bewusst ist. Werner Jaeger hat darauf aufmerksam gemacht, dass Platon „vermutlich der erste [war], der den Begriff des inneren *manteuesthai*, den die Dichter von der Voraussicht äußerer Geschehnisse gebrauchten, in philosophischem Sinne umgeprägt hat, als ein Ahnen nicht des Zukünftigen, sondern verborgener, tieferer Zusammenhänge".²⁶ Sicherlich hat das, „was jede Seele sucht und worumwillen sie alles tut", für den platonischen

---

22 Burnyeat, 2006, S. 15. Vgl. *EN* B 3, 1104b30–35, zitiert in Burnyeat, 2006.
23 Vgl. Bury, 1932, S. 132.
24 Vgl. Cornford, 1950, S. 75: „I incline to agree with those scholars who have seen in this sentence Plato's intention to mark the limit reached by the philosophy of his master." Vgl. aber auch Bury, 1932, S. 123–124, und Ferber, 2007a, S. 89–106. Vgl. hier auch S. 52, Anm. 58.
25 Vgl. Strycker/Slings, 1994, S. 137, Anm. 33: „[...] *tês* [...] *psychês touto en hô(i) epithymiai eisi*. This implies the existence of *to epithymêtikon*; it certainly is much more definitive than the popular distinction between ‚reason and impulse' [Dodds *ad loc.*]." Doch vgl. Brickhouse/Smith, 2010, S. 143, Anm. 8.
26 Jaeger, 1923, S. 163, Anm. 1. Zu *manteuesthai* vgl. *R*. 506a6, 523a8, 531d5; *Phlb*. 64a3, 66e7–8. Pace Fries, 1805, S. 64, ist die Ahnung durch den platonischen Sokrates in die Philosophie eingeführt worden: „Die Ahndung aber hat man meist den Dichtern und Schwärmern überlassen, sie in die Philosophie einzuführen, ist soviel ich weiß vor mir noch keinem Philosophen eingefallen."

Sokrates „verborgene, tiefere Zusammenhänge". Ähnlich wie das Wiedererinnern der Ideen bereits im Voraus über ein latentes Wissen von den Ideen verfügt, so setzt auch das Ahnen (*apomanteuesthai*) der Idee des Guten ein latentes Wissen um die Idee des Guten voraus. Sokrates aber ist weder willens noch fähig, die Wesensdefinition, d. h. den *logos tês ousias*, den er von den Dialektikern verlangt (*R.* 534b3), anzugeben. Er vergleicht die „Meinungen ohne Wissen" (*aneu epistêmês doxas*) (506c6) mit der Wanderung eines Blinden (vgl. 506c6 – 9). Trotzdem: Der „blinde" Mann ist auch ein „ahnender" Mann und vermutet die Existenz dessen, wonach er sucht. Wenn „jede Seele" ahnt, dass das Gute etwas ist (*apomanteuomenê ti einai*), so ahnt auch die Seele des Sokrates, dass das Gute etwas ist (und somit auch existiert). Um genauer zu sein: Sokrates macht sowohl eine existenzielle als auch eine essenzielle Annahme über das Gute. In schärferer aristotelischer Begrifflichkeit gehört das Gute zu den Dingen, bei denen wir über ein Vorverständnis hinsichtlich zweierlei verfügen: (1) über das „dass es ist" (*hoti estin*) und (2) über das Wesen und das „was es ist" (*ti esti*) (vgl. *APo.* 71a12 – 13). Somit aber ist die Idee des Guten für Sokrates nicht eine fiktive Entität wie ein Ziegenhirsch (*tragelaphos*) (vgl. *R.* 488a6; *An. pr.* 49a24; *APo.* 92b7). Es handelt sich dabei also keineswegs um etwas, das nicht existierte oder etwas Nicht-Seiendes (*mê on*) wäre. Da Sein für Platon auch Realität bedeutet, ist die Existenzbehauptung auch eine Behauptung über die Wirklichkeit des Guten.

Darin liegt auch der Grund dafür, weshalb wir betreffs des Guten alle Realisten sind, auch wenn wir in Sachen „der gerechten und schönen Dinge" (*dikaia men kai kala*, 505d5) Konventionalisten sein mögen, die sich mit dem Schein zufrieden geben. Wenn das Gute das Glück ist (vgl. *Smp.* 205a2 – 3), dann geben wir uns im Unterschied „zum Gerechten und Schönen" nicht mit dem scheinbaren, sondern nur mit dem wirklichen Glück zufrieden. Das Gute als Realität ist deshalb auch nicht wie das Glück für Kant mit einem „Ideal der Einbildungskraft"[27] gleichzusetzen.

[S₃] behauptet, dass sich jede menschliche Seele in Bezug auf das letzte Gute in einem Zustand der *aporia* befindet und nicht fähig ist, dessen Wesen ausreichend zu erfassen. Auch wenn der „blinde" Sokrates eine starke Vermutung zugunsten der Wirklichkeit eines solchen Guten hat, so kann keine Seele (und d. h. auch nicht diejenige des platonischen Sokrates) sie ausreichend erfassen. Also: Wiewohl Sokrates den Vorrang der Priorität definitorischen Wissens verteidigt und zusätzlich der Ansicht ist, dass wir einzig das wirklich und nicht nur das scheinbar Gute wünschen, kennt er das Wesen des Guten nicht ausreichend.

---

27 Kant, *GMS*, AA 418.

Ausreichend weiß er lediglich, dass das wirklich Gute weder in der Lust noch in der Erkenntnis besteht. Allerdings schließt Sokrates hier nicht aus, dass das Wesen des Guten, ungeachtet der *anfänglichen* Aporie, durch die Philosophenkönige und -königinnen *zuletzt* hinreichend begriffen werde.[28] Wir haben es nicht mit einer logischen oder anthropologischen Unmöglichkeit schlechthin zu tun, wie es nach Sokrates die Unmöglichkeit ist, das Gute nicht zu wollen (vgl. *Prt.* 358c–d), wohl aber mit einer sokratischen. Da aber auch die Seelen der besten Philosophen inkarniert sind (vgl. *R.* 498d, 614a–621d), ist diese anthropologische Möglichkeit, das Wesen des Guten ausreichend zu erkennen, nur schwer in Einklang zu bringen mit der sokratischen Meinung aus dem *Phaidon*:

> Und offenbar dann erst werden wir haben, was wir begehren und [d]essen Liebhaber wir zu sein behaupten, [d. h.] die Weisheit (*phronêsis*), [dann nämlich] wenn wir tot sein werden, wie die Rede uns andeutet, solange wir leben aber nicht. Denn wenn es nicht möglich ist, mit dem Leibe irgendetwas rein zu erkennen: So können wir nur eines von beiden, entweder niemals zum Wissen gelangen oder [erst] nach dem Tode (*Phd.* 66e2–6).[29]

Bestimmt aber handelt es sich für den platonischen Sokrates um eine sokratische Unmöglichkeit, d. h. eine Unmöglichkeit für den Mann, den Platon im *Phaidon* u. a. auch als den „vernünftigsten" (*phronimôtatos*) von allen seinen Zeitgenossen bezeichnet hat (*Phd.* 118a17). Die Philosophenkönige und -königinnen aber waren keine Zeitgenossen Platons. In der Tat schränkt Platon dann die anthropologische Möglichkeit der realen Existenz eines Philophenkönigs bzw. einer -königin folgendermaßen ein: „Jetzt (*nyn*) aber gibt es ihn nirgendwo in irgendeiner Art und Weise, es sei denn für kurze Zeit (*all' ê kata brachy*). Deshalb ist das Zweitbeste (*to deuteron*), zu wählen Ordnung und Gesetz, [...]" (*Lg.* 875d2–4).

[S_4] beschreibt eine Schlussfolgerung, die sich daraus ergibt und von der epistemologischen Priorität des definitorischen Wissens ausgeht. Wenn keine Seele über ein definitorisches Wissen vom Guten verfügt, so auch nicht über eine *stabile* Meinung von den anderen Dingen. Natürlich hat jede Seele *wechselnde* Meinungen über das Gute, weil unser Handeln um des Guten willen gewisse Werturteile voraussetzt, wie auch das Beispiel von Leontios zeigt. Sokrates spielt hier auf den *Menon* an, wo zwischen richtiger Meinung und Wissen unterschieden wird und Wissen die richtigen Meinungen stabilisiert (*Men.* 98a6). Weil wir aber nicht über ein ausreichendes, sondern lediglich über ein ungenügendes Wissen vom Guten

---

[28] Hier hat mich die Kritik von Szlezák, 2003a, S. 142, überzeugt; vgl. weiterführend Ferber, 2007a, S. 106–120, insb. S. 110.
[29] Übers. v. Schleiermacher mit kleinen Änderungen von R. F. Vgl. *ad loc.* Chen, 1992, aber *contra* Ferber, 2005, S. 167, Anm. 55.

verfügen, erwerben wir auch keine „dauerhafte Meinung" (*pistis monimos*), wie wir sie von anderen Dingen sehr wohl haben. Dabei ist allerdings nicht klar, was diese anderen Dinge sind. Es handelt sich dabei wahrscheinlich um „gerechte und andere Dinge" (*dikaia kai talla*, 505a3), das heißt auch um die anderen Tugenden, die allererst durch das Wissen vom Guten „brauchbar und nützlich werden" (505a3–4). Infolge der Priorität der Definition des wirklich Guten können die „gerechten und anderen Dinge" zwar gerecht, aber nicht wirklich gut sein. Da das Gerechte aber auch gut sein soll, so können sie gegebenenfalls auch nur scheinbar gerecht sein.

[S$_5$] spricht diese Schlussfolgerung ausdrücklich aus: Bei einer Unkenntnis des letzten Guten würde jede Seele den Nutzen, den sie aus anderen Dingen ziehen könnte, verfehlen, wahrscheinlich auch den Nutzen der anderen Tugenden. Somit aber würde „jede Seele" die wirkliche Tugend oder, wie man auch sagen könnte, „den wahren Geschmack" (*the real taste*) der anderen Tugenden, ja sogar der nur scheinbar guten Dinge wie Lust und Vernunft, verfehlen, da sie die Idee oder das Muster des Guten ja nicht kennt (vgl. *R.* 540a9).

[S$_6$] führt die Schlussfolgerung in Form einer rhetorischen Frage vor: Würden wir es den vorzüglichsten Leuten der Polis, denen wir alles anvertrauen, erlauben, in einer Sache dieser Art und von dieser Wichtigkeit im Dunklen zu tappen? Diese „Elite" aber sind die Philosophenkönige und -königinnen. Die höchste Form des Wissens soll für diese Besten eine reale Möglichkeit darstellen. Diesbezüglich aber haben wir zwischen zwei „Plato's philosophers" zu unterscheiden, um einen Ausdruck von D. Davidson zu verwenden. Zwischen Sokrates, Platons „realem" Philosophen, und dem Philosophenkönig, Platons projektiertem Philosophen. Was demnach eine sokratische Unmöglichkeit darstellt, ist deshalb noch keine königliche Unmöglichkeit. Auf diese Art und Weise gibt es auch zwei beste Formen von „Wissen" des letzten Guten: einerseits das sokratische und andererseits das königliche, einerseits das Ahnen und andererseits das Wissen im Sinne eines unmittelbaren Sehens oder Verstehens (vgl. *R.* 540a8–9).

Von diesen beiden Wissensformen wiederum haben wir die Platons zu unterscheiden, über die niemand etwas mit Gewissheit sagen kann. Vielleicht schwankte Platons Wissensstatus zwischen demjenigen seines wirklichen Philosophen, Sokrates, und demjenigen seines projektierten. Aber wir wollen hoffen, dass er diesem zweiten Philosophen, dem „Musterbeispiel" (*paradeigma*) des „schönsten Menschen" (*R.* 472d5) „sehr nahe" (*engytata*) (vgl. *R.* 473a8; *Phd.* 65e4;

Ep. VII, 342d1–2)³⁰ gekommen ist – zumindest „für kurze Zeit" (*kata brachy*) (*Lg.* 875d3).

II

Dass jede Seele alles um des Guten willen tut, klingt für Platonforscher höchst vertraut. Dennoch ist diese Aussage kaum zu verstehen, und es ist ihr nur mit Mühe zuzustimmen. Ich möchte *zwei* Einwände erwähnen, die bereits von Thomas von Aquin formuliert worden sind (*Summa Theologiae*, Ia IIae, Quaestio I [*De ultimo fine hominis*]). Ich bin mir freilich bewusst, dass wir hier über eine reine Platonexegese hinausgehen. Doch weshalb sollte, wenn in die Philosophie Platons durch die Unterscheidungen eines späteren Philosophen und Theologen Licht gebracht werden kann, der daraus resultierende Gewinn an begrifflicher Klarheit vernachlässigt werden – zumal, wenn wir nicht nur an einer Auslegung, sondern auch an der Wahrheit der Behauptung interessiert sind, dass jede menschliche Seele alles um des Guten willen tut.

Zudem nimmt der Aquinate eine aristotelische Lehre auf, die auf Platons *Lysis* zurückgeht, sich wieder im *Symposion* findet und auch in der *Politeia* impliziert ist: Es kann beim Guten keinen unendlichen Regress geben, sondern es ist von einem „ersten Geliebten" (*prôton philon*) (vgl. *Ly.* 219c5–d2, 220b6–7, *Smp.* 205a3) oder einem „einzigen Zweck" (*skopos heis*) auszugehen, um dessentwillen die künftigen Philosophenkönige alles tun (*hapanta prattein*), was sie sowohl im privaten Bereich als auch im öffentlichen Leben tun (*R.* 519c2–4).

Zunächst scheint das Gute bzw. die Idee des Guten nicht das zu sein, worumwillen jede Seele alles tut. So macht etwa ein Mensch „viele Dinge ohne Überlegung, ja manchmal sogar ohne darüber nachzudenken, wie wenn er etwa geistesabwesend eine Handbewegung macht, mit den Füßen wippt oder sich den Bart streichelt" (*Summa Theologiae*, Ia IIae, q. I, art. 1, 3).³¹ Der thomasische Lösungsansatz besteht in der Unterscheidung zwischen „einer Handlung eines Menschen" (*actio hominis*) und „einer menschlichen Handlung" (*actio humana*) im eigentlichen Sinne. Unter menschlichen Handlungen im eigentlichen Sinne sind dabei jene Handlungen eines Menschen zu verstehen, die er tut, insofern er Mensch ist, d. h. insofern er Herr seiner Handlungen ist. Dementsprechend können wir die platonische Behauptung neu so formulieren: Nicht jede „Hand-

---

30 Vgl. Ferber, 2007a, S. 120–121.
31 *Sed multa homo agit absque deliberatione, de quibus etiam quandoque nihil cogitat; sicut cum aliquis movet pedem vel manum aliis intentus, vel fricat barbam.*

lung eines Menschen" (*praxis anthrôpou*), sondern lediglich jede intentionale Handlung eines Menschen oder jede „menschliche Handlung" (*anthrôpinê praxis*) im eigentlichen Sinne wird um des Guten willen getan. Diese Verdeutlichung hat im Prinzip wieder Harold A. Prichard in seiner *Inaugural Lecture delivered before the University of Oxford „Duty and Interest"* (1928) erreicht:

> There is no escaping the conclusion that when Plato sets himself to consider not what should, but what actually does, as a matter of fact, lead a man to act when he is acting deliberately, and not merely in consequence of an impulse, he answers „The desire for some good to himself and that only". [...] In the *Republic* this view comes to light in the sixth book.[32]

Wir können hinzufügen, dass das Gute für mich letzten Endes das absolute Gute oder dass das absolute Gute auch mein Gutes ist.[33] Wenn in R. 509b3 „De Deo loquitur" und im Sinne der Formel *summum bonum sive Deus* das absolut Gute mit Gott gleichzusetzen ist,[34] so hieße das, dass wir mit jeder intentionale Handlung Gott wollen: *Noi vogliam* Dio [...].

Aber gegen Prichard möchte ich einwenden, dass beim Handeln „bloß in Konsequenz eines Impulses", wie es bei Leontios der Fall gewesen sein mag, Leontios gleichwohl durch einen Wunsch nach dem Guten für ihn selbst handelt. Die Handlung von Leontios bleibt deshalb nach wie vor eine „menschliche Handlung" (*anthrôpinê praxis*), also eine intentionale Handlung, und nicht bloß „eine Handlung eines Menschen" (*praxis anthrôpou*) oder ein Verhalten, das durch eine bloße Wirkursache verursacht ist. Es handelt sich aber um eine intentionale Handlung, in der Leontios seine Herrschaft über sich selbst aufgegeben hat, oder eine intentionale Handlung nicht im eigentlichen, sondern im privativen Sinne, wo die bessere Meinung des Leontios im Augenblick der Handlung durch die irrtümliche Meinung der Begierde verdunkelt wird.[35]

Zweitens ist es offensichtlich, dass nicht jede „menschliche Handlung" (*anthrôpinê praxis*) um des letzten Guten willen geschieht. Wie wir bei einer Reise nicht jeden Schritt für das Ziel der Reise machen, so verhält es sich auch mit dem

---

32 Prichard, 2002, S. 33.
33 So bereits Demos, 1939, S. 61: „Thus the good is both absolute and relative, both the good *simpliciter* and *my* good (Republic, 352e, 353a, b)."
34 So der Übersetzer Pier Candido Decembrio (1399–1477), vgl. Vegetti, 2012, S. 436.
35 Vgl. Thom. Aquin. *Sum. theol.*, Ia IIae, q. 77,2, resp.: *Quandoque autem homo non considerat id quod habet in habitu propter aliquod impedimentum superveniens, puta propter aliquam occupationem exteriorem, vel propter aliquam infirmitatem corporalem. Et hoc modo ille qui est in passione constitutus, non considerat in particulari id quod scit in universali, in quantum passio impedit talem considerationem.*

Guten selbst. Oder wie der Aquinate einwendet: Wenn wir im Einzelnen etwas zu tun wünschen, dann denken wir dabei nicht immer an unser letztes Ziel (vgl. *Sum. theol.*, Ia IIae, q. I, art. 6, 3).[36] In der Antwort auf den Einwand aber erwidert er, dass die „Kraft unserer ersten Absicht (*vis primae intentionis*) in Bezug auf ihre Dauer auch in jedem Wunsch nach anderen Dingen fortwirkt, selbst dann, wenn dieser Endzweck nicht gekannt sein sollte" (*Sum. theol.*, Ia IIae, q. I, art. 6, R. 3).[37] Der Gedankengang ist folgender: Wenn es eine endlose Kette von Absichten um des Guten willen geben sollte, dann gäbe es überhaupt nichts Gutes. Damit bezieht sich Thomas auf die aristotelische Behauptung, „dass ein unendlicher Regress im Guten auf eine Aufhebung der Natur des Guten hinausläuft" (*Metaph.* A 2, 994b12–13). Wenn nämlich jede absichtliche Handlung im Hinblick auf eine andere absichtliche Handlung gemacht wird, könnte es überhaupt keine absichtliche Handlung geben.

Tatsächlich aber können wir nicht aktual (*actu*) immer an das letzte Ziel oder das wirklich Gute denken. Folglich könnte die Lehre des platonischen Sokrates verständlicher gemacht werden, wenn wir annehmen, dass jede Seele aus der potenziellen Absicht heraus handelt, das letzte Gut zu erreichen, die in jeder einzelnen aktual vollzogenen Handlung noch nachwirkt. Wir wollen das letzte Gute demnach nicht aktual in jeder Handlung, sondern nur potenziell, und wenn wir stattdessen um eines scheinbar Guten willen handeln, so handeln wir aus der Unkenntnis unserer wirklichen oder primären Absicht heraus. Die platonische These: „Jede Seele sucht das Gute und tut alles um des Guten willen", wäre also so einzuschränken: Jede menschliche Handlung tut potenziell alles um des Guten willen.

Kant sagt, dass wir nicht anders als „unter der Idee der Freiheit"[38] handeln können. Der platonische Sokrates *könnte* gesagt haben, dass wir nicht anders handeln können als unter der Idee des Guten. Sokrates und Kant zusammenfassend ließe sich sagen, dass wir nicht anders als unter der Idee des Guten *und* der Idee der Freiheit handeln können. Aber im Unterschied zu einer Idee im kantischen Sinne, der keine mögliche Erfahrung entspricht (vgl. *Kritik der reinen Vernunft*, A320/B377), ist – paradox gesprochen – aus dem Gesichtspunkt des „blinden" Sokrates (vgl. *R.* 506b6–9) das Gute ein realer Gegenstand, von dem die Philosophenkönige und -königinnen zumindest annäherungsweise eine Erfah-

---

36 *Sed non semper homo cogitat de ultimo fine in omni eo quod appetit aut facit. Non ergo homo omnia appetit aut facit propter ultimum finem.*
37 *Sed virtus primae intentionis, quae est respectu ultimi finis, manet in quolibet appetitu cujuscumque rei, etiam si de ultimo fine actu non cogitetur.*
38 Kant, *GMS*, AA 448.

rung besitzen (können); das will heißen, dass sie das letzte Gute zumindest annäherungsweise sehen und d. h. verstehen *können*.

III

Aber worin besteht das letzte Wissen oder was ist es, was wir letzten Endes suchen und was die Philosophenkönige letztlich sehen oder verstehen *können*? Typologisch dürfen wir wenigstens drei signifikante inhaltliche Antworten unterscheiden: Erstens gibt es die *henologische* Antwort, die auf Aristoteles zurückgeht (*Metaph.* N 4, 1091b13–15; *EE* A 8, 1218a18–20) und auf die neuplatonische vorausweist (vgl. Plot. *Enn.* V 1, 8; V 3, 12–13; V 4, 1; V 9, 2; VI 7, 37; VI 7, 40). Diese Interpretation wurde *mutatis mutandis* von der Tübingen-Milano-Schule vertreten und verteidigt.[39]

Ferner gibt es die *perfektionistische* Antwort, die von Gerasimos Santas und anderen vorgebracht wurde.[40] Nach ihr ist die Form oder Idee des Guten das *ens perfectissimum*, welches den Grund des Wesens und der Realität der platonischen Ideen in dem Sinne darstellt, als die Ideen ihre idealen Eigenschaften durch Teilhabe an der Idee des Guten haben.[41]

Als dritte Antwort schließlich ist noch die *strukturalistische* zu nennen, die von Horace W. B. Joseph[42] vorgebracht und von Terry Irwin, Justin C. B. Gosling, Gail Fine, Gerhard Seel und Christopher Shields[43] wieder aufgenommen wurde. Sie besagt, „that the form of the good is not a distinct form, but the teleological structure of forms; individual forms are its parts, and particular sensible objects instantiate it".[44]

All diesen drei Antworten ist gemeinsam, dass sie über „Platons letztes Wort" aus der *Politeia* hinausgehen. Von einem ausschließlich exegetischen Standpunkt aus ist dies eine Form, nach der – gemäß Richard Robinson – „misunderstanding" „very common"[45] ist. Das heißt nicht, dass diese Interpretationsversuche deshalb von einem systematischen Gesichtspunkt aus falsch wären. Sie alle machen auf einige wichtige Aspekte aufmerksam oder besser gesagt: Sie führen die „Erzäh-

---

[39] Vgl. Krämer, 1982; Reale, 1997; Szlezák, 2001; Szlezák, 2002 (deutsche Übersetzung von Szlezák, 2001; wieder abgedruckt in Szlezák, 2003a, S. 109–131); Szlezák, 2003a.
[40] Santas, 2002.
[41] Vgl. Santas, 1985; Santas, 2002; Santas, 2010, S. 137–142.
[42] Joseph, 1948.
[43] Irwin, 1977, S. 225; Gosling, 1973; Fine, 2003; Seel, 2007.
[44] Fine, 2003, S. 98.
[45] Robinson, 1953, S. 1.

lung" fort. Tatsache ist aber, dass sie zu einem vernünftigen, d. h. begründeten Dissens führen und auch nicht miteinander vereinbar sind.

So z. B. ist umstritten, ob die Stellung der Idee des Guten *epekeina tês ousias* auch bedeutet, dass die Idee des Guten transzendent im Sinne einer Transzendenz zweiter Stufe ist, insofern sie nicht nur die Sinnesphänomene, sondern auch die Ideen transzendiert, wie die henologisch-neuplatonische Interpretation nahelegt.[46]

Wenn die Transzendenz der Idee des Guten aber nicht im Sinne einer Transzendenz zweiter Stufe, sondern im Sinne der Transzendenz erster Stufe im Sinne eines *ens perfectissimum* zu interpretieren ist, dann fragt sich, inwiefern sie „nicht *ousia*" (*ouk ousias ontos*, R. 509b8) ist.

Ist sie nämlich „nicht *ousia*", so ist sie kein *ens perfectissimum*. Ist die Transzendenz der Idee des Guten aber strukturalistisch als eine Systemeigenschaft der Ideen zu verstehen, dann fragt sich, wie die Idee des Guten noch kausal wirksam sein kann.

Daraus ergibt sich, dass alle drei Lösungsvorschläge Fragen offen lassen und zudem nicht miteinander vereinbar sind. In der henologischen Lösung ist die Idee des Guten eine Idee oder Form (F) mit einer Transzendenz zweiter Stufe (T_2), insofern sie die Ideen selbst transzendiert, während sie in der perfektionistischen Lösung eine Form (F) ist, die nur eine Transzendenz erster Stufe (T_1 & $\neg T_2$) besitzt, ohne die Ideen noch einmal zu transzendieren. In der strukturalistischen Lösung ist die Idee des Guten selbst gar keine eigenständige Form ($\neg F$), sondern die Struktureigenschaft aller anderen Formen.

Die Transzendenz zweiter Stufe (T_2) ist jedoch nicht vereinbar mit der reinen Transzendenz erster Stufe (T_1 & $\neg T_2$), weil T_2 und $\neg T_2$ widersprüchlich sind. Insofern widersprechen sich die henologische und die perfektionistische Lösung. Diese beiden Lösungen sind allerdings ihrerseits auch beide nicht mit der strukturalistischen Lösung kompatibel, weil sich die Eigenschaften des Formseins (F) und des Nicht-Formseins ($\neg F$) widersprechen. Unter der Voraussetzung, dass man die möglichen Kandidaten von Lösungen auf diese beiden Eigenschaftspaare einschränken kann ($T_2/\neg T_2$ und $F/\neg F$) und dass etwas, das $\neg F$ ist, keine Transzendenz im Sinne von T_1 oder T_2 besitzen kann, bilden die drei genannten Lösungen ein Trilemma:

1. Henologische Lösung: F & T_2.

2. Perfektionistische Lösung: F & (T_1 & $\neg T_2$)

---

46 Vgl. Ferber, 1989, S. 162–167, und mit weiteren Literaturangaben Ferber, 2005, doch *contra* Ferber, Shields, 2011, hier S. 115–137, insb. S. 117–120.

3. Strukturalistische Lösung: ¬F

Wenn 1. gilt, dann gelten nicht 2. und 3. Wenn 2. gilt, dann gelten nicht 1. und 3. Wenn 3. gilt, dann gelten nicht 1. und 2.

Zudem scheinen alle drei Interpretationsansätze den meisten Philosophen von heute, wie im Prinzip bereits für Aristoteles, wenn nicht „Gezwitscher" (*teretismata*) (*APo.* A 22, 83a33), so doch eine Form von *kenologein*, d. h. eine Form von leerem Gerede zu sein (vgl. *Metaph.* A 9, 991a21–22). Das heißt: Wir – oder doch zumindest die meisten von uns – können diese Auslegungen nicht mit der Erfahrung, welche die Philosophenkönige und -königinnen haben müssen und Platon womöglich gehabt hat, verknüpfen. Zudem konnte wahrscheinlich nicht nur Glaukon, sondern auch manch anderer Hörer oder Leser der weggelassenen Fortführung der Erzählung nicht folgen (vgl. *R.* 533a1). Wer von uns etwa hat die strukturelle Anordnung der Ideen ausbuchstabiert oder die *pollaplasioi logoi* (*R.* 534a8–9) der *eidê auta* (510b8), d. h. wohl der Idealzahlen und idealen Größen,[47] „under the sovereignty of the Good" dargelegt?[48] Und wer hat dieses Gute oder Eine schon endgültig gesehen und d. h. verstanden? Wir wollen zwar nicht ausschließen, dass Plotin diese Erfahrung des Guten/Einen, wonach jede Seele strebt (vgl. *Enn.* III 5, 3), in Form der mystischen Einigung tatsächlich gemacht hat.[49] Für die meisten von uns jedoch hat Platon die Bedeutung des Ausdrucks „gut" so sehr gedehnt, dass ihr Inhalt zu dünn wurde, um mit einer persönlichen Erfahrung verbunden werden zu können.[50]

Vielleicht hat er das sogar selbst realisiert, wenn er im *Politikos* den Fremden aus Elea nichts Spezifisches über die „Darlegung des Genauen selbst" (*hê peri auto takribes apodeixis*, *Plt.* 284d1–2) sagen lässt. Der Fremde aus Elea hat vielmehr die ‚Fackel gesenkt', indem er die „Entstehung des Angemessenen" (*hê tou metriou genesis*, 284d6) als den Maßstab einführt, an dem sich der Staatsmann orientieren soll.[51] Dieses rechte Maß (*metrion*) ist auch „das Schickliche (*to prepon*), die günstige Gelegenheit (*ho kairos*), das Verpflichtende (*to deon*)" und „all dasjenige, was seinen Sitz in der Mitte zwischen zwei Extremen hat" (*Plt.* 284e6–8). Dieses Angemessene ist der Erfahrung und Praktikabilität eher zugänglich als die Idee des Guten oder eben „das Genaue selbst".

---

47 Vgl. weiterführend Ferber, 1989, S. 162–167.
48 Vgl. Murdoch, 1997, S. 363–385.
49 Vgl. O'Meara, 1992, S. 145, der wohl mit Recht schreibt: „Plotin parle de l'union avec l'Un d'une manière si convaicante qu'il semble déraisonnable de douter qu'il ait faît luimême l'expérience de cette union. Cette expérience est évidemment une puissante force animant ses écrits."
50 Vgl. Demos, 1939, S. 65: „It may be questioned whether Plato has not lost the Good by expanding its meaning."
51 Vgl. Ferber, 1995a. Vgl. hier S. 203–204.

Was von einem an reiner Exegese orientierten Gesichtspunkt aus gesagt werden kann, ist, dass das Gute etwas Drittes (*triton*) zwischen *und* über Erkenntnis und Sein ist – wie die Sonne (und ihr Erzeugnis, das Licht) etwas Drittes zwischen Sehen und Gesehenem ist (vgl. *R.* 507d1, e1).[52] Mit diesem „Dritten" befinden sich die grundlegenden Interpretationsversuche (der henologische, der perfektionistische und der strukturalistische) nicht im Widerspruch, obschon diese „trialistische" Auslegung keine Neugierde über „verborgene[r], tiefere[r] Zusammenhänge" (vgl. S. 101–102), aufgrund deren wir alles tun, zufriedenstellt.

Wir finden hier eine deutliche Spannung zwischen dem Erfahrungsbegriff eines sokratischen Ahnens (*apomanteuesthai*, *R.* 505e1) und dem „Vernunftbegriff" eines königlichen „hinreichenden Erkennens" (*gnôsesthai hikanôs*, 506a7). Mit anderen Worten: Wir finden eine Spannung vor zwischen dem Prinzip der epistemologischen Priorität des definitorischen Wissens vom Guten und dem Eingeständnis, dass er – der platonische Sokrates, der stabile oder gut geprüfte Meinungen über andere Dinge hat, wie zum Beispiel, dass der Gerechte auch glücklich ist (vgl. *R.* 358e–362c, 612a–621d)[53] – nur eine „Meinung ohne Wissenschaft" (*doxa aneu epistêmês*), also eine ungeprüfte Meinung dessen hat, worum willen jede Seele alles tut.

Aber dies ist eine Meinung, welche ihrer selbst bewusst ist oder ein Erahnen (*apomanteuesthai*) dessen davon, was „jede Seele" wirklich sucht. Dass dies die letzte Antwort des platonischen Sokrates auf die sokratische Frage „Was ist das Gute eigentlich?" (*hoti pot' estin agathon*, *Phlb.* 13e5–6) bildet, wird durch den letzten veröffentlichten Dialog von Platon über diese Thematik, den *Philebos*, bestätigt. Der platonische Sokrates findet darin das „menschlich Gute" (*anthrôpinon agathon*) (vgl. *Phlb.* 11d4–6) in der wohlgeordneten Mischung von Erkenntnis und Lust. Was aber das absolut Gute (*to pantapasin agathon*, vgl. *Phlb.* 61a1–2) oder das „im Menschen und im Universum von Natur aus Gute" (*en te anthrôpô(i) kai tô(i) panti pephyken agathon*) ist, weiß der platonische Sokrates auch am Ende der letzten schriftlichen Äußerung Platons über das Gute, am Ende des *Philebos* nicht. Er sagt nur, dass dessen Idee „zu erahnen ist" (*manteuteon*) (64a2–4).[54]

---

52 Frede, 1985, S. 353–355: „According to the text, however, the ‚yoke' or ‚tertium' for the realm of the visible is *light*, not the sun, for the realm of the intelligible the yoke is *truth*, not the Good (507d1). The sun and the Good are, rather called the *aition* of the connection." Ich habe (vgl. Ferber, 1989, S. 11, 57, 70) deutlich gemacht, dass das Dritte zwischen *und über* [Hervorhebung v. R. F.] Denken und Sein „the *aition* of the connection" ist.
53 Vgl. Ferber, 2007c, insb. S. 13–14, S. 37–39.
54 Vgl. Ferber, 2010c, insb. S. 75, hier S. 193.

Anhang: Übersetzungen von *Politeia* 505d11– 506a2

(Hervorhebungen jeweils von R. F.)

Lateinisch
Bonum quidem anima omnis expetit, eiusque gratia *agit omnia*, augurans esse aliquid: dubitat tamen, neque sufficienter, quid sit, comprehendere potest, neque tam certum et exploratum habet, quam cetera: atque idcirco et in aliis fallitur, cum quid utile sit, iudicare pergit. An circa id, cum tale sit ac tantum, similiter caecos esse debere dicemus illos quoque praestantissimos in civitate viros, quibus universa committimus? (Marsilius Ficinus)[55].

Deutsch
In betreff also des eigentlichen Guten, wonach jede Menschenseele strebt und dessentwegen sie *alle Anstrengungen unternimmt*, weil es nach ihrer dunkeln Ahnung das Höchste ist, aber mit dem auch die übrigen Gewinne in dem Falle zugrunde gehen, wenn sie über diesen Gegenstand in Ungewissheit bleibt, wenn sie von seinem Wesen keinen vollkommen klaren Begriff erlangen, nicht einen festen Glauben daran haben kann wie an die übrigen Dinge, – in betreff eines solchen uns so wichtigen Gegenstandes sollten wir auch jene im Finstern herumtappen lassen, die in unserem Staate die Besten sein sollen und deren Händen wir alles Wohl desselben anvertrauen wollen? (Wilhelm Wiegand).

Eine jede Seele also strebt dem Guten nach und *lässt um seinetwillen nichts ungetan*, in der Ahnung, dass ihm doch ein Sein zukomme, dabei aber doch schwankend und unvermögend es in seiner wahren Bedeutung befriedigend zu erfassen und zu einer festen Überzeugung darüber zu gelangen wie bei anderen Dingen, was denn auch der Grund ist, dass sie auch das Übrige verfehlt, wo etwa ein Nutzen zu erwarten stand – und über eine so wichtige und so umfassende Sache sollen auch jene Besten im Staat so im Dunkeln tappen, sie, denen wir die gesamte Leitung in die Hände legen wollen? (Otto Apelt).

Englisch
A thing, then, that every soul *pursues as the end of all her actions*, dimly divining its existence, but perplexed and unable to grasp its nature with the same clearness and assurance as in dealing with other things, and so missing whatever value those other things might have – a thing of such importance is not a matter about which those chosen Guardians of the whole fortunes of our commonwealth can be left in the dark (Francis MacDonald Cornford).

---

55 „Nach dem Guten nun strebt jede Seele, und seinetwegen tut sie alles, da sie ahnt, dass es etwas sei. Doch sie schwankt und kann nicht genügend erfassen, was es ist, und sie hat nicht so sichere und feste Kenntnis, wie bei den anderen [Dingen]; und deshalb täuscht sie sich auch in anderen [Dingen], wenn sie fortfährt zu entscheiden, was nützlich sei. Sollen wir nun etwa sagen, dass in Bezug auf dies, obwohl es so wichtig und groß ist, jene herausragenden Männer im Staat, denen wir alles anvertrauen, in gleicher Weise blind sein dürfen?"

Französisch
Or, ce bien que toute âme poursuit et en vue duquel *elle fait tout*, dont elle soupçonne l'existence sans pouvoir, dans sa perplexité, saisir suffisamment ce qu'il est, et y croire de cette foi solide qu'elle a en d'autres choses – ce qui la prive des avantages qu'elle pourrait tirer de ces dernières – ce bien si grand et si précieux, dirons-nous qu'il doit rester couvert de ténèbres pour les meilleurs de la cité, ceux à qui nous confierons tout? (Robert Baccou).

Italienisch
O quella cosa che ogni anima persegue e per *cui fa ogni sforzo*, divinando che sia alcunché ma restando incerta e non in grado di cogliere esattamente cosa essa sia, né di fondarsi su di una salda credenza come nel resto, e perciò viene a perdere anche il resto, se un vantaggio esso aveva; su di una tale e sì gran cosa diremo noi debbano restare all'oscuro anche quegli ottimi nella città, cui daremo ogni cosa in mano? (Francesco Gabrieli).

Spanisch
Lo que todo alma persigue y por lo cual *hace todo*, adivinando que existe, pero sumida en difficultades frente a eso y sin poder captar suficientemente qué es, ni recurrir a una sólida creencia como sucede respecto de otras cosas —que es lo que hace perder lo que puede haber en ellas de ventajoso—; algo de esta indole y magnitud, ¿diremos que debe permanecer en tinieblas para aquellos que son los mejores en el Estado y con los cuales hemos de llevar a cabo nuestros intentos? (Conrado Eggers Lan).

Ist die Idee des Guten nicht transzendent oder ist sie es doch?

Nochmals Platons EPEKEINA TÊS OUSIAS

Abstract: *Plato scholars such as Matthias Baltes (1940–2003) and Luc Brisson have defended the thesis that Plato's Idea of the Good is on the one hand beyond being* (epekeina tês ousias) *in dignity and power, but is nevertheless not transcendent over being. The article gives first (I), an introduction into the status quaestionis. Second (II), it delivers the most important arguments for the thesis of Baltes and Brisson. Third (III), it gives two counterarguments against the thesis. Fourth (IV), it deals with the translation of L. Brisson „Apollon, quelle merveilleuse emphase"* of Republic *509c1–2. Fifth (V), it concludes with some general questions concerning the deflationist interpetation of Plato's* Republic, *509b9–10.*

In einem Vortrag „L'approche traditionnelle de Platon par H. F. Cherniss" hat Luc Brisson die These vertreten, dass die Idee des Guten zwar *epekeina tês ousias*, aber gleichwohl nicht über das Sein transzendent sei. Der Vortrag ist anlässlich eines gemeinsam von der Internationalen Akademie für Philosophie in Liechtenstein und der Internationalen Platongesellschaft abgehaltenen Symposiums (September 2000) in Triesenberg, Campus Gaflei, Liechtenstein, gehalten worden. Teilweise findet er sich bereits als dritter Anhang des in der Aufsatzsammlung „Lectures de Platon" veröffentlichten Beitrages „Présupposés et Conséquences d'une interprétation ésotérique de Platon".[1] Die These L. Brissons haben inzwischen die an der Sorbonne lehrende französische Platonforscherin M. Dixsaut und andere Forscher ebenfalls vertreten.[2] Im Folgenden möchte ich (I) eine kurze Einleitung in die Problematik geben, dann (II) die vielleicht wichtigsten Gründe für die These Brissons referieren, darauf (III) zwei Gegengründe geben, schließlich (IV) die Interpretation Brissons von *R.* 509c1–2, *Kai ho Glaukôn mala geloiôs,*

Ursprünglich veröffentlicht unter: Ferber, R., „Ist die Idee des Guten nicht transzendent oder ist sie es doch? Nochmals Platons EPEKEINA TÊS OUSIAS", in: Barbarić, D. (Hrsg.), *Platon über das Gute und die Gerechtigkeit / Plato on Goodness and Justice / Platone sul Bene e sulla Giustizia*, Würzburg 2005, S. 149–174 [Ferber, 2005].

1 Brisson, 2000b, S. 83–87.
2 Dixsaut, 2001, S. 99, Anm. 1, 2003, S. 256.

Apollon, ephê, daimonias hyperbolês, behandeln. Zuletzt (V) stelle ich einige eher allgemeine und philosophische Fragen zur deflationistischen Interpretation von R. 509b9 – 10.

I

H. Cherniss' Zugang ist nach L. Brisson durch folgende vier Merkmale gekennzeichnet:

a) Lire les textes en grec ancien et tenter de les traduire.
b) Situer ces textes dans leur contexte et les mettre en rapport avec tous les autres textes qui pouvaient s'y rapporter dans l'ensemble des oeuvres de l'auteur étudié.
c) Ne jamais considérer isolément un texte ou un auteur, mais le replacer dans son environnement théorique et historique.
d) Et prendre connaissance de l'ensemble de la littérature secondaire sur le sujet, de façon à éviter toute prise de position partisane.[3]

Dies ist eine treffende Beschreibung der Art und Weise, wie antike Texte auf eine unideologische Art und Weise gelesen werden sollen, die H. Cherniss und L. Brisson zu einem Höhepunkt gebracht haben. In der Platonforschung können wir eine solche historisch-kritische Lektüre wohl erst mit F. Schleiermachers „Platons Werke", I–III (1804 – 1828), oder mit K. Fr. Hermanns „Geschichte und System der Platonischen Philosophie" (1839) beginnen lassen. Im Fall von H. Cherniss hätte L. Brisson vielleicht noch einen weiteren Punkt hinzufügen können, nämlich einen gewissen Reduktionismus. Er besteht darin, dass H. Cherniss jeweils Erklärungen im Stil von „nicht mehr als" (*nothing but*) zu geben versucht. Dies zeigt sich besonders deutlich bei H. Cherniss' Stellungnahme zu den Berichten des Aristoteles über die „ungeschriebenen Lehren" Platons, die für ihn „nichts anderes" als Interpretationen der Dialoge sind.[4] Eine reduktionistische Tendenz

---

3 Brisson, 2002a, S. 85.
4 Cherniss, 1945, S. 60: „That the theory of idea-numbers which Aristotle ascribes to Plato is just Aristotle's own interpretation of the necessary consequences implied in the doctrine of the Platonic dialogues; that it was this doctrine of the dialogues and not some different system taught orally by Plato which Speusippus rejected when he rejected the theory of ideas; that it was the dialogues of Plato to which Xenocrates appealed and into which he tried to read his own compromise between Speusippus and Plato, – all this bears significantly upon the nature of the Academy in its first generation, upon the question of Plato's activity there, and of his relation to these men who are usually called his ‚pupils'. How could they have misinterpreted the master's writings when he was there to explain his meaning to them?"

erscheint ebenfalls in H. Cherniss' Deutung der Idee des Guten: Sie hat die gleiche Extension wie die Idee des Einen, des Seienden und des Unterschiedes, also die gleiche Extension wie drei der „größten Gattungen" aus dem *Sophistes:* „The idea of Good would also be one of the most extensive ideas, though not more extensive than the ideas of One and Being and Difference, for these are the principles of its existence as one idea different from all others."[5] Ist die Idee des Guten aber „koextensiv" mit der Idee des Einen, des Seienden und des Unterschiedes, so ist schwer zu sehen, wie sie dann noch als *archê tou pantos* die Spitze einer Hierarchie von Ideen bilden soll (vgl. 511b7).

Nun hat sich H. Cherniss, wie L. Brisson betont,[6] nicht unmittelbar zur Stelle in *Politeia* VI, 509a9–c10, geäußert. Er hat aber gleichwohl eine Interpretationsrichtung eingeschlagen, die L. Brisson weiterverfolgt, wenn er die absolute Transzendenz der Idee des Guten über das Sein bestreitet. L. Brisson setzt sich damit nicht nur in Widerspruch zu Proklos, sondern auch zu einer ganzen Reihe von zeitgenössischen Exegeten (Halfwassen, Krämer, de Vogel und anderen), die in dem *epekeina tês ousias* den Ausdruck einer Seinstranszendenz des Guten sehen.[7]

Eine besonders konzise Formulierung hat dieser Seinstranszendenz É. de Strycker (1970) gegeben: „Le bien est ce qui explique l'être, il est donc au-delà de

---

5 Cherniss, 1945, S. 57.
6 Brisson, 2002a, S. 96, Anm. 1. Man vgl. dazu jetzt auch die gegen die analytische Richtung der Platoninterpretation gerichteten Ausführungen von Lafrance, 2001, S. 375–403.
7 Brisson, 2002a, S. 96, Anm. 9: „J. Halfwassen, 1992[b] p. 66 n. 6, p. 223sq., 244, 245 n. 73, p. 257 sq., 261 sq. H.J. Krämer, [...]1959, 398 sq., p. 541 sq; 1969b; C. de Vogel, 1986, p. 45 sq., R. Ferber, 19892, p. 11." Man kann dieser Liste auch Proklos, *Theol. Plat.* II 7, 46, 17–20, zit. nach Saffrey/Westerink, hinzufügen: *to de agathon to prôtiston ho kai synenizontes tounomo tagathon eiôthamen apokalein, hyperousion tithestai kai tôn ontôn hapantôn presbeia(i) te kai dynamei proechon.* In Proklos' Kommentar zur *Politeia* finden wir auch eine ausführliche Interpretation des eigentümlichen Lachens von Glaukon: „De là vient que dans les discussions suivantes, quand Socrate a dit que le Bien est au-dessus de l'Essence et qu'il est lui-même le producteur de l'Être, ‚Par Apollon, s'est écrié Glaucon, quelle merveilleuse transcendance!' (VI 509c1 s.), car il a été incapable de fixer son regard sur ce qui est au-dessus de l'Essence. Et Socrate l'a blâmé pour son émerveillement quand il a dit que Glaucon avait jeté cette exclamation ‚de façon très ridicule', ajoutant qu'il gardera pour lui beaucoup des opinions qu'il a sur le Bien (509c3)", S. 256, S. 19–27 (Traduction A. J. Festugière). Der „Witz" besteht also darin, dass Platon nach Proklos zwei Arten des Nichtseins unterscheidet, eine, die „über" dem Sein ist, und eine, die „unter" dem Sein ist, und dass Glaukon auf eine lächerliche Art und Weise das „unterseiende" Nichts mit dem überseienden verwechselt, wofür er mit Recht getadelt wird. Das ist eine interessante, wenn auch spekulative Deutung des Lachens von Glaukon. Mit der Bemerkung „ajoutant qu'il gardera pour lui beaucoup des opinions qu'il a sur le Bien" macht bereits Proklos auf eine „Aussparungstelle" aufmerksam.

l'être. L'*epekeina tês ousias* veut donc simplement dire que l'*agathon* est l'*aitia* suprême et l'*archê tou pantos*."[8] Diese Ansicht von der Seinstranszendenz findet sich aber bereits in A. S. Fergusons richtungsweisendem Aufsatz „Plato's Simile of Light" (1921): „The sun is not said to cause *genesin kai phthoran*, but *genesin kai auxên kai trophên* (509b). That is: it does not grow, though it causes things to grow by its light. So the Good is the cause of Being, though not itself Being."[9] In der wohl ersten deutschsprachigen Untersuchung zur Idee des Guten – d. h. in einer von Hermann Lotze (1817–1881) angenommenen „charmanten Dissertation über Platons Gottesbegriff"[10] des Brentanoschülers Carl Stumpf (1849–1936), „Das Verhältnis des Platonischen Gottes zur Idee des Guten", Halle 1869 – lesen wir:

> Sie [die Idee des Guten] ist nicht mehr *ousia* im eigentlichen Sinne, da sie über die Ideen in ihrer Wesenheit (*ousia* = *hexis tou agathou*) erhaben ist; umgekehrt wie [wie umgekehrt] die Dinge noch nicht im eigentl[ichen] Sinne *ousiai* sind (Ti. 28a: *ontôs de oudepote on*).[11]

---

8 Strycker, 1970, S. 455.
9 Ferguson, 1921, S. 134, zit. ohne Fußnote.
10 Schreiben Lotzes an Brentano vom 16.02.1873. Zit. nach H. Lotze, 2003, S. 582.
11 Stumpf, 1869, S. 63, erste Fußnote. Stumpfs Dissertation wird von Lafrance, 1987, nicht erwähnt, aber noch von Jaeger, 1947, S. 377, Anm. 37, zitiert: „Stumpf und Brentano gelangten zu der Erkenntnis, daß Plato mit aller in seinen öffentlichen Aussagen über diesen Teil seiner Lehre möglichen Deutlichkeit die Göttlichkeit des guten Prinzips in der ‚Politeia' ausgesprochen habe." Vor Stumpfs Dissertation haben sich zur Idee des Guten geäußert: Bonitz, 1837, sowie Hermann, 1832; Hermann, 1839a. Dank der Hilfsbereitschaft von Herrn Bibl.-Oberrat Dr. U. Bredehorn, Marburg, konnte der Verfasser diese Arbeiten, die Lafrance, 1987, nicht zugänglich waren, einsehen. Alle drei Arbeiten befassen sich mit dem Thema von Stumpfs Dissertation, wobei Hermann die Nicht-Identität der Idee des Guten mit Gott und Bonitz, 1837, S. 30, die Identität vertritt: „Quare nulla ratione deus ab idea boni distingui poterit summumque inter ideas locum non alia obtinet, nisi idea dei, sive, quod Platonico sensu idem esse debet, ipse deus." (Mit dem Guten identifiziert aus systematischen Gründen bereits Boethius Gott: „Securo igitur concludere licet dei quoque in ipso bono nec usquam alio sitam esse substantiam", *De consolatione philosophiae*, 3. Buch, 10. Prosa). Hermann, 1832, S. 7, scheint die Idee des Guten jenseits des Seins zu lokalisieren: „[...] ipsius [Boni] autem vim majestatemque vel ultra essentiam positam esse, quod non mirabuntur, qui Parmenidem [141b] legerint, ubi aperte Unum ab essentia distinguit." Aus Hermanns Antrittsrede geht aber ebenso wie aus Bonitz, 1837, S. 26, nicht klar hervor, ob Hermann und Bonitz die *essentia* des Guten vom *esse* des Guten unterscheiden. So schreibt Bonitz, 1837, S. 26, im Anschluss an seine Zitation des Sonnengleichnisses: „Iam ut sint reliquae ideae, ita ab idea boni effici putabimus, ut eas per ideam boni cum idea essentiae conjugi censeamus." Zit. ohne Fußnote. In der *vindicatio* Hermanns, 1839a, S. 35, bleibt diese Unklarheit bestehen, wenn er nach einer Anführung des Sonnengleichnisses schreibt: „[...], quae quum ita sint, licet reliquae ideae, quibus nihil praeter *alêtheian* et *ousian* inest, a mente sede distinguantur, nonne huic certe, quae *gnôseôs te kai alêtheias kallion* appellatur, adeoque ultra essentiam dignitate et vi collocatur (cf. Sup. Not. 21), illud peculiare dari possit, ut quae iis, quae in utroque genere summa esse videantur, quasi pro fastigio detur, ipsa et formae et mentis vim in se contineat, eoque facto quod ex

Ist aber die Idee des Guten „nicht mehr *ousia* im eigentlichen Sinne", so ist sie auch nicht mehr ein Seiendes „im eigentlichen Sinne". Die Idee des Guten transzendiert nicht nur die Sinnesphänomene, sondern auch die Ideen und verfügt insofern über eine Transzendenz zweiter Stufe. Im Übrigen schreibt bereits F. Schleiermacher in seiner „Einleitung" (1804) zum Staat bezüglich des Sonnengleichnisses: „[...], hier aber [wird] das Gute nur in Bildern und durch weitere Ausführung bildlicher Rede als die Quelle aller Erkenntnis und alles Seins, also auch über beides gestellt, [...]."[12] Ist das Gute über das Sein gestellt, so tran-

---

nostra sententia extrinsecus demum petitis exemplaribus dei vis creatrix efficiat, sua ipsius indole et natura exsequatur?" Bereits ein Jahr nach der Publikation von Schleiermachers Einleitung hat auch Johann Friedrich Herbart (1776–1841) in seiner Abhandlung *De Platonici systematis fundamento commentatio*, Göttingen 1805 (Herbart, 1964), das Sonnengleichnis berührt, indem er in Herbart, 1964, S. 324, die Frage stellt: „Cur tô(i) agathô(i) ista sit vis. Haec explicare summum puto in exponenda Platonis doctrina. Mihi ad fundamentum redeundum." Allerdings bin ich aus der Erklärung Herbarts sowenig wie sein Rezensent August Boeckh (1785–1867), 1808, S. 340, klug geworden. Boeckh, 1808, S. 340, scheint die Idee des Guten wieder über dem Sein anzusetzen: „Wenigstens lesen wir die ganze Stelle R. VI, S. 508 ff. Steph.: so sehen wir wohl ein, wie das *agathon*, als Idee der Ideen, als das unsinnliche Alltier des Timäos, als die höchste durch keinen Gegensatz getrübte Einheit, über der *ousia*, als dem für den einzelnen (*merikos methektikos*) *nous* gesetzten Objekt der einzelnen Erkenntnis oder Wissenschaft stehen könne: denn daß es anders nicht gemeint ist, könnte eine genaue Auseinandersetzung lehren." Ich verdanke den Hinweis auf Herbart Herrn Prof. R. Pettoello, Università degli studi, Milano. Vor A. Boeckh hat bereits D. Tiedemann, 1786, S. 209, das Gute für seinstranszendent gehalten: „[...], ita bonum rebus cunctis, non ut cognoscantur tantum, sed ut sint etiam, largitur, quae sunt, potentia et praestantia superans, eorumque genere non comprehensum." Vgl. die Übersetzung von Marsilius Ficinus: „Atque ita dic bonum iis quae cognoscuntur dare, non modo ut cognoscantur, sed esse insuper et essentiam elargiri, cum ipsum essentia non sit, sed supra essentiam, dignitate ipsam et potentia superans. Aedepol mirabilis hic excessus", Ficinus, 1546, S. 613. Es mag erwähnenswert sein, dass das Thema von Stumpfs Dissertation noch in der gegenwärtigen Theologie eine Rolle spielt. So schreibt Ratzinger, 2003, S. 186: „Platon hatte recht, als er das höchste Göttliche mit der Idee des Guten identifizierte." Ratzinger nimmt hiermit eine theologische und religionsphilosophische Standardansicht auf, die sich z. B. auch bei Otto, 1963, S. 116, findet: „Nach seiner [Platons] Filosofie [sic] war die Gottheit dasselbe mit der Idee des Guten und also ganz ein Rationales und Begriffliches geworden." Allerdings ist diese Aussage historisch falsch, da die Idee des Guten nicht identisch mit Gott ist, wie ihn Platon in der Gestalt des Demiurgen (bereits *R.* 507c7–8) fasst; vgl. nun auch Gerson, 2003, S. 95: „The form of the Good has no personal attributes and is characterized in a way different from the way that Plato does characterize the personal attributes of gods, including the demiurge in Timaeus."
12 Schleiermacher, 1804–1810: *Einleitung: Der Staat*, V, 28: „Hier nun wird die Idee des Guten als der höchste Gegenstand dargestellt, welchem das Erkenntnisvermögen des Menschen sich zuwenden kann; leider freilich so, als ob auch die hier bewiesene, gewiss nicht häufig anzutreffende Meisterschaft in spekulativer Darstellung an diesen Gegenstand nicht hinanreiche; sondern die befriedigende Behandlung desselben wird an, ich weiss nicht was für einen noch weit herrli-

szendiert es auch das Sein. So übersetzt F. Schleiermacher auch 509b6–10 wie folgt:

> Ebenso nun sage auch, daß dem Erkennbaren nicht nur das Erkanntwerden von dem Guten komme, sondern auch das Sein und Wesen habe es von ihm, da doch das Gute selbst nicht das Sein ist, sondern noch über das Sein an Würde und Kraft hinausragt.

Ebenso übersetzt Johann Friedrich Kleuker (1749–1827):

> So wirst du auch annehmen, daß das Gute den erkennbaren Gegenständen nicht nur das Vermögen, erkennbar zu seyn ertheile, sondern daß auch das Seyn und die Natur des Seyns diesen Dingen von dem Guten beiwohne, da es doch selbst nicht diese Natur des Seyns (die es andern ertheilet) ist, sondern durch seine Würde und durch seine Kraft über diese Natur des Seyns erhaben ist.[13]

Nun können F. Schleiermacher, J. F. Kleuker, C. Stumpf, A. S. Ferguson und É. de Strycker im Unterschied zu J. Halfwassen, H. J. Krämer und C. de Vogel nicht zur Tübinger Schule oder deren Umkreis gezählt werden. Daraus ergibt sich, dass die These von der Seinstranszendenz der Idee des Guten auch unabhängig von der Tübinger Schule und der von ihr behaupteten Identifikation des Guten mit dem Einen vertreten worden ist (vgl. die Testimonia von Aristoxenos, *Harm. elem.* II 39–40, sowie Aristoteles, *Metaph.* N 4, 1091b13–15). Die Seinstranszendenz scheint sich also bereits aus dem Text des Sonnengleichnisses (*R.* 509b1–c4) ohne Beiziehung von Testimonia aus der „so genannten ungeschriebenen Lehre" (Aristoteles, *Ph.* Δ 2, 209b14–15) zu ergeben.[14] Für den Text lege ich im Folgenden die Ausgabe von S. R. Slings zugrunde; für das Sonnengleichnis darf ich auf die „Critical notes on Plato's *Politeia*, VI" von S. R. Slings,[15] für das dem Sonnengleichnis folgende Liniengleichnis auf die *recensio* von Y. Lafrance: „Pour interpréter Platon, II, La Ligne en *République* VI, 509d–511e. Le texte et son histoire" und wiederum auf S. R. Slings' „Critical Notes on Plato's *Politeia*, VII"[16] verweisen.

---

cheren Ort gewiesen, hier aber das Gute nur in Bildern und durch weitere Ausführung bildlicher Rede als die Quelle aller Erkenntnis und alles Seins, also auch über beides gestellt, auf das herrlichste gepriesen, so jedoch, dass unleugbar auf das, was hierüber im Philebos teils angedeutet, teils ausgeführt worden, zurückverwiesen wird."

13 Kleuker, 1805, S. 56.
14 Zur Literatur Lafrance, 1987, 4. Kap., B. Le Soleil et l'Idée du Bien (VI, 504c–509d), S. 176–182. Für meine Position in Auseinandersetzung und Weiterführung der Tübinger Schule darf ich auf meine Schrift, Ferber, 1989, S. 57–79, S. 154–216, verweisen.
15 Slings, 2003, Slings, 2001a, S. 158–181, insb. S. 171–172.
16 Lafrance, 1994, Slings, 2001b, S. 409–424.

II

Die Gründe, welche L. Brisson für die Negation der Seinstranszendenz des Guten vorbringt, sind teilweise bereits bekannt. Mit besonderer Eindringlichkeit hat sie M. Baltes in seinem Aufsatz „Is the Idea of the Good in Plato's *Republic* Beyond Being?" zusammengefasst, der wiederum Anregungen H. Dörries aufzunehmen scheint.[17] Für die Leser, welche den Text von M. Baltes nicht präsent haben, seien diese Argumente hier nochmals aufgezählt:

(1) Die Idee des Guten ist eine Idee. Als Idee ist sie ein Seiendes im eminenten Sinne.

(2) Platon charakterisiert die Idee des Guten als „das am meisten im Seienden in Erscheinung Tretende" (*tou ontos to phanotaton*, 518c9), „das Glückseligste im Seienden" (*to eudaimonestaton tou ontos*, 526e3–4) und als „das Beste im Seienden" (*to ariston en tois ousi*, vgl. 532c5–6). Also muss die Idee des Guten noch zum Seienden gehören.

(3) Weiterhin sagt Platon, dass jedermann, der zur Idee des Guten aufsteigt und nicht nachlässt, „bis er das, was das Gute selbst ist, mit dem Denken erfaßt, [dass dieser] zum Ende des Denkbaren gelangt" (*prin an auto ho estin agathon autê(i) noêsei labê(i), epi tô(i) autô(i) gignetai tô(i) tou noêtou telei*, 532a7–b2). Danach gehört das Gute auch zum Denkbaren.

(4) Platon nennt die Idee des Guten ein *mathêma*, genauer gesprochen, das *megiston mathêma* (504d2f., e4f., 505a2, 519c9f.). Ein *mathêma* ist etwas, das einen Inhalt hat, der gelernt werden kann. Diesem Lerninhalt, so scheint M. Baltes anzunehmen, muss ein Seinsgehalt entsprechen.

(5) Zu Beginn des Sonnengleichnisses (508b12ff.) betont Platon, dass eine Analogie zwischen der Idee des Guten und der Sonne bestehe. Denn wie sich das Gute zur Vernunft und zu den Gegenständen der Vernunft im intelligiblen Bereich verhält, so verhält sich die Sonne zum Gesichtssinn und zu dessen Gegenständen im sinnlich wahrnehmbaren Bereich. Das bedeutet für M. Baltes, dass weder die Sonne den Bereich des sinnlich Wahrnehmbaren

---

17 Dörrie, 1960, S. 229: „Selbstverständlich kannte jeder Platoniker das Sonnen-Gleichnis in Platons *Staat* VI 509 ff. – es wird gewiss ein Dutzendmal zitiert. Trotzdem hat kein Mittelplatoniker den Finger auf jenes *ouk ousias ontos tou agathou, all' epekeina tês ousias presbeia(i) kai dynamei hyperechontos* gelegt – man hat dies wichtige *epekeina* unbeachtet und unkommentiert gelassen; keiner hat den Schluss gezogen, dass demnach eine *taxis tou ontos* noch über den *nous* herausgehoben werden müsste." Man vgl. auch die von Adam, 1963, in seinem Kommentar *ad locum*, S. 62, zitierte Meinung Fouillées: „Fouillée, La Philosophie de Platon, II, p. 109, draws an oversubtle distinction between *einai* and *ousia*, holding that although the Good is not *ousia*, it nevertheless is *on*." Zit. in Whittaker, 1969, S. 91.

noch das Gute den intelligiblen Bereich transzendieren. Das Gute gehört dementsprechend in den Bereich des Seienden (vgl. 526e1ff.).

(6) Am Ende des Sonnengleichnisses wird außerdem gesagt (509d1ff.), dass die Idee des Guten und die Sonne wie Könige herrschen: die Idee des Guten über das Geschlecht des Denkbaren, die Sonne über den Bereich des Sichtbaren.

(7) Die Idee des Guten ist die Ursache des *nous*, sodass dieser die Idee erkennen (*noein*) kann (517c4).

(8) Das Liniengleichnis stellt die Realität als Ganzes in vier Abschnitten dar, gibt aber keinen Weg an, wie der oberste Abschnitt, der die Ideen selbst (*eidê auta*) symbolisiert, noch zu übersteigen ist. Die Ideen, welche unmittelbar der *archê anhypothetos* folgen, sind mit ihr verbunden (*tôn ekeinês echomenôn*, 511b8), sodass sich keine Kluft zwischen ihnen und der *archê anhypothetos* auftut.

(9) Das Höhlengleichnis enthält dieselben vier Abschnitte wie das Liniengleichnis.

(10) Die Sonne gehört dabei genau so zur sichtbaren Welt wie die *anhypothetos archê* zum Bereich des Denkbaren.

(11) Die Idee des Guten kann durch einen *logos tês ousias* (534b) definiert werden und besitzt dementsprechend eine *ousia*.[18]

Diese Argumente lassen sich in zwei Gruppen gliedern. Während es sich bei (1) bis (8) eher um Zitate handelt, sind (9) und (10) eher Interpretationen M. Baltes'. Bei der ersten Gruppe ließe sich noch ein weiteres Argument anfügen, nämlich dass die Idee des Guten bereits nach dem Sonnengleichnis durch den Nous erkannt werden kann, wenn wir, 508e4, lesen: *hôs gignôskomenês men dianooû*, [...]. So übersetzt S. R. Slings:

> Given that the Idea of the Good is the source of knowledge and truth, you must on the one hand be convinced that it can be known, on the other hand, beautiful as they are, knowledge and truth, in supposing that it is different from and even more beautiful than these you will hit the nail on the head.[19]

Die These (9) ist allerdings eine Interpretation, gegen die bereits R. Robinson Einspruch erhoben hat: „[...] neither is the Cave parallel to the Line nor does Plato anywhere say that it is."[20] Das Verhältnis zwischen Höhle und Linie ist wohl nicht eineindeutig, wie es M. Baltes in Anlehnung an seine Kontrahenten Proklos, in

---

18 Vgl. Baltes, 1997, S. 5–7.
19 Slings, 2001a, S. 171–172.
20 Robinson, 1953, S. 189–190.

Rem publicam I, 287, 20 ff., W. Beierwaltes und H. Krämer darstellt.²¹ Weiterhin folgt aus der Tatsache, dass sich nach These (10) von der Idee des Guten ein *logos tês ousias* (534b) geben lässt, noch nicht, dass sich diese Definition auch explizit machen lässt. Wenn das Definiendum – die Idee des Guten – ein *summum genus* ist und demzufolge nicht unter eine höhere Gattung subsumiert werden kann, wie kann sie dann noch durch das *summum genus* des Seienden definiert werden, das mit ihr „koextensiv" ist? Die Idee des Guten jedenfalls scheint nur implizit definierbar zu sein.²²

III

Gegen M. Baltes' gleichwohl beeindruckende Aufzählung von Gründen gegen die Seinstranszendenz der Idee des Guten sei im Folgenden ein sprachliches und ein philosophisches Argument angeführt. Beide Argumente sprechen meines Erachtens für die Transzendenz der Idee des Guten über Erkenntnis, Wahrheit und Sein im Sonnengleichnis und ergeben so einen Kontrast zu der Sammlung von M. Baltes.

Das sprachliche Argument besteht darin, dass die Idee des Guten als etwas „Anderes und Schöneres als diese" (*allo kai kallion eti toutôn*, 508e5–6), nämlich „Erkenntnis und Wahrheit" (*gnôseôs te kai alêtheias*, 508e5), bezeichnet wird. Wenn die Idee des Guten aber etwas „Anderes und Schöneres" als Wahrheit ist, dann ist sie *per analogiam* auch etwas „Anderes und Schöneres" als Ousia, die mit Wahrheit identisch zu sein scheint. In der Tat wird weiter unten gesagt, dass das Gute „nicht Ousia ist" (*ouk ousias ontos tou agathou*, 509b8–9).²³ Zwar wird

---

21 Vgl. zu den Argumenten für die Nicht-Parallelität Ferber, 1989, S. 118–123.
22 So bereits Krämer, 1982, S. 251, S. 305, Anm. 8, hinsichtlich der Definierbarkeit der Prinzipien, weitergeführt in Krämer, 2014a, S. 237: „Es findet also beim Grundmaß, der reinen Einheit, eine ‚Umkehrung' der traditionellen Art-Gattungs-Struktur statt: Es wird scheinbar ‚zirkulär' von den Derivaten her definiert – eine Abschwächung der (strengeren) Art-Gattungs-Relation: die aber gleichwohl in diesem Zusammenhang legitim ist."
23 Ch. J. Rowe wendet in der Konferenz zur Thematik des Guten und der Gerechtigkeit in Zagreb, 3.–7. März 2004, ein, dass sich *ouk ousia* nicht als „nicht eine Ousia" übersetzen lasse, wie dies im übrigen auch Fine, 2003, S. 98, tut: „Usually, to call something an ousia is to accord it special importance. One might then expect Plato to claim that the form of the good is the most important ousia at all; instead he claims that it is not an ousia at all." Doch scheint mir diese Übersetzung gerechtfertigt zu sein, vgl. bereits Schleiermachers Übersetzung: „[...] da doch das Gute selbst nicht das Sein ist, sondern noch über das Sein an Würde und Kraft hinausragt." Wenn die Idee des Guten nicht *das* Sein ist, so auch nicht *eine* Ousia. Fines Interpretation, auch Fine, 2003, die antizipiert wird von Irwin, 1977, S. 225, Gosling, 1973, Joseph, 1948, „that the form of the good is not

nachher präzisiert, dass die Idee des Guten insofern „nicht Ousia ist", als sie „noch jenseits der Ousia diese an Würde und Kraft überragt" (*eti epekeina tês ousias presbeia(i) kai dynamei hyperechontos*, 509b10). Doch wird damit nicht bestritten, dass die Idee des Guten keine Ousia sei. Die *Nicht*-Seiendheit der Idee des Guten wird vielmehr noch näher präzisiert. Ist die Idee des Guten aber keine Ousia, so ist sie nicht *unter* dem Sein, sondern *über* das Sein transzendent. Ist sie über das Sein transzendent, so ist sie über das Sein *als Sein* transzendent. Deshalb scheint mir die These M. Baltes' nicht zuzutreffen: „The Idea of the Good does not transcend the *ousia* as such, but only in respect of its dignity and power."[24]

Ist die Idee des Guten nämlich nicht eine Ousia, so transzendiert sie die *ousia auch* „in respect of its dignity and power". Transzendiert die Idee des Guten aber die „*ousia* as such", so ist sie nicht mehr eine Ousia, sondern etwas „anderes" (*allo*), dem eben auch eine höhere Würde und Macht zukommt. Wenn nicht, so hätten wir zwei Typen von Ousiai, die (1) Ousia „als solche" und die (2) Ousia nicht „als solche", der aber eine höhere Würde und Kraft zukommt. Das würde aber in Analogie zum Argument des „Dritten Menschen" (vgl. *Prm.* 132a–b) zum Problem einer dritten Ousia führen, die der (1) Ousia „als solcher" und der (2) Ousia nicht „als solcher" gemeinsam wäre und an der die beiden anderen Ousien teilhaben würden, usw. *ad inf.* Wir hätten dann eine potenziell unendliche Anzahl von Ideen des Guten. Doch ein Grund, weshalb Platon die Idee des Guten über dem Sein ansetzt, scheint mir nicht zuletzt darin zu liegen, dass er die Problematik des „Dritten Menschen" und damit einen potenziell unendlichen Regress von Ideen des Guten vermeiden wollte. Denn offensichtlich gibt es nur *eine* Idee des Guten (vgl. *R.* 519c3), womit auch ein *unendlicher* Regress des Strebens vermieden wird. Bekanntlich aber war sich Platon denn auch bereits in der *Politeia* dieser Problematik bewusst, wenn er ein „drittes Bett" ausschloss (597c), sodass wir keineswegs annehmen müssen, das Problem sei ihm erst im *Parmenides* gegenwärtig geworden.

Das führt uns zum philosophischen Argument: Wenn eine Erklärung nicht zirkulär sein soll, so muss das Explanans etwas anderes sein als das Explanandum.

Ebenso muss die Ursache etwas anderes sein als das Verursachte. Dieser Grundsatz ist bereits von Aristoteles und dann wieder von Jamblich und Plotin

---

a distinct form, but the teleological structure of things; individual forms are its parts, and particular sensible objects instantiate it", scheint mir dagegen textlich nicht belegt zu sein. Richtig dagegen scheint mir in der Interpretation von Fine, 2003, S. 98, zu sein: „If we so view the form of the good, we can explain why Plato claims both that the form of the good is more important than other knowable objects, and also that it is not an ousia."

24 Baltes, 1997, S. 11.

hervorgehoben worden.²⁵ Man nennt ihn auch das Prinzip der „alien causation". Doch gilt er unabhängig von diesen Autoren und ist bereits von Platon im *Hippias maior* vertreten worden: „Aber die Ursache, Hippias, kann nicht identisch sein mit dem, dessen Ursache sie ist. Sie muss vielmehr von ihr verschieden sein, denn es ist zweifelsohne nicht möglich, dass die Ursache Ursache der Ursache ist" (*Hp.Ma.* 297a1–3. Übers. R. F.).²⁶ Doch auch wenn der *Hippias maior* nicht von Platon, sondern von einem Schüler Platons stammen sollte,²⁷ so können wir den Grundsatz der *alien causation* gleichwohl schon Platon zuschreiben. Der Grund dafür scheint mir darin zu liegen, dass im Sonnengleichnis eine Prädikation des Bedingten von der Bedingung, eine Selbstprädikation oder „Selbstexemplifikation" der Idee des Guten explizit vermieden werden soll. Die Selbstprädikation gilt nun neben der Nicht-Identität von Idee und Sinnesphänomen aber als *eine* der Voraussetzungen für die Entstehung des „Dritten Menschen".²⁸ Denn wäre die Idee des Guten dasselbe wie Erkenntnis und Wahrheit bzw. Sein, so wäre sie ebenfalls „gutförmig" (*agathoeidê*, 509a3), was sie eben nicht sein soll: „vielmehr ist die Verfassung des Guten mehr zu ehren" (*all' eti meizonôs timêteon tên tou agathou hexin*, 509a4–5). Wäre die Idee des Guten nämlich eine „gutförmige" Ousia, so wäre die Bedingung das durch sie Bedingte.

Das aber führt in einen Widerspruch, der besonders deutlich wird, wenn wir die platonischen Ideen *argumenti causa* mit Klassen vergleichen.²⁹ Denn dann enthielte die Oberklasse der Idee des Guten sich selbst als Unterklasse, was genau so widersprüchlich ist, wie wenn im Frege-Russell'schen Logizismus die Kardinalzahl 1 als Klasse der Einerklassen sich selbst als Einerklasse enthielte. Die Oberklasse wäre dann die Unterklasse, was einem Widerspruch gleichkäme. Der logische Grund für die Transzendenz der Idee des Guten über die Ousia ist also

---

25 Vgl. *Metaph.* B 3, 999a17–19: *tên men gar archên dei kai tên aitian einai para ta pragmata hôn archê, kai dynasthai einai chôrizomenên autôn.* Jamblich, DCMS IV, 15, 7 ff. = Fr. 72 Isnardi P.: *to hen, hoper dê oude on pou dei kalein, dia to haploun einai kai dia to archên men hyparchein tôn ontôn, tên de archên mêdepô einai toiautên hoia ekeina hôn estin archê.* Jamblich wird zitiert in Halfwassen, 1992a, S. 48. Vgl. Plotin, *Enn.*, VI, 9. 6: *to de aition ou tauton tô(i) aitiatô(i). To de pantôn aition ouden estin ekeinôn.*
26 Ich verdanke diesen Hinweis K. Tordo Rombaut.
27 So Thesleff, 1982, S. 221.
28 Vgl. Vlastos, 1954, S. 319–349.
29 Vgl. dazu die Definition von Cantor, 1932, S. 204: „Unter einer ‚Mannigfaltigkeit' oder ‚Menge' verstehe ich nämlich allgemein jedes Viele, welches sich als Eines denken lässt, d. h. jeden Inbegriff bestimmter Elemente, welcher durch ein Gesetz zu einem Ganzen verbunden werden kann, und ich glaube hiermit etwas zu definieren, was verwandt ist mit dem Platonischen *eidos* oder *idea*, wie auch mit dem, was Platon in seinem Dialog ‚Philebos oder das höchste Gut' *mikton* [*Phlb.* 27d8] nennt."

strukturell derselbe wie der für die Transzendenz der Idee des Guten über Erkenntnis und Wahrheit (508e3–509a5).[30] Da die Idee des Guten jedoch die Ursache (vgl. 508e3) von Erkenntnis, Wahrheit und Ousia ist, so kann sie nach obigem Grundsatz – d. h. dem der Nicht-Zirkularität von Explanans und Explanandum – selber keine Ousia sein, sondern muss etwas „Anderes" (*allo*) beinhalten. Als etwas „Anderes" als die Ousia ist die Idee des Guten aber keine Ousia.

Bildet die Idee des Guten aber keine Ousia, so kann es zwischen ihr und der Ousia in der Tat keine dritte Ousia mehr geben, da die Kategorie der Ousia auf die Idee des Guten nicht mehr anwendbar ist. Doch kann nur dort, wo wir eine kategoriale Homogenität haben, ein gemeinsames Drittes gefordert werden, wie Platon im *Timaios* (vgl. *Ti*. 31b1–2) hinsichtlich der Sinneswelt realisiert und dann Aristoteles hinsichtlich der Ideen explizit bemerkt hat:[31] „Diejenigen, welche diese Meinung [die Ideenlehre] vertreten haben, machten keine Idee von demjenigen, worin sie das Früher (*proteron*) und Später (*hysteron*) aussagten. Deshalb haben sie auch nicht von den Zahlen eine Idee beigebracht" (*EN* A 4, 1096a17–18; vgl. *EE* A 8, 1218a2–6). Das Früher und Später ist hier im ontologischen Sinne wohl wie folgt zu verstehen: „Das eine wird auf diese Art und Weise früher und später genannt; nach der Natur und dem Wesen aber, was sein kann ohne die anderen, jenes aber nicht, von welcher Dihairesis Platon Gebrauch machte" (*Metaph*. Δ 11, 1019a1–4). Diese Hysteron-Proteron-Struktur der Realität, die „Grundformel des Platonismus"[32], aber lässt sich ebenfalls auf die Idee des Guten und auf Erkenntnis und Wahrheit bzw. Sein anwenden: Erkenntnis, Wahrheit und Sein können nicht ohne die Idee des Guten sein, die Idee des Guten aber ohne Erkenntnis, Wahrheit und Sein. Aufgrund dieser Hysteron-Proteron-Struktur, bei der das Frühere einen anderen kategorialen Status als das Spätere hat, kann es zwischen der Idee des Guten und den „gutförmigen" Ideen keine gemeinsame Gattung des Guten geben. Deshalb ist der potenziell unendliche Regress blo-

---

30 Vgl. meine Interpretation des Sonnengleichnisses, Ferber, 1989, S. 66–69. Die damals vorgetragene Analyse steht zwar im Gegensatz zu Malcolm, 1991, S. 166, der Platons Theorie der Ideen in den mittleren Dialogen der Selbstprädikation bzw. Selbstexemplifikation zeiht: „When I come to the middle dialogues, I convert to an ultra-conservative position, as old as the Parmenides of Plato's *Parmenides*. This is that each of Plato's transcendent Forms is both a universal and a paradigm case and so, with very few exceptions, vulnerable to the Third Man Argument." Das gründliche Buch von Malcolm legt jedoch keine Analyse des Sonnengleichnisses vor, wo Platon diesen logischen Fehler bewusst vermieden zu haben scheint. Ebensowenig finden wir eine Auseinandersetzung mit dem „Generalisierungsverbot" von *EN* A 4, 1096a17–18.
31 Vgl. Ferber, 1998a, S. 434–436.
32 Krämer, 1996, S. 200.

ckiert.³³ Gleichwohl existiert das Gute noch in den „gutförmigen" Ideen und ist ihnen gemeinsam, aber eben *pace* H. Cherniss (vgl. S. 117) nicht im Sinne einer gemeinsamen „größten Gattung". Ebenso kann es zwischen den „Ideen selbst" (510b8), d. h. (meines Erachtens) den Idealzahlen, welche unmittelbar der *archê anhypothetos* folgen und mit ihr verbunden sind (*tôn ekeinês echomenôn*, 511b8), keine gemeinsame Idee der Zahl geben, da diese Idealzahlen ebenfalls nach Priorität und Posteriorität geordnet sind, wie ich am obersten Abschnitt der geteilten Linie darzustellen versucht habe:³⁴ Bekanntlich fungiert dann auch bei Aristoteles die von ihm freilich anders artikulierte kategoriale Mannigfaltigkeit des Guten als Argument dafür, dass es kein „gemeinsames allgemeines und einheitliches" (*EN* A 4, 1096a27–28) Prädikat des Guten gibt.³⁵

Zwar schreibt M. Baltes: „To sum up, it can be said that the Idea of the Good can only grant what it possesses itself. Or, more precisely, it can only grant that which it is itself."³⁶ Wenn die Idee des Guten Erkenntnis, Wahrheit und Sein gewährt, dann muss sie nach M. Baltes selber Erkenntnis, Wahrheit und Sein besitzen oder sogar mit Erkenntnis, Wahrheit und Sein identisch sein. In diesem Falle wäre aber die Bedingung wiederum das Bedingte bzw. die Oberklasse die Unterklasse. Und selbst wenn die Idee des Guten diese drei Entitäten in einem höheren Grade besitzen sollte oder in einem höheren Grade mit Erkenntnis, Wahrheit und Sein identisch wäre, so gälte noch immer, dass die Idee des Guten in dieser Hinsicht eben „nicht Ousia" wäre. Eine „zweite" Ousia aber, die „nicht Ousia" ist, kennen wir nicht. Ebenso wäre es unverständlich, der Idee des Guten noch Erkenntnis, wenn auch eine höhere, zuzusprechen. Dann wäre sie nämlich

---

33 Der Gedanke findet sich bereits bei Proklos, *In Parmenidem*, 880, 5–7: „Et non oportet communitatem iterum aliam in his venari. Nam communitas coordinatorum quidam est, non eiusdam autem ordinis est cum his quorum est communitas." Der Gedanke wird dann von Lloyd, 1990, S. 85, weiter aufgenommen: „For only if the form and its instances are f in the same sense of ‚f' (i.e. synonymously) will they entail a further universal (a second form of f)."
34 Vgl. Ferber, 1989, S. 197–206, sowie Ferber, 1998a, S. 434–436, mit den Schemata, Ferber, 1989, S. 197–199.
35 Ebenso hat dann auf seine Weise Plotin den Gedanken einer hierarchisch geordneten Reihe aufgenommen, bei der die „früheren" Begriffe den „späteren" gemeinsam sind, aber gleichwohl nicht eine Gattung neben den „späteren" bilden (vgl. *Enn.* VI 2, 11, 40–49, VI 2, 13, 7–9, VI 2, 17, 15–19, VI 3, 9, 35–37, VI 3, 13, 15–23). Ich verdanke den Gedanken O'Meara, 1996, S. 66–81, insbesondere Anmerkung 23, der wiederum auf Lloyd, 1990, verweist, der hier von P-Series, d. h. Priority-Series, spricht.
36 Baltes, 1997, S. 9. Baltes scheint hier ein Kausalprinzip aufzunehmen, wie es Malcolm, 1991, S. 11, formuliert hat: „The Causal Principle states that a cause must itself possess the quality it produces in its effects. Since F-ness is the (formal) cause of the many F things being F, F-ness itself must be F. This gives self-predication of all Forms and, if they are also general characteristics or universals, self-exemplification as well."

auch Erkenntnis von etwas (vgl. *Prm.* 132b–d), sodass sich wieder die Frage nach dem vermittelnden Dritten zwischen Erkenntnis und Erkanntem stellt, also eine Frage, welche Platon mit der Idee des Guten als dem „Dritten" (vgl. *R.* 507d1–e1) abschließend zu beantworten versucht hat. Wenn nun die Idee des Guten *epekeina tês ousias* ist, so ist sie auch jenseits des Seins.

Dieser Tatsache entspricht, dass die Idee des Guten als Idee des Wertes ein Sollen impliziert.[37] Doch *wenn* wir nicht von einem Sein auf ein Sollen schließen dürfen, da in jedem logischen gültigen Schluss der Gehalt der Konklusion nicht über den Gehalt der Prämissen hinausgehen darf, dürfen wir umgekehrt auch nicht von einem Sollen auf ein Sein, d. h. hier eine *ousia*, schließen. Das wäre nämlich eine Is-Ought-Fallacy in umgekehrter Richtung.[38]

IV

Indem dieses *epekeina tês ousias* die sachliche Transzendenz der Idee des Guten zum Ausdruck bringt, bildet sie aber nicht nur eine Stilfigur, welche später die Rhetorik „Hyperbel" nennen wird und die keine philosophische Relevanz hat. Die rhetorische Stilfigur entspricht hier vielmehr einem sachlichen Gehalt, nämlich dem der Transzendenz. Mag Sokrates mit dieser „Hyperbel" auch übertreiben (vgl. *R.* 509c7),[39] so heißt das noch nicht, dass er dem Gesagten jeden philosophischen

---

[37] Vgl. Scheler, 1966, S. 214: „Kehren wir nun zurück zu dem Verhältnis des idealen Sollens zu den Werten. Dieses Verhältnis ist grundsätzlich durch zwei Axiome geregelt: Alles positiv Wertvolle soll sein, und alles negativ Wertvolle soll nicht sein."

[38] Der Gedanke, dass die Idee des Guten infolge ihrer Werthaftigkeit über das Sein hinausrage, ist im Vorwort zur zweiten Auflage von Rickerts, 1916, folgendermaßen ausgedrückt worden: „Schon als Platon es einmal aussprach, daß das Sollen vor dem Sein stehe, daß das ‚Gute' noch über das Sein hinausrage, war er sich bewußt, etwas zu sagen, was seine ‚aufgeklärten' Zeitgenossen nicht ernst nehmen würden. Er lässt Glaukon dem Sokrates auf seine tiefen Worte *mala geloiôs* antworten: *Apollon, ephê, daimonias hyperbolês.* Vermutlich werden auch unsere ‚aufgeklärten' Denker auf einen Versuch, solche veralteten Gedanken von neuem zu begründen, entweder gar nicht oder nur *geloiôs* reagieren." Isnardi Parente, 1993, S. 88, hat diesen Gedanken – wohl unabhängig von Rickert – wieder aufgenommen: „Il Bene è ‚dover essere' e in quanto tale superiore all'essere (*epekeina tês ousias*) giacché tutte le realtà *sono*, però è ciò che *dovrebbe essere*, e quindi il dover esser assoluto si pone al di là di ogni cosa que è."

[39] Brisson, 2002a: „Or, le fait que Socrate reconnaisse qu'il a exagéré en parlant du Bien enlève toute pertinence philosophique à ce qui vient d'être dit." Vgl. contra auch Szlezák, 2001, S. 364–365, insb. S. 365, „Même si l'on admettait l'interprétation rhétorique (erronée) du terme *hyperbolê*, il n'en demeure pas moins que cela signifie quelque chose [...]". In der gedruckten Version von Brisson, 2002a, S. 87, scheint Brisson seine Position noch verstärkt zu haben, wenn er nun nicht mehr wie in Brisson, 2000b, S. 84, den Ausruf Glaukons, R. 509c1–2, mit „Apollon, quelle divine

Belang nimmt, sondern nur, dass er hier diesen philosophischen Gesichtspunkt nicht weiter verfolgt. Zwar meint L. Brisson: „En fait, Glaucon ne peut être responsable de la superiorité du Bien: il est responsable de l'exagération de Socrate" (Brief vom 19. April 2001; zit. mit Erlaubnis von L. B.). Im Übrigen schreibt bereits P. Friedländer:

> Hier liegt recht eigentlich, um mit Schlegel zu sprechen, die Unmöglichkeit und Notwendigkeit einer vollständigen Mitteilung vor. Und ausgedrückt wird diese ironische Spannung nicht nur mit den gewöhnlichen Mitteln der sokratischen Ironie, des sokratischen Nichtwissens, sondern auch noch dadurch, dass das Derb-Komische sich unmittelbar gegen das Feierlichste setzt. So wird hier die Ironie nicht nur von Sokrates getragen, sondern sie spannt sich auch von dem anderen Unterredner zur ‚Sache' hinüber.⁴⁰

Die stilistische Übertreibung kann wohl auch auf die Sache bezogen werden, wie das dann Quintilian (35 – um 100 n. Chr.) von einer guten Hyperbel fordert:

> Eine Stiltugend ist die Hyperbel dann, wenn der Gegenstand selber, über den man sprechen muss, das natürliche Ausmaß überschritten hat (*naturalem modum excessit*). Denn es ist statthaft, übertreibend zu reden (*amplius dicere*), weil man ja das eigentliche Ausmaß nicht angeben kann und die Rede besser zu weit geht, als hinter dem Wahren zurückzubleiben (*melius ultra quam citra stat oratio*) (Übers. v. R. F.).⁴¹

Die *daimonia hyperbolê* bzw. der „mirabilis excessus" (M. Ficinus) der Idee des Guten entspricht der Sache, welche eben „naturalem modum excessit". Hier ist es eine stilistische Form, einerseits die Transzendenz (zweiter Ordnung) zu behaupten und andererseits wiederum selbstironisch zu relativieren. Diese Selbstdistanzierung erreicht Platon dadurch, dass er das „laute Lachen" auf die Behauptung einer Transzendenz zweiter Ordnung folgen lässt. So schreibt bereits P. Shorey: „The dramatic humour of Glaucon's surprise is Plato's way of smiling at

---

superiorité", sondern „Apollon, quelle merveilleuse emphase", übersetzt. Gegen diese rein rhetorische Fassung der Hyperbel ist nun auch die deutsche Fassung von Szlezák, 2001, Szlezák, 2002, S. 58–62, Szlezák 2003a, S. 124–126, zu vergleichen.

40 Friedländer, 1964a, S. 157. Vgl. dazu Ferber, 1993b, S. 211–212. Vgl. auch Goldschmidt, 1977, S. 35: „En plaçant le Bien ‚au-delà de l'être', Socrate a effectué un dépassement et commis un excès, à la fois philosophique et stylistique. L'intervention de Glaucon est un rappel à l'ordre, sur ce second point, et Socrate reconnaît aussitôt sa faute de style, tout en chargeant Glaucon de la responsabilité (‚C'est toi qui m'a forcé à dire ma pensée')."

41 Quintilianus, 1988, S. 248: „Tum est hyperbole virtus, cum res ipsa, de qua loquendum est, naturalem modum excessit, conceditur enim amplius dicere, quia dici, quantum est, non potest, meliusque ultra quam citra stat oratio."

himself, as he frequently does in the dialogues."⁴² In der Übersetzung Kleukers, die hier derjenigen Schleiermachers mit „sehr komisch" vorzuziehen ist: „O Apoll! Rief Glaukon, laut lachend, welche übermenschliche Steigerung!".

V

Sicher ist es richtig, gegen die Vertreter einer in Platon vorfindlichen *philosophia perennis* zu betonen, dass auch die Transzendenz – genauer gesprochen, deren Formulierung – eine Geschichte hat: „Même la transcendance a une histoire".⁴³ L. Brisson lässt diese Geschichte mit Plotin beginnen, da sich kein Zeugnis für die Transzendenz [zweiter Ordnung] der Idee des Guten beibringen lässt, das auf die Alte Akademie zurückgeht.⁴⁴ In der Tat ist die erwähnte „einsame Stelle"⁴⁵ (F. W. J. Schelling) – 509b – im ganzen *Corpus Platonicum* singulär.⁴⁶ Dagegen scheint mir

---

42 Shorey, 1935, II, S. 107c. In dieselbe Richtung zielt Rowe, 2002, S. 261: „It is a means by which Plato can eat his cake and have it too: on the one hand he can suggest something magnificent and astonishing, while on the other raising a question about just how seriously he is to be taken. So here Socrates joins in the laughter; and yet it is still something that *dokei*, ‚appears', to him that the Good is as he has described it." In dieselbe Richtung geht Vegetti, 2002, S. 230. Treffend ist dieser „dialektische Humor" bereits von Stefanini 1991b, S. 196, beschrieben worden: „Chi ha seguito con attenzione la precedente sintesi, ha scoperto il senso profondo di quel sorriso, che accentua il contrasto tra le pretese dell'intelletto, avido di un'intuizione immediata esauriente del suo oggetto, e la povertà della ragione, che è costretta a vagare in un campo sterminato, dall'arte degli dei alle più volgare occupazioni degli uomini, per rintracciare con qualche aprossimazione la nota differenziale dell'ogetto che la interessa. La ‚loquacità' inesauribile del dialettico è voluta dall'infinito non essere che l'essere reca in se stesso, e dal quale la ricerca riesce mai a liberarlo interamente, per farlo emergere limpido allo sguardo della mente. – Quel sorriso è la tonalità inimitabile della scepsi." Neuerdings hat sich Shelley, 2003, S. 351–367, zum Humor bei Platon geäußert, der für ihn – richtig – auf einer Inkongruenz beruht. Hier handelt es sich um die Inkongruenz zwischen dem Gegenstand – der Idee des Guten – und Sokrates' Ausdrucksweise, die nach dem onomatopoetischen Kratylos-Prinzip (vgl. *Cra.* 439b–c) ja den Gegenstand bezeichnen sollte: „In view of Cratylus' principle, the *surpassing power* of the Good should also be a *holy hyperbolê*, but Socrates would surely agree that these descriptions [*dynamei hyperechontos / daimonias hyperbolês*] are incompatible with each other" (Shelley, 2003, S. 356).
43 Brisson, 2002a, S. 94. So auch Baltes, 1997, S. 16: „Plotinus seems to be the first Platonist who declared the Idea of the Good to be *epekeina tou ontos*. In doing so he may have been influenced by tentative efforts that had started long before at raising the highest principle beyond being."
44 Brisson, 2002a, S. 94.
45 So Schelling, 1850, S. 22.
46 Vgl. den ersten Satz von Bonitz, 1837, S. 1: „Insignis et in universo Platonicorum librorum ambitu prope singularis semper visus est Platonis lectoribus et amicis ille locus, qui est sub finem

die Kluft zwischen Platon und Plotin aus den beiden angegebenen Gründen nicht so groß zu sein, sondern hier nur eine dünne und durchsichtige Wand den einen vom anderen zu trennen. Plotin zieht nur Konsequenzen aus der platonischen Auffassung, die dieser (in den Dialogen) nicht explizit gezogen hat, wenn er das erste Prinzip mit einem *hapax legomenon* als *hyperontôs* bezeichnet (*Enn.* 6, 8, 14).[47] Hinsichtlich des *epekeina tês ousias* aber hat Plotin, um einen Ausdruck R. Robinsons zu verwenden, nicht einmal eine „misinterpretation by inference", sondern, um mit einem Ausdruck J. J. Mulherns zu sprechen, höchstens die „Plato Says Fallacy" begangen: „**c** [a character] says **p. p** implies **q**; therefore **a** [the author, Plato] meant **q**."[48] Das heißt nun: Sokrates sagt, dass die Idee des Guten *epekeina tês ousias* ist. Wenn die Idee des Guten *epekeina tês ousias* ist, dann ist sie auch jenseits des Seins. Also ist Platon der Ansicht, dass die Idee des Guten jenseits des Seins ist.

Denn den sprachlichen und philosophischen Ansatzpunkt zur Transzendenz des Guten können wir bereits im *epekeina tês ousias* finden. Zudem bestreitet bekanntlich die erste These des *Parmenides* den Seinscharakter des Einen. In der Übersetzung L. Brissons:

> Il [d. h. das Eine] n'a donc même pas l'être qu'il faut pour être un, car s'il avait, il serait déjà en train d'être et de participer à l' être. Il apparaît, au contraire, que l'un n'est pas un et qu'il n'est pas, s'il faut ajouter foi à cette argumentation (*Prm.* 141e).

Auch wenn hier die neuplatonisch-esoterische Interpretation des parmenideischen Einen im Sinne des absoluten Einen/Guten im Sinne einer „misinterpretation by inference" unangemessen ist,[49] so wird doch das Sein vom Einen „ab-

---

sexti de republica libri (VI, p. 505 sqq. Ed. St.), ubi philosophus de idea boni tamquam philosophiae summo fine et quasi fastigio uberius disserit."
47 Ich bin für diesen Hinweis Herrn M. Abbate verpflichtet.
48 Robinson, 1953, S. 2, Mulhern, 1971, S. 168 – 172. Ich übernehme das Zitat von Press, 2000, S. 37.
49 Die neuplatonische Interpretation wird etwa von Proklos vertreten: „Zweifach ist nun, wie wir soeben gesagt haben, die Art und Weise, wie das Eine aufgezeigt werden kann. Denn zweifach sind auch die Namen, die Platon uns von dieser unsagbaren Ursache überliefert. In der *Politeia* nämlich nennt er sie das Gute und zeigt auf, dass sie die Quelle der Wahrheit ist, welche die Erkenntnis und das Erkennbare vereinigt. Im *Parmenides* aber nennt er diesen Ursprung das Eine und zeigt, dass [erst] dieser Ursprung die göttlichen Henaden existieren lässt" (Procl. *In R.*, II, 6, 1– 8. übers. v. R. F.). Diese neuplatonische Identifikation des Guten mit dem Einen wird von Krämer, 1983, S. 193, S. 200 – 204, aufgenommen; Halfwassen, 1992a, S. 272, glaubt, sie auf Speusipp zurückführen zu können: „Der Urheber dieser ‚neuplatonischen', die verschiedenen Hypothesen auf verschiedene Stufen des Einen deutenden Interpretation könnte Speusipp sein. Speusipp nämlich unterschied nicht nur verschiedene Seinsstufen oder Hypostasen, sondern er nahm auch für jede dieser Hypostasen ein eigenes Prinzip an, das die grund- und maßgebende

strahiert", wenn auch nur im Sinne einer Hypothesis. Das heißt zumindest: Platon ist sich der Gedankenfigur der Seinstranszendenz des Einen bewusst gewesen wie dann wohl auch sein Neffe Speusipp: *hôste mêde on ti einai to hen auto* (Aristoteles, *Metaph.* N 5, 1092a14).[50] Weiterhin kennt Aristoteles zumindest den verwandten Gedanken einer Geisttranszendenz Gottes: [...] *hoti ho theos ê nous estin ê epekeina ti tou nou* (Rose, fr. 49),[51] und er *könnte* in der *Nikomachischen Ethik* auf das Sonnengleichnis anspielen, wenn er vom Nous schreibt: *dynamei kai timiotêti poly mallon pantôn hyperechei* (*EN* K 7, 1178a1–2).[52] Umgekehrt frage ich mich, ob eine „deflationistische" Interpretation des *epekeina tês ousias* nicht auch einen Preis zahlt. Und besteht dieser Preis nicht darin, Platons Idee des Guten mit einem

---

Einheit des betreffenden Seinsbereiches bildet und das Speusipp aus dem überseienden Einen selbst als dem absoluten Prinzip ableitete [vgl. Arist., *Metaph.* Z 2, 1028b21–24]." Vgl. dazu jedoch die Argumente von Düsing, 2001, S. 8, der mit Recht moniert: „Aber Platon sagt erstens nicht, dass dieses Gute das Eine sei; ferner gibt er dem Einen, das sich als nichtseiend erweist, keinerlei zusätzliche Bedeutung, wie es beim Gedanken des überseienden Einen oder überseienden Gottes erforderlich ist; schließlich darf man annehmen, hätte Platon dies alles gemeint, so hätte er es auch gesagt; die dialektische Übung erfolgt, wie Platon ausdrücklich betont, in kleinem, esoterischem Kreis (vgl. 136d), so dass kein Grund besteht, letzte entscheidende Einsichten zurückzuhalten."

50 Man vgl. allerdings zu Speusipp die Bemerkungen Ps.-Alexanders, 824, 12–19, die darauf hindeuten, dass es sich bei diesem Nicht-Etwas-Sein des Einen um eine Defizienz im Sinne bloßer Unbestimmtheit handelt, sowie die entgegengesetzten Stellungnahmen von Cherniss, 1944, Anm. 12: „[...], but note that from *Metaphysics* 1075 A 36–37 and 1092 A 14–15 the conclusions of Speusippus appear to have differed from those of the rest of the Academy", und Krämer, 1983, S. 32: „Die kritische Feststellung des Aristoteles, das Eine Speusipps sei ‚nicht einmal ein Seiendes' (*mêde on ti:* Fragm. [...]), ist durch die neugewonnenen Referate bei Jamblich {...} und Proklos {‹Comm. In Parmenidem› Klibansky/Labowsky [...] = Fragm. 62 Isnardi P.: ‚*Le unum melius ente* ‹griech. wohl: *kreiton tou ontos*› ... et a quo le ens,...' –, Das Eine ist mehr als das Seiende und ist die Ursache des Seienden, ...'; ...} grundsätzlich bestätigt und zugleich präzisiert worden. Der Verdacht neuplatonischer Verfälschung der ‚Nichtseiendheit' zur ‚Überseiendheit' lässt sich weitgehend zerstreuen, denn beide Male ist zunächst die Vorseiendheit des Prinzips gegenüber den seienden Prinzipiaten gemeint [...], die beim Einen genauer als überseiend (vgl. Platon: Res publica, 509B), bei der Vielheit eher als unterseiend bestimmt war." Krämers Thesen werden von Halfwassen, 1992b, S. 272–297, weiter entfaltet, und von Halfwassen, 1992a, S. 43–73, durch ein neues Testimonium zu erhärten versucht. Eine gute Diskussion des Forschungsstandes bietet Metry, 2002, S. 129–157, mit dem Ergebnis, Metry, 2002, S. 139: „Die Prinzipien sind in diesem Sinne als ontologisch ‚neutral' einzustufen – was in ne-utrum eigentlich zum Ausdruck gebracht wird: weder (seiend) noch (nicht-seiend). Das Übersteigen der ontologischen Gegensätzlichkeit ist vielleicht mit dem Term ‚transexistent' wiederzugeben." Die Fragen dürften kontrovers bleiben.
51 Vgl. dazu auch die Aussage Friedländers, 1964a, S. 355–356, contra Cherniss, 1944, S. 592, S. 609: „Die Aussage des Simplicius ist doch wohl zu genau und zu ausdrücklich, als daß man der Interpretation von Cherniss [*loc.cit.*] folgen dürfte."
52 Darauf macht Szlezák, 1998, S. 435, aufmerksam.

logischen Fehler zu belasten und philosophisch weniger interessant zu sein als eine Interpretation, welche die Widersprüchlichkeit der platonischen Aussagen über die Idee des Guten nicht zu harmonisieren sucht, sondern in einer unvermeidlichen Widersprüchlichkeit fundiert, die jeden Versuch charakterisiert, über jenes „dritte Geschlecht" (*genos triton*, 507e1) und seinen „Herrn" (*kyrion*, 517c3), eben das absolute Gute, Rechenschaft abzulegen (*logon didonai*)?[53]

Denn verhält es sich mit dieser Widersprüchlichkeit der Aussagen über das absolut Gute nicht ähnlich wie mit der immanenten Widersprüchlichkeit von Ausdrücken wie beispielsweise dem „überhimmlischen Ort" (*hyperouranios topos*, Phdr. 247c2) oder dem „Ort außerhalb [eines Ortes]" (*ho exô topos*, Phdr. 248a2–3)? Das Wort „überhimmlischer Ort" hat ja nur im Rahmen der sublunaren Welt Bedeutung, da es „über" dem damals sichtbaren „Raum" nicht mehr sinnvoll ist, von einem Ort zu sprechen. Ebenso ist „der Ort außerhalb eines Ortes" ein Widerspruch. So meint auch Aristoteles: „Nach Platon gibt es außerhalb [des Himmels] keinen Körper und die Ideen, da diese auch nicht an einem Ort sind, sind sie auch nicht außerhalb" (*Ph.* Γ 3, 203a8–9. Übers. R. F.). Erst recht scheint es unmöglich, über das Jenseits des Seins widerspruchsfrei zu sprechen, da nach dem Gesetz der Existenzverallgemeinerung jede wahre Aussage über das Jenseits wieder die Existenz dieses Jenseits voraussetzt. Wenn die Ideen bereits ein „Absolutes" sind, so wäre nach einer Formulierung L. Stefaninis die Idee des Guten

---

[53] Vgl. zur systematischen Begründung dieser Widersprüchlichkeit Ferber, 1989, S. 149–154. Der Gedanke ist von de Vogel, 1973, S. 52, antizipiert worden: „Bien des siècles plus tard un auteur Chrétien, qui parlait le languet du platonisme de son époque, parlait de *hyperousiôdês ousia*. Ce n'était pas là le langage de Platon. Mais le terme exprime assez bien ce que Platon pensait lui-même de l'*agathon*." Man vgl. zu de Vogel aber auch die etwas abschwächenden Bemerkungen von de Vries, 1975, S. 34–35, der auch auf Taylor, 1936, S. 287, verweist: „Because this source is ex hypothesi a source of all reality, you are bound to insist that it transcends, and thus is wholly other than every particular real thing: every predicate you affirm of it belongs properly to some of its effects in contradistinction from others [...]." Diese Widersprüchlichkeit der Idee des Guten notiert unter anderen bereits Diès, 1959, S. 65: „Qu'il soit transcendant, supérieur même à l'être et, par suite, ne soit pas un être, n'est-ce pas logique, puisqu'il est source et fin de tout être? Cependant il est, puisqu'il agit: il est un efficient à sa manière, qui est la plus haute, car, pour Platon comme pour Aristote, la fin seule est proprement efficiente, et le Tout n'est pas simple résultante des parties, mais leur cause." So konnte auch noch Origenes (185–254 n.Chr.) von Gott sagen, er sei Sein, aber noch jenseits des Seins, ebenso wie er Nous ist, aber jenseits unserer Vernunft (c. Celsum, VI, 64; VII, 38). Anders Jaeger, 1973, S. 367, Anm. 33: „Das Schwanken in Platos Auffassung vom Verhältnis des Guten zum Sein, das sich an den beiden oben angeführten Stellen [...] zeigt, ist also im Sinne Platons wohl kein Widerspruch, sondern entweder eine Alternative, oder beide Aussagen treffen gleichzeitig zu." Wenn beide Aussagen aber gleichzeitig zutreffen, so haben wir einen Widerspruch. Gleichwohl treffen beide Aussagen zu, weil der Widerspruch unvermeidlich ist.

ein „Absolutes über dem Absoluten",⁵⁴ also etwas, was noch mehr wäre als das Absolute.

Den *allgemeinen* Grund für diese Schwierigkeit, die Ideen zu erfassen, scheint Platon selber im *Siebten Brief* angegeben zu haben, nämlich dass die Seele zwar nach dem „Absoluten" – d. h. hier nach dem von allen sinnlichen und anthropomorphen Beimischungen gelösten Wesen oder der Idee – sucht, dieses Wesen aber nur mittels der vier Erkenntnismittel erfassen kann, die sinnlich-sprachlich verfasst sind und insoweit noch nicht das gesuchte *reine* Wissen vermitteln können:

> [...] das Wichtigste aber ist das, was wir kurz vorher sagten, nämlich dass das Sein [und Wesen] (*to de on*) und das Wiebeschaffensein von etwas (*to de poion tinos*) zweierlei sind, die Seele aber nicht das Wie-beschaffen-etwas[-ist], sondern das Was (*to de ti*) sucht. Jedes der vier [Erkenntnismittel] hält aber der Seele das nicht Gesuchte in Wort und Wirklichkeit (*logô(i) te kai kat' erga*) vor, sodass sich jeweils das gesagte und gezeigte einzelne [Wesen] durch die Sinne leicht widerlegbar erweist und mit jeglicher Ausweglosigkeit (*aporias*) und Ungewissheit (*asapheias*) sozusagen jedermann erfüllt (*Ep.* VII, 343b7–c5).⁵⁵

M. a. W. bewirken die vier Erkenntnismittel, dass sich die platonische Vermittlung der Ideen in den Dialogen nicht völlig von der Doxa befreien kann und „das Wahre, Göttliche und Meinungslose (*adoxaston*)" (*Phd.* 84a9) nicht ohne Doxa wiedergeben kann. In der Schriftlichkeit und Bildlichkeit der Dialoge selbst liegt nämlich schon ein doxastisches Moment, das die Idee nicht adäquat wiedergeben kann.⁵⁶ Ist es nicht, wie wenn ein Maler uns veranlassen möchte, mit verschiedenen Farben, gegebenenfalls von zunehmendem Helligkeitsgrad, die farblose Farbe im Allgemeinen – die „Idee der Farbe" – vorzustellen? So sprechen auch die Dialoge zwar die Sprache eines Philosophen, nämlich insbesondere die Sprache des Sokrates, aber gleichwohl ist auch die Sprache des Sokrates die einer inkarnierten Seele, die sich erst im Tod von ihrer Körperlichkeit befreien kann: „Und dann, wie es scheint, werden wir das haben, was wir begehren und wovon wir behaupten, Liebhaber zu sein, die Einsicht, wenn wir tot sein werden, wie das Argument zeigt, solange wir leben aber nicht" (*Phd.* 66e). Diese Schwierigkeiten

---

54 So Stefanini 1991a, S. 250: „Sussiste anche nel mondo ideale una molteplicità che va superata, raccogliendo in un'unica entità gli elementi communi ai singoli esseri. Impresa disperata: si tratta di approfondire la intelligibilità del puro intelligibile, di scoprire un assoluto più assoluto dell'assoluto."
55 Vgl. zu diesem „erkenntnistheoretischen Paradox" Ferber, 1991b, S. 45–52, Ferber, 2007a, S. 56–66.
56 Dies ist ein Gesichtspunkt auch des sechsten Kapitels „Sapere in Generale e Sapere Filosofico" in: Trabattoni, 1994, S. 245–261.

zeigen sich aber besonders deutlich, wenn – wie in den drei Gleichnissen – mit Wort und Bild (*logô(i) te kai kat' erga*) über die Idee des Guten, *hê tou pantos archê* (*R.* 511b7), zu sprechen versucht wird. Ihr Wesen wird „infolge der Schwäche der *logoi*" (*Ep.* VII, 343a1) immer verzerrt als eine „Beschaffenheit" erscheinen. So bringt die sokratische „Meinung ohne Wissenschaft" (*doxa aneu epistêmês, R.* 506c6) auch nur *tên tou agathou hexin* (509a5), d. h. die „Beschaffenheit" oder Verfassung des Guten, zum Ausdruck. Sie sagt, wie das Gute auf uns wirkt, aber nicht, was es ist.[57] Um es mit den Worten C. F. Meyers (1825–1898) im Gedicht mit dem Titel *Michel Angelo* zu formulieren:

> Statt zu erfassen in dem Wesen dich, / Ergriff ich dich, o Gott, an deinem Kleide.

Deshalb hat jedenfalls der platonische Sokrates mit dem Sonnengleichnis das „Ende der Reise" noch nicht erreicht, vielmehr bleibt die platonische Philosophie auf ihrem dialogischen Gipfelpunkt, nämlich bei der Bestimmung des *megiston mathêma*, noch sokratisch.[58] Denn auch hier ist das *megiston mathêma*, das auch

---

[57] Zur Kausalität der Idee des Guten vgl. man jetzt den gründlichen Artikel von Ferrari, 2001, S. 5–37, der einen erhellenden Vergleich mit Aristoteles, *Metaph.* A 1, 993b24–31, zieht, aber das Problem der Seinstranszendenz der Idee des Guten mit diesem Vergleich nicht berührt.

[58] Zwar schreibt Szlezák, 2000, S. 74: „Es ist daher nur konsequent, dass das ‚Berühren' oder ‚Erfassen' der Wahrheit in der Ideenschau – ein Ereignis, das im *Phaidon* erst für das Jenseits verheissen wird (66e4–67a2), während es in der *Politeia*, im *Symposion* und im *Phaidros* als reale Möglichkeit des Menschen schon in der diesseitigen Existenz gilt – die einzige Möglichkeit für den Menschen ist (*enthauta autô(i) monachou genêsetai*), wahre Tugend zu erzeugen, gottgeliebt (*theophilê*) zu werden und, wenn überhaupt jemand es erreichen kann, auch unsterblich (*Smp.* 212a1–7)." Demgegenüber steht die Evidenz, dass auch die Seele des platonischen Philosophenkönigs wie diejenige Sokrates' inkarniert ist. Ferner folgt aus der von Sokrates projektierten „Schau" der Idee des Guten (vgl. *R.* 516b4–7, 517b7, 518c8–d1, 540a8–9), auch wenn sie erreicht ist, noch keineswegs, dass die Idee des Guten auch in ihrem Wesen erfasst ist, sowenig wie aus *knowledge by acquaintance* des Guten auch *knowledge by description* folgt; vgl. Trabattoni, 2002, S. 294–306, sowie Steinthal, 1993, S. 103: „Und, so merkwürdig es klingt, wenn ich das sage: An diesem negativen Befund [... dass die höchste und eigentliche Erkenntnis nach Platon unerreichbar ist, ...] ist, [– – –], im ganzen nichts abzumarkten." Szlezák scheint hier Chen, 1992, S. 184, zu folgen, der einen Wandel hinsichtlich der Erkenntnisfähigkeit der Seele in Platon selber annimmt: „Thus the pessimism of the *Phaedo* is transformed into the optimism of the *Symposium*. Both dialogues, however, coincide in their assumption that the impure is not permitted to touch the pure. But in the *Symposium*, complete purification need not be achieved only at the time when the soul is released from the body at death, with which the *Phaedo* identifies the complete detachment from senses. Rather, it may happen in his life time." Wenn wir diese Reinigung mit voller Wesenserkenntnis durch die Denkseele identifizieren dürfen, so hätte Platon dann seine Meinung im *Siebten Brief* wieder geändert, – eine eher unwahrscheinliche Position, zumal auch die Denkseele des besten Philosophen noch inkarniert ist und die platonische Idee nicht völlig

„größtes Gut"⁵⁹ ist, nicht nur ein *Inhalt*. Es ist vielmehr – ungeachtet 505b6–10 – verwoben mit der entsprechenden sokratischen *Tätigkeit* des Philosophierens, nämlich des *tous logous poieisthai*. Für eine Tätigkeit aber hat bekanntlich Sokrates in der *Apologie* das „größte Gut" ausgegeben:

> Und wenn ich wiederum sage, dass ja eben dies das größte Gut (*megiston agathon*) für den Menschen ist, täglich über die Tugend sich zu unterhalten (*tous logous poieisthai*) und über die anderen Gegenstände, über welche ihr mich reden und mich selbst und andere prüfen hört, ein Leben ohne Selbsterforschung aber gar nicht verdient, gelebt zu werden, das werdet ihr mir noch weniger glauben, wenn ich es sage (*Ap.* 38a).

Sosehr also die Idee des Guten etwas anderes und schöneres ist als Erkenntnis (vgl. *R.* 505b8–10), so ist sie gleichwohl mit der sokratischen Tätigkeit des Rechenschaftsablegens und der (noetischen) sokratischen Unwissenheit über das Gute noch in der *Politeia* verbunden.⁶⁰

---

befreit von aller Körperlichkeit und allen sinnlichen Erkenntnismitteln, zu denen auch die Sprache gehört, in diesem Leben erfassen kann. Das Aufleuchten in der Seele scheint vielmehr nur ein Begleitzustand der diskursiven Erkenntnis zu sein, in dem das Licht der „Sache selbst" (*Ep.* VII, 341c7) nicht ungetrübt, aber am wenigsten getrübt durch die körperliche Verdüsterung der Erkenntnismittel in die Seele fällt, vgl. Ferber, 1991b, S. 56. Am nächsten kommt diesem *Begleitzustand* wohl der Ausdruck „ekstatische Kontemplation", wiewohl er einem mystischen Zustand wieder zu nahe kommt: vgl. Vlastos, 1991, S. 78: „,Ecstatic contemplation' its perfectly the experience which Plato describes through verbs for seeing, viewing, gazing (*horan, kathoran, idein, katidein, thean*), and touching (*haptomai, ephaptomai*) for the terminal apprehension of Forms. He thus alludes to the sort of intellectual experience in which prolonged exploration and searching ,suddenly' culminates in insight that has the lucidity of vision and the immediacy of touch. Plato never says point-blank that in this experience ,union with the Divine nature of Form' is achieved."

59 *Pace* Ebert, 1974, S. 140–142, vgl. Ferber, 1989, S. 51

60 Anders Krämer, 2001, S. 116: „Die Fallibilitätsthese der Noesis ist vor allem von R. Ferber verfochten worden, und zwar vornehmlich im Blick auf die Medienkritik des Siebten Briefes. Sie ist jedoch mit der platonischen Noologie grundsätzlich unvereinbar. Dabei stimmt die Version des Siebten Briefes mit der Darstellung der Ideenerkenntnis in ,Politeia' V und der Behandlung des Themas bei Aristoteles (Metaph. IX 10) in allem Wesentlichen überein. Der Gegensatz zur Ideenerkenntnis ist, wie einschlägige Spezialuntersuchungen klargestellt haben, nicht etwa der Irrtum, sondern das Nichterkennen (z. B. *Pol.* 477a, 478c). Die noetische Erfassung ist dahin in eleatischer Nachfolge (,dasselbe ist zu denken und zu sein': Prm. B3, vgl. B2 fin.) immer wahr und niemals falsch. Beispiele für eine Fallibilität, Revidier- oder Korrigierbarkeit des Nus sind daher weder für Platon noch für die Akademie belegt. Die einzige Schwäche oder ,Korruption' des Nus bestünde eben nur darin, dass er sein Ziel nicht erreicht, d. h. dahinter zurückbleibt und nichts erkennt, aber nicht etwa in seinem Abirren auf Anderes." Krämer scheint zu verkennen, dass im Unterschied zu Aristoteles (vgl. auch *EN* Z 8, 1142a25–29) der platonische Nous bereits im Liniengleichnis kein unmittelbares intellektuelles Erfassen ist, sondern sich *tê(i) toû dialegesthai*

Im letzten Jahrhundert hat eine Landsfrau Luc Brissons, die französische Philosophin Simone Weil (1909–1943) etwas von der Widersprüchlichkeit dieser letzten Realität – *id quo maius nihil cogitari et desiderari potest* – in ihrer „profession de foi" erfasst:

> Il est une réalité située hors du monde, c'est-à-dire hors de l'espace et du temps, hors de l'univers mental de l'homme, hors de tout le domaine que les facultés humaines peuvent atteindre. // A cette réalité répond au centre du coeur de l'homme cette exigence d'un bien absolu qui y habite toujours et ne trouve jamais aucun objet en ce monde.[61]

Eine Realität, die außerhalb der Welt liegt, ist eine Realität außerhalb der Realität. Ebenso kann ein absolutes Gutes, das außerhalb der Reichweite der menschlichen Fähigkeiten liegt, nicht durch menschliche Fähigkeiten erfasst werden. Gleichwohl strebt „die Mitte des menschlichen Herzens" nicht nach den „sogenannten [menschlichen] Gütern" (*ta legomena agatha*) – „Schönheit, Reichtum, Leibesstärke, einflussreichen verwandtschaftlichen Beziehungen im Staat und was damit zusammenhängt" (*R.* 491c1–3) –, sondern vielmehr nach dieser „Realität außerhalb der Realität", d. h. nach diesem *epekeina* als dem „Brennpunkt unserer Liebe".[62] Im Unterschied zu Platons Ausspruch: „Es ist unmöglich, dass die Mehrheit der Menschen philosophiert" (*R.* 494a) dürfen wir wohl heute nicht mehr davon ausgehen, „jemand – egal, wer – sei des Vermögens beraubt, dieses Sehnen in sich entstehen zu lassen" (Wittgenstein, 1987, S. 126).[63]

---

dynamei (*R.* 511b4, vgl. Ferber, 1989, S. 100–101) bedient, oder, wie dann Timaios formuliert, *aei met' alêthous logou* (*Ti.* 51e3) geschieht. Ein Logos aber kann irren. Deshalb scheint mir auch die Bestreitung der Idee der Approximation, Krämer, 2001, S. 117, nicht zuzutreffen: „Ein prinzipieller Fallibilismus Platons, der für seine Philosophie nur einen hypothetischen Geltungsanspruch zuliesse, ist jedenfalls durch die grundlegende Noesis ausgeschlossen und damit strenggenommen auch die Idee der Approximation." Vgl. dagegen insb. die Bemerkungen über den Nous in *Ep.* VII, 342d1–3, wonach der Nous dem Fünften zwar hinsichtlich von Verwandtschaft und Ähnlichkeit am nächsten (*engytata*) kommt, die anderen Erkenntnismittel aber weiter entfernt sind.
61 Weil, 1957, S. 74. Ich verdanke den Hinweis auf diese Stelle einem Ausspruch L. Wittgensteins, 1987, S. 126.
62 Die treffende Formulierung stammt von Kutschera, 2002, S. 113.
63 Ich danke den Herren H. Ambühl, Th. Hiltbrunner und H. Westermann für die Durchsicht einer früheren Fassung. L. Brisson war so freundlich, mir in zwei Briefen (19. April 2001 und 16. September 2001) seine Position zu erläutern. Der Artikel stellt die erweiterte deutsche Fassung dar von: „L'idea del bene è o non è trascendente. Ancora su epekeina tês ousias", in: *Platone e la tradizione platonica. Studi di Filosofia antica, a cura di M. Bonazzi e F. Trabattoni,* in: *Quaderni di Acme* 58 (2003), Cisalpino, Istituto Editoria Universitario, Milano, S. 127–149. Eine erste Skizze findet sich in: *Méthexis. Revista internacional de filosofia antigua/ International Journal for ancient philosophy* 14 (2001), S. 7–21.

Is the Idea of the Good Beyond Being?

Plato's *epekeina tês ousias* Revisited (*Republic* 6, 509b8–10)

Abstract: *The article tries to prove that the famous formula "epekeina tês ousias" (R. 509b8) has to be understood in the sense of being beyond being and not only in the sense of being beyond essence. We hereby make three points: First, since pure textual exegesis of 509b8–10 seems to lead to endless controversy, a formal proof for the metaontological interpretation could be helpful to settle the issue; we try to give such a proof. Second, we offer a corollary of the formal proof, showing that self-predication of the form of the Good, or of any form, is not possible, that is: no form of F has the form of F. Third, we apply Spinoza's distinction between an "ens imaginarium" and a "chimaera" to Plato's Idea of the Good.*

Holger Thesleff writes in his *Studies in Plato's Two-Level Model*: "In *Republic* 5–6, we reach *hê tou agathou idea*, the *megiston mathêma* (6, 505a, 6, 508e, 7, 517b, 7, 526e, 7, 534c), through preliminary illustrations of the theory of Ideas (and 'Forms') and, more generally, via Plato's vision of the two levels" (1999, p. 60). But does Plato's Socrates not envisage via his two-level model also a third level? For according to Plato's Socrates, it is right to think that knowledge and truth, which belong to the second level, are "goodlike" (*agathoeidê*, 6, 509a3), but wrong to think that either of them is the Good, "for the Good is yet more prized" (6, 509a4–5). In fact, the Good "[…] is not *ousia* but even superior to *ousia*, surpassing it in rank and power" ([…] *ouk ousias ontos tou agathou, all' eti epekeina tês ousias presbeia(i) kai dynamei hyperechontos*) (6, 509b8–10, Transl. Ferber).

Originally published: Ferber, R./Damschen, G., "Is the Idea of the Good Beyond Being? Plato's *epekeina tês ousias* Revisited (*Republic* 6, 509b8–10)", in: Nails, D./Tarrant, H. (eds.), *Second Sailing: Alternative Perspectives on Plato, in Collaboration with M. Kajava and E. Salmenkivi*, Espoo 2015, pp. 197–203 [Ferber/Damschen, 2015].

I The Problem and the Thesis

On this last sentence, barrels of ink have been spilled.[1] One of the more significant contributions especially accentuated the fact that the so-called formula *epekeina tês ousias* has a follow-up, namely *presbeia(i) kai dynamei hyperechontos*.[2] Thus, the formula does not mean that the Idea of the Good is beyond being *simpliciter*, but *in the qualified sense* of a being superior to other beings – just as a king or queen is still a human being, although he or she transcends other human beings with respect to dignity and power.[3] Nevertheless, the formula *epekeina tês ousias* is preceded also by *ouk ousias ontos tou agathou*. These preceding words can have at least two interpretations: on the one hand, that the Idea of the Good is not *ousia* in the sense of not being essence, and, on the other hand, that the Idea of the Good is not *ousia* in the sense of not being at all. In the first case, the Idea of the Good would be *epekeina tês ousias* in the sense of being beyond essence; in the second case, the Idea of the Good would be *epekeina tês ousias* in the sense of being beyond being (*epekeina tou ontos*).[4] The first to have interpreted it as being beyond being seems to be Plotinus,[5] and he has many followers from Proclus to Schleiermacher *and* the Tübingen school *and* beyond;[6] we call this interpretation the metaontological one. The other interpretation has been put forward by Matthias Baltes, who refers to the middle Platonists as his forerunners;[7] we call this the ontological interpretation.

Here we give an argument for the metaontological interpretation. We make three points that seem new to us: First, since pure textual exegesis of 6, 509b8–10 seems to lead to endless controversy, a formal proof for the metaontological interpretation could be helpful to settle the issue; we try to give such a proof. Second, we offer a corollary of the formal proof, showing that not only

---

[1] Cf. the bibliographies of Lafrance, 1987, and the summary of the most significant literature from 1786–2004 in Ferber, 2005, pp. 169–174, supplemented by Ferber, 2013b, esp. 6 n. 1. To these bibliographies must be added Tietzel, 1894; Neschke-Hentschke, 2012, pp. 1–49, esp. pp. 23–49; and Krämer, 2014a.
[2] Baltes, 1997.
[3] Cf. Baltes, 1997, p. 11; Brisson, 2002b, p. 90; for an extensive discussion of Brisson and Baltes, see Ferber, 2003a, Ferber, 2005. El Murr, 2013, does not take into account these discussions.
[4] Cf., e.g., Plot. *Enn.* 1.3.5.7, 2.4.16.25, 3.9, 3.9.1–2, 5.5.6.11, 6.2.17.22–23, 6.6.5.36, 6.7.16.22–4, 6.8.9.28.
[5] Cf. Baltes, 1997, p. 16: "Plotinus seems to be the first Platonist who declared the Idea of the Good to be *epekeina tou ontos*. In doing so he may have been influenced by tentative efforts that had started long before at raising the highest principle beyond being".
[6] Cf. for an enumeration Ferber, 2005, pp. 150–153.
[7] Cf. Baltes, 1997, pp. 12–15.

self-predication of the form of the Good, but of any form, is not possible, that is: no form of F has the form of F. Third, we apply Spinoza's distinction between an *ens imaginarium* and a *chimaera* to Plato's Idea of the Good.

II Three Ontological Principles

We start with an observation: If neither goodlike (*agathoeidê*) knowledge (6, 508e6–509a2) nor goodlike (*agathoeidê*) truth (6, 509a1–3) is *the* Good, then also *the* Good is neither goodlike (*agathoeidê*) knowledge nor goodlike (*agathoeidê*) truth. In fact, Liddell-Scott-Jones translate the adjective – probably coined by Plato – *agathoeidês* either as "like good, seeming good, opposed to *agathos*", citing *Republic* 6, 509a, etc., or as "having the form of good", citing Plotinus 1.7.1, Julianus Imperator, *Orationes* 4, 135a; Proclus, *Elements of Theology* 25, 27; Iamblichus, *Protrepticus* 4; et al. However, Plato's Socrates seems not to intend that the adjective *agathoeidês* means the opposite of *agathos*, but something similar to *agathos*, that is, something identical to *and* different from *agathos*. Therefore, we can translate the expression *agathoeidês* literally as "boniform" or "having the form of good".

In the following, we use the general term "G" for this adjective. If we assume that the Form (idea) of the Good should be denoted by using a proper name such as "g_i" (i.e. a single term), we get the proof that the Form of the Good is not itself being which has the form of good, or, abbreviated, that the Form of the Good is not being (*ouk ousias ontos tou agathou*).

We hereby use three ontological principles: first, the principle of alien causation; second, the principle of *methexis*; and third, the principle of the goodness of being.

First, the principle of alien causation means that the cause is not identical to the caused (cf. Aristotle, *Metaphysics* B 3, 999a17–19; Plotinus, *Enneads* 6.9.6). This principle has two halves, which are premises 1 and 2 of our formal proof. The first half says that the causing principle has priority to the caused thing: If the causing principle x causes some y, x is prior to y (premiss 1). The second half says that priority is not reflexive, which means that nothing is prior to itself (premiss 2). One could argue that the principle of alien causation is a principle in Aristotle's and Plotinus' ontology, but not in Plato's, if we take Socrates' speech about the self-movement of the soul in *Phaedrus* 245e2–3 into consideration.[8] It

---

[8] For a formal reconstruction of the proof for the immortality of the soul in the *Phdr.*, see Ferber, 2003b, pp. 128–131, esp. p. 129.

is true that in *Phaedrus* 245e3 the soul is self-moved (*hyph' heautou kinoumenon*), which restricts the global validity of the principle of alien causation. However, in the analogy of the sun in *Republic* 6, Socrates, *inter alia*, explicitly avoids the self-predication of the Form of the Good because self-predication is one of the necessary conditions for the so-called "Third Man" or here "Third Good" and hence for the infinite regress of Forms of the Good.[9] For only if the Form of the Good and its instances are good in the same sense of "good" will they entail a further universal form of the Good.[10] Thus, even if we take the self-movement of the soul into account, for our proof it is enough to restrict the principle of alien causation to Platonic forms.

Second, we use a special case of the principle of *methexis* (*Phaedo* 100c5, 101c3–5, 102b2; *Symposium* 211b2, *Republic* 476d1–2; cf. *Parmenides* 132d3), namely that what is good is good by the participation of *the* Good (premiss 3).

Third, we assume that since truth has the form of good (*agathoeidê*, 6, 509a3) – premiss 4 – and truth and being are extensionally equivalent, that is, convertible (cf. 6, 501d, 6, 508d–509a; *Symposium* 212a; *Phaedo* 65e–66a, 67b; *Phaedrus* 247c–d, 248b–c) – premiss 5 – being also has the form of good: If one of a group of extensionally equivalent concepts has a certain property, here "having the form of good", accordingly, all of them have this property. Thus, being has the form of good. This is the principle of the goodness of (all) being.

III The Proof

1. If x causes y, x is prior to y. (= premiss 1, first half of the principle of alien causation: priority of the causing principle)
   $\forall x \forall y\ (C^2xy \rightarrow P^2xy)$

2. Nothing is prior to itself. (= premiss 2, second half of the principle of alien causation: priority is not reflexive)
   $\neg \exists x\ P^2xx$

---

[9] On self-predication of forms in Plato cf. Vlastos, 1954, Malcolm, 1991, and – among many others – Damschen 2003, pp. 54–59.
[10] This is in principle already shown in Plot. *Enn.* 6.1.1.27; Procl., *in Prm.* 3.880.5–7. Cf. Ferber, 1989, pp. 66–69, and with some new considerations against Malcolm, 1991, Ferber, 2003a, pp. 138–140, and Ferber, 2005, pp. 156–160, here pp. 126–127.

3. The Form of the Good is the cause of all beings that have the form of good. (= premiss 3, special case of the *principle of methexis*)
$\forall x \, (G^1x \to C^2g_ix)$

reductio ad impossibile:

4. The Form of the Good is itself being which has the form of good. (assumed for *reductio ad impossibile*)
G^1g_i

5. If the Form of the Good is itself being which has the form of good, then it is the cause of itself. (from 3, -$\forall$)
$(C^2 \, g_i \, g_i \to P^2 \, g_i \, g_i)$

6. The Form of the Good is the cause of itself. (from 4, 5, by *modus ponens*)

7. If the Form of the Good causes itself, it is prior to itself. (from 1, -$\forall$)
$(C^2 \, g_i \, g_i \to P^2 \, g_i \, g_i)$

8. The Form of the Good is prior to itself. (from 6, 7, by *modus ponens*)
$P^2 \, g_i \, g_i$

9. The Form of the Good is not prior to itself. (from 2, x/g_i)
$P^2 \, g_i \, g_i$

10. The Form of the Good is prior to itself and the Form of the Good is not prior to itself. (from 8, 9, by conjunction)
$P^2 \, g_i \, g_i \land \neg \, P^2 \, g_i \, g_i$

This is a contradiction. Therefore:

11. The Form of the Good is not itself being which has the form of good. (by *reductio ad impossibile* of 4)
$\neg \, G^1g_i$

12. Truth has the form of good. (= premiss 4)

13. Truth and being are extensionally equivalent. (= premiss 5)

14. Being has the form of good. (from 12, 13, = the *principle of the goodness of being*)

15. (Since all being has the form of good), the Form of the Good is not being. (from 11, 14) or ... *ouk ousias ontos tou agathou all' eti epekeina tês ousias* [i.e. *tou ontos*] *presbeia(i) kai dynamei hyperechontos.*

This proof is valid *and* sound if one assumes that all of its five premises are true. To attack this proof, the reader is invited to show that the proof is either not valid or at least one of the premises is not true. As long as this is not done, we may add: *q.e.d.*

IV Corollary

Interestingly, there is a corollary to steps 1 to 11 of this proof. It shows that the principle of alien causation, together with an *unrestricted* principle of *methexis* (= premiss 3*) – which is valid not only for the Idea of the Good, but for any Form of F – implies that no Form of F has the form of F. Thus, the three ontological principles are not only necessary conditions, but also sufficient for avoiding the self-predication of forms.

1. If x causes y, x is prior to y. (= premiss 1, first half of the *principle of alien causation*: priority of the causing principle)
2. Nothing is prior to itself. (= premiss 2, second half of the *principle of alien causation*: priority is not reflexive)
3. Any Form of F is the cause of all beings which have the form of F. (= premiss 3*, unrestricted *global principle of methexis*)

reductio ad impossibile:

4. The Form of F is itself being which has the form of F. (assumed for *reductio ad impossibile*)
5. If the Form of F is itself being which has the form of F, then it is the cause of itself. (from 3*, -∀)
6. The Form of F is the cause of itself. (from 4, 5, by *modus ponens*)
7. If the Form of F causes itself, it is prior to itself. (from 1, -∀)
8. The Form of F is prior to itself. (from 6, 7, by *modus ponens*)
9. The Form of F is not prior to itself. (from 2)
10. The Form of F is prior to itself and the Form of F is not prior to itself. (from 8, 9, by conjunction)

This is a contradiction. Therefore:

11. The Form of F is not itself being which has the form of F. (*reductio ad impossibile* of 4)

q.e.d.

V Final Considerations

We have a criticism which dates back to Aristotle that it is not humanly possible to realize or to possess the Idea of the Good (*ouk an eiê prakton oude ktêton anthrôpô(i)*, *Nicomachean Ethics* A 4, 1096b34). This criticism has been repeated by Karl Popper and others who speak of "the emptiness of the Platonic Idea or Form of the Good".[11] If the Idea of the Good is *epekeina tês ousias* in the sense of being beyond the being (*epekeina tou ontos*), then the Platonic Form of the Good is not only empty, but it also implies a logical contradiction and is therefore a logically impossible concept, like a square circle. If the Idea of the Good is "the brightest thing that is" (*tou ontos to phanotaton*, 7, 518c9), "the happiest of the things that are" (*to eudaimonestaton tou ontos*) (7, 526e3–4) and "the best of the things that are" (*to ariston en tois ousi*) (7, 532c5–6, Transl. Grube-Reeve), it is not *epekeina tês ousias* in the sense of *epekeina tou ontos*.[12]

For logically impossible concepts such as a square circle, as distinct from fictional concepts such as a golden mountain, we have a neglected but useful special expression emphasized by Spinoza: We could say that the Idea of the Good is like a square circle: not even an *ens fictum* or *imaginarium*, but a *chimaera* that is an *ens verbale*. An *ens verbale* is something one cannot imagine but only formulate.[13]

Now the Platonic Socrates says: "Without having had a vision of this Form no one can act with wisdom, either in his own life or in matters of state" (7, 517c4–5, Transl. Cornford). But then the question remains: How is it possible to have a vision of a *chimaera* to act with wisdom either in one's own life or in matters of state? How is it possible to act under the Idea of the Good – to

---

11 Cross/Woozley, 1964, p. 260; Popper, 1966, p. 146, n. 32.
12 Cf. for this contradiction also Ferber, 1989, pp. 194–197; Ferber, 2003a, pp. 133–140; and Ferber, 2005, esp. pp. 162–167.
13 Spinoza, *Metaphysical Thoughts* 1.3.4: "Chimaeras properly called verbal beings: First, it should be noted that we may properly call a Chimaera a verbal being [*ens verbale*] because it is neither in the intellect nor in the imagination. For it cannot be expressed except in words. E. g., we can, indeed, express a square Circle in words, but we cannot imagine it in any way, much less understand it. So a Chimaera is nothing but a word, and impossibility cannot be numbered among the affections of being, for it is only a negation" (Transl. Curley).

vary the Kantian formulation that we act "under the idea of freedom"[14] – if the Good is a chimaera? In fact, Plato lets Glaucon reply: "Here Glaucon in great amusement [*mala geloiôs*] said: 'Apollo, what marvellous hyperbole!'" (6, 509c1–2, Transl. Emlyn-Jones and Preddy). Whatever may be meant by Glaucon's "great amusement", Plato seems serious, but not completely serious, about the "hyperbolic" status of the Good.[15] To return to Plato's two-level model, we may say: Plato seems serious about a third level, but not so serious, as were Plotinus and others, when Plato *via* his brother Glaucon is making fun of the assumed surpassing status of the third level. Is this one of the reasons why Plato in his written work did not return to the hyperbolic status of the Good but has lowered the standard by introducing in the *Politicus* "the appropriate" (*to metrion*) and "all that which has its seat in the middle between two extremes" (284e) which the statesman has to see to act with wisdom instead of the "exact itself" (*auto takribes*, 284d2, Transl. Ferber), which is probably *the* Good?[16]

---

[14] Kant, *Groundwork of the Metaphysics of Morals*, AA 448.
[15] See Ferber, 2005, pp. 160–162, and now the contribution by A. Gabrièle Wersinger-Taylor, 2015, for more information on this passage.
[16] Cf. Ferber, 1995a, p. 69, n. 27, here p. 206, n. 27.

Warum hat Platon die ‚Ungeschriebene Lehre' nicht geschrieben?

Einige vorläufige Bemerkungen

Abstract: *The article asks the question, „Why did Plato not write his 'unwritten doctrines'?", and finds the answer in the combination of two obstacles. The first derives from the limitations of the episteme available to an embodied soul about such subjects as the essence of the good. Even if the dialectician has access to a kind of knowledge, the lack of fit between the unchanging essences and the precarious* logoi *which aim to identify them (and allow others some measure of access to them) could never be fully overcome. At most, Socrates (or Plato) can lead souls only to an incomplete account of them: even to the most expert dialectician, only a claim to knowledge but no unsurpassable certainty may be available. An even greater obstacle lies in the audience or readership itself: no short cut to understanding is possible, and yet a mere written presentation, which is all they have, is just a short cut, and so holds out an empty promise.*

Hinsichtlich der schriftstellerischen Tätigkeit Platons lassen sich zumindest drei Fragen stellen: Warum hat Platon trotz seiner Schriftkritik im *Phaidros* (Phdr. 274b–279c) überhaupt geschrieben?[1] Warum hat er Dialoge und nicht Traktate geschrieben?[2] Warum hat er nicht alles, was er der mündlichen Mitteilung für wert hielt, auch schriftlich publiziert? Im Folgenden soll nicht auf die ersten zwei Fragen eingegangen werden, sondern nur auf die letzte. Dass Platon nicht alles, was er der mündlichen Mitteilung für wert hielt, auch schriftlich publiziert hat, wird durch die Erwähnung von „so genannten ungeschriebenen Lehren" (Arist. Ph. Δ 2, 209b14–15) sowie durch zumindest *einen* öffentlichen Vortrag über das

---

Ursprünglich veröffentlicht unter: Ferber, R., „Warum hat Plato die ‚ungeschriebene Lehre' nicht geschrieben? – Einige vorläufige Bemerkungen", in: Rossetti, L. (Hrsg.), *Understanding the Phaedrus. Second Edition. Proceedings of the Second Symposium Platonicum*, Sankt Augustin 1992, S. 138–155 [Ferber, 1992b].

1 Vgl. dazu die Antwort Griswolds, 1986, S. 219–229.
2 Vgl. dazu den von Griswold 1988 herausgegebenen Sammelband mit dem wichtigen Aufsatz von Griswold, 1988, S. 143–167.

Gute (*Peri tagathou akroasis*) dokumentiert (vgl. Aristox. *Harm.* II 30).³ Weiterhin können wir annehmen, dass der Inhalt der „so genannten ungeschriebenen Lehren" und des öffentlichen Vortrages über das Gute nicht *simpliciter* identisch ist mit demjenigen, was Platon in den Dialogen geschrieben hat. Das geht ebenfalls aus den erwähnten Zeugnissen des Aristoteles und Aristoxenos hervor: Nach Aristoteles soll Platon auf andere Art und Weise im *Timaios* und in den „so genannten ungeschriebenen Lehren" das Aufnehmende (*metalêptikon*) genannt, gleichwohl den Ort (*topon*) und den Raum (*chôran*) als dasselbe aufgewiesen haben (vgl. Arist. *Ph.* Δ 2, 209b13–16). Das ist zweifelsohne ein Missverständnis des *Timaios*, wo nirgendwo der Ort und der Raum als dasselbe aufgewiesen wird.⁴ Dass aber Platon das *metalêptikon* im *Timaios* und in den „so genannten ungeschriebenen Lehren" anders genannt hat, dürfte wohl schwerlich zu bezweifeln sein. Verstärkt wird diese Differenz u. a. insbesondere durch den Bericht des Aristoteles über die platonische Prinzipienforschung in der *Metaphysik*, A 6. Danach habe Platon zwei Prinzipien, die Idealzahlen, die *mathêmatika* als *metaxy* sowie das Element des Einen als Ursache des Guten, das der Zweiheit aber als Ursache des Schlechten eingeführt (vgl. *Metaph.* A 6, 987b10–988a17).⁵ Nun steht von diesem Bericht kein Wort in den Dialogen.⁶ Andererseits können wir diesen Bericht auch nicht als bloßes Missverständnis von Dialogen verstehen, geht er doch weit über das hinaus, was sich noch durch ‚Missverständnisse' erklären ließe.⁷ Es bleibt so nur übrig, den Bericht des Aristoteles auf die „so genannten ungeschriebenen Lehren" zu beziehen.⁸ Da dort aber das *metalêptikon* bzw. die Ursache im Sinne der Hyle das Große und das Kleine genannt wird (vgl. *Metaph.*

---

3 Wir folgen hier der inzwischen auch vom Esoteriker Gaiser, 1980, vertretenen Spätdatierung. Gaiser wird von Eder, 1986, unterstützt.
4 Vgl. Cherniss, 1966, S. 26. Vgl. zur Kritik an den weitreichenden Folgerungen Cherniss', Vogel, 1949, S. 204–206.
5 Vgl. die Inhaltsangabe von Cherniss, 1966, S. 17.
6 So mit Recht Cherniss, 1966, S. 17.
7 So zu Unrecht Cherniss, 1966, S. 17–23. Vgl. zur Kritik unter anderen insb. Vogel, 1949, S. 41–87; Ross, 1951, S. 142–153; Krämer, 1959, S. 380–454; Ferber, 1989, S. 154–216, insb. S. 211–216.
8 Auf die aristotelische Schrift *Peri tagathou* und damit wohl auch auf die platonische *Peri tagathou akroasin* bezieht den Bericht bereits Alexander, *Metaph.* A 6, 987b33, vgl. *In Arist. Metaph.* 56.35, ebenso Wielen, 1941, S. 8–9. Allerdings ist es nicht nötig, A 6, 987b10–988a7, auf die wohl späte und einmalige Vorlesung zu beziehen, die die drei Bücher der aristotelischen Schrift *Peri tagathou* zusammenfassen sollten. Es kann sich auch um eine Zusammenfassung von früheren *synousiai peri tagathou* handeln, wie sie bereits seit der Abfassungszeit des sechsten und siebten Buches der *Politeia* vorausgesetzt werden können, vgl. Ferber, 1989, S. 211–216. Dass sich die Bemerkung in *Metaph.* A 9: „[...] aber die Mathematik ist den heutigen zur Philosophie geworden, wiewohl sie sagen, dass man sie anderer Dinge wegen betreiben müsse" (992a32–b1), auf das siebte Buch der *Politeia* bezieht, wird auch von Burnyeat, 1987, S. 234[52], anerkannt.

A 6, 988a13–14), so dürfen wir annehmen, dass Platon nach Aristoteles das *metalêptikon* im *Timaios* „Chora" und in den „so genannten ungeschriebenen Lehren" „das Große und das Kleine" genannt hat. Ferner berichtet Aristoxenos in seiner Anekdote über die *Peri tagathou akroasis*, diese habe in der Feststellung gegipfelt: [...] *kai, to peras hoti >t<agathon estin hen* („[...] und, zuletzt, dass das Gute eines ist") (*Harm.* 31).[9] Da es sich hier um die abschließende Feststellung der *akroasis* handelt, so ist dieser Satz nicht auf die Idee des Guten *neben* anderen Ideen wie der des Schönen (vgl. *R.* VI, 507b), sondern auf die Idee des Guten *über* den anderen Ideen, d. h. das *megiston mathêma*, zu beziehen (vgl. *R.* VI, 505a, VII, 519c). Diese explizite Feststellung des Aristoxenos finden wir aber in der Darstellung des *megiston mathêmama* durch die Gleichnisserie im sechsten und siebten Buch der *Politeia* nicht.[10] Ebensowenig finden wir sie anderswo in den Dialogen. Grundsätzlich lässt sich deshalb feststellen, dass es (1) eine ‚Ungeschriebene Lehre' Platons gegeben hat und dass sie (2) nicht *simpliciter* identisch ist mit der ‚geschriebenen Lehre' der Dialoge. Insoweit stimmen auch die beiden Opponenten H. Cherniss und H. J. Krämer überein.[11] Wir dürfen denn auch diese beiden Feststellungen als den wohl kleinsten gemeinsamen Nenner in der Gigantomachie um die ‚Ungeschriebene Lehre' bezeichnen. Allerdings ist auch dieser kleinste gemeinsame Nenner aufgelöst worden. So meint z. B. R. E. Allen, dass es überhaupt keine ‚Ungeschriebene Lehre' gegeben habe.[12] K. M. Sayre gibt

---

9 Vgl. zu den Übersetzungsmöglichkeiten Cherniss, 1966, S. 103². Wir übersetzen mit Cherniss, 1966, S. 103², *to peras* adverbial. Die oben vorgeschlagene Übersetzung lässt allerdings den Sinn von *estin* offen, der sich wohl nur antiesoterisch, d. h. von der Gleichnisserie her erschließen lässt. Vgl. Ferber, 1989, S. 76.
10 Vgl. Cherniss, 1966, S. 17; Ferber, 1989, S. 76.
11 Vgl. Cherniss, 1966, S. 9–41. Cherniss ist zwar der Ansicht, dass es sich bei den „ungeschriebenen Lehrmeinungen" (*Ph.* Δ 2, 209b14–15) nur um eine terminologische Verschiedenheit handle, vgl. Cherniss, 1966, S. 26. Dass Aristoteles' Bericht in *Metaph.* A 6, 987b10–988a17 aber etwas ganz anderes bietet, als wir in den Dialogen finden, wird von ihm explizit zugegeben, vgl. Cherniss, 1966, S. 17. Ebenso Krämer, 1959, S. 389–486, mit einer etwas überzogenen Chernisskritik. Zuverlässiger die Kritik von Vogel, 1949, S. 41–87; Ross, 1951, S. 142–153. In der Rez. von Wielen gesteht Cherniss auch für Platon die in den Dialogen nie bezeugte Limitation der Idealzahlen auf die Dekas zu, vgl. Cherniss, 1947, S. 197.
12 Allen, 1983, schreibt als Ergebnis seiner Zurückführung der ‚Ungeschriebenen Lehre' auf den *Parmenides*, vgl. Allen, 1983, S. 271: „The result has been a perverse [sic] tendency to claim that Plato privately thought a kind of esoteric doctrine quite unlike anything exhibited by the dialogues. But the final part of the *Parmenides* differs from the doctrines of the dialogues, not because it is esoteric, but because it is aporematic. This is why Aristotle at one point in the *Physics* (IV 209b14–15) refers to the ‚so-called unwritten doctrines' – so-called because, Aristotle thought, the *Parmenides* does not state a doctrine but implies a doctrine, and Aristotle, interpreting the dialogue, tells us what that cloctrine is." Vgl. jedoch zur Widerlegung dieser singulären Aussage,

zwar die Existenz einer ‚Ungeschriebenen Lehre' zu, glaubt sie aber mit terminologischen Verschiebungen im *Philebos* wiederfinden zu können, sodass die Diskrepanz zwischen Dialogen und ‚Ungeschriebener Lehre' verschwinde.¹³ Beide Positionen aber laufen wider die vorhandenen Evidenzen und lassen sich leicht widerlegen, sodass wir bis zum Gegenbeweis von diesem Konsens ausgehen können.

Im Folgenden möchte ich keine neue Rekonstruktion des Inhalts dieser „ungeschriebenen Lehren" vorlegen,¹⁴ sondern nur die präliminarische Frage zu beantworten versuchen: Warum hat Platon die ‚Ungeschriebene Lehre' nicht geschrieben? Diese handelt u. a. vom Guten, wie doch zumindest *eine* ungeschriebene *Peri tagathou akroasis* bezeugt. Es scheint also (I) sinnvoll, zur Beantwortung dieser Frage dort anzuknüpfen, wo sich Platon in den Dialogen am einlässlichsten mit *dem* Guten bzw. der Idee des Guten beschäftigt hat, nämlich an der Gleichnisserie der *Politeia*. Denn einmal gilt die *Politeia* im Unterschied zum *Siebten Brief* als zweifellos authentisch. Zwar enthält sie keine explizite Schriftkritik, doch schreibt sie andererseits im Unterschied zum *Phaidros* und *Siebten Brief* so viel über das zentrale Thema der geschriebenen und ungeschriebenen ‚Lehre', wie viel Platon trotz seiner Schriftkritik schriftlicher Publikation anzuvertrauen für gut hielt. Die Antwort, die wir aus der *Politeia* erhalten,

---

die sich zudem auf eine bereits von Ross, 1924, I, S. 162–177, und Cherniss, 1941, S. 182⁶, widerlegte Interpretation von *Metaph*. A 6, 987b10–988a17, abstützt, insofern die Idealzahlen nicht mathematische Zahlen sind, Ferber, 1989, S. 163–168, S. 288–300. Der Ausdruck „so genannte ungeschriebene Lehren (*legomena agrapha dogmata*)" (Ph. Δ 2, 209b14–15) deutet übrigens auf einen stehenden Ausdruck und damit wohl auf eine wiederholte Bezeichnung für eine wiederholte Tätigkeit hin und ist nicht im abwertenden Sinne zu verstehen, vgl. Kühner/Gert, 1898, § 404, sowie Szlezák, 1993, insb. S. 172–174. Ich habe deshalb hier einer Anregung Szlezáks, 1993, S. 160, Anm. 11, folgend, „sogenannte", Ferber, 1992, S. 138, 139, in „so genannte ungeschriebene Lehren" korrigiert.

13 Vgl. Sayre, 1988, S. 94: „A more credible alternative is made available by rejecting the assumption, shared by Cherniss and his adversaries alike, that the Platonic principles reported by Aristotle cannot be found in the dialogues. In *Plato's Late Ontology* I have argued that the views attributed to Plato in the *Metaphysics* can be found in the *Philebus*, with terminological changes illuminated by the later Greek commentators. Since the themes of the Lecture on the Good can be identified point by point with Plato's philosophy according to Aristotle, the alleged discrepancies that fueled the controversy in effect disappear." Sayre, 1983, S. 112–117, S. 118–186, versucht, den Bericht des Aristoteles in *Metaph*. A 6, 987b10–988a17, mit dem *Philebos* 28c–31a, zu identifizieren, stützt sich aber dabei wie schon Allen, 1983, S. 271, auf eine bereits von Ross, 1924, I, S. 162–177, und Cherniss, 1941, S. 182⁶, widerlegte Interpretation des aristotelischen Berichts ab, insofern er die Idealzahlen mit mathematischen Zahlen identifiziert. Vgl. zur Kritik Ferber, 1989, S. 300.

14 Vgl. für eine neue Rekonstruktion Ferber, 1989, S. 154–216, S. 291–303.

scheint jedoch derjenigen, die uns die Schriftkritik des *Phaidros* gibt, zu widersprechen. In einem zweiten Teil (II) möchte ich nachweisen, dass die Schriftkritik des *Phaidros* der Antwort aus der *Politeia* nicht widerspricht, sondern sie bestätigt.

I

(a) Die wohl nächstliegende Antwort auf die Frage: „Warum hat Platon die ‚Ungeschriebene Lehre' nicht geschrieben?", lautet: Weil Platon sie geheimhalten wollte. Die These von der ‚Ungeschriebenen Lehre' als einer ‚Geheimlehre' ist z. B. noch von H. J. Krämer in *Arete bei Plato und Aristoteles* gegen die Positionen F. Schleiermachers, E. Zellers, P. Shoreys und H. Cherniss' vertreten worden.[15] Allerdings hat bereits P. Natorp gegen eine ‚Geheimlehre' opponiert, obwohl er die Existenz einer ‚Ungeschriebenen Lehre' akzeptiert hat.[16] Dieser Glaube an eine Geheimlehre Platons hinter derjenigen der Dialoge ist wohl einer der Gründe gewesen, weshalb die Tübinger Schule auf so viel Kritik gestoßen ist.[17] Es ist ein Verdienst Th. A. Szlezáks, die ‚Ungeschriebene Lehre' von einer Geheimlehre im Sinne der Pythagoräer abgegrenzt zu haben.[18] Das entscheidende Argument aus den Dialogen dafür scheint mir dabei noch zu wenig berücksichtigt. In der *Politeia* finden wir nämlich sehr wohl Hinweise darauf, dass Sokrates etwas ausgelassen hat. Dieses Etwas, das Sokrates ausgelassen hat, ist nicht irgendetwas, sondern des „Vaters" (*patros*) bzw. des Kapitals – und nicht nur der „Zinsen" (*tous tokous*) (VI, 507a2) – „Beschreibung" (*diêgêsis*) (VI, 506e6), wie aus der Einleitung ins Sonnengleichnis, „Langes" (*sychna*) (509c7) und „Vieles" (*poly*) (509c9), wie aus der Einleitung ins Liniengleichnis erhellt. Doch nirgendwo sagt Sokrates, dass er etwas zurückhält, weil er es geheimhalten möchte, sondern er betont dreimal, dass er sich bezüglich des Zurückgehaltenen äußern möchte (vgl. 507a1, 509c10, 533a2). Wer aber eine Geheimlehre hat, der möchte sich nicht über sie äußern. Er wird, wenn er konsequent ist, sogar jeden Anschein vermeiden, dass er etwas zu verheimlichen hat, um niemanden neugierig zu machen und jener Aggression zu entgehen, die sich gegen die richtet, die Anspruch auf ein Wissen machen, das anderen nicht zugänglich ist und sein soll. Er gibt sich offen, weiß aber genau, was

---

15 Vgl. Krämer, 1959, S. 453: „Da die gefürchtete ‚Geheimlehre' – um eine solche, nämlich um die ‚innere' Lehre der akademischen Schule, handelt es sich allerdings – nicht verloren, sondern in Umrissen überliefert ist, ist es ebenso haltlos, sie zu relativieren wie sie zu leugnen."
16 Vgl. Natorp, 1903, S. 415.
17 Vgl. z. B. Vlastos, 1981b, S. 392–393; Wieland, 1982, S. 38–50.
18 Vgl. Szlezák, 1985, S. 400–405, Jaeger, 1912, S. 131–148.

er zu verschweigen hat. Sokrates dagegen gibt sich nicht offen und deutet an, dass er etwas und was er zu verschweigen hat. Doch auch, wenn diese ‚Ungeschriebene Lehre' nur den Mitgliedern der Akademie mitgeteilt wurde und in diesem Sinne vielleicht unbeabsichtigt außerhalb der Akademie das Odium einer Geheimlehre auf sich gezogen haben mochte,[19] so wird der nichtgeheime Charakter von Platons „ungeschriebenen Lehren" über das Gute dadurch erhärtet, dass er zumindest einen öffentlichen Vortrag über das Gute gehalten haben soll (vgl. Aristox. *Harm.* II, 30–31). Seit dem Heidelberger Kolloquium von 1967 wird wohl auf Anregung H.-G. Gadamers hin auch von der Tübinger Schule der Ausdruck ‚Geheimlehre' vermieden.[20] Stattdessen spricht man von indirekt überlieferter, innerakademischer oder esoterischer Lehre.[21]

(b) Seither ist eine andere Erklärung zu Prominenz gelangt und von der Tübinger Schule übernommen worden, die H.-G. Gadamer so formuliert hat:

> Es scheint wie ein dürrer Schematismus, in den Erzeugungsprinzipien der Zahlen, der Eins und der Zwei, die Erzeugungsprinzipien aller Einsicht und das Aufbaugesetz aller sacherschließenden Rede zu erblicken, und es dürfte dieser Schein gewesen sein, der Platon die schriftliche Fixierung dieser Lehre unratsam erscheinen ließ.[22]

Doch kann der Schein eines dürren Schematismus schwerlich der entscheidende Grund gewesen sein, weshalb Platon die ‚Ungeschriebene Lehre' nicht schriftlich publiziert hat. Denn in den Dihairesen der von Platon schriftlich publizierten Dialoge *Politikos* (vgl. 261a–266a) und *Sophistes* (vgl. 219a–224e) finden wir nicht nur den Schein, sondern auch das Sein von ‚dürren Schematismen', das zudem insbesondere im Falle des *Sophistes* ans Lächerliche grenzt. Gleichwohl hat sich Platon nicht gescheut, diese ‚dürren Schematismen' *schriftlich* zu publizieren. Warum sollte er nicht *a fortiori* die wohl ernsthafteren ‚dürren Schematismen' der ‚Ungeschriebenen Lehre' publiziert haben, wenn er schon die eher lächerlichen der ‚geschriebenen Lehre' publiziert hat? Zudem kann sich diese Erklärung nirgendwo auf einen Dialog Platons oder ein Testimonium stützen. Aus einem analogen Grund vermag auch die Erklärung M. Burnyeats nicht voll zu überzeugen, wiewohl sie von der *Politeia* ausgeht. Dort nämlich sagt Sokrates, Glaukon

---

19 Vgl. Gaiser, 1980, S. 10–24; Ferber, 1989, S. 159–160.
20 Vgl. Gadamer, 1968a, S. 10; Vogel, 1986, S. 28.
21 Vgl. Gaiser, 1968, S. 31–84; Krämer, 1968, S. 106–150, *passim*. Vgl. insbesondere Krämer 1968, S. 150: „Zunächst zur Abwehr von Missverständnissen, in fünf Punkten, was daraus nicht folgt: Es folgt daraus weder eine ‚Geheimlehre' […]", offensichtlich eine Korrektur von Krämer, 1959, S. 453.
22 Gadamer, 1968a, S. 31, Zit. ohne Fußnote. Zustimmend Krämer, 1966, S. 68[12]; Gaiser, 1967, S. 585; Wippern, 1972, S. XXXVII. Vgl. dagegen Vogel, 1986, S. 32–35.

vermöge der nicht mehr bildlichen Darstellung der Dialektik nicht mehr zu folgen (vgl. 533a). M. Burnyeat fügt hinzu:

> After the mythology (both execration and worship) which has come to surround the Lecture on the Good, this explanation of why the unwritten Chapter is unwritten – sheer technical difficulty – has the ring of prosaic truth and the merit of deriving from Plato himself.[23]

Wenn allerdings bloße technische Schwierigkeit der ausschlaggebende Grund gewesen wäre, weshalb Platon die ‚Ungeschriebene Lehre' nicht geschrieben hat, so bleibt immer noch die Frage unbeantwortet, warum Platon dann so technisch schwierige Dialoge wie den *Parmenides* gleichwohl schriftlich publiziert hat. Am Beginn des Dialoges tauchen Adeimantos und Glaukon wieder auf (vgl. 126a), haben sie doch von ihrem Halbbruder Antiphon die Unterredung zwischen Parmenides, Zenon und Sokrates gehört, der sie selber wieder von Pythodoros vernommen hat (vgl. 126b–c). Doch können weder Adeimantos noch Glaukon die Unterredung wiedergeben, sondern nur Antiphon. Dass Platon aber weder Adeimantos noch Glaukon die Unterredung wiedergeben lässt, zeigt, dass er weder Adeimantos noch Glaukon die Unterredung wiedergeben lassen *wollte*. Dass er es nicht wollte, könnte auf eine Überforderung Adeimantos' und Glaukons hindeuten.

Verstärkt wird diese Vermutung dadurch, dass einzig der junge Sokrates in der Lage ist, Parmenides Rede und Antwort zu stehen, im zweiten Teil wird dann der junge Aristoteles eingeführt (vgl. 137b–c).[24] Hätte Platon aber allein deshalb, weil Glaukon dann Sokrates nicht mehr zu folgen vermocht hätte bzw. allein wegen der „sheer technical difficulty" die ‚Ungeschriebene Lehre' nicht schriftlich publiziert, so hätte er wohl auch nicht den Dialog *Parmenides* schriftlich publizieren können. Zudem hätte Platon zur Darstellung der ‚Ungeschriebenen Lehre' einen Dialog zwischen zwei Pythagoräern fingieren können, die der technischen Schwierigkeit gewachsen gewesen wären. In der Tat hat ja auch W. van der Wielen vorgeschlagen, dass Platon den letzten Teil der *Rede Over het Goede* einen Pythagoräer einen Mythos vortragen ließ.[25] Schließlich scheint „sheer technical difficulty" eine *schriftliche* Publikation *per se* noch nicht auszuschließen, sondern eher nach dem Medium einer schriftlichen als einer mündlichen Darlegung zu verlangen. Denn eine bloße *mündliche* Darlegung bleibt – wie ein mündliches

---

23 Burnyeat, 1987, S. 232.
24 Damit dürfte allerdings nicht der junge Philosoph Aristoteles gemeint sein. Vgl. Allen, 1983, S. 195–198, auch wenn eine Anspielung nicht völlig auszuschließen ist.
25 Vgl. Wielen, 1941, S. 194–195, woran Vogel, 1949, S. 305, in einer allerdings kritischen Anmerkung erinnert.

Testament – ebensosehr, wenn nicht sogar noch mehr, Missverständnissen ausgesetzt wie eine schriftliche.[26] „Sheer technical difficulty" kann so schwerlich der einzige Grund gewesen sein, weshalb Platon eine schriftliche Fixierung der ‚Ungeschriebenen Lehre' nicht für opportun hielt. Der entscheidende Grund dürfte vielmehr im Wesen von Schriftlichkeit im Gegensatz zu Mündlichkeit zu suchen sein.

(c) Doch geht M. Burnyeat richtig von der *Politeia* zur Beantwortung dieser Frage aus und sieht ebenfalls richtig, dass sich die platonische Mitteilung auch in der *Politeia* am Fassungsvermögen der Dialogpartner, d. h. hier Glaukons, ausrichtet. Sie orientiert sich aber auch am Fassungsvermögen des Sokrates, der keineswegs Anspruch auf Unfehlbarkeit erhebt. Die unmittelbare Fortsetzung der Stelle, wo Sokrates auf das Fassungsvermögen Glaukons Rücksicht nimmt, lautet nämlich:

> Du wirst nur, sprach ich, lieber Glaukon, nicht mehr imstande sein zu folgen! Denn an meiner Bereitwilligkeit soll es nicht liegen, und du sollst nicht mehr nur ein Bild dessen, wovon wir reden, sehen, sondern die Sache selbst (*auto to alêthes*), so gut sie sich mir wenigstens zeigt; ob nun richtig (*ontôs*) oder nicht, das darf ich nicht behaupten, aber dass es etwas solches [zu sehen] gibt, muss behauptet werden (*R.* 533a1–5; wir folgen jeweils der Übersetzung F. Schleiermachers).

Der Grund also, weshalb sich Sokrates auch im siebten Buch über „die Sache selbst" nicht vollumfänglich äußert, liegt wie schon zu Beginn der Gleichnisserie darin, dass er die Wissenschaft von der Sache selbst, die Dialektik, im gegenwärtigen Moment überhaupt nicht hat (vgl. *R.* VI, 506e2–3), sondern nur über eine Meinung verfügt, „ob nun richtig oder nicht, das darf ich nicht behaupten, [...]". Gilt dies nämlich schon von dem, was er hier sagt, so *a fortiori* von dem, was er Glaukon nicht sagt und worin ihm dieser dann nicht mehr folgen könnte (vgl. VII, 533a1–2). In seiner eigenen Metaphorik: Er ist zwar aus der Höhle aufgestiegen, sieht aber das Gute noch nicht, sondern ist blind – geblendet vom Glanz der Sonne. Dem entspricht, dass „jede Seele" (vgl. VI, 505d11), also auch diejenige Sokrates', zwar das Gute sucht, aber „sich in Ausweglosigkeit befindend (*aporousa*) und nicht ausreichend (*hikanôs*) zu fassen wissend, was es wohl ist [...]" (505e1–2). Ebenso grenzt Sokrates in der Auslegung des Höhlengleichnisses seine Hoffnung vom Wissen Gottes ab, ob diese Hoffnung wahr ist (vgl. VII, 517b6–7):

> For the dialectic that is to follow upon mathematics is an adumbration of the possible; and the end – knowledge of the Good – is a hope or *hypothesis* warranted by the success of the

---

26 Vgl. Cherniss, 1966, S. 17–18.

method so far as it has been tested. *Elpis* ist the normal Ionic word for a good hypothesis, [...].[27]

Eine so verstandene Hoffnung ist aber noch keine unfehlbare Wissenschaft, sondern „Meinung ohne Wissenschaft" (506c6). Eine „Meinung ohne Wissenschaft" jedoch über etwas zu äußern, was sich nur wissenschaftlich ausreichend (*hikanôs*) ergreifen lässt, hält Sokrates für schmählich (vgl. 506c). Deshalb wohl äußert er sich auch im Liniengleichnis und siebten Buch über die Dialektik, die das Gute nicht nur berühren – eine gängige Fehldeutung[28] – sondern ergreifen (vgl. VI, 511b4–7), d. h. mit „unfehlbarem Logos" begreifen bzw. definieren soll (vgl. VII, 534b–c), nicht vollumfänglich. Die vollumfängliche schriftliche *Fixierung* würde diese „Meinung ohne Wissenschaft" eben unveränderlich in vollem Umfang festlegen. Das aber wäre der *veränderlichen* Meinung über die gesuchte *unveränderliche* Wissenschaft unangemessen. Sosehr also das Gute mit „unfehlbarem Logos" (534c2) ergriffen werden soll, sowenig folgt daraus, dass Sokrates diesen „unfehlbaren Logos" bereits hat. So sehr es nach einer kantischen Wendung „in dieser Art von Betrachtungen auf keine Weise erlaubt sei zu meinen"[29], sowenig besitzt Sokrates diese Wissenschaft. Er hat nur eine „Meinung ohne Wissenschaft", d. h. eine fehlbare Meinung. Wenn Sokrates sich aber trotzdem in Form von drei Gleichnissen über das Gute schriftlich geäußert hat, so deshalb, weil diese vom Sinnlichen ausgehen, dem gegenüber die schwankende Meinung die ausreichende Einstellung ist. Nicht aber kann die schwankende Meinung die ausreichende Einstellung der Dialektik sein, die sich ohne Rekurs auf das Sinnliche nur der ‚Ideen selbst' bedient und so bei ihnen endigt (vgl. VI, 510b8, VII, 511c1–2). Vielmehr verdient die Dialektik eigentlich erst den Namen der Wissenschaft (vgl. VII, 533b–d).

Zwar ließen sich rein theoretisch diese Stellen doxastisch-aporetischer Reserve auf die Sokrates-Figur zurückführen:[30] Während Sokrates nur eine Meinung habe, so besitze Platon volles Wissen vom Guten. Doch diese rein theoretische Möglichkeit entfällt dadurch, dass „jede Seele" (505d11), also nicht nur diejenige Sokrates', sondern auch diejenige Platons, zwar das Gute sucht, aber „sich in Ausweglosigkeit befindend (*aporousa*) und nicht ausreichend (*hikanôs*) zu fassen

---

27 Ferguson, 1950–51, S. 13[33].
28 Vgl. gegen die von Cornford, 1965, stark gemachte Intuitionstheorie, die noch von Lafrance, 1980, S. 90–91, vertreten wird, Ferber, 1989, S. 100–101, S. 156.
29 Vogel, 1986, S. 610.
30 Krämer, 1987, S. 200–202.

wissend, was es wohl ist [...]" (505e1–2).³¹ Zudem ist „jede Seele" – auch die der Philosophenkönige und -königinnen – noch inkarniert (vgl. 498d, 614a–621d) und den sich aus der Inkarnation ergebenden kognitiven Beschränkungen unterworfen (vgl. *Phd.* 66e–67a), denen sich auch die Philosophenkönige und -königinnen schwerlich völlig entziehen können. An der Lehre von der Wiedergeburt, der Metempsychose oder Metensomatose, scheint denn auch Platon von seinen Anfängen bis ans Lebensende festgehalten zu haben (vgl. *Men.* 81b; *Phd.* 81e, 83e; *Phdr.* 248d; *Ti.* 42b, 90e; *Lg.* 903e–c; *Ep.* VII, 335a). Dass Platon kaum je zu einer unfehlbaren Wissenschaft vom Guten vorgestoßen ist, wird auch durch die vermutlich späte *Peri tagathou akroasis* nahegelegt, wenn er sich darin so geäußert hat: „Nicht nur der Glückliche, sondern auch der Beweisende muss im Gedächtnis behalten, dass er Mensch ist."³² Das heißt wohl auch: Wie der Glückliche im Gedächtnis behalten muss, dass er ins Unglück fallen kann, so auch der Beweisende, dass seine Argument nicht triftig sein können, d. h. von unwahren Prämissen ausgehen und ungültige Schlüsse ziehen können.

Der Grund, weshalb Platon die ‚Ungeschriebene Lehre' vom Guten nicht geschrieben hat, liegt so darin, dass diese zwar Wissenschaft im dialektischen Sinne zu sein *hätte*, er aber keine Wissenschaft von ihr hatte. Eine schriftliche Fixierung dieser ‚Ungeschriebenen Lehre' hätte ihr jedoch eine Unveränderlichkeit gegeben, die ihrer doxastischen Veränderbarkeit nicht angemessen gewesen wäre. Es ist deshalb ein Irrtum H. Krämers, zu behaupten:

> Entscheidend bleibt, daß auf dem Boden der platonischen Philosophie der Prinzipientheorie der höchste mögliche Gewißheitsgrad zugehört, der von nichts anderem erreicht wird. An diesem Primat läßt sich – und darauf kommt es sachlich und philosophiehistorisch an – nichts abdingen.³³

Hätte Platon aber, wie H. Krämer unterstellt, diesen „höchsten möglichen Gewißheitsgrad" tatsächlich schon zur Abfassungszeit des siebten Buches der *Politeia* erreicht, so wäre er bereits damals dort angekommen, wo „Ruhe ist vom Wege und Ende der Wanderschaft" (*R.* VII, 532e3). Doch hat er höchstens Gott Wissen in diesem emphatischen Sinne zugetraut (vgl. *R.* VII, 517b6–7), dem allein

---

31 Vgl. Verdenius, 1981, S. 416: „the phrase *hapasa psychê* (R. 505d11) implies that it is also beyond Plato's own power."
32 Vgl. Gaiser, 1968, S. 455 (Testimonium II): Krämer, 1968, S. 118⁴⁴: „Der Gedanke der Unzulänglichkeit des menschlichen Erkennens ist sokratisch und insbesondere platonischakademisch [sic]. Er begegnet hier in der Übertragung auf die Vermittlung von Erkenntnis. Es ist naheliegend, wenn auch nicht sicher, daß ihn Platon selbst in dieser Form in der Vorlesung oder ähnlichen Lehrveranstaltungen geäußert hat."
33 Krämer, 1987, S. 200–201, Krämer, 2014c, S. 483.

das Prädikat „weise" gebührt (vgl. *Smp.* 204a, *Phdr.* 278d). Wir besitzen jedoch kein Indiz dafür, dass er bereits zur Abfassungszeit des siebten Buches oder später je diesen „höchsten möglichen Gewißheitsgrad" erreicht hat. Mit der Dialektik in der *Politeia* verhält es sich nämlich im Prinzip wie mit der *Politeia:* Ist das eine die ideale Methode,[34] so das andere der ideale Staat. Aber sowenig der ideale Staat in Athen realisiert wird, sowenig die ideale Methode in den sinnlich wahrnehmbaren Buchstaben des geschriebenen Werkes. In deutlichem Ausblick auf den (mündlichen) Elenchos ist sie vielmehr nur als Ideal der Erkenntnis postuliert (vgl. *R.*VII, 534b8 – c6).

II

Nun stellt sich die Frage, ob wir diesen Grund, weshalb Platon die ‚Ungeschriebene Lehre' nicht geschrieben hat, auch auf die ‚Schriftkritik' im *Phaidros* ausdehnen können. Dass diese ‚Schriftkritik' wörtlich auf Platons Hauptwerk, die *Politeia*, Bezug nimmt, ist von W. Luther nachgewiesen und von H. Krämer sowie Th. A. Szlezák aufgenommen worden.[35] Danach können wir die Aussage: „Ein gar herrliches, o Sokrates, nennst du neben den geringeren Spielen (*phaulên paidian*); das Spiel dessen, der von der Gerechtigkeit, und was du sonst erwähntest, dichtend mit Reden zu spielen weiß (*mythologounta*)" (*Phdr.* 276e), auf das *mythologein logô(i)* in der *Politeia* beziehen (vgl. VI, 501e4; II, 376d9). Richtig ziehen W. Luther und H. Krämer die Konsequenz, dass die Kritik Platons an der Schriftlichkeit im *Phaidros* die platonischen Dialoge selbst betrifft, d. h. dass die Dialoge ein Spiel sind im Vergleich mit dem, womit es dem Philosophen ernst ist.[36] In der Tat wird ja z. B. auch der zweite Teil des *Parmenides* als ‚Spiel' (137b2) bezeichnet und sind die ans Lächerliche grenzenden Dihairesen des *Politikos*

---

34 Vgl. dazu die treffende Charakteristik der Dialektik durch Robinson, 1953, S. 70: „The fact is that the word ‚dialectic' had a strong tendency in Plato to mean ‚the ideal method, *whatever that may be*'. In so far as it was thus merely an honorific title, Plato applied it at every stage of his life to whatever seemed to him at the moment the most hopeful procedure." Wichtig auch die Bemerkung: „But Plato's view, that dialectic as such attains certainty, is liable to suggest to us certain inferences which he did not draw. In the first place, he did not conclude that any person is actually in the sure possession of a considerable portion of truth. His view is rather that we should attain certainty if we could practise dialectic aright, but, owing to its loftiness and difficulty, we are unable to do so" (S. 72).
35 Vgl. Luther, 1961, S. 526 – 548, insb. S. 536 – 537. Vgl. Krämer, 1964, S. 137 – 176, insb. S. 148 – 152; Szlezák, 1985, S. 14.
36 Vgl. Luther, 1961, S. 537, S. 539; Krämer, 1964, S. 148 – 153, insb. S. 149. Vgl. bereits Krämer, 1959, S. 462, mit weiteren Literaturangaben.

(vgl. 261a–266a) und *Sophistes* (vgl. 219a–224a) kaum in inhaltlicher Hinsicht völlig ernst gemeint (vgl. *Plt.* 268d8, e5, *Ti.* 59d2).

Die *Politeia* wäre das Spiel von der Gerechtigkeit, enthielte aber noch nicht den Ernst. Als spielerisches *mythologein* wird sie noch nicht die dialektisch gewonnene Gewissheit über die Gerechtigkeit enthalten. Sokrates hat ja schon im vierten Buch auf einen „weiteren und größeren Weg" (435d3) aufmerksam gemacht, der zur genauen Bestimmung der Kardinaltugenden nötig ist. Diese genaue Bestimmung aber finden wir nirgendwo in der *Politeia*, sodass die *Politeia* aus der Perspektive des *Phaidros* im Vergleich zum Ernst dieser genauen Bestimmung nur das Spiel enthielte.[37] Doch stimmt der angegebene Grund, weshalb sich Platon in der *Politeia* über die ‚ungeschriebenen Lehren' nicht geäußert hat, auch mit der Schriftkritik des *Phaidros* überein?

(a) Dessen ‚Schriftkritik' wertet die Geschichte von der Erfindung der Schrift durch den ägyptischen Gott Theuth aus (vgl. 274c5–275b2) und enthält im Wesentlichen drei kritische Punkte gegenüber dem geschriebenen Logos. Zwei davon ergeben sich noch nicht aus der Schriftlichkeit an sich, sondern erst aus dem Faktum schriftlicher Publikation:

> (2) Ist sie aber einmal geschrieben (*graphê(i)*), so schweift auch überall jede Rede gleichermaßen unter denen umher (*kylindeitai*), die sie verstehen, und unter denen, für die sie nicht gehört (*par' hois ouden proshêkei*). und versteht nicht, zu wem sie reden soll und zu wem nicht. (3) Und wird sie beleidigt oder unverdienterweise beschimpft, so bedarf sie immer ihres Vaters Hilfe; denn selbst ist sie weder sich zu schützen noch zu helfen imstande (*Phdr.* 275d9–e5).

Entscheidend scheint mir, dass die beiden Punkte der sogenannten ‚Schriftkritik', die (2) öffentliche Zugänglichkeit der Schrift sowie (3) deren Hilfsbedürftigkeit, im Prinzip zu Unrecht *Schrift*kritik genannt werden.[38] Es handelt sich weniger um eine Kritik der *Schrift als solcher* als vielmehr genauer um eine Kritik *schriftlicher Publikation für weitere Kreise*. Denn offensichtlich ergeben sich weder die öffentliche Zugänglichkeit für jedermann noch die Hilfsbedürftigkeit der Schrift aus dem Faktum ihrer Schriftlichkeit, sondern aus dem ihrer geschriebenen Publikation für *weitere Kreise unter Abwesenheit des Autors*. Von der Kritik nicht berührt ist damit eine Publikation für *engere Kreise* im Sinne der Vorlesung eines geschriebenen *logos unter Anwesenheit des Autors*, wie sie die Vorlesung „der zenonischen Schriften" (*tôn tou Zênônos grammatôn*) (*Prm.* 127c3) in der Einlei-

---

37 Vgl. zu dieser genauen Bestimmung Ferber, 1989, S. 206–211.
38 Eine Ausnahme ist Wieland, 1982, der richtig schreibt: „Kritisiert wird nicht die Schrift als solche. Kritisiert wird, wer mit ihr auf unangemessene Weise umgeht und wer ihr Leistungen abverlangt, die sie nun einmal nicht erbringen kann" (S. 17).

tungsszene des *Parmenides* darstellt (vgl. *Prm.* 127b–d). Ebensowenig ist damit die Niederschrift von „Gedächtnisstützen" (*hypomnêmata*) „auf das vergessliche Alter, wenn er es etwa erreicht, und für jeden, welcher derselben Spur nachgeht" (*Phdr.* 276d3–4) kritisiert. Sowenig jedoch Schriftlichkeit schon Publikation für weitere Kreise impliziert, sowenig Publikation für weitere Kreise schon Schriftlichkeit. Eine Schrift braucht überhaupt nicht oder nicht für weitere Kreise publiziert zu werden, sondern kann als *hypomnêma* „für sich selbst […] thesauriert werden" (*heautô(i)* […] *thêsaurizomenous*) (*Phdr.* 276d3) „und für jeden, welcher derselben Spur nachgeht" (*Phdr.* 276d4). Umgekehrt braucht eine Publikation für weitere und engere Kreise nicht schriftlich zu erfolgen.[39] Platon z. B. hat sehr wohl die ‚Ungeschriebene Lehre' publik gemacht, wie die vermutlich späte und öffentliche *Peri tagathou akroasis* beweist, allerdings hat er sie nicht schriftlich publiziert. Beide Kritikpunkte, die (2) öffentliche Zugänglichkeit und die (3) Hilfsbedürftigkeit, ergeben sich aber aus dem entscheidenden ersten, der die konstitutionelle Schwäche der Schrift nicht mehr von ihren äußeren Folgen im Falle der Publikation, sondern von innen her anzeigt:

> (1) Denn dieses Schlimme (*deinon*) hat doch die Schrift (*graphê*), Phaidros, und ist darin ganz eigentlich der Malerei ähnlich; denn auch diese stellt ihre Ausgeburten hin als lebend, wenn man sie aber etwas fragt, so schweigen sie ganz ehrwürdig still. Ebenso auch die Schriften: Du könntest glauben, sie sprächen, als verständen sie etwas, fragst du sie aber lernbegierig über das Gesagte, so bezeichnen sie doch nur stets ein und dasselbe (*hen ti sêmainei tauton aei*) (*Phdr.* 275d4–9).

Die Schrift täuscht Lebendigkeit vor, wohingegen sie selbst tot ist. Sie bildet so den entscheidenden Gegensatz zur Seele, deren Wesen die Selbstbewegung (vgl. *Phdr.* 245c5–246a2) und damit stets Leben ist (vgl. *Phdr.* 245c7). Die Schrift ist so nicht nur wie das Sinnliche sichtbar und schweift auch „gleichermaßen unter denen umher (*kylindeitai*), die sie verstehen, und unter denen, für die sie nicht gehört" (vgl. *Phdr.* 275e1–2), ähnlich wie das Sinnliche zwischen dem nicht Seienden und dem rein Seienden (vgl. *R.* V, 479d4–5). Die Schrift vermag sich auch im Unterschied zur Selbstbewegung der Seele nicht selbst zu bewegen. Sie ist nicht „Prinzip der Bewegung" (*archê kinêseôs*) (*Phdr.* 245c9). Nun bildet diese Invarianz des geschriebenen Logos den entscheidenden Gesichtspunkt, unter dem Platon die Schriftlichkeit kritisiert. Dieser erste Kritikpunkt führt aber aus, was sich aus der *Politeia* hinsichtlich der Zurückhaltung des Wesens des Guten

---

[39] Vgl. dazu die grundsätzlichen Erörterungen Jaegers, 1912, S. 131–148, insb.: „Aber die Publikation selbst, die *ekdosis*, bestand bei beiden [Platon und Aristoteles] in der Vorlesung des *logos* durch den Verfasser" (S. 143).

erschließen ließ. Dort ergab sich als Grund, weshalb Platon die ‚Ungeschriebene Lehre' nicht geschrieben hat, der unveränderliche Charakter der Schrift. Im *Phaidros* ist der entscheidende Kritikpunkt des geschriebenen Logos dessen Invarianz. Die explizite Kritik des *Phaidros* entfaltet so, was sich aus der *Politeia* über den Grund der Zurückhaltung der entscheidenden inhaltlichen Bestimmungen der Dialektik folgern ließ. Er ergänzt es insbesondere mit den Punkten (2) und (3) durch den Gesichtspunkt der gefährdeten Rezeption der einmal publizierten Schrift.

(b) Nun scheint aber im Gegensatz zur *Politeia* Sokrates im *Phaidros* sehr wohl ein Wissen, und nicht nur ein Meinen, zu besitzen. Die „echtbürtige Schwester" (*Phdr.* 276a1–2) des geschriebenen Logos ist nämlich die: „Welche mit Einsicht (*met' epistêmês*) geschrieben wird in des Lernenden Seele, wohl imstande sich selbst zu helfen, und wohl wissend zu reden und zu schweigen, gegen wen sie beides soll" (*Phdr.* 276a5–7). Doch geht aus dem Text vorerst nicht einmal eindeutig hervor, dass sich diese Episteme auf Ideen bezieht: „Und sollen wir sagen, dass, wer vom Gerechten, Schönen und Guten (*dikaiôn te kai kalôn kai agathôn*) Erkenntnis (*epistêmas*) besitzt, weniger verständig als der Landmann verfahren werde mit seinem Samen?" (*Phdr.* 276c3–5). Wie schon in der *Politeia* (vgl. V, 506a4) wird auch hier von einer Vielzahl des Gerechten, Schönen und Guten (vgl. *Phdr.* 277d10, 278a3) gesprochen, wobei der *Phaidros* eigens im Unterschied zur *Politeia* noch eine Pluralität des Guten annimmt. Mit dieser Pluralität *könnten* auch jene *dogmata* des Gerechten, Schönen und Guten gemeint sein, die zwischen den Sinnesphänomenen und der jeweils einen Idee des Gerechten, Schönen und Guten sind; jene „*dogmata* vom Gerechten und Schönen, unter denen wir von Kindheit an (*ek paidôn*) erzogen worden sind wie von Eltern, ihnen gehorchend und sie ehrend" (*R.* VII, 538c6–7). Dass allerdings Ideen nicht ausgeschlossen sind, lässt sich deshalb vermuten, weil die Wendung „vom Gerechten, Schönen und Guten" (*dikaiôn te kai kalôn kai agathôn*) von *Phaidros* auf die „Gerechtigkeit, und was du sonst erwähntest" (*dikaiosynês te kai allôn hôn legeis*) (*Phdr.* 276e2–3) bezogen wird. Bestätigt wird diese Vermutung dadurch, dass sich der mündliche Ernst in diesen Dingen der dialektischen Kunst (*tê(i) dialektikê(i) technê(i)*) (*Phdr.* 276e5–6) bedient. Diese dialektische Kunst aber richtet sich auf „die wahre Beschaffenheit eines jeden Dinges (*to te alêthes hekastôn*)" (*Phdr.* 277b5), d. h. die Idee eines jeden Dinges, die der Dialektiker [mittels der Methode von Synagoge und Dihairesis] zu definieren sucht (vgl. *Phdr.* 277b6–8). Die dialektische Kunst richtet sich somit auf die Ideen (vgl. *Phdr.* 273e2). Nirgendwo aber wird im *Phaidros* gesagt, dass der Dialektiker die Reihe der Ideen bereits durchschritten und d. h. auch ein Wissen von den Ideen gewonnen hätte, das ihn letztlich dazu berechtigen würde, „soweit es die Sache erlaubt, mit Kunst das Geschlecht der Reden zu behandeln" (*Phdr.* 277c4–5), sei es um zu lehren oder zu überreden (vgl.

Phdr. 277c5–6). Sowenig aber die „vielfältige Anstrengung" (*pollê pragmateia*) (*Phdr.* 273e5), die die dialektische Kunst erfordert, bereits erbracht ist, sowenig ist der „lange Umweg" (*makra hê periodos*) (*Phdr.* 274a2) schon gemacht. Er ist nämlich großer Dinge wegen zu durchschreiten (*megalôn gar heneka periiteon*) (*Phdr.* 274a3), Dinge jedenfalls, die im *Phaidros* nicht ausgeführt sind.

(c) Dass der Dialektiker aber auch hinsichtlich der Ideen nur einen Wissensanspruch, aber noch keine *unüberbietbare Gewissheit* hat, das erhellt aus der Benennung des Dialektikers. Im Unterschied nämlich zum Dichter, Redenschreiber und Gesetzesverfasser besitzt er den Namen des Philosophen:

> Wenn er dergleichen abgefasst, wohl wissend, wie sich die Sache in Wahrheit verhält (*ei men eidôs hê(i) to alêthes echei*), und imstande, in Erörterung über das Geschriebene eingehend, demselben Hilfe zu leisten und redend selbst sein Geschriebenes nur als etwas Schlechtes (*phaula*) darzustellen, dass er dann auch nicht mit dem Namen genannt werden müsse, der nur hiervon hergenommen ist, sondern mit einem auf jenes sich beziehenden, woran er ernstlich Fleiß gewendet (*eph' hois espoudaken ekeinôn*) (*Phdr.* 278c4–d1).

Hier wird noch nicht gesagt, dass der Wissensanspruch des Dialektikers bereits eingelöst ist. Der Wenn-Satz „*ei men eidôs hê(i) to alêthes echei*" (278c4–5) zeigt vielmehr, dass Sokrates noch nicht von der Erfüllung dieses Anspruches ausgeht. Was er voraussetzt, ist nur, dass er sich um jenes ernsthaft bemüht hat (*espoudaken ekeinôn*). Doch sollte der Dialektiker auch seinen Wissensanspruch erfüllt haben, so ist er immer noch kein *sophos*, sondern nur *philosophos*. Der Dann-Satz bzw. die *Folgerung* lautet nämlich:

> Jemand einen Weisen zu nennen, o Phaidros, dünkt mich etwas Großes zu sein und Gott allein zu gebühren; aber einen Freund der Weisheit oder dergleichen etwas (*ê philosophon ê toiouton ti*) möchte ihm selbst angemessener sein und auch an sich schicklicher (*Phdr.* 278d3–6).

Das heißt also: Auch *dann, wenn* der Dialektiker weiß, wie sich die Sache in Wahrheit verhält, bzw. auch *dann, wenn* er das Ideenwissen *hat*, ist er noch nicht weise, sondern nur ein Freund der Weisheit. Damit wird schon im Bereich des Ideenwissens eine grundsätzliche und nicht zu überwindende Grenze des menschlichen Wissens gegenüber dem göttlichen gezogen. Was heißt das aber anderes, als dass menschliches Wissen schon im Bereich der Ideen im Unterschied zum göttlichen noch nicht den „höchsten möglichen Gewißheitsgrad" (H. Krämer) erreicht hat bzw. unfehlbar ist, sondern eine ‚doxastische' Kautele enthält? *A fortiori* hat der Dialektiker noch nicht den „höchsten möglichen Gewißheitsgrad" in der Erkenntnis der den Ideen übergeordneten Idee des Guten oder gar der beiden Prinzipien erreicht. Die Folgerung für die Benennung der Dichter, Redenschreiber oder Gesetzesverfasser lautet nun:

> Also, wer nichts Besseres (*timiôtera*) hat, als was er nach langem Hin- und Herwenden, Aneinanderfügen und Ausstreichen abgefasst oder geschrieben hat, den wirst du mit Recht einen Dichter oder Redenschreiber oder Gesetzesverfasser nennen (*Phdr.* 278d8 – e2).

Es besteht Konsens darüber, dass mit den *timiôtera* Ungeschriebenes gemeint ist. *Das Ungeschriebene ist das „Wertvollere" als das Geschriebene.* Der Dissens beginnt bei der Deutung dieser *timiôtera*.[40] Nach den eingehenden Erörterungen Th. A. Szlezáks kann allerdings schwerlich mehr bezweifelt werden, dass es sich bei den *timiôtera* nicht um eine okkasionelle mündliche Hilfestellung gegenüber dem Geschriebenen handelt, sondern um die im Dialog noch nicht entwickelte, „inhaltlich weiter reichende, genauer begründende Theorie".[41] Würden die *timiôtera* dagegen nur eine okkasionelle mündliche Hilfestellung bedeuten, so wäre schwerlich einzusehen, weshalb die von Platon als Nichtphilosophen bekämpften Dichter und Redenschreiber nicht *auch* zu solcher Hilfestellung imstande und somit auch Philosophen wären. Ja, welcher Schriftsteller wäre nicht Philosoph, wenn es nur darum ginge: „to vindicate them [one's statements] against stupid or malicious misunderstandings, to refute sophistical objections to them, to reinforce them by showing how they follow from strong premises or have illuminating implications"?[42] Da sich der platonische Sokrates aber doch als Philosoph *im Unterschied* zu einem Dichter oder Redenschreiber oder Gesetzesverfasser versteht, so ist anzunehmen, dass er *timiôtera* inhaltlicher Art besitzt. Dieses Wertvollere dürfte im Kontext des *Phaidros* insbesondere das Wesen der Seele sein, das er vor seiner dichterischen Rede vom Wagenlenker mit den zwei Pferden ausgespart hat:

> Von ihrem Wesen aber (*tês ideas autês*) müssen wir dieses sagen, dass wie es an sich beschaffen sei (*hoion men esti*) überhaupt auf alle Weise eine göttliche und weitschichtige Untersuchung erfordert (*theias einai kai makras diêgêseôs*), womit es sich aber vergleichen

---

[40] Vgl. für die verschiedenen Positionen Krämer, 1959, S. 462, einerseits; Vlastos, 1981a, S. 394–397, und Heitsch, 1987, S. 41–50, andererseits. Vgl. gegen Vlastos, 1981a, S. 394–397, Krämer, 1964, S. 148–154, und Szlezák, 1978, S. 18–32; 1985, S. 20[20]; gegen Heitsch, 1987, die ausführlichen Erörterungen Szlezáks, 1988, S. 390–398, und Krämers, 1989b, S. 60–72, insb. S. 61–69, welche die Auffassungen Vlastos' und Heitschs sowie implizit Wielands, 1982, S. 27, kaum mehr vertretbar erscheinen lassen.
[41] Szlezák, 1985, S. 44.
[42] Vlastos, 1981a, S. 395.

lässt, dies [erfordert nur] eine menschliche und leichtere (*anthrôpinês te kai elattonos*) (*Phdr.* 246a3–6).⁴³

Nun ist es aber nicht möglich, das Wesen der Seele (*psychês oun physin*) würdig zu begreifen ohne des Ganzen Natur (vgl. *Phdr.* 270c1–2).⁴⁴ Beides aber, die Natur der Seele und des Ganzen Natur, gehören zur Thematik der *agrapha dogmata*.⁴⁵ Wir dürfen so vermuten, dass die ausgesparten *timiôtera timiôtera agrapha dogmata* sind. Zwar enthält bereits die *Politeia* mit ihrer Lehre von der dreigeteilten Seele auch eine Psychologie (vgl. *R.* IV, 434c–441c), auf die sich das Bild vom Seelenwagen zurückbeziehen könnte. Doch macht gerade die *Politeia* auf einen „längeren und größeren Weg" (435d3) aufmerksam, der zur genauen Bestimmung der Seele, „ob sie diese drei Arten in sich hat oder nicht" (435c5–6), notwendig ist und weder in der *Politeia* noch anderswo begangen wird.⁴⁶ Wie in der *Politeia* auch die besten „Meinungen ohne Wissenschaft" (V, 506c6) *blind* sind (vgl. 506c7), so gleicht im *Phaidros* das Verfahren ohne dialektische Wesensbestimmung eines „*Blinden* Wanderung" (vgl. 270d9–e1). Wie wir so in der *Politeia* das Wesen des Guten nicht zu *sehen* bekommen, so im *Phaidros* noch nicht das Wesen der Seele. Wie in der *Politeia*, so ist auch im *Phaidros* eine *diêgêsis* ausgespart, nämlich im einen Fall die *diêgêsis* des Wesens der Seele, im anderen Falle die des Vaters bzw. des Wesens des Guten (vgl. *R.* V, 506e6–7). Wie in der *Polieia* der „längere und größere Weg" (435d3) zur genauen Bestimmung der Seelenteile und damit auch der Tugenden (vgl. 435d, 504b) nicht begangen wird, so auch

---

43 Es ist fraglich, ob mit *tês ideas autês* eine Idee der Seele im technischen Sinne gemeint ist. Vgl. die eingehende Diskussion bei Griswold, 1986, S. 88–92. Doch auch, wenn wir die Idee der Seele im untechnischen Sinne verstehen, so erfasst die Schleiermacher'sche Übersetzung mit „Wesen" immer noch den korrekten Sinn, da die ausgesparte dialektische Methode auf das Wesen der Seele gerichtet ist: „[...] sondern offenbar ist, daß, wenn jemand kunstmäßig Reden mitteilt, er auch das Wesen der Natur dessen genau muß zeigen können (*tên ousian deixei akribôs tês physeôs toutou*), dem er seine Reden anbringen will: dieses aber wird doch die Seele sein" (*Phdr.* 270e2–5).
44 Vgl. für eine Verteidigung dieser Lesart, wonach sich *tês tou holou physeôs* auf die Natur des Alls bezieht und nicht auf die Natur des jeweiligen Ganzen Szlezák, 1985, S. 39, anders de Vries, 1982, S. 331–333; Verdenius, 1982, S. 333–335.
45 Vgl. Aristoteles, *de An.* A 2, 404b21–27, dazu Ferber, 1989, S. 181–184.
46 Vgl. Szlezák, 1978, S. 22–29: „Es [das Problem der im *Phaidros* fehlenden Erörterungen] ist nichts anderes als das Programm der Psychologie des Dialogs ‚Politeia'. Dort wird die Frage gestellt, ob die Seele verschiedene Komponenten aufweist oder nicht; dort wird die Zahl der Komponenten auf drei festgelegt: und dort wird drittens je separat für die drei Seelen-‚Teile' nach ihrem Vermögen gefragt (4.435 ff. und 9.580 ff., vgl. 10.611b–612a)" (S. 29). Entscheidend ist aber, dass auch die Psychologie des Dialogs *Politeia* unvollständig ist, insofern sie den „längeren und größeren Weg" (435d3), der zur genauen Bestimmung der Seele (vgl. *R.* 435c5–6) notwendig ist, nicht begeht.

nicht der im *Phaidros* zur genauen Bestimmung des Wesens der Seele (vgl. *Phdr.* 270e, 271b) vorausgesetzte „lange Umweg" (*makra hê periodos*) (*Phdr.* 274a2).

Dieser Weg aber ist in der *Politeia* und im *Phaidros* der Weg der Dialektik. Hat nun Sokrates *timiôtera*, so heißt das allerdings noch nicht, dass er diese mündliche Dialektik bereits ausgeführt hätte. Sie wäre ohnehin eine „göttliche und lange" Untersuchung, d. h. wohl eine Untersuchung, worin es ein Mensch im Unterschied zu einem Gott schwerlich zu Wissen bringen wird. Ebensowenig behauptet auch Sokrates, die Kunst der Dialektik selbst voll zu besitzen. Wie er nur Freund der Weisheit ist, so auch nur Freund (*erastês*) der Dialektik (vgl. *Phdr.* 266b3–5). Wenn er aber einen anderen für fähig hält, zu sehen, was in eins gewachsen ist und was in vieles, dem folgt er „wie eines Unsterblichen Fußtritt" (vgl. 266b6–7), d. h. er *vergleicht* den Dialektiker mehr mit einem Gott als mit einem Sterblichen. Schließlich vermag sich Sokrates nach dem delphischen *gramma* nicht selbst zu erkennen (vgl. *Phdr.* 229e5–6). Die vollendete dialektische Bestimmung der Seele wäre aber auch die vollendete dialektische Selbsterkenntnis. Doch deutet schon die Charakteristik des Gleichnisses vom Seelenwagen als „menschliche und leichtere" bzw. „kürzere" (*elattonos*) Untersuchung die Begrenztheit menschlicher Selbsterkenntnis an.[47] Besitzt so Sokrates zwar ungeschriebene *timiôtera*, so weder Wissen noch Gewissheit über deren Gehalt. Da sich jedoch die *timiôtera* nur mittels der *Wissenschaft* der Dialektik ausreichend fassen ließen, der platonische Sokrates diese Wissenschaft aber nicht ausreichend hat, scheint er sie wie das Wesen des Guten ausgespart zu haben. Indem Platon tut, was er im *Phaidros* seinen Sokrates predigen lässt, scheint er nur eine mündliche Mitteilung für verantwortbar gehalten zu haben.

Der Grund, weshalb Platon die ‚Ungeschriebene Lehre' nicht geschrieben hat, liegt so nicht nur in den ‚Rezeptionsbedingungen der Subjekte'[48], sondern auch und primär im „Wesen der Sache", nämlich im Faktum, dass die platonische Dialektik zwar Wissenschaft sein sollte, der platonische Sokrates aber diese Wissenschaft nicht hatte und sie deshalb nicht schriftlich fixieren konnte. Bestätigt wird diese der Schwäche menschlicher Erkenntnis widersprechende *Inflexibilität* der Schrift auch durch den *Siebten Brief*, wofern er von Platon stammt. Dort werden als Grund für die fehlende Niederschrift nicht nur die ‚Rezeptionsbedingungen der Subjekte', sondern es wird auch die grundsätzliche Schwäche der Logoi zur Erfassung des [unwandelbaren] Wesens (vgl. *Ep.* VII, 342e3, 343b8–c1) erwähnt. Die Logoi vermögen nämlich nur eine [wandelbare] Beschaffenheit des Wesens zu erfassen: „Dieser Ohnmacht wegen wird kein Ver-

---

[47] Vgl. dazu Griswold, 1986, S. 151–156.
[48] Krämer, 1987, S. 200, Krämer, 2014c, S. 482.

ständiger (*noun echôn*) es wagen, [in ihnen] seine Gedanken (*nenoêmena*) niederzulegen und noch dazu in unwandelbarer Weise (*eis ametakinêton*), was bei dem schriftlich Abgefaßten der Fall ist" (*Ep.* VII, 343a1–4, übers. H. und F. Müller).

Platonische Liebe als „désir de l'éternité" (L. Robin) verlangt Schriftlichkeit (vgl. *Smp.* 209c–e): „Weshalb, sozusagen, lebte einer denn, wenn nicht für solche Lust?" (*Phdr.* 258e1–2). Platonische Unwissenheit über das Letzte – das Wesen und insbesondere das Wesen des Guten – verlangt aber Mündlichkeit. Schriftlichkeit und Mündlichkeit sind vereinigt in der platonischen Auffassung des Philosophen, der die Weisheit liebt – aber nicht hat.[49]

---

[49] Für hilfreiche Bemerkungen danke ich insbesondere J. Annas, Ch. Gill, Ch. Griswold. M. Erler, Ch. Kahn, L. Rossetti und Th. A. Szlezák. Ch. Kahn hatte die Freundlichkeit, dem Verfasser die noch unpublizierte Fassung zweier Aufsätze *Plato as a Socratic* und *Plato on the limits of writing* zur Verfügung zu stellen, wobei der letztere in manchen Punkten unabhängig zu denselben Ergebnissen gelangt. Weiterführende Bemerkungen insb. zum *Siebten Brief* finden sich in Ferber, 1991b, S. 33–61, und insb. in der Retraktation der Neuauflage, Ferber, 2007a, S. 80–121.

Who is the Measure of All Things in Plato?

Abstract: *The paper gives first (I), an interpretation of the passage "Man is the measure of all things" (Omnium rerum homo mensura est), that is, the so-called homo mensura thesis (Tht. 151e8–152a4). Second (II), it moves to another passage that says the contrary of the homo mensura thesis, namely that "God is the measure of all things" (Lg. 716c4–d5), and then third (III), tries to show how this last thesis is at least already implicit in the phrase "becoming as like God as possible" (homoiôsis theô(i) kata to dynaton) (Tht. 176b1–3) of the digression (Tht. 172c1–177b8).*

The Platonic Socrates in the *Theaetetus* asks the question, "What do you think knowledge (*epistêmê*) is?" (*Tht.* 146c3). Theaetetus gives three substantive answers to this question: (a) "[...] knowledge is simply perception" (*Tht.* 151e3), (b) "[...] true judgment may well be knowledge" (*Tht.* 187b5–6) and (c) knowledge "is true judgment with an account" (*Tht.* 201c9–d1, Transl. Levett, rev. Burnyeat). The first answer is linked by Socrates to the thesis of Protagoras: "Man is the measure of all things" (*Omnium rerum homo mensura est*), that is, the so-called homo mensura thesis:

> [S₁] But look, here, this is no bad account (*logon ou phaulon*) of knowledge you've come out with:
> [S₂] it's what Protagoras used to maintain.
> [S₃] He said the very same thing, only he put it in rather a different way.
> [S₄] For he says, you know, that "Man is the measure of all things: of the things which are, that they are, and of the things which are not, that they are not."
> [S₅] You have read this, of course?
> (*Tht.* 151e8–152a4, Transl. Levett, rev. Burnyeat, with modifications by R. F.)

I will first (I), give an interpretation of this passage, and second (II), move to another passage that says the contrary of the *homo mensura* thesis, namely that "God is the measure of all things" (*Lg.* 716c4–d5) and then third (III), try to show how this *deus mensural* thesis is at least already implicit and anticipated in the phrase "becoming as like God as possible" (*homoiôsis theô(i) kata to dynaton*) (*Tht.* 176b1–3) of the digression (*Tht.* 172c1–177b8).

Unpublished talk given on the invitation of Beatriz Bossi at the Universidad Carlos III, Madrid, April 2018.

I

With [S₁], Socrates pays Theaetetus a compliment in the form of a litotes that this account of knowledge is no bad account (*logon ou phaulon*). The compliment is ironic in the "simple" sense,[1] in that Theaetetus's account is an *argumentum ad verecundiam*, but to an inappropriate authority. After all, this argument is rather a bad account (*logon phaulon*).

[S₂] makes the inappropriate authority explicit: It is the authority of Protagoras. He is not an expert on the question, although he is treated respectfully when Socrates gives him the chance of an "Apology" to explain not only literally (*rhêmati*), but "more clearly" (*eti saphesteron*), what he has intended to teach by his thesis (*Tht.* 166d8–e1).

[S₃] insinuates that the sentence "knowledge is simply perception" has the same meaning as the sentence of Protagoras. So, both sentences express the same proposition with different expressions: The meaning of the sentence "Knowledge is simply perception" is equal to the meaning of the sentence "Man is the measure of all things", and, as we may infer, "Man is the measure of all things" is equal to "Knowledge is simply perception".

According to [S₄], this sentence is known to Theaetetus, and [S₄] makes it explicit: "Man is the measure of all things: of the things which are, that they are, and of the things which are not, that they are not" (cf. Sextus, *Against the Mathematicians* VII, 60, = DK 80B1, LM, D9).

[S₅] says that Theaetetus has read this. So, the sentence is known to Theaetetus because he has read Protagoras: The sentence seems in fact to introduce the book *The Truth* (*Alêtheia*) (cf. *Tht.* 161c4), a book that is perhaps identical to a scroll elsewhere called *The Throwers* (*Kataballontes sc. Logoi*, cf. *Sph.* 232d–e). Theaetetus was, according to Plato, not an analphabet.

Barrels of ink have again been spilled on the meaning of this sentence in Protagoras, one issue among others being how the expression "man" or "human being" (*anthrôpos*) should be interpreted, in the individual or the general sense.[2] But concerning the interpretation of the Platonic Socrates, we can

---

[1] Cf. for the distinction between simple and complex irony Vlastos, 1991, p. 31: "In 'simple' irony what is said just isn't what is meant: taken in its ordinary, commonly understood, sense that statement is simply false. In 'complex' irony what is said is and isn't what is meant: its surface content is meant to be true in one sense, false in another."
[2] Cf. for an overview Huss, 1996, van Berkel, 2013.

firmly assert that he understood the expression *"anthrôpos"* not in the general,[3] but in the individual sense: The individual human being and not the human being in general is the measure of all things. This interpretation is indicated by the interpretation given in the *Cratylus:*

> Is the being or essence (*idia autôn hê ousia einai hekastô(i)*) of each of them [the things that are] something private for each person, as Protagoras tells us? He says that man is "the measure of all things", and that things are to me as they appear to me, and are to you as they appear to you. Do you agree, or do you believe that things have some stability of the essence (*bebaiotês tês ousias*) of their own? (*Cra.* 385e5–386a4, Transl. Reeve with modifications by R. F.)

We do not really know when the *Cratylus* was written, but it seems to precede the *Theaetetus*.[4] So it is probable that Plato interpreted the expression *"anthrôpos"* in the *Theaetetus* as in the *Cratylus* in the individual sense. This is confirmed by the sensualist interpretation of the thesis "that things are to me as they appear to me, and are to you as they appear to you" (*Cra.* 386a2–3), which is repeated in the *Theaetetus*: "Then you know that he puts it something like this, that as each thing appears (*phainetai*) to me, so it is (*estin*) for me, and as it appears to you, so it is for you – you and I being a man?" (*Tht.* 152a6–8). So, Plato's Protagoras seems to refuse the question of what a thing is like in itself as distinct from what it is like for one or another person and denies that there is a common real world that can be known by two percipients. Reality is individual in the sense that I live in a private world known to me, you live in another private world known only to you, etc. We may call this thesis phenomenal relativism.

This phenomenal relativism is extended from the so-called secondary qualities of the phenomenal world as hot and cold to the moral concepts of the social world as just and admirable: "Whatever in any city is regarded as just and admirable, is just and admirable, in that city and for so long as that convention maintains itself" (*Tht.* 167c4–5, Transl. Levett). Not only the phenomenal, but also the social reality, is "individual" in the sense that the values of one city in distinction to another city are conventional. We may call this social relativism. Since that "what is just and admirable" involves also the ritual practices of a city,

---

[3] Cf. already Lange, 1974, p. 33: "Also nicht etwa der Mensch nach seinen allgemeinen und notwendigen Eigenschaften, sondern jeder einzelne in jedem einzelnen Moment ist das Maß der Dinge. Würde es sich um die allgemeinen und notwendigen Eigenschaften handeln, so wäre Protagoras ganz als Vorläufer der theoretischen Philosophie *Kants* zu betrachten".

[4] Thesleff, 1982, p. 170. Cf. Vlastos, 1991, p. 62, n. 64: "The rejection of the Protagorean 'Man is the measure' doctrine in the *Cra.* is the point at which the first intimation of the ontology of the middle dialogues shows up".

this social relativism is also a religious relativism. Thus, there is no common measure of these different private and social and religious worlds. On the meaning of "measure" (*metron*), J. Burnet has remarked:

> It is probably, then, that his use of the word 'measure' was due to the controversies about incommensurability which were so rife in the fifth century. The geometers tell us, he may have said, that the side and the diagonal of the square have no common measure, but in cases like that man is the measure, that is, they are commensurable for all practical purposes. Theories that set themselves in opposition to the commonsense of mankind may safely be ignored.[5]

The thesis of phenomenal and social and religious relativism is therefore an antithesis. Since sense phenomena and values are not quantities, Protagoras and Plato use the expression "*metron*" in the metaphorical way; that is, the different phenomenal *and* social and religious worlds are incommensurable in the sense of incomparable, because we have no *tertium comparationis* between them.

This rather simplistic theory – attributed to Protagoras – is refuted in three steps (*Tht.* 161c–e, 163–164a, 170a3–c5). The main step seems to be the refutation by turning the thesis against the thesis (*peritropê tou logou*, cf. *Tht.* 209e1): The *homo mensura* thesis, according to which what seems to me, is for me, and what seems to you is for you, is self-refuting, because its negation would also be true (*Tht.* 171b11).[6] So Plato's Socrates invites us to conclude that the individual is not the measure of all things and that therefore the *homo mensura* thesis is false. Protagorean relativism is therefore self-refuting: "Then since it is disputed by everyone, the *Truth* of Protagoras is not true for anyone at all, not even for himself?" (*Tht.* 171c 5–7). But nowhere does Plato's Socrates say directly in the *Theaetetus* who, instead of the individual human being or the individual city, is the measure of all things.

But we may guess that already for Protagoras the thesis had an agnostic or even an atheistic connotation. If the individual human being is the measure of all things, none of the individual and local *gods* of Greek mythology are the measure of all things:

> About the gods I am able to know neither that they exist nor that they do not exist nor of what kind there are in form: for many things prevent me from knowing this, its obscurity (*adêlotês*) and the brevity of man's life. (DK B2, LM D10)

---

5 Burnet, 1920, p. 114.
6 Cf. for a fuller treatment Burnyeat, 1990, pp. 19–31, esp. pp. 28–31.

In fact, Protagoras seems to have been "expelled by the Athenians and they burned his books in the marketplace after they had been collected by a herald from everyone who owned them" (*D/L* 9.52 = DK A, LM P19). Whatever the historical reality may have been, it is at least a good guess that this happened because of Protagoras' atheism or at least agnosticism about the local gods.

II

Since Plato's Socrates is evidently a theist since the *Apology* (*cf.* 20e, 41d, 42e), it is not a big surprise that Plato substitutes the place of man with God, although explicitly only in the *Laws*, where he also develops in the 10th book the first proof for the existence of God: The Athenian, probably also a mouthpiece of Plato (cf. *D/L* III, 52), says there:

> [S_1] In our view it is God who would be above all (*malista*) the "measure of all things", much more (*poly mallon*) so than any "human being", as they say.
> [S_2] So he who would be loved by such a being must himself become such to the utmost of his possibility (*eis dynamin hoti malista*), and so, by this argument, he that is reasonable (*sophrôn*) among us is loved by God, for he is similar (*homoios*) to God,
> [S_3] whereas he that is not reasonable is not similar (*anomoios*) to God and at variance (*diaphoros*) with him [...]. (*Lg.* 716c4–d5, Transl. Saunders/Taylor with modification)

Let us call this reply to the *homo mensura* thesis of Protagoras the *deus mensura* thesis of the Athenian:

[S_1] qualifies the *deus mensura* thesis as antithesis to the *homo mensura* thesis, but only in a comparative sense (*mallon*) and attributes the *homo mensura* thesis not only to Protagoras, but to all his unnamed adherents, that is, all relativists who deny a common measure in the phenomenal, social and, as we may add, in the religious world. The Athenian is thus reaffirming the individualistic interpretation of "human being" in the *Cratylus* and *Theaetetus*.

[S_2] draws the practical consequence of the sentence: If you want to be loved by God, you have to – in accordance with the Homeric principle that "god leads always the similar to the similar" (*Od*. 17, 217; cf. *Lg*. 716c2–3) – become similar to such a being as far as it is possible for a human being. Similar to God is the reasonable (*sophrôn*) man.

[S_3] draws the contrary consequence that he that is not temperate is not similar and at variance with God.

Now the problem is that the expression "God" in Plato has different meanings or is said in many ways: "God is said in many ways" (*theos legetai pollachôs*). Although Plato never uses this Aristotelian formula ([...] *legetai pollachôs*), his Socrates has distinguished in the *Republic* three paradigms or "types of theology": "But what precisely are the types of theology (*typoi theologias*) of the gods?" (*R.* 379a6, Transl. R. F.). With this first and only usage of the word "theology" (*theologia*) in the *Corpus Platonicum*, different stories about the gods are intended – epic, lyric or tragic – but always God must be represented as good (*R.* 377b–383c).

But with a terminology of Marcus Varro reported by Augustine (*Civitas Dei.* VI, 6) and modified by Aquinas, we can distinguish at least three different genera of theology in Plato: (a) *theologia fabularis* (*Summa* Theologiae II, II, qu. 94, art. 1 c), (b) *theologia civilis* (*STH* II, II, qu. 94, art. 1 b) and (c) *theologia philosophica* (*STH* I, qu. 1, art. 1 ad 2c). The *theologia fabularis* is treated especially in the *Euthyphron* and the second book of the *Republic*, the *theologia civilis* mainly in the *Laws* and the *theologia philosophica* mainly in the *Timaeus* and the 10th book of the *Laws*.

Plato's Socrates criticizes the *theologia fabularis* or mythological theology in the *Euthyphron* and the second book of the *Republic* (cf. *Euthphr.* 5d–6c, *R.* 377b–383c) for its immorality. Nevertheless, the Athenian of the *Laws* treats it in a very respectful way by an *argumentum ad verecundiam*, in the sense of an appeal to an *appropriate* authority, namely the traditional *consensus gentium* manifest for example in the ritual to prostrate oneself "at the rising and setting of sun and moon":

> [...] At the rising and setting of the sun and moon the children saw and heard Greeks and foreigners, in happiness and misery alike, all prostrate at their devotions; far from supposing god to be a myth, the worshippers believed their very reality (*hoti malista ontôn*) to be so sure as to be beyond suspicion. (*Lg.* 887e2–7, cf. d2, Transl. Saunders with modifications)

The *theologia civilis* is mentioned in the *Laws* under the heading "the gods sanctioned by law" (*hoi kata ton nomon ontes theoi*) (*Lg.* 904a10–b1) whose temples and worships are also regulated by the appropriate authority of tradition (cf. *Lg.* 739a–e; *R.* 427b).

And then we have a *theologia philosophica*, even if only Aristotle has invented the term when he distinguishes between a mathematical, physical and theological philosophy (*Metaph.* 1026a19–1064b3). But in fact, the first philosophical theology in the West – which gives also proofs for the existence of God – we find in Plato, although his philosophical monotheism is not a jealous monotheism (cf. 2 *Mos* 20, 5) which allows no place to other gods. When God is the measure of all things, God is meant in a philosophical sense as it is already used in a philosophical sense in the *Apology*, although Socrates uses the definite article used for proper names: "But what's likely, men, is that *the* god (*ho theos*) is really wise and that in this oracle he means that human wisdom is of little or no value" (*Ap.* 23a5–7).

The fullest treatment of this philosophical God we find in the *Timaeus:* Albeit the whole universe is also a God, namely a "perceptible god (*theos aisthêtos*), image of the intelligible living Thing" (*Ti.* 92c7), as the stars and planets (*Ti.* 40d4) and even the gods of the *theologia fabularis* are gods (*Ti.* 40e1–9), the "super-god" is the Demiurge who in addition to being "really wise" (*Ap.* 23a5–6) is good: "He was good, and one who is good can never become jealous of anything. And so, being free of jealousy, he wanted everything to become as much like himself as was possible" (*Ti.* 29e1–3). So, we have at least two predicates of this philosophical god: wisdom and goodness, but not omnipotence.

III

In a similar way to the digression in the 7th letter, the digression or "by-work" (*parergon, Tht.* 177b8) in the *Theaetetus* is introduced by its author as having been "often" (*pollakis*) and "earlier" (*prosthen*) pronounced (cf. *Ep.* VII, 34a5):

> The remarks of you, my friend, remind me of an idea that has often occurred to me before (*pollakis kai allote*) – how natural it is that men who have spent a great part of their lives in philosophical studies make such fools of themselves when they appear as speakers in the law-court. (*Tht.* 172c3–6, Transl. Levett, rev. Burnyeat)

This is, on the one hand, an allusion to the remark of the Socrates of the *Apology:* He did not defend himself in the appropriate "beautiful and crafted language" (*Ap.* 17b9), and he or at least his *daimonion* was ridiculed by the indictment of Meletus (*Ap.* 31c9–d1). It also alludes – with the second-rate status of the body and his interests – to the theory of reincarnation of the human soul as the true human being to the Socrates in the *Phaedo:* "[...] because it is in reality only his body that lives and sleeps in the city" (*Tht.* 173e2–3). But it looks forward as well to the climax of the *Timaeus*, where the "*homoiôsis theô(i)*" is resumed (cf. *Ti.* 90d4–9) and even declared as the "aim" (*telos* (*Ti.* 90d5)) of human beings, which when achieved would be "that most excellent life offered to humankind by the gods, both now and forevermore" (*Ti.* 90d5–7). In addition, it looks forward to the passage mentioned above in the *Laws* (*Lg.* 716c4–d5).

So, the digression (*Tht.* 176a5–e1) is not only in the middle of the *Theaetetus* (142a1–210d4), but also somewhere in the centre of the *Corpus Platonicum*. With a cursory look, Plato gives a vision to what he is really occupied with. As the *Theaetetus* may have been completed just before Plato's second voyage to Sicily in

367/366 BC,[7] Plato could have indicated in the digression his "reluctant farewell to the theoretical life", and kept what he wanted to say short, although he may have recognized "the superiority of the contemplative life" "in his inmost heart as the saving truth".[8] This truth he formulates with the immortal words:

> That is why a man should make all haste to escape from here to there (*enthenden ekeise*); and escape means becoming as like God as possible (*homoiôsis theô(i) kata to dynaton*); and a man becomes like God when he becomes just (*dikaion*) and religious (*hosion*), with understanding (*meta phronêseôs*). (*Tht.* 176a9–b2, Transl. Levett, rev. Burnyeat)

The decisive point in this assimilation to God seems to me to be that a human being should become just and religious "with understanding" or "knowledge" (*meta phronêseôs* (cf. *R.* 621c2–6)).[9] This means that a human being should be virtuous and according to the *Theaetetus*, religious not only in the demotic, that is, the conventional sense (cf. *Phd.* 82a11; *R.* 500d6–8; *Lg.* 968a1–4) by habitude (*ethos*) and in expectation of an external reward, but also by knowledge of the virtues of justice and piety and finally also of the Good. Only by knowledge of the really good would the conventional virtues, like the "just things and the others" (*dikaia kai talla*) (*R.* 505a3), become really "useful and beneficial" (*R.* 505a3–4) and not only apparently good (cf. *Tht.* 176b6–7).

Now the assimilation to God (*homoiôsis theô(i)*) means here assimilation to the philosophical God who is "really wise" and "good", although it has a real and – *pace* Th. Chappell[10] – not only conceptual counterpart, evil, which he cannot completely control. This counterpart is articulated later under the heading of necessity (*anankê*) in the *Timaeus* (*Ti.* 47e5, 48e7). So, Plato's God is, in distinction to the Christian God, not almighty and he does not create the world *ex nihilo*, but from a preceding something, that is the ideas and space. Assimilation to God now surely becomes assimilation to the philosophical god: "really wise", "in no way unjust, but supremely just" (*Tht.* 176c1) and of course good.

This philosophical god is not a relativistic god, but an absolute god, because his wisdom is not perspectival and his goodness not partial, at least not in the

---

7 Cf. Burnet, 1920, pp. 237–238; Wilamowitz-Moellendorff, 1918, p. 235; Thesleff, 1982.
8 Burnet, 1920, p. 245: "It is not uncommon for a man of action to feel intensely the superiority of the contemplative life; and it is not unnatural for such a man, if he is also a great artist, to sing the praises of what has become for him an impossible ideal, though he may recognise it in his utmost heart as the saving truth. In the 'digression' of the *Theatetus*, I think we may see Plato's reluctant farewell to the theoretical life."
9 It is a merit of Runia, 2013, p. 292, to have drawn attention to this point.
10 Chappell, 2005, p. 125, n. 105.

sense of that of the many local gods.¹¹ In Plato scholarship, it is a hard question if this philosophical god or Demiurge is to be identified with the impersonal idea of the Good.¹² I would deny this, since the philosophical god or the Demiurge is to be "identified with *nous*"¹³ and the Idea of the Good is not identified with nous. But the Demiurge "did look" (*eblepen*) to the "eternal" (*aidion*) (cf. *Ti.* 29a3), that is, surely also the eternal ideas or paradigms (cf. *Ti.* 28a7, 29b4, 39e7, 48e5, 49a1). Although the paradigm of the Good (*R.* 540a9) is not found explicitly in the *Timaeus*, it may be alluded to in *Ti.* 46c7–d1, according to which God does his utmost to bring to completion "the character of what is most excellent" (*tên tou aristou kata to dynaton idean apotelôn*) (*Ti.* 46c8–d1, Transl. Zeyl). Although "idea" has to be translated here with character, an allusion to the Idea of the Good in the deeper sense of the simile of the sun cannot be excluded. So it is at least a plausible assumption that this absence does not mean an abandonment of the Idea of the Good in the *Republic*.¹⁴ It can be interpreted in the sense of the "passage of omission" (*Aussparungsstelle*): "Now to find the maker and father of the universe is hard enough, and even if I succeeded, to declare him to everyone is impossible" (*Ti.* 28c3–5, Transl. Zeyl). But if the Idea of the Good is to be identified with the "exact itself" (*auto takribes*) (*Plt.* 284d1–2) and this "exact itself"¹⁵ with the "most exact measure" according to the testimonium reported by Syrianus on the Aristotelian *Politicus*, "The most exact measure of all is the good" (*pantôn gar akribestaton metron tagathon estin*) (*in Met.* 168, pp. 33–35, Aristotle, *Politicus*, fr. 79 Rose), then the Good would be the "the most exact measure". So, the Demiurge who looks on the "eternal" is, if not identified, at least a 'mirror' of the eternal and therefore also a 'mirror' of absolute measure reflected in the eternal forms. In this sense, assimilation to God means also assimilation to God as a mirror of absolute measure and this means assimilation to the divine mind which is the task of Plato's philosopher: Assimilation to God (*homoiôsis theô(i)*) means assimilation to the divine mind (*homoiôsis noô(i) theiô(i)*).

Assimilation to God as an absolute measure, as far it is a human possibility, admits different grades of approximation for the individual human beings, the multitude of which are not philosophical (cf. *R.* 494a4), the philosophizing Socrates, the Athenian and the consummate philosopher-kings and -queens. But the

---

11 Cf. for this point the magisterial treatment of the digression by Sedley, 2004, pp. 74–86, esp. pp. 83–85.
12 Ferber, 2005, p. 151, n. 10; here p. 118, n. 11.
13 Hackforth, 1936, p. 4.
14 Cf. Gkatzaras, 2018, p. 71.
15 Ferber, 1995a, p. 69, n. 27.

question of the title can be answered in this way: For Plato, not man, but God, is the measure of all things. The digression is a cursory refutation of Protagoras in the form of a belief not fully argued for.

But the problem remains that the *knowledge* of "Plato's philosophers" of God as a measure – the philosophizing Socrates, the Athenian and the consummate philosopher-kings and -queens – is not as exact and systematically articulated as one could wish.[16] So, "assimilation to God as far as it is possible" remains for us assimilation and gradual approximation to the postulate of a limit concept. It is the gradual approximation of the "eye of the soul buried in a sort of barbaric bog" (*R.* 533d2) – to which the image of Protagoras "sticking up his head from below as far as the neck" (*Tht.* 171d1–2) may allude – to "God's Eye's point of view".[17]

---

[16] Cf. also the nevertheless exaggerated critique of Peterson, 2011, pp. 74–86, p. 86: "Socrates' apparent lecture is an extraction by declaration of views that belong to Theodorus". But why should Plato not express also is own opinions here?

[17] Expression of Putnam, 1981, p. 101.

Plato's "Parhelia": Beauty, Symmetry and Truth

Some Comments Concerning Semantic Monism and Pluralism of the "Good" in the *Philebus* (65a1–5)

"Drei Sonnen sah ich am Himmel stehn"
First line of Max Mueller's poem *The Parhelia* (*Die Nebensonnen*)

In memoriam Margherita Isnardi Parente

Abstract: *Under semantic monism I understand the thesis "The Good is said in one way" and under semantic pluralism the antithesis "The Good is said in many ways". Plato's Socrates seems to defend a "semantic monism". As only one sun exists, so the "Good" has only one reference. Nevertheless, Plato's Socrates defends in the* Philebus *a semantic pluralism, more exactly trialism, of "beauty, symmetry and truth" (Phlb. 65a2). Therefore, metaphorically speaking, there seem to exist not only one sun, but three suns. If Plato's Socrates defends a semantic monism on the one hand and pluralism on the other, how can we unite his pluralism with his monism? My thesis is that the three references of the expression "the Good" are "qualities" (poia) (cf. Ep. VII, 343b8–c2) of the one single reference, or again, speaking metaphorically, parhelia (Nebensonnen) of the one single sun. In the following, I propose first an exegesis of Plato's last written word on the Good in* Phlb. *65a1–5 by dividing it into five sentences. Second, I ask a philosophical question on this monism and the corresponding hierarchy of values (Phlb. 66a6–c6).*

Originally published: Ferber, R., "Plato's 'Side Suns': Beauty, Symmetry and Truth. Comments Concerning Semantic Monism and Pluralism of the 'Good' in the *Philebus* (65a1–5)", in: *Elenchos, Rivista di Studi sul Pensiero Antico* 31 (2010), pp. 51–76 [Ferber, 2010b].
 The article is the enlarged English version of a paper read on the occasion of the Eighth Symposium Platonicum, Dublin 23–28, July 2007, which I gave also in Rome on the invitation of Ada Neschke and Christoph Riedweg and in Belgrade on the invitation of Irina Deretić. A shortened German version appeared under the title „Platons Nebensonnen: Schönheit, Symmetrie und Wahrheit. Einige Bemerkungen zum semantischen Monismus und Pluralismus des 'Guten' im *Philebus* (65a15)", in: J. Dillon/L. Brisson (eds.), *Plato's* Philebus. *Selected papers from the Eighth Symposium Platonicum*, Sankt Augustin 2010, pp. 259–265 [Ferber, 2010b]. My thanks go to the different audiences and especially to David Longrigg for the improvement of my English and to an anonymous referee for some helpful remarks.

https://doi.org/10.1515/9783110637601-013

Under semantic monism I understand the thesis "The Good is said in one way" and under semantic pluralism the antithesis "The Good is said in many ways". Plato's Socrates seems to defend a principle of "semantic monism".[1] He defends this principle not only concerning common nouns such as "pious" (*Euthphr.* 6d2–e7), "bravery" (*La.* 192b5–d12), "beauty" (*Hp.Ma.* 288a8–289c) and "virtue" (*Men.* 72c6), but also concerning the noun "Good". The Good, for the sake of which we do everything (cf. *Hp.Ma.* 297b3–8; *Grg.* 468b1–3; 499e9–500a9; *Smp.* 205e7–206a1; *Phlb.* 20d7–8), is *one* good. In the *Republic* it is the Form of the Good (cf. *R.* 505a2; 508e2–3; 519c2). The *Philebus* starts not with the search for the Form of the Good, but for a certain state of the soul which can render the life of all human beings happy (cf. *Phlb.* 11d4–6). But it asks nevertheless the Socratic question, "What in fact is the Good?" (*hoti pot' estin agathon*) (13e5–6) and holds on to a "single form" (*mia idea*) of the Good (65a1). Just as in the *Republic* only *one* sun exists,[2] so the "Good" has for the Platonic Socrates only *one* reference. Although Plato never uses the Aristotelian formula that "the good is said in as many ways as being" (*EN* A 5, 1096a23–4), the Platonic Socrates defends nevertheless in the *Philebus* a semantic pluralism, more exactly trialism, of "beauty, symmetry and truth" (*Phlb.* 65a2). Therefore, metaphorically speaking, there seem to exist not only *one* sun but – so to say – *three* suns. If the Platonic Socrates defends a semantic monism on the one hand and pluralism on the other, how can we unite his pluralism with his monism?

My thesis is that the *three* references are "qualities" (*poia*) (cf. *Ep.* VII, 343b8–c2) of the *one* single Good, or again, speaking metaphorically, *parhelia* of the single sun.[3] My aim is to cheer up those who may miss, after the fatiguing

---

[1] I owe the expression "semantic monism" to Lesher, 1987, p. 278: "In several early dialogues, he [Socrates] defends a principle of 'semantic monism': that whenever we employ a word there is a single quality designated by that term which, once properly identified, can serve as a distinguishing mark for all the things designated by that term [...] So multiplication of senses of 'know' would be thoroughly unsocratic."

[2] Cf. *R.* 508a7, 11, d1; 509a2, b2; 509c6; 515e8; 516b1–2, 4; 516e6; 517e4; 532a5; 532b8–9; 532c3 and *ad locum* Ferber, 1989, pp. 49–79; Ferber, 2003a, pp. 127–149; enlarged German version: Ferber, 2005, pp. 149–174; Penner, 2007a, pp. 3–19, esp. p. 5.

[3] *Parhelia*, or "sundogs", are bright, colourful light patches, which appear in ice clouds 22 degrees or more to either side of the sun. We do not know whether this beautiful natural phenomenon was known to Plato. I use it here as an image of my own to capture Plato's thoughts on the Good in the *Philebus*. Although the sun is not mentioned explicitly in the *Philebus* – except in 28e4 – the image of the risky direct look on the sun (cf. *Phd.* 99d–e; *R.* 516c8; 515e2; 516a1–2) is still vivid in the *Laws:* "Still, in answering this question we mustn't assume that mortal eyes will ever be able to look upon reason and get to know it adequately: let's not produce darkness at noon, so to speak, by looking at the sun direct" (*Leg.* 897d8–e1, Transl. Saunders).

"second best sailing" (*Phlb.* 19c2–3) of the *Philebus vel de summo Bono*, the reward of a direct look on the *one* sun with the solace of a glance on *three parhelia*. In the following, I propose first an exegesis of *Phlb.* 65a1–5. Second, I ask a critical philosophical question on this monism and the corresponding hierarchy of values (66a6–c6).

I

[S₁] *Oukoun ei mê mia dynametha idea to agathon thêreusai,*
[S₂] *syn trisi labontes,*
[S₃] *kallei kai symmetria(i) kai alêtheia(i)*
[S₄] *legômen hôs touto hoion hen orthotat' aitiasaimeth' an tôn en tê(i) symmeixei,*
[S] *kai dia touto hôs agathon on toiautên autên gegenenai.*

[S₁] So if we cannot hunt down the Good in a single form,
[S₂] let us secure it by the conjunction of three,
[S₃] beauty, symmetry and truth, and say:
[S₄] [If we take] this [trinity] as if it would be a unity (*touto hoion hen*), we may by right postulate [this unity] as the cause of that which is in the mixture,
[S₅] and that through this unity as that which is good, also the mixture becomes so.[4]
(*Phlb.* 65a1–5)

[S₁] and [S₂] form a conditional sentence. [S₁] is the antecedent and [S₂] the consequent. The decisive question concerning [S₁] seems to me to be the following: How can we understand the "cannot" (*mê [...] dynametha*)? Is it (a) a logical impossibility, (b) a general human impossibility or (c) an impossibility of the interlocutors Socrates and Protarchus?

Is it (a) a logical impossibility to hunt down the Good in a single form? Evidently it is not (a) a logical impossibility to hunt down the Good in a single form. It is, for example, not a logical contradiction to say that the essence of the Good is "the One itself" (cf. Aristot. *Metaph.* N 4, 1091b13–15).[5]

Neither is it (b) a general human impossibility, for instance, in the sense of a Pyrrhonic "inability to comprehend" (*akatalêpsia*) (cf. Diog. Laert. IX 61, 22). The Good is not "by its own nature incomprehensible" (*physei to agathon aperilêpton*) and our mind is not completely closed concerning the essence of the

---

[4] Translations were done by me (modelled sometimes on Schleiermacher's translations) unless otherwise indicated.
[5] Cf. Ross, 1924, II, p. 488: "*Hoi men* means primarily Plato (A. 988 a 14)." But cf. Lafrance, 2006, pp. 260–263.

Good.⁶ Also, in the *Philebus* the Platonic Socrates defends neither a dogmatic nor a Pyrrhonic scepticism [concerning the knowledge of the Good].⁷

The impossibility arises because (c) the power of the Good (*hê tou agathou dynamis*) has taken refuge from "us" (*hêmin*) (*Phlb.* 64e5)⁸ "in the nature of the beautiful" (64e6). The impossibility is therefore an impossibility of the interlocutors. Until now it was "for us" (*hêmin*), that is, Socrates and Protarchus, not possible to hunt down the single Good in *one* single form. For the *nous* of a "great man" (*Chrm.* 169a2) – that is, a Platonic dialectician or a philosopher-king – it could be possible to come "for a short time" (*kata brachy*) (*Lg.* 875d3) at least "very close" (*engytata*) to an understanding of this single form (cf. *Ep.* VII, 342d1).⁹

The three characteristics of the Good on which Socrates and Protarchus agreed – (a) the "most perfect" (*teleôtaton*, *Phlb.* 20d3), (b) the "sufficient" (*hikanon*, 20d4) and (c) the "desirable to all" (*pasin haireton*, 61a1; cf. 20d8–9; 67a7–8) – are only formal characteristics. They exclude pleasure and knowledge as candidates for the top place. But these formal characteristics are not sufficient to indicate the positive content of what is "desirable to all", nor do they give a ranking of pleasure and knowledge.¹⁰ Nevertheless, Socrates holds to *one* single form of the Good when he tries to know "what in man and in the universe is good by nature and what one should divine (*manteuteon*) is its form (*tina idean autên*

---

6 Cf. Damascius, ed. Westerink, 1959, p. 259: "Why has the dialogue no end? Because the rest can easily be gathered from what has been said. Or because the Good is, by its own nature, incomprehensible (*aperilêpton*). Or because the extreme grades of the Good, whatever is beyond animals or below them, have really been left out of account, as we already pointed out in discussing the theme of the dialogue."
7 Cf. for a detailed argument Ferber, 1989, pp. 49–56, pp. 154–159; Ferber, 2007c, pp. 5–39.
8 Szlezák, 2004, p. 216, has made this point against Gadamer, 1978, p. 150. The "us" (*Phlb.* 64e5) is also overlooked by Seel, 2007, p. 192.
9 Cf. *pace* Szlezák, 1997c, p. 219; Szlezák, 2003a, p. 142; Ferber, 2007a, pp. 94–121.
10 Cf. Davidson, 1990, p. 398: "The original three 'conditions' or criteria of the good showed no more than that the good life must contain both mind and pleasure; they made no pretence at proving one of the two elements superior to the other." Davidson criticizes the following remark of Demos, 1939, p. 50: "In the *Philebus* Plato gives two sets of grounds of the Good, each set consisting of three members. The Good, he says, is that which is desired, the self-sufficient, and the complete. The second triad is of the Good as beauty, measure, truth (20d, 60c, 61a). We will treat the first triad as basic, adding measure from the second triad. The other two members of the second triad are, as we hope to show, repetitions or variations of the other four." Davidson writes in the margin of his copy: "Are there really the same sort of grounds? One set are criteria of good, other set are [unreadable]." (Private library Ferber, quoted with the written permission of Marcia Cavell.) I would say: One set is formal criteria; the other set is substantive.

einai)" (Phlb. 64a2–4). In a similar vein, *in* the *Republic* "every soul" (VI, 505d11) divines the essence of the Good (*apomanteuomenê ti einai,* 505e2).

[S₂] draws a conclusion from [S₁]. If it is not possible to hunt down the Good in *one* form, then let us secure it by the conjunction of *three*. Although [S₂] does not actually speak of *three* forms, it can be obviously understood as implying that the *three* are forms. In fact, it has been interpreted that the conjunction of *three forms* could secure the *one form*.[11] In other words: If it is not possible to define the Good explicitly through one (higher) form or *summum genus* (*megiston genos*),[12] then we may add that it is possible implicitly do so through a conjunction of three forms or, speaking with an expression from the *Sophist,* with an "interweaving of the forms" (*symplokê tôn eidôn*) (*Sph.* 259e5–6) or, more exactly, with an "interweaving of three forms" (*symplokê triôn eidôn*).

Nevertheless, Apelt has already argued that we do not have to understand here the expression "idea" or "form" in the technical sense, but that it can be understood also in the colloquial sense of characteristic (cf. *Phlb.* 67a12; *Tht.* 184d3; *Ti.* 35a7),[13] or, so to speak, of quality. But because in *Phlb.* 64a2 "idea" or "form" is used in its technical sense, we may in 65a1 not exclude completely the technical sense (cf. 15a4–b2). But on the other hand, here and now we stand finally only at the entrance of the Good (*epi men tois tou agathou nyn êdê prothyrois*) (64c1) and the domicile of "its quality" (*tou toioutou*) (64c2) or what the Good is like. Therefore, the colloquial sense of characteristic also cannot be excluded.

But how can we combine the technical and the colloquial sense of "idea"? We may join them together if we say, in the sense of the *Seventh Letter,* that we try to capture the "fifth" (*pempton,* 342e2), that is, the one idea or the essence (*ti estin*) [of the Good, cf. 342a4], with three characteristics, "qualities" (*poia,* 343b8–c2) [of the Good] or aspects [of the Good] which intend "no less" (*ouch hêtton,* 342e3) than to cover the "fifth" (*to pempton*) (342e2), that is, the essence

---

11 So argues Seel, 2007, p. 192: "The Form of the Good cannot be conceived of as one single Form, but as a combination of several forms. Therefore the Form of The Good cannot be empty."
12 Cf. Krämer, 1989c, p. 251; Ferber, 1989, pp. 97–111, pp. 149–154.
13 Apelt, *Philebos,* 1922b, p. 152, n. 109: "Es ist hier ebensowenig unmittelbar die Idee darunter zu verstehen, wie bald darauf (67[a]) bei *tê(i) tou nikôntos idea(i)*". Apelt translates *ibid. idea* with "Gedankenform": "Können wir also das Gute nicht in einer Gedankenform ergründen, so müssen wir es in dreien zusammen erfassen." Cf. Taylor, 1936, p. 433: "We may thus take measure or proportion (*symmetria*), beauty (*kalos*), and truth or reality (*alêtheia*) as three 'forms' or 'notes' found in the good and say that the goodness of our 'mixture' is due to the presence of this trinity in unity (65c)." Cf. Diès, 1949, p. 89: "Si done nous ne pouvons saisir le bien, sous un seul *caractère,* saisissons-le sous trois, beauté, proportion, vérité [...]" (my emphasis).

(*ti estin*) [of the Good].¹⁴ As the light of the *one* sun is broken into *three parhelia*, so the *one* Good appears to "us" (*Phlb*. 64e5) quasi in *three* qualities or aspects, namely, an "aesthetic" one, beauty; a relational one, symmetry; and an ontological one, truth.¹⁵ Socrates and Protarchus could, in distinction from the future dialecticians or philosopher-kings, hardly ever bear (*anaschesthai*) (*R*. 518c10) a direct look at the *one* single sun.

[S₃] articulates these three qualities of the Good: beauty, symmetry and truth. The "Good" has in Frege's terminology *one* reference (Bedeutung), but *three* different senses (*Sinne*) or three different "modes of presentation". To use Frege's analogy by replacing "moon" with "sun":

> Somebody observes the [Sun] through a telescope. I compare the [Sun] itself to the reference; it is the object of the observation, mediated by the real image projected by the object glass in the interior of the telescope, and by the retinal image of the observer. The former I compare to the sense, the latter is like the idea or experience. The optical image in the telescope is indeed one-sided and dependent upon the standpoint of observation; but it is still objective, inasmuch as it can be used by several observers. At any rate it could be arranged for several to use it simultaneously. But each one would have his own retinal image. On account of the diverse shapes or the observers' eyes, even a geometrical congruence could hardly be achieved, and an actual coincidence would be out of the question. This analogy might be developed still further [...].¹⁶

---

14 For the question of the authenticity or at least indirect authenticity of the *Seventh Letter* cf. Burkert, 2000; Isnardi Parente 2002, pp. IX–XI; Knab, 2006, pp. 45–50; Ferber, 2007a, p. 95, and for an explicit argument on the subtle issue of *Ep*. VII, 342e3, Ferber, 2007a, pp. 54–55, p. 149, n. 130. Gonzalez, 1998, p. 255, comes very near to the point: "It is true that 'Plato' here claims only that the four elements express a thing's quality *no less than* its being but, as some commentators have noted and as a later passage will confirm, this is an understatement. The weakness inherent in language is that it expresses *more* how a thing is qualified than what it is." Runia, 2000, pp. 108–109, makes again evident that the "*Letter*, if it is indeed by Plato's own hand, would have been written in the last phase of his life when he looks back at its most turbulent episode. It would be roughly contemporaneous with the other dialogues [cf. the enumerations in *Phlb*. 66a–c *Phdr*. 266d–e, *Sph*. 231d–e *Ti*. 48c, *Lg*. 631b–c with the enumeration in *Ep*. VII, 342a–d]." Cf. also Burnet, 1920, p. 206: "It would have been impossible to find anyone fifty years later who could handle the language as he does."

15 Cf. Friedländer, 1969, p. 542, n. 73: "It seems that the number *three* is more important than the exact designation of the three *ideai*. Also this inconsistency might have been intended expressive as a warning that this trinity must not be frozen into dogma."

16 Frege, 1892, pp. 25–50. [Repr. in L. Angelelli (Hrsg.), *Gottlob Frege. Kleine Schriften*, Hildesheim 1967, pp. 143–162. Partial English translation in P. Geach/M. Black, *Translations from the Philosophical Writing of Gottlob Frege*, Oxford 1960, p. 60.] Small alterations by R. F.

If it is not possible to define the form of the Good with an "interweaving of three forms" (*symplokê triôn eidôn*), so at least it is possible to define it implicitly with an "interweaving of three qualities" (*symplokê triôn poiôn*) or three "modes of presentation". This "interweaving of three qualities" does not make a strict unity of the three qualities, just as the "interweaving of forms" (*Sph.* 259e5–6) does not make a strict unity of these forms (cf. 253d1–e3). Nevertheless, the "interweaving" of three "modes of presentation" gives them a kind of weaker unity than the unity of *one* form or unity (*henas*) (cf. *Phlb.* 15a5–6) to be specified in [S_4]. Let us elucidate now these three "modes of presentation": (a) beauty, (b) symmetry and (c) truth.

(a) Beauty evidently contains the "nature of the symmetrical" (*Phlb.* 64e4–5). Just as the "nature of the symmetrical" beauty exists for Plato not only in the eye of the observer, but also in the world, "moderation" (*metriotês*) and "proportion" (*symmetria*, 64e6) "becomes for us everywhere beauty and virtue" (64e7). It is not easy to see how the meanings of "*metriotês*" and "*symmetria*" differ. But while the meaning of *metriotês* accentuates more the "moral" aspect of the Good, the meaning of *symmetria* accentuates more the "aesthetic" one. Both expressions point to a value. Also, in the *Republic*, the Good was of an "overwhelming beauty" (509a6–7).

(b) Symmetry: It is decisive that both values – the "aesthetic" and the "moral" one – contain "a certain inborn order" (*kosmos tis engenomenos*, *Grg.* 506e2). Order is an effect of the Good. So Socrates asks: "Is it not a certain inborn order, which is built in to everything, which makes everyman and everything good?" (506e2–3). Order makes evident that symmetry is also a quality of the Good.

(c) Truth is, since the *Republic*, related to *emmetria* (486d6–7), and of course also *emmetria* – fit measure – points to a value. Further, we read in the *Philebus*: "[...] but if in our soul by nature is a force, to love the truth and to do everything for it (*panta heneka toutou prattein*)" (58d4–5). "Truth" is here, like the truth which the "true" philosophers (*R.* 475e3) in the *Republic* "love to look at" (475e4), primarily used in the ontological sense of authenticity or in the sense of "the really real" (*to alêthinon ontôs on*, *Sph.* 240b3).[17] Now every creature that has any knowledge does everything for the sake of the Good (*Phlb.*

---

[17] Cf. Bury, 1897, Appendix F, pp. 201–211, quoting Trendelenburg, Bury, 1897, p. 203; Trendelenburg, 1837, p. 15, n. 38: "[...] res enim, nisi ipsis veritas et ratio inesset, hominem plane deciperent. Coginitionis veritas nihil est nisi rerum veritatis simulacrum." The Platonic correspondence theory of truth (eft. *Cra.* 385b5–8; *Sph.* 263b3–7) is founded in an intuitionist theory of truth, cf. *Smp.* 212a1–2. I have to see the counterpart before I am able to compare my statements with it, cf. Krämer, 2001, p. 119.

20d7–10; cf. *R.* 505d11–e1). If in our soul by nature there is also a force to do everything for the sake of the truth that is here, to go to all lengths for the sake of the truth,[18] then truth is also a good in the sense of an ultimate end and has an intrinsic value. But the fugitive Platonic Good is in the *Philebus*, as opposed to the *Republic*, no more the *"one skopos"* or the *one* (exclusive) "dominant end",[19] "for the sake of which they [the future philosopher kings and queens] have to do everything they do" (*R.* 519c3–4).

For a dominant end is *per definitionem* "at least lexically prior to all other aims and seeking to advance it always takes absolute precedence".[20] For example, the philosopher-kings and -queens have to renounce private property and a family. It seems to be also an "inclusive end"[21] insofar as it includes at least beauty, symmetry and truth, which we can capture, and allows pleasure also its appropriate place (that is, the fifth in the final ranking).[22] Like truth (cf. *Phlb.* 58d4–5), beauty and symmetry have an intrinsic value and belong in an Aristotelian terminology to that "which is intrinsically and for the sake of itself desirable (*kath' hauta kai di' auto hairetôn*)" (*EN* A 7, 1097a32). So, the ultimate end in the *Philebus* as an inclusive end includes at least the intrinsic values of beauty, symmetry and truth. Of course, beauty, symmetry and truth are not *simpliciter* the ultimate Good: for Aristotle Eudaimonia, for Plato the Idea of the Good. But also for Plato, the Good in the *Philebus* is said or "captured" not in only *one*, but in *many* ways insofar as we have not *one*, but *three ultimate* goods or, more exactly, three *ultimate* "qualities" (*poia*) of the ultimate *Good*. And of course, the Platonic Socrates does not say in the words of John Keats in his *Ode on a Grecian Urn*: "Beauty is truth, truth beauty, – that is all / Ye know on earth, and all ye need to know". Beauty is not truth, truth not beauty. Truth and beauty are not identical. But they are related to each other insofar as they are, like symmetry, "a quality" (*poion ti*) (*cf. Ep.* VII, 343b8–c2) or an aspect of the Good and therefore of the orderly. These intrinsic values go with the pure pleasures, that is, pleasures not intermingled with pain, like the aesthetic pleasure to see beautiful colours and shapes (cf. *Phlb.* 51b3) and the pleasure of true knowledge (51e7–52a1). This pleasure is related to the "aesthetic" one in that

---

18 I understand *panta heneka toutou prattein* (*Phlb.* 58d5) here in distinction to *R.* 505d11–c1, cf. Ferber, 2007c, p. 27, n. 40, like Irwin, 1977, p. 336, n. 45, in the sense of "go to all lengths". Irwin, 1977, p. 336, n. 4, quoted in Burnyeat, 2006, p. 14, n. 20.
19 Expression from Hardie, 1967, p. 299.
20 Rawls, 1971, § 83, p. 553.
21 Expression from Hardie, 1967, p. 299.
22 Cf. Vogt, 2010, pp. 250–255.

knowledge of the truth may give pleasure, which is comparable to the "aesthetic" one.

[S_4] unifies these aspects of the Good in a certain way and comes to the following conclusion: "[If we take] this [trinity] as if it would be a unity (*touto hoion hen*), we may by right postulate [this unity] as the cause of that which is in the mixture." The trinity is characterized in a certain sense as unity (*velut unum*)[23] and postulated as the cause of that which is in the mixture. Socrates defends neither an equivocal semantic pluralism or, to be more precise, trialism, nor a univocal semantic monism, but a postulated univocal monism and a factual pluralism or trialism. We can call it a *quasi-monism*, which is also the cause of that which is in the mixture. It is the cause of the right mixture of pleasure and knowledge. This mixture not only has to obey the formal criteria of the Good (cf. *supra*, p. 180), but also has to contain the substantive criteria "beauty, symmetry and truth". Since order is a common trait in these three aspects, it must be an ordered mixture.

[S_5] adds "*that* through this unity as that which *is* good, also the mixture becomes so". The *touto hoion hen* is nevertheless the *agathon on* or the *quasi-unity* is the real Good, if not by nature (*physei*), so at least "for us" (*hêmin*). The fictitious or only semantic unity of the three qualities of the Good becomes "for us" nevertheless a reality. In Frege's terminology: The sense of the expression "unity" becomes for us its real reference.[24] If it becomes for us a real reference, then it also becomes a causal force. Indeed, the Good is also the cause of the quality of the mixture in the good life. This means that it satisfies not only the substantive criteria of beauty, symmetry and truth, but, as the Platonic Socrates repeats, it also becomes "perfect" (*teleon*, Phlb. 61a1), "sufficient" (*hikanon*, 66b2) and "desirable for all" (*pasin haireton*, 61a1).

The Platonic Socrates defends a postulated *quasi-monism* of the Good and a factual pluralism. If we do everything for the sake of *the* Good (cf. Grg. 468b6–8;

---

[23] I read with the majority *touto hoion hen* and not *touto oion* like Sayre, 1983, p. 171, n. 81; cf. *contra* Sayre Harte, 1999, pp. 400–401. Cf. Ficinus, 1787, p. 317: "Quod si bonum ipsum una idea consequi non licet, saltem una cum tribus, pulchritudine, commensuratione, veritate comprehendentes, dicamus id universum *velut unum* causarum eorum quae in mixtione sit, esse, et propter hoc utputa quod bonum sit, mixtionem fieri talem." In the same way also Frede, 1993: "Well, then, if we cannot capture the good in *one* form, we will have to take hold of it in a conjunction of three: beauty, proportion, and truth. Let us affirm that these should by right be treated *as a unity* and be held responsible for what is in the mixture, for its goodness is what makes the mixture itself a good one" (my emphasis).
[24] Frege, 1892, p. 59: "The indirect reference of a word is accordingly its customary sense", cf. Ferber, 2008a, p. 140. Italian translation: Ferber, 2009b, p. 119; English translation: Ferber, 2015, p. 152.

R. 505d11–e1; *Phlb.* 20d8–9), we desire the *one single* Good. But most of us cannot reach it and even the embodied *nous* of the dialecticians or philosopher-kings and -queens can only come very close (*engytata*) to understanding it (*Ep.* VII, 342d1).[25] In fact, if we do everything for *the* Good, we do everything for the "qualities" (*poia*) of *the* one single good, which are approachable also "for us" (*hêmin*). The *one ultimate* good appears to us broken into *three ultimate* goods. Or to say it in scholastic terminology: The *bonum simpliciter* appears to us broken in three *bona secundum quid* or three ultimate ends in a certain respect. To speak again metaphorically: The *one* sun shows us in *three parhelia*. But this fictitious or *quasi-monism* we can nevertheless unite with a *factual* pluralism.

Only *after* this *quasi-monism* does the *locus nobilissimus de boni summi gradibus* follow,[26] although – from a logical point of view – it cannot be easily deduced *from* the three criteria. Strictly speaking, it is the *locus nobilissimus* of the grades of goodness of men's "possession" (*ktêma, Phlb.* 66a5):[27] (a) "the measure (*metron*) and the measured (*metrion*) and the right moment (*kairion*) and whatever else the eternal nature has chosen to be similar" (66a6–8);[28] (b) "the well-proportioned (*symmetron*), the beautiful (*to kalon*), the perfect (*to teleon*), the sufficient (*to hikanon*) and all that belong to this gender" (66a6–8); (c) "as I divine reason and insight" (66b5–6); (d) the inexact "sciences and arts and the right opinions" (66b9); and (e) "the pleasures, which we have determined as painless and have called pure pleasures of the soul alone, which follow the perceptions" (66c4–6).

I will not on this occasion take up once again the discussion concerning this *locus nobilissimus*. (The research history on this *locus* could alone fill the space of an article.[29]) I will only summarize what seems clear and unclear in the *locus*. It seems clear that there is no one-to-one correspondence of this ranking to the fourfold division of "everything that actually exists now in the universe" (*Phlb.* 23c4),[30] although the first grade seems to correspond to *peras*, the second grade to the mixture of *peras* and *apeiron*, and the third grade to the cause (*aitia*)

---

25 Cf. for an explicit argument Ferber, 2007a, pp. 106–120.
26 Stallbaum quoted in Bury, 1897, p. 169.
27 This point has been made by Frede, 1997, p. 364.
28 Conjecture Bury, 1897, p. 13.
29 Cf. the doxography, Bury, 1897, pp. 169–178, *contra* Trendelenburg, for whom the 1st class contains "ipsius boni idea" and "the cognate ideas"; Diès, 1927, pp. 385–397; Gadamer, 1985, pp. 152–153; Hackforth, 1945, pp. 137–139; Gosling, 1975, pp. 224–225; Migliori, 1993, pp. 315–323; Frede, 1997, pp. 362–369; Harte, 1999; Delcominette, 2006, pp. 615–627. For a short overview on the *status quaestionis* cf. Erler, 2007, p. 258, and Vogt, 2010, pp. 250–255, esp. p. 254.
30 Transl. Frede, 1993.

of this mixture.³¹ But it is, first, at least *prima facie* not clear how this ranking is related to the ranking of external, bodily and psychic goods in the *Philebus* (cf. 48d4–49a2; *Lg.* 631b3–d6; Aristot. *EN* 1098b12–8). It is, second, not clear what the ontological status is of the two first goods, especially because the first class (a) (above) seems not to point to Platonic ideas, as the expression the "appropriate" (*kairion*) indicates. It is, third, not clear why the formal criteria of the ranking, the "perfect" (*teleon*) and the "sufficient" (*hikanon*), appear again in the ranking itself. It is, fourth, not clear why the substantive criterion of beauty *of* the ranking appears again *in* the ranking, but the criterion of truth does not. It is, fifth, finally not clear where the difference lies between the first and the second class, although the second class seems to refer to things that have measure in some ways and are therefore well proportioned. But *both* classes correspond to the "measured" (*metrion*) of the *Statesman,* which is circumscribed also as the "graceful (*prepon*), the opportunity (*to kairion*) and the right" (*to deon*) and "all that is in the middle of two extreme ends" (*Plt.* 284e6–8). I have called it a non-mathematical *metaxy* between the transcendent idea of the Good and the phenomena.³² But then the two top classes of the *Philebus* would not be on the top but, like *peras* and *apeiron,* "derived principles."³³ Socrates seems to hold the circumscription of the two first classes rather vaguely because the aim seemed to him to have been attained already by removing reason and pleasure from the top place (cf. *R.* 505b5–c11).

If the Eleatic Stranger in the *Statesman* has left out the *peri auto takribes apodeixis* (*Plt.* 284d2),³⁴ it is at least plausible to suppose that the Platonic Socrates also left out the *apodeixis* of the *one* single form of the Good. The phrase of Protarchus, "There is still a little left to say (*smikron eti to loipon*), Socrates" (*Phlb.* 67b11), would then have to be understood, like the Socratic "Something small" (*smikr' atta,* 20c8), in the sense of "simple irony": "A lot is still left to say." As mentioned above, the passage about the *peri auto takribes apodeixis* (*Plt.* 284d1–2) and also the passage *smikron eti to loipon* would then each be a "passage of omission" (*Aussparungsstelle*).³⁵ The quasi-unity or trinity of "beau-

---

31 Cf. e.g. Gadamer, 1985, p. 152.
32 Cf. Ferber, 1995a, p. 68; Ferber, 1998b, p. 55, here pp. 203–204.
33 Cf. Vogel, 1986, p. 16: "And not even the *peras* and the *apeiron* are to be taken as the ultimate principles in that dialogue. Here J. Krämer rightly remarks that in the *Philebus peras* and *apeiron* are derived principles."
34 Cf. Ferber, 1995a, pp. 63–75, but *contra* Brisson/Pradeau, 2003, p. 241, n. 209.
35 Cf. Migliori, 1993, p. 325; *contra* Szlezák, 2004, p. 209, n. 35: "Dass eine sachlich an sich gebotene Thematisierung der Idee des Guten mit Bedacht aus der Diskussion herausgehalten wird, darin wird man Migliori zweifellos zustimmen müssen […]. Doch die Gestaltung des Schlusses

ty, symmetry and truth" is only the entrance to the Good and the domicile of "its quality" (cf. *Phlb.* 64c1–2) or that which is like it. In other words, at the end of the dialogue we have not yet arrived at that which is dear to us in the top place (*prôton philon, Ly.* 219d1) or the Good itself. We have only arrived at that which is dear to us, so to speak, in the second place (*deuteron philon*). We do not know what the Good is, but only where it can be found, namely, in beauty, symmetry and truth. At least Socrates is very clear about the fact that at the end of the *Philebus* we have not yet finished the search for the Good:

> And divining (*hypopteuôn*) that there are many other things (*alla polla*) [than pleasure and knowledge], I said, that if something would show up which is better than both, I would fight for the second prize for reason, and pleasure should lose the second prize. (*Phlb.* 66e7–10)

But since *not* Socrates *but* Protarchus is uttering *smikron eti to loipon*, we could say instead of "passage of omission", in the words of Friedländer, that the mentioned phrase is one of the "many hints of the dialogue" which open to us "a window to other things beyond its main topic [the *anthrôpinon agathon*]".[36] These things are not necessarily "the value[s] of the rest of the pleasures"[37] or "trivial problems".[38] They could be the "many other things" (*alla polla, Phlb.* 66e7) Socrates mentions which could unveil further the entrance to the house of Good. Again speaking metaphorically, for Protarchus and the Platonic Socrates, the Sun itself is not something they see, but can only glimpse at between or behind the *parhelia*.

II

Nevertheless, despite the cautionary hints of the Platonic Socrates (cf. *Phlb.* 66b5–6), the above quoted hierarchy of the Good did not convince everyone, if anyone. Richard Robinson (1902–1996), for example, writes in his book *An Atheist's Values:*

---

entspricht keineswegs der bekannten literarischen Technik Platons an den Aussparungsstellen. Der Hinweis auf die Notwendigkeit der Behandlung des höchsten Prinzips steht nur dem Gesprächsführer zu, im Munde des Protarchos wäre er nicht überzeugend."

36 From the report of P. Friedländer to Gadamer, 1931, correctly quoted by Grondin, 1999, p. 162. Free translation R. F.
37 Bury, 1897, p. 163.
38 Scolnicov, 2010, p. 335.

> Plato in the *Republic* made his 'Socrates' disclaim knowledge of the answer, and content himself with a comparison of the good to the sun. In the *Philebus* he [Plato's Socrates] seems to be preparing himself to give the answer [on the question "What is the good?"], and does at the end say something that looks as if it might be meant to be the answer; but it is completely unsatisfactory. The good, we seem to be told, is in the first place measure, secondly symmetry, thirdly mind, fourthly knowledge, and fifthly pure pleasure. I have not yet heard of anyone who felt enlightened by this. No subsequent writer has redeemed the master's failure. The suspicion arises that the question is unanswerable because wrongly put.[39]

In fact, no philosopher after Plato seems to have adopted this hierarchy or to have "redeemed" Plato's "failure". The mistake lies in using "the word 'the' so as to imply that there is only one thing of a certain kind when in fact there are many".[40] Furthermore, Plato closes his eyes to the unavoidable conflict between different goods and the potential ill effects of the one *single* Good or, as we may call it, a "principle" of the potential "double effect" of the one *single* Good: "*The* good is conceived as being a good that never conflicts with any other good and never has any kind of ill effect. But there cannot be such a good."[41]

But let us nevertheless assume that the answer is "clear".[42] We have a further problem, which to my knowledge has been made explicit only by Rawls (1921–2002) in his *Political Liberalism* (1993). Of course, Rawls' perspective is in the broadest sense political; he is not deciding the *Philebus* issue *de boni summi gradibus*. He is, rather, saying that that issue is not relevant for, and ought to be excluded from, considerations of justice. But he makes a footnote on any metaphysical theory *de summo bono* and *de boni summi gradibus*. The footnote is especially important if the Socratic principle of "semantic monism" gets transformed into a metaphysical *and* political conception of the Good, as was the case with Plato (cf. *R.* 519c2–4; *Plt.* 284d1–e8).[43] The footnote becomes even more important if we read the determination of the good life for the individual in the *Philebus* as "a preface" to the "ideal social life described in the

---

39 Robinson, 1964, p. 17.
40 Robinson, 1964, p. 18.
41 Robinson, 1964, p. 18.
42 Cf. Diès, 1927, p. 385: "Au surplus, le raisonnement de Platon est, en son ensemble, si clair, et sa thèse est si simple, qu'il suffira de l'analyser fidèlement pour que le lecteur en définisse de lui-même la portée."
43 Cf. to *R.* 519c2–4, Ferber, 1989, pp. 130–131; to *Plt.* 284d1–e8, Ferber, 1995a, here p. 206–207.

Laws".⁴⁴ Also, the happy life in the *Laws* is a well-mixed life of pleasure and reason (cf. *Lg.* 636d4–e3; 653b1–c3; 658e6–659c7; 689a1–9; 696c8–10; 700d2–701a1)⁴⁵: "State and individual and every living being are on the same footing here" (636e1–2, Transl. Saunders).

Let us now assume that there is *this one* Good and a shared understanding of *this* Good and its degrees. Together with Rawls, let us call this a "comprehensive view" of the Good. A "comprehensive view", Rawls tells us, "includes conceptions of what is of value in human life, and ideals of personal character, as well as ideals of friendship and of familial and associational relationships".⁴⁶ Plato's *Laws* are the paradigm case of a "comprehensive view" of the good life of an individual in a state. Rawls distinguishes between religious and philosophical, reasonable and unreasonable "comprehensive views". Plato's view of the Good was the first philosophical "comprehensive view". Since Plato's *Republic* and *Laws* do not yet know the human rights of freedom of opinion and conscience, Plato's philosophical view seems to be for us rather the first (partially) unreasonable philosophical "comprehensive view". But such a "comprehensive view", reasonable or not, seems to survive in the change of generations only by the oppressive use of state power:

> [...] a continuing shared understanding on one comprehensive religious, philosophical, or moral doctrine can be maintained only by the oppressive use of state power.⁴⁷

Rawls calls this "the fact of oppression".⁴⁸ *One* testimony among others for this thesis is Plato's *Laws*. In the *Laws* the third rank of the final ranking in the *Philebus* – "reason and insight" (*Phlb.* 66b5–6) – is enforced on his citizens "by the oppressive use of state power". The law is "reasons distribution" (*tou nou dianomê*, *Lg.* IV, 714a2) or – so to say – petrified reason:

---

44 So Frede, 1993, p. LXVII; cf. also Frede, 2010, p. 16: "Thus, there is an analogy between the result of the *Philebus* and the chief contention of the *Laws*. Plato makes provisions there for the second best form of the state as the best constitution attainable for human beings. In the *Philebus* humanly attainable happiness is not a god-like state of permanent (pleasure and painless) equilibrium."
45 Cf. the pertinent remarks of Stalley, 2010, pp. 234–236, e.g. p. 235: "The task of the legislator is thus to discriminate among pleasures and ensure that the citizens pursue only those which form part of a good life."
46 Rawls, 1996, lecture 1, § 1, p. 13.
47 Rawls, 1996, lecture 1, § 6, section 2, p. 37. Cf. Rawls, 1996, lecture 1, § 6, section 2, p. 37, n. 39: "With unreasonable doctrines, and with religions that emphasize the idea of constitutional authority, we may think the text correct; and we may mistakenly think there are exceptions for other comprehensive views. The point of the text is: there are no exceptions."
48 Rawls, 1996, lecture 1, § 6, section 2, p. 37.

[...] we should run our public and our private life, our homes and our cities, in obedience to what little spark of immortality lies in us, and dignify these edicts of reason with the name of "law" (*tou nou dianomên onomazontes nomon*). (*Lg.* 713e8–714a2)

Although the legislator uses prefaces which appeal to reason also by argument (cf. 718a6–723d4; 726a1–734c2), "reasons distribution" contains coercive prescriptions (cf. 773c6; e4) and stipulates penalties (cf. 789e4; 790a1–2).[49] So the Athenian says, for example, concerning the Socratic opinions that the just is happy and the unjust unhappy (cf. *Grg.* 470c1–471d9; *R.* 618e4–619b1):

> If I were a lawgiver, I should try to compel (*anankazein*), the *authors* and every inhabitant of the state to take this line; and if anybody in the land said that there are men who live a pleasant life in spite of being scoundrels, or that while this or that is useful and profitable, something else is more just, I should impose pretty nearly the extreme penalty (*zêmian te oligou megistên*). (*Lg.* II, 662b4–8, Transl. Saunders)

The "extreme penalty" that is, the death penalty, is reserved for the "dissembling atheist" who "deserves to die for his faults not just once or twice but many times, whereas the other kind needs simply admonition combined with incarceration" (cf. *Lg.* 908e2–3, Transl. Saunders with modification). Those who deny only the Socratic opinions that the gods exist and are concerned about the world and our affairs (cf. *Ap.* 27d3–4; 35d6–8; 41d2) have to be imprisoned "as prescribed by law in the prison in the center of the country; no free man is to visit him at any time, and slaves must hand him his ration of food fixed by the Guardians of the Laws" (*Lg.* 909b7–c4).

To maintain the same conception of the happy life as the well-mixed life of pleasure and reason, the "noocracy" of the second best state will evidently need the "oppressive use of state power" at the discretion of the Guardians of the Law, that is, the members of the "nocturnal council" (*Lg.* 962c9–10; cf. 961a1–c1). In comparison, the elder Platonic academy was neither a *Kallipolis* (*R.* 527c2) nor "a second best voyage" (*Plt.* 300c2; *Lg.* 874e7–875d6) instead of the *Kallipolis*, but shows us healthy differences of opinion concerning even the theory of ideas *and* principles (cf. Aristot. *Metaph.* M 6, 1080b25–30).[50]

This lack of agreement is for us not necessarily a bad thing. For example, Isaiah Berlin (1909–1997) writes:

---

[49] Cf. now the excellent book of Laks, 2005, esp. pp. 71–77.
[50] Cf. Krämer, 1983, pp. 1–174; Dillon, 2003; Brisson, 2006, esp. pp. 249–254.

> To assume that all values can be graded on one scale [*uni summi boni gradus*], so that it is a mere matter of inspection to determine the highest, seems to me to falsify our knowledge that men are free agents.[51]

A reasonable pluralism concerning the Good is not, as Rawls following Berlin writes, "an unfortunate condition of human life".[52] A reasonable pluralism which we find *de facto* in modern democracies is also *de iure* a good, in comparison to which a reasonable monism would be *de facto* and *de iure* an evil. This is especially true of political values such as maximal freedom and maximal equality whose incommensurability seems evident.

But is the thesis of substantive incommensurability also true of the ultimate end? If this is the case, it would be logically possible that Socrates and Protarchus would defend another good, knowledge *versus* pleasure. But because there is no common currency, it would not be possible to say which of the two is better. Indeed, Aristotle had already denied that all goods are commensurable (*symblêta*, cf. *Pol.* 1283a3–10; *EN* A 9, 1164b2–6).[53] For instance, "money and knowledge have no common measure" (*EE* 1243b22). In the same vein, we *could* then say: knowledge and pleasure have no common measure.[54]

The Socratic reply *could* be that the thesis of substantive incommensurability is only true for *such relatively briefly stateable moral principles*, as we need them in *political* contexts such as maximal freedom and maximal equality. Concerning the ultimate end of an *individual*, such incommensurability could be overcome in a temporally unlimited dialogue.[55] But even if nobody can exclude that at the end of the day we get a consensus on the ultimate end (*summum bonum sive Deus*),[56] an unlimited dialogue is for mortals not possible. Therefore, for human beings the end result will be empirically rather a pluralism of incommensurable ultimate substantive ends. Put to the extreme: We could say with the commentator of Aquinas, Cajetan (1468–1534), "[...] a unity in disorder which constitutes the City of Babylon, not the order in love of Jerusalem".[57] But is "a

---

51 Berlin, 2002, p. 217.
52 Rawls, 1996, lecture 1, § 6, p. 37.
53 Burnyeat, 1980b, p. 91, draws attention to this point.
54 Cf. Jowett, 1892, *Introduction*, p. 138, quoted in Bury, 1897, p. 202: "The comparison of pleasure and knowledge is really a comparison of two elements which have no common measure [...]."
55 So Penner/Rowe, 2005, p. 293.
56 Concerning the historical question of the identification of the Platonic good with God cf. Ferber, 2003a, p. 130, n. 9; Ferber, 2005, pp. 151–153, here, pp. 118–119, n. 11.
57 Cajetan, *ad Sancti Aquinati Summa Theologiae*, 1a2ae, q. 1, art. 5: cf. Weber, 1919, p. 27: "The impossibility of 'scientific' advocacy of practical standpoints – except in the case of discussion

unity of disorder which constitutes the city of Babylon" really the last word on the issue? Do we have to decide between "Jerusalem" and "Babylon"?

If the Good is not a Platonic idea, "which thinking is determined to see [that is to understand]" (*Ti.* 52a4), the Good could nevertheless still be an idea in the Kantian sense (*Critique of Pure Reason,* A 327/B 384), which is not given to us to know, but only to postulate for. Such an idea has no objective reality and admits not a schematic but only a symbolic *hypotyposis* (*Critique of Judgment,* § 59, A 255). The sun would not be the real offspring (*ekgonos*) of the Good, but only a symbolic *hypotyposis* of an ideal of reason. It would symbolize the complete teleological explainability of the world (whereas the *parhelia* would symbolize only fragments of its teleological explainability, the most we can reach).

But this has a consequence: The Socratic principle of "real reference", after which we pursue only the real, but not the apparent, good (cf. *R.* 505d5–9),[58] is to be combined with the Socratic insight that we, or at least the majority of us, like Socrates, do not know the real Good (cf. 505d6–8) or ultimate end.[59] Knowledge would be for Plato in the final analysis not an opinion and also not a right opinion with justification, but an immediate vision, that is, an immediate understanding (*noêsis*) of the Good.[60] Even Socrates knows at the end of the *Philebus* only "what one should divine (*manteuteon*) is the form (*tina idean autên einai*) [of the Good]" (64a2–4). But even if the Platonic dialecticians or all members of the nocturnal "council" (cf. *Lg.* 961a1–c1) had captured the fugitive Good and could "stand" the view on it (*R.* 518c10), could they communicate this shared understanding over the generations without the oppressive use of state power? And would such an *oppressed* shared understanding still be understanding (*noêsis*)?

To be precise: After the Socratic principle of the epistemological priority of definitional knowledge, we would not be able to capture the human good without having first captured the essence of the Good. But how should we know "what in fact is the Good (*hoti pot' estin agathon*)" (*Phlb.* 13e5–6) without starting from some human good, knowledge or pleasure? This circle is unavoidable. It hangs together with the fact that as philosophers we are situated "between wis-

---

of means to a *given,* presupposed end – is rooted in reasons which lie far deeper. Such advocacy is meaningless in principle because the different value systems of the world stand in an irresolvable conflict with one another."

58 I take the expression "principle of real reference" from Penner/Rowe, 2005, pp. 205–210.
59 Cf. also Penner, 2007a, p. 17: "Hence in general, people do not know, what it is that they are referring to."
60 Cf. for an explicit argument Ferber, 2007a, pp. 102–106, where I correct an error of Ferber, 1989, p. 101.

dom and ignorance" (*Smp.* 204b4–5). So also our knowledge of the Good is situated between wisdom and ignorance. But as the *Philebus* shows, Socrates and his *interlocutor* Protarchus do not have only incommensurable ideas of the Good, as Socrates and the *silent* Philebus may have.

Protarchus is not closing as Max Mueller has closed his poem *The Parhelia* (*Die Nebensonnen*): "In the dark I will feel better" ("*Im Dunkeln wird mir wohler sein*"). Perhaps Philebus could have agreed with this, after he has uttered his unexamined opinion and prophecy on the Good: "In my opinion [Aphrodite's] pleasure wins and always will win, come what may" (*Phlb.* 12a7). Protarchus and Socrates can nevertheless *talk* and *argue* with each other and understand each other's viewpoint and find a temporally limited agreement in the relative order of human goods, such as pleasure and knowledge, even if they cannot look back like the philosopher-king or "royal man with insight" (*Plt.* 294a8) on the kingly knowledge of the absolute Good, "through which only the just and what else makes use of it becomes useful and benign" (*R.* 505a3–4). They share, despite their definitional ignorance, thanks to their common language, a common understanding and a common world *against which* the relativistic thesis of substantive incommensurability of pleasure and knowledge only makes sense. They share especially a common (formal) understanding of what they are searching for, namely (a) the "most perfect" (*teleôtaton*, *Phlb.* 20d3), (b) the "sufficient" (*hikanon*, 20d4) and (c) the "desirable to all" (*pasin hairêton*, 61a1; cf. 20d8–9; 67a7–8).

In fact, despite his definitional ignorance, Socrates arrives also at a shared substantive understanding with Protarchus, the "son of Kallias" (*Phlb.* 19b5), the "son of that man" (36d6–7) – *perhaps* an allusion to Kallias, son of Hipponikos, the admirer (cf. *Ap.* 20a5) and host of the sophist Protagoras (*Prt.* 310a7–311a1)[61] and listener to his relativistic account of the human good. Against such a relativistic account of the good as something "multifaceted and variable (*poikilon* [...] *kai pantodapon*)" (*Prt.* 334b6), Socrates arrives through discussion at a shared substantive and positive understanding on a presumed objective hierarchy of the human goods,[62] when he gives the "gold medal" to the orderly mixed life of pleasure and reason, the "silver medal" to reason and the "bronze medal" to pleasure as far it is pure.[63] The mixed pleasures, like the pleasure of food, drink and sex, are of course necessary for the survival of the individual and the species. Nevertheless, despite the opinion of the majority (*Phlb.* 67b1–2), they

---

[61] Cf. Apelt, *Philebos*, 1922b, p. 137; Frede, 1996, p. 221.
[62] Cf. Ferber, 2010a, pp. 211–244, esp. pp. 222–229, here pp. 313–336, esp. pp. 326–333.
[63] Cf. already Bury, 1897, p. 173.

get no medal because they have, in distinction to beauty, symmetry and truth, only an instrumental but not an intrinsic value.

On the other hand, Socrates *divines* that there are still better things than the "gold medal", namely, "the absolute Good (*to pantapasin agathon*)" (*Phlb.* 61a2) or that "what in man and in the universe is by nature good" (64a2), or, so to speak, the Idea of the Good.[64] Plato's first interpreter, Aristotle, says that the essence of th[is] Good is "the One itself (*auto to hen*)" (cf. Aristot. *Metaph.* N 4, 1091b13–15). But despite what has been said by Aristotle, in the possibly last written *and* published word of Plato on the Good, the *Philebus*,[65] the sun itself, the Good or "the One itself", is only visible in the "quasi-unity" (*hoion hen*) of the three *parhelia* of beauty, symmetry and truth.

A modern Italian victim of the above-mentioned "fact of oppression" (cf. *supra*, p. 190), Antonio Gramsci (1891–1937), writing to his sister-in-law Tatiana Schucht (1887–1943), has formulated this achievement of a dialogue of coming to an agreement in the middle of ignorance on the ultimate issues in a more general way. He wrote not like Plato from the viewpoint of an imaginary "cave" or so with fictitious inhabitants to convert from their hedonism like Philebus and Protarchus. He wrote from a real prison in a region where Plato during his first visit to Sicily (cf. *Ep.* VII, 324 a 5) and "Archytas and his Tarentine friends" (338c7–d1) may have left footprints, too (in Turi near Bari), in the following way:

> When the two of us write to each other, don't we often tend to get irritated, [that is, don't we write "with a lot of friction" (*meta tribês pasês, Ep.* VII, 344b2–3)]? Yet, in the end, we manage to settle many of our differences.[66]

---

64 Cf. Jaeger, 1948, p. 159, n. 1: "Presumably it was Plato who first took the notion of inner divination (*manteuesthai*), which the poets were already using in the sense of the presentiment of external events, and stamped it with the philosophical meaning of a divination not of the future but of deep and hidden attributes", cf. p. 332, n. 59.

65 Cf. Thesleff, 1982, pp. 198–199: "The late date and the authenticity of the *Philebus* have not been seriously questioned since the beginning of this century. [...] the dialogue almost certainly takes account of doctrines of Eudoxos of Knidos."

66 Gramsci, 1947, p. 175: Letter from October 5, 1931. English translation L. Lawner. The Italian original runs as follows: "Noi due, scrivendoci, non scopriamo continuamente motivi di attrito e nello stesso tempo non troviamo o riusciamo a metterci d'accordo su certe quistioni [*sic*]?"

Für eine propädeutische Lektüre des *Politikos*

Abstract: *Political art conceived relativistically presupposes something „absolute", the appropriate* (to metrion) *and „all that which has its seat in the middle between two extremes" (284e). But this refutation of political relativism is only a propaedeutical step for the exposition of the „exact itself"* (auto takribes) *(284d2), that is, the good.*

Pro/[et]repsato men gar ape[irous] hôs eipein ep' autên dia tês anagraphês tôn logôn.[1] „Denn er wandte zu ihr [der Philosophie] hin sozusagen unzählige durch die Niederschrift der Reden." So Philodem in seiner Geschichte der Akademie. Was immer man vom historischen Wert dieses Testimonii halten mag,[2] es zeigt: Die protreptische Funktion der Dialoge war bereits im 3. Jahrhundert v. Chr. bekannt. Platon „wandte durch die Niederschrift der Reden (*logôn*) oder Gespräche (*dialogôn*)[3] sozusagen unzählige zur Philosophie hin". Nun ist die protreptische Rolle der frühen Dialoge auch heute noch wohlbekannt.[4] Weniger bekannt ist jedoch, dass auch einige der späten Dialoge ihr Ziel nicht in sich haben, sondern ebenfalls eine ‚protreptische' Funktion aufweisen.[5] In Ermangelung eines besse-

---

Ursprünglich veröffentlicht unter: Ferber, R., „Für eine propädeutische Lektüre des *Politicus*", in: Rowe, Ch. J. (Hrsg.), *Reading the Statesman. Proceedings of the III Symposium Platonicum*, Sankt Augustin 1995, S. 63–74 [Ferber, 1995a].

1 Dorandi, 1991, S. 125.
2 Zur Interpretation dieses Testimonii, das Philodem von Dikaiarch übernommen hat, Dorandi, 1991, S. 205–206, sowie Barnes, 1989, S. 139–148.
3 So die Lesart von Gaiser nach Dorandi, 1991, S. 126, Anm. 14.
4 Vgl. Erler, 1987. Modifiziert ist das Programm einer *protreptischen* Lektüre im Sinne einer proleptischen von Kahn in einer Reihe von Artikeln vorgestellt worden. Hier genüge ein Zitat aus Kahn, 1987: „What I do claim is that the philosophic meaning of these ‚Socratic' Dialogues – the group of aporetic dialogues around the *Protagoras*, concerned with the nature and teachability of virtue – can only be understood in terms of a *movement towards* the position of the middle dialogues. For it is only in the *Republic* that Plato gives us a comprehensible answer to the question raised in the *Laches, Protagoras* and *Meno*", S. 37. Zitiert in Griswold, 1991, S. 259, Anm. 14, der auch eine kritische Würdigung von Kahns Projekt enthält.
5 Vgl. jedoch bereits die knappen Bemerkungen Gaisers, 1959, zu den späten Dialogen, S. 179–221, insb. zum *Politikos*: „In diesem Zwischenstück (283b–287b) vollzieht sich die Besinnung des Gesprächs auf sich selbst und zugleich eine protreptisch hervortretende Rechtfertigung des pla-

ren Ausdruckes nenne ich diese Funktion propädeutisch. Im Folgenden soll deshalb die propädeutische Funktion eines späten Dialoges am Beispiel des *Politikos* näher dargestellt werden. Dazu gebe ich (I) einige einführende Bemerkungen zur Zielsetzung des *Politikos*. Es ist eine Übung (*meletê*), die nicht nur um des Staatsmannes, sondern auch um der Ideen willen geschieht. Darauf soll (II) die Frage einer Klärung nähergebracht werden: Was ist dasjenige, *zu* dessen Darstellung das „jetzt Angeführte" (284d2) einmal nötig sein wird, nämlich das „Genaue selbst" (*Plt.* 284d2)? Drittens (III) möchte ich der Frage nachgehen, in welchem Sinne die ‚Propädeutik' des Dialoges auf das „Genaue selbst" zu verstehen ist.

I

Dass der *Politikos* nicht auf die Darstellung des Staatsmannes beschränkt war, sondern ein weiteres Ziel hat, erhellt aus dem Satz:

> FREMDER: „Und wie? Unsere Frage über den Staatsmann (*hê peri tou politikou zêtêsis*), ist sie uns mehr um seinetwillen selbst aufgegeben worden oder damit wir in allem dialektischer (*peri panta dialektikôterois*) werden?" SOKRATES D. J.: „Offenbar auch dies, um es in allem zu werden." FREMDER: „Gewiss wird doch wenigstens kein irgend vernünftiger Mensch (*noun echôn*) die Erklärung der Weberei um ihrer selbst willen suchen wollen" (285d4–9).[6]

Die Erklärung der Weberei geschieht also um der Erklärung des Staatsmanns willen, die Erklärung des Staatsmannes aber, um in allem dialektischer zu werden. Die Suche nach dem Staatsmann ist so ein Beispiel (*paradeigma*), um in allem (*peri panta*) dialektischer zu werden. Einige leicht zu erkennenden Dinge aber tragen gewisse wahrnehmbare Ähnlichkeiten, „welche aufzuzeigen dann gar nicht schwer ist, wenn jemand einem, der Rechenschaft über etwas (*tô(i) logon aitounti*) verlangt, nicht auf eine mühsame Weise (*meta pragmatôn*), sondern ohne Erklärung (*chôris logou*) leicht etwas darüber deutlich machen will"

---

tonischen Philosophierens überhaupt", S. 212. Die grundsätzliche Einsicht Gaisers findet sich dogmatischer bei Krämer, 1959: „Der primäre Charakter der Dialoge als Werbeschriften der Akademie (seit ihrer Gründung) steht für mich fest", S. 533, Anm. 80. Ich setze jedoch oben ‚protreptisch' in Anführungszeichen, da, wie H. Thesleff mit Recht moniert: „this term is hardly appropriate for *Plt.* (otherwise I largely agree with Ferber's views)" (Thesleff, 1992, S. 11). Bei der Protreptik des *Plt.* handelt es sich nicht um eine Protreptik in dem wohl von Antisthenes inspirierten Sinne des *Clit.* 408d3; vgl. zum *Clit.* Thesleff, 1982, S. 205–206.

6 Ich folge, wenn nichts anderes vermerkt, der Übersetzung F. Schleiermachers, manchmal mit geringfügigen Änderungen.

(285e1–4). So lässt sich *chôris logou*, d. h. ohne Wesensdefinition, nur durch einen Hinweis leicht deutlich machen, dass z. B. Pferde und Esel „gewisse wahrnehmbare Ähnlichkeiten" an sich haben. Anders ist es aber bei den „größten und schätzbarsten" (*megistois ousi kai timiôtatois*) Dingen, wo es kein „handgreifliches Bild" (*eidôlon eirgasmenon enargôs*, 286a1–2) gibt, „durch dessen Aufzeigung (*hou deichthentos*), wer die Seele eines Forschenden befriedigen will, wenn er es etwa irgendeinem der Sinne vorhielte, sie hinlänglich befriedigen könnte (*hikanôs plêrôsei*)" (285e4–286a4). Auch die „größten und schätzbarsten" Dinge, d. h. wohl die Ideen, lassen sich durch Bilder den Sinnen „handgreiflich" bzw. „offensichtlich" (*enargôs*) machen. Doch um die Ähnlichkeit etwa zwischen der Idee eines Staatsmannes und eines Sophisten der „Seele eines Forschenden" befriedigend klarzulegen, genügt es nicht, auf „gewisse wahrnehmbare Ähnlichkeiten", zwischen Perikles und Protagoras etwa, hinzuweisen:

> Deshalb muss man darauf bedacht sein, von jedem Erklärung (*logon hekastou*) geben und auffassen zu können. Denn das Unkörperliche als das Größte und Schönste (*kallista onta kai megista*) wird nur durch Erklärung und auf keine andere Weise (*logô(i) de monon allô(i) de oudeni*) deutlich gezeigt. Und hierauf bezieht (*toutôn de heneka*) sich alles jetzt Gesagte; aber die Übung (*meletê*) ist in allen Stücken leichter am Geringeren (*en tois elattosin*) als am Größeren (*peri ta meizô*) (286a2–b2).

Wir dürfen so festhalten, dass die „Suche nach dem Staatsmann" (*hê peri tou politikou zêtêsis*) eine Übung (*meletê*) ist, die *nicht nur* um des Staatsmannes willen, sondern *auch um* des „Unkörperlichen als dem Größten und Schönsten" willen geschieht. Mit dem „Unkörperlichen als dem Größten und Schönsten" sind zweifelsohne die Ideen gemeint, „um deretwillen" (*toutôn de heneka*) alles bis jetzt Gesagte ist. So hat denn der *Politikos* – in der Intention des Protagonisten – eine doppelte Zielsetzung: einmal den Staatsmann zu definieren und zweitens die Suche nach den Ideen einzuüben. Ähnlich wie im *Parmenides* die Untersuchng des Einen paradigmatisch für andere allgemeinste Ideen durchgeführt wird (die der Ähnlichkeit und Unähnlichkeit, der Bewegung und Ruhe, des Entstehens und Vergehens, des Seins und Nichtseins: vgl. *Prm.* 136b4–c2), so ist *hê peri tou politikou zêtêsis* nur ein *paradeigma* für *hê peri tôn ideôn zêtêsis*. Während aber im *Parmenides* der Gesprächspartner des Protagonisten zuerst der *junge* Sokrates ist, so ist es hier Sokrates *der Jüngere*, d. h. wohl jemand, der noch unerfahrener *peri tôn ideôn zêtêsis* ist, als es bereits der junge Sokrates im *Parmenides* war.[7]

---

[7] Zur Frage, wer Sokrates der Jüngere war, vgl. Jatakari, 1990, S. 29 ff., die in ihm eine Anspielung auf den jungen Platon sieht. Da jedoch Sokrates d. J. nicht sehr individualisiert ist, kann dieser Anspielung kaum großes Gewicht zukommen, vgl. Thesleff, 1992, S. 3. In erster Linie handelt es

Wer aber als ‚junger' oder unbefangener Leser den *Politikos* liest, wird darüber enttäuscht sein, dass das „Unkörperliche als das Größte und Wertvollste", um dessentwillen die ganze Untersuchung geschieht, nicht weiter explizit behandelt wird. Schon bei der ersten Dihairese, wo wir lesen, inwiefern *genos* und *meros* nicht dasselbe, sondern jedes etwas anderes sei, darf Sokrates d. J. nicht meinen, etwas „klar Bestimmtes" (*enargôs dihorismenon*, 263b3: meine Übersetzung) gehört zu haben. Für *genos* lässt sich auch *eidos* sagen. Der *Politikos* unterscheidet praktisch zwischen den beiden Ausdrücken nicht.[8] Doch während ein *genos* ein *meros* ist, so nicht jedes *meros* ein *genos* (vgl. 263b). Aber darüber hinaus wird nichts Genaueres mitgeteilt. Ebenso wird nicht näher gesagt, *was* das „Unkörperliche als das Größte und Schönste" (286a5–6) ist; außer dass es unkörperlich, das Größte und Schönste ist. Zweifelsohne sind mit dem „Unkörperlichen" die Ideen gemeint.[9] Doch welche Ideen genau, das wird offen gelassen.

Zwar *könnte* die Wendung beim „größten und schätzbarsten" (*megistois ousi kai timiôtatois*, 285e4) eine Anspielung auf die Idee des Guten enthalten:[10] Sie ist das *megiston mathêma* (R. 505a2, 519c10), *meizônos timêteon* (R. 509a4–5) als Erkenntnis und Wahrheit (vgl. R. 508e6–509a5) und von einer *amêchanon kallos* (R. 509a6). Die Idee des Guten dürfte so zu den *megista kai timiôtata* (285e4) und *kallista* (286a5) gehören. Allerdings spielt der *Politikos* auf eine *Vielzahl* von Ideen an, wohingegen die Idee des Guten in der *Politeia* nur *eine* Idee ist (R. 519c2–3). Diese *eine* Idee des Guten sowie der hierarchische Aufbau der Ideen, wie ihn das Liniengleichnis symbolisiert,[11] werden im *Politikos* nicht explizit erwähnt. Daraus ist keineswegs zu schließen, dass Platon, aus dem der eleatische Fremdling zumindest teilweise spricht, diesen hierarchischen Aufbau im *Politikos* aufgegeben

---

sich wohl um einen Vertreter der jüngsten Generation der Akademie wie Miller, 1980, S. 23, mit Recht festhält, vgl. hier Anm. 22.

8 So Diès: „Il [le *Politique]* ne fait guère de différence pratique entre *eidos* et *genos*, si bien que, dans un même passage, ce qui vient d'être appelé espèce est, immédiatement après, appelé genre (262e) et que, pour faire pendant au *genos organon* (287d), il cite tout de suite l'espèce vase (*pantodapon eidos angeion*) puis, comme *triton heteron eidos* (288a), le véhicule" (Diès, 1935, S. xviii).

9 Das ist offensichtlich auch die ‚unitarische' Ansicht Cherniss's: „In view of these passages it is clear that the question as to the identification of ‚divisions' and ideas had become acute in the Academy [...] and that to the question avoided in the *Politicus* Plato's only direct answer could have heen *eidê estin hoposa physei*, ‚there are ideas of all things that have objective existence – and of such things only'. By such a statement ideas of artefacts would by no means have heen excluded or denied", Cherniss, 1944, S. 253. Vgl. auch Fußnote 160.

10 Dazu die Hinweise von Szlezák, 1991, S. 80–92, insb. S. 81–82.

11 Vgl. dazu, contra Cherniss, 1966, S. 67–68, ausführlich Ferber, 1989, S. 80–110, S. 197–211, mit weiteren Literaturangaben.

hat. Die dort an „Geringerem" (*tois elattosin*, 286b1) wie an der *Gliederung* der Erkenntnis (vgl. 258e–260e, 264a–266b) eingeübte Methode der Dihairesis deutet vielmehr an, dass der Fremdling von einem hierarchischen Aufbau der Ideen auch bei „Größerem" (*peri ta meizô*, 286b2) ausgeht. Um des Größeren bzw. der Ideen willen (*toutôn de heneka*) geschieht ja *hê peri tou politikou zêtêsis*. Weshalb aber sollten an „Geringerem" Dihairesen eingeübt werden, wenn nicht auch das „Größere" so zu gliedern ist? So dürfen wir davon ausgehen, dass auch der *Politikos* im Hintergrund eine dihairetisch zu gliedernde Hierarchie von Ideen voraussetzt.

II

Eine Hierarchie aber hat eine Spitze. In der Tat gibt es auch im *Politikos* eine Idee, welche besonders hervorgehoben wird, nämlich „das Genaue selbst" (*auto takribes*). Damit ist die Idee des Genauen oder die Idee der Genauigkeit gemeint. Die entscheidende Stelle findet sich ähnlich wie das Paradox von der Philosophenherrschaft oder vom Herrschen der Philosophierenden (vgl. *R*. 473c–e) in der Mitte des Dialoges. Sie resümiert die protreptische[12] Rede (283b8) gegen das „Übel" (*nosêma*, 283b7), philosophische Erörterungen als zu lang zu empfinden:

> [S$_1$] Dass allerdings das jetzt Angeführte einmal nötig sein wird zur Darlegung des Genauen selbst (*pros tên peri auto takribes apodeixin*).

> [S$_2$] Dass es aber zu unserm jetzigen Bedarf schön und genügend gezeigt ist, dazu scheint dieser Satz uns reichlich zu helfen, dass man also in gleicher Weise annehmen muss, dass alle Künste sind, und zur selben Zeit, dass Größeres und Kleineres messbar ist nicht nur gegen einander (*mê pros allêla monon*), sondern auch gegen die Entstehung des Angemessenen (*pros tên tou metriou genesin*).

> [S$_3$] Denn wenn dieses *ist* (*toutou te gar ontos*), dann *sind* auch jene, und *sind* jene, so muss auch dieses *sein*; *ist* aber eines von beiden nicht, so kann auch keines von beiden jemals *sein* (284d1–e8).

S$_1$ bezieht sich *zurück* auf 284b7–c9 und *voraus* auf die „Darlegung des Genauen selbst" (*pros tên peri auto takribes apodeixin*). Wann aber erfolgt diese Darlegung (*apodeixis*)? Einmal (*pote*). Das indexikalische Adverb der Zeit deutet einen unbestimmten Zeitpunkt in der Zukunft an. Nun hat Platon diesen Dialog sehr spät geschrieben; wenn wir H. Thesleffs und G. R. Ledgers absoluter Chronologie folgen dürfen, nach 353–2 und vor 350, d. h. ungefähr rund fünf Jahre vor seinem

---

12 Vgl. Anm. 5 mit dem Hinweis auf Gaiser, 1959, S. 212.

Tode.[13] In den kurz danach geschriebenen Dialogen, den *Gesetzen*, der *Epinomis*, dem *Timaios* und *Kritias*,[14] finden wir aber die erwähnte *apodeixis* „des Genauen selbst" nicht. Ebensowenig finden wir sie im *Philebos* und *Kleitophon*, ganz abgesehen von der Frage, ob der *Philebos* nicht vor dem *Politikos* zu datieren ist.[15] Doch auch wenn der *Philebos* nach dem *Politikos* zu datieren ist: Zwar weist er unter den Wesenszügen des Guten *metriotês* und *symmetria* auf (vgl. *Phlb.* 64e5–7),[16] darin kann jedoch schwerlich bereits die *peri auto takribes apodeixis* gesehen werden. Der *Philebos* bringt eher „das Gute für den Menschen" und noch nicht das „das Genaue selbst". Entsprechend sind auch *peras* und *apeiron* dort abgeleitete Prinzipien.[17] Der *Philosophos* (vgl. *Sph.* 217a3) aber blieb wohl absichtlich ungeschrieben.[18] Als Möglichkeit steht noch offen, dass sich die *apodeixis* „des Genauen selbst" auf die wohl späte und einmalige *Peri tagathou akroasis* bezieht.[19] Doch darf der *Inhalt* der berühmten Vorlesung wohl schon zu einem früheren Zeitpunkt vorausgesetzt werden.[20] Hinzu kommt, dass über den Zeitpunkt und die Häufigkeit der *akroasis* sogar die Meinungen der beiden ‚Esoteriker', H. Krämer und K. Gaiser, begründet auseinandergehen.[21] So dürfen wir

---

13 Vgl. Thesleff, 1982, S. 237; Ledger, 1989, S. 224–225.

14 Ledger, 1989, S. 224–225. Die Datierung des *Timaios* und *Kritias* unter den letzten zwei Dialogen Platons ist eine interessante Neuerung Ledgers, wiewohl: „This is perhaps the most controversial part of the revision of the sequence for the late dialogues [...]", S. 200.

15 Das ist ein wichtiges Resultat von Ledger, 1989, S. 198–199: „The important point, however, is that *Philebus* precedes the other five major dialogues, the *Sophist, Politicus, Laws, Timaeus,* and *Critias*. None of these dialogues is ever shown preceding it and the evidence for its priority is too weighty to ignore", S. 198.

16 So Friedländer, 1960, S. 272; auch Robin, 1968, S. 122: „[...] (et c'est bien en partie ce que veut le *Philèbe*) entreprendre ‚une démonstration relative à ce qu'est essentiellement *l'exactitude*' (284b–d)."

17 Vogel, 1986: „It is ‚the good for man' he is concerned with in the *Phlb*. And not even the *peras* and *apeiron* are to be taken as the ultimate principles in that dialogue. Here J. Krämer rightly remarks that in the *Phlb. peras* and *apeiron* are derived principles", S. 13.

18 Eine gute Diskussion der verschiedenen Optionen bezüglich des *Philosophos* bietet Kranz, 1986, S. 88–89, S. 153–156, mit dem Ergebnis, dass der *Philosophos* weder der *Parmenides* war noch im *Sophistes* oder *Politikos* aufging. Sie antizipiert auch die hier vorgeschlagene ‚propädeutische' Lektüre, wenn sie schreibt: „Die Dialoge – und auch die späten Dialoge [...] haben eine elenktische und kathartische, also vorbereitende Funktion und verweisen auf Begründungszusammenhänge, die darzulegen die Dialoge selbst nicht geeignet sind, da sie der mündlichen Unterweisung vorbehalten blieben", S. 89 (zitiert ohne Fußnote).

19 Vgl. für die Verteidigung einer Spätdatierung auch Gaiser, 1980, S. 5–37, zur langen Diskussion der Frage auch Ferber, 1991b, S. 9, S. 65–67.

20 Vgl. Gaiser, 1980, S. 9, Richard, 1986, S. 71, Ferber, 1989, S. 157–158; Ferber, 2007a, S. 122, Anm. 3, S. 122–125.

21 Vgl. die Zusammenfassung der Diskussion von Richard, 1986, S. 72–76.

vermuten, dass Sokrates d. J. und seiner Erkenntnisstufe entsprechende Leser wie z. B. Neulinge der Akademie[22] durch den *Politikos* auf die *apodeixis* „des Genauen selbst" vorbereitet werden sollten, unabhängig von der Frage, *wann* diese Darlegung in einer absoluten Chronologie der Werke Platons erfolgen sollte. Der indexikalische Ausdruck *pote* hätte dann die Bedeutung, dass für Sokrates d. J. zu einem späteren Zeitpunkt das jetzt Ausgeführte einmal nötig sein werde.

Platon konnte ja wohl davon ausgehen, dass nicht alle möglichen Leser des *Politikos* bei der öffentlichen *akroasis* zugegen sein mochten. Andererseits sollten wohl *alle, für die* stellvertretend Sokrates d. J. steht, auf eine Darlegung „des Genauen selbst" vorbereitet werden. So würde die erwähnte Stelle die entscheidende Vorbereitung *pros tên peri auto takribes apodeixin* enthalten. Insofern aber diese *apodeixis* ausgespart wird, ist S_1 die entscheidende ‚Aussparungsstelle' des *Politikos*. In der Tat lesen wir kurz zuvor mit Bezugnahme auf die große Digression im *Sophistes* (vgl. 236d–264b): „Nur noch größer ist diese Arbeit (*pleon [...] eti toutôn to ergon*), o Sokrates, als jene – und wir erinnern uns doch noch an jene, wie lang sie währte. Aber ansetzen (*hypotithesthai*) können wir darüber wohl dieses mit allem Recht" (*Plt.* 284c6–7), nämlich dass „das jetzt Angeführte einmal nötig sein wird zur Darlegung des Genauen selbst". Sowenig aber wie in der *Politeia* die „lange Arbeit" (*sychnon ergon*, R. 511c3–4) des Aufstiegs von den Ideen zur Idee des Guten und Abstiegs von der Idee des Guten zu den Ideen bereits ausgeführt ist, sowenig die „größere Arbeit" (*pleon ergon*) im *Politikos*. Auch das *pleon ergon* ist wohl *sychnon*.

S_2 sagt, dass der bisherige Satz (*logos*, 284b7–c3) reichlich dazu hilft, unseren jetzigen Zwecken zu genügen, nämlich dass man gleichzeitig annehmen müsse, dass alle Künste sind und d. h. auch existieren, aber auch dass Größeres und Kleineres nicht nur gegeneinander, sondern auch gegen die Entstehung des Angemessenen messbar sind. Was ist mit der „Entstehung des Angemessenen" (*hê tou metriou genesis*) gemeint? Klar scheint, dass „die Entstehung des Angemessenen" nicht dasselbe ist wie „das Angemessene". Im einen Falle haben wir „das Angemessene", im anderen Falle dessen Entstehung, d. h. wohl dessen Realisation in der Sinnenwelt. Doch ist „das Angemessene" noch keine Idee, wird es doch als *to prepon, ho kairos, to deon* und „alles, was in der Mitte zwischen zwei äußersten Enden seinen Sitz hat" (284e6–8) umschrieben. So legt sich die Hypothese nahe, dass „das Angemessene" ein *metaxy* zwischen Sinnesphänomen und

---

[22] Vgl. etwa Miller, 1980, S. 5: „By making ‚Socrates' the chiefrespondent, Plato puts the Academy on stage before himself. Yet he does so with a certain indirectness [...]. Thus the dialogue is an act of indirect communication between Plato and the youngest generation of Academicians [...]."

Idee ist, nämlich ein Maßstab zur Beurteilung der Realisation einer Idee – hier wohl „des Genauen selbst" – in der Sinneswelt.[23]

Das 284b7–c3 aufnehmende Argument von S_2 hat nun eine *gewisse* Ähnlichkeit mit dem „Argument aus den Wissenschaften" (*ek tôn epistêmôn*) für die Existenz der Ideen (vgl. Aristoteles, *Metaph.* A 9, 990b12). Wir können es das „Argument aus den Künsten" (*ek tôn technôn*) nennen: Wie die Existenz der Wissenschaften Ideen von allem voraussetzt, wovon es Wissenschaften gibt, so die Existenz von Künsten, dass das Größere und Kleinere nicht nur gegeneinander, sondern auch gegen die Entstehung des Angemessenen, d. h. an der Realisation eines nicht nur relativen, sondern ‚absoluten' Maßstabs messbar ist. Damit ist wohl gemeint, dass die Existenz von Künsten voraussetzt, dass es „das Angemessene" gibt, *das* sie in der Welt des Entstehens und Vergehens zu realisieren haben und an *dessen* Realisation sie hinsichtlich von Überschuss und Mangel zu messen sind.

S_3 gibt die eigentliche Begründung, wobei S_3 nicht mehr von „der Entstehung des Angemessenen", sondern von „dem Angemessenen" spricht. „Die Entstehung des Angemessenen" setzt ja „das Angemessene" voraus. Wenn „das Angemessene" (*to prepon*) existiert (*toutou te gar ontos*), dann existiert auch jenes, nämlich das [an sich] Größere und Kleinere; und wenn das [an sich] Größere und Kleinere, dann auch „das Angemessene". Das Bedingungsverhältnis zwischen „dem Angemessenen" und „dem [an sich] Größeren und Kleineren" ist also gegenseitig. Aus der Gegenseitigkeit des Bedingungsverhältnisses folgt dessen Inversion: Wenn entweder das [an sich] Größere und Kleinere oder „das Angemessene" nicht existiert, dann existiert weder das [an sich] Größere und das [an sich] Kleinere noch „das Angemessene".

Etwas einfacher lässt sich der Gedanke auch so formulieren: Wenn ein ‚absoluter' Maßstab existiert, dann existiert auch das [an sich] Relative, d. h. das Relative, das gemessen an einem ‚absoluten' Maßstab relativ ist, und umgekehrt. Wenn aber das ‚Absolute' nicht existiert, dann existiert auch nicht das [an sich] Relative. Wie also die Behauptung der Existenz von Wissenschaften die Affirmation von Ideen voraussetzt, so die Behauptung der Existenz von Künsten die Affirmation eines *metrion*, d. h. eines ‚absoluten' Maßstabs. Und ähnlich wie sich der Homo-Mensura-Satz, wonach das, was jedem *scheint*, auch *ist* (vgl. *Tht.* 170a3 – 4),

---

[23] Dazu Miller, 1980, S. 66: „As the fullest possible realization of the form, given the limits of context, the mean serves as the norm for *praxis*, the standard by which essential measure can judge speeches and actions." Zitiert ohne Fußnote, die auf Souilhé, 1919, verweist, der schreibt (Souilhé, 1919, S. 66): „Platon [...] veut appliquer à son tour à tout ce qui ne se compte ni ne se pèse, cette mesure, non strictement mathématique sans doute, mais sachant combiner harmonieusement en elle le double caractère d'exactitude et d'entité morale."

selbst widerlegt, insofern dann auch dessen Negation wahr ist (vgl. *Tht.* 171b1–2);[24] ebenso würde die Behauptung einer nur relativen Messkunst nicht nur die Bezugnahme auf einen ‚absoluten' Maßstab, sondern auch das [an sich] Relative, d. h. hier das [an sich] Größere und [an sich] Kleinere aufheben. Gibt es aber kein [an sich] Relatives mehr, so ist die ‚absolute' Messkunst und Staatskunst zerstört. Dann hätte aber weder der Staatsmann noch „irgendein anderer von denen, die es mit Handlungen zu tun haben, unbestritten [...] wahrhaft Kundiger" (*tôn peri tas praxeis epistêmona anamphisbêtêtôs*, vgl. *Plt.* 284c2–3) einen der Relativität enthobenen Standard für seine Kunst.

Allerdings ist auch „das Angemessene", worum der „unbestritten [...] wahrhaft Kundige" zu wissen hat, der Relativität nicht *ganz* enthoben. Der Fremde variiert es nämlich durch *to prepon, ho kairos, to deon* und „alles, was in der Mitte zwischen zwei äußersten Enden seinen Sitz hat" (*Plt.* 284e6–8). Zuerst ist hier die Hypothese fernzuhalten, dass *to metrion* und *auto takribes* dasselbe sind. Ist *auto takribes* eine Idee, so ist *to metrion* noch keine Idee, sondern eher die Beurteilungsinstanz der Idee des *auto takribes* in der Sinneswelt.[25] Wie sollte etwa eine Idee ihren Sitz „in der Mitte zwischen zwei äußersten Enden haben"? Ähnlich wie eine ideale Temperatur die Mitte zwischen den beiden Extremen einer zu kalten und einer zu warmen einnimmt und so die Beurteilungsinstanz abgibt, ob eine Temperatur zu warm oder zu kalt ist, so ist *to metrion* nicht die Idee des Maßes oder „des Genauen selbst", sondern dessen ideale Beurteilungsinstanz für konkrete Phänomene in der Sinneswelt.

Wie aber eine ideale Temperatur nicht überall dieselbe ist, so ist *to metrion* wie *to prepon, ho kairos, to deon* und „alles, was in der [qualitativen] Mitte zwischen zwei äußersten Enden seinen Sitz hat", nicht überall dasselbe. Es lässt vielmehr eine gewisse Variabilität zu. Auch aus diesem Grunde kann *to metrion* nicht ganz genau sein. Diese Beurteilungsinstanz aber bildet – wenn auch ungenau – ein [an sich] Genaues oder Absolutes[26] ab, nämlich die Idee „des Genauen

---

24 Vgl. für eine eindringliche Interpretation Burnyeat, 1990, S. 19–31.
25 Insofern stimme ich nicht ganz mit der Erklärung Grubes überein: „It is not called an Idea because it is not, at least for the most part, coextensive with it" (Grube, 1935, S. 299). Das Spezifikum des *metrion* scheint vielmehr ein Beurteilungsmaßstab des *auto takribes* in der Sinneswelt zu sein. Deshalb kann es auch mit *to metrion* wie *to prepon, ho kairos, to deon* und „alle[m], was in der Mitte zwischen zwei äußersten Enden seinen Sitz hat" (*Plt.* 284e6–8) identifiziert werden.
26 Vgl. bereits die Übersetzung von Jowett, 1871: „That we shall some day require this notion of a mean with a view to the demonstration of absolute truth." Ebenso Krämer, 1959: „Es empfiehlt sich, in diesem Zusammenhang *akribeia* mit ‚Absolutheit' wiederzugeben [...]. Es ist für die Stellung Platons in der Geschichte der griechischen Philosophie und sein Verhältnis zur Tradition bezeichnend, dass der platonische Begriff des *metron* den protagoreischen aufnimmt, und, indem er ihn ins Gegenteil verkehrt, zugleich der Sache nach aufhebt", S. 547, Anm. 116.

selbst". Deshalb hat auch noch die Beurteilungsinstanz *etwas* vom Genauen oder Absoluten an sich, weshalb ich vorher *to metrion* durch „‚absoluten' Maßstab" in Anführungszeichen wiedergegeben habe.

Hinsichtlich des „Genauen selbst" ist es aber eine naheliegende Hypothese, dass es die Idee des Guten ist.[27] Für diese Hypothese spricht, dass in der *Politeia* die Idee des Guten das Ziel ist, das der Staatsmann bzw. Philosophenkönig bei seinem Handeln im Auge haben muss (vgl. *R.* 519c2), deren Darlegung (*diêgêsis*) allerdings bereits in der *Politeia* ausgespart bleibt (vgl. *R.* 506d7–e3). Nun wäre es doch unwahrscheinlich, dass Platon dieses Ziel des Philosophenkönigs bzw. der -königin im *Politikos* wieder annulliert hätte, wenn er am Gedanken eines Philosophenkönigs festhält: Der „mit Einsicht königliche Mann" (*andra ton meta phronêseôs basilikon*, *Plt.* 294a8), der auch ohne Gesetze regiert, sollte das jemand anders als der Philosophenkönig sein? Wenn er aber ohne Gesetze regiert, welches Ziel soll er im Auge haben, wenn nicht die Idee des Guten? Zwar mögen – *horribile dictu* – die Staatsmänner „auch einige töten oder verjagen und so zu

---

27 Vgl. bereits die Übersetzung Campbells, 1867: „That some day there will be need of that which has now been mentioned for the demonstration of the highest problem of all" (S. 105), mit dem Kommentar: „It appears from the Philebus that the absolute standard (*metron*) was closely allied in Plato's mind with Reason and the Idea of Good", Campbells, 1867, S. 105. In dieselbe Richtung zielt Apelt, *Politikos*, 1922a: „Vielleicht ist das wieder eine Hindeutung auf den Dialog *Philosophos*, wo das oberste Prinzip, die Idee des Guten als höchster Regulator aller Zwecke geschildert werden sollte", S. 129. Die Übersetzung von Apelt, *Politikos*, 1922a: „Dass das jetzt Erörterte sich einst als unentbehrlich erweisen wird für die Darlegung des obersten Prinzips", deutet wohl ebenfalls auf die Idee des Guten hin. Ebenso die Übersetzung Mazzarellis, 1991: „Che, ad un certo momento, si avrà bisogno di ciò che si è detto ora per la dimostrazione dell'esattezza in senso assoluto." Dazu Reale, 1991, S. 416–434. Anders dagegen die Übersetzung von *peri auto takribes* durch Skemp, 1962: „That when one day we come to give a full exposition of true accuracy in dialectic method, we shall find the need of this postulate concerning the due measure which we have just enuntiated." L. Brisson macht mich aber mit Recht darauf aufmerksam, dass *peri auto takribes* mehrdeutig ist: „Tout le problème est de savoir si on donne à *auto takribes* un répondant, qu'il s'agisse des Formes ou du Bien, ou si on estime que cette ‚exactitude en soi' est une qualité autonome qui peut se rapporter à toute sorte d'objets" (briefliche Mitteilung vom 14. September 1992). Campbells Kommentar, S. 105, spiegelt die Zweideutigkeit so: „*auto takribes* is that absolute principle which is essential to and identical with perfection of method". In der von mir vorgeschlagenen Interpretation ergibt sich die Genauigkeit der Methode erst daraus, dass der Gegenstand „das Genaue selbst" ist. Eine Isolation methodischer Genauigkeit von einem bestimmten Gegenstand – hier „dem Genauen selbst" – wäre unplatonisch, da die dialektische Methode nicht getrennt ist von ihrem Gegenstand. Deshalb erscheint es doch legitim, mit der Mehrheit der Übersetzer *auto takribes* ‚un repondant' zu geben. Da jedoch schwerlich eine der anderen Ideen *auto takribes* sein kann, so legt sich die Idee des Guten nahe. Vgl. Kahn, 1995, mit dem ich weitgehend übereinstimme, der allerdings das Problem, was mit dem *auto takribes* gemeint ist, nicht berührt.

seinem Besten (*ep' agathô(i)*) den Staat reinigen [...]: solange sie nur Erkenntnis (*epistêmê(i)*) und Recht (*tô(i) dikaiô(i)*) anwendend ihn erhalten und aus einem schlechten möglichst besser machen" (*Plt.* 293d4–9), ähnlich wie der Arzt tun mag, was er will, „wenn es nur zum besten des Leibes (*ep' agathô(i) tô(i) tôn sômatôn*) geschieht" (*Plt.* 293b6–7). Doch woran soll sich dieses Handeln „zum Guten" (*ep' agathô(i)*) ausrichten, wenn nicht an der Idee des Guten?[28] So dürfen wir doch vermuten: Wie mit dem „mit Einsicht königlichen Mann" der Philosophenkönig, so ist mit *auto takribes* die Idee des Guten intendiert.

Diese Hypothese ist von der Tübinger Schule dahingehend ergänzt worden, dass *auto takribes* einen Hinweis auf das Prinzip des Einen darstellt,[29] das wir seit der Aussparungsstelle im *Protagoras* (vgl. *Prt.* 357b5–6) im Hintergrund der Dialoge vorauszusetzen hätten[30] und das mit dem „genauesten Maß" zu identifizieren sei. Die Verbindung wird dabei hergestellt durch das vom Neuplatoniker Syrianos überlieferte Fragment aus dem verlorenen aristotelischen Dialog *Politikos*: „Er [Aristoteles] schreibt im zweiten Buch des *Politikos* darüber [...] und formuliert ausdrücklich so: ‚Denn das genaueste Maß von allem ist das Gute (*pantôn akribestaton metron tagathon estin*)'" (*in Metaph.* 168, 33–35).[31] Aristoteles bezieht sich darin wohl auf den platonischen Dialog *Politikos*. Syrianos aber

---

[28] So mit Recht auch Guthrie, 1978, S. 172: „Plato did not give up his belief in a universal Form of Good."
[29] Krämer, 1959, S. 492: „Da aber das *agathon* und *metron* der ‚Politeia', wie das des ‚Politikos', das Eins ist, setzt der frühplatonische Dialog ‚Protagoras', den manche an den Anfang des platonischen Schriftwerks stellen, das Eins als Seins- und Wertprinzip voraus." Noch deutlicher Reale, 1991, S. 415: „Per quanto, poi, concerne ‚la dimostrazione della esattezza assoluta', cui Platone nel nostro dialogo rimanda, è chiaro ormai che si tratta della definizione del Principio primo assoluto. Si tratta, cioè, dell'Uno inteso come ‚misura' e ‚misura esattissima', che è non altro che la base dell',iceberg', di cui il discorso della ‚giusta misura' e del ‚giusto mezzo' fatto nel *Politico* è la punta emergente."
[30] Vgl. Krämer, 1959, S. 490–491: „[...] sie [die *mêtrêtikê technê* im *Protagoras*] ist keine relative, normlose, sondern eine absolute, normative *mêtrêtikê technê*, die sich nach einem absoluten, normativen *metron* richtet. Im *Politikos*, den man deshalb schon immer mit dem *Protagoras* in Verbindung gebracht hat, werden denn auch beide *mêtrêtikai* reinlich geschieden." Ebenso Reale, 1991, S. 410: „Già nel *Protagora* Platone mostra di conoscere questa scienza; ma non la rivela e scrive espressamente: ‚Quale scienza equale arte sia, poi, questa, lo esamineremo un'altra volta.' Tale questione, nell'ambito degli scritti, viene ripresa solamente nel *Politico*, che è un dialogo tardo. E qui Platone scopre le carte, ma solo a metà, ossia ai fini della fondazione metafisica del discorso di carattere politico che sta svolgendo."
[31] Dazu Fritz/Kapp, 1950, S. 214–215. Krämer, 1966, S. 57, „[...] denn Unvollständiges (*ateles*) ist nicht das Maß von irgend etwas" (504b) enthalte einen Hinweis darauf, dass „das *agathon metron*, also Maßstab, und zwar *teleion* und *akribestaton metron* ist", überzieht die textliche Evidenz. Vgl. dagegen Ferber, 1989, S. 292–293, Anm. 28, und Lafrance, 1995: „[...] [l]oin d'être mesure l'Idée de bien est au delà de toute mesure (*Rép.* 509b9)" (S. 93).

zweifelt nicht daran, dass in diesem Satz das „Gute" das transzendente Eine bedeutet, das auch „genauestes Maß" ist. Aristoteles würde also, soweit wir Syrianos Glauben schenken können, die ‚Aussparungsstelle' des *Politikos* füllen: Über das hinaus, was wir von der *Politeia* her wissen können, gibt er eine Antwort auf unsere Frage: Was ist das *auto takribes*? Es ist *das* Gute/Eine, und das Gute/Eine ist das „genaueste Maß". Also nicht der Mensch wie nach dem Homo-Mensura-Satz des Protagoras, sondern das Gute/Eine ist so das „genaueste Maß" der Dinge. Diese Auffassung der Tübinger Schule würde sich im Einklang mit derjenigen Aristoteles' und des Neuplatonikers Syrianos finden.

Ist die Auffassung der Tübinger Schule aber auch die Auffassung Platons? Richtig ist, dass die Behauptung des Homo-Mensura-Satz sich selbst *widerlegt* (vgl. *Tht.* 171b1–2). Richtig ist auch die Einsicht, dass der Fremde, aus dem vermutlich Platon, wenn auch nicht der ganze Platon spricht, auf „das Genaue selbst" verweist, aber dessen *apodeixis* ausspart. Ebenso setzt der Fremde bei den Staatsmännern noch nicht die Episteme „des Genauen selbst" voraus, sondern nur die „wahrhaft wahre Meinung (*ontôs ousan alêthê doxan*) von dem Gerechten, Schönen und Guten und dessen Gegenteil, wenn sie stabilisiert (*meta bebaiôseôs*) der Seele einwohnt" (*Plt.* 309c5–7, Übers. R. F.). Er setzt also bei ihnen noch nicht die „Wissenschaft vom Guten" (*epistêmê tou agathou*) voraus, sondern nur eine stabilisierte richtige Meinung. Diese haben Sie denen, „welche einer richtigen Erziehung teilhaftig geworden sind", einzubilden (vgl. 309d3). Ebenso wird nur gesagt, dass die Behauptung einer politischen Kunst ein *metrion* braucht, eine Voraussetzung, die einmal für die *peri auto takribes apodeixis* nötig sein wird. Von der schriftlichen Fixierung dieser *apodeixis* aber scheint Platon sich nichts versprochen zu haben. Insoweit teile ich die Tendenz der Tübinger Schule.

Ob aber die Formulierung des Aristoteles tatsächlich eine Formulierung Platons ist, das wissen wir leider nicht. *Wenn* aber Platon die aristotelische Formulierung in einem mündlichen Dialog gebraucht hat, so wahrscheinlich mit sehr viel mehr Vorsicht als Aristoteles in seinem *Politikos*; wahrscheinlich mit all den Modifikationen und Bezugnahmen auf den Gesprächspartner, wie sie nur das mündliche Gespräch erlaubt. Ich unterscheide mich so von der Auffassung der Tübinger Schule, insofern ich mich nicht auf eine feste Formulierung oder Formel festlege, sondern Platon die Freiheit anderer Formulierungen für jenes „Genaue selbst" zugestehe.[32] Ferner sehe ich nicht nur die Schwierigkeit der Vermittlung

---

[32] Th. A. Szlezák macht mich in seinem Kommentar mit Recht darauf aufmerksam, dass Gaiser, 1968, S. 575–591, in seinem Nachwort zur zweiten Auflage von Gaiser, 1963, im esoterischen Platon keineswegs einen Dogmatiker sah, vgl. z. B. S. 591: „Schließlich ist nochmals daran zu erinnern, dass die systematische Prinzipientheorie Platons, soviel wir wissen, nicht autoritär dogmatisch war, sondern ein orientierendes Modell aufzeigte […]." Für mögliche alternative

als ausschlaggebenden Grund dafür an, weshalb er die Formel ausgespart hat. Auch die Schwierigkeit, „das Genaue selbst" mittels einer Formel wie der genannten wiederzugeben, dürfte das ihrige dazu beigetragen haben, dass sie ausgespart blieb. Selbst wenn „[...] das genaueste Maß von allem das Gute ist", so müsste sich Platon die offene Frage gefallen lassen: „Ist denn das genaueste Maß von allem auch gut?"[33] Das heißt: Die „Erfüllung der Seele" (*plêrôsis psychês*) eines nach der Idee des Guten Fragenden (vgl. *R.* 505a – e) ist nicht nur durch kein „handgreifliches Bild" (*eidôlon eirgasmenon enargôs*, vgl. 285e4 – 286a4), sondern auch durch keine Formel zu erreichen, da die Idee des Guten einen Überschuss über jede Formel enthält. Um es mit der „wahren Lehre" (*alêthes logos*, *Ep.* VII, 342a3 – 4) des *Siebten Brief* zu sagen: Jede Formel „Das Gute bzw. das Genaue selbst ist das und das" würde wieder nur eine „Beschaffenheit" dieses „Genauen selbst", aber nicht das Wesen des „Genauen selbst" der Seele vorhalten (vgl. *Ep.* VII, 342b7 – c4) und wohl auch letztlich „mit jeglicher Ausweglosigkeit (*aporias*) und Ungewissheit (*asapheias*) sozusagen jedermann erfülle[n]" (*Ep.* VII, 343c5 – 6).[34]

Im Kontext des *Politikos* kommt hinzu, dass noch kein Staatsmann mit einer Formel wie „Das Gute ist das genaueste Maß aller Dinge" einen Maßstab zur Entscheidung zwischen konkurrierenden Vorstellungen vom Guten für den Staat gewonnen hätte.[35] Deshalb – so bereits die die aristotelische Kritik an der Idee des Guten (vgl. *EE* 1.8, 1217b24 – 25, *EN* 1.6, 1097a1 – 14) vorwegnehmende Einsicht des *Politikos* – ist ein ‚derivatives Prinzip' nötig, woran der Staatsmann sich ausrichten

---

Formulierungen der beiden Prinzipien vgl. Wielen, 1941, S. 178 – 179. Demgegenüber glaubt Krämer noch 1990, ähnlich wie Albert, 1989, Platon eine „dogmatische Metaphysik und Systematik" unterstellen zu können, vgl. Krämer, 1990, S. 90. Vgl. zu Albert, 1989, Ferber, 1992a; zu Krämer, 1990, Ferber, 1993a, hier S. 257 – 272.

33 Zur ‚offenen Frage' Moore, 1903, Kap. 1, S. 13.
34 Dazu die Interpretation von Ferber, 1991b, S. 45 – 52, Ferber, 2007a, S. 56 – 66, mit weiteren Literaturangaben.
35 Dazu Kelsen, 1985, S. 371: „Kurz, das Wesen der königlichen Kunst besteht darin, das Gute zu fördern und das Böse zu beseitigen. Es sind Allgemeinheiten, mit denen ein praktischer Staatsmann so gut wie gar nichts anzufangen wüsste." Ähnlich bereits Popper, 1957, S. 373: „Die platonische Idee des Guten ist praktisch leer. Sie gibt uns keinen Hinweis darauf, was im moralischen Sinne gut ist, d. h. was wir tun sollen", mit Hinweis auf Grote, 1875, S. 241. Kelsen scheint hier wie Popper, Grote (und Ferber, 1989, S. 232) die Lehre vom *to metrion* zu übersehen, welches als vermittelnde Instanz zwischen solchen „Allgemeinheiten" und konkreten Phänomenen fungiert und die aristotelische *mesotês*-Lehre antizipiert (vgl. *EN* 11.2, 1103b26 – 1104a27, 11.5, 1106a13 – b35). Die aristotelische Ablehnung eines *takribes* in der Wissenschaft vom Handeln zugunsten von *ta pros ton kairon skopein* (*EN* II.2, 1104a1 – 10) dürfte eine polemische Spitze gegen den *Politikos*, 284d, enthalten, aber gleichwohl dessen *mesotês*-Lehre (vgl. 284e6 – 8) aufnehmen.

kann, nämlich *to metrion, to prepon, ho kairos, to deon* und „alles, was in der Mitte zwischen zwei äußersten Enden seinen Sitz hat" (284e6–8).

III

Das waren einige Hinweise zu einer propädeutischen Lektüre der zentralen Stelle des *Politikos*. Ein weiterer Vortrag hätte zu zeigen, wie sich diese ‚Propädeutik' in der Struktur des Dialoges auswirkt.[36] Wagen wir es gleichwohl (in einem protreptischen Sinne) zusammenzufassen, inwiefern der *Politikos* ‚protreptisch'-propädeutisch ist. Er hat eine solche Funktion, insofern er zur Philosophie hinwenden soll, wie das Philodem bzw. Dikaiarch von allen platonischen Dialogen sagt. So hat der Dialog sein Ziel nicht in sich, sondern außer sich, nämlich in der philosophischen Bildung (*paideia*) eines jungen Menschen.

Damit ist eine *historizistische Lektüre* aufgegeben, wonach die Chronologie der platonischen Dialoge auch die Chronologie seiner geistigen Entwicklung dokumentiert: Sowenig die frühesten Dialoge die ‚ersten', sowenig müssen die spätesten Dialoge schon die ‚letzten' Gedanken Platons darstellen.[37] Ebensowenig folgt daraus, dass Platon die Ideen im *Politikos* nicht explizit behandelt, dass er die ‚Ideenlehre' und deren dihairetisch zu entfalten de Struktur aufgegeben hat.[38]

---

36 Vgl. jedoch für einen Ansatz Schröder, 1935.

37 Vgl. z. B. Ryle, 1966, S. 135: „However, now Plato himself, in his *Phaedrus* 265–6, *Politicus* 286 and, more debatably, *Philebus*, seems to give a role to dialectic quite different from that given in the *Republic*. We hear no more of the discovery of non-hypothetical first principles functioning as super-axioms for all the special sciences; nor is any reason given for the disappearance of this view. Perhaps daily intercourse with mathematicians, astronomers, and other researchers had taught him that no such super-axioms were to be looked for, since their absolute generality or formality would prevent special or material consequences from being derivable from them." Eine solche historizistische und entwicklungsgeschichtliche Auffassung, wie sie beispielsweise im Gefolge Ryles Owen, 1986, vertreten hat und in der angelsächsischen Literatur noch gängig ist, ist inzwischen im Projekt Kahns einer proleptischen Lektüre zu Recht verlassen worden, vgl. Kahn, 1995: „Hence the apparent separation here of dialectic from metaphysics can be construed as a mark of the preliminary, instrumental function of the Divisions and Combinations carried out in these dialogue" (S. 59). Ebenso auch Gill, 1995: „In fact, I am open in principle to the idea that there are significant differences between the arguments mounted in different Platonic works, though I am more inclined to characterize these in dialectical than in developmental terms" (S. 304).

38 Kontra z. B. Owen, 1986. Auch wenn Owen mit seiner Behauptung: „Read in context the passage [285d9–286a7] says nothing of the paradigm-metaphysics. It makes a sound philosophical point [die Unterscheidung von Hinweis und Erklärung] in plain terms", recht haben sollte, so beweist das noch nicht, dass Platon die Metaphysik der Ideen aufgegeben hat, wie Kahn richtig

Allerdings dürften ihm die Schwierigkeiten der Vermittlung der ‚Ideenlehre' wohl noch deutlicher bewusst geworden sein als zur Abfassungszeit der *Politeia* (vgl. z. B. *R.* 533a1–5). Deshalb musste sie propädeutisch erst eingeübt werden. Diese propädeutische Hinwendung zur Philosophie *und d. h. auch zu den Ideen* hat aber die weitere Funktion, dass sie auf die *peri auto takribes apodeixis* vorbereiten soll. Diese *apodeixis* finden wir explizit in keinem der folgenden Dialoge. So legt sich die Folgerung nahe, dass die Propädeutik des *Politikos* Sokrates d. J. – und d. h. auch den noch unvorbereiteten jungen ‚original reader'[39] – auf eine ungeschriebene *peri auto takribes apodeixis* oder *epistêmê tou agathou* hinwenden soll.

Damit ist auch die sogenannte *Schlegel-Schleiermacher'sche Lektüre* verlassen, wonach wir

> Plato's eigentliche, wahre Philosophie [ausschließlich] in seinen Schriften besitzen; dass aber die Dialoge nichts absolut vollendetes liefern, in der Natur der Sache [liege], da Plato als durchaus progressiver Denker entweder mit seiner *Philosophie,* oder mit ihrer Darstellung nicht fertig geworden ist.[40]

Die Aussparung der *peri auto takribes apodeixis* ist kaum darauf zurückzuführen, dass Platon „entweder mit dieser *apodeixis* oder ihrer Darstellung [vor seinem Tode] nicht fertig geworden ist". Der Inhalt der *apodeixis* und wahrscheinlich auch „ihre Darstellung" dürfte ihm vielmehr zumindest im Umriss seit der Abfassungszeit der *Politeia* vertraut gewesen sein.[41]

Diese propädeutische Vorbereitung geschieht (a) *unmittelbar* durch die Erwägung, dass das Relative „das Angemessene" bzw. ‚Absolute' voraussetzt und das jetzt Gesagte zur *apodeixis* des *auto takribes* bzw. Absoluten (ohne Anführungszeichen) einmal nötig sein wird (vgl. 284b7–d2). Sie geschieht ausführlicher und (b) *mittelbarer* aber dadurch, dass der polymethodische Dialog eine Übung (*meletê*) darstellt, die nicht nur um des Staatsmannes willen geschieht, sondern auch um in allem dialektischer zu werden (285d4–6; vgl. 286b1). „In allem dialektischer werden" heißt auch dialektischer zur Erfassung der anderen Ideen werden und zuletzt zur *apodeixis* des *auto takribes*. Damit ist der *Politikos* im Unterschied etwa zum *Gorgias,* dem *Symposion* oder *Phaidon* nicht mehr primär

---

moniert (vgl. Kahn, 1995). Hat Platon die Metaphysik der Ideen nicht aufgegeben, so wohl auch nicht die Idee des Guten. Er hat vielmehr nur das ‚derivative Prinzip' des *metrion* eingeführt, vielleicht um der aristotelischen Kritik zu entgehen, dass die Idee des Guten für praktische Zwecke nutzlos ist (vgl. *EE* 1.8, 1217b24–25, *EN* 1.6, 1097a1–14).

39 Ausdruck von Griswold bzw. Kahn, vgl. Griswold, 1991, S. 248–249.
40 Schlegel, 1836, S. 367.
41 Dazu die neue Rekonstruktion von Ferber, 1989, S. 154–216, insb. S. 164, mit weiteren Literaturangaben.

eine ‚Werbeschrift der Akademie',[42] sondern eher eine dialektische Übung für bereits erfolgreich geworbene jüngere Mitglieder der Akademie. Vielleicht kommen wir der propädeutischen Intention des Verfassers nahe, wenn wir den *Politikos* als ein Musterbeispiel (*paradeigma*) für jene ‚Reibung' der verschiedenen Erkenntnismittel aneinander sehen, welche die erkenntnistheoretische Digression des ungefähr gleichzeitig entstandenen *Siebten Briefes* so formuliert:

> Kaum (*mogis*) aber, wenn jedes Einzelne von ihnen aneinander gerieben wird (*tribomena pros allêla*), Namen (*onomata*) und Definitionssätze (*logoi*), Anschauungen (*opseis*) und Wahrnehmungen (*aisthêseis*), in wohlgesinnten Prüfungen (*en eumenesin elenchois*) geprüft, und wenn man von ihnen ohne Missgunst in Fragen und Antworten Gebrauch macht, beginnt Vernunft (*phronêsis*) hinsichtlich von jedem Einzelnen (*peri hekaston*) und Einsicht (*nous*) aufzuleuchten, falls man sich anstrengt, sosehr es menschlicher Kraft möglich ist (*Ep.* VII, 344b3–c1).[43]

Wenn es nicht zu schematisch wäre, könnte man versucht sein, dem ersten Teil des Dialoges (258b–267c), der sich mit der Dihairesis befasst, die *onomata* und *logoi*, dem zweiten Teil (267c–287b), der den Mythos und das Beispiel des Webens bringt, die *opseis* und *aisthêseis*, dem dritten Teil aber, der die Dihairesis wieder aufnimmt und als Ergebnis der „Reibung" die Definition des Staatsmannes „herausspringen" lässt (287b–311c), *phronêsis* hinsichtlich des Staatsmannes und allenfalls *nous* zuzuordnen.[44] Wie bereits der platonische Parmenides sagt: „Ohne diesen Durchgang durch alles und das Abschweifen ist es nicht möglich, dem Wahren begegnend, *nous* zu erlangen" (*Prm.* 136e2–3, Übers. R. F.). Dieser so verstandenen Propädeutik dürfte auch die Langwierigkeit und Mühseligkeit des Dialoges entsprechen, der wohl auch „mit jeglichem Reiben und Verweilen" (*meta tribês pasês*) und unter Aufwendung von „viel Zeit" (*chronou pollou*) (*Ep.* VII, 344b2) zu lesen war.

Doch auch mit der Wesensdefinition des Staatsmannes (311b7–c6) ist der ‚Funkensprung' (vgl. *Ep.* VII, 341c7–d1) und d. h. das ‚Aufleuchten' (*Ep.* VII, 344b7)

---

[42] Krämer, 1959, S. 533, Anm. 80; vgl. oben, Anm. 5.
[43] Zur Übersetzung und Interpretation dieser Stelle Ferber, 1991b, S. 54–56; Ferber, 2007a, S. 69–70, zum Ausdruck *mogis* vgl. Steinthal, 1993, zit. S. 310, vgl. aber auch S. 153, Anm. 58.
[44] Vgl. Miller, 1980, S. 80: „In a number of its key details, this passage reads almost as an account of the action of the *Statesman*." Einen detaillierten Vergleich mit der erkenntnistheoretischen Digression des *Siebten Briefs* hat bereits Schröder, 1935, durchgeführt. Dazu die informative Rezension von Fritz, 1936, der aber mit Recht einwendet: „Für die Beurteilung der vorliegenden Untersuchung ergibt sich jedenfalls, dass es der Verf. zwar nicht gelungen ist, die fünfte Stufe der Erkenntnis [die Idee] aus dem 7. Brief im Dialog unmittelbar nachzuweisen, was a priori unmöglich ist [...]" (S. 125). Richtig stellt von Fritz auch fest: „[...] dass der ideale Politiker des Mythos nicht die Idee des Politikers sein kann" (Fritz, 1936, S. 125).

von Vernunft (*phronêsis*) und Einsicht (*nous*) noch nicht garantiert, geschweige denn das *auto takribes* erreicht. Erreicht wurde eine Steigerung in der Fähigkeit zur Dihairese und d. h. auch in der Fähigkeit zur Erinnerung an die Ideen.[45] Es ist, wie wenn der eleatische Fremdling die philosophische Bildung (*paideia*) bzw. „Umwendung der Seele" (*R.* 521c6) von Sokrates d. J. nur so weit anzuregen versucht, dass dieser den ‚eleatischen' Standpunkt sieht und seine Seele auf „Größeres" (*peri ta meizô*, *Plt.* 286b1–2) hin richtet – ohne dass der Fremdling im Dialog bereits definitorisch festlegt, *was* es ist.

Hat Platon so durch den Fremden aus Elea – er ist „maßvoller (*metriôteros*) als die, welche sich aufs Streiten gelegt haben" (*Sph.* 216b8) – im *Politikos* „das Maßvolle" (*to metrion*) zur Entstehung (*genesis*) zu bringen versucht, sodass weder das Zuviel noch das Zuwenig darin ist? Weder wird nämlich zu *viel* gesagt, insofern gesagt würde, *was* ‚das Genaue selbst' bzw. das Absolute selbst (ohne Anführungszeichen) ist. Aber es wird auch nicht zu *wenig* gesagt, wenn sich die zentrale philosophische Aussage des Dialoges so formulieren lässt, dass sich der Relativismus auch in der politischen Kunst selbst widerlegt und die Existenz eines ‚Absoluten' (mit Anführungszeichen) voraussetzt.

Damit vollendet der *Politikos* die *geschriebene* Trilogie *Theaitetos*, *Sophistes* und *Politikos*, wofern ich deren thematische Einheit so charakterisieren darf: Die Bestreitung eines ‚Absoluten' widerlegt sich selbst, insofern sie die Existenz eines ‚Absoluten' voraussetzt. Hatte das der *Theaitetos* auf der Ebene der Erkenntnis zu zeigen versucht, insofern sich der Homo-Mensura-Satz selbst zurückweist, so der *Sophistes* auf der Ebene des Seins, insofern die sophistische Behauptung des Nichtseins (vgl. *Sph.* 236e–241b) die Behauptung ‚Das Nichtsein ist' voraussetzt, wie der *Politikos* resümiert (284b7): Im *Theaitetos* setzt eine relativistisch konzipierte Erkenntnis, im *Sophistes* eine sophistische ‚Ontologie', im *Politikos* aber eine relativistisch aufgefasste politische Kunst etwas ‚Absolutes' voraus. Der *Politikos* aber geht einen Schritt weiter, insofern er andeutet, wozu diese (in allen drei Dialogen vollzogene) propädeutische Selbstwiderlegung einer ein ‚Absolutes' (mit Anführungszeichen) bestreitenden Position einmal nötig ist, nämlich „zur Darlegung des Genauen selbst" bzw. des Absoluten selbst (ohne Anführungszeichen).

Der *Philosophos* aber, welcher die *geplante* Trilogie *Sophistes*, *Politikos*, *Philosophos* (vgl. *Sph.* 217a3) abzuschließen und vielleicht die Definition des Genauen selbst bzw. des Absoluten (ohne Anführungszeichen) zu geben hatte, blieb ungeschrieben. Platon hat aber in den *Nomoi* vielleicht auch für Sokrates den *Jün-*

---

[45] Dazu die allerdings einseitige Bemerkung von Cherniss, 1944, S. 47: „diaeresis appears to be only an aid to reminiscence of the ideas".

geren eine Art von ‚Definition' des Genauen selbst dem Athener in den Mund gelegt: „Der Gott aber dürfte uns wohl am meisten Maß aller Dinge sein, und das weit mehr als, wie sie sagen, ein Mensch" (*Lg.* 716c4–6; Übers. R. F.). Es ist ein Gott, der in diesem für den *Jugend*unterricht konzipierten (vgl. *Lg.* 811c–d) Alterswerk vielleicht für *das* Genaue selbst bzw. die Idee des Guten steht, insofern „der Gott" (*ho dê theos*) dort das ‚personalisierte' Genaue selbst oder die ‚personalisierte' platonische Idee des Guten ist,[46] auch wenn das nur eine Hoffnung oder „gute Hypothese" (vgl. S. 154) bleibt: „Gott mag wissen, ob sie wahr ist" (*theos de pou oiden ei alêthês ousa tynchanei*) (R. 517b6–7).[47]

---

[46] Dazu Reale, 1991, S. 711, wohl etwas überinterpretierend: „Dio è Colui che realizza la Misura e l'Uno in maniera perfetta, e, in questo senso, Egli pure è Misura, in dimensione (diremmo noi) ‚personale' [...]."

[47] Für hilfreiche Kommentare danke ich Teilnehmern des III Symposii Platonici; insbesondere aber den Herren L. Brisson, Ch. Gill, M. Miller, L. Rossetti, Th. A. Szlezák und H. Thesleff. D. Morrison half mir freundlicherweise bei der englischen Übersetzung von Teil III für den Vortrag.

„Auf diese Weise nun gebe ich selbst meine Stimme ab"

Einige Bemerkungen zu Platons später Ideenlehre unter besonderer Berücksichtigung des *Timaios*

Abstract: *In the whole* Corpus Platonicum, *we find in principle only one „direct argument" (Charles Kahn) for the existence of the ideas (*Ti. *51d3 – 51e6). The purpose of the article is to analyse this argument and to answer the question: Why did Plato in the* Timaeus *defend the existence of the ideas despite the objections in the* Parmenides? *He defended it again because the latent presupposition of the apories in the* Parmenides, *the substantial view of sensibles, is removed through the introduction of space as „substantialized extension". First (I) it is shown that Plato remained, in dialogues, like the* Sophist *and* Politicus, *faithful to the „theory of ideas" despite his criticism in the* Parmenides. *The common theme in the trilogy of the* Theaetetus, Sophist *and* Politicus *is to refute relativism by showing that any relativism presupposes something absolute that is something like Platonic ideas. The second part of the paper (II) examines the logical structure of the argument for the existence of ideas in the* Timaeus *(51d3 – 52a7). The third part (III) shows how this argument can avoid the criticism of ideas in the* Parmenides. *In this criticism, sensibles are treated as substantial entities. But, as the* Timaeus *shows, sensibles are not substantial entities but merely qualities, namely qualities of space, which is the only substance beside the ideas.*

Zu den alten Rätseln der Platonforschung gehört die Frage, weshalb Platon im *Timaios* wieder die Ideenlehre vertreten konnte, nachdem er sie im *Parmenides* kritisiert hatte. Im Folgenden soll (I) ein kurzer Überblick über die Entwicklung der Ideenlehre in den Spätdialogen aus „propädeutischer"[1] Sicht gegeben werden. Darauf (II) analysiere ich das zentrale Argument für die Ideen aus dem *Timaios* (51d3 – 51e6) und möchte (III) die Frage zu beantworten versuchen, weshalb

---

Ursprünglich veröffentlicht unter: Ferber, R., „'Auf diese Weise nun gebe ich selbst meine Stimme ab' – Einige Bemerkungen zu Platons später Ideenlehre unter besonderer Berücksichtigung des *Timaios*", *Gymnasium: Zeitschrift für Kultur der Antike und Humanistische Bildung* 105 (1998), S. 419 – 444 [Ferber, 1998a].

[1] Vgl. hier S. 197 – 214.

Platon in diesem Argument trotz der Aporien im *Parmenides* wieder die Ideenlehre vertreten konnte. Daraus sollen einige Konsequenzen für den philosophischen und didaktischen Sinn der relativen Chronologie *Parmenides – Theaitetos – Sophistes – Politikos – Timaios* und die ‚Ungeschriebene Lehre' gezogen werden. Die Frage, wie Platon seine Lehre in den späten Dialogen dargestellt hat, ist dabei von der Frage der Entwicklung von Platons Lehre zu trennen. Das eine braucht mit dem anderen nicht zusammenzufallen. Platons geistige Entwicklung lässt sich nicht unmittelbar an der Entwicklung der Dialoge ablesen.

I

Unter den Spätdialogen steht die relative Reihenfolge *Parmenides – Theaitetos – Sophistes – Politikos* fest. Der *Theaitetos* verweist auf den *Parmenides* (vgl. *Tht.* 183e) und macht auf ein weiteres Treffen aufmerksam (*Tht.* 210d), das dann am Beginn des *Sophistes* (*Sph.* 216a) stattfindet; der *Politikos* deutet wieder auf den *Sophistes* (*Plt.* 284b7–8) zurück. Soweit ich sehe, hat sich auch in der berühmten Auseinandersetzung zwischen G. E. L. Owen und H. Cherniss eher die Ansicht H. Cherniss' durchgesetzt (Owen, 1953; Cherniss, 1957), wonach der *Timaios* zu den Spätdialogen zu zählen ist.[2] Einer der Hauptgründe für die Spätdatierung ist die Vermeidung des Hiats.[3] Der *Timaios* ist deshalb nach dem *Parmenides*, wahrscheinlich auch nach dem *Sophistes* und *Politikos* anzusetzen.[4] Mithin folgen sich vermutlich: *Parmenides – Theaitetos – Sophistes – Politikos – (Philebos) – Timaios*.[5] Den *Philebos* habe ich in Klammern gesetzt, da seine Stellung umstritten bleibt. Es kann sein, dass er vor oder nach dem *Timaios*, oder sogar vor dem *Sophistes* und *Politikos* zu datieren ist.[6] Doch solange externe oder stilometrische Kriterien fehlen, dürfen wir uns mit der Feststellung begnügen, dass der *Philebos* und *Timaios* ungefähr gleichzeitig, d. h. sicher nach der dritten

---

2 Vgl. Krämer, 1982, S. 188–192; Ledger, 1989, S. 200–204, Brisson, 1992, S. 72–75.
3 Cherniss, 1965, S. 339–349. Vgl. das Urteil Ledgers, 1989, S. 202: „Yet it is clear from the evidence presented above that the stylometric characteristics of the *Timaeus* do not support his [Owens] claims, however we may choose to interpret its philosophical content."
4 Vgl. Brisson, 1992, S. 75. Vgl. auch das Urteil Kahns, 1995, S. 49: „The late group (*Sophist, Statesman, Philebus, Timaeus-Critias, Laws*) was identified by Campell in 1867, and its identity has been confirmed by every systematic study of Plato's style since then."
5 So z. B. Wilamowitz-Moellendorff, 1919, Robin, 1968, Ross, 1951, Krämer, 1957, vgl. dazu die Tabelle von Thesleff, 1982, S. 8–17.
6 Vgl. Ledger, 1989, S. 198–199: „The important point, however, is that Philebus precedes the other five major dialogues, the Sophist, Politicus, Laws, Timaeus, and Critias." Vgl. auch Migliori, 1993, S. 35, Anm. 50–51.

sizilischen Reise (361–360) und wohl im letzten Lebensjahrzehnt Platons (357–347) entstanden sind. Für das Folgende genügt bereits die Annahme, dass der *Timaios* nach dem *Parmenides* und *Theaitetos*, wahrscheinlich aber auch nach dem *Sophistes* und *Politikos* verfasst wurde. Dann stellt sich aber die Frage, weshalb der *Timaios* wieder die Ideenlehre vertreten kann, wiewohl die fünf Einwände des *Parmenides* (vgl. 130c–134e)[7] gegen die Ideenlehre weder im zweiten Teil des *Parmenides*, noch im *Theaitetos* oder gar in der Trilogie *Theaitetos – Sophistes – Politikos* widerlegt wurden. Es handelt sich zwar um Aporien (*Prm.* 129e6, 130c3, 135a3), deren Lösung keineswegs ausgeschlossen wird.[8] Die Lösung aber wird nicht explizit gegeben, auch wenn Kommentatoren nicht müde geworden sind, sie im zweiten Teil des *Parmenides* oder im *Sophistes* zu suchen.[9]

Für die Beantwortung dieser Frage ist es unabdingbar, sich in Erinnerung zu rufen, dass der zweite Teil des *Parmenides* eine Übung (*Prm.* 135c–d, 136a–c) und ein „mühsames Spiel" (*Prm.* 136b–c) für einen engeren Kreis darstellt; „denn die Menge weiß nicht, dass ohne dieses Hin- und Hergehen durch alles es nicht möglich ist, dem Wahren begegnend, Vernunft zu erlangen" (*Prm.* 136e). Platon scheint sich also nichts von einer Widerlegung dieser Aporien versprochen zu haben, die ohne vorgängige dialektische Übung dem Adepten der „Ideenlehre" ein Resultat aufoktroyiert hätte, das schwerlich in ihm haften geblieben wäre, wenn er es nicht selbst gewonnen hätte.[10] Zudem bedarf es eines Mannes von einem ausgezeichneten Naturell (*andros pany euphyous*), um zu lernen, dass es

---

[7] Vgl. dazu insbesondere Allen, 1983, S. 92–180, Migliori, 1990, S. 132–179, und Brisson, 1994b, S. 29–43.

[8] Vgl. zum aporetischen Charakter dieser Einwände Brisson, 1994b, S. 31.

[9] Im zweiten Teil des *Parmenides* vermuten z.B. Reale, 1993a, S. 303–313, Migliori, 1990, S. 24–26, Meinwald, 1991, S. 153–163, Schofield, 1996, S. 52, eine Lösung der Schwierigkeit, im *Sophistes* bereits Stefanini 1991b, S. 134: „Il *Sofista* affronterà il compito positivo per il superamento delle difficoltà", und Kamlah, 1963. Wenn Platon jedoch im zweiten Teil des *Parmenides* eine Lösung angeboten hätte, so ist nicht einzusehen, weshalb dann der Dialog in einem Widerspruch endet, der sowohl die Annahme als auch die Verneinung der Ideen unmöglich macht. Zu Meinwalds Lösungsversuch vgl. z. B. die Kritik von Frances, 1996, S. 47–63, insb. S. 56–60. Wenn Platon die Lösung der Schwierigkeit im zweiten Teil des *Parmenides* so gut versteckt hätte, dass sie erst kurz vor dem Jahre 2000 entdeckt werden konnte, wäre er dann ein guter Lehrer gewesen? Im Prinzip plausibler ist Stefaninis Ansicht, dass Platon erst im *Sophistes* mit der Widerlegung beginnt, insofern z. B. die Teilhabe-Beziehung nun eine ideeninterne Angelegenheit wird, in welcher sich dieses Paradox nicht mehr stellt, vgl. Stefanini 1991b, S. 213–215. Ungelöst bleiben damit aber immer noch die Aporien der Beziehung zwischen Sinnesdingen und Ideen, die weder im zweiten Teil des *Parmenides* noch im *Sophistes* näher untersucht werden.

[10] So auch Cherniss, 1945, S. 83: „He did not try to impose it upon his students or associates from without by the constraint of persuasion or authority, for he knew that true knowledge must come from within the soul itself and that nothing learned under compulsion remains fixed in the mind."

jeweils eine Gattung von jedem Einzelnen gibt und ein selbstständig existierendes Wesen (vgl. *Prm.* 135a7–b1). Noch erstaunlicher aber ist, wer dies selbst auffinden und einen anderen dies alles lehren kann, indem er es selbst hinlänglich gut bestimmt (*Prm.* 135b1–2). Sowohl das Erlernen der „Ideenlehre" als auch deren Weitergabe ist also von großer Schwierigkeit und an hohe Anforderungen gebunden.

Ähnlich wie Parmenides, *Prm.* 136e, spricht auch der *Siebte Brief* von der „Hindurchführung durch alle diese [Erkenntnismittel] (*hê dia pantôn autôn diagôgê*) hin und her fortschreitend bei jedem Einzelnen (*anô kai katô metabainousa eph' hekaston*)" (*Ep.* VII, 343e1–2), die kaum oder mit Mühe (*mogis*) eine Episteme des von „Natur aus Wahren" bei demjenigen erzeugt, der ein „gutes Naturell" hat (*eu pephykotos eu pephykoti, Ep.* VII, 343e3). Klar und deutlich sagt jedoch Parmenides, aus dem wohl Platon – wenn auch noch nicht der ganze – spricht: Ohne Ideen gäbe es keinen Richtpunkt mehr für das Denken und ohne Ideen würde auch die Fähigkeit der Dialektik bzw. die Fähigkeit zu argumentativer Rede zerstört werden (vgl. *Prm.* 135b8–c2).

Nun hat Platon an der Dialektik offensichtlich auch in den späteren eleatischen Dialogen, dem *Sophistes* (vgl. z. B. 219a–224a) und *Politikos* (261a–266a) festgehalten. Also muss er auch dort noch Ideen voraussetzen, wie dies ja in den Dihairesen des *Sophistes* (245e–259d) und *Politikos* (vgl. 263a–264b, 286a–b) der Fall ist. Wir dürfen deshalb im Gegensatz zu der etwa von G. Ryle und G. E. L. Owen und anderen vertretenen These von einer „Krise" oder „Wende" Platons davon ausgehen, dass Platon trotz der Kritik im *Parmenides* an den Ideen festgehalten hat,[11] was ja auch der *Siebte Brief* bestätigt (*Ep.* VII, 342a7–d8).[12] Das sogenannte Argument vom „Dritten Menschen" kann also schwerlich „a record of honest perplexity" (G. Vlastos) oder „the transparent disclosure of a quandary in

---

[11] Vgl. Ryle, 1939, S. 129–151, S. 302–325; Ryle, 1966, S. 286–295; Owen, 1953, S. 79–95, und neuerdings McCabe, 1994, S. 301–302: „After the criticism of the forms in the *Parmenides*, I contend, Plato's metaphysical attention turns away from the theory of forms to a more general focus: the problem of individuation itself, for any entity at all (forms, particulars, monads, numbers, kinds, whatever)", S. 301. Vgl. auch das Urteil R. E. Allens, 1983, S. 177, übernommen von Brisson, 1994b, S. 43: „If the criticisms are not trivial, neither are they fatal." Das scheint auch die Meinung Kahns, 1995, S. 49–60, zu sein: „To deny the unity and continuity of Plato's thought in regard to this fundamental dualism, is, I submit, to deny the texts", S. 58. Für Autoren, welche vor Ryle, 1939, S. 129–151, analoge Thesen von einer „Krise" vertreten haben, vgl. die Übersicht bei Stefanini 1991a, S. XXIII–XXIV.

[12] Zur Echtheitsfrage vgl. Brisson, 1993, S. 37–46. Zum Inhalt der philosophischen Digression, Ferber, 1991b, S. 40–61. Hinsichtlich der Echtheitsfrage habe ich inzwischen meine Meinung dahingehend modifiziert, dass der *Siebte Brief* wahrscheinlich von Platon stammt, vgl. Ferber, 1991b, S. 72–73, Ferber, 2007a, S. 51–77, S. 145, Anm. 68; vgl. hier S. 182, Anm. 14; S. 296, Anm. 5.

the author's own mind" (Ch. Kahn) gewesen sein,[13] wenn die Auflösung dieser Aporie bereits im *Parmenides* keineswegs ausgeschlossen wird, sondern eher nur an hohe Anforderungen gebunden ist. Wie wir noch sehen werden, sind die Anforderungen mindestens so hoch, wie sie der *Timaios* an den Leser stellt.

Aber das „Resultat" der Übungen des *Parmenides* ist ein Widerspruch, und zwar sowohl für die Hypothese der Annahme als auch die der Verneinung des Einen, und zwar sowohl für das Eine als auch für das Andere, und zudem sowohl in Beziehung auf sich selbst als auch auf alles andere (*Prm.* 166c). Andererseits hat Platon das Gesetz vom zu vermeidenden Widerspruch akzeptiert (vgl. *R.* 436b, 602e, *Euthd.* 293d, *Sph.* 230b). Also kann das „Resultat" des *Parmenides* nicht richtig sein, führt es doch in einen völligen Relativismus und Skeptizismus oder sogar Nihilismus hinsichtlich der Existenz und Nichtexistenz sowohl des Einen wie auch des Anderen, wie das bereits L. Robin festgestellt hat:

> C'est donc dans un nihilisme sans issue que finit par sombrer l'Éléatisme, aussitôt qu'il fait sur lui-même l'épreuve de sa propre dialectique (Robin, 1968, S. 101).

Um mit den Worten des alten „Parmenides" zu sprechen: Wenn der Schluss des *Parmenides* wahr wäre, wüsste der junge Adept der „Ideenlehre" nicht mehr, „wohin er seinen Geist wenden soll" (*Prm.* 135b8), da er nichts mehr hätte, wohin er seinen Geist wenden kann. Aus einem logisch widerspruchsvollen Satz kann man nämlich jeden beliebigen Satz ableiten.

Um dem abzuhelfen, geht es meines Erachtens in den folgenden drei Dialogen darum, den Relativismus von innen her zu widerlegen. Die Trilogie *Theaitetos*, *Sophistes* und *Politikos* enthält ebenfalls „Übungen" für jüngere Mitglieder der Akademie, für die stellvertretend Theaitetos und Sokrates der Jüngere stehen. Entsprechend hat diese Trilogie (meines Erachtens) die formale Einheit einer propädeutischen Funktion für jüngere Mitglieder der Akademie. Die inhaltliche Einheit aber vollzieht diese Propädeutik so, dass der Protagonist – Sokrates bzw. der eleatische Fremdling – auf drei verschiedenen Ebenen die folgende These zu beweisen sucht: Die Bestreitung eines Absoluten widerlegt sich selbst, da sie die Existenz eines Absoluten voraussetzt. Der *Theaitetos* bemüht sich, dies auf der Ebene der Erkenntnis zu zeigen, insofern sich der Homo-Mensura-Satz, wonach das, was jedem scheint, auch ist (vgl. *Tht.* 170a3–4), selbst widerlegt, da dann auch dessen Verneinung wahr ist (vgl. *Tht.* 171b1–2).[14] Der *Sophistes* zeigt dies auf der Ebene des Seins, insofern die sophistische Behauptung des Nichtseins (vgl.

---

[13] Vgl. Vlastos, 1954, S. 319–349. Der Ausdruck von Kahn findet sich zitiert in Schofield, 1996, S. 50.
[14] Vgl. insbesondere Burnyeat, 1990, S. 19–31.

Sph. 236e – 241b) die Behauptung „Das Nichtsein ist" voraussetzt, wie der *Politikos* resümiert (*Plt.* 284b8). Nach dem *Politikos* aber zerstört eine nur relative Messkunst des Größeren und Kleineren sich selbst und setzt eine absolute, nämlich eine Messkunst voraus, welche sich auf die Entstehung und d. h. hier wohl Hervorbringung des Angemessenen bezieht. Ohne diese würde die politische Kunst sich selbst aufheben (vgl. *Plt.* 284c1 – 3):

> Wenn nämlich [das Angemessene (*to metrion*)] existiert, dann existiert auch das [an sich] Größere und Kleinere; und wenn das [an sich] Größere und Kleinere, dann auch [das Angemessene]. Existiert aber eines von beiden nicht, so kann auch keines von beiden jemals sein (*Plt.* 284d6 – 8).

Im *Theaitetos* haben wir also eine relativistisch konzipierte Erkenntnis, im *Sophistes* eine sophistische „Ontologie", im *Politikos* aber eine relativistisch aufgefasste politische Kunst, die alle drei etwas Absolutes präsupponieren.[15] Diese die Trilogie vollendende Propädeutik des *Politikos* soll aber ihrerseits wieder Sokrates den Jüngeren – und d. h. auch den noch unvorbereiteten jungen „original reader" – auf eine ungeschriebene *peri auto takribes apodeixis* oder *epistêmê tou agathou* hinwenden.[16] Erst am Ende dieser Trilogie wird also die ungeschriebene Lehre vom Guten wieder, wenn auch nur in Form einer „Aussparungsstelle" (vgl. *Plt.* 284d1 – 2) ins Auge gefasst. In der Trilogie selbst aber spielt, soweit ich sehe, vielleicht mit Ausnahme des Hinweises auf „die jetzige Betrachtungsweise" (*Sph.* 254c9), welche die Betrachtungsweise des *Sophistes* jedenfalls einschränkt, die ungeschriebene Lehre keine Rolle.[17] Ebenso wird im *Timaios* die Ebene der Prinzipien zwar angedeutet, aber nicht ausgeführt (vgl. *Ti.* 28c3 – 5, 48c2 – 6).[18] Für das Verständnis des *Timaios* bleibt so nur die vorgängige dreifache Widerlegung eines Relativismus, nicht aber das in der *Politeia* mit der Idee des Guten erreichte

---

15 Vgl. den Beitrag in „Reading the Statesman", Ferber, 1995a, S. 63 – 75, insb. S. 72 – 75, hier S. 197 – 214, insb. S. 210 – 214, wo ich diese „propädeutische" Lektüre am Beispiel des *Politikos* ausgeführt, und meine Platon-Anthologie, Ferber, 1995b, wo ich die thematische Einheit der Trilogie „*Theaitetos – Sophistes – Politikos*" skizziert habe. Mittels dieser propädeutischen Lektüre lässt sich auch die „combination of explicated philosophical argument and reservations about the scope of this argument", Gill, 1996, S. 309, in der Trilogie erklären. Wir haben explizierte philosophische Argumente zur Widerlegung des Relativismus, ohne dass diese uns schon sagen, was z. B. das „Genaue selbst" (*Plt.* 284d2) sei.
16 So Ferber, 1995a, S. 72 – 75, hier S. 210 – 214.
17 So mit Recht Krämer, 1982, S. 204: „[...], ma sarebbe del tutto errato voler trovare nel *Sofista*, per questo motivo, anche la piu alta posizione della filosofia di Platone, come spesso avviene, facendo riferimento a successive forme di filosofia prima."
18 Vgl. dazu Szlezák, 1997b, S. 195 – 203.

Niveau relevant, das wohl erst wieder im mündlichen Vortrag *Peri tagathou* artikuliert wurde, zu dem (meines Erachtens) die Trilogie *Theaitetos – Sophistes – Politikos* die innerakademische „Propädeutik" lieferte.[19]

II

Nachdem diese propädeutische Widerlegung des Relativismus auf erkenntnistheoretischer, ontologischer und ethisch-politologischer Ebene vollzogen war, ist auch dem Verständnis der Ideenlehre soweit vorgearbeitet, dass sie der *Timaios* wieder voraussetzen kann (*Ti.* 27d5–28a4). Freilich gibt auch der *Timaios* keine *volle* Begründung für die Ideenlehre ab. Einerseits ist eine solche Begründung in einem Werk nicht zu erwarten, das im Unterschied etwa zum *Parmenides* wohl wie die *Politeia* nicht in erster Linie nur für die Akademie, sondern auch für breitere Kreise bestimmt war. Andererseits sollte eine lange Untersuchung nicht noch mehr verlängert (vgl. *Ti.* 51c7–d1) werden. Der *Timaios* hat sich deshalb explizit nur auf einen kleinen Exkurs beschränkt.[20] Er enthält ein Argument, das leicht verständlich ist, eine Grundvoraussetzung der platonischen Philosophie wiedergibt und wohl das „einzige direkte Argument für die Existenz der Ideen"[21] im *Corpus Platonicum* bildet. Der Protagonist stellt sich darin die Frage, ob es nicht jeweils (*hekastote*) vergeblich sei, wenn wir sagen, dass es ein denkbares Eidos von jedem gibt, sondern „dies nichts anderes als ein Logos" bzw. hier wohl eine Rede (*to d' ouden ar' ên plên logos, Ti.* 51c5) sei. Danach wären diese Ideen nur sprachliche Äußerungen und Platon scheint sich hier mit dem späteren Nominalismus, wonach die Universalien Namen bzw. genauer „voces significativae" sind, *avant la lettre* auseinanderzusetzen. Er bringt dabei aus dem Munde des „Timaios" folgendes Argument für die Ideenlehre vor, das ihm als das „für den Moment Passendste" (*enkairiôtaton*) erscheint, „wenn sich eine wichtige und bestimmte Unterscheidung durch ein kurzes Argument deutlich machen ließe" (*Ti.* 51d1–2):

---

19 Vgl. für eine von der Tübinger Schule unabhängige Rekonstruktion im Ausgang von der *Politeia* Ferber, 1989, S. 154–216. Eine solche „propädeutische" „vierte" Möglichkeit der Entwicklung neben (a) Destruktion der mittleren „Ideenlehre", (b) Selbstkritik und logischer Analyse sowie (e) „Altersblüte" findet sich weder bei Kraut, 1992, S. 14–20, Meinwald, 1992, S. 365–392, insb. S. 389–391, noch bei McCabe, 1994, S. 97–217, vgl. insb. S. 307–308.
20 Zur Bedeutung von Exkurs vgl. den schönen Artikel von Brumbaugh, 1988, S. 84–92.
21 So Kahn, 1996, S. 330.

[S₁] Wenn nämlich Vernunft und wahre Meinung zwei Gattungen sind [p], dann existieren auf jeden Fall selbstständig diese von uns nicht wahrnehmbaren, sondern nur denkbaren Gebilde [q].

[S₂] Wenn sich aber, wie einigen scheint, wahre Meinung in nichts von Vernunft unterscheidet [nicht p], dann ist alles, was wir durch den Körper wahrnehmen, als unwandelbar feststehend zu setzen [nicht q].

[S₃] Doch sind beide als zweierlei zu benennen, da sie beide getrennt entstehen und sich auch verschieden verhalten.

[S₄] Das eine von ihnen entsteht in uns durch Belehrung, das andere durch Überredung.

[S₅] Ferner ist das eine mit wahrer Erklärung verbunden, das andere ist ohne Erklärung.

[S₆] Zudem ist das eine durch Überredung nicht zu erschüttern, das andere kann durch sie umgestimmt werden.

[S₇] Schließlich ist zu sagen, dass an dem einen jedermann teilhat, an der Vernunft aber die Götter und nur ein kleiner Teil der Menschen.

[S₈] Da sich die Dinge so verhalten, ist beizustimmen, dass es jeweils ein Eidos gibt, das sich immer auf dieselbe Art und Weise verhält, ungeworden und unverderblich, das weder etwas anderes von anderswoher zu sich selbst aufnimmt noch selbst je in etwas anderes übergeht, unsichtbar und auch sonst nicht sinnlich wahrnehmbar, ist es das, was dem Denken zu schauen bestimmt ist.

[S₉] Das zweite trägt denselben Namen wie das erste und ist ihm ähnlich, ist sinnlich wahrnehmbar, erzeugt, immer in Bewegung, kommt an irgendeinem Ort ins Sein und verschwindet wieder von dort und ist nur durch Meinung mit Sinneswahrnehmung erfassbar (*Ti.* 51d3–52a7).²²

Das Argument hat die logische Struktur eines *modus ponendo ponens*: S_1 ist ein Bedingungssatz: Wenn p, dann q. S_2 enthält dazu die Verneinung: Wenn nicht p, dann nicht q. S_1 und S_2 sind dabei voneinander logisch unabhängig, d. h. S_2 kann falsch sein, während S_1 wahr ist, und umgekehrt.

S_3 begründet den Bedingungssatz p mit zwei Argumenten, einem genetischen und einem strukturellen, wobei das strukturelle wieder in drei Untergruppen zerfällt. Das genetische Argument findet sich in S_4: „Vernunft entsteht in uns durch Belehrung, wahre Meinung durch Überredung". S_5, S_6 und S_7 geben das dreigeteilte strukturelle Argument für p wieder: Vernunft ist (1) mit wahrer Erklärung verbunden, (2) durch Überredung nicht zu erschüttern und an ihr (3) haben die Götter sowie nur ein kleiner Teil der Menschen teil. Wahre Meinung dagegen ist ohne Erklärung, kann durch Überredung umgestimmt werden, und an ihr partizipiert jedermann. Die Proposition p kann somit innerhalb der platonischen Voraussetzungen durch S_4, S_5, S_6 und S_7 als begründet gelten.

S_8 zieht daraus die Konsequenz q, wonach es jeweils ein Eidos gibt, das noch etwas umschrieben wird. S_9 bietet dazu noch ein Korrolar, das in Analogie zu S_8 das Wesen der Sinnesphänomene näher charakterisiert.

---

22 Die Übersetzungen jeweils von R. F. Vgl. auch Ferber/Hiltbrunner, 2005, insb. S. 462–463.

Gehen wir nun etwas näher auf den Inhalt ein: S_1 geht von dem fundamentalen Unterschied zwischen wahrer Meinung und Vernunft aus, welcher den Lesern Platons seit dem *Menon* bekannt war (*Men.* 97c3–98a8, vgl. *Phd.* 76b4–9, *Smp.* 202a5–9, *R.* 477e4–478d12). Während aber Sokrates im *Menon* noch behauptet zu wissen, dass es einen Unterschied zwischen Meinung und Wissen gibt, „wenn ich überhaupt etwas zu wissen behaupten würde", so wird der Unterschied für Timaios als eine Hypothesis in Form eines Wenn-Dann-Satzes eingeführt. So lesen wir im *Menon:*

> Dass aber wahre Meinung und Wissen unterschieden und zweierlei sind, das glaube ich nicht nur zu vermuten (*eikazein*), sondern wenn ich überhaupt etwas zu wissen behaupten würde – und von wenigem möchte ich dies tun – so würde ich dieses eine zu dem setzen, was ich weiß (*Men.* 98b3–5).

Nach dem *Menon* ist wahre Meinung im Unterschied zur Vernunft instabil, wohingegen die Vernunft als die „Fessel" (*desmos*) (vgl. *Men.* 98a8) der Meinung dieselbe stabilisiert. Wahre Meinung kann zwar das Richtige treffen, aber keine Erklärung, d. h. Rechenschaft über die Gründe geben (*aitias logismos*, 98a3–4). Wahre Meinung entsteht durch bestimmte Ursachen, etwa die Fragen eines geschickten Lehrers, wie etwa die Fragen des Sokrates an den Sklaven im *Menon*; sie verfügt aber noch nicht über die Gründe, welche diese Meinung gegenüber anderen Ursachen widerstandsfest machen. Deshalb ist wahre Meinung auch nur zufällig richtig. Im Unterschied zur Episteme ist sie fehlbar (vgl. *R.* 477e6–7). Die Vernunft entspricht hier am ehesten der dritten Definition von Wissen aus dem *Theaitetos*, wonach die Episteme in einer wahren Meinung verbunden mit Logos besteht (vgl. *Tht.* 201c9–d1). Zwar ist dies keine endgültige Definition von Episteme, da auch sie zirkulär ist. Auch in dieser dritten und am meisten befriedigenden Deutung, wonach der Logos die Verschiedenheit von etwas aufweist, setzt er, d. h. der Logos, nämlich wiederum die Episteme von der Verschiedenheit voraus (vgl. *Tht.* 209d–e). Aber wir können dieses Schlusswort des *Theaitetos* gleichwohl im Sinne einer Erläuterung, vielleicht als eine „wahre Meinung" über die Episteme, gelten lassen, auch wenn damit das Wesen der Episteme noch nicht erfasst ist,[23] die sich erst durch die Beziehung zu den Ideen definieren lässt.

In S_2 stellt Platon probehalber die andere Möglichkeit zur Diskussion, dass sich wahre Meinung und Vernunft in nichts voneinander unterscheiden (vgl. *Tht.* 187b). Dann wäre alles, was wir durch die Körper wahrnehmen, als unbedingt feststehend zu setzen. Es ist nicht ganz klar, auf wen sich diese Äußerung be-

---

[23] Das wird treffend von Taylor, 1928, S. 341, herausgearbeitet: „Timaeus gives it merely as a true statement about *nous*, not a definition. He does not attempt to define *nous* at all."

zieht.[24] Es sind einerseits Skeptiker, welche die sokratische Unterscheidung zwischen wahrer Meinung und Wissen, Rhetorik und Dialektik bestreiten, und andererseits Vertreter eines nur körperlichen Seins (vgl. *Sph.* 246a–b), also wohl „Sophisten" im platonischen Sinne einerseits und Materialisten oder, wie wir heute sagen würden, Physikalisten andererseits.

S_3 setzt Vernunft und wahre Meinung als verschieden an, da sie einen verschiedenen Ursprung haben und sich auch verschieden verhalten.

Nach S_4 entsteht das eine in uns durch Belehrung, das andere durch Überredung. Wir können sagen, das eine entsteht durch Gründe bzw. Argumente, das andere durch Ursachen wie etwa durch psychologische Beeinflussung.

Nach S_5 ist der *nous* immer mit „wahrem Logos", d. h. hier wohl mit „triftiger Argumentation" verbunden, die richtige Meinung dagegen argumentiert nicht. Der *nous* wird also durch „wahren Logos" charakterisiert (vgl. bereits *R.* 534b). Timaios bzw. Platon macht hier also nicht die aristotelische Unterscheidung zwischen einer Episteme, die *meta logou* oder diskursiv ist (vgl. *EN* Z 6, 1140b31–1141a8; insb. 1140b33) und einem intuitiven *nous* (*APo.* B 19, 100b5–17), vielmehr ist auch der platonische *nous* noch *meta logou* oder an den Diskurs gebunden.[25] Deshalb kann auch im *Siebten Brief* die Natur des *nous* wie die der anderen Erkenntnismittel „defektiv" (*phaulôs*, vgl. 343e1) sein, da auch sie noch von der „Schwäche der Logoi" (*Ep.* VII, 343a1) betroffen ist.

Nach S_6 ist Vernunft insofern stabil, als sie durch Überredung nicht zu erschüttern ist, wohingegen wahre Meinung durch Propaganda und andere Ursachen umzustimmen ist, d. h. falsch werden kann.

Nach S_7 hat jedermann an wahrer Meinung teil, an Vernunft und d. h. hier an der Fähigkeit zu gültiger Argumentation dagegen nur ein kleiner Teil der Menschen. Damit sind wohl die Philosophen gemeint, welche in der Lage sind, sich an die Ideen zu erinnern (*Phdr.* 249c–d).

S_8 zieht nun daraus die Folgerung einer Homologie, d. h. eine Folgerung, die für den Gesprächspartner konsensfähig ist. Es gibt jeweils ein Eidos,

---

24 Vgl. Taylor, 1928, S. 339–340: „Antisthenes has been fixed on, but on wholly insufficient grounds. In an age of scepticism about science, like the middle of the fifth century, the theory is natural enough." Im 20. Jahrhundert wären R. Rorty, 1980, S. 389, und dessen Anhänger unter diese „Sophisten" zu zählen: "if we see knowing not as having an essence, to be described by scientists or philosophers, but rather as a right, by current standards, to believe, then we are well on the way to seeing *conversation* as the ultimate context within which knowledge is to be understood".

25 Vgl. bereits Taylor, 1928, S. 341: „This proves that Plato, as we said, is making no distinction of the Aristotelian kind between *nous* and *episteme*." Vgl. dazu auch *Phd.* 76b4–5; *R.* 531e4–5.

das sich immer auf dieselbe Art und Weise verhält, ungeworden und unverderblich, das weder etwas anderes von anderswoher zu sich selbst aufnimmt noch selbst je in etwas anderes übergeht. Unsichtbar und auch sonst nicht sinnlich wahrnehmbar, ist es das, was dem Denken zu schauen bestimmt ist.

Hervorhebenswert scheint mir hier insbesondere, dass die Idee jeweils „ungeworden und unverderblich" und d. h. nicht zeitlos, sondern immerseiend (*on aei*) (vgl. *Ti.* 27d6) ist. Die intelligible Welt ist also in dem Sinne ewig, dass sie immer ist. Sie bildet offensichtlich eine Voraussetzung dafür, dass der Mensch überhaupt Vernunft haben kann. Die Wendung, wonach die Idee das ist, „was dem Denken zu schauen bestimmt ist", darf offensichtlich nicht so verstanden werden, dass das Denken auf eine sinnliche Art und Weise die Idee zu schauen hat, sondern dass dies auf eine unsinnliche erfolgt. Diese unsinnliche Schau aber geschieht nicht *aneu*, sondern *meta logou*, denn nach dem ungefähr gleichzeitigen *Politikos* gilt ja: „Das Unkörperliche nämlich als das Größte und Schönste wird nur durch den Logos und durch nichts anderes sonst deutlich gezeigt" (*Plt.* 286a5–6). Wird die Idee aber nur durch den Logos und durch nichts anderes sonst deutlich gezeigt, so kann sie durch eine bloß „metaphysische" Schau, d. h. eine rein intellektuelle Anschauung oder eine Schau ohne Symbole, weder anderen noch sich selber deutlich gezeigt werden. Deshalb bedarf der platonische *nous* des *logos* zu seiner Ergänzung, ohne den die Erinnerung an die Ideen nicht aktiviert werden kann (vgl. auch *kai logon echôn hepomenon tô(i) noein*, *Phb.* 62a3). Dahingegen scheint die bloße Aktivität des *nous* wie „das Licht in der Seele" (*Ep.* VII, 341d1) nur einen Bewusstseinszustand zu bezeichnen, der den *logos* begleiten muss, wenn dieser mehr als eine leere Formel sein soll.[26] Ein Bewusstseinszustand *aneu*

---

26 Vgl. zu erwähnter Stelle sowie für eine abwägende Interpretation der intellektuellen Anschauung und des „Lichtes in der Seele" bei Platon mein Buch über *Die Unwissenheit des Philosophen oder Warum hat Plato die ‚ungeschriebene Lehre' nicht geschrieben?*, Ferber, 1991b, S. 37–61, insb. S. 48, Ferber, 2007a, S. 61–62. Zu diesem Buch sind jetzt insbesondere Gill, 1993, S. 55–72, Steinthal, 1993, S. 99–104, Gonzalez, 1994, S. 483–484, und Szlezák, 1997a, S. 404–411, beizuziehen. Szlezák macht mit Recht darauf aufmerksam, „dass der philosophische Exkurs von der Überwindung der ‚Schwäche der Logoi' (343a1) durch das dialektische ‚Aneinanderreiben' der defizienten Erkenntnismittel bis zum ‚Aufleuchten' der Erkenntnis der Idee (*tribomena pros allêla* [...] *exelampse phronêsis peri hekaston*, 344b4–7, spricht", S. 409. Doch leuchtet ja ebenfalls der *nous* auf (344b7), der an Verwandtschaft und Ähnlichkeit dem Fünften nur am nächsten kommt, während die anderen Erkenntnismittel weiter entfernt sind (vgl. 342d2–3). Das heißt, dass auch der *nous* noch vom Fünften entfernt ist und dessen Aufleuchten die dem *nous* inhärente Entfernung vom „Fünften" noch nicht überwindet. In der Tat ist denn auch noch der menschliche *nous met' alêthous logou* (*Ti.* 51e3) und bleibt damit an die „Schwäche der Logoi" gebunden, wie das ja auch bei der inkarnierten Denkseele des Philosophen nicht anders zu erwarten war (vgl. *Phd.* 66e). Das „subjektiv uneingeschränkte Evidenzerlebnis" des Aufleuchtens (Szlezák, 1996,

logou kann also die Ideen nicht deutlich zeigen, wie auch umgekehrt ein bloßer *logos* noch nicht das Verstehen oder das „Licht in der Seele" garantiert. Wohl nur eine desinkarnierte Denkseele wäre in der Lage, *aneu logou* und d. h. auch ohne sinnliches Element die Ideen zu schauen.

S_9 enthält ein Korollar zu S_8. Bemerkenswert ist hier, dass die Beziehung zwischen Sinnesphänomenen und Ideen nicht mehr die einer Teilhabe, sondern die einer Ähnlichkeit ist. Ferner sind auch die Sinnesphänomene erzeugt, auch wenn hier noch nichts Näheres über die Art und Weise ihrer Erzeugung gesagt wird. Nicht nur hinsichtlich der Sinneswelt, sondern auch der Sinnesphänomene lässt sich so mit G. Reale von einem Semikreationismus sprechen:[27] Wir finden (1) keine Erschaffung der Sinnesphänomene aus dem Nichts, sondern aus Etwas, nämlich aus den immerseienden Ideen, nach denen (2) die schöpferische Kraft des Demiurgen sie „auf eine schwer auszusprechende (*dysphraston*), wundersame Weise abgedrückt hat, der wir später (*eis authis*) nachgehen werden" (*Ti.* 50c5–6).

III

Nun stellt sich die Frage, ob durch dieses Argument *für* die Ideen auch schon die fünf Argumente *gegen* die Ideen im *Parmenides* widerlegt sind, die wir uns hier kurz vergegenwärtigen: (1) Wovon gibt es Ideen? Auch von „Haar, Kot, Schmutz und dergleichen"? (*Prm.* 130c). (2) Wie ist die Teilhabe der Sinnesdinge an den Ideen zu verstehen? Besteht sie nur teilweise oder gänzlich? In beiden Fällen ergeben sich Schwierigkeiten (vgl. *Prm.* 131a–c). (3) Haben wir nicht zwischen Sinnesdingen und Ideen jeweils ein Drittes in Form einer Idee anzunehmen, kraft derer Sinnesdinge und Ideen jeweils erst die Eigenschaften haben, die sie haben (vgl. *Prm.* 132a–b, 132c–133a)? Das führt zum vieldiskutierten Problem des sogenannten „Dritten Menschen" zwischen dem sinnlich wahrnehmbaren und der Idee des Menschen. (4) Wenn die Ideen getrennt von den Sinnesdingen existieren, so scheinen sie für uns unerkennbar zu werden (vgl. *Prm.* 133a–134c). (5) Falls Gott aber nur die transzendenten Ideen erkennt, so scheinen umgekehrt die Sinnesdinge bei uns für Gott unerkennbar zu werden (vgl. *Prm.* 134d–e).[28] Ch. Kahn schreibt neuerdings zu dieser Selbstkritik: „There must be few parallels in

---

S. 259, Anm. 11) vermag deshalb m. E. die grundsätzliche Schranke, welche auch der vierten Stufe der Erkenntnis gesetzt ist, nicht völlig zu überwinden. So geht ja auch noch das Aufleuchten des *nous* nur so weit, wie es der *dynamis anthrôpinê* (344c1) jeweils möglich ist. Vgl. weiterführend Ferber, 2007a, insb. S. 84–94.

27 Vgl. Reale, 1993a, 20, Kap. 4. Abschnitt, S. 528–535.
28 Vgl. dazu Allen, 1983, S. 92–179; Brisson, 1994b, S. 29–43.

the history of philosophy to the spectacle of such pitiless criticism levelled by an author against his own theory, with no attempt at defence or reply."²⁹

Doch hat Platon meines Erachtens im *Timaios* einen Versuch gemacht, auf diese Kritik zu antworten, wenn auch nur sehr indirekt. Entscheidend, wenn auch kaum beachtet, scheint mir nun, dass diese fünf Argumente auf einer gemeinsamen impliziten Annahme beruhen, nämlich dass Ideen und Sinnesdinge getrennte Entitäten darstellen bzw. ontologische Subjekte sind.³⁰ Nun wird durch das erwähnte Argument *für* die Ideen noch keines der fünf Argumente *gegen* die Ideen explizit widerlegt. Doch wiewohl sich eine explizite Widerlegung der Argumente im *Timaios* nicht findet, so hat Platon gleichwohl im Prinzip mehr geleistet. Vor dem erwähnten „letzten Argument" für die Ideen gibt er nämlich die den entscheidenden Aporien (2) bis (5) implizit zugrunde liegende Annahme auf, dass die Sinnesdinge ontologische Subjekte bilden. Die Elemente wie Wasser, Erde, Luft und Feuer, welche die Grundlage für alle anderen Sinnesdinge bilden, sind nicht mehr ein Dieses (*touto*), sondern ein Solches (*toiouton*, vgl. *Ti.* 49d–e). Sie bilden nicht mehr „substanziale", sondern „qualitative" Entitäten und stehen insofern nicht besser da als Eigenschaften wie „Warmes oder Weißes oder auch sonst irgendetwas Entgegengesetztes, und alles, was aus dem zusammengesetzt ist" (*thermon ê leukon ê kai hotioun tôn enantiôn, kai panth' hosa ek toutôn, Ti.* 50a2–3), von denen keines als ein *touto* zählt.³¹ Die Sinnesdinge sind nämlich quasi in Umkehrung der aristotelischen Lösung des Problems, wie sich die Partikularien zu den Universalien verhalten, nicht Substanzen, von denen wieder Universalien als deren Qualitäten prädiziert werden können (vgl. *Metaph.* Z 13, 1038b34–1039a2), sondern selber Qualitäten, nämlich Qualitäten des Raumes. Bilden die Sinnesdinge aber nur qualitative Entitäten, so haben sie kein substanziales Sein mehr, sondern nur noch ein relationales, das völlig in seiner Beziehung zu den Ideen aufgeht. Das Verdienst, dies erstmals erkannt zu haben,

---

29 Kahn, 1996, S. 331.
30 Vgl. dazu Ferber, 1989, S. 224–229, wo ich diesen der „Ideenlehre" zugrunde liegenden Kategorienfehler herauszuarbeiten versuchte.
31 Vgl. grundsätzlich zur Interpretation Cherniss, 1977, S. 346–363, Zeyl, 1975, S. 125–148, Brisson, 1994a, S. 180–197. Zwar schreibt Cherniss, 1977, S. 362: „It is misleading to call them ‚qualities,' as many translators and commentators do, for they are not confined to qualities [...] and the use of *to toiouton* in 49d–50b has nothing whatever to do with the distinction between ‚qualities' and ‚substance'." Er schlägt die Übersetzung von *to toiouton* mit „character" vor. Cherniss ist insoweit recht zu geben, als diese *toiouta* keine distinkten Qualitäten sind, sondern ihre Identität nur von ihrer Relation zu den Ideen beziehen. Gleichwohl ist die Übersetzung von *to toiouton* mit ‚Qualität' sprachlich korrekt und bringt den Gegensatz zum *tode kai touto, Ti.* 50a1–2, einer substanzialen Auffassung der Sinnesphänomene, treffend zum Ausdruck.

scheint R. E. Allen zuzukommen, auch wenn er den Gedanken nicht im Einzelnen auf die Ideenkritik anwendet:

> Sensibles are relational entities, whose whole being is such as to be in something other than themselves, space, the Receptacle, and of something other than themselves, the eternal Ideas, which are alone truly existent.[32]

Wir können diese These vom relationalen Charakter der platonischen „Sinnesdinge" wie folgt auf den Punkt bringen: Die platonischen „Sinnesdinge" sind keine Dinge (*ousiai aisthêtai*), sondern nur noch Sinnesphänomene. In den Worten des Timaios:

> Wenn so keines von ihnen jemals als dasselbe erscheint (*phantazomenôn*), welches von ihnen können wir dann mit Sicherheit als ein dieses und nicht zugleich als ein anderes bezeichnen, ohne uns selbst vor uns zu schämen? (*Ti.* 49c7–d3).

Die Sinnesphänomene haben nämlich keine Identität mit sich selber, die uns berechtigen würde, diese Phänomene als ein Dieses zu bezeichnen.

Was die erste Schwierigkeit betrifft, nämlich die Frage „Wovon gibt es Ideen?", so macht der *Timaios* keine Einschränkungen. Da wir nicht jeweils vergeblich sagen, dass es ein denkbares Eidos gibt (vgl. *Ti.* 51c4, auch *Ti.* 51b7–c1, *Ep.* VII, 342d3–8), finden wir hinsichtlich der von Natur aus bestehenden Dinge keinen Grund, weshalb nicht auch von „Haar, Kot, Schmutz und dergleichen" (*Prm.* 130c) Ideen existieren sollten, da ja alle Sinnesphänomene aus den vier Elementen zusammengesetzt sind. Ideen von den vier Elementen werden affirmiert (vgl. die Frage von *Ti.* 51b7–c1 mit der Antwort 51e6–52a4). Zu den vier Elementen aber gehört auch die Erde. Zur Erde zählt man auch „Haar, Kot und Schmutz und dergleichen". Deshalb ist nicht einzusehen, weshalb es nicht auch eine Idee des Haarigen, Kotigen, Schmutzigen und von dergleichen „gänzlich verächtlichen und ordinären Phänomenen" (*Prm.* 130c6–7) geben sollte, wiewohl diese Ideen im *Timaios* nicht einzeln dargestellt werden.

Entscheidender aber ist, dass Platon durch die qualitative Auffassung der Sinnesphänomene auch die Frage nach der Teilhabe-Relation zwischen diesen und den Ideen vermeiden kann. Die Sinnesphänomene haben nämlich gar kein mit sich identisches und selbstständiges Sein, bei dem sich die Frage stellen ließe, wie es an den Ideen teilhat, ob ganz oder teilweise. Es sind vielmehr „immer Nachahmungen des Seienden, die nach ihm auf eine schwer auszusprechende

---

[32] Allen, 1983, S. 180. Vgl. jedoch auch Lee, 1966, S. 341–368, sowie die Kritik von Schofield, 1996, S. 67.

(*dysphraston*), wundersame Weise abgedrückt sind, der wir später wieder nachgehen." (*Ti.* 50c5 – 6). Entsprechend finden wir denn auch in den späten Dialogen, aber insbesondere im *Timaios*, die Teilhabe-Relation ersetzt durch die Ähnlichkeits- oder Abbild-Relation.[33] Einzig der Raum selbst „nimmt noch auf eine sehr aporetische (*aporôtata pê(i)*) Art und Weise am Denkbaren teil" (*Ti.* 51a7 – b1), da er noch ein *ti* und nicht ein *toiouton* ist. Er ist nach einer glücklichen Wendung L. Stefaninis „*l'estensione sostanzializzata*".[34] Die sinnlich wahrnehmbaren Elemente dagegen sind nicht Substanzen, die „auf eine sehr aporetische Art und Weise am Denkbaren teilhaben", sondern nur Abbilder des Ewigen im Raum ohne selbstständiges Sein vergleichbar mit „fleeting images seen in a mirror" (Cornford, 1937, S. 181). Wenn man also zu irgendeinem Zeitpunkt oder an irgendeinem Ort eine Phase des phänomenalen Flusses zu unterscheiden sucht und sie als „dieses" bezeichnet, benennt man dabei in Wirklichkeit immer den bleibenden, unveränderlichen und unbestimmten Raum, in dem sich die vorübergehenden und unbestimmbaren „fliehenden Bilder" zeigen (vgl. Cherniss, 1977, S. 361).

Sind die Sinnesphänomene aber solche rein qualitativen Entitäten, so verschwindet auch die Frage, ob wir nicht zwischen ihnen und den Ideen jeweils eine „dritte Idee" anzunehmen haben, kraft derer die „Sinnesdinge" und Ideen jeweils erst die Eigenschaften haben, die sie haben. Denn die Sinnesdinge sind gar keine Dinge oder ontologischen Subjekte mehr, sondern nur noch relationale Entitäten, d. h. sie haben einen grundsätzlich anderen kategorialen Status als die Ideen. Ihre Struktur lässt sich nicht mehr durch die Subjekt-Prädikat-Struktur bzw. Fx wiedergeben. Wir können also nicht mehr sagen, dass die vier Elemente, d. h. Feuer, Luft, Wasser und Erde, als die ontologischen Subjekte f, l, w, e zu behandeln sind, welche eine gemeinsame Eigenschaft F haben, da es gar keine Sinnesdinge oder ontologische Subjekte f, l, w, e mehr gibt. Stattdessen hat das ontologische Subjekt des Raumes r jeweils die Eigenschaften F, L, W oder E, nämlich die des Feurigen, Luftigen, Wässrigen oder Erdhaften. Erst diese qualitativen Eigenschaften besitzen dann eine mathematische Struktur, nämlich die mathematischen Qualitäten des gleichschenkligen, rechtwinkligen und des rechtwinkligen ungleichseitigen Dreiecks (vgl. *Ti.* 53c8 – d6). Auch diese Dreiecke aber sind nicht

---

[33] Vgl. dazu Fujisawa, 1974, sowie Kahn, 1995, S. 59: „Plato has, in effect, given up the concept of participation that is criticized in the *Parmenides*. On the one hand, the language of participation has been transferred in the *Sophist* to denote a relationship between Forms, not between particulars and Forms. And on the other hand, the relation that connects the realm of change and sense perception to the Forms is now regularly described in terms of likeness, image, and imitation, in the *Statesman* as in the *Timaeus*."
[34] Stefanini 1991b, S. 282. Vgl. zur platonischen Konzeption des Raumes auch Gloy, 1986, S. 74 – 96.

mehr ein Dieses, sondern man muss es schon vorziehen, „wenn der Ausdruck das solche (*to toiouton*) mit einiger Sicherheit akzeptiert werden darf" (vgl. *Ti.* 50b4–5).

Die Voraussetzungen für die Entstehung des „Dritten Menschen" sind nämlich nicht nur (a) die Annahme der Nichtidentität der Ideen und der Sinnesdinge und (b) die sogenannte Selbstprädikation,[35] wie im Anschluss an G. Vlastos' epochemachenden Aufsatz häufig behauptet wird, sondern auch (c) die substanziale Auffassung der Sinnesdinge (vgl. Ferber, 1989, S. 229). Aristoteles vermeidet den „Dritten Menschen", indem er die Universalien selber wieder zu Qualitäten der substanzial aufgefassten Sinnesdinge macht (vgl. *Metaph.* Z 13, 1038b34–1039a3), denn: „Nicht das Isolieren macht den ‚Dritten Menschen', sondern das Zugeständnis, dass das Isolierte [die Idee] ein Dieses sei." (*SE* I 22, 179a3–4). Umgekehrt vermeidet Platon den „Dritten Menschen" dadurch, dass für ihn im *Timaios* die Sinnesdinge nicht mehr ein Dieses, sondern ein Solches sind, nämlich letztlich die Sinnesqualitäten des Feurigen, Luftigen, Wässrigen und Erdhaften. Den entscheidenden Gesichtspunkt in der Lösung der Schwierigkeit hat m. W. bereits H. Cherniss allerdings ohne Bezugnahme auf den *Timaios* erkannt:

> Plato, then, believed that since the idea *is* that which the particular *has* as an attribute, the „third man" is illegitimate as an argument against the ideas *because idea and particular cannot be treated as homogenous members of a multiplicity* (letzte Hervorhebung R. F.) (Cherniss, 1944, S. 298).

Idee und Partikulares können deshalb nicht als homogene Glieder einer Mannigfaltigkeit behandelt werden, da die Idee ein Dieses ist, das Partikulare dagegen ein Solches bildet. Diese Sinnesqualitäten aber sind sozusagen relationale „Abdrücke" der entsprechenden Ideen. Als bloß relationale und nicht substanziale Entitäten aber sind sie durch die schöpferische Kraft des Demiurgen der entsprechenden Idee so nachgebildet, dass sich zwischen diese und die Ideen sowenig wie zwischen Substanz und Akzidens ein gemeinsames Drittes „einschieben" lässt. Allerdings ist der *Timaios* trotz seines Versprechens der „schwer

---

[35] So Vlastos, 1954, S. 319–349. Zu Vlastos vgl. man jetzt Mignucci, 1990, S. 143–181, der die traditionelle Verteidigung von Platons Position durch die Neuplatoniker zwar kritisiert, vgl. S. 177–178, aber Platons stillschweigende „Selbstverteidigung" im *Timaios* wie neuerdings Meinwald, 1991, S. 152–172, Meinwald, 1992, S. 365–396, McCabe, 1994, S. 83–90, S. 162–191, Graeser, 1996, S. 146–166, nicht in Erwägung zieht.

auszusprechenden, wundersamen Weise" des ‚Abdruckes', „der wir später (*eis authis*) nachgehen werden" (vgl. *Ti.* 50c5–6), nicht mehr weiter nachgegangen.[36]

Wir dürfen jedoch vermuten, dass Platon in der ‚Ungeschriebenen Lehre' den potenziell unendlichen Regress durch ein Verallgemeinerungsverbot über Ideen und Sinnesphänomene auch explizit vermieden hat, da substanziale Ideen und relationale Sinnesphänomene im Verhältnis von ontologischer Priorität und Posteriorität stehen. Ontologische Priorität und Posteriorität aber definiert Aristoteles wie folgt:

> Das eine wird auf diese Art und Weise früher und später genannt; nach der Natur und dem Wesen aber, was sein kann ohne die anderen, jenes aber nicht, von welcher Dihairesis Platon Gebrauch machte (*Metaph.* Δ 11, 1019a1–4).

So können auch die Ideen zwar ohne Sinnesphänomene, nicht aber die Sinnesphänomene ohne Ideen sein. Wo es aber eine ontologische Priorität und Posteriorität gibt, lässt sich keine gemeinsame dritte Idee mehr neben den beiden Gliedern angeben:

> Diejenigen, welche diese Meinung [die Ideenlehre] vertreten haben, machten keine Idee von demjenigen, worin sie das Früher und Später aussagten. Deshalb haben sie auch nicht von den Zahlen eine Idee beigebracht (*EN* A 4, 1096a17–18).[37]

Da von den Idealzahlen gesagt wird, dass sie hinsichtlich von Priorität und Posteriorität geordnet seien (vgl. *Metaph.* M 6, 1080b11–12), kann diese Stelle auf die Idealzahlen bezogen werden. Deren dihairetische Erzeugung habe ich im Liniengleichnis der *Politeia* dargestellt, indem ich die im obersten Abschnitt der ge-

---

36 Vgl. Brisson, 1994b, S. 249, *ad loc.*: „Cette explication ne viendra jamais. Et pourtant, elle eût été particulièrement bienvenue." Zusatz 2019: Kahn, 2013, S. 204, hat den Vorschlag gemacht, dass sich *eis authis* auf Timaios, 53b4–5, bezieht, wonach Gott den Elementen ihren bestimmten Formen nach Gestalt und Zahl gab (*dieschêmatisato eidesi kai arithmois*): „It is by way of mathematics, then, that Plato specifies his answer to the question how sensibles imitate Forms. They do so by instantiating the appropriate mathematical structures, beginning with the formation of the four elements. Thus, mathematics is not only the device by which the Demiurge imposes order on chaos. It is at the same time, and by the same token, the instrument by which Plato resolves the paradox of participation by making the image resemble the Form" (Kahn, 2013, S. 203). Antizipiert wird Kahn von Apelt, 1922c, S. 170, *ad loc.*: „Nämlich mit der Lehre von den Elementarteilchen 53cff."
37 Dazu Krämer, 1982, S. 254–257, Ferber, 1989, S. 301–302, Anm. 99. Vgl. auch den scharfsinnigen Artikel von Schofield, 1996, S. 49–77, der auch eine Kritik an Lee, 1966, enthält.

teilten Linie erwähnten „Ideen selbst" (*R*. 510b8, 511c1–2) als Idealzahlen interpretiere:[38]

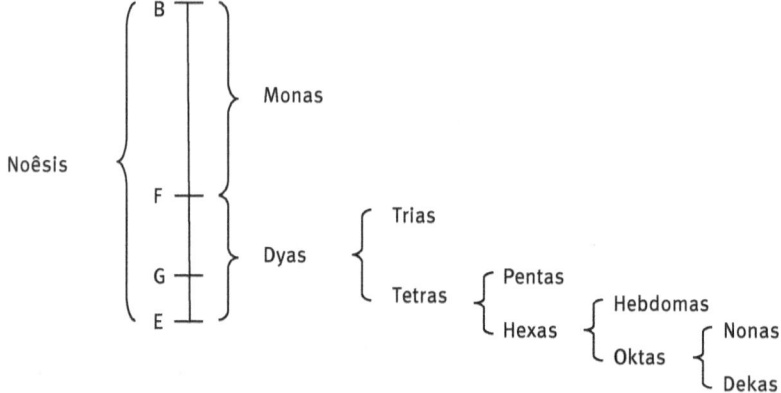

Von diesen ontologisch geordneten Idealzahlen gibt es insofern keine allgemeine Idee der Idealzahlen mehr, als es die Dyas ist,[39] aus der die anderen Idealzahlen als deren Arten bzw. Unterarten dihairetisch erzeugt werden. Wäre aber die Idee der Idealzahl die Gattung der Idealzahlen, so wäre die Dyas nicht mehr die erste Zahl, aus der die anderen Arten der Idealzahlen dihairetisch entfaltet werden könnten. Dies stimmt mit einem Urteil des Aristoteles in einem Kontext überein, wo er ebenfalls eine Dihairesis von Gattungen in Arten vor Augen hat (vgl. *Metaph*. B 3, 999a4):

> Ferner, worin das Früher und Später ist, ist es nicht möglich, dass es über diesen etwas neben diesen gibt. So z. B. wenn die erste der Zahlen die Dyas ist, wird nicht irgendeine Zahl neben den Arten der Zahlen (*para ta eidê tôn arithmôn*) sein (*Metaph*. B 3, 999a6–9) (vgl. Ferber, 1989, S. 206).

Da sich nun ebenfalls substanziale Ideen und relationale Sinnesphänomene im Verhältnis von ontologischer Priorität und Posteriorität befinden, kann von ihnen jeweils keine „dritte" Idee prädiziert werden, die „neben" Ideen und Sinnesphänomenen ist. Wie es neben der sinnlich wahrnehmbaren Welt und ihrem Urbild keine dritte Welt mehr gibt und zwischen der sinnlich wahrnehmbaren und der dritten keine vierte und so weiter *ad inf*. (vgl. *Ti*. 31a3–8), so kann „neben"

---

[38] Vgl. das Schaubild in Ferber, 1989, S. 199.
[39] Contra, Cherniss, 1944, S. 521; Cherniss, 1945, S. 47–48. Zur Diskussion Ferber, 1989, S. 197–206.

dem sinnlich wahrnehmbaren „Feurigen" und der Idee des Feuers keine „dritte Idee" des Feuers mehr vorhanden sein. Ebensowenig gibt es bekanntlich bei Aristoteles von dem in verschiedenen Kategorien gebrauchten Ausdruck „gut" ein „gemeinsames allgemeines und einheitliches" (*EN* A 4, 1096a27–28) Prädikat des Guten.

Das heißt: Die Hysteron-Proteron-Struktur der platonischen Realitätsauffassung, „die Grundformel des Platonismus"[40], wonach die übergeordnete Realität zwar ohne die untergeordnete, nicht aber die untergeordnete ohne die übergeordnete sein kann, verhindert den „dritten Menschen" und blockiert den unendlichen Regress, da die beiden Realitäten – die übergeordnete und die untergeordnete – einen anderen kategorialen Status besitzen. Dass Platon diese Blockade des unendlichen Regresses auch im *Timaios* bewusst gewesen sein dürfte, wird durch die Einzigkeit dieser Welt belegt, die *kata tên monôsin* eben ihrem Urbild ähnlich ist, sodass der Weltschöpfer weder zwei noch *unendlich viele* Welten geschaffen hat (*Ti.* 31b1–2).[41]

Schließlich verschwindet damit auch der Chorismos zwischen Sinnesphänomenen und Ideen, da die Sinnesphänomene als relationale Entitäten nicht mehr von den Ideen getrennt (*chôris*), sondern gleichsam „Abdrücke" der Ideen bilden, die der Demiurg diesen nachgebildet hat. Als relationale Entitäten sind die „Sinnesphänomene" insofern nicht von den Ideen getrennt, als sie nicht ontologisch unabhängig oder selbstständig ontologische Subjekte bilden: Einerseits sind die Ideen, nach denen der Demiurg die Welt bildet, im *Timaios* ja nicht völlig unerkennbar für den Menschen, sondern „dem [menschlichen] Denken zu schauen bestimmt" (*Ti.* 52a4). Andererseits sind die relationalen Sinnesphänomene bei uns nicht für den Demiurgen unerkennbar, da sie „denselben Namen" wie die Ideen tragen und ihnen wie Abdrücke dem Original „ähnlich" sind (vgl. *Ti.* 52a5). Zwar hat Platon nicht genauer die Art und Weise des „Abdruckes" erörtert. Er beschränkt sich auf die Feststellung, dass sie „schwer auszusprechen" (*dysphraston*) ist (vgl. *Ti.* 50c6). Aber sie erscheint zumindest im Unterschied zum *Parmenides* nicht mehr aporetisch (vgl. *Prm.* 129e6, 130c3, 135a3), wohingegen sich die Aporie der Teilhabebeziehung zwischen Sinnesphänomenen und Ideen auf den Raum verschiebt, da dieser „auf eine sehr aporetische (*apôrotata pê(i)*) Art und Weise am Denkbaren teil hat" (*Ti.* 51a7–b1). Eine Funktion der Einführung

---

40 So mit Recht Krämer, 1996, S. 200.
41 Wenn z. B. noch O. Höffe schreibt: „[...] inwieweit er [Platon] ihn [den Einwand des „dritten Menschen"] gelten lässt, bleibt jedoch unklar" (1996, S. 187), so gibt doch der *Timaios* wenigstens ein Indiz dafür, dass Platon den Einwand deshalb nicht gelten lässt, da er um eine Lösung dieser Aporie wusste. Es ist interessant, dass Platon den Derveni-Papyrus zumindest gekannt haben könnte, dessen Verfasser der Möglichkeit von vielen Welten widerspricht, vgl. Burkert, 1997, S. 174.

des Raumes besteht so darin, die Aporien der Beziehung zwischen Sinnesphänomenen und Ideen zu vermeiden, insofern die Sinnesphänomene nun Qualitäten des Raumes werden. Die Aporien der Beziehung zwischen Sinnesphänomenen und Ideen verschieben sich so auf die Aporie der Teilhabe-Beziehung zwischen dem Raum und Ideen, die im *Timaios* nicht weiter artikuliert wird.

Allerdings sind mit der „Desubstanzialisierung" der Sinnesphänomene und der „Substanzialisierung" des Raumes die Aporien der „Ideenlehre" nicht explizit aufgelöst. Doch ist deren entscheidende Voraussetzung, die substanziale Auffassung der Sinnesphänomene, die Aristoteles dann gegen Platon entfaltet hat, beseitigt. Trotz dieser impliziten Lösung der Aporien ist die „Ideenlehre" aber auch im *Timaios* nicht mit allen Platon zur Verfügung stehenden Mitteln begründet. Die Wendung, dass Timaios eine „große und bestimmte Unterscheidung in Kürze" (*Ti.* 51d1–2) vornimmt, deutet an, dass Platon Längeres über diese Dihairese von Sinnesphänomenen und Ideen zu sagen wusste, wie wir neben dem in den Dialogen Gesagten auch aus Aristoteles' *Metaph.* A 9 und *Peri Ideôn* entnehmen können (vgl. Fine, 1993). Doch versteift sich Platon auch im *Timaios* nicht darauf, „mit Bestimmtheit zu behaupten" (*Ti.* 51c7), dass wir diese Dihairese zu machen haben. Was er bringt, ist nur eine Hypothesis, die auf Sokrates' Unterscheidung von richtiger Meinung und Wissen beruht: Wenn wir zwischen wahrer Meinung und Vernunft differenzieren, dann müssen wir auch Ideen annehmen. Offensichtlich haben wir es hier mit einer Hypothesis zu tun, die nicht nur Sokrates (vgl. *Men.* 98b2–5), sondern auch Timaios bzw. wohl Platon richtig erscheint: „Auf diese Weise nun gebe ich selbst meine Stimme ab" (*hôde oun tên g' emên autos tithemai psêphon*) (*Ti.* 51d3). So ist die Dihairese von Ideen und Sinnesphänomenen (vgl. *Ti.* 27d6–28a4) keineswegs ein Axiom, das Platon *ex cathedra* hätte verkünden lassen, sondern die Folgerung aus einem Bedingungssatz, der die Wahl Timaios' in der philosophischen Disjunktion „Materialismus" oder „objektiver Idealismus" darstellt.

Die Frage, weshalb Platon im *Timaios* wieder die Ideenlehre vertreten konnte, nachdem er sie im *Parmenides* kritisiert hatte, können wir also folgendermaßen beantworten. Er hat sie wieder vertreten, da einerseits die latente Voraussetzung der Aporien des *Parmenides*, die substanziale Auffassung der Sinnesphänomene, implizit durch die Einführung des „substanzialisierten" Raumes aufgegeben wurde, und andererseits sie, d. h. die Ideenlehre, ihm als die bessere Hypothese als diejenige der Materialisten erschien, da sie der Unterscheidung seines Lehrers, jenes „mir lieben älteren Mannes Sokrates" (*Ep.* VII, 324d9–e1), zwischen richtiger Meinung und Wissen Rechnung trägt. Hier in dieser Mitte zwischen dem Dogmatismus einer Verkündigung „Es gibt Ideen" und dem Skeptizismus einer Leugnung „Es gibt keine Ideen" scheint denn auch die Ideenlehre des späten Platon wie die des mittleren (*R.* 478a–b) als Konsequens eines sokratischen Antezedens und d. h. eben auch als Hypothesis (vgl. *Phd.* 100b, 101d) einzuordnen zu sein. In diesem Sinne ist wohl auch für den späten Platon die persönliche Gewissheit der Lösung, welche er mit der Ideenlehre vorgeschlagen hat, nicht stärker geworden als ihr „problematischer" Charakter.[42]

Wenn dieses Resultat richtig ist, so ergeben sich daraus zwei „Nebenfrüchte" und ein Korollar.

(1) Es wird plausibel, weshalb die stilometrisch wahrscheinliche Spätdatierung des *Timaios* bzw. die relative Chronologie *Parmenides – Theaitetos – Sophistes – Politikos – Timaios* auch einen philosophischen und didaktischen Sinn ergibt. Nachdem nämlich der Schluss des *Parmenides* (166c) in einen „nihilisme sans issue" (Robin, 1968, S. 101) führt, muss zuerst dieser „Nihilismus" oder „Relativismus" von innen her im gekennzeichneten abgestuften Sinne widerlegt werden, bevor der „original reader" soweit vorbereitet ist, dass die Ideenlehre im *Timaios* scheinbar axiomatisch vorausgesetzt werden kann.

(2) Es wird plausibel, weshalb die These H. Krämers, K. Alberts und in gewisser Art und Weise auch Th. A. Szlezáks,[43] wonach Platon „den höchsten möglichen Gewissheitsgrad" hinsichtlich der Erkenntnis der Prinzipien erreicht und sich selber für einen „Liebling Gottes" (*ekeinô(i) [theos] philos*) (*Ti.* 53d7) gehalten hat, schwerlich wahr sein kann. Wenn nämlich bereits die Ideenlehre des späten Platon auf einer Hypothesis basiert, so erst recht die Prinzipientheorie, die ja erst zur weiteren Erklärung der Ideenlehre dient. Also können die Prinzipien durch keine „noetische Evidenz" erkannt werden, sondern sind auch die Konklusion eines Wenn-dann-Satzes.

(3) In der Tat ist sich der Protagonist im *Timaios* nicht einmal darüber im Klaren, ob es ein oder mehrere Prinzipien gibt:

> Über das Prinzip von allem oder die Prinzipien (*tên men peri hapantôn eite archên eite archas*), oder, wie es auch scheint (*eite hopê dokei*), darüber ist jetzt nicht zu reden, und zwar aus keinem anderen Grunde als, weil es nach der gegenwärtigen Art und Weise der Erörterung bereits schwierig ist, das Scheinbare (*dokounta*) deutlich zu machen (48c2–6).[44]

---

[42] Es ist ein Verdienst Steinthals, 1996, S. 1–24, durch eine Sammlung von einschlägigen Zeugnissen den problematischen Charakter von Platons Lehre hervorgehoben zu haben.
[43] Vgl. Krämer, 1987, S. 200–201; Krämer, 1990, S. 94; Albert, 1989, Szlezák, 1996, S. 261, und die aus dem Schoß der Tübinger Schule stammende abweichende Meinung von Gaiser, 1968, S. 201, S. 96, S. 575–591. Eine vermittelnde Position vertritt Steinthal 1993, S. 99–104; Steinthal, 1996, S. 1–24.
[44] Vgl. dazu Ferber, 1991b, S. 30–32, 2007b, S. 38–41, anders Szlezák, 1997b, S. 198.

Die gegenwärtige Art und Weise der Erörterung aber ist „die Rede über das Wahrscheinliche" (*logos tôn eikotôn*, *Ti.* 48d2). Ist es nun schon schwierig, mittels einer „Rede über das Wahrscheinliche" seine Meinungen deutlich zu machen, so wäre es noch schwerer, wenn nicht gar widersprüchlich, mittels einer wissenschaftlichen Art und Weise über die Prinzipien zu reden, da Timaios bereits von ihrer Zahl nur Meinungen hat. So ist denn auch die „Mutter" und „Amme" des Werdens, wenn wir in diesem „Aufnehmenden" (*metalêptikon*, *Ph.* Δ 12, 209b14) das zweite Prinzip, das des Großen und Kleinen, vermuten dürfen,[45] nur „mit einem uneigentlichen Schlussverfahren" (*logismô(i) tini nothô(i)*) zu fassen und „kaum oder mit Mühe glaubhaft" (*mogis piston*) (*Ti.* 52b2). Ein „uneigentliches Schlussverfahren", dessen Konklusion kaum oder mit Mühe glaubhaft ist, gibt noch keine „noetische Evidenz",[46] sondern gehört in den Bereich der Doxa, so sehr die Konklusion glaubhaft ist.[47]

Über das erste Prinzip, das des Guten, aber äußert sich Platon im *Timaios* nicht, wenn wir von der Anspielung absehen, dass „Gott" [allem] „die Gestalt des Besten nach Möglichkeit verleiht" (*tên tou aristou kata to dynaton idean apotelôn*) (*Ti.* 46c8 – d1). Es ist ja schon schwer (*ergon*, *Ti.* 28c4), „de[n] Schöpfer und Vater dieses Universums" (*ton men oun poiêtên kai patera*, *Ti.* 28c3 – 4), d. h. den Demiurgen, zu finden; wenn man ihn aber gefunden hat, ist es unmöglich, ihn allen mitzuteilen (vgl. *Ti.* 28c4 – 5). Hier, in der Unmöglichkeit, den Demiurgen (in seinem Wesen) an alle mitzuteilen, und in der Einschränkung des Wissens um die „noch weiter zurückgehenden Anfänge" (*tas d' eti toutôn archas anôthen*, *Ti.* 53d6 – 7), d. h. wohl der Idealzahlen, idealen Größen[48] und zuletzt vielleicht auch der Prinzipien – auf Gott und denjenigen, der „Liebling Gottes" ist (vgl. *Ti.* 53d6 – 7), liegt in der Tat auch im *Timaios* ein esoterisches Moment der Zurückhaltung. Es hebt allerdings die grundsätzliche „Unwissenheit des Philosophen" um die „noch weiter zurückgehenden Anfänge" – d. h. zuletzt die Prinzipien – nicht auf. Ein Mensch ist nämlich erst dann wissend, wenn Gott seinem Wissen das Placet oder die Zustimmung gibt, wie das Sokrates bereits hinsichtlich seiner Hoffnung oder Hypothesis über die Idee des Guten sagte (vgl. *R.* 517b6 – 7)[49] und Timaios hinsichtlich seiner Ansichten über die Seele mit anderen Worten wiederholt: „Ob wir damit auch die Wahrheit getroffen haben, können wir dann und nur dann zuversichtlich behaupten, wenn Gott seine Zustimmung gibt."

---

45 Vgl. Ferber, 1991b, S. 9 – 10, 2007b, S. 11 – 12.
46 Krämer, 1990, S. 94.
47 Zu *mogis* vgl. jetzt den wichtigen Aufsatz von Steinthal, 1993, S. 99 – 104.
48 Vgl. Krämer, 1982, S. 207, Wippern, 1972, Einleitung, S. X, Anm. 40, mit weiteren Literaturangaben.
49 Ferber, 1991b, S. 16, 2007a, S. 20, hier S. 154 – 155.

(*theou symphêsantos*) (*Ti.* 72d6). Die Zustimmung Gottes steht allerdings in niemandes Verfügung, auch nicht in der Verfügung des platonischen Philosophen, der zwar „göttlich" (vgl. *R.* 500d1, *Ep.* VII, 340c3), soweit dies einem Menschen möglich (vgl. *R.* 500d1), aber nicht Gott ist. Ein solcher Mensch jedoch, dem Gott die Zustimmung gibt, ist wohl erst „Gott lieb".[50] Aber wer kann das von sich behaupten?[51]

---

50 Gegen Krämer, 1967, S. 259, der hier eine Anspielung Platons auf sich selber sieht.
51 Ich danke Herrn F. Ricken dafür, dass er mich auf eine Unzulänglichkeit in meiner Diskussion des „Dritten Menschen" aufmerksam gemacht hat, Herrn H. Ambühl für seine kritische Durchsicht des ganzen Aufsatzes sowie den Herren W. Burkert und H. Steinthal für hilfreiche Bemerkungen. Der Aufsatz geht auf einen Vortrag zurück, der am IV. Symposium Platonicum im September 1995 gehalten wurde und unter dem Titel „Why Did Plato Maintain the Theory of Ideas in the *Timaeus?*" in Kurzform in den Akten *Interpreting the Timaeus-Critias, Proceedings of the IV Symposium Platonicum*, ed. by T. Calvo and L. Brisson, S. 179–186, erschienen ist. Eine italienische Fassung findet sich in *Elenchos, Rivista di studi sul pensiero antico* 18 (1997), S. 5–27 [Ferber, 1997b].

Das Paradox von der Philosophenherrschaft im *Staat, Staatsmann* und in den *Gesetzen*

Einige Bemerkungen zur Einheit und Variation des platonischen Denkens

Für Dominic O'Meara

Abstract: *This paper deals with the paradox of the rule of philosopher-kings in the* Republic, *the* Statesman *and the* Laws. *The paper tries to show that the rule of philosopher-kings is „applied platonic metaphysics". (I) In Plato's dialogues, one can find a „dogmatic minimum", which consists of seven theses: 1) There is a difference between true belief and knowledge. 2) No one errs willingly. 3) Virtue is knowledge. 4) The just man is happy, the unjust one unhappy. 5) Knowledge corresponds to true being (in the Parmenidean sense), but belief corresponds to something which lies between being and not-being. 6) As knowledge is the foundation of belief, ideas are the foundation of sense phenomena in the following way: Ideas can exist without sense phenomena, but sense phenomena cannot exist without ideas. 7) The ideal state must correspond to the hierarchical structure of knowledge and being and reflect the hierarchical structure of the cosmos. Therefore, the philosopher-kings who know the ideas and especially the idea of the Good must rule. Theses 1 to 4 may go back to Socrates, theses 5 to 7 to Plato. (II) In the second part of the paper, it is shown that Plato never abandoned the idea of the rule of philosopher-kings. One can find this concept in the* Republic *(473c–e), in the* Statesman *(294a8–9) and also still in the* Laws *(711e–712a). However, the idea is modified in the* Laws: *The rule of the philosopher-kings is only a means for the introduction of the rule of the law (710d). (III) The third part of the paper discusses the question of whether Plato is an aporetic or a dogmatic philosopher – a distinction which leads historically to academic scepticism on the one hand and Plotinus' Neo-Platonism on the other. The paper argues in favour of a third alternative between the two: First, there is the same dogmatic minimum in all of Plato's dialogues; its core is the idea that there is a difference between true belief and knowledge. Second, this dogmatic minimum is developed over the course of the early to the late dialogues. Therefore, at the same time,*

Ursprünglich veröffentlicht unter: Ferber, R., „Das Paradox von der Philosophenherrschaft im *Staat, Staatsmann* und in den *Gesetzen*. Einige Bemerkungen zur Einheit und Variation des platonischen Denkens", in: Karfík, F./Euree, S. (Hrsg.), *Plato Revived. Essays on Ancient Platonism in Honour of Dominic J. O'Meara*, Berlin 2013, S. 261–277 [Ferber, 2013c].

https://doi.org/10.1515/9783110637601-016

there is unity and development in Plato's dialogues and philosophy. Thus, the Corpus Platonicum shows contrasts between unity and development, systematic philosophy and open philosophizing. Perhaps the most urgent task of Plato scholarship would be to integrate these two aspects in one monograph.

Gottfried Wilhelm Leibniz schreibt einmal an Nicolas François Rémond:

> J'ay toujours esté fort content même dès ma jeunesse, de la morale de Platon, et encore en quelque façon de sa Métaphysique: aussi ces deux sciences vont elles de compagnie, comme la mathématique et la physique. Si quelcun reduisoit Platon en système, il rendroit un grand service au genre humain, et l'on verroit que j'y approche un peu.[1]

Die platonische Moral wird demnach begleitet von der Metaphysik wie die Physik von der Mathematik, da sie – die platonische Moral – angewandte platonische Metaphysik ist. Nun gehört das Paradox von der Philosophenherrschaft zwar nicht unmittelbar in die Moralphilosophie, aber offensichtlich in die praktische, genauer gesprochen, in die politische Philosophie Platons. Allgemeiner lässt sich sagen, dass die praktische und politische Philosophie Platons die auf die Sinneswelt angewandte platonische Metaphysik ist. Um die praktische und politische Philosophie Platons zu verstehen, müssen wir also zuerst etwas von seiner Metaphysik verstehen. Ohne im Folgenden zu beanspruchen, Platon „auf ein System zu reduzieren", sollen der leichteren Übersicht halber gleichwohl zuerst (I) sieben Thesen Platons formuliert werden. Sie mögen zeigen, inwiefern das Paradox von der Philosophenherrschaft bzw. vom Herrschen der Philosophierenden angewandte platonische Metaphysik ist. Ich beschränke mich dabei auf das geschriebene Werk und wähle Thesen aus, die sich nach Möglichkeit sowohl in den frühen und mittleren als auch in den späten Dialogen finden und sozusagen ein „dogmatisches Minimum" im *Corpus Platonicum* bilden. Zweitens (II) soll ein Vergleich gemacht werden zwischen dem Paradox von der Philosophenherrschaft im *Staat* (R. 473c–d), im *Staatsmann* (Plt. 294a) und in den *Gesetzen* (Lg. 712a). Drittens (III) möchte ich im Anschluss an diesen Vergleich etwas zur Einheit und Variation des platonischen Denkens sagen.

---

[1] Brief vom 11. Februar 1715, zit. nach Leibniz, 1887, III, S. 637.

I

1) Es gibt eine Unterscheidung zwischen richtiger Meinung (*orthê doxa*) und Wissen (*epistêmê*). Diese Unterscheidung finden wir u. a. im *Menon* (98b), im *Symposion* (202a), in der *Politeia* (477e – 478d) und im *Timaios* (51d – 52a). Der Unterschied liegt darin, dass das Wissen zusätzlich zur richtigen Meinung eine „Rechenschaft über den Grund" (*aitias logismos*, *Men*. 98a3 – 4) gibt oder „immer mit gültiger Begründung" (*aei met' alêthous logou*, *Ti*. 51e3) erfolgt. Diese Unterscheidung gehört zu dem „Wenigen" (*oliga*, *Men*. 98b4), was Sokrates beansprucht zu wissen, und das „einzige direkte Argument für die Existenz der Ideen"[2] in den Dialogen (*Ti*. 51d – 52a) gründet auf dieser Unterscheidung.

2) Man kann nur das Gute wollen. Diese These findet sich im *Menon* (77c – d), *Gorgias* (468b), *Symposion* (205e – 206a), in der *Politeia* (505d – e) und im *Philebos* (20d).[3] Wenn man das Schlechte will, so will man etwas, von dem man glaubt oder meint, dass es gut ist (vgl. *Men*. 77c – d). Man befindet sich in einem Irrtum und tut nicht, was man eigentlich will (vgl. z. B. *Grg*. 466c – 467b).

3) Tugend ist Wissen, d. h. wenn man um die Tugend weiß, so handelt man auch nach ihr. Diese These wird im *Protagoras* begründet (357d – e).[4] Ebenso finden wir dort ihr Korollar, wonach niemand freiwillig, sondern nur aus Unwissenheit Unrecht tut (*Prt*. 358c – d). Dieses Korrolar – *nemo sua sponte peccat* – taucht wieder in der *Politeia* (382a) und mit Modifikationen erneut im *Timaios* (86d) sowie in den *Gesetzen* (vgl. 860d) auf.

4) Der Gerechte ist glücklich, der Ungerechte ist unglücklich. Für den Einzelnen finden wir diese These im *Gorgias* (470c – 471d) begründet, die *Politeia* ist ein Versuch, diese These auch für den Staat zu beweisen (vgl. *R*. 358e – 362c, 612a – 621d). In den *Gesetzen* gilt dieselbe These sowohl für den Einzelnen als auch für den Staat. Das gerechte Leben ist auch das glückliche Leben (662b – 663a). Das Ziel der Gesetzgebung ist nichts anderes als die Realisierung der Tugend (vgl. *Lg*. 705d – 706a). Das wiederum soll das glückliche Leben des Staates garantieren, dessen Wohlbefinden (*eu zên*) nach denselben Gesichtspunkten zu beurteilen ist wie das eines einzelnen Menschen (vgl. *Lg*. 828e – 829e).[5]

5) Dem Wissen entspricht ein Korrelat, das Sein im vollen Sinne, das eine Identität mit sich selber hat (*Smp*. 211a; *Phd*. 80a – b; *R*. 479e, 484b; *Phdr*. 247d – e;

---

[2] Kahn, 1996, S. 330. Eine Analyse dieses Argumentes findet sich in Ferber, 1998a, mit Verbesserung von Ferber/Hiltbrunner, 2005, hier S. 221 – 225.
[3] Vgl. dazu Ferber, 1989, S. 51 – 52; Ferber, 2013b.
[4] Vgl. Ferber, 1991a, S. 46 – 56.
[5] Vgl. dazu Ferber, 2007c, insb. S. 37 – 38.

Ti. 52a). Der (bloßen) Meinung entspricht ebenfalls ein Korrelat, das zwischen Sein und Nicht-Sein liegt und keine Identität mit sich selbst hat (*R.* 477a, 479a – b; *Ti.* 38a, 52a). Das genannte Sein im vollen Sinne ist die platonische Idee, ohne die das Wissen keinen Gegenstand hätte. Zwar wird die „Ideenlehre" bereits in den frühen Dialogen eingeführt (vgl. *Euthphr.* 6d).[6] Die Kennzeichnung der Idee als Seiendes im vollen Sinne und der Sinnesphänomene als oszillierende Zwischenwesen zwischen Seiendem und Nichtseiendem findet sich allerdings erst in der *Politeia* (477a – 479d). Aus dem *Timaios* wird deutlich, dass Platon ungeachtet der Einwände im *Parmenides* diese Meinung nicht aufgegeben hat (vgl. 51d – 52a).[7]

6) Wie es zwischen Wissen und Meinen eine hierarchische Struktur gibt, insofern das Wissen das Meinen erst begründet (vgl. *Men.* 98a; *Ti.* 51d), so herrscht zwischen Ideen und Sinnesphänomenen ebenfalls eine hierarchische Ordnung, insofern die Ideen die Ursache oder der Grund für die Sinnesphänomene sind. Auch diese Hysteron-Proteron-Struktur findet sich in den frühen (*Hi.Ma.* 287c; *Euthphr.* 6e; *Men.* 72c), mittleren (*Phd.* 100d; *Prm.* 132d) und späten Dialogen (*Ti.* 50c). Zugespitzt lässt sich diese Hysteron-Proteron-Struktur des Seins – die „Grundformel des Platonismus"[8] – für die mittleren und späten Dialoge wie folgt formulieren: Die Ideen können ohne Sinnesphänomene existieren, die Sinnesphänomene aber nicht ohne Ideen. Dieser hierarchischen Struktur der Erkenntnis und der Realität entspricht die hierarchische Struktur des Kosmos als eines „beseelten vernünftigen Lebewesens" (*Ti.* 30b), wobei der Körper der Welt sichtbar, die Seele dagegen unsichtbar ist, aber an der Vernunft teilhat (vgl. *Ti.* 37a) und offensichtlich gegenüber dem Weltkörper ontologischen Vorrang besitzt.

7) Der ideale Staat muss dieser hierarchischen Struktur der Erkenntnis und des Seins entsprechen und die hierarchische Struktur des Kosmos abbilden. Er ist insofern angewandte platonische Metaphysik. Proleptisch lesen wir denn auch bereits im *Staat:* „Aber, im Himmel [Kosmos] liegt doch vielleicht ein Muster für den, der sehen und sein Inneres seiner Schau entsprechend einrichten will" (*R.* 592b).[9] Deshalb muss die Gerechtigkeit der Seele, die darin besteht, dass der

---

6 Vgl. dazu den hervorragenden Aufsatz von Baltes, 2000, S. 317–323.
7 Vgl. Ferber, 1998a, S. 419–444, hier S. 215–237.
8 So mit Recht Krämer, 1996, S. 200. Vgl. Aristoteles, *Metaph.* Δ 11, 1019a1–4.
9 Dazu Burnyeat, 2000, S. 6: „Centuries of admiring quotation have obscured the point that, when Socrates speaks of a paradigm laid up in the heavens (*en tô(i) ouranô(i)*), he is not contrasting some Christian heaven with the whole corporeal world, but contrasting our Earth, where the ideal city described in the Republic does not at present exist, with the skies above where it does. What the philosopher's intellect will assimilate, as the *Timaeus* confirms (47c), is the orderly circular motions that drive the heavenly bodies." Zur Wirkungsgeschichte dieses „Musters" vgl. Vegetti, 2009.

vernünftige Teil über die anderen Teile herrscht, auch im idealen Staat realisiert werden, der dadurch wiederum die „kosmische Ordnung" oder „Gerechtigkeit" nachahmt. Auf diese Art und Weise kann die Ungerechtigkeit oder die „Stasis", d. h. der Konflikt zwischen dem unteren Teil und den höheren, verhindert werden. Das wiederum bedeutet, dass *die* Menschen regieren müssen, bei denen der vernünftige Teil über die anderen herrscht. Das sind die Philosophenkönige bzw. -königinnen, die wir mindestens neunmal erwähnt finden (vgl. *R.* 473c – d, 487e, 499b, 501e, 540d; *Plt.* 293c – 294a; *Lg.* 712a; *Ep.* VII, 326b, 328a, 335d). Wenn wir davon ausgehen, dass der *Siebte Brief* echt ist oder zumindest einen echten Kern hat und sich der Verfasser nicht in seiner Erinnerung täuscht, diese These bereits vor der ersten sizilischen Reise (388 v. Chr.) vertreten zu haben (vgl. *Ep.* VII, 326b), so können wir annehmen, dass Platon an dieser Ansicht ungefähr von seinem vierzigsten Jahr an bis ins hohe Alter festgehalten hat.

So viel zum „dogmatischen Minimum" in Platons Dialogen. Zweifellos kann dieses „Minimum" auch anders formuliert und die eine oder andere These noch hinzugenommen werden. So ließe sich weiterhin die Ansicht verteidigen, dass Platon in den frühen (vgl. *Men.* 81b), mittleren (*Phd.* 72a – 72e, 76d – 77b, 80b – 81a, 105d – 106d; *R.* 608dff., *Phdr.* 245cff.) und späten Dialogen (*Lg.* 595a, *Lg.* 959a – b) die Unsterblichkeit der Seele vertreten hat, zumal er sich auch im *Siebten Brief* zur Unsterblichkeit der Seele und ihrer postmortalen Gerichtsbarkeit bekennt (335a).

Ebenso, wenn auch weniger konsensfähig, ließe sich sagen: Das „vorrangig Liebenswerte" (*prôton philon*, *Ly.* 219d1) oder „wirklich Liebenswerte" (*to tô(i) onti philon*, *Ly.* 220b4, 220e3) meine die Idee des Guten, die wir dann in der *Politeia* mit den großen drei Gleichnissen verdeutlicht finden (*R.* 507c – 517c); und diese Idee des Guten werde wiederum im „Genauen selbst" (*auto takribes*) des *Staatsmannes* (284d2) aufgenommen; eine These, die unabhängig von der Tübinger Schule bereits Otto Apelt vertreten hat.[10]

Mit der Tübinger Schule ließe sich sogar noch einen Schritt weitergehen und behaupten, dass Platon die indirekt überlieferte Zweiprinzipienlehre vom „Einen" und der „unbestimmten Zweiheit" von den frühen bis späten Dialogen als deren Interpretationshintergrund mündlich gelehrt hat. Doch hat diese These bekanntlich nicht den Konsens der internationalen Forschergemeinschaft gefunden.[11]

Da ich hier jedoch nur das dogmatische Minimum im *Corpus Platonicum* herauszustellen suche, will ich es mit diesen sieben Thesen bewenden lassen,

---

10 Vgl. Apelt, *Lysis*, 1918, S. 120, Anm. 49, sowie Apelt, *Politikos*, 1922a, S. 129, Anm. 69.
11 Vgl. zum Forschungsstand Ferber, 2007c, insb. S. 80 – 84.

nämlich: (1) Es gibt eine Unterscheidung von richtiger Meinung und Wissen. (2) Man kann nur das Gute wollen. (3) Tugend ist Wissen. (4) Der Gerechte ist glücklich, der Ungerechte ist unglücklich. (5) Dem Wissen entspricht das Sein im vollen Sinne, der Meinung ein Sein und Nichtsein. (6) Wie das Wissen das Meinen begründet, so begründen die Ideen die Sinnesphänomene. (7) Der ideale Staat muss der hierarchischen Stuktur der Erkenntnis und des Seins entsprechen.

Beachtenswert scheint mir nun Folgendes: Während die erste These (1) noch heute *Wahr-scheinlichkeit* im Sinne einer respektierten philosophischen Meinung oder eines *endoxon* beanspruchen kann,[12] so haben alle anderen sechs Thesen noch heute einen paradoxen Charakter, d. h. sie laufen wider die gängige Meinung. So widerspricht die These (2), wonach man nur das Gute wollen kann, der Meinung, dass man auch das Schlechte wollen kann; (3) dass man ferner nur unfreiwillig Unrecht tut, widerspricht der Meinung, dass man auch freiwillig Unrecht tut, (4) dass der Gerechte glücklich und der Ungerechte unglücklich ist, widerspricht der Meinung, dass es dem Gerechten in dieser Welt schlecht und dem Ungerechten gut gehen kann; dass (5) die unsichtbaren Ideen die eigentliche Realität sind und (6) die sinnliche Realität erst begründen, widerspricht offensichtlich der Meinung, dass die eigentliche Realität in der sinnlichen Welt liegt. Dass schließlich (7) die Philosophen herrschen sollen, widerspricht der Meinung von der Unfähigkeit der Philosophen zur Herrschaft. In der Tat wird die Philosophenherrschaft von Sokrates als „ganz gegen die Meinung" (*poly para doxan*) bezeichnet (*R.* 473e4). Daher ist (7) das Paradox von der Philosophenherrschaft oder vom Philosophieren der Herrschenden sozusagen nur der Schlussstein einer Reihe von Paradoxien.

Hinzufügen zu diesem „Minimum" möchte ich noch Folgendes: Zwar trifft wohl heute noch die Meinung Ralph Waldo Emersons (1803–1882) zu: „Socrates and Plato are the double star which the most powerful instruments will not entirely separate."[13] D. h. die Unterscheidung zwischen der Philosophie des historischen und der des platonischen Sokrates wird der historischen Forschung nie gänzlich gelingen.[14] Doch *gezwungen* zu sagen, welche der sieben Thesen ich *eher* dem historischen und welche dem platonischen Sokrates zu*schriebe*, so würde ich antworten: Während wir die Thesen (1) bis (4) wohl *eher* dem historischen Sokrates zuschreiben können,[15] so betreten wir mit den Thesen (5), (6) und (7) Land,

---

12 Vgl. Ichikawa/Steup, 2018.
13 Emerson, 1987, S. 39–40; zit. in deutscher Übersetzung in: Friedländer, 1928, I, S.153.
14 Vgl. Ferber, 2019, S. 74–84, 2019, S. 77–85.
15 Einen weiterführenden Versuch, die Thesen des frühen platonischen Sokrates zu isolieren, habe ich in Ferber, 2007c, unternommen, hier S. 27–53.

das von Platon selbst erobert wurde. Der entscheidende Grund ist, dass der (historische) Sokrates selbst wohl schwerlich den historischen Parmenides gekannt und ihn modifizierend die Ideenlehre auch als Lehre von den Seinsgraden formuliert hat.[16]

II

Wie von den ersten beiden „Wellen" der Lächerlichkeit, d. h. der Güter- sowie der Frauen- und Kindergemeinschaft im *Staat* (*R*. 461c–466e), in den *Gesetzen* nichts mehr übrigbleibt, so scheint auch die dritte „Welle" in den *Gesetzen*, nämlich die These von der Philosophenherrschaft oder vom Herrschen der Philosophierenden, verschwunden zu sein. Vorausschicken muss ich, entgegen einem geläufigen Missverständnis, dass bereits der ideale Staat von Platon nicht als bloßer „frommer Wunsch" (*euchê*, *R*. 450d1, 456b12, 499c4, 540d2) und nicht als bloße Utopie konzipiert worden ist.[17] So lesen wir:

> Wenn jedoch bei den am besten für die Philosophie Geeigneten jemals eine Notwendigkeit, sich des Staates anzunehmen, sowohl in der unendlichen vergangenen Zeit entstanden ist (*gegonen*) oder auch jetzt für sie besteht (*nyn estin*) in irgendeiner barbarischen, weit außerhalb unseres Gesichtskreises gelegenen Gegend, oder irgendwann in der Zukunft entstehen wird (*genêsetai*): So sind wir bereit, für diesen Fall mit Argumenten die These durchzukämpfen, dass der erwähnte Staat einmal bestanden hat oder besteht oder bestehen wird, wenn diese Muse sich eines Staates bemächtigt. Denn unmöglich ist er nicht, noch bringen wir Unmögliches vor, wohl aber Schweres, doch darüber sind wir uns einig (*R*. 499c–d, übers. von R. F.).

Das bedeutet also: Der von Platon entworfene Staat ist weder logisch noch nomologisch unmöglich, d. h. er widerspricht weder den logischen noch den Naturgesetzen. Er ist nicht einmal „pragmatisch", d. h. für das menschliche Handeln, unmöglich. Das aber heißt: Der platonische Staat ist keine *U*topie. Wie Sokrates keinem einzigen Menschen weder in der Vorzeit noch in der Gegenwart vergleichbar ist (vgl. *Smp*. 215c), aber gleichwohl existiert hat, so kann auch der platonische Staat real existieren. Freilich, wie Sokrates ungewöhnlich ist (vgl. *Smp*. 215a), so ist auch der Idealstaat eine „Ungewöhnlichkeit" oder „Atopie". Die Existenz des Idealstaates hängt nur von einer Bedingung ab, nämlich dass sich

---

[16] Strenggenommen ist die Philosophie des historischen Sokrates im Unterschied zu deren Einfluss auf die Sokratiker historischer Forschung nicht zugänglich. So Kahn, 1992a, S. 240. Vgl. Ferber, 2019, S. 84–85.
[17] Vgl. dazu Herzog, 1985, sowie Szlezák, 1997c, S. 227–228. Laks, 2012, Anm. 3.

die am besten für die Philosophie Geeigneten des Staates annehmen. Ebenso ist für Platon das Paradox von der Philosophenherrschaft oder vom Philosophieren der Herrschenden keine Utopie, sondern eine menschlich reale Möglichkeit. Diese „Atopie" wird nun bekanntlich folgendermaßen in der *Politeia* formuliert:

> Wenn nicht, sprach ich, entweder die Philosophen Könige werden in den Staaten oder die jetzt so genannten Könige und Machthaber echt und hinreichend philosophieren und also dieses beides zusammenfällt, d. h. die politische Gewalt und die Philosophie, die verschiedenen Begabungen aber, die sich jetzt zu jedem der beiden Bereiche getrennt aufmachen, notwendig ausgeschlossen werden, solange – [sage ich] – gibt es keine Ruhe von den Übeln für die Staaten, lieber Glaukon, und nach meiner Ansicht auch nicht für das menschliche Geschlecht, noch kann jemals zuvor dieser Staat, den wir jetzt in Worten beschrieben haben, soweit es möglich ist, entstehen und das Licht der Sonne sehen (*R.* 473c – e, übers. von R. F.).

Der Satz ist ein Wenn-dann-Satz. Das Zusammenfallen der beiden Begabungen, der philosophischen und der politischen, ist die Bedingung dafür, dass die Übel sowohl für den Staat als auch für das menschliche Geschlecht aufhören. Die Philosophen aber sind in der Projektion Platons auch diejenigen, die über das Wissen um die platonischen Tugendideen verfügen. Da nach These (3) Tugend Wissen ist und nach These (4) die Ausübung der Tugend glücklich macht, ist die Vereinigung der beiden Begabungen auch die Bedingung für das Glück der Staaten und des menschlichen Geschlechts. So viel hier zum *Staat*.

Im politologischen Zwischendialog, dem *Staatsmann*, hält Platon einerseits an der Philosophenherrschaft als dem Optimum fest: „Das Beste (*ariston*) aber ist, dass nicht die Gesetze in Kraft sind, sondern die Macht bei einem königlichen und mit Einsicht begabten Mann liegt" (*Plt.* 294a8 – 9, übers. von R. F.). Andererseits führt Platon die konstitutionelle Monarchie als die beste Nachahmung jener besten Staatsform ein, die er für die „einzig richtige" (*Plt.* 297d4 – 5) hält, nämlich die absolute Monarchie des „königlichen und mit Einsicht begabten Mannes": „Die Monarchie also, wenn gebunden an gute schriftliche Anweisungen, die wir Gesetze nennen, ist die beste von allen sechs [Staatsformen]" (*Plt.* 302e10 – 11), nämlich der Alleinherrschaft (Monarchie und Tyrannis), der Herrschaft der Wenigen (Aristokratie und Oligarchie) und der Herrschaft der Vielen (gesetzliche und gesetzlose Demokratie) (vgl. *Plt.* 302d – e). Auch der Dialog *Staatsmann* hält also an der Philosophenherrschaft fest, ist doch der „königliche und mit Einsicht begabte Mann" niemand anders als der uns aus der *Politeia* bekannte Philosophenherrscher.

Aber sogar noch die *Gesetze* gehen von der Existenz dieses „königlichen und mit Einsicht begabten Mannes" aus:

[S₁] Wenn nun einmal ein solcher Mann (*toioutos*) da gewesen ist (*gegonen*) oder da sein wird (*genêsetai*) oder jetzt ein solcher einer von uns ist (*nyn hêmôn estin tis*), dann lebt er glücklich, glücklich aber sind auch die, welche die aus seinem Munde strömenden Worte hören.

[S₂] Ebenso gilt von jeder Regierung dieselbe These, dass, wenn die größte Macht mit der größten Denkkraft und Besonnenheit in einem Menschen zusammenfällt, dann der beste Staat und die entsprechenden Gesetze entstehen, sonst aber nicht.

[S₃] Dies mag uns wie eine Rede gelten, die uns als Seherspruch (*kechrêsmô(i)dêsthô*) und bewiesene Sache (*epidedeichthô*) überliefert ist, dass es einerseits schwer ist, dass ein Staat mit guten Gesetzen versehen ist, andererseits, wenn in die Tat umgesetzt wird, was wir sagen, es bei weitem am schnellsten und leichtesten auszuführen ist (*Lg.* 711e–712a, übers. von R. F.).[18]

Ich habe den Abschnitt in drei Sätze gegliedert. Der erste Satz [S₁] zeigt uns in Analogie zur *Politeia*, 499c–d, nochmals, dass Platon die Vereinigung der beiden Begabungen nicht als Utopie verstanden hat, sondern als eine reale menschliche Möglichkeit. Er zeigt zusätzlich, dass diese Vereinigung wohl im Sinne der Thesen (3) und (4) Bedingung des Glücks für den Philosophenherrscher selber, aber auch für diejenigen ist, die sich nach dessen Lehre ausrichten, d. h. die Bewohner des von ihm beherrschten Staates.

Der zweite Satz [S₂] bekräftigt, dass das, was vom Einzelnen gilt, auch vom ganzen Staat gilt, da dieser Herrscher dann die entsprechenden und d. h. wohl die *realiter* bestmöglichen Gesetze einführt.

Mit dem dritten Satz [S₃] mag sich Platon auf die *Politeia* zurückbeziehen, da er die Philosophenherrschaft nicht nur mit der Würde eines Orakelspruches versieht, sondern uns auch als bewiesene Sache hinstellt. Wo aber wäre der entsprechende Seherspruch bewiesen worden, wenn nicht in der *Politeia*? Der dritte Satz [S₃] zeigt nun, wozu diese Philosophenherrschaft auch in den *Gesetzen* gut ist, nämlich damit die Gesetzesherrschaft so schnell und leicht wie möglich eingeführt wird.

Wenn wir nun diese drei zitierten Stellen miteinander vergleichen, so ergibt sich: Platon hat an der These von der Philosophenherrschaft oder vom Philosophieren der Herrschenden festgehalten, und zwar von der *Politeia* bis hin zu den *Gesetzen*. Freilich ergibt sich in den *Gesetzen* eine entscheidende Modifikation: Die Philosophenherrschaft ist das Beste *zum Zweck* der Einführung der Geset-

---

18 Vgl. dazu ausführlich Schöpsdau, 2003, S. 169–175. Meines Erachtens bezieht sich *toioutos* sowohl auf einen politischen Herrscher (711d6–e1) als auch auf den mythischen Nestor, vielleicht eine Anspielung Platons auf sich selbst, da er sich zweifellos als Philosoph verstanden hat, und, wenn nicht zum Philosophenherrscher, so doch zu einem philosophischen Berater berufen sah, vgl. Schöpsdau, 2003, S. 174–175.

zesherrschaft. Und der Philosophenherrscher bleibt selbst an sie gebunden, wenn er sie einmal eingeführt hat. Der entscheidende Kritikpunkt an der Philosophenherrschaft, der bereits im *Staatsmann* artikuliert worden war (*Plt.* 298a – c), ist eben, dass kein menschliches Wesen, wenn es in die Lage gebracht ist, mit unbeschränkter Machtvollkommenheit über alle menschlichen Angelegenheiten zu verfügen, davor bewahrt werden kann, der Hybris und der Ungerechtigkeit anheimzufallen (vgl. *Lg.* 713c). Deshalb braucht es den „Gesetzesstaat" und werden die Philosophenkönige durch den „nächtlichen Rat" abgelöst, d. h. einen „Ältestenrat" (*Lg.* 964e – 965a), dessen Mitglieder eine ähnliche „dialektische" Ausbildung zu absolvieren haben wie die Philosophenkönige im Staat (vgl. *Lg.* 965d – 966c), auch wenn dieser Ausbildungsgang in den *Gesetzen* noch weniger im Einzelnen ausgeführt wird als in der *Politeia*. Im Unterschied zur *Politeia* finden wir aber in den *Gesetzen* eine klare Instrumentalisierung der „Philosophenherrschaft" zur Einführung des Gesetzesstaates (vgl. *Lg.* 710d).[19]

Gleichwohl hält Platon unmissverständlich an der „Atopie" der Philosophenherrschaft fest, gibt es doch keine höhere Macht als eben Wissen und Einsicht, die insofern über dem Gesetz stehen müssen (vgl. *Lg.* 875c – d). Doch der entsprechende Mensch existiert nicht oder allenfalls nur für kurze Zeit:

> Jetzt (*nyn*) aber [d. h. so wie die Menschen im Allgemeinen in Wirklichkeit sind] gibt es ihn nirgendwo in irgendeiner Weise, es sei denn für kurze Zeit (*all' ê kata brachy*) (*Lg.* 875d2 – 3).

Platon sagt also nicht, dass es den Philosophenherrscher nie gibt oder geben kann. Es gibt ihn, wenn auch nur *kata brachy* und d. h. auch nur für eine begrenzte Zeit.[20] Kein Mensch also würde diese seelische Höhenlage, die es möglich macht, bei dem Grundsatz (*dogma*, *Lg.* 875b4) zu bleiben, nur das Gemeinwohl zu verfolgen, sein Leben lang durchhalten (*diabiônai*, *Lg.* 875b5). Doch erhellt aus dieser Einschränkung, dass der alternde Verfasser der *Gesetze* seinen „frommen Wunsch" (*euchê*) nicht völlig aufgegeben, aber an die Realität angepasst hat: „denn in der Jugend sieht jeder Mensch diese Dinge sehr verschwommen, im Alter aber sehr scharf" (*Lg.* 715d8 – e1). Er ist nicht eine Utopie, sondern eher das Maximum dessen, was in den Augen Platons von einem sterblichen Menschen „für eine kurze Zeit" (*Lg.* 875d3) erreicht werden kann – sozusagen „the limit of the practical best".[21]

---

19 Vgl. dazu Brisson, 2009.
20 Ich folge mit „es sei denn für kurze Zeit" der Übersetzung von Laks, 2005, S. 171, vgl. auch Laks, 2012, S. 32. Das *nyn* ist mit Laks, 2012, S. 31 – 33, wohl nicht lokal, sondern global zu verstehen. So wie die Menschen im Allgemeinen in Wirklichkeit sind. Vgl. Kahn, 1995, S. 53 – 54.
21 Ausdruck von Rawls, 1996, S. 202.

III

Bei keinem Denker gibt es wohl so verschiedene Auslegungen wie bei Platon.[22] Das hängt mit der „platonischen Anonymität" zusammen, wonach Platon in den Dialogen nie in eigener Person spricht,[23] sodass uns seine eigene Ansicht in letzter Instanz unerforschlich bleibt. Allerdings ist es meines Erachtens schwerlich sinnvoll zu bezweifeln, dass aus dem platonischen Sokrates, dem eleatischen Fremdling, Timaios und dem Athener zumindestens teilweise Platon – wenn auch nicht der ganze – spricht.[24] So zum Beispiel ist schwerlich zu bezweifeln, dass die Thesen (1) bis (7) nicht auch Ansichten Platons wiedergeben oder dass Platon sich einer eigenen Ansicht enthalten oder sogar deren Gegenteil geglaubt hätte, etwa: (1) Es gibt keine Unterscheidung von richtiger Meinung und Wissen, vielmehr ist richtige Meinung schon Wissen.

Die interpretatorische Differenz betrifft einzelne Lehren wie z. B. die Ideenlehre und die Idee des Guten, sowie einzelne Dialoge wie z. B. insbesondere den Rätseldialog *Parmenides*. Es betrifft aber selbstverständlich auch das Ganze seiner Lehre. Seit Gustav Teichmüller (1832–1882) spricht man in Analogie zur „sokratischen" auch von der „platonischen Frage". Damit ist im Unterschied zur „sokratischen Frage" nicht die Frage der Unterscheidung zwischen dem historischen und dem platonischen Sokrates, sondern die Frage nach der Einheit *und* Variation der platonischen Philosophie gemeint.[25]

Innerhalb dieses Spektrums des „ganzen Platon" können wir idealtypisch zwei interpretatorische Extreme unterscheiden: Platon den Aporetiker und Platon den systematischen Dogmatiker. Die nicht ausschließende Disjunktion findet sich bereits im *Grundriss der pyrrhonischen Skepsis* von Sextus Empiricus (um 200 n. Chr.): „Von Platon haben die einen behauptet, er sei Dogmatiker, die anderen, er sei Aporetiker, die dritten, er sei teils Aporetiker, teils Dogmatiker."[26]

---

22 Vgl. Neschke, 2010, Neschke/Erler, 2012.
23 Vgl. Edelstein, 1962, S. 1–22.
24 Vgl. bereits Diogenes Laertios, III 52.
25 Vgl. Teichmüller, 1876, dazu Hartung, 2012.
26 „Von Platon haben die einen behauptet, er sei Dogmatiker, die anderen, er sei Aporetiker, die dritten, er sei teils Aporetiker, teils Dogmatiker. In den Übungsschriften nämlich, dort, wo Sokrates eingeführt wird, wie er entweder mit den Leuten witzelt oder sich mit Sophisten misst, soll Platon einen übenden und aporetischen Charakter haben, einen dogmatischen aber dort, wo er sich mit Ernst entweder durch Sokrates oder Timaios oder ähnliche Leute äußert. Über diejenigen nun, die ihn Dogmatiker nennen oder teils Dogmatiker, teils Aporetiker, ist es wohl überflüssig, hier zu reden; denn sie geben den Unterschied zwischen ihm und uns selbst zu. Die Frage aber, ob er ein echter Skeptiker ist, behandle ich breiter in meinen *Bemerkungen*. Hier in diesem Grundriss

Für die aporetische Richtung steht in der Antike die akademische Skepsis, für die dogmatische der antike Neuplatonismus. Eine bekannte Formulierung Ciceros (106–43 v. Chr.) möge genügen: „In den Büchern Platons wird nichts bejaht; auch wird vieles nach beiden Seiten hin (*in utramque partem*) erörtert; alles wird in Frage gestellt, nichts für sicher erklärt."[27] Cicero spricht auch von der *inconstantia Platonis* und ruft die widersprüchlichen Behauptungen über die Göttlichkeit in Erinnerung (*inter se vehementer repugnantia*).[28] Eine Aufzählung dieser Widersprüche findet sich etwa im ersten Kapitel von L. Stefaninis (1891–1956) *Platone*.[29] Ein weder von Cicero noch von Stefanini, aber von Apuleius (123 – nach 170 n. Chr.) erwähntes Beispiel dieses *in utramque partem dissere* ist die Erörterung der beiden Hypotheseis des *Parmenides*, „Wenn *Eines* ist" (137c–166b) und „Wenn *Eines* nicht ist" (160b–166c). Apuleius schreibt: „Im *Parmenides* lehrt er [Platon], wie von beiden Seiten (*ex utraqua parte*) alle [sic] Fragen zu behandeln sind.[30]

In die entgegengesetzte Richtung geht die Ansicht Plotins, dass Platon die Wahrheit gefunden habe:

> Wir müssen annehmen, dass einige der glückseligen Philosophen der alten Zeit die Wahrheit gefunden haben. Aber welcher von ihnen es am vollständigsten getan hat, und wie ein Verständnis dieser Dinge [d. h. von Ewigkeit und Zeit] auch für uns entstehen kann, ist das, was uns zu suchen geziemt (*Enn.* III 7, 1, 13–17).

Es kann kein Zweifel bestehen, dass für Plotin Platon der Philosoph ist, der die Wahrheit am vollständigsten gefunden hat, d. h. im Besitz eines feststehenden oder dogmatischen Systems war, das wir aus den Dialogen erst wieder rekonstruieren müssen. Freilich ist „des Mannes Absicht" (*to tou andros boulêma*, Enn.

---

will ich gegen Menodot und Änesidem (denn sie vor allem haben diesen Standpunkt vertreten) nur anführen, dass, wenn Platon sich über Ideen äußert oder darüber, dass es eine Vorsehung gebe oder dass das tugendhafte Leben begehrenswerter sei als das lasterhafte, er dogmatisiert, wenn er diesen Dingen als wirklich existierenden zustimmt, und dass er, wenn er ihnen als den glaubhafteren zustimmt, ebenfalls außerhalb des skeptischen Charakters steht, weil er etwas hinsichtlich seiner Glaubwürdigkeit oder Unglaubwürdigkeit vorzieht; denn dass auch dieses uns fremd ist, ist aus dem oben Gesagten offenbar" (*Grundriss der pyrrhonischen Skepsis*, I 23, §§ 220–222, übers. v. M. Hossenfelder mit kleiner Veränderung von R. F.). Offensichtlich hält Sextus Empiricus Platon eher für einen Dogmatiker oder Probabilisten als für einen Skeptiker.

27 *In Platonis libris nihil affirmatur; et in utramque partem multa disseruntur; de omnibus quaeritur, nihil certe dicitur* (*Academica* I 46).
28 *De natura deorum* I 12.
29 Stefanini 1991a, S. XI–XXVIII.
30 *In Parmenide docet quomodo ex utraque parte omnes quaestiones tractandae sind* […]. Zit. nach Stover, 2016, cap. 29. Ich verdanke den Hinweis H. Tarrant.

IV 8, 1, 28) nicht leicht zu erkennen. Denn seine Aussagen scheinen sich zu widersprechen. Einerseits redet er abschätzig über diese sinnlich wahrnehmbare Welt (vgl. IV 8, 1, 27–31), andererseits preist er im *Timaios* (vgl. 29a, 39e) den Kosmos und den Schöpfer, der ihm die Seele gab, sowie den Abstieg der Seelen bzw. ihre Inkarnation in jedem von uns zum Zweck der Vollendung des Alls (vgl. IV 8, 1, 41–50). Zur Erkennung der wahren Absicht bedarf es also der Exegese: „[...] unsere jetzigen Argumente sind die Auslegungen von jenen alten, wobei das Alter dieser Meinungen dadurch bezeugt wird, dass sie sich in den Schriften Platons selbst finden" (V 1, 8, 10–14). Diese Exegese ist eine in sich kohärente Rekonstruktion der platonischen Gedankenwelt.[31] Beide Gegensätze – Platon, der Skeptiker, und Platon, der Dogmatiker – sind offensichtlich „abstrakt".[32]

Eine Metamorphose dieses Gegensatzes findet sich im 18. und 19. Jahrhundert in der Gegensätzlichkeit des *System der platonischen Philosophie* (1792–1795) von Wilhelm Gottfried Tennemann (1761–1819) und den *Philosophischen Vorlesungen aus den Jahren 1804 bis 1806* von Friedrich Wilhelm Schlegel (1772–1829). So schreibt W. G. Tennemann:

> Die Philosophie [Platons] ist die systematische Entwickelung der Ideen als Prinzipe der Dinge, und die Wissenschaft des Zusammenhangs derselben unter der unbedingten Ursache.[33]

Dagegen schreibt F. W. Schlegel:

> Plato hatte nur eine Philosophie, aber kein System; und wie die Philosophie selbst mehr ein Streben nach Wissenschaft, als eine vollendete Wissenschaft ist, findet sich dieses auch bei ihm in einem vorzüglichen Grade. Er ist nie mit seinem Denken fertig geworden, immer beschäftigt, seine Ansichten zu berichten, zu ergänzen, zu vervollkommnen, und in diesem immer weiter strebenden Gang seines Geistes nach vollendetem Wissen und Erkennen, diesem ewigen Werden, Entwickeln und Bilden seiner Ideen, das er in Gespräche künstlich darzustellen suchte, muss das Charakteristische seiner Philosophie gesucht werden, wenn man nicht in Gefahr geraten will, ihren Geist ganz zu verkennen, und auf dem Wege einer irrigen Untersuchung zu ganz schiefen und falschen Resultaten zu gelangen.[34]

---

[31] Vgl. dazu Hathaway, 1969, sowie Chiaradonna, 2010, insb. S. 107–109, mit weiteren Literaturangaben.
[32] Vgl. zu diesem Streit zwischen der skeptischen und der dogmatischen Platonauslegung Tarrant, 2000, S. 10–26.
[33] Tennemann, 1795, S. 285. Zu Tennemann vgl. auch Szlezák, 2010a, insb. S. 420–425.
[34] Schlegel, 1836, S. 364. Zu Schlegel vgl. auch Kobusch, 2012.

Von Platon kann man also nur Philosophieren, aber nicht Philosophie lernen, wie das Immanuel Kant allgemein behauptet hat.[35] F. Schleiermacher dagegen war in seiner berühmten „Einleitung" Unitarier, ungeachtet er die „Unzertrennlichkeit von Form und Inhalt" vertreten hat:[36]

> [U]nd man gestände ihm ohne weiteres zu, was nach Beobachtung unserer heutigen Philosophen so wunderlich scheinen muss, dass es nicht ohne den strengsten Beweis geglaubt werden dürfte, dass er nemlich vom Antritt seiner lehrenden Laufbahn, und noch früher, immer so gedacht habe wie hernach.[37]

Nach F. Schleiermacher gibt es also keine „Berichtigungen" seiner „geschriebenen Lehre", wie sie Schlegel unterstellt, sondern nur eine in der Zeit verlaufende schriftliche Darstellung zu didaktischen Zwecken.[38]

Im letzten Jahrhundert dürften zu den prominentesten Vertretern einer systematisch-dogmatischen Interpretation P. Shorey mit seinem Werk *The Unity of Plato's Thought* gehören, dann wieder W. Jaeger sowie H. Krämer, der allerdings dieses System erst in der ‚Ungeschriebenen Lehre' realisiert sieht.[39] Dahingegen haben P. Friedländer, G. Vlastos und zahlreiche andere wiederum den Entwicklungsgedanken betont.[40] Ch. Kahn hat mit seinem Werk *Plato and the Socratic Dialogue* wiederum einen wichtigen Schritt in die unitarische Richtung getan.[41]

---

35 „Das System aller philosophischen Erkenntnis ist nun Philosophie. Man muss sie objektiv nehmen, wenn man darunter das Urbild der Beurteilung aller Versuche zu philosophieren versteht, welche jede subjektive Philosophie beurteilen soll, deren Gebäude oft so mannigfaltig und so veränderlich ist. Auf diese Weise ist Philosophie eine bloße Idee von einer möglichen Wissenschaft, die nirgend in concreto gegeben ist, welcher man sich aber auf mancherlei Wegen zu nähern sucht, so lange, bis der einzige, sehr durch Sinnlichkeit verwachsene Fußsteig entdeckt wird, und das bisher verfehlte Nachbild, so weit als es Menschen vergönnt ist, dem Urbilde gleich zu machen gelingt. Bis dahin kann man keine Philosophie lernen; denn, wo ist sie, wer hat sie im Besitze, und woran lässt sie sich erkennen? Man kann nur philosophieren lernen, d. i. das Talent der Vernunft in der Befolgung ihrer allgemeinen Prinzipien an gewissen vorhandenen Versuchen üben, doch immer mit Vorbehalt des Rechts der Vernunft, jene selbst in ihren Quellen zu untersuchen und zu bestätigen, oder zu verwerfen." (Kant, *KpV*, B 865).
36 Schleiermacher, 1804–1810, S. 16: „[...] denn wenn irgendwo, so ist in ihr Form und Inhalt unzertrennlich, und jeder Satz nur an seinem Orte und in den Verbindungen und Begränzungen, wie ihn Platon aufgestellt hat, recht zu verstehen".
37 Schleiermacher, 1804–1810, S. 38.
38 Vgl. Szlezák, 2010a.
39 Vgl. Krämer, 2014b: „Seine ‚prinzipielle' Position war offenbar von Anfang an voll und auf höchstem Niveau ausgebildet und steht als solche von jeher hinter seinen publizierten Schriften (die die – literarisierte – sophistische und sokratische Werberede weiterführen)."
40 Jaeger, 1973, S. 678: „Aber eins ist klar, dass die entwicklungsgeschichtlichen Betrachtungen des 19. Jhrh. die zahlreichen Verbindungslinien zu wenig beachtet haben, die Plato von einem

Den entscheidenden Gedanken dieser unitarischen Interpretation hat P. Shorey für das *Corpus Platonicum* so formuliert:

> [...] we are to assume contradiction or serious alteration in Plato's thought only in default of a rational literary or psychological explanation of the variation in the form of its expression.[42]

So braucht Platon mit der Einführung der ‚dreigeteilten' Seele in der *Politeia* noch nicht der sokratischen These „*nemo sua sponte*" zu widersprechen (vgl. S. 94– 100). Er vertritt die sokratische These vielmehr wieder in den *Gesetzen* und versucht sie mit der strafrechtlichen Unterscheidung von Freiwilligkeit und Unfreiwilligkeit in Einklang zu bringen (*Lg.* 860d – 863a). Wir dürfen vielmehr vermuten, dass aus dem Munde des Atheners Platon spricht, wenn er ihn sagen lässt, dass es für ihn „völlig unannehmbar wird, eine These aufzugeben, von deren Wahrheit ich doch überzeugt bin" (*Lg.* 861d3 – 5). Ebensowenig muss sich Platon aber *verbatim* wiederholen, wenn er vom Selben spricht. Er kann also, um ein anderes Beispiel zu wählen, mit dem, was uns „vorrangig lieb" (*prôton philon*, *Ly.* 219d1) ist, ebenso die Idee des Guten meinen wie mit dem „Genauen selbst" (*auto takribes*) (*Plt.* 284d2).

Was ist nun die richtige Auffassung des ‚ganzen Platon'? Oder bleibt das, was Platon wirklich dachte, für uns wie für den großen italienischen Platonforscher Luigi Stefanini ein unlösbares Problem, d. h. ein „Geheimnis", nämlich „Il mistero di Platone"?[43]

Sicher wäre es vermessen, hier Abschließendes sagen zu wollen. Um Platon zu verstehen, müsste man nach einem Ausspruch G. Ryles Platon selber sein: „[O]nly by really being Plato could I really understand him",[44] – *wenn* er sich selber wirklich verstanden hat. Aufgrund des dargestellten dogmatischen Minimums glaube ich gleichwohl zweierlei behaupten zu dürfen:

Es gibt eine „minimale Einheit" also eine „Einheit in der Entwicklung" in Platons Dialogen, die aus den erwähnten sieben Thesen besteht. Diese Einheit können wir in aristotelischen Denkkategorien als das *Eidos* des platonischen

---

Werk zum anderen gezogen hat und durch die er uns zum Bewusstsein bringt, dass sie alle schrittweise einen einzigen großen Zusammenhang aufdecken, in welchem der erste Schritt erst durch den letzten seine volle Erklärung empfängt." Vgl. zu diesen Einheitsvorstellungen auch Kahn, 1992b.

41 Vgl. Kahn, 1996, sowie für das Spätwerk Kahn, 1995, sowie Kahn, 2013.
42 Shorey, 1903, S. 5, zitiert von Sprague, 1976, S. 111.
43 So die Überschrift des ersten Kapitels von Stefaninis großem Werk: Stefanini 1991a, S. XI–XVIII.
44 Ryle, 1949, S. 57.

Schrifttums oder in Kuhn'scher Terminologie als das *Paradigma* bezeichnen, innerhalb dessen sich Platons schriftstellerisches Werk entwickelt hat.

Negativ gesprochen, bedeutet diese These aber zweitens: Es gibt keine grundsätzliche Revolution *innerhalb* des platonischen Schrifttums, etwa die Bestreitung einer der sieben Thesen, wie etwa die Bestreitung des Unterschiedes zwischen richtiger Meinung und Wissen oder die Bestreitung der Ideenlehre. Im Unterschied etwa zu seinem Lehrer Sokrates haben wir keine grundsätzliche Wende, etwa von der „Erforschung der Natur" (*peri physeôs historia*, *Phd.* 96a) zur „Betrachtung in den Argumenten" (*en [tois] logois skepsis*, vgl. *Phd.* 100a) zu verzeichnen.

Doch existiert neben dieser Einheit offensichtlich auch eine Entwicklung dieser schriftstellerischen Einheit in der Zeit, die wir vergleichen können mit der Entwicklung eines Baumes aus einem Samen oder mit der „normalwissenschaftlichen" Ausarbeitung innerhalb eines Paradigmas. Wir haben also, um mit dem Titel des Buches von William J. Prior zu sprechen *Unity and Development in Plato's Metaphysics*.[45] Die Entwicklung dieser Einheit kann an den Dialogen nachgezeichnet werden, die für ein jeweils verschiedenes Publikum dargestellte Fragmente dieser einheitlichen Vision in drei stilometisch unterscheidbaren Zeitperioden sind.

So z. B. ist die *Apologie* für die athenische Öffentlichkeit (vgl. *Ap.* 17a – c), der *Parmenides* aber für einen engeren Kreis von Mitgliedern der Akademie (vgl. *Prm.* 127b – d), das Alterswerk der *Gesetze* aber „für die Jugend" sowie den verantwortlichen „Gesetzeswächter und Erzieher" (*Lg.* 811d4) geschrieben. Insofern ist Platon, wie bereits Arius Didymus (1. Jh. v. Chr.) festgestellt hat, zwar „vielstimmig (*polyphônos*), ohne verschiedenes zu meinen (*polydoxos*), wie einige annehmen".[46]

Der Kern dieser einheitlichen „Meinung" aber scheint mir die These (1) zu sein, nämlich dass es einen Unterschied gibt zwischen richtiger Meinung und Wissen. Diese Unterscheidung gehört zu dem „Wenigen", was Sokrates zu wissen beansprucht (vgl. *Men.* 98b4, vgl. S. 34), und auf ihr beruht das einzige ausformulierte Argument für die Existenz der Ideen in den Dialogen (*Ti.* 51d – 52a, vgl. S. 221 – 226) und den mit dem Namen Platons verbundenen Universalienrealismus. Die Verneinung dieser Unterscheidung würde darauf hinausführen, den Unterschied zwischen sozialer und epistemischer Autorität aufzugeben. Das wäre das Ende vernünftiger Philosophie und der Ersatz von Gründen durch Ursachen, und das heißt nicht zuletzt durch soziale Machtverhältnisse.

---

[45] Prior, 1985.
[46] Zit v. Stobaios, *Eklogae*, ed. Wachsmuth, II, 55.5 – 7; II, 49.25.

Von Kant – um es zu wiederholen – stammt der Ausspruch, dass man nicht Philosophie, sondern nur Philosophieren lernen kann.[47] Über diese Angelegenheit ist auch heute noch nicht das letzte Wort gesprochen, denn im Unterschied zu vielen naturwissenschaftlichen und anderen Disziplinen gibt es keinen philosophischen „Gesetzeskorpus", den man sich aneignen kann.

Platons nirgends ausformuliertes „System" sowie seine Wahl des Dialoges als philosophischer Mitteilungsform scheinen anzudeuten, dass man bei ihm vorwiegend nur Philosophieren lernen kann, d. h. eine Frage, wie z. B. die, ob der Gerechte glücklich und der Ungerechte unglücklich sei, nach beiden Seiten hin (*in utramque partem*) zu erörtern. Ebenso scheint man die Frage, ob das Eine ist oder nicht ist, nur nach beiden Seiten hin erörtern zu können. Das erwähnte „dogmatische Minimum" zeigt jedoch, dass Platon durch die Dialoge sehr wohl auch eine lehr- und lernbare Philosophie vermitteln wollte, wie z. B., *dass* der *Gerechte* glücklich und der *Ungerechte* unglücklich ist, wohingegen die Frage, ob das Eine ist oder nicht ist, zumindest in den Dialogen aporetisch bleibt, was der Schluss des *Parmenides* andeuten mag (vgl. 166c).

Allerdings gelangt dieses „dogmatische Minimum" zumindest in den Dialogen nie zu einem System, wie es wohl in der erhofften Synopsis im 7. Buch der *Politeia* zu erzielen gewesen wäre (vgl. 531d). Es ist allerdings eine Philo*sophie*, die, um handlungswirksam zu werden, nur durch Philo*sophieren* und d. h. durch die Katharsis der Seele von falschen Meinungen anzueignen ist (vgl. *Sph.* 230d – e). Und nur durch selbstständiges Philosophieren oder – platonisch gedacht – durch Erinnerungsarbeit würde ein solches „platonisches System" „dem menschlichen Geschlecht" einen „großen Dienst" erweisen, wie das Leibniz in seinem Brief an Nicolas François Rémond formuliert hat (vgl. S. 240). Deshalb mag es Platon auch vorgezogen haben, seine in den Dialogen entwickelte Philosophie nicht als System darzustellen.

All diese Gegensätze im *Corpus Platonicum*, die Einheit und die Entwicklung, die feste Philosophie und das problematisierende Philosophieren, in *einer* Monographie zu vereinen, das wäre die vielleicht vorzüglichste Aufgabe gegenwärtiger Platonforschung.[48]

---

[47] Kant, *KpV*, B 865.
[48] Dieser Beitrag geht auf einen unveröffentlichten Vortrag zurück, den ich am *VI Symposium Platonicum* von 5.–10. August 2001 in Jerusalem gehalten habe. In unvergesslicher Erinnerung nicht nur an Jerusalem, sondern auch an meine Lehrveranstaltungen in Fribourg widme ich ihn nun meinem lieben Kollegen Dominic O'Meara zum 65. Geburtstag in Hochachtung.

Hat Platon in der ‚Ungeschriebenen Lehre' eine „Dogmatische Metaphysik und Systematik" vertreten?

Einige Bemerkungen zum Status Quaestionis

Abstract: *The paper gives an overview of the philosophical positions regarding Plato's so-called unwritten doctrines and the systematic goal of his philosophy. One group of commentators (especially the Tübingen school with Hans Krämer and Konrad Gaiser) argues that in these doctrines Plato has a closed concept of philosophy, while another group, in the tradition of Friedrich Daniel Ernst Schleiermacher and August Wilhelm Schlegel (for example, Ernst Heitsch, Margarita Isnardi Parente and Wolfgang Kullmann), denies the philosophical relevance of the unwritten doctrines and favours an open concept of philosophy which they find mainly in the dialogues. The author discusses and criticizes H. Krämer's position and tries to show that a third position between finitism and infinitism is possible, that is, an approximation of the presupposed truth, a position anticipated in the „scepsi costruttrice" of Luigi Stefanini's „Platone".*

Der Streit um die ‚Ungeschriebene Lehre' Platons ist zunehmend auch ein Streit um den platonischen Philosophiebegriff geworden. Dieser Streit kann *cum grano salis* auch als eine neue Version des Streites der Alten und der Modernen – nun in der Interpretation der Alten bezeichnet werden. Die „Modernen", welche von F. D. E. Schleiermacher und A. W. Schlegel herkommen und ohne eine ‚Ungeschriebene Lehre' Platons auszukommen suchen, vertreten dabei einen offenen oder in der Terminologie H. Krämers „infinitistischen" Philosophiebegriff. Die „Alten", welche eine ‚Ungeschriebene Lehre' annehmen, unterstellen dagegen Platon einen geschlossenen oder „finitistischen".[1] H. Krämer hat die Gegensätze in einem

---

Ursprünglich veröffentlicht unter: Ferber, R., „Hat Plato in der ‚ungeschriebenen Lehre' eine ‚dogmatische Metaphysik und Systematik' vertreten? Einige Bemerkungen zum Status Quaestionis", in: *Méthexis. Revista argentina de filosofia antigua* 6 (1993), S. 37–54 [Ferber, 1993a].

1 Vgl. dazu den wichtigen Aufsatz Krämer, 1988, S. 583–621, sowie Reale, 1991, sowie dessen „Summa": Reale, 1997, insb. S. 31–74, sowie die *Postfazione*, Reale, 1997, S. 713–720, insb. S. 715–720.

Aufsatz „Zur aktuellen Diskussion um den Philosophiebegriff Platos"[2] skizziert. Er enthält ein Lob auf die ihm und K. Gaiser gewidmete Schrift K. Alberts *Ueber Platons Begriff der Philosophie*, eine Kritik an den jüngsten (krämerkritischen) Äußerungen von E. Heitsch, M. Isnardi Parente und W. Kullmann und ehrt einen Vortrag des Verfassers: *Warum hat Plato die ‚ungeschriebene Lehre' nicht geschrieben? (Vorläufige Fassung)* zusammen mit einigen (krämerkritischen) Seiten der zweiten Auflage von *Platos Idee des Guten* mit einer „kritischen Synkrisis".[3] Während H. Krämer mit K. Albert zu den „Alten" zu zählen ist, welche für die Existenz einer ‚Ungeschriebenen Lehre' und einen finiten Philosophiebegriff plädieren, so gehören E. Heitsch, M. Isnardi Parente und W. Kullmann mehr zu den „Modernen". Sie bestreiten mit verschiedenen Akzentsetzungen die Existenz einer über die Dialoge hinausgehenden ‚Ungeschriebenen Lehre' und vertreten in der Interpretation H. Krämers einen „infiniten" Philosophiebegriff. Der Verfasser darf sich dabei einerseits zu den „Alten" zählen, insofern er zwar die Existenz einer über die Dialoge hinausgehenden ‚Ungeschriebenen Lehre' annimmt. Andererseits rechnet er sich auch zu den „Neuen", da ihm die ‚Ungeschriebene Lehre' eher ein Indiz für einen offenen als einen geschlossenen oder „finiten" Philosophiebegriff zu sein scheint. In der verschärfenden Formulierung H. Krämers:

> Gegenüber der Neutralisierungsstrategie durch Spätdatierung in die Altersphase Platons, wie sie das von der Romantik herkommende traditionelle Paradigma kennzeichnet, rückt Ferber demnach die ungeschriebene Lehre der indirekten Platonüberlieferung affirmativ ins Zentrum des aporetischen Platonbildes: Sie wird zum entscheidenden Beleg und zur Kernbastion für die moderne Auffassung von der essentiellen Offenheit und zuletzt vom Scheitern der philosophischen Bemühungen Platons.[4]

Der Unterschied zwischen diesen beiden Auffassungen des Philosophiebegriffs lässt sich dabei so skizzieren: Nach der Auffassung der „Alten" hat Platon das Ziel, die Erkenntnis der Prinzipien, tatsächlich erreicht und zwar mit dem „höchsten möglichen Gewissheitsgrad":

> Entscheidend bleibt, dass auf dem Boden der platonischen Philosophie der Prinzipientheorie der höchste mögliche Gewissheitsgrad zugehört, der von nichts anderem erreicht

---

2 In Krämer, 1990, S. 85–107.
3 Der Vortrag, der H. Krämer nur in der typographierten Version der Kongressakten des *Il Symposii Platonici*, Perugia 1989, S. 25–45, vorlag, ist inzwischen leicht überarbeitet Ferber, 1992b, erschienen und zu einer Monographie erweitert: Ferber, 1991b, 2. revidierte und erweiterte Auflage: Ferber, 2007a.
4 Krämer, 1990, S. 91.

wird. An diesem Primat lässt sich – und darauf kommt es sachlich und philosophiehistorisch an – nichts abdingen.[5]

Platon war also nach Ansicht H. Krämers in einer heute gebräuchlichen Terminologie zwar Aporetiker in den Dialogen, in den „so genannten ungeschriebenen Lehren" dagegen philosopischer, wenn auch nicht religiöser Fundamentalist (*foundationalist*): Die „letzte Wahrheit" – die Idee des Guten und in der Version der ‚Ungeschriebenen Lehren' das Eine – wird nicht etwa nur als „Ziel der Reise" (*telos tês poreias*, R. 532e3) erstrebt, sondern ist auch erreicht worden, *und* Platon wusste, dass er es erreicht hat. Er wusste es sogar „mit dem höchsten möglichen Gewissheitsgrad". Insofern ist Platon in der ‚Ungeschriebenen Lehre' auch Dogmatiker. Denn Dogmatiker ist, wer die Wahrheit erkennt und weiß, dass er sie erkannt hat. (Um das zu wissen, braucht er ein ausreichendes Kriterium dafür, um sagen zu können, dass eine Proposition P wahr ist, über das Platon anscheinend verfügt haben muss.) In der Tat hat Platon – so H. Krämer – in der ‚Ungeschriebenen Lehre' eine „Dogmatische Metaphysik und Systematik" vertreten, sie allerdings „drohender Missverständnisse wegen" ungeschrieben gelassen.[6] Eine solche „Dogmatische Metaphysik und Systematik" setzt eine „noetische Evidenz" um die beiden Prinzipien des Einen und der unbestimmten Zweiheit voraus.[7]

Nach der anderen Auffassung aber war Platon sowohl in den Dialogen als auch in der ‚Ungeschriebenen Lehre' Aporetiker und erreichte über die Prinzipien seiner Philosophie nur eine fehlbare Meinung, von der er auch wusste, dass sie fehlbar war. Diese Auffassung hält sich etwa an den platonischen Sokrates, wenn er z. B. in der Interpretation des Höhlengleichnisses von seiner Hypothese (*tês emês elpidos*, R. 517b6)[8] zu Glaukon sagt: „Gott mag wissen, ob sie wahr ist. Was nun mir aber erscheint, das erscheint so: Im erkennbaren Ort ist zuletzt die Idee des Guten, wenn auch nur kaum zu sehen (*mogis horâsthai*, R. 517b7–c1; übers. v. F. Schleiermacher)." Im Unterschied zum platonischen Sokrates wusste also Platon in seiner ungeschriebenen „Dogmatischen Metaphysik und Systematik" auch, ob seine Hypothese wahr ist. Zwischen dem platonischen Sokrates und dem Platon der ‚Ungeschriebenen Lehre' gibt es also eine grundsätzliche Differenz, nämlich die zwischen einem Aporetiker und einem Dogmatiker.

Der Verfasser stimmt H. Krämer insoweit zu, als er ebenfalls die Existenz einer ‚Ungeschriebenen Lehre' annimmt. Er stimmt ihm auch darin zu, dass die ‚Ungeschriebene Lehre' von Missverständnissen bedroht war und ist. Er stimmt ihm

---

[5] Krämer, 1987, S. 200–201.
[6] Krämer, 1990, S. 90–91.
[7] Krämer, 1990, S. 94.
[8] Vgl. zu dieser Stelle Ferguson, 1950–1951, S. 13[33].

auch weiterhin zu, als er es für möglich hält, dass Platon der Erkenntnis der ungeschriebenen Prinzipien sehr nahekam. Er unterscheidet sich jedoch von H. Krämer darin, dass er Platon keine ungeschriebene „Dogmatische Metaphysik und Systematik", sondern nur ungeschriebene fehlbare Meinungen zuschreibt. Ebenso ist er der Ansicht, dass *nicht allein* „drohende Missverständnisse" die schriftliche Publikation Platon nicht ratsam erscheinen ließen. Nun ehrt H. Krämer in erwähntem Aufsatz den Verfasser auch mit Ansichten, die er nirgendwo vertreten hat. So z. B. hat er nirgendwo behauptet, dass Platon über die Prinzipien seiner Philosophie nur „ständig [jeden Monat, jedes Jahr?] sich ändernde Meinungen"[9] mit jeweils neuem Inhalt, sondern dass er nur Meinungen ohne Anspruch auf Unfehlbarkeit vertrat.[10] Man kann ja auch an Meinungen über Jahre, ja sogar über Jahrzehnte hindurch, festhalten. Im Folgenden soll jedoch nur der Hauptdifferenzpunkt zwischen dem „alten" und dem „neuen Bild" hinsichtlich des platonischen Philosophiebegriffes aufgenommen werden, nämlich dass Platon nach der einen Auffassung Dogmatiker und Fundamentalist war, nach der anderen Auffassung aber auch in der ‚Ungeschriebenen Lehre' nur fehlbare Meinungen vertrat. Nachdem der Verfasser anderweitig schon für diese Position argumentiert hat,[11] seien hier in aller Kürze ergänzend noch weitere Argumente angeführt. Denn es geht hier wohl nicht nur um eine historische, sondern auch um eine historisch kaschierte systematische Frage, nämlich ob Philosophie in ihrem platonischen Ursprung fundamentalistisch ist, d. h. hier eine letzte „Wahrheit" – wenn auch nur für kurze Zeit – behauptet hat, von der sie wieder in die Alltagserfahrung zurückfällt,[12] oder ob sie eine letzte „Wahrheit" zwar im Sinne eines „Ziels der Reise" voraussetzt, sie aber erreicht zu haben nicht zu behaupten wagt. Überraschenderweise gilt H. Krämer gerade „die ungeschriebene Lehre" als das entscheidende Beweisstück dafür, dass der Archeget des westlichen Philosophierens eine „Dogmatische Metaphysik und Systematik" vertreten und am „Ziel der Reise" angekommen ist.

---

9 Krämer, 1990, S. 90.
10 Für eine korrekte Wiedergabe der Zusätze zur zweiten Auflage sei auf Centrone, 1990, S. 360–864, des ungedruckten Vortrages auf Tulli, 1990, S. 128, verwiesen. Mit mehr Recht konnte H. Krämer die Ansicht, dass Platon in den *agrapha dogmata* wechselnde Meinungen vertrat, H. Schmitz unterstellen, vgl. jetzt Schmitz, 1992, S. 142–157: „Platon hat die Lehre von den zwei Prinzipien nach wenigen Jahren wieder aufgegeben oder vielleicht nur in den Hintergrund geschoben", S. 152.
11 Vgl. Ferber, 1989, S. 149–219; Ferber, 1991b, insb. S. 9–63, Ferber, 2007a, S. 11–79, S. 107–121.
12 Das ist die Ansicht von Albert, 1989.

I

Das Bild eines dogmatischen Letzterkenners Platons geht von einem axiomatischen Verständnis der platonischen Prinzipientheorie aus:

> Ora, la matematica fungeva per la filosofia di Platone, e in modo particolare per la teoria dei principi e per la sistematica non scritta, dal punto di vista formale et contenutistico come modello (questo vale sopratutto per il processo di *elementarizzazione* fra l'altro caratterizzato dall'analisi e dalla sintesi, per la formazione di serie, per la concecione di un ideale di esattezza, e per la concecione della teoria delle Idee numeri e delle definizioni ultimative); [...].[13]

Nach diesem Bild von einem Platon, der zwar in den Dialogen aporetisch, in der ‚Ungeschriebenen Lehre' dagegen *more geometrico* philosophiert, habe Platon „strutturato la propria teoria nel suo complesso come una assiomatica filosofica, e, quindi, l'ha sviluppato in un sistema prevalentemente definitorio di principi e di teoremi".[14] Wir hätten also in den Dialogen einen aporetisch und offen philosophierenden Platon, in der ‚Ungeschriebenen Lehre' dagegen einen Platon, der *quasi* à la Spinoza ein Axiomensystem vertreten hätte mit dem Axiom des Einen einerseits und dem der „unbestimmten Zweiheit" andererseits. Aufgrund „drohender Missverständnisse" habe er dagegen dieses Axiomensystem nicht schriftlich niedergelegt und weiteren Kreisen publizistisch zugänglich gemacht. Ferner:

> Per indicare ciò che Platone non aveva messo per iscritto era communemente usata la denominazione riassuntiva di *agrapha dogmata*. E con *dogmata* si intendeva non già mere „opinioni" o „vedute", bensì, piuottosto, „proposizioni dottrinali". Che, in ogni caso, si pensasse ad un sistema di enunciati, è inoltre suggerito dal termine platonico, a questo affine, di giudizio (*doxa*), cosi come è suggerito dalla formulazione della *Lettera VII*, secondo cui le dottrine non scritte sono rinchiuse in formule concise (*en brachytatois*).[15]

Nun kann zwar dem Ausdruck *doxa* im *Sph.* 263d6 die Bedeutung von „Urteil" unterstellt werden. Doch hat der Ausdruck nicht die Bedeutung von Axiom, insofern ein Urteil auch falsch sein kann: „Und wie steht es mit Denken (*diainoia*), Meinung (*doxa*) und Vorstellung (*phantasia*)? Ist nicht schon deutlich, dass auch diese alle in unsern Seelen wahr und falsch vorkommen?" (*Sph.* 263d6 – 8; übers. v. F. Schleiermacher). Wenn es sich bei diesen *agrapha dogmata* also um *doxai* im

---

13 Krämer, 1982, S. 258.
14 Krämer, 1982, S. 258 – 259. Zitiert ohne Fußnote.
15 Krämer, 1982, S. 259 – 260. Zitiert ohne Fußnote, wo Krämer auf *Sph.* 263dff. verweist.

Sinne des *Sophistes* gehandelt hat, dann zwar um Urteile oder Propositionen aber eben nicht um Urteile bzw. Propositionen, die immer wahr gewesen wären. *Doxai* können vielmehr sowohl wahr als auch falsch sein. Nehmen wir aber an, dass das entscheidende *dogma* im Sinne einer „proposizione dottrinale" so gelautet hat: [...] *kai, to peras, hoti <t>agathon estin hen* (*Elem. harm.* II 30–31). Nehmen wir weiter an, dass Platon dieses *dogma* für wahr gehalten hat. Dann ist es aber noch keineswegs evident, abgesehen davon, dass diese Formulierung so unbestimmt ist, dass damit das Tiefste und das Trivialste gemeint sein kann. In der Tat ist denn auch schon die Idee des Guten nur „mit Mühe" oder „kaum" zu sehen (*mogis horasthai*, *R.* 517c1). *A fortiori* ist anzunehmen, dass auch das Axiom *hoti <t>agathon estin hen* nur „mit Mühe" oder „kaum" zu sehen ist. Auch wenn das genannte Axiom nach viel Mühe letztlich doch noch zu sehen ist, so ist es jedenfalls, um eine Formulierung Platons aus dem Liniengleichnis zu gebrauchen, nicht „jedermann offenbar" (*panti phaneron*, *R.* 510d1). Also haben die platonischen Prinzipien nicht den Evidenzcharakter, der für Axiome charakteristisch ist. Es ist zudem überhaupt fraglich, ob ihnen überhaupt Propositionen bzw. „Urteile" entsprechen. Wie der Verfasser anderweitig zu begründen versucht hat, handelt es sich bei diesen Prinzipien vielmehr um die obersten Gattungen eines dihairetischen Prozesses,[16] denen Namen entsprechen, *die* erst in Sätzen bzw. Propositionen verwendet werden können. Die dihairetische Methode, welche in den Dialogen an einigen Übungsstücken vorgeführt wird (vgl. z. B. *Plt.* 261a–266a, *Sph.* 219a–224a), wird in der ‚Ungeschriebenen Lehre' auf die „ganze" Welt, den *topos aisthêtos* und *noêtos* (vgl. *R.* 508c), ausgedehnt: Das Zusammenwirken der beiden Prinzipien des Einen und der „unbestimmten Zweiheit" ergibt die Teilung der Welt in den *topos aisthêtos* und *noêtos;* der *topos aisthêtos* aber wird wieder in den Bereich der Bilder und der festen Dinge gegliedert; der *topos noêtos* (terminologisch nicht ganz konsequent) wieder in den Bereich der *dianoêtai* und *noêta;* die *noêta* aber wieder in die Idealzahlen der Monas und Dyas, die Dyas wieder in die Trias und Tetras und so weiter bis zur Dekas.[17] Diese Idealzahlen aber bilden erst die Modelle der geistigen Welt.

Dagegen stellt es ein grundsätzliches Missverständnis platonischer Philosophie dar, in der ‚Ungeschriebenen Lehre' ein Axiomensystem zu sehen, insofern die Methode eines mathematischen Deduzierens *more geometrico* nicht einmal bei den Idealzahlen die platonische Methode der Philosophie ist. Diese ist vielmehr wenigstens in der *Politeia* die Methode der Wesensdefinition durch Syn-

---

16 Ferber, 1989, S. 189–205.
17 Vgl. Ferber, 1989, insb. S. 197–206, hier S. 231–232.

agoge und Dihairesis.¹⁸ Synagoge und Dihairesis, d. h. die platonische Dialektik (vgl. *Phdr.* 266a–c), ist aber nicht die Methode eines mathematischen Deduzierens von Theoremen aus Axiomen. Auch wenn Aristoteles die Dihairesis einen „schwachen Syllogismus" nennt (vgl. *APr.* A 31, 46a32–33), so sind doch Dihairesis und syllogistische Deduktion verschiedene Methoden (vgl. z. B. *de An.* A 1, 402a20). H. Krämer verwischt diese Differenzierungsleistungen und scheint sich den epistemologischen Status der Prinzipien nicht klar gemacht zu haben. Er wird vielmehr von einem Bild beherrscht, wie die ungeschriebenen Prinzipien seines Erachtens sein *sollten*, nämlich die Axiome eines Axiomensystem *more geometrico*. Gegen diese so rekonstruierte Auffassung der ‚Ungeschriebenen Lehre' ist denn auch wiederholt der Vorwurf der philosophischen Irrelevanz erhoben worden.¹⁹ In der Tat hat – vielleicht abgesehen von der der *Ethica* Spinozas wohl keiner der großen Philosophen – einschließlich des Platon der „geschriebenen Lehre" – *more geometrico* philosophiert. Der Platon der ‚Ungeschriebenen Lehre' soll hier die zweite Ausnahme sein und sich quasi selbst von der platonischen Dialektik dispensiert haben?

II

Nun scheint aber für H. Krämers fundamentalistische Auffassung der platonischen Philosophie zumindest auf der Stufe der Ideenerkenntnis folgendes Argument zu sprechen: Es gibt nämlich eine Formulierung im *Siebten Brief*, aufgrund derer man tatsächlich vermuten *könnte*, dass eine letzte Erkenntnis der Ideen möglich ist: „Denn außerdem versuchen die vier nicht weniger (*ouch hêtton*) das Wie-beschaffen-etwas[-ist] (*to poion ti*) zu offenbaren als (*ê*) das Sein und Wesen von jedem (*to on hekastou*) durch die Schwäche der Reden (*dia to tôn logôn asthenes*)" (*Ep.* VII, 342e2–343a1). Mit den „vier" sind die vier Erkenntnismittel gemeint: 1) onoma, 2) logos, 3) eidôlon, 4) doxa alêthês, epistêmê und nous. In *Die Unwissenheit des Philosophen oder Warum hat Plato die „ungeschriebene Lehre" nicht geschrieben?* hat der Verfasser die Stelle dahingehend interpretiert, dass *alle* vier Erkenntnismittel defektiv sind, insofern sie nur sagen, *wie* beschaffen etwas

---

18 Vgl. Ferber, 1989, insb. S. 97–111. Vgl. dazu auch Krämer, 1989a, der S. 48 richtig auf die abstraktiv-synoptische Methode aufmerksam macht.
19 Neuerdings von Forschner, 1990, S. 163–178: „Die Phänomenbreite das Problembewusstsein, das analytische Potential und die argumentative Differenziertheit der Dialoge bieten gegenüber den wenigen dürren Formeln der rekonstruierten Ungeschriebenen Lehre einen philosophischen Gehalt, der es uns auf jeden Fall gestattet, das publizierte Werk als das philosophisch relevante anzusehen [...]", S. 172.

ist (*to poion ti*), und nicht, *was es ist*.[20] Diese Deutung stimmt damit überein, dass kurz vorher die Defizienz *aller* vier Erkenntnismittel zur Darstellung des „Fünften", der Idee, behauptet wird: „Von diesen kommt am nächsten (*engytata*) an Verwandtschaft und Ähnlichkeit der *nous* ans Fünfte heran, das andere aber ist weiter entfernt" (*Ep.* VII, 342d1–3, übers. v. R. F.). Kommt der *nous* der Idee „an Verwandtschaft und Ähnlichkeit" nur „am nächsten", ist „das andere aber weiter entfernt" (*Ep.* VII, 342d1–3), so ist auch der *nous* noch von der Idee – wenn auch weniger – weit entfernt. Das andere, d. h. die anderen drei Erkenntnismittel, ist dann noch weiter entfernt. Das wird in *Ep.* VII, 343c1–3, dahingehend verdeutlicht, dass *jedes der vier* Erkenntnismittel der Seele das nicht Gesuchte – nämlich das Wie-beschaffen und nicht das Was – in Wort und Wirklichkeit (*logô(i) te kai kat' erga*) vorhält. Auch der *nous* würde also noch der Seele das Wie statt des Was vorhalten. Das ist wohl so zu verstehen, dass sich der *nous* noch des *logos* bedient und insofern der Seele *logô(i)* das nicht Gesuchte vorhält:[21]

> Nennst du nun auch den Dialektiker, der die Erklärung (*logon*) des Seins und Wesens (*tês ousias*) eines jeden (*hektastou*) fasst. Und wer sie nicht hat, wirst du nicht von dem, inwiefern er nicht imstande ist, sich und anderen Rede zu stehen (*logon didonai*), insofern auch leugnen, er habe hiervon Erkenntnis (*noun*) (*R.* 534b3–6).

Da sich auch noch der *nous* des Logos bedient, so ist auch er noch von der „Schwäche der Logoi" bedroht, wie das treffend H.-G. Gadamer betont hat:

> There is, of course, for us human beings no special power to perceive the thing itself without words and observation and inquiring discourse. Plato reminds us of that again and again, in the *Cratylus* as in the *Symposium* where Diotima emphasizes the weakness of the *episteme* and the necessity of ever renewed practice and repetition. This is very true for the *Parmenides* on the whole, which depicts in almost word-for-word similiarity the incessant practicing of the „back and forth" through which alone insight is achieved. No, the pure *nous*, inasmuch as it is „in the soul" must also be corruptible. Plato well knows that there is no *nous* in us without soul.[22]

Nun deutet aber die oben verwendete Formel: „Denn außerdem versuchen die vier nicht weniger (*ouch hêtton*) das Wie-beschaffen-etwas[-ist] (*to poion ti*) zu offenbaren als (*ê*) das Sein und Wesen von jedem (*to on hekastou*) durch die Schwäche der Reden (*dia to tôn logôn asthenes*)", darauf hin, dass die vier Erkenntnismittel *sowohl* das Wie-beschaffen *als auch* das Was zu offenbaren versuchen. Während

---

20 Ferber, 1989, S. 42.
21 Vgl. dazu auch die erhellenden Bemerkungen von Isnardi Parente, 1964, S. 241–290, insb. S. 279.
22 Gadamer, 1988, S. 258–266, Zitat S. 261–262.

nach 343b7–c5 die vier Erkenntnismittel das Was einer Sache *in keiner Weise* zu vermitteln vermögen, so versuchen sie nach 342e2–343a1 *sowohl* das Wie-Beschaffen einer Sache *als auch* das Was zu vermitteln. A. Graeser hat in einer äußerst gründlichen Arbeit auf diesen Kontrast hingewiesen,[23] der dem Verfasser in *Die Unwissenheit des Philosophen* entgangen ist.[24] A. Graeser unterbreitet dann zwei Vorschläge, wie der Gegensatz vermieden werden kann: Einmal schlägt er vor, den Ausdruck „wegen der Schwäche der Logoi" zu streichen, da er in 343b7–c5 nicht mehr vorkommt und dem dort entwickelten Gedanken auch keine Stütze gibt.[25] Andererseits plädiert er dafür, die erste Version dahingehend der zweiten anzugleichen, dass sowohl nach der einen als auch nach der anderen Formulierung die Unzugänglichkeit des Was durch die vier Erkenntnismittel behauptet wird.[26] Der erste Vorschlag, die Athetese, scheint zu künstlich zu sein, da der Ausdruck *dia to tôn logôn asthenes* so gut bezeugt ist wie der ganze Satz. Zwar ist schon öfters die erkenntnistheoretische Digression ganz oder teilweise athetiert worden.[27] Wohl ebenso oft ist dagegen wieder protestiert worden.[28] Eine Athetese aus inhaltlichen Gründen kann bei einem inhaltlich so schwierigen Text wie bei der erkenntnistheoretischen Digression des *Siebten Briefes* wohl immer wieder mit anderen inhaltlichen Gründen bestritten werden. Die ganze Digression jedoch im Kontext des Briefes zu belassen, aber nur das *dia to tôn logôn asthenes* zu streichen, erscheint wohl als noch künstlicher, als die ganze Digression zu streichen. So schreibt bereits K. v. Fritz richtig gegen W. Bröcker:

> Dass das Folgende ein Einschub sei, verrate sich schon „durch den plötzlichen Wandel im Gebrauch des Wortes *logos*", das vorher Definition bedeutet habe, hier aber plötzlich Rede bezeichne. Aber dieser Übergang ist völlig legitim. Denn die Definition teilt die Schwäche der Einzelworte, da sie ja aus Einzelworten zusammengesetzt ist.[29]

Weiterhin scheint sogar das *dia to tôn logôn asthenes* ein *abkürzendes* Indiz für das zu sein, was im Folgenden *differenzierter* behauptet wird, nämlich dass die vier Erkenntnismittel nicht ausreichen, das Wesen zur Darstellung zu bringen. Insofern Namen und Definitionssatz sprachliche Gebilde sind, *doxa alethês*, *epistêmê* und *nous* sich aber der Logoi im weiteren Sinne von Reden bedienen und schließlich auch das *eidôlon* in einem Logos gezeigt werden kann, sind alle vier

---

23 Graeser, 1989, S. 11–16.
24 Ferber, 1989, S. 42.
25 Graeser, 1989, S. 16.
26 Graeser, 1989, S. 37.
27 Vgl. etwa Bröcker, 1963, S. 417–425; Bröcker, 1965, S. 132.
28 Vgl. *contra* W. Bröcker etwa Fritz, 1966, S. 117–153, insb. S. 125–132.
29 Fritz, 1966, S. 125.

Erkenntnismittel von der „Schwäche der Logoi" zur Offenbarung des Wesens bedroht. Von Wesen bzw. der Idee nämlich gilt nach dem mit dem *Siebten Brief* ungefähr gleichzeitigen *Politikos*, dass „das Unkörperliche als das Größte und Schönste nur durch den Logos und auf keine andere Weise deutlich gezeigt wird" (*Plt.* 286a5–7, übers. v. F. Schleiermacher). Deshalb ist auch die Erfassung des „Größten und Schönsten" der „Schwäche der Logoi" ausgeliefert.

Der zweite Vorschlag von A. Graeser scheint mir dagegen berechtigt zu sein. Denn nehmen wir an, dass alle vier Erkenntnismittel *sowohl* das Wie-beschaffen *als auch* das Wesen wiederzugeben versuchten. Dann würden bereits Name, Bild und Doxa das Wesen darzustellen versuchen. Diese Interpretation aber könnte nur dadurch aufrechterhalten werden, dass der Unterschied zwischen den vier Erkenntnismitteln geleugnet würde, insofern *alle* bereits das Sein und Wesen darzustellen versuchten. Das ist schwerlich richtig. Denn inwiefern versucht z. B. bereits ein Name eine Wesensdefinition zu geben? Wie können wir aber dann den Gegensatz vermeiden? A. Graeser macht den vernünftigen Vorschlag: „[D]as Gesuchte tritt deshalb nicht hervor, weil etwas Nicht-Gesuchtes dargeboten wird, welches das Eigentliche, welches ebenfalls bedeutet wird, sozusagen überlagert."[30] In der Tat dürfte wohl die eigentümliche Formulierung, dass „die vier nicht weniger (*ouch hētton*) das Wie-beschaffen-etwas[-ist] (*to poion ti*) zu offenbaren [versuchen] als (*ē*) das Sein und Wesen von jedem (*to on hekastou*)", meinen: Die vier Erkenntnismittel versuchen *sowohl* das Wesen *als auch* die Beschaffenheit zu offenbaren, andererseits aber wird das Wesen von den Erkenntnismitteln überlagert. Das würde heißen: Die Idee von X ist das Erkenntnisziel und wird von den vier Erkenntnismitteln auch vorausgesetzt. Die Seele sucht ja nicht das Wie-beschaffen-etwas[-ist], sondern das Was (*to de ti*) (vgl. *Ep.* VII, 343b8–c1). Insofern sie das Was sucht, setzt sie das Was und ein dunkles Verständnis dieses Was voraus. Analoges dürfte auch von den vier Erkenntnismitteln gelten. So z. B. setzt ja bereits das *eidôlon* von X die Idee von X voraus. *Onoma* und *logos* aber präsupponieren, insofern sie die Idee von X zu benennen bzw. zu definieren versuchen, ebenfalls die Idee von X. Dasselbe gilt auch für *doxa alêthês*, *epistêmê* und *nous*: Insoweit sie das Wesen zu erkennen versuchen, setzen sie dessen Existenz voraus. Doch die vier Erkenntnismittel verhindern auch die Darstellung des Ziels, der Idee. Insofern sie das Ziel „überlagern" und sich selbst an die Stelle des Ziels, der Idee, setzen, „verdecken" sie die Idee. So lässt sich doch von einer Angleichung der beiden Stellen sprechen, die ja auch vom Verfasser des *Siebten Briefes* beabsichtigt war:

---

30 Fritz, 1966, S. 13.

> Das Wichtigste aber (*to de megiston*) ist, was wir kurz vorher sagten, dass das Sein und Wesen (*tou te ontos*) und das Wie-beschaffen-etwas[-ist] (*tou poiou tinos*) zweierlei sind, die Seele aber nicht das Wie-beschaffen-etwas[-ist], sondern das Was (*to de ti*) sucht. Jedes der vier [Erkenntnismittel] hält aber der Seele das nicht Gesuchte in Wort und Wirklichkeit (*logô(i) te kai kat' erga*) vor, [...] (*Ep.* VII, 343b7–c3, übers. v. R. F.).

Mit „was wir kurz vorher sagten" bezieht sich der Autor auf 342e2–3 zurück. Er interpretiert die Stelle aber so, dass er die Wendung „nicht weniger (*ouch hêtton*) als (*ê*)" dahingehend deutet, dass jedes der vier Erkenntnismittel der Seele das nicht Gesuchte in Wort und Wirklichkeit (*logô(i) te kai kat' erga*) vorhält. Sosehr also die Idee von den vier Erkenntnismitteln mitgemeint ist, da sie das ist, was die Seele sucht, sowenig wird sie gefunden, wenn jedes der vier der Seele das nicht Gesuchte vorhält. So enthält denn auch der *Siebte Brief*, der nach H. Krämer echt und ein Zeichen dafür ist, dass das Ziel erreicht ist, eher einen Beweis dafür, dass das Ziel nicht erreicht ist. Der „in dieser Hinsicht [der noetischen Evidenz] eindeutige Siebte Brief"[31] ist also keineswegs eindeutig. Er formuliert vielmehr mit der Defizienz der vier Erkenntnismittel einschließlich des *nous* das, was treffend Th. A. Szlezák in seiner Studie *Come leggere Platone* so ausgesprochen hat: „Chiunque non scopra il fattore deformante che lui stesso costituisce, corre il pericolo di rimanere bloccato in una comprensione superficiale."[32] Wenn nun schon bei den Ideen jedes der vier Erkenntnismittel der Seele das nicht Gesuchte vorhält, so *a fortiori* bei den Prinzipien. Infolge der Defizienz der Erkenntnismittel können auch sie das Wesen der Prinzipien nicht als solches offenbaren, sondern nur eine „Beschaffenheit" des Wesens.

III

Eine ungeschriebene „Dogmatische Metaphysik und Systematik" setzt nach H. Krämer eine „noetische Evidenz"[33] um die Prinzipien voraus. Eine „noetische Evidenz" aber ohne Logos scheint es für den platonischen Sokrates (vgl. *R.* 534b3–6, vgl. S. 264) und den Verfasser des *Siebten Briefes* nicht zu geben. In-

---

31 Krämer, 1990, S. 97. Vgl. auch Krämer, 1987, S. 200: „Stellen ‚doxastischer' Reserve bezüglich des Guten im ‚Staat' lassen sich teils auf die Sokrates-Figur, teils auf die Endlichkeit der Philosophie gemessen am göttlichen Wissen beziehen (vgl. 202 A). Sie werden relativiert und aufgewogen durch Äußerungen, die auch im menschlichen Bereich mit noetischer Gewißheit und dialektischer Wissenschaft der Prinzipiensphäre rechnen (*Phaidros, 7. Brief*, auch im ‚Staat')", S. 200.
32 Szlezák, 1991, S. 31.
33 Krämer, 1990, S. 94.

sofern nämlich alle vier Erkenntnismittel nicht weniger das Wie-beschaffen als das Sein und Wesen durch die Schwäche der Logoi zu offenbaren versuchen (vgl. *Ep.* VII, 342e2–343a1), bedient sich auch noch der *nous* der Logoi.³⁴ Der Logos aber ist – wie auch H. Krämer zugibt – selbst für den Platon der ‚Ungeschriebenen Lehre' fehlbar. „È possibile, tuttavia, che questo sia stato concepito come un *logos* provvisorio ed aperto ad ulteriori correzioni."³⁵ Deshalb ist die vom Logos abhängige „noetische Evidenz" ebenfalls für den Platon der ‚Ungeschriebenen Lehre' fehlbar. Nun sind die Prinzipien das „Letzte", was es nach platonischen Voraussetzungen zu erkennen gilt. Da Platon jedoch über das „Letzte" nicht zu einer unfehlbaren Gewissheit gelangt ist, konnte er zwar vorläufige Doxai, aber nicht die invariante Episteme der Prinzipien der invarianten Schrift anvertrauen. Daher konnten *nicht nur* drohende Missverständnisse eine schriftliche Publikation verhindert haben. Denn dann hätte Platon ja auch die Dialoge nicht schriftlich publizieren dürfen, die ja nicht weniger von Missverständnissen bedroht sind. Das Kriterium der Missverstehbarkeit ist offensichtlich kein ausreichend diskriminatives Kriterium, das erlauben würde, dasjenige, was der schriftlichen Publikation anzuvertrauen ist, von dem zu scheiden, was nur mündlich weitergegeben werden soll.

Faktisch dürfte es so sein: Platon setzt in der ‚Ungeschriebenen Lehre' Idee *und* Prinzipien voraus. Insoweit stimme ich H. Krämer bei. Er ist aber weder Finitist noch Infinitist, weder Dogmatiker noch Skeptiker hinsichtlich deren Erkenntnis. Er behauptet weder, dass er das Ziel – die Idee des Guten bzw. in der Version der *agrapha dogmata* das Eine – erreicht hat, noch, dass es überhaupt nicht zu erreichen ist. Soweit wir es seinem Sokrates entnehmen dürfen, ist das Ziel *erreichbar*, aber noch nicht erreicht. Soweit wir es den differenzierenden Äußerungen des *Siebten Briefes* entnehmen können, ist auch die Idee *erreichbar*, wenn auch nur „mit Mühe" (vgl. 343e2, 344b2). Allerdings ist sie dann noch nicht in ihrem *Wesen* erreicht. Die vier Erkenntnismittel geben nur eine „Beschaffenheit" der Idee wieder. Bereits das Wesen der Ideen ist so für den Verfasser des *Siebten Briefes* – nach H. Krämer Platon – über seine Erfassung im wörtlichen Sinne supervenient, d. h. es wird von den vier Erkenntnismitteln vorausgesetzt, lässt sich aber nicht auf sie reduzieren. A fortiori dürfte dasselbe von den Prinzipien gelten: Auch deren Wesen ist über die Erfassung durch die vier Erkenntnismittel supervenient. In freier Variation scheint eine solche Auffassung *zwischen* Skepsis und Dogmatismus Pascal treffend formuliert zu haben: „Nous avons une impuissance de prouver, invincible à tout le dogmatisme. Nous avons

---

34 Darauf macht Isnardi Parente, 1964, Anm. 21, aufmerksam.
35 Krämer, 1989a, S. 66.

une idée de la vérité, invincible à tout le pyrrhonisme" (*Pensées*, Fr. 406–395). Anders gesagt: Wir setzen gewisse Entitäten voraus, deren Gehalt wir aber nicht mittels einer Analyse ausschöpfen können wie z. B. eine Idee des Guten. Wir ahnen die Idee des Guten nur. Um es mit platonischen Worten zu sagen: „Was also jede Seele anstrebt und um deswillen sie alles tut, ahnend, es gebe so etwas, aber doch nur schwankend und nicht recht treffen könnend, was es wohl ist, [...]" (*R.* 505d–e, vgl. *Phlb.* 64a2–4). Dem Verständnis solcher Entitäten bzw. Ideen können wir aber durch eine Analyse näherkommen. Wir können natürlich eine einmal gewonnene *Nähe* auch wieder verlieren. *So eingeschränkt*, sieht auch K. Albert etwas Richtiges.[36] Aber sogar der *nous* kommt nur „am nächsten (*engytata*) an Verwandtschaft und Ähnlichkeit" ans „Fünfte" – die Idee – heran (vgl. *Ep.* VII, 342d1–2, übers. v. R. F.). Diese Position aber ist weder ein skeptischer „Infinitismus" noch ein dogmatischer „Finitismus". Es ist eine Position, welche Ideen und Prinzipien voraussetzt und ihnen *näher* zu kommen versucht, aber nicht behauptet, sie bereits voll erreicht zu haben. Eine solche Position der *Annäherung* an die „Wahrheit" oder des „Approximativismus" scheint auch systematisch relevant und diskutierbar.[37] Eine „Dogmatische Metaphysik und Systematik" „mit höchstem möglichen Gewissheitsgrad" aber ist außerhalb eines sich verbreitenden religiösen Neofundamentalismus heute wohl kaum mehr eine vertretbare philosophische Option.

In der historischen Platonforschung aber ist die Position der *Annäherung* von L. Stefanini im schönen Kapitel *La scepsi costruttrice* seines *Platone* aufgrund des *Siebten Briefes* vertreten worden.[38] Diese „konstruktive Skepsis" setzt im Unterschied zu einer „destruktiven" oder „pyrrhonischen" die Existenz einer objektiven Wahrheit voraus, beansprucht aber nicht die Wahrheit, sondern nur „Wahrheitsähnlichkeit" (*verosimiglianza*) zu erreichen.[39] Doch ist „dem menschlichen

---

36 Vgl Albert, 1989.
37 Vgl. z. B. die Diskussion des Begriffs der Wahrheitsähnlichkeit von Popper, 1984, S. 58–61, S. 332–340.
38 Stefanini 1991a, S. XXXI–XXXII, vgl. z. B.: „Costretto a servirmi d'un termine, pur inadeguato, che rappresenti il massimo grado di approssimazione, parlo di *scepsi* platonica, intendendo la parola nel significato etimologico di *ricerca*. Platone é il ricercatore instancabile di ciò che ha già trovato; per meglio dire, lo sforzo della sua speculazione é teso ad tradurre in termini razionali ciò che l'intuito ineffabilmente gli ha revalato. Giunto al limite della ricerca, egli non dichiara *inconoscibile*, ma semplicemente *non conosciuto* da lui ciò che sta al di là; non dubita della verità, ma delle prove della verità", S. XXXIII.
39 „Rimane sempre una sproporzione tra la scienza umana e il suo oggetto, col quale si stabilisce un rapporto – irriducibile a quello delle moderne dottrine della conoscenza – che, pur non esprimendo *equazione*, non ha affatto un significato agnostico: rapporto di *verosimiglianza*", Stefanini 1991a, S. XLVI.

Geschlecht", das nach dem „Athener" nur „ein bisschen (*smikra atta*) an der Wahrheit teilhat" (*Lg.* 804b3–4), mehr zu erreichen möglich?

Abschließend darf so festgestellt werden, dass das Bild einer „Dogmatischen Metaphysik und Systematik" auf einer Retroprojektion beruht. H. Krämer und K. Albert projizieren offensichtlich einen – und im Falle K. Alberts den eigenen – philosophischen Fundamentalismus und auch Mystizismus – zurück in die platonische Philosophie. Nun mag man in der aristotelischen Philosophie einen solchen „Fundamentalismus" erkennen, wenn er z. B. das Prinzip vom Nichtwiderspruch als dem „voraussetzungslosen Anfang" (vgl. *Metaph.* IV 3, 1005b–14) ansetzt. Es ist das „sicherste" (*bebaiotatê*) Prinzip, insofern Täuschung darüber unmöglich ist. Es ist das „erkennbarste" (*gnôrimôtatê*), da sich alle über das täuschen, was sie nicht erkennen (vgl. *Metaph.* IV 3, 1005b11–14). Aristoteles' „voraussetzungsloser Anfang" ist im Unterschied zum platonischen ein evidentes Axiom. In der Tat sind es aristotelische, nicht platonische Prinzipien, welche der Skeptiker angreift.[40] Indem Aristoteles an der entscheidenden Stelle über die platonische Prinzipienphilosophie nur „kurz zwar nun und hauptsächlich" (*syntomôs men oun kai kephalaiôdês*) (*Metaph.* I 7, 988a18) referiert, ergibt sich ihm auch ein „auf das Hauptsächliche verkürztes" Bild der „sogenannten ungeschriebenen Lehren". Dieses Bild kann treffend als dogmatisch gekennzeichnet werden kann. Doch aus der schriftlich fixierten, dogmatischen aristotelischen Form der platonischen Prinzipienphilosophie auf eine ungeschriebene „Dogmatische Metaphysik und Systematik" Platons zurückzuschließen, ist offensichtlich ein Fehlschluss. Zwar wirft H. Krämer seinen Kritikern wie W. Kullman vor: „Der Preis dafür [für Schleiermachers Autarkieideal] ist ein gespaltener, fast schizophren anmutender Philosophiebegriff Platons, für den es in der Philosophiegeschichte kaum ein zweites Beispiel gibt."[41] Doch ist nicht das Bild eines Platon, der einerseits in den Dialogen aporetisch philosophiert, in der ‚Ungeschriebenen Lehre' dagegen eine „Dogmatische Metaphysik und Systematik" vertritt, nicht auch „ein gespaltener, fast schizophren anmutender Philosophiebegriff Platons, für den es in der Philosophiegeschichte kaum ein zweites Beispiel gibt"?

---

40 Vgl. Barnes, 1990: „As far as Sextus is concerned – and hence as far as we are concerned – the geometer's hypotheses are *archai*, Aristotelian hypotheses. [...] The Dogmatists did indeed suppose that all *philosophia*, all knowledge, depends ultimately on *archai* or *hypotheseis*. And in attacking the hypothetical method and the claim of hypothesizers, Sextus is attacking the foundation of all Dogmatic knowledge", S. 95–96.
41 Krämer, 1990, S. 106.

Bei allem Respekt vor der Leistung H. Krämers kann denn auch der Aufmerksamkeit nicht entgehen, dass er seine Position nicht ohne Widerspruch vertreten hat.

Freundlicherweise aber hat H. Krämer die Widerlegung seiner extremen Hypothese bereits selbst in der „kritischen Synkrisis" geliefert, wenn er in einer Fußnote von der „eingeschränkten wissenschaftlichen Erfassbarkeit der Prinzipien" spricht. Dieser „eingeschränkten wissenschaftlichen Erfassbarkeit" „entspricht" ein „geminderter Evidenz- und Klarheitsgrad, der ‚Mühe' bereitet ([...])".[42] In der Tat können die höchsten Prinzipien des Guten/Einen und der unbestimmten Zweiheit nicht mehr explizit durch Angabe einer höheren Gattung und der spezifischen Differenz, sondern nur implizit von ihren Prinzipiaten her definiert (vgl. S. 123, Anm. 12) bzw. nur „erläutert" werden.[43] Wenn der Erkenntnis der Prinzipien aber ein „geminderter Evidenz- und Klarheitsgrad" entspricht, widerspricht H. Krämer stillschweigend H. Krämer: „Wahres Wissen ist immer Wissen von Prinzipien"[44] und:

> Entscheidend bleibt, dass auf dem Boden der platonischen Philosophie der Prinzipientheorie der höchste mögliche Gewissheitsgrad zugehört, der von nichts anderem erreicht wird. An diesem Primat lässt sich – und darauf kommt es sachlich und philosophiehistorisch an – nichts abdingen.[45]

Er widerspricht damit offensichtlich auch seiner Hypothese, dass „die Prinzipiate [„Idealzahlen, Dimensionen, Kategorienlehre"] vermöge ihrer Begründbarkeit von den Prinzipien her in vollem Maße wissbar sind".[46] Denn sind die Prinzipien „nur eingeschränkt wissenschaftlich fassbar", so sind die Prinzipiate nicht „von den Prinzipien her in vollem Maße wissbar". Diese Selbstberichtigung ehrt H. Krämer jedoch sehr. Denn wie P. Natorp in der zweiten Auflage von *Platos Ideenlehre* im *Metakritischen Anhang (1920). Logos – Psyche – Eros* schreibt:

---

42 Krämer, 1990, S. 94[22], 2014, S. 506, Anm. 23.
43 Vgl. Frege, 1969, S. 224: „Von den eigentlichen Definitionen sind die Erläuterungen zu unterscheiden. Wenn wir die Wissenschaft beginnen, können wir nicht vermeiden, die Wörter unserer Sprache zu gebrauchen. [...] Freilich kann man dabei nur wieder Wörter der Sprache gebrauchen, die vielleicht ähnliche Mängel zeigen, wie die sind, denen die Erläuterung abhelfen soll. So scheinen dann wieder neue Erläuterungen nötig zu werden." Vgl. für alternative Formulierungen der beiden Prinzipien Wielen, 1941, S. 178–179.
44 Krämer, 1989b, S. 59–81, Zitat S. 69.
45 Krämer, 1987, S. 200–201.
46 Krämer, 1990, S. 95.

Ein schlechter Platoniker, der mit irgendeiner philosophischen Darstellung, und sei es die der Grundphilosophie PLATOS selbst, je abgeschlossen haben wollte, der nicht, so wie er, jeden Augenblick umzulernen und früheren Irrtum selbst aufzudecken bereit wäre.[47]

---

[47] Natorp, 1903, S. 459.

Die „metaphysische Perle" im „Sumpf der Tropen"

Einige Bemerkungen zur aristotelischen *Metaphysik*, Z 17, 1041b4–9

Abstract: *We read in the seventh book of the Aristotelian* Metaphysics: *„And indeed the question which, both now and of old, has always been raised, and always been the subject of doubt, viz. What being is, is just the question, what is substance?" (Z 1, 1028b3–4, Transl. W. Ross, rev. by J. Barnes). The article introduces first (I), this question. Second (II), it analyses the Aristotelian answer by an interpretation of Z 17, 1041b4–9. The Aristotelian substance is „the occurrence of an essence". Third (III), it gives some general remarks. It concludes with a question that Plato could have asked his rebel „son".*

Einleitung

Das Thema der aristotelischen Metaphysik ist bekanntlich das Seiende – das Seiende als Seiendes einerseits und als Göttliches andererseits. Im Folgenden beschränke ich mich auf die Frage nach dem Seienden als Seiendem. Aristoteles versucht, es unter dem Gesichtspunkt seiner ersten Ursachen zu erfassen (vgl. *Metaphysik* Γ 1, 1003a31–32). Das Seiende aber ist für den Stagiriten keine Gattung[1], sondern ein *pros hen legomenon*, d.h. etwas, was nicht von etwas (*kata tinos*), sondern in Bezug auf *eines* (*pros hen*) ausgesagt wird oder eine Brennpunktbedeutung hat, um den Ausdruck von G. E. L. Owen zu verwenden.[2] Dieser Brennpunkt ist das primär Seiende. Deshalb konkretisiert sich für Aristoteles die genannte Frage in der Frage nach dem primär Seienden. Das aber ist die Ousia:

> Und die Frage, welche von alters her so gut wie jetzt und immer aufgeworfen wird und immer Gegenstand der Aporie ist, nämlich die Frage, was das Seiende ist, bedeutet nichts anderes

---

Ursprünglich veröffentlicht unter: Ferber, R., „,The occurrence of an essence': ,Dies aber ist die Ousia'. Einige Bemerkungen zur aristotelischen *Metaphysik*, Z 17, 1041b4–9", in: *Allgemeine Zeitschrift für Philosophie* 26 (2001), S. 61–75 [Ferber, 2001].

[1] B 3, 998b22–27.
[2] Eingeführt in Owen, 1960, S. 163–190, bes. S. 179–190.

https://doi.org/10.1515/9783110637601-018

als die Frage, was die Ousia ist (*Metaph.* Z 1, 1028b3–4, übers. von H. Bonitz mit kleinen Veränderungen).

Im Folgenden möchte ich zuerst (I) in diese Frage einführen, dann (II) anhand von Z 17, 1041b4–9, die aristotelische Antwort analysieren, und danach (III) einige allgemeine Bemerkungen anbringen. Ich schließe mit einer Anfrage an die aristotelische Lehre von der Ousia, wie sie Platon, der geistige Vater des Aristoteles, an seinen rebellischen Sohn gestellt haben könnte.[3]

I

Der Ausdruck Ousia lässt sich mit *substantia* oder *essentia*, deutsch aber mit Wesen oder mit dem Neologismus Seiend-heit übersetzen.[4] Der deutsche Ausdruck ‚Wesen' konnotiert aber wie der lateinische *substantia* nicht mehr mit dem Wort Sein (*esse*), wie dies noch der lateinische *essentia* tut. Der Ausdruck Seiendheit dagegen, der dem griechischen Ousia am nächsten zu kommen scheint, wirkt künstlich. Ich lasse deshalb das Substantiv Ousia im Folgenden unübersetzt. Wahrscheinlich hat Aristoteles diesen Ausdruck von Platon übernommen, der ihm erstmals im Frühdialog *Euthyphron* eine philosophische Bedeutung gegeben hat:

> Und nun muss ich gestehen, es hat ganz den Anschein, als ob du, lieber Euthyphron, auf die Frage, was denn das Fromme sei, nicht geneigt wärest, mir seine Ousia zu enthüllen, sondern dass du nur ein Erleiden von ihm angibst und sagst, was diesem Frommen widerfährt, nämlich, dass es von allen Göttern geliebt werde. Was es aber ist, das hast du noch nicht angegeben (*Euthyphron* 11b, übers. v. O. Apelt mit kleinen Veränderungen).

Hier erhält das Wort Ousia, das umgangssprachlich soviel wie Besitz bedeutet[5], erstmals eine philosophische Bedeutung. Die Ousia, wonach die sokratische

---

3 Zur immensen Literatur im 20. Jahrhundert zum Substanzbegriff in der *Metaphysik* vgl. die Bibliographie von Radice, 1996, S. 695–698.
4 Zur Übersetzungsgeschichte von Ousia mit den entscheidenden Belegstellen vgl. Arpe, 1941, S. 65–78.
5 Zur Wortgeschichte von Ousia vgl. Hirzel, 1913, S. 42–64, der auch auf die Verbindung zwischen der ursprünglichen und der philosophischen Bedeutung aufmerksam macht, Hirzel, 1913, S. 48: „Das Bestehen des einzelnen, möchte man sagen, war an den Bestand seines Vermögens geknüpft. Dieser feste Grund, die *Ousia*, blieb bei allem Wechsel der Vorgänge, die sich auf ihm abspielen. Sie ist das zinsentragendede Kapital, das als solches nicht angegriffen werden darf; Einnahmen und Ausgaben des privaten Verkehrs, die mannigfaltigen Leistungen für den Staat, sie stammen alle daher oder werden doch auf sie bezogen." Zur Etymologie von *Ousia* schreibt noch

Frage „Was ist X?" fragt, ist das, wovon ein ontologisches Prädikat ausgesagt wird. So ist die Ousia der Frömmigkeit dasjenige, wovon ein Widerfahrnis (*pathos*) ausgesagt werden kann, nämlich dass es von den Göttern geliebt werde. Platon bezeichnet dann in den mittleren und späten Dialogen die Ideen als *ousiai* (vgl. *Phd.* 65d, *Tht.* 172b, *Sph.* 246b – 248a, *R.* 509b, *Ti.* 35a u. ö.) und definiert sogar den Dialektiker als denjenigen, der einen *logos tês ousias* zu geben in der Lage ist (*R.* 534b3). Wir können die Bedeutung des Ausdrucks in den mittleren und späten Dialogen wie folgt auf den Punkt bringen: Ousia ist dasjenige, was ein ontologisches Subjekt ist und abgetrennt oder selbstständig existiert. So sind die Ideen ontologische Subjekte, von denen wieder Prädikate ausgesagt werden, wie z. B. dass sie sich immer auf dieselbe Art und Weise verhalten (vgl. *R.* 479a, *Phd.* 78d, 79d, *Ti.* 51d). Weiterhin existieren sie abgetrennt von den Sinnesphänomenen oder selbstständig, d. h. sie haben gegenüber diesen eine ontologische Priorität. Diese Priorität lässt sich wieder so formulieren, dass die Ideen zwar ohne Sinnesphänomene, die Sinnesphänomene aber nicht ohne Ideen existieren können. Die so verstandene „Hysteron-Proteron-Struktur" der Realität (vgl. *Metaphysik* Δ 11, 1019a1 – 4) kann als die „Grundformel des Platonismus" verstanden werden.[6]

Nun hat auch Platon die Frage nach dem Sein gestellt. Wir lesen im *Sophistes:*

> Da wir also ratlos geworden sind (*éporêkamen*), so kläret uns ausreichend darüber auf, was ihr eigentlich damit meint, wenn ihr euch des Ausdrucks ‚seiend' bedient. Denn offenbar wisst ihr dieses schon lange, wir dagegen glaubten früher es allerdings zu wissen, jetzt aber sind wir ratlos geworden (*Sph.* 244a4 – 8, übers. Apelt mit Veränderungen).

Morrison, 1996, S. 194: „*Ousia* is a nominalization of the participle of the verb ‚to be'"; vgl. dagegen Collinge, 1971, S. 226: „It is reasonable to wonder whether *ousa* had a similar projection to *ousia*, a form which Hofmann 1950, s. v., calls an arbitrary philosophic derivative from the feminine particle – cf. the late Latin calques *entia*, *essentia*. This idea, however, demands that a palpable nominality attach itself to the feminine participle; it probably did not do so with **gerousa* or *akousa*." Nach der Darstellung von Collinge, 1971, S. 218 – 229, steht am Anfang der Entwicklung die Wurzel **es* für „sein", welche in der Schwundstufe mit Themavokal und dem Suffix -nt das Partizip **sont* bildet. Bei anderen -nt-Stämmen sind über den Umweg des Adjektivs auf -ios Substantive wie *gerousia, akousia, agônia, aitia, eleutheria* usw. entstanden. Ein solches Adjektiv **sont-ios* fehlt für *ousia*. So ist es wahrscheinlich, dass es sich um eine Neubildung mit dem Suffix -*ia* handelt, das deverbativ wie auch denominativ gebraucht werden konnte. Wie *sophia, aitia, eleutheria* Kurzfassungen sind für *to sophon einai, to aition einai, to eleutheron einai*, so könnte *ousia* eine Kurzfassung für *to tini einai*, „das irgendjemandem sein" (aus *ha emoi estin*) bilden und so den Besitz bezeichnen. Ich bin für diese Bemerkung sowie für den Hinweis auf Collinge Herrn Erwin Sonderegger verpflichtet.

6 So Krämer, 1996, S. 200. Vgl. dazu weiterführend auch Ferber, 1998a, S. 435 – 436.

Und die Formulierung der aristotelischen Frage, „welche von alters her so gut wie jetzt und immer aufgeworfen wird und immer Gegenstand der Aporie ist" (Z 1, 1028b2–4), ist ebenfalls dem Kontext der ontologischen Problematik des *Sophistes* entnommen. Der eleatische Fremdling sagt von jenem „Sichdarstellen und Scheinen und doch nicht Sein, diesem etwas Sagen und damit doch nicht die Wahrheit sagen" (*Sph.* 236e1–2):

> Alles das ist immer voll der Aporie, sowohl in der früheren Zeit als auch jetzt (*Sph.* 236e1–3).[7]

Freilich stellt sich für Platon die „ewige" Aporie im Zusammenhang mit der Behauptung unwahrer Aussagen, die in den Widerspruch führt: „Das Nichtsein ist", wie der *Politikos* resümiert (*Plt.* 284b8). Weiterhin formuliert Platon zwar die aristotelische Frage „Was ist die Ousia?" nicht wörtlich. Gleichwohl ist die aristotelische Frage nach der Ousia von Platon vorgedacht worden und bezieht sich wie bei Aristoteles auf die Frage nach *dem*, was selbstständig und prioritär existiert: Was ist die grundlegende Realität, von der alles andere Seiende abhängt?

Diese Realität muss für Aristoteles zwei verschiedene Kriterien erfüllen: Einerseits muss sie wissenschaftlich erfassbar und definierbar sein: „Soviel aber ist offenbar, dass die Definition im primären und uneingeschränkten Sinne und das *ti ên einai* [nur] die Ousien betrifft" (Z 4, 1030b4–6). Formal gesprochen beziehen wir uns auf die grundlegende Realität mit allgemeinen Namen und nicht mit Eigennamen. Das ist das *platonische* Kriterium, das Aristoteles an die Ousia anlegt.

Die andere Bedingung ergibt sich aus der aristotelischen Kritik an der platonischen Ideenlehre. Deren Ergebnis lautet hinsichtlich der Ousia wie folgt: Die platonische Idee kann nicht die grundlegende Realität oder Ousia sein (vgl. A 9, 990a33–991b9; M 4, 1078b7–1080a11): „Denn es scheint unmöglich zu sein, dass Ousia irgend etwas ist, was allgemein ausgesagt wird" (Z 13, 1038b8–9). Nun sind die Ideen auch allgemein (vgl. *R.* 596a, 597c; *Smp.* 210a–b; *Phdr.* 265e; *Prm.* 132a). Also können sie nicht Ousia sein. Aber wenn die Ousia nicht etwas Allgemeines ist, was ist sie dann? Dann muss sie „irgendein dieses" (*tode ti*) oder ein Individuum sein, wobei Aristoteles von den sinnlich wahrnehmbaren Ousien als den *homologoumenai*, d. h. allgemein anerkannten, ausgeht (Z 3, 1029a33–34). Die sinnlich wahrnehmbaren Ousien sind aber im Gegensatz zu den allgemeinen, ewigen und mit sich identischen Ideen das Einzelne, Viele und Vergängliche, das keine Identität mit sich selbst hat. Deshalb lassen sich diese Individuen auch nicht definieren, wie Aristoteles in Z 15 herausarbeitet (vgl. Z 15, 1039b20–

---

[7] Hinweis in Sonderegger, 1993, S. 56. Meine Übersetzung verdankt viel der Übersetzung O. Apelts.

1040a8). In formaler Redeweise müssten wir uns auf die Ousia nicht mit allgemeinen Namen, sondern jeweils mit einem Eigennamen beziehen. Das ist das *antiplatonische* Kriterium, woran Aristoteles die Ousia misst.

Nun springt die Unverträglichkeit dieser beiden Bedingungen in die Augen: Wenn die erste gilt – d. h. wenn die Ousia definierbar ist – dann ist die Ousia nicht ein Individuum. Denn der Gegenstand der Definition ist etwas Allgemeines. Wenn die Ousia aber ein Individuum ist, dann ist sie nicht definierbar.

Diese Unverträglichkeit war auch Aristoteles bewusst. Die Konjunktion des *antiplatonischen* und des *platonischen* Kriteriums hat zur achten Frage des Aporienbuches geführt, die Aristoteles als „die schwierigste von allen und am notwendigsten zu erörternde" bezeichnet (B 4, 999a24 – 25):

> Wenn nämlich nichts existiert neben den einzelnen Dingen, die einzelnen Dinge aber unendlich viele sind, wie ist es dann möglich, von diesen unendlichen [einzelnen Dingen] Erkenntnis zu erlangen? Denn nur insofern erkennen wir alles, als es eins und dasselbe und ein Allgemeines gibt. Wenn aber dies notwendig ist und also etwas neben den einzelnen Dingen existieren muss, so müssen notwendig die Gattungen neben den Einzeldingen existieren, und zwar entweder die nächsten oder die höchsten Gattungen; dass dies aber unmöglich ist, haben wir soeben erörtert (B 4, 999a26 – 32, Übersetzung von H. Bonitz mit kleiner Veränderung).

Die Forderung, dass nichts neben den einzelnen Dingen existiert, ist im Prinzip das *antiplatonische* Kriterium; die Forderung, dass etwas neben den einzelnen Dingen existieren muss, dagegen das *platonische*. Die Aufgabe, vor der Aristoteles steht, ist es, aus diesen beiden unverträglichen Bedingungen – der *platonischen* und der *antiplatonischen* – verträgliche zu machen.

II

Ein Lösungsansatz zu dieser Aufgabe findet sich (meines Erachtens) bereits im 17. Kapitel des 7. Buches der aristotelischen *Metaphysik*. Es enthält die Antwort auf die Ausgangsfrage dieses Buches, nämlich „was ist das Seiende, d. h. was ist die Ousia?". Das Kapitel lässt sich in zwei Teile gliedern. Der erste Teil, 1041a6 – 1041b11, beantwortet die Frage „Was ist die Ousia?"; der zweite, 1041b11 – 1041b33, erläutert dagegen die Antwort.

Ich beginne mit dem ersten Teil des Kapitels. Aristoteles nimmt hier die Ausgangsfrage nach den Prinzipien und Ursachen des Seienden als Seiendes wieder auf: „Da nun die Ousia ein Prinzip und eine Ursache ist, ist von hier auszugehen. Es wird aber der Grund dafür gesucht, weshalb etwas jeweils so und so beschaffen ist, weshalb also eines einem anderen zukommt" (Z 17, 1041a9 – 11).

Die Ousia ist für Aristoteles insofern auch Prinzip und Ursache, als sie eine Erklärung dafür abgibt, weshalb eines einem anderen zukommt; denn die Ousia als das, was selbstständig und prioritär existiert, ist für Aristoteles wie für Platon auch der Erklärungsgrund für das, was nicht selbstständig, sondern abhängig existiert. Sucht nun bereits Platon zu erfahren, weshalb ein Sinnesphänomen ein bestimmtes Prädikat hat, z. B. schön ist, nämlich durch Teilhabe an der Idee des Schönen (vgl. *Phd.* 100c5 – 6), so sucht Aristoteles explizit nach dem Grund für die prädikative Struktur des Seienden.

Hier gilt es aber zu unterscheiden. Es wird nicht gesucht, weshalb etwa ein Mensch ein Mensch oder ein ontologisches Subjekt ein ontologisches Subjekt ist. Das begründet Aristoteles durch zwei Voraussetzungen, erstens durch die der Offenbarkeit des Seienden und zweitens durch die der Selbigkeit des Seienden, d. h. durch das Identitätsprinzip. Es muss nämlich offenbar sein, dass ein ontologisches Subjekt da ist und dass es mit sich identisch ist (vgl. Z 17, 1041a14 – 17). Aristoteles sucht vielmehr, weshalb ein ontologisches Subjekt S ein ontologisches Prädikat P haben oder S ein P sein kann. P muss dabei etwas anderes sein als S: „Denn das auf diese Weise Gesuchte ist etwas anderes, das von etwas anderem ausgesagt wird" (Z 17, 1041a25 – 26). Es wird also z. B. gesucht, weshalb es donnert, d. h. weshalb ein Schall in den Wolken entsteht. Genauer gesprochen: Weshalb kommt dem Subjekt der Wolken das Prädikat des Schalles zu? Oder auch weshalb sind Ziegel und Steine ein Haus, d. h. weshalb kommt dem Subjekt Ziegel oder Steine das Prädikat Haus zu? Definitorisch oder abstrakt gesprochen (*hôs eipein logikôs*) bedeutet dies für Aristoteles, dass das „Was-es-jeweils-ist-zu-Sein" (*to ti ên einai*) eines ontologischen Subjektes gesucht wird. Für dieses *to ti ên einai* gibt es keine deutsche Standardübersetzung.[8] Das ontologische Prädikat P bildet je-

---

[8] Zur Bedeutung dieses schwer verständlichen Ausdruckes vgl. Trendelenburg, 1828, S. 457–483; Arpe, 1938; Bassenge, 1960, S. 14–47, S. 201–222, sowie den originellen Ansatz von Sonderegger, 1983, S. 18–39. Eine Auseinandersetzung mit Sonderegger bietet Weidemann, 1996, S. 75–103, insb. S. 77–79; dazu die Replik von Sonderegger, 2001. Für eine formale Rekonstruktion vgl. Nortmann, 1997, dazu die Rezension von Eberle, 2000, S. 218–224. Zum *hôs eipein logikôs*, d. h. abstrakt gesprochen, im Unterschied zu *physikôs*, d. h. konkret gesprochen (vgl. Tricot, 1991, II, S. 357), vgl. Frede/Patzig, 1988, II, S. 313, die sich auf die Bemerkung von Ross, 1924, II, S. 223, abstützen: „In other words the formal cause is not a distinct cause over and above the final or efficient, but is either of those when considered as forming the definition of the thing in question." Ähnlich bereits Thomas v. Aquin, *In Metaphysicorum*, L. VII, Nr. 1658: „Quae quidem causa quaesita est quod quid erat esse [*to ti ên einai*], logice loquendo. Logicus enim considerat modum praedicandi, et non existentiam rei. Unde quicquid respondetur ad quid est, dicit pertinere ad quod quid est; sive illud sit intrinsecum, ut materia et forma; sive extrinsecum, ut agens et finis. Sed philosophus qui existentiam quaerit rerum, finem vel agentem, cum sint extrinseca, non comprehendit sub quod quid erat esse. Unde si dicamus, domus est aliquid prohibens a frigore et

denfalls nicht irgendein Akzidens, sondern das, was das ontologische Subjekt S zu S macht. Die Frage lautet dann: Weshalb hat das ontologische Subjekt S das ontologische Prädikat P, das es S sein lässt? Die Antwort gibt folgender Abschnitt, den ich der Deutlichkeit halber folgendermaßen gliedere:

[S_1] *epei dei echein te kai hyparchein to einai, dêlon dê hoti tên hylên zêtei dia ti [ti] estin*;
[S_2] *hoion oikia tadi dia ti?*
[S_3] *hoti hyparchei ho ên oikia(i) einai.*
[S_4] *kai anthrôpos todi, ê to sôma touto todi echon.*
[S_5] *hôste to aition zêteitai tês hylês,*
[S_6] *– touto d' esti to eidos – hô(i) ti estin;*
[S_7] *touto d' hê ousia* (Metaphysik Z 17, 1041b4–9).

[S_{1a}] Da man aber das Sein kennen und es vorhanden sein muss, [S_{1b}] ist es offenbar, dass man vom Stoff sucht, [S_{1c}] weshalb er <etwas> ist;
[S_2] weshalb ist z. B. dies da ein Haus?
[S_3] Weil ihm das zukommt, was es heißt, ein Haus zu sein.
[S_4] Und [wodurch] ist dies ein Mensch oder [wodurch] hat dieser Körper diese Eigenschaft?
[S_5] Somit wird die Ursache des Stoffes gesucht,
[S_6] – dies aber ist das Eidos – wodurch er [der Stoff] etwas Bestimmtes ist.
[S_7] Dies aber ist die Ousia (Z 17, 1041b4–9, Übersetzung von R. F.).[9]

---

caumate, logice loquendo significatur quod quid erat esse, non autem secundum considerationem philosophi. Et ideo dicit quod hoc quaeritur ut causa formae in materia, est quod quid erat esse, ut est dicere logice: quod tamen secundum rei veritatem et physicam considerationem in quibusdam ‚est cuius causa', idest finis, ut in domo, aut in lecto."

9 Textkritisch möchte ich bemerken, dass ich es für eine zwar sprachlich berechtigte Emendation W. Christs und W. Jaegers halte, in Satz$_6$ das „dies aber ist das Eidos" einzuklammern; doch die oben zitierte Version von Satz$_6$ wird von allen Handschriften sowie von Asclepius (*In Arist. Met. Libros, Commentaria*, ed. Hayduck, 451, 11) und Ps.-Alexander (Hayduck, 542, 14) überliefert, was wiederum für deren integrale Beibehaltung spricht. Zudem findet sich das Eidos bereits in Z 3, 1029a29–30, als Bestimmung der Ousia: „Deshalb scheint das Eidos und das aus beidem Zusammengesetzte mehr Ousia zu sein als der Stoff." Auch die von Michael Frede und Günter Patzig vertretene Meinung (vgl. Frede/Patzig, 1988, II, S. 317–318), wonach der eingeklammerte Zusatz wie eine konkurrierende Fassung von „Dies aber ist die Ousia" (S$_7$) wirke, scheint mir die von den beiden Autoren vertretene Athetese noch nicht zu legitimieren. Die „konkurrierende Fassung" kann ebensogut als eine Verstärkung interpretiert werden. In der Tat scheint Aristoteles durch die teilweise Wiederholung in Satz$_7$: „Dies aber ist die Ousia", eher den Gedanken unterstreichen zu wollen, dass hier das Wesen der Ousia nun endlich gefunden ist. Vgl. contra Frede/Patzig, 1988, auch Morrison, 1996, S. 200: „On the other hand, the passage just quoted does unquestionably express the conclusion that the cause by which the matter is what it is, is *ousia*. And even if Aristotle does not here say that this cause is essence or form, clearly that is his opinion." Wenn Satz$_7$ auf einen Kopisten zurückgeht, so hat er jedenfalls den Gedanken des Aristoteles verdeutlicht.

In Satz$_1$ wird dreierlei gesagt: (a) Dass das Sein bekannt sein muss und vorauszusetzen ist, (b) dass es deshalb offenbar ist, dass ein bestimmter Stoff zur Untersuchung steht, und (c) dass man an ihm zu erfahren sucht, weshalb er etwas ist.

Nun folgt Satz$_{1b}$ nicht unmittelbar aus Satz$_{1a}$. Im Rahmen seines Ausgangspunktes von den „allgemein anerkannten Ousien" (Z 3, 1029a33–34) muss Aristoteles wohl vielmehr von einem Satz$_{1a*}$ ausgehen, nämlich „dass nicht einfach das bloße Sein an sich, sondern das hyletische Sein bekannt sein muss und vorauszusetzen ist". Das heißt, man sucht eine Erklärung dafür, dass dieser bekannte und vorausgesetzte Stoff *etwas* ist. Das bedeutet, dass wir unter dem Stoff nicht die erste Materie zu verstehen haben, die nur ist, sondern einen Stoff, der schon *etwas* ist, wie z. B. ein individuelles Haus.

Satz$_2$ illustriert das Problem von Satz$_1$ in der Tat am Beispiel eines konkreten Hauses.

Satz$_3$ gibt Antwort auf das in Satz$_2$ konkretisierte Problem von Satz$_1$: Dieses Haus ist deshalb ein Haus, weil ihm das zukommt, was das „Haus-Sein" ist, oder weil es das besitzt, was bewirkt, dass die Hyle des Hauses (Ziegel und Steine) ein „etwas" ist.

Satz$_4$ bringt nochmals zwei Beispiele für diese schon bestimmte Hyle: dieser Mensch oder dieser Körper, der diese oder jene Eigenschaften hat. Alle drei Beispiele exemplifizieren Individuen.

Satz$_5$ zieht eine Folgerung aus Satz$_1$. Wenn Satz$_1$ gilt, dann wird eben die Ursache der Hyle gesucht. Die Hyle also, die Aristoteles selbst für eine Ursache erklärt hat (*Metaphysik* A 3, 983a29), ist selber wieder (hinsichtlich ihrer Bestimmtheit) zu erklären.

Satz$_6$ erläutert Satz$_2$ und Satz$_4$. Das, was den Stoff zu etwas macht, ist das Eidos. Eine Ursache ist aber für Aristoteles immer Ursache von etwas (vgl. *Ph.* A 2, 185a4–5). Satz$_6$ zeigt nun ebenfalls, *wovon* das Eidos Ursache ist, nämlich davon, dass die Hyle *etwas* ist. Denn eine Hyle, die nur ist, aber nicht etwas ist, gibt es nur in Gedanken. Faktisch jedoch ist jede Hyle immer schon etwas. Die Materialursache (*causa materialis*) wird so hinsichtlich ihrer Bestimmtheit durch die Formalursache (*causa formalis*) erklärt.

Satz$_7$ bringt die Antwort auf die Ausgangsfrage, was die Ousia ist. Die Ousia ist eidetische Ursache dafür, dass die Hyle etwas ist. Sie ist das *atomon eidos*, die unteilbare Spezies, das *begriffliche* Analogon zu Demokrits materiellem Atom. Das, was im Sinne des Eidos *eines* ist, ist dies auch im Sinne des Logos (vgl. *Ph.* A 7, 190a15–17).

III

Zu diesem Ergebnis möchte ich einige Bemerkungen anschließen:

1. Mit ihm hat Aristoteles die Ausgangsfrage nach den Prinzipien und Ursachen des Seienden als Seiendem in einem ersten Schritt beantwortet. Der zweite Schritt erfolgt in den Büchern H und Θ. Die Ousia ist als Eidos Prinzip dafür, dass das Dass-sein der Hyle jeweils *etwas* ist. Insoweit scheint auch ein Konsens unter den Kommentatoren in einer säkularen Perspektive zu bestehen (vgl. Addenda). Nun hat Aristoteles in der Kategorienschrift zwischen zwei Ousien unterschieden; die erste ist das irgendein Dieses oder *tode ti*, die zweite das Eidos oder die Gattung (vgl. *Cat.* 5, 2a11–16). Das Eidos kann dabei mehr als die Gattung den Anspruch auf die Ousia erheben (vgl. *Cat.* 5, 2b7–10).[10]

Das erstaunliche Ergebnis von Z lautet nun meines Erachtens, dass die beiden Ousien ein und dasselbe sind, wenn wir von der Gattung absehen. Denn als irgendein Dieses – wie z. B. dieses Haus, dieser Mensch, dieser Körper (vgl. 1041b4–9) – erfüllt die Ousia die Bedingungen der ersten *und* der zweiten Ousia. Damit löst sich auch der Widerspruch, dass die Ousia sowohl individuell als auch definierbar sein soll. Als Eidos nämlich ist sie definierbar, „denn vom Allgemeinen und vom Eidos handelt die Definition" (Z 11, 1036a28–29), als Irgendein-Dieses dagegen individuell. Die Ousia ist, um es paradox zu sagen, das definierte Individuum. Dies jedoch ist sie nur in einem gewissen Sinn. Denn der Ausdruck Individuum enthält eine Homonymie: Er kann das konkrete, aus Eidos und Stoff zusammengewachsene (*synholon*) Individuum (vgl. Z 10, 1035b22, 32; 1036a2) oder das abstrakte, vom Stoff abgezogene Individuum meinen, d. h. entweder den konkreten Sokrates oder *ton tina anthrôpon*. Nur das abstrakte Individuum hat Aristoteles definiert, während das konkrete undefinierbar bleibt (vgl. Z 15, 1039b28–30). Aristoteles hat offensichtlich nicht definiert, was Sokrates *in concreto* ist, sondern nur, was er *in abstracto* bedeutet. Der abstrakte Sokrates

---

10 Eine technisch anspruchsvolle Rekonstruktion des Unterschiedes zwischen erster und zweiter Ousia bietet Detel, 1998a, S. 60–81, der am Schluss seines Aufsatzes unser Ergebnis in gewisser Weise antizipiert: „Erst die Form-Materie-Analyse der ersten Usia ermöglicht Aristoteles allerdings eine raffiniertere und erfolgreichere Explikationsstrategie; wie sie in Met. Z–H präsentiert wird. Erst diese Strategie vermag den Essentialismus in einer interessanten Weise philosophisch zu fundieren und u. a. besser verständlich zu machen, inwiefern Sokrates in dem Sinne ein spezifischer Mensch war, dass er mit einer spezifischen Mensch-Struktur buchstäblich identisch war", S. 81. Allerdings wird meines Erachtens durch Z–H nicht „besser verständlich", inwiefern der konkrete Sokrates mit „einer spezifischen Mensch-Struktur buchstäblich identisch" ist, sondern nur, inwiefern das Individuum *in abstracto* oder das Eidos des Sokrates mit einer spezifischen Mensch-Struktur identisch ist.

aber ist, wie die aristotelische Ousia, ein Eidos, nämlich „das inseiende Eidos" (Z 11, 1037a29) und insofern etwas Allgemeines.[11]

Im Sinne der von D. C. Williams (1899–1983) vertretenen „Tropentheorie" – eine Trope ist nach dem Sprachgebrauch dieses Autors keine Redefigur, sondern die Individualisierung eines Universalen an einem bestimmten Ort und zu einer bestimmten Zeit – ließe sich sagen, dass die aristotelische Ousia ein abstraktes Partikulares oder die „occurrence of an essence" zu einer bestimmten Zeit und an einem bestimmten Ort und in einer bestimmten Materie ist.[12] Die aristotelische Ousia bildet im wörtlichen Sinne eine Trope (von *ho tropos:* die Art und Weise) des Seins, insofern sie eben die Art und Weise ist, in der für den Stagiriten das grundlegende Allgemeine in der sinnlichen Welt vorkommt. Genauer gesprochen,

---

11 In dieselbe Richtung zielt auch Düsing, 1997, S. 72: „Das im letzten Unterschied gedachte Eidos bleibt also begrifflich innerhalb der Definition ein Allgemeines, wie es auch in der späteren Lehre von der infima species ausgeführt wird; ontologisch aber bedeutet dies Eidos des letzten Unterschiedes die Essenz des Einzelwesens, und diese macht das Sein und Wassein des Einzelwesens aus." Als Essenz des Einzelwesens *in abstracto* bleibt aber auch das Eidos ontologisch etwas Allgemeines. Anders die eingehende Interpretation von Frede/Patzig, 1988, I, S. 48–57, die in der aristotelischen Form etwas (nur) Individuelles sehen. Dabei stoßen sie auf folgende systematische Schwierigkeit, die sie bereits in Frede/Patzig, 1988, I, S. 46, artikuliert haben: Wenn die Organisationsform verschiedener Gegenstände derselben Art genau dieselbe ist, wie kann es sich dann bei dieser Form um etwas Individuelles handeln? Denn die Individualität des Individuums soll ja auf der Individualität der Form beruhen. Die Antwort lautet, Frede/Patzig, 1988, I, S. 46: „Aber um die Individualität einer Form zu sichern, ist es völlig ausreichend, wenn wir im Prinzip dazu in der Lage sind, eine Form von einer gleichartigen Form zu unterscheiden und sie zu einem späteren Zeitpunkt zu reidentifizieren, ohne auf die Identität des durch sie konstituierten Gegenstandes zurückgreifen zu können. Dies aber ist möglich, indem wir zwei Formen voneinander durch die Materie, an der sie realisiert sind, und durch die Eigenschaften der durch sie konstituierten Gegenstände unterscheiden, und die Form zu einem späteren Zeitpunkt mit der Form zu einem früheren Zeitpunkt identifizieren, mit der sie durch eine kontinuierliche Geschichte verknüpft ist. Es handelt sich um die Form, die zunächst dort und dort in der und der Materie realisiert war, die dann dort und dort anzutreffen war usf." Doch wie können wir „die Individualität einer Form [...] sichern", wenn wir „im Prinzip dazu in der Lage sind, eine Form von einer gleichartigen Form zu unterscheiden und sie zu einem späteren Zeitpunkt zu reidentifizieren, ohne auf die Identität des durch sie konstituierten Gegenstandes zurückgreifen zu können"? Die Identität des durch „sie konstituierten Gegenstandes" wird ja gerade durch die Form konstituiert.

12 Williams, 1953, S. 7: „Santayana, however, used ‚trope' to stand for the *essence of an occurrence,* and I shall divert the word, which is almost useless in either his or its dictionary sense, to stand for the abstract particular which is, so to speak, the occurrence of an essence." Zitiert ohne Fußnote. Ich bin C. Moulines für den Hinweis auf die Tropentheorie verpflichtet. Allerdings ist Williams Vertreter einer „Bündeltheorie" der Universalien, wohingegen das aristotelische Eidos kein Bündel von Materieelementen ist.

ist sie allerdings nicht irgendeine Trope, sondern eher die „metaphysische Perle im Sumpf"[13] der anderen, nämlich der akzidentellen Tropen.

2. In der Definition der Ousia als Eidos vereinigt Aristoteles alle in Z 3 vorläufig gegebenen Bedeutungen des Ausdrucks „*ousia*" außer der der Gattung. Denn das Eidos ist sowohl das Allgemeine als auch das jeweilige ontologische Subjekt. Dass das Eidos das *to ti ên einai* oder das „Wesensprädikat" bildet, haben wir schon gesehen (vgl. S. 279, [S$_3$]). Inwiefern das Eidos das Allgemeine ist, haben wir ebenfalls festzulegen versucht, indem wir die Unterscheidung zwischen dem Individuum *in concreto* (*synholon*) und *in abstracto* machten. Dass das Eidos aber auch ein ontologisches Subjekt bildet, steht seit Z 3 fest: „Das Zugrundeliegende (*hypokeimenon*) ist das, wovon etwas anderes ausgesagt wird, jenes selbst aber nicht mehr von einem anderen" (Z 3, 1028b36–37). Zwar könnte nach Z 3 neben dem Eidos sowohl die Materie als auch das aus beidem Zusammengesetzte als zugrunde liegendes oder ontologisches Subjekt infrage kommen. Aber es ist unmöglich, dass die bloße Materie das ontologische Subjekt ist, da auch das Selbstständige und das „irgendein Dieses" (*tode ti*) in erster Linie (*malista*) der Ousia zuzukommen scheint, „weshalb das Eidos und das, was aus beidem besteht, mehr Ousia zu sein scheint als die Hyle" (Z 3, 1029a27–30). Es bleiben also seit Z 3 nur das Eidos und das, was aus beidem besteht, als „ernsthafte" Kandidaten für das ontologische Subjekt zurück.

3. Nun stellt sich aber folgendes Problem: Wenn die Ousia ontologisches Subjekt ist, wie kann sie dann auch noch Prädikat sein, das von seinem Subjekt verschieden sein soll, wie Z 17 voraussetzt? Es wird doch gesucht, weshalb S immer schon P ist. Die Frage lässt sich durch eine Unterscheidung beantworten: Für das hyletische Subjekt bleibt die Ousia immer noch ontologisches Prädikat, für alle anderen Prädikate aber ontologisches Subjekt. So lesen wir bereits in Z 3: „Die anderen [ontologischen Prädikate] werden von der Ousia ausgesagt, sie aber von der Materie" (Z 3, 1029a23–24). In Z 13 aber:

> Von jenen beiden ist nun schon gehandelt, nämlich vom *ti ên einai* und vom ontologischen Subjekt, nämlich dass dieses auf zweifache Weise ontologisches Subjekt ist, entweder indem es als individuelles Etwas, wie das Lebewesen den Widerfahrnissen, oder als Materie der

---

[13] Vgl. Williams, 1953, S. 191–192: „In a guarded way, Samuel Alexander's theory of universals seems to identify them with sets or sums of similar tropes, and so, oddly enough, does the Aristotelian doctrine of embodied forms, that similar but numerically distinct humanities, for example, are present in all men. The latter [Aristotle's] insight, however, was dissolved in grotesquerie by the notions that there can be only one such neat particular form in any individual, that it exists there like a metaphysical pearl in a mire of accident and *hyle*, that it is not ‚abstract' until it is literally *abstracted*, that then it is a universal of the sublime immaterial Platonic order, and that the Active Intellect actually performs this transsubstantiation." Weiterführend Anm. 15.

Wirklichkeit (*entelecheia(i)*) zugrunde liegt (Z 13, 1038b3–6., übers. v. Bonitz mit kleinen Veränderungen).

Die Ousia und das Eidos sind aber auch die Wirklichkeit (vgl. Θ 10, 1050b2–3). Entsprechend ist das Eidos von Satz$_6$ als „individuelles Etwas" auch ontologisches Subjekt für die von ihm ausgesagten Prädikate.

4. Die gegebene Definition der Ousia als Eidos an einer Hyle bedarf noch einer Einschränkung: Sie gilt allein von der sinnlichen Ousia, nicht aber von der unsinnlichen. Denn nur die sinnliche besitzt eine Hyle, nicht aber die unsinnliche, *wenn* wir von der geistigen Hyle absehen (H 6, 1045a36). Die ganze Untersuchung über die sinnliche Ousia ist aber um der unsinnlichen willen unternommen worden (vgl. Z 11, 1037a13–16). Vom Unsinnlichen aber, das keine Hyle mehr hat und deshalb unzusammengesetzt oder einfach ist, heißt es: „Offenbar nun ist, dass bei dem Einfachen weder ein Suchen noch ein Lehren stattfindet, sondern eine andere Art der Untersuchung des Sobeschaffenen" (Z 17, 1041b9–11). Es ist nämlich nur ein Berühren (vgl. Θ 10, 1051b24). Die unsinnliche erste Ousia (Λ 8, 1073a30) ist denn auch nicht mehr ein Eidos, da die erste Ousia nicht mehr etwas Allgemeines ist: „Eines also ist dem Begriff und der Zahl nach das erste Bewegende, das selber unbeweglich ist" (Λ 8, 1074a36–37).[14]

5. Im zweiten Teil von Z 17 begründet Aristoteles näher, inwiefern das Eidos Ursache dafür ist, dass die Hyle etwas Bestimmtes ist. Etwas-Bestimmtes-Sein heißt für Aristoteles aber auch Eines-Sein, da alles, was ist, auch eines ist. Weil die Hyle aus Elementen besteht (vgl. Z 17, 1041b31–33), stellt sich die Frage, *was* die Einheit dieser Elemente verbürgt und *wie* sie es verbürgt.

Wie diese Einheit verbürgt sein soll, exemplifiziert Aristoteles, indem er sie von der des Haufens abhebt: Die Einheit der Elemente ist nicht die des Haufens, sondern die der Silbe (vgl. Z 17, 1041b12). Statt Haufen können wir auch Bündel

---

14 Vgl. zur Problematik der aristotelischen Theologie die Thesen Sondereggers, 1996, S. 58–83, der mit Recht Krämer, 1969a, S. 378, zitiert: „Die *prôtê ousia* des Aristoteles ist als *actus purus* höchste Wirklichkeit und nicht ‚abstrakt Allgemeines' vor aller Realität." Allerdings scheinen mir die Thesen Sondereggers, wonach Aristoteles keine Theorie vertrete, sondern vorwiegend nur *endoxa* verhandle und „dass es sich bei Existenz nicht um ein Problem im Umkreis des aristotelischen Denkens handelt" (Sonderegger, 1996, S. 73) nicht richtig zu sein. Auch *endoxa* werden in Sätzen formuliert, die zusammen eine Theorie bilden. Aus der von Sonderegger festgestellten Tatsache, dass Aristoteles das Wort *existentia* noch nicht kennt, folgt aber noch nicht, dass „Existenz [...] kein Problem in der Philosophie von Aristoteles war" (Sonderegger, 1996, S. 72), auch wenn „*hyparchein* sich von ‚existieren' dadurch unterscheidet, dass es durch seine Komponente *archê* einen anderen Bildungshintergrund [...] hat, aufgrund dessen es gegenüber dem nur einstellig brauchbaren ‚existieren' etliche weitere grammatische Möglichkeiten hat" (Sonderegger, 1996, S. 73–74).

sagen. Aristoteles antizipiert damit auch ein Argument gegen die Theorie, dass eine Substanz *nur* aus einem Bündel von Elementen besteht, d. h. gegen die „Bündeltheorie" der Substanz, wie sie etwa von D. Hume (1711–1776) bis hin zu D. C. Williams (1899–1983) und anderen vertreten wurde.[15] Der Unterschied zwischen einem Haufen oder Bündel und einer Silbe lässt sich so formulieren: Der Haufen besteht aus seinen Elementen, die Silbe besteht ebenfalls aus ihren Elementen oder Buchstaben oder *stoicheia* und darüber hinaus aus demjenigen, was anzeigt, zu welcher Silbe die Buchstaben gehören. Die Einheit der Silbe hat so zusätzlich einen klassifikatorischen Index, den der Haufen nicht hat. Wir können sie die Einheit der Klasse im Kontrast zu der des Haufens nennen.

Insofern nun die Auflösung der Klasse nicht die der Elemente bedingt, muss die Klasse etwas anderes sein als die Elemente (vgl. Z 17, 1041b12–17). Ist sie aber etwas anderes, so kann sie (a) weder ein Element sein noch (b) aus Elementen bestehen. Denn wäre sie (a) ein Element, so stellte sich die Frage von neuem, wie die Einheit dieses Elementes mit den bereits vorhandenen Elementen zustandekommt. Besteht sie aber (b) ihrerseits aus Elementen, so offenbar aus mehreren. Was aber verbürgt dann die Einheit dieser Elemente? Dieselbe Frage wiederholt sich so nochmals und so weiter *ad infinitum*.[16] Das heißt: Wenn die „einigende

---

[15] Vgl. Hume, 1978, S. 16: „The idea of a substance as well as that of a mode, is nothing but a collection of simple ideas, that are united by the imagination, and have a particular name assigned to them, by which we are able to recall, either to ourselves or others, that collection." Williams, 1953, S. 191–192: „In a guarded way, Samuel Alexander's theory of universals seems to identify them with sets or sums of similar tropes, and so, oddly enough, does the Aristotelian doctrine of embodied forms, that similar but numerically distinct humanities, for example, are present in all men. The latter [Aristotle's] insight, however, was dissolved in grotesquerie by the notions that there can be only one such neat particular form in any individual, that it exists there like a metaphysical pearl in a mire of accident and *hyle*, that it is not ‚abstract' until it is literally *abstracted*, that then it is a universal of the sublime immaterial Platonic order, and that the Active Intellect actually performs this transsubstantiation." Doch ist das aristotelische Eidos eine Trope, so keine bloße Summe von ähnlichen Tropen, sondern eben die „metaphysische Perle im Sumpf" der Tropen. Mit einer Perle ist bereits von Averroes (1126–1198) die Kategorie der Substanz verglichen worden in: Averroes, 1960, *Metaphysik*, 15: „Nach der Ansicht derer, die sich mit Philosophie befassen (ohne wirkliche Philosophen zu sein), ist auch dieser Ausdruck ‚Substanz' von der Redeweise des Volkes übertragen. In dieser bezeichnet er die Perlen, d. h. die ‚Steine', die besonders kostbar sind. Die Ähnlichkeit, die zwischen beiden Benennungen statthat, besteht in Folgendem. Diese Perlen werden nur deshalb als ‚Substanzen' (Perlen) bezeichnet, weil sie im Vergleich zu den übrigen Gütern des Erwerbs besonders edel und kostbar sind. Zugleich ist die Kategorie der Substanz vorzüglicher und edler als die übrigen Kategorien. Daher wurden sie als Perlen (Substanz) bezeichnet." Ich bin für den Hinweis auf Averroes Herrn Dirk Fonfara verpflichtet.

[16] Vgl. dazu den Brief von Leibniz an Arnauld vom 30. April 1687 in: Leibniz 1887, S. 96: „[…], *je croy que là où il n'y que des estres par aggregation, il n'y aura pas même des estres reels*, car tout

Klasse" (a) selber ein Element ist oder (b) aus solchen besteht, müsste jeweils eine weitere Klasse angegeben werden, die die Einheit der bestehenden Elemente mit (a) dem neu hinzugekommenen Element oder (b) die Einheit der neu hinzugekommenen Elemente verbürgt. Aristoteles darf deshalb schließen:

> Es scheint wohl, dass dieses [d. h. der einigende Faktor] ein etwas (*ti*) und nicht ein Element ist, und Ursache dafür ist, dass das eine Fleisch, jenes andere Silbe ist. Ähnlich verhält es sich aber auch bei dem anderen. Ousia aber von jedem Einzelnen ist dieses Etwas (denn dies ist erste Ursache des Seins) (Z 17, 1041b25–28).

Sein heißt hier aber Eines-Sein. Diese Ousia beschränkt Aristoteles auf die natürliche und identifiziert sie mit jener Natur, die nicht Element, sondern Ursache ist (vgl. Δ 4, 1014b36; Z 17, 1041b28–31).

Allerdings scheint das Ergebnis von Z 17, wonach das Eidos der einigende Faktor der Elemente ist, doch mehr ein Postulat als eine Realität zu sein. In Buch H führt Aristoteles dann die Begriffe der Möglichkeit und Wirklichkeit ein, um in einem weiteren Schritt zu erklären, inwiefern Materie und Eidos auch *realiter* eine Einheit bilden, ohne dass sie ein Aggregat von Elementen sind. Er sagt dort hinsichtlich der Definition des Menschen, z. B. als lebendes Wesen und zweifüßiges: „Ist aber, wie wir behaupten, das eine Stoff, das andere Eidos, das eine der Möglichkeit, das andere der Wirklichkeit nach, so scheint das Gesuchte nicht mehr eine Schwierigkeit zu sein" (H 6, 1045a23–25). Wenn nämlich der Stoff von Mensch, Haus und anderem nur im Sinne der Möglichkeit existiert, das Eidos aber im Sinne der Wirklichkeit, dann bilden Stoff und Eidos nicht mehr zwei Komponenten, nach deren Einheit gefragt werden kann. Sie bilden vielmehr die reale Einheit von Möglichkeit und Wirklichkeit, insofern das Eidos als die Wirklichkeit des Stoffes in diesem als der Möglichkeit, dieses Eidos zu sein, bereits enthalten ist.[17]

---

estre par aggregation suppose des estres doués d'une véritable unité, parcequ'il ne tient sa réalité que de celle de ceux dont il est composé, de sorte qu'il n'en aura point du tout, si chaque estre dont il est composé est encor un estre par aggregation, ou il faut encore chercher un autre fondement de sa réalité, qui de cette maniere s'il faut tousjours continuer de chercher ne se peut trouver jamais."

17 Das ist treffend von Scaltsas, 1994, S. 119–128, herausgearbeitet worden, S. 120: „The innovation that Aristotle is introducing here is to explain *sameness* between the potential and the actual in terms of two different ways of being, rather than in terms of a shared entity." Eine weitere Verfeinerung bietet Wedin, 2000, S. 436–449, indem er die strukturelle Identität und Verschiedenheit der aristotelischen Substanz mit einem Frege'schen Ganzen fa herausarbeitet. Charles, 2000, S. 283–294, scheint mir nicht über Wedin hinauszugehen.

Schluss

Zum Schluss möchte ich die Frage stellen: Ist die aristotelische Bestimmung der primären Realität erfolgreich? Hier eine Entscheidung in einer Debatte zu treffen, die bald 2400 Jahre andauert, würde vermessen sein. Ich darf aber zumindest auf *ein* Problem aufmerksam machen.[18] Wenn das Allgemeine auf der untersten Stufe oder die *infima species* – d. h. hier das Individuum oder Unikat *in abstracto* oder *ho tis anthrôpos* – in den Einzeldingen existiert, so ist das Universale individuiert oder etwas Einzelnes und durch allgemeine Namen nicht mehr erfassbar. So kommt das individuelle Menschsein in Sokrates, Platon, Aristoteles usw. vor. Dann stellt sich aber die Frage, wie ein individuiertes Universale oder in der Sprache der „Tropentheorie" die „occurrence of an essence" – hier das individuelle Menschsein – gleichwohl noch allgemein, d. h. verschiedenen Individuen wie Sokrates, Platon, Aristoteles usw. gemeinsam und über verschiedene Raum- und Zeitstellen verteilt sein kann. Das ist eine Frage, die sich auch durch den „realen Fortpflanzungszusammenhang" natürlicher Arten noch nicht beantworten lässt, da ja auch natürliche Arten individuiert und an verschiedenen Raum- und Zeitstellen vorkommen und somit *realiter* je verschieden existieren.[19]

Aristoteles scheint das Problem dadurch gelöst zu haben, dass die Ousien nur der Möglichkeit nach infolge unserer geistigen Abstraktion allgemein sind. So sehen wir in Sokrates durch eine intuitive Induktion, die von *einem* exemplarischen Einzelfall auf etwas Allgemeines schließt, das Menschsein: „Denn es ist offenbar, dass das Erste durch eine Induktion zu erkennen für uns notwendig ist. Denn auch die Wahrnehmung schafft auf diese Art und Weise das Allgemeine" (*APo*. II 19, 100b3–5).[20] Im Buch H der *Metaphysik* spricht Aristoteles davon, dass es auch eine Ousia nur im Sinne des Logos (*kata ton logon*) (vgl. H 1, 1042a31), d. h. eine nur abstrakte Ousia, gibt. Im Buch M der *Metaphysik* lesen wir, dass die

---

18 Detel, 1998b, schreibt zwar, S. 228: „Die These ist also, dass wir nicht verstehen können, inwiefern z. B. Sokrates eine einheitliche Usia – und damit überhaupt Usia – ist, wenn wir nicht verstehen, worin die Einheit seiner hyletischen Form besteht. Der Begriff der hyletischen Form erweist sich für die Ontologie der physischen Einzeldinge als Fundament." Das ist richtig, stellt aber die Frage der neunten Aporie nicht, nämlich inwiefern diese Einheit der hyletischen Form noch etwas Allgemeines ist: „Denn nur insofern erkennen wir alles, als es ein und dasselbe und ein Allgemeines gibt" (B 4, 999a28–29). Die Frage wird auch von Gifford, 1999, S. 1–29, nicht gestellt.
19 So Hübner, 2000, S. 329: „Der reale Fortpflanzungszusammenhang erlaubt Aristoteles zu sagen, dass manche Universalien wirklich sind."
20 Vgl. zu dieser Stelle Barnes, 1994, S. 266–270, insb.: „the process Aristotle describes produces universals".

Wissenschaft wie das wissenschaftliche Erfassen auf zweifache Art und Weise existiert:

> Die Wissenschaft und das wissenschaftliche Erfassen existieren auf zweierlei Art, einerseits im Sinne der Möglichkeit, andererseits im Sinne der Wirklichkeit. Die Wissenschaft und das wissenschaftliche Erfassen im Sinne der Möglichkeit, welches als Stoff allgemein und unbestimmt ist, handelt vom Allgemeinen und Unbestimmten, die Wissenschaft im Sinne der Wirklichkeit dagegen ist bestimmt und handelt vom Bestimmten, und indem sie ein ‚dieses' ist, handelt sie auch von einem ‚diesem'. Doch nur akzidentellerweise sieht der Gesichtssinn die allgemeine Farbe, nämlich dass diese Farbe, die er sieht, Farbe ist, und ebenso [d. h. nur akzidentellerweise] ist dieses Alpha, welches der Grammatiker betrachtet, ein [allgemeines] Alpha (M 10, 1087a15 – 25).

Damit scheint Aristoteles aber eine Voraussetzung „seines" Universalienrealismus preiszugeben, nämlich dass das Allgemeine *realiter* in den Sinnendingen existiert. Doch wenn das Allgemeine nur der Möglichkeit nach und akzidentell als eine Schöpfung der Wahrnehmung existiert, so existiert es nicht mehr *realiter* in den Sinnendingen. Das Individuum *in abstracto* oder *ho tis anthrôpos* ist vielmehr eine Schöpfung des menschlichen Geistes oder ein Noema. Ein Noema aber ist wieder ein Noema *von* etwas, d. h. um mit dem platonischen Sokrates zu sprechen, „von einer gewissen Einheit, die jenes Noema als allen diesen Dingen anhaftend erkennt, als eine Art einheitliche Form" (*Prm.* 132c). Sokrates fährt weiter: „Wird dann dieses als Einheit Gedachte, das immer als dasselbige allen Dingen anhaftet, nicht eben die Idee sein?" (*Prm.* 132c).

Unter dieser Voraussetzung wäre aber auch die *infima species* oder das Individuum *in abstracto* eine platonische Idee, bei der sich dann wieder die Frage stellen lässt, wie es sich zu den konkreten Individuen verhält. Haben wir, um nur so viel zu erwähnen, nicht zwischen dem konkreten Individuum und dem abstrakten jeweils ein drittes Individuum anzunehmen, kraft dessen das konkrete Individuum und das abstrakte erst die Eigenschaft haben, ein Individuum zu sein? So scheint mir bei der aristotelischen Lösung zumindest ein Restproblem zurückzubleiben, das in vollem Zirkel auf die Problematik des platonischen Universalienrealismus verweist, die Aristoteles vermeiden will, aber Platon im *Timaios* durch Entsubstanzialisierung der Sinnesdinge zu Sinnesphänomen vermieden hat (vgl. S. 228).

Das heißt: Es ist (meines Erachtens) Aristoteles nicht völlig gelungen, aus den beiden unverträglichen Anforderungen an die Ousia – der *platonischen* und der *antiplatonischen* (vgl. S. 276 – 277) – verträgliche zu machen. In der Tat hätte sich auch der Universalienstreit im Anschluss an Porphyrs *Isagoge* in der aristotelischen Kategorienschrift schwerlich entzünden können,²¹ wenn Aristoteles die platonische Position abschließend widerlegt und seine eigene deutlicher dargestellt hätte.²² Der platonische Universalienrealismus hat bekanntlich auch seine Schwierigkeiten, was Aristoteles nicht müde wird zu betonen (vgl. A 9, 990a32– 993a10; Z 13–14, 1038b1–1039b19). Es sind dies Schwierigkeiten, die Platon selbst im ersten Teil des *Parmenides* (130c–134e) wenigstens teilweise gesehen und im *Timaios* zumindest skizzenhaft zu beantworten versucht hat.²³ Im Sinne einer kritischen Anfrage an Aristoteles und den von ihm angebahnten Konzeptualismus (vgl. *APo.* II 19, 100b3–5), wonach das Universale nur eine „intentio animae" bildet (vgl. W. von Ockham, *Summa Logica* I 15), hoffe ich gleichwohl, gezeigt zu haben, dass und weshalb sich die Option des platonischen Universalienrealismus auch systematisch wieder stellt.²⁴

Ungeachtet ihrer Paradoxalität hat der platonische Universalienrealismus den Vorzug, der Unterscheidung zwischen richtiger Meinung und Wissen (vgl. *Men.* 98b2–5; *Ti.* 51d3–52a7) klar Rechnung zu tragen.²⁵ Wissen oder Erkennen

---

21 Porphyrios, *Isagoge et in Aristotelis Categorias Commentarium*. Commentaria in Aristotelem Graeca, IV, 1, Berlin 1887, S. 1–22, 1a8–12.
22 Vgl. dazu Owens, 1981, S. 58: „The protracted controversies on the universals throughout the middle ages, the continuing attacks from Nominalists in later centuries, the more recent approaches from the analysis of language [...], all bear eloquent witness of the inconclusive status of the theme in the Stagirite's own text." Vgl. auch die allerdings etwas übertriebene Aussage Cresswells, 1975, S. 247: „Perhaps we do not find a theory of universals in Aristotle because Aristotle did not see a problem of universals." Richtig ist, dass es bei Aristoteles noch nicht die Problemexposition Porphyrs gibt und Aristoteles sowohl im Sinne eines Universalienrealismus (vgl. *Ph.* B 2, 193b35–36) als auch im Sinne eines Universalienkonzeptualismus (vgl. *APo.* II 19, 100b3–5) gedeutet werden kann.
23 Vgl. Ferber, 1998a, S. 430–444.
24 Diese kritische Anfrage betrifft auch meine Position eines *semantischen* Platonismus, wonach der Sinn der allgemeinen Namen vergegenständlicht wird; vgl. Ferber, 2009a, S. 143–153. Denn um überhaupt etwas Allgemeines begrifflich erfassen und vergegenständlichen zu können, scheinen wir dieses Allgemeine wieder voraussetzen zu müssen. Um es vorauszusetzen, müssen wir es jedoch wieder begrifflich erfasst haben, vgl. hier S. 78–79.
25 Zu Aristoteles sind in den letzten Jahren verschiedene Versuche unternommen worden die inhärente Widersprüchlichkeit seiner Ontologie zu vermeiden, die schon Zeller, 1921, S. 312, zit: in Höffe, 1996, S. 172, aufgefallen ist: „Es bleibt daher schließlich doch nur übrig, an diesem Punkt nicht bloß eine Lücke, sondern einen höchst eingreifenden Widerspruch im System des Philosophen anzutreffen. Die platonische Hypostasierung der allgemeinen Begriffe ist zwar beseitigt, aber ihre zwei Voraussetzungen: dass nur das Allgemeine Gegenstand des Wissens sei, und dass die Wahrheit des Wissens mit der Wirklichkeit seines Gegenstandes gleichen Schritt halte, lässt er stehen; wie ist es möglich, beides in widerspruchsloser Weise zu vereinigen?". Ich verweise hier stellvertretend auf Lewis, 1991, S. 308–348, und Detel, 1998b, S. 199–229. Lewis, dem Detel folgt, S. 199, erwähnt drei „Rätsel": [1. „Rätsel"] „(1) No universal is a substance, (2) Forms are primary

aber setzt auch nach Aristoteles voraus, dass es jeweils realiter „ein und dasselbe und ein Allgemeines gibt" (Metaph. B 4, 999a28–29). Das ist aber eine Voraussetzung, die Aristoteles nicht einlösen kann, wenn das Allgemeine nur der Möglichkeit nach und akzidentell als eine Schöpfung der Wahrnehmung existiert (vgl. APo. II 19, 100b4–5). Zwar unterbreitet Platon so wenig wie Aristoteles einen operationalisierbaren Identitätstest. Er sucht aber nach dem, was wir voraussetzen müssen, um nach Identitätskriterien oder einem Identitätstest fragen zu können.[26] Und diese Frage, was die fundamentale, mit sich identische Realität oder eben die Ousia ist, bleibt wohl, mit Aristoteles zu sprechen, eine „persistierende Aporie" (aei aporoumenon). Das heißt aber: Sie bildet eine Frage, die aktuell bleibt und in der das Schlusswort auch heute noch schwerlich etwas anderes sein kann als eine Ratlosigkeit, die wir – um mit Platon zu schließen – zumindest nicht „verlieren" dürfen (vgl. Phlb. 34d).[27]

Addenda: Querschnitt durch einige Kommentare ad Metaphysik, Z 17, 1041b4–9

Alexander Aphrodisiensis, In Aristotelis Metaphysica Commentaria, ed. M. Hayduck, Berlin 1891

Denn wenn nämlich nicht offenbar ist, dass etwas vorhanden ist (hyparchei), gibt es nichts zu suchen. Nachdem er nun hier die Zwischenbemerkung gemacht hat, „dass es vorhanden ist, muss offenbar sein", gibt er wieder einige Beispiele (paradeigmata), wie die Untersu-

---

substances, (3) Forms are universals", Lewis, 1991, S. 310; // [2. „Rätsel"] „(5) No substance is (metaphysically) predicated of a subject, (2) Forms are primary substances, (6) Forms are (metaphysically) predicated of matter", Lewis, 1991, S. 322; // [3. „Rätsel"] „(7) Substances are theses, (2) Forms are primary substances, (8) No universal is a thesis, (3) Forms are universals", Lewis, 1991, S. 324–325. Diese „Rätsel", insbesondere aber das erste, ergeben sich aus dem platonischen und antiplatonischen Kriterium, das Aristoteles an die Ousia anlegt. So ist (1) das antiplatonische, dagegen sind (2) und (3) das platonische Kriterium. Leider ziehen Lewis und Detel nicht näher M 10, 1087a16–17, bei, woraus sich in Verbindung mit APo. II 19, 100b3–5 (meines Erachtens, vgl. oben S. 288) die Unlösbarkeit des ersten „Rätsels" und damit die ungelöste innere Widersprüchlichkeit der aristotelischen Ontologie ergibt.

26 Wiggins, 1980, S. 53: „The Aristotelian what is it question does both less and more than provide what counts as evidence for or against an identity. It does less because it may not suggest any immediate tests at all. It does more because it provides that which organizes the tests or evidence, and that which has been wanted by whoever has asked for a criterion of identity in the sense that Frege did. That is an account of what constitutes identity."

27 Ich danke den Herren H. Ambühl, Ch. Riedweg und E. Sonderegger für die hilfreiche Durchsicht einer früheren Fassung.

chungen (*zêtêseis*) etwas von etwas anderem suchen, indem er sagt: Weshalb z. B. donnert es? Wenn wir nämlich suchen, weshalb es donnert, suchen wir dies, weshalb ein Schall in den Wolken entsteht. Der Schall aber ist etwas anderes als die Wolken, und es wird etwas anderes von einem anderen gesucht, der Schall bei den Wolken. Und wiederum wir suchen, weshalb Ziegel und Steine ein Haus sind, suchen wir etwas von etwas anderem; wir suchen nämlich, weshalb das Eidos im Stoff (*en tê(i) hylê(i)*) ist (Übersetzung R. F.).

S. Thomae Aquinatis in duodecim libros metaphysicorum Ariatotelis expositio, Turin/Rom 1964

1667. – Weiter oben wurde nämlich gesagt, dass sich in solchen Fällen die Frage nach dem Warum bald auf die Form, bald auf das Bewirkende und bald auf den Zweck beziehe. Und in ähnlicher Weise wenn wir fragen, *was* ein Mensch sei, ist dies dasselbe, wie wenn gefragt würde, warum dies, d. h. Sokrates, ein Mensch sei? – Weil ihm offenbar die Wesenheit (*quidditas*) des Menschen innewohnt. Oder dies ist auch dasselbe, wie wenn gefragt würde, warum ein sich so und so verhaltender Körper, wie z. B. ein organischer, ein Mensch sei. Dies ist nämlich, wie bei den Steinen und Ziegeln eines Hauses, die Materie des Menschen.

1668. – Es ist nämlich klar, dass bei derartigen Fragen die „Ursache der Materie" gesucht wird, d. h. das, was angibt, warum die Materie zur Natur dessen gehört, was definiert wird. Dieses Erfragte aber, das Ursache der Materie ist, ist die Art, d. h. die Form, aufgrund welcher sie etwas ist. Dies aber ist die Substanz, (d. h. genau die Substanz (*ipsa subtantia*)), welche mit dem „Was es heißt, dieses zu sein" (*quod quid erat esse*) zusammenfällt. Es verbleibt somit das, was [Aristoteles] zu beweisen sich vorgenommen hatte, nämlich dass die Substanz ein Prinzip und eine Ursache sei (Übersetzung R. F.).

H. Bonitz, Aristotelis Metaphysica, ed. E. Wellmann, Berlin 1890

In diesen ohne nähere Umschreibung vorgetragenen Fragen kann also das, was gesucht wird, verborgen sein; wenn man die Sache aber etwas aufmerksamer betrachtet, wird man ebenfalls erkennen, dass hier gefragt wird, weshalb die als Substrat fungierende Materie auf diese bestimmte Weise definiert werde. Diese die Materie definierende Ursache ist die Form, und sie, d. h. die Form, ist die Substanz eines Dinges (Übersetzung R. F.).

W. D. Ross, Aristotle's Metaphysics. *Revised Text with Introduction and Commentary*, I und II, Oxford 1924

The point which Aristotle chiefly emphasizes in ch. 17 is that the essence is not to be thought of either as component existing alongside of the material components, or as itself consisting of material components. If we view it in the former way we shall require a further principle of structure to explain how it is united with the material components.

If we view it in the latter way we shall want to know how the material components are united to form the essence, i.e. we shall have to ask about the essence the same question that we asked originally about the concrete thing – what makes it what it is? We must pass clean away from any materialistic understanding of the essence and treat it as the structure of the concrete thing [...]. This, then, is Aristotle's answer to the question what is substance.

> The substance of a thing is the principle of structure, the presence of which in a collection of materials makes them not a mere collection but an organized whole (S. CXIII).

M. Frede / G. Patzig, *Aristoteles*. Metaphysik *Z. Text, Übersetzung und Kommentar*, 2 Bde., München 1988

Entscheidend für unsere Interpretation des Buches Z ist die Annahme, dass Aristoteles hier die reale Existenz von allgemeinen Arten und Gattungen bestreitet und statt dessen individuelle Formen annimmt, Formen, welche dem Gegenstand eigen sind, dessen Form sie sind, ja Formen, die in gewisser Weise den Gegenstand selbst ausmachen.

Nun ist die Annahme, dass die Form, welche zusammen mit der Materie den konkreten Gegenstand konstituiert, selbst individuell ist, höchst umstritten. Vielmehr wird meist angenommen, dass die Form allgemein ist und erst zusammen mit einer bestimmten Materie einen individuellen Gegenstand konstituieren kann, so als verdankte der konkrete Gegenstand seine Individualität nicht der Form, sondern der Materie; daher die scholastische Lehre von der Materie als dem principium individuationis (Bd. 1, S. 48).

Aber um die Individualität einer Form zu sichern, ist es völlig ausreichend, wenn wir im Prinzip dazu in der Lage sind, eine Form von einer gleichartigen Form zu unterscheiden und sie zu einem späteren Zeitpunkt zu reidentifizieren, ohne auf die Identität des durch sie konstituierten Gegenstandes zurückgreifen zu können. Dies aber ist möglich, indem wir zwei Formen voneinander durch die Materie, an der sie realisiert sind, und durch die Eigenschaften der durch sie konstituierten Gegenstände unterscheiden, und die Form zu einem späteren Zeitpunkt mit der Form zu einem früheren Zeitpunkt identifizieren, mit der sie durch eine kontinuierliche Geschichte verknüpft ist. Es handelt sich um die Form, die zunächst dort und dort in der und der Materie realisiert war, die dann dort und dort anzutreffen war usf. (Bd. 1, S. 46).

G. Reale, *Aristotele. Metafisica. Saggio introduttivo, testo greco con traduzione a fronte e commentario di Giovanni Reale. Edizione maggiore rinnovata*, vol. 3, *Sommari e commentario*, Mailand 1993

Wenn man nach dem *Warum* derjenigen Dinge fragt, die *offensichtlich* den Bezug von etwas auf etwas anderes implizieren (warum hat z. B. dieses diese Eigenschaften oder Widerfahrnisse), dann ist es in einem solchen Falle klar, was man sucht (wie z. B. wenn ich frage: Warum gibt es eine Mondfinsternis?). Aber die Sache wird schwierig, wenn jene Dinge zur Frage stehen, die nicht Widerfahrnisse von etwas anderem sind, und daher nicht einen offensichtlichen Bezug von etwas auf etwas anderes implizieren. Wie z. B., wenn wir fragen: Was ist der Mensch? In diesem Falle kann nach Aristoteles die Frage auf folgende Art und Weise gewendet werden: Warum ist der Mensch dieses andere? Nun, was suchen wir in diesen Fällen? Wir suchen die Ursache, weshalb Fleisch und Knochen ein Mensch sind, und diese Ursache ist die Substanz des Menschen. Hier hat Aristoteles uns also eine erste Antwort gegeben, die er weiter unten sofort vertieft. Die Substanz ist das, was aus der Materie etwas Bestimmtes macht, und dies ist die Form (Übersetzung von R. F.).

Aristotle, Metaphysics, Books Z and H. Translated with a Commentary by David Bostock, Oxford 1994

[...], the words „that thing" must refer not to a man but to something else, and the obvious suggestion for what else they might refer to is the matter of the man. So in the end the question is taken to be „Why is that matter a man?", which genuinely does ask why one thing belongs to *another*. And the answer to the question, of course, is that the form of man belongs to it. Hence the substance of a man is the form of a man, and generally substance is form (S. 244).

Donald Morrison, „Substance as Cause (Z 17)", in: Rapp, Ch. (Hrsg.), *Aristoteles*. Metaphysik. *Die Substanzbücher (Z, H, Θ)*, Berlin 1996, S. 193–207

On the other hand, the passage just quoted does unquestionably express the conclusion that the cause by which the matter is what it is, is *ousia*. And even if Aristotle does not here say that this cause is essence or form, clearly that is his opinion (S. 200).

Platon und Kant

Abstract: *The first part of the paper analyses the passage A314/B371 of Kant's* Critique of Pure Reason *by subdividing it into three sentences. This analysis shows that Kant is not an „intentionalist" who tries to discover the* intentio auctoris, *that is, the meaning which Plato gives to his expression „idea". He is, rather, a constructivist who constructs in his own mind the meaning of the expression „idea". Hereby Kant tries to understand Plato better than Plato understood himself. The second part analyses Kant's discussion of Schlosser's translation with comments of Plato's* Seventh Letter *and its philosophical digression (342a–344d). The third part asks a philosophical question concerning two methods in Plato, the method of the Socratic elenchos, or the method of the „second best voyage" (Phd. 99c), and the method of intuition. The method of the „second best voyage" is also compared with the method of rowing. The method of intuition is compared with the method of the sailing boat. Finally, the question is asked: How do we get from the rowing boat into the sailing boat? Or: how do we get from the elenchos to the intuition of truth?*

Es ist eine Vermessenheit, einen Beitrag mit dem Titel *Platon und Kant* anzukündigen, d. h. zu suggerieren, dass sich zwei der größten Geistesheroen, die der Westen gekannt hat, in Kürze miteinander vergleichen ließen. Solche Vergleiche zwischen dem „göttlichen Platon" und dem „erstaunlichen Kant", wie sie Schopenhauer angestellt hat und wie sie im letzten Jahrhundert Otto Wichmann unter dem Titel *Platon und Kant. Eine vergleichende Studie* (1920) noch durchgeführt hat, sind heute zu Recht obsolet geworden.[1] Zudem liegen inzwischen zahlreiche Einzeluntersuchungen vor. Die entscheidenden Eckpunkte markieren wohl die Untersuchungen von Julius Heidemann, *Platonis de ideis doctrinam quomodo Kantius et intellexerit et excoluerit* (1863), die Untersuchung W. Patts, *Formen des Anti-Platonismus bei Kant, Nietzsche und Heidegger* (1997), sowie die Habilitationsschrift C. Schwaigers, *Kategorische und andere Imperative. Zur Entwicklung von*

Ursprünglich veröffentlicht unter: Ferber, R., „Platon und Kant", in: Neschke-Hentschke, A. (Hrsg.), *Argumenta in dialogos Platonis. Teil 1: Platoninterpretation und ihre Hermeneutik von der Antike bis zum Beginn des 19. Jahrhunderts*, Basel 2010, S. 371–390 [Ferber, 2010d].

[1] Schopenhauer, 1941, §1; vgl. auch das Vorwort zur ersten Auflage von Schopenhauer, 1916; Wichmann, 1920.

Kants praktischer Philosophie bis 1785.² Ohne dass ich selber eine Untersuchung zur Herkunft von Kants Platonkenntnissen angestellt habe, schließe ich mich mit Frau U. Santozki der zur *opinio recepta* gewordenen These Mollowitz' an:

> [...] *daß jede einzelne der in den gesamten Werken Kants sich vorfindenden Stellen, an denen Kant auf Plato und seine Philosophie Bezug nimmt, ausdrücklich*, zum Teil sogar mit wörtlich entsprechenden Belegen, *als aus Brukkers Hist. Cr. Phil. geschöpft nachgewiesen werden kann.* Das bedeutet, daß Kants Auffassung von Plato und der platonischen Philosophie, wie sie sich in Kants eigenen Äußerungen offenbart, nicht von einem Studium der Originalphilosophie Platos herrührte, sondern im *wesentlichen* Bruckers philosophiegeschichtlichem Werk entstammte.³

Im Folgenden kann ich deshalb keine *Argumenta Kantii* referieren, sondern gehe folgendermaßen vor: (I) Zuerst soll die hermeneutische Maxime Kants hinsichtlich des exegetischen Verständnisses der Bedeutung des Ausdruckes „Idee" näher referiert werden. (II) Darauf soll die These Mollowitz' zumindest in einem Punkt eingeschränkt werden: In der Auseinandersetzung mit J. G. Schlosser, *Von einem neuerdings erhobenen vornehmen Ton in der Philosophie* (1796), scheint sich Kant auf die *ipsissima verba* Platons zu beziehen, nämlich auf den von Schlosser m. W. erstmals ins Deutsche übersetzten 7. *Brief*. Auch wenn diese Übersetzung auf „die Entstehung und Formung von Kants Platoauffassung, die wesentlich um 1769/1770 stattfand"⁴ keinen Einfluss gehabt hat, so stellt dessen Diskussion doch die einzige uns überlieferte direkte Auseinandersetzung Kants mit den Worten Platons dar – wenn dieser Brief nicht eine Fälschung darstellt.⁵ (III) Zuletzt soll ein Widerspruch in den von Platon verwendeten philosophischen Methoden, derjenigen des Elenchos und derjenigen der intellektuellen Anschauung, explizit gemacht

---

2 Heidemann, 1863; Patt, 1997; Schwaiger, 1999.
3 Mollowitz, 1935, S. 18. Ich verdanke diesen Hinweis einer ungedruckten Magisterarbeit von Frau U. Santozki, *Kant und die Antike, dargestellt an ausgewählten Beispielen*. Die Magisterarbeit ist inzwischen, zur Dissertation erweitert, erschienen, vgl. Santozki, 2006.
4 Mollowitz, 1935, S. 18, Anm. 2.
5 Zur Echtheitsfrage vgl. jetzt das Urteil von Brisson, 2000a, S. 24: „La *Lettre VII* est une autobiographie, qui se présente comme une apologie", Isnardi Parente, 2002, S. IX–XI, sowie die gründliche Dissertation von Knab, 2006, S. 45–50, alle mit positivem Ergebnis. Nach Burkert, 2000, S. 80, kannte jedenfalls schon Neanthes von Kyzikos, spätes 4. Jahrhundert, den Brief. Doch auch wenn der Brief wohl nach Timoleons Erfolg (343) von einem engen Schüler verfasst sein sollte, bleibt – so Burkert – „dem philosophischen Exkurs (*pollakis men hyp' emou kai prosthen rhêtheis*, 342a) trotzdem eine indirekte Authentizität". Der Schüler könnte also den Exkurs noch *gehört* haben. Zu den „Verdachtsmomenten" Burkerts gegen die Echtheit vgl. nun den Widerlegungsversuch von Knab, 2006, S. 159–161. Zu Burnyeat/Frede, 2015, vgl. die Kritik von Szlezák, 2017.

werden. Er stellt ein exegetisches Problem der Platonforschung dar, aber auch ein systematisches der Philosophie.

I

Die *Kritik der reinen Vernunft* enthält die berühmte Feststellung, dass man einen Autor besser verstehen könne, als er sich selber verstanden hat:

> [S₁] Ich will mich hier in keine literarische Untersuchung einlassen, um den Sinn auszumachen, den der erhabene Philosoph mit seinem Ausdrucke [Idee] verband.
> [S₂] Ich merke nur an, daß es gar nichts Ungewöhnliches sei, sowohl im gemeinen Gespräche, als in Schriften, durch die Vergleichung der Gedanken, welche ein Verfasser über seinen Gegenstand äußert, ihn sogar besser zu verstehen, als er sich selbst verstand,
> [S₃] indem er seinen Begriff nicht genugsam bestimmte, und dadurch bisweilen seiner eigenen Absicht entgegen redete, oder auch dachte (*KrV*, A314/B371).

[S₁] sagt, was Kant im Rahmen der *Kritik der reinen Vernunft* nicht leisten will, nämlich eine „literarische Untersuchung" des „Sinnes", den Platon „mit seinem Ausdruck ‚Idee' verband". Kant liefert also keine *Dialogorum Platonis Argumenta*, wie sie im deutschen Sprachraum seit Dietrich Tiedemanns Werk *Dialogorum Platonis Argumenta exposita et illustrata* (1786) vorliegen. Er liefert also nichts, was demjenigen vergleichbar wäre, was wir mit berühmten Titeln als „Platons Ideenlehre" (P. Natorp), „La théorie platonicienne des idées et des nombres" (L. Robin), „Plato's Theory of Ideas" (W. D. Ross), oder „dottrina delle idee" (M. Baltes/M.-L. Lakmann) bezeichnen können.[6] Wir finden bei Kant keine historisch-kritische Untersuchung der wichtigsten philosophischen Errungenschaft Platons, nämlich des Universalienrealismus. Dagegen liefert Kant eine hermeneutische Theorie im Allgemeinen und der platonischen „Ideenlehre" im Besonderen sowie eine eigenständige Theorie dessen, wie der Ausdruck „idea" bzw. „eidos" bei Platon verstanden werden soll.

[S₂] formuliert die These, dass es sowohl im Gespräch als auch in den Schriften nichts Ungewöhnliches – sondern etwas Gewöhnliches – ist, einen Autor besser zu verstehen, als er sich selbst verstand. Diese These hat F. Schleiermacher zur Regel umgeformt, der Interpret müsse zusätzlich zur grammatischen und psychologischen Interpretation „die Rede zuerst ebenso gut und dann besser verstehen als ihr Urheber".[7] In dieser Forderung sieht H.-G. Gadamer „das

---

6 Vgl. Natorp, 1903; Robin, 1908, Ross, 1951, Baltes/Lakmann, 2005.
7 Schleiermacher, 1977, S. 75.

eigentliche Problem der Hermeneutik beschlossen".[8] Die Formel hat eine Vorgeschichte, die bis zu Platons *Timaios* zurückreicht: Der „Prophet" als Interpret des göttlichen Wortes verstehe den Seher besser als dieser sich selbst:

> Es ist nicht Sache des Inspirierten und noch in diesem Zustande Verharrenden, seine Gesichte und eigenen Aussprüche zu beurteilen, sondern mit Recht und von alters sagt man, es sei allein des Besonnenen Sache, das Seine zu tun und sich zu erkennen. Daher kommt denn auch der Brauch, Interpreten (*prophêtai*) zur Beruteilung der göttlichen Sehersprüche einzusetzen (*Ti.* 72a2–b1, übers. von R. F.).

Für Kant beabsichtigt die philosophische Exegese nicht die „Erkenntnis des Erkannten", um die berühmte Formel A. Boeckhs zu verwenden.[9] Ihr Ziel ist vielmehr sozusagen: die Erkenntnis des im Erkannten Implizierten.

Daraus folgt zweierlei: Wenn das vom Autor Erkannte widersprüchlich ist, so ist das Erkannte falsch. Ist das Erkannte falsch, so folgt daraus alles Beliebige: *Ex falso quodlibet sequitur*. Wenn das vom Autor Erkannte aber nicht widersprüchlich ist, so folgt daraus nichts Beliebiges. Nun gilt aber: „Wenn ich von p überzeugt bin und q aus p logisch folgt, dann habe ich einen Grund, auch von q überzeugt zu sein." Deshalb müsste ein Autor *idealiter* auch allen Folgerungen zustimmen, die in dem von ihm Erkannten implizit enthalten sind, auch wenn er diese noch gar nicht explizit kennt und, wenn doch, ihnen nicht zustimmte. Kant verstößt damit ganz klar gegen jede historisch-kritische Auffassung des hermeneutischen Geschäfts.

R. Robinson hat sie in seinem Werk *Plato's Earlier Dialectic* mit seinen „five ways in which misinterpretation is very common"[10] so formuliert: (a) „mosaic interpretation", (b) „misinterpretation by abstraction", (c) „misinterpretation by inference", (d) „insinuating the future" und (e) „going beyond a thinkers last

---

[8] Vgl. Gadamer, 1960, S. 172–185, insbesondere S. 180: „Betrachten wir nun näher, was Schleiermacher mit solcher Gleichsetzung [von Interpret und ursprünglichem Leser] meint. Denn natürlich kann sie nicht schlechthin Identifikation meinen. Reproduktion bleibt wesenhaft von der Produktion verschieden. So kommt Schleiermacher zu dem Satz, es gelte, *einen Schriftsteller besser zu verstehen, als er sich selber verstanden habe* – eine Formel, die seither immer wiederholt worden ist und in deren wechselnder Interpretation sich die gesamte Geschichte der neueren Hermeneutik abzeichnet. In der Tat liegt in diesem Satz das eigentliche Problem der Hermeneutik beschlossen."
[9] Boeckh, 1877, 10s.: „Hiernach scheint die eigentliche Aufgabe der Philologie *das Erkennen* des vom menschlichen Geist *Producirten*, d. h. des *Erkannten* zu sein. [...] Sieht man auf das Wesen der philologischen Tätigkeit selbst, indem man alle willkürlich und empirisch gesetzten Schranken wegnimmt und der Betrachtung die höchste Allgemeinheit giebt, so ist die Philologie – oder, was dasselbe sagt, die Geschichte – *Erkenntniss des Erkannten*."
[10] Robinson, 1953, S. 1.

word".[11] Kant geht offensichtlich über das letzte Wort Platons hinaus, wenn er ihn besser zu verstehen glaubt, als Platon sich selbst verstanden hat.

Gleichwohl ist dieses „Besserverstehen" nicht nur logisch, sondern auch faktisch möglich. Es besteht für Kant im „Vergleich der Gedanken, welche ein Verfasser über seinen Gegenstand äußert". Häufig, wenn nicht sogar in der Regel, ist es so, dass ein Autor nicht übereinstimmend mit sich selber, also inkohärent oder sogar inkonsistent, denkt. Sein Meinungssystem ist dann widersprüchlich, wie wir das bereits von den Gesprächspartnern des Sokrates in den platonischen „Frühdialogen" her kennen. Kant scheint, wenn auch ohne eigene „literarische Untersuchung", aber gestützt auf seine „transzendentale Deduktion der Verstandesbegriffe", anzunehmen, dass die vom Ausdruck „Idee" bei Platon indizierte Sache nicht kohärent und das Meinungssystem Platons hinsichtlich seiner entscheidenden Entdeckung widersprüchlich ist.

Dafür gibt er auch einen Grund an, nämlich dass der Verfasser [S$_3$] seinen Begriff, d. h. die Bedeutung der mit dem Ausdruck „Idee" bezeichneten Sache, nicht „genugsam bestimmte", und „dadurch bisweilen seiner eigenen Absicht entgegen redete, oder auch dachte". Auf Platon angewandt, ist das ein schwerwiegender Vorwurf: Denn die *intentio auctoris*, d. h. die *intentio Platonis*, würde im Falle des geschriebenen Werkes gar nicht mit der *intentio operis*, d. h. der *intentio dialogorum*, übereinstimmen. Die *intentio Platonis* würde damit demjenigen, was er in den Dialogen über die Ideen sagen ließ, widersprechen. Ähnlich wie zum Beispiel ein Dialogpartner des platonischen Sokrates wie Theaitetos gar nicht wusste, was er mit dem Ausdruck „Wissen" eigentlich meint (vgl. *Tht.* 210b), so wusste Platon nach Kant nicht, was er unter „Idee" zu verstehen habe. Kant dagegen beansprucht es zu wissen, indem er die bekannte Definition von „Idee" bringt: „Ein Begriff aus Notionen, der die Möglichkeit der Erfahrung übersteigt, ist die *Idee* oder der Vernunftbegriff" (*KrV*, A320/B377); etwas weiter unten heißt es dann: „Ich verstehe unter der Idee einen notwendigen Vernunftbegriff, dem kein kongruierender Gegenstand in den Sinnen gegeben werden kann" (*KrV*, A327/B384). Eine Idee hat demnach keine „objektive Realität".

Gleichwohl kann nach Kant die mit dem Ausdruck ‚Idee' gemeinte Sache als real bezeichnet werden, da sie kausal wirksam wird, nämlich als „durch einen Vernunftbegriff *selbstgewirkte[s] Gefühl*" (*GMS*, BA17), nämlich das Gefühl der Achtung. Kant vertritt hier einen hermeneutischen ‚Internalismus' oder ‚Konstruktivismus' und keinen ‚Intentionalismus'. Für einen Intentionalisten ist es das Ziel, die historische *intentio auctoris* zu verstehen. Dagegen wird für einen Internalisten oder Konstruktivisten die *intentio auctoris* konstruiert. Das heißt: Im

---

11 Vgl. Robinson, 1953, S. 1–4.

Streit zwischen Intentionalisten und Konstruktivisten würde sich Kant klar auf die Seite der Konstruktivisten stellen. In der Tat führt der Intentionalismus in endlose exegetische Streitigkeiten, wie dies insbesondere die Platon-Exegese und die Exegese der Heiligen Schrift gezeigt haben. Die *intentio auctoris* scheint in beiden Fällen fast unerforschbar zu sein. Allerdings hat der Konstruktivismus auch einen Preis zu bezahlen, nämlich den, die Wahrheit als regulative Idee ‚der Erkenntnis des Erkannten' aufzugeben. Das Ziel des Kantischen ‚Konstruktivismus' ist es vielmehr, die *intentio Platonis* besser zu verstehen, als dieser sie selbst verstanden hat, um sie im eigenen Geist erst zu konstruieren. Damit ergibt sich aber auch eine Abwertung der *intentio Platonis:* Der intellektuelle Wert der platonischen Dialoge, soweit sie die Ideen betreffen, liegt unter demjenigen einer richtigen Bestimmung der damit gemeinten Sache. Noch weiter davon entfernt und ähnlich wie die Dichtung bei Platon drittrangig (vgl. *R.* 597e) gegenüber der gemeinten Sache wäre die exegetische Sekundärliteratur zur platonischen Ideenlehre. Sie wäre sozusagen ‚Tertiärliteratur'.

II

Gleichwohl hat sich Kant auch explizit als Platonexeget betätigt. Dazu fühlte er sich durch Johann Georg Schlosser (1739–1799) veranlasst, den Ehemann von Johann Wolfgang von Goethes (1749–1832) Schwester Cornelia (1750–1777), also Goethes Schwager.[12] Goethe erwähnt ihn öfters in *Dichtung und Wahrheit* und spricht unter anderem von dessen „schroffer Rechtlichkeit".[13] Der Frühpensionierte war nicht nur entschiedener Gegner der von Johann Bernhard Basedow (1724–1790) vertretenen Schulreform, wonach unter anderem der Religionsunterricht in den Hintergrund treten und Kindern nicht früher als im Alter von 10 Jahren Gebete beigebracht werden sollten.[14] Er war ebenfalls dezidierter Gegner der französischen Revolution. Schlosser hat meines Wissens erstmals die platonischen Briefe ins Deutsche übersetzt. Er verfolgte dabei die Absicht, durch die Autorität Platons die Wirkungen der französischen Revolution in Deutschland einzudämmen. So drückt er im Vorwort zur ersten Auflage seines Werkes *Plato's Briefe nebst einer historischen Einleitung und Anmerkungen* (1792) die Hoffnung

---

12 Zu Schlosser vgl. die gelehrte Biographie von Zande, 1986, die auch eine Bibliographie der Schlosser'schen Schriften (103 Titel) enthält.
13 Vgl. *Dichtung und Wahrheit*, 18. Buch.
14 Vgl. Kühn, 2003, S. 264.

aus, dass „unsre guten Landsleute, wenn sie diese Briefe lesen, den Freyheits-Predigern ihren Abschied zu geben geneigt seyn werden".[15]

1795 hat er beim Verleger Nikolovius in Königsberg bereits eine zweite Auflage herausgebracht. In der neuen Vorrede zur zweiten Ausgabe wagt er – wenn auch ohne Namensnennung – eine Kritik an dem damals über siebzigjährigen Kant. Er wagt sich nämlich mit der Übersetzung der Briefe, die er mit Ausnahme des sechsten für echt hält,[16] auf das Gebiet der theoretischen Philosophie Platons. Diese aber legt er nicht nur aus, sondern bewertet sie ebenfalls. In einer langen Anmerkung vertritt er die Meinung, dass das sogenannte „Fünfte" die platonische Idee sei:

> Diese Idee nun, dieses feste und unveränderliche Wesen, das sich nur in der Seele und durch die Seele anschauen lässt, dieses ist das, was hier Plato unter dem fünften versteht, wenn anders ich diese Stelle richtig verstanden habe.[17]

An diese meines Erachtens korrekte Interpretation des „Fünften" schließt Schlosser aber folgende eigene Überlegung und Wertung an:

> Dieser Gedanke scheint mir auch sehr gegründet; denn wir werden auf denselben durch die unmittelbare Anschauung unserer eignen ersten wirkenden Prinzipien in uns, und durch die gleichfalls unmittelbare Anschauung unseres Leidens geführt, und dadurch berechtigt, einen analogischen Schluss auf die Objecte ausser uns zu machen, der uns zwar nicht ins innere Heiligtum der Wahrheit führt, aber doch unsern Platz im Vorhof desselben so sehr erleuchtet, als es uns nötig ist, um da den Dienst unserer Priesterschaft zu versehen.[18]

Schlosser empfiehlt also den Analogieschluss von der unmittelbaren Anschauung unserer intellektuellen Passivität auf einen Gegenstand außer uns. Dieser extramentale Gegenstand erleuchte unseren Platz im Vorhof desselben. Das heißt wohl: Das „Fünfte", d. h. die platonische Idee erleuchtet unseren Geist so sehr, als es uns nötig ist, um „da", d. h. „im Vorhof derselben", den „Dienst unserer Priesterschaft" zu versehen. Mit anderen Worten: Die Idee erleuchtet unseren Geist so sehr, um unseren Dienst als Freimaurer und „Meister vom Stuhl" versehen zu können.

Nun ist die erkenntnistheoretische Digression verschieden interpretiert worden. Typologisch lassen sich mindestens drei Interpretationen unterscheiden: die

---

15 Schlosser, 1792, a3.
16 Schlosser, 1795, S. XIIIf.
17 Schlosser, 1795, Anm. 180.
18 Schlosser, 1795, Anm. 180–181.

mystische, die skeptische und die rationalistische oder intuitionistische.[19] Schlosser scheint diese Stelle im Sinne einer intellektuellen Anschauung zu deuten. Allerdings geht er nicht soweit zu behaupten, dass das Wesen der Idee unmittelbar durch den *Nous* erfassbar oder begreifbar wäre. Richtig betont er vielmehr nur, dass uns der *Nous* zwar noch nicht den direkten Zugang zur Idee eröffnet, uns ihr aber nahekommen lässt:

> In Plato's System kann ich freilich auch die Göttin nicht mit der Hand ergreifen; aber wenn ich ihr doch so nahe komme, daß ich das Rauschen ihres Gewandes vernehmen kann, so fühle ich wenigstens, dass Lebensgeist auf der Stelle webte. Plato hebt freilich den Schleyer der Isis nicht auf, aber er macht ihn doch so dünne, daß ich unter ihm die Gestalt der Göttin ahnden kann.[20]

Wenn ich Schlosser richtig verstehe, so heißt das: Das „Fünfte", die Idee oder metaphysische Realität ist zwar nicht unmittelbar zu erfassen, aber wir können deren Existenz durch unseren *Nous* doch „ahnden". In der Tat kommt der *Nous* dem „Fünften" (*Ep.* VII, 342a7–b1) „am nächsten (*engytata*) an Verwandtschaft und Ähnlichkeit" (*Ep.* VII, 342d1–2), das andere dagegen – die anderen Erkenntnismittel, nämlich Name, Definition, wahre Meinung und Episteme – ist „weiter entfernt" (*Ep.* VII, 342b3). Schlosser kann es hier allerdings nicht unterlassen, eine Spitze gegen den nicht namentlich genannten Kant anzubringen:

> Macht uns die neue deutsche Philosophie glücklicher, wahrer, besser, macht sie uns nur gewisser, wenn sie neue Schleyer auf die alten wirft, oder wenn sie vielmehr gar die Göttin so verschwinden macht, dass es niemand mehr einfallen kann, nur nach ihr zu fragen?[21]

Der entscheidende Vorwurf an Kant liegt also darin, dass das von Kant bevorzugte diskursive oder Verstandesdenken „neue Schleier" auf die metaphysische Realität werfe. Ja noch mehr: Wenn wir „die Göttin" als Personifikation der metaphysischen Realität verstehen, so wirft er dem Königsberger vor, er bringe die metaphysische Realität so zum Verschwinden, dass „es niemandem mehr einfallen kann, nur nach ihr zu fragen". In der Tat ist die als unerkennbar deklarierte metaphysische Realität kein Gegenstand des Fragens mehr. Damit mache uns aber die „neue deutsche Philosophie" weder „glücklicher, wahrer, besser", ja nicht einmal gewisser. Stillschweigend insinuiert er damit, dass *Kants* Philosophie uns nicht „glücklicher, wahrer, besser" mache, ja nicht einmal „gewisser".

---

19 Vgl. Ferber, 2007a, S. 106.
20 Schlosser, 1795, S. 184, Anm.
21 Schlosser, 1795, S. 184, Anm.

Kant fühlte sich getroffen und replizierte mit dem Aufsatz „Von einem neuerdings erhobenen vornehmen Ton in der Philosophie" (1796). Die meisterhafte Altersschrift fertigt nicht nur Schlosser ab. Sie bringt auch Kants Auffassung hinsichtlich Platons und der ihm im *Siebten Brief* zugeschriebenen Metaphysik sowie der Metaphysik überhaupt abschließend zum Ausdruck:[22] Eine unmittelbare Erkenntnis einer unsichtbaren Realität, d. h. der Ideen, gibt es nicht. Der Gründer der platonischen Akademie, d. h. der „*Akademiker*" Platon gilt Kant als „der Vater aller Schwärmerei mit der Philosophie".[23] Allerdings differenziert er zweierlei, nämlich dass Platon (a) seine intellektuelle Anschauung „nur rückwärts, zum *Erklären* der Möglichkeit eines synthetischen Erkenntnisses a priori" gebrauchte, und nicht „vorwärts, um es durch jene im göttlichen Verstande lesbare Ideen zu erweitern".[24]

Die intellektuelle Anschauung habe für Platon nur eine erklärende oder heuristische Funktion, aber nicht eine erkenntniserweiternde. (b) Weiterhin unterscheidet er den „*Akademiker*" Platon vom „*Briefsteller*" und paraphrasiert die Seiten 178 bis 181 von Schlossers Wiedergabe von *Ep.* VII, 341c – 342b folgendermaßen:

> Ich möchte aber nicht gern den (neuerlich ins Deutsche übersetzten) Plato den *Briefsteller* mit dem ersteren vermengen. Dieser will, ausser den „vier zur Erkenntnis gehörigen *Dingen*, dem *Namen* des Gegenstandes, der *Beschreibung*, der *Darstellung*, und der *Wissenschaft*, noch ein *fünftes* [Rad am Wagen], nämlich noch den Gegenstand selbst und sein wahres Sein." „Dieses unveränderliche Wesen, das sich nur in der Seele und durch die Seele anschauen lässt, in dieser aber, wie von einem springenden Funken Feuers, sich von selbst ein Licht anzündet, will er (als exaltierter Philosoph) ergriffen haben; von welchem man gleichwohl nicht reden könne, weil man sofort seiner Unwissenheit überführt würde, am wenigsten zum Volk: weil jeder Versuch dieser Art schon gefährlich sein würde, teils [was hier das einzige Vernünftige ist], daß die Seele zu leeren Hoffnungen und zum eitlen Wahn der Kenntnis großer Geheimnisse gespannt werden dürfte."[25]

Ist „das Fünfte" bzw. „die Idee" ein „fünftes Rad am Wagen", so „geht es" oder „fährt es sich" in der theoretischen Philosophie auch ohne „fünftes Rad" bzw. ohne metaphysische Realität. Wohl nicht ohne Kenntnis des biographischen Hintergrundes von Schlosser als „Meister vom Stuhl" schreibt Kant:

> Wer sieht hier nicht den Mystagogen, der nicht bloß für sich schwärmt, sondern zugleich Klubbist ist und, indem er zu seinen Adepten, im Gegensatz von dem Volke (worunter alle

---

22 Vgl. zum Streit zwischen Schlosser und Kant Kreienbrink, 1970, sowie Bubner, 1992.
23 Kant, 1796a, A408.
24 Kant, 1796a, A408.
25 Kant, 1796a, A408. Vgl. auch Kant, 1970, S. 130f.

Uneingeweihten verstanden werden) spricht, mit seiner vorgeblichen Philosophie *vornehm tut*.²⁶

In der Tat war Schlosser seit 1784 Gründungsmitglied der Freiburger Loge und ihr „erster Meister vom Stuhl". Mit Bezugnahme auf Pythagoras hat er eine Rede gehalten: „Etwas vom Gesetz der maurerischen Verschwiegenheit".²⁷ „Vornehm tut" nun nach Kant, wer im Glauben ist, nicht arbeiten zu müssen, sondern imstande zu sein, „durch einen einzigen Scharfblick auf [sein] Inneres alles das, was Fleiß nur immer verschaffen mag, und wohl noch mehr, zu leisten".²⁸ Mit begrifflicher oder wissenschaftlicher Erkenntnis hingegen kann man zwar „stolz", aber nicht „vornehm tun": Das ist dem Metaphysiker oder dem „Philosoph[en] der *Anschauung*" vorbehalten.

> [...] aber keinem andern, als dem Philosophen der *Anschauung*, der nicht durch die herkulische Arbeit des Selbsterkenntnisses sich von unten hinauf, sondern sie überfliegend, durch eine nichts kostende Apotheose von oben herab demonstriert, kann es einfallen, *vornehm zu tun*: weil er da aus eigenem Ansehen spricht, und keinem deshalb Rede zu stehen verbunden ist.²⁹

Die Philosophie nach dem Schulbegriff ist vielmehr für Kant „das System der philosophischen Erkenntnisse oder der Vernunfterkenntnisse aus Begriffen".³⁰ Die einzige Möglichkeit, wie eine unsichtbare oder metaphysische Realität real, d. h. kausal wirksam werden kann, geschieht durch ihre Wirkung auf das Gefühl.

---

26 Kant, 1796a, A409.
27 Vgl. zum von Kant unterstellten politischen Kontext der Auseinandersetzung Szlezák, 2003b, S. 206 f. Aus Klein, 1989, S. 154, geht hervor, dass Schlosser seit 1784 Gründungsmitglied der Freiburger Loge und ihr erster „Meister vom Stuhl" war, wiewohl er bereits „Mitglied des eklektischen Systems der Frankfurter Grossloge" war. 1785 zog er sich aufgrund des Patents Josephs II. zurück. Dieses Patent ordnete an, „dass die Logen ihre Mitgliederlisten regelmässig der Behörde in Wien zusenden und ihre Zusammenkünfte melden mussten, was einer Unterstellung der Logen unter Polizeiaufsicht gleichkam" (Klein, 1989, S. 154). In seiner 1784 gehaltenen Rede „Etwas vom Gesetz der maurerischen Verschwiegenheit" nimmt Schlosser das Thema „Geheimnis" mit Bezugnahme auf Pythagoras auf: „Gerade die unvernünftige Bereitschaft der Weisen, das Geheimnis in einem Ausmaß weiterzugeben, das nicht der Reife des Volkes entsprach, hätte die Barbarei der zweiten Phase ausgelöst" (I.122). Eine Rettung aus der Barbarei sei jeweils nur durch „eine neue Art von Mysterien möglich" (I.123), die wiederum im „Heiligtum der Geheimnisse" (I.125) niedergelegt werden müssten (zit. nach Klein, S. 156). Eine besondere Bedeutung hat in diesem Zusammenhang der Bund des Pythagoras, der erkannt habe, „dass ein ganzes tätiges Menschengeschlecht dazu gehörte, die Keime [...] zu pflegen" (I.126, Klein, 1989, S. 157).
28 Kant, 1796a, 389.
29 Kant, 1796a, 391.
30 Jäsche, 1800, A23.

Dieses metaphysische Gefühl ist das der Achtung, denn dieses Gefühl ist ein durch „einen Vernunftbegriff *selbstgewirktes* Gefühl" (*GMS*, BA17). Das Gefühl der Achtung aber beruht auf einer deutlichen intuitiven Erkenntnis, nämlich des moralischen Gesetzes in mir und damit verbunden der Freiheit.[31]

Kant ist denn auch die berühmte Phaidonstelle von der „Flucht in die *Logoi*" (vgl. *Phd.* 99d – e) bekannt. „So entschied ich, dass ich zu den Logoi fliehen müsse, um in ihnen die Wahrheit der Dinge zu untersuchen" (*Phd.* 99e4 – 6). Gegen den wörtlichen Schriftsinn aber interpretiert er die „Flucht in die *Logoi*" rein moralisch:

> Zwar in die Sonne (das Übersinnliche) hinein sehen, ohne zu erblinden, ist nicht möglich; aber sie in der Reflexe [*sic!*] (der die Seele moralisch erleuchtenden Vernunft), und selbst in praktischer Absicht hinreichend, zu sehen, wie der ältere Plato tat, ist ganz tunlich; wogegen die Neuplatoniker „uns sicher nur eine Theatersonne geben", weil sie uns durch Gefühle (Ahnungen), d.i. bloß das Subjektive, was gar keinen Begriff von dem Gegenstande gibt, täuschen wollen, um uns mit dem Wahn einer Kenntnis des Objektiven hinzuhalten, was aufs Überschwengliche angelegt ist.[32]

Der „ältere Plato" ist der „Akademiker" Platon. Kant unterscheidet also den „älteren Plato" nicht nur vom „Briefsteller" Platon, sondern auch von den Neuplatonikern, denen sich die deutsche Philosophie damals durch die Betonung einer intellektuellen Anschauung wieder angenähert hat.

Die übersinnliche Realität und insbesondere die durch die Sonne symbolisierte Idee des Guten ist demnach für die theoretische Vernunft Kants unerkennbar. Die „zweitbeste Fahrt" (*Phd.* 99c9 – d1) jedoch besteht für Kant nicht in einer „Flucht in die *Logoi*" (*Phd.* 99d – e), sondern darin, sie im Reflex des Gefühls der Achtung „in praktischer Absicht" hinreichend zu „vernehmen": Die metaphysische Realität oder verschleierte Göttin zeigt sich uns nicht in den *Logoi* der theoretischen Vernunft, sondern in einem *Logos* der praktischen, nämlich im moralischen Gesetz:

> Die verschleierte Göttin, vor der wir beiderseits unser Knie beugen, ist das moralische Gesetz in uns, in seiner unverletzlichen Majestät. Wir vernehmen zwar ihre Stimme, und verstehen auch gar wohl ihr Gebot; sind aber beim Anhören in Zweifel, ob sie von dem Menschen, aus der Machtvollkommenheit seiner eigenen Vernunft selbst, oder ob sie von einem anderen, dessen Wesen ihm unbekannt ist, und welches zum Menschen durch diese seine eigene Vernunft spricht, herkomme.[33]

---

31 Vgl. Kant, 1796a, A419 f. Vgl. zum Zusammenhang von Vernunft und Freiheit bei Kant: Ferber, 2004, insbesondere S. 357–358.
32 Kant, 1796a, A409, A410.
33 Kant, 1796a, A422.

Kant beantwortet diese Frage dahingehend, dass die „Stimme" der „verschleierten Göttin" vom Menschen selber stammt.[34] Doch ist diese Frage praktisch irrelevant. Was dagegen die Neuplatoniker durch die intellektuelle Anschauung zu sehen vorgeben, ist nicht eine wirkliche metaphysische Realität, sondern nur eine „Theaterrealität", also eine künstliche Sonne und fingierte Realität. Sie machen sich also etwas vor.

Offensichtlich deutet Kant Platons „Ideenlehre" ganz in seinem Sinne um. Denn während Platon, der „Akademiker", eine Erkenntnis einer übersinnlichen Realität für möglich hält, der wir uns durch die *Logoi* wenigstens annähern können (*Phd.* 65e; 67a, vgl. S. 72), hält Kant eine Erkenntnis des Übersinnlichen für gänzlich unmöglich. Die kausal wirksame metaphysische Realität der Idee des Guten manifestiert sich ausschließlich in der Wirksamkeit des moralischen Gesetzes.

Schlosser repliziert mit einer erbosten Kritik: *Schreiben an einen jungen Mann, der die kritische Philosophie studiren wollte* (1797). Darin vertritt er die Ansicht, dass Kant mit der Bestreitung der Erkenntnis einer metaphysischen Realität auch die Realität Christi aufhebe.[35] Indem er noch die Amtsenthebung Kants forderte, wechselte er von der Ebene der Argumentation auf die Ebene der zumindest in Gedanken vollzogenen physischen Gewaltanwendung gegen den alten Kant: Eher kann ein „Stummer singen", und ein „Blinder mahlen [sic] lernen", „ehe ein solcher Philosoph ein christliches Lehramt auf sich behalten darf."[36]

---

34 Vgl. Kant, 1936, S. 81: „Religion ist Gewissenhaftigkeit (*mihi hoc religioni*). Die Heiligkeit der Zusage und Wahrhaftigkeit dessen, was der Mensch sich selbst bekennen muss. Bekenne dir selbst. Diese zu haben wird nicht der Begriff von Gott noch weniger das Postulat: ‚es ist ein Gott' gefordert."
35 Schlosser, 1797, S. 105: „Es war wohl von einem Philosophen, der alles Zeugnis vom Uebersinnlichen, alle Offenbahrung von dem Verhältnis der Gottheit zu dem Menschen, geradezu für Unsinn erklärt, anders nicht zu erwarten, als daß unter seinen Händen Christus Jesus in einer frostigen, ärmlichen, gezwungenen Dichtung, zu einem bloßen Ideal werde gemacht werden, wenn ein solcher Philosoph gezwungen würde, den Namen *Religion* noch stehen zu lassen, um die schwachen Brüder, ehe ihnen das volle Licht gegeben würde, nicht allzu sehr zu erschrecken, und um denen, die Amt und bürgerlichen Stand nicht gern ihrer Philosophie aufopfern wollten, noch eine solche Maske in der Hand zu lassen."
36 Schlosser, 1797, S. 121: „Aber wer alle Offenbarung der Religion für Menschenwerk halten will, wer alles was er von Christo annimmt, für Deutung auf ein Philosophensystem halten, und es nach diesem System modln [sic], alles andere wegwerfen will; wer die christliche Religion, von der Geschichte unabhängig machen will; sollte er nicht geradezu sagen, ich bin kein Christ? und ist er ein Lehrer der christlichen Religion, sollte er sein Lehramt ferner beybehalten? Ehe kann ein Stummer singen, und ein Blinder mahlen lernen, ehe ein solcher Philosoph ein christliches Lehramt auf sich behalten darf."

Kant dupliziert mit dem kurzen Traktat *Verkündigung des nahen Abschlusses eines Traktats zum ewigen Frieden in der Philosophie* (1796). Darin rekapituliert er seine Hauptlehren, unterstellt Schlosser zwar ein „großes Schriftstellertalent" und „eine (wie man zu glauben Ursache hat) für die Beförderung des Guten gestimmte[n] Denkungsart". Er stellt jedoch zwei Bedingungen für den Abschluss eines „ewigen Frieden[s] in der Philosophie", nämlich [a] dass man sich gegenseitig versteht und [b] dass man nicht lügt.

Lüge aber kann innerlich und äußerlich sein und ist dabei „zwiefacher Art: [b_1] wenn man das für wahr ausgibt, dessen man sich doch als unwahr bewusst ist, [b_2] wenn man etwas für gewiss ausgibt, wovon man sich bewusst ist, subjektiv ungewiss zu sein".[37] Implizit wirft Kant Schlosser dabei vor, dass er ihn nicht verstanden habe und zumindest in dem Sinne von [b_2] lüge. Kant wirft also Schlosser vor, dass er sowohl seine „Kritik der reinen" als auch „der praktischen Vernunft" nicht verstanden habe und lüge,[38] insofern er für gewiss ausgibt, wovon er sich bewusst ist, subjektiv ungewiss zu sein, nämlich eben einer intellektuellen Anschauung einer metaphysischen Realität.

Auf Schlossers *Zweites Schreiben an einen jungen Mann, der die kritische Philosophie studiren wollte [...]*, 1798 wieder bei Friedrich Nicolovius in Königsberg erschienen, hat Kant nicht mehr geantwortet.[39] In einem Brief an Goethe vom 9. Februar 1798 wirft aber Friedrich Schiller Schlosser und seinem „Zweiten Schreiben" unter anderem vor: „Die Schrift [...] zeigt einen [...] verstockten Sinn, eine incorrigible Gemüthsverhärtung, Blindheit wenigstens, wenn keine vorsetzliche Verblendung." In der Tat: Die Berufung auf eine angeblich dem *Logos* überlegene intellektuelle Anschauung kann nicht nur Blendung erzeugen (vgl. *R.* 516a1–3), sondern sogar von Verblendung zeugen. Das wäre eine Gewissheit, die nicht durch ein vorgängiges Problemstadium des *logon didonai* hindurchgegangen ist und sich diskursiv nicht mehr verteidigen lässt.

Der Streit zwischen Kant und Schlosser war auch ein Streit um die richtige Methode in der Philosophie, nämlich Anschauung oder *Logos*. Im Hintergrund wirkte freilich bereits die Auseinandersetzung um die politischen Implikationen von Kants *Religion innerhalb der Grenzen der bloßen Vernunft*, die 1793 ebenfalls

---

37 Kant, 1796b, A503f.
38 Vgl. Kant, 1796b, A500–A502.
39 Nach dieser zweiten Schrift sind Schlossers Lieblingsklasse der Philosophen die Dogmatisten, die allerdings das platonische „Fünfte" auch nicht in Worte fassen können, Schlosser, 1798, S. 31: „Der Dogmatist kommt allerdings in nicht geringe Verlegenheit, wann er genöthigt wird Rechenschaft von diesem Weg zu geben. Wer diese fordert, fordert von ihm beynahe das, was Plato das geheimnisvolle fünfte Stück alles Wissens nennt. Das zu bezeichnen, dazu fehlen ihm Worte, [...]."

bei Nicolovius erschienen war. So wirft Schlosser bereits in seiner Schrift von 1795 Kant vor:

> Eine Kritik, die der Vernunft dieses [„die Phänomene als Wirkungen von Realitäten ansehen, und nach Analogien, Inductionen und Wahrscheinlichkeiten über deren Ursachen richten und urtheilen"] abspräche, würde sie nicht reinigen, sondern entmannen; und mich dünkt sogar, eine Philosophie, die sich durch eine solche Reinigung so sehr von der Vernunft sequestrirte, würde selbst Gefahr laufen, bald in eine bloße Formgebungs-Manufactur auszuarten, welche in kurzem alle Materie verlieren, und in der nächsten Generation im *Denken* den alten scholastischen Peripatetismus einführen würde, welchem dann immer im *Handeln*, zumahl da wo dem Vorurtheil und dem Aberglauben ihre zähmende Kraft benommen worden ist, der regelloseste Libertinismus folgt, bis sich beyde in der Barbarey verlieren. Ein System, das beynahe alle Wirklichkeit, das Gott und Unsterblichkeit wegkritisiert, und die Tugend so metaphysisch sublimiert, daß ihre Gestalt kaum mehr zu ahnden ist, läßt nichts besseres hoffen.[40]

Seine eigenen Hoffnungen dagegen hat Schlosser bereits in einem Platons *Symposion* nachgebildeten *Gastmahl* Ausdruck verliehen. Es ist 1794 ebenfalls bei Friedrich Nicolovius erschienen und dem Bruder von Friedrich Nicolovius (1768–1836), Georg Heinrich Ludwig Nicolovius (1767–1839), zugeeignet. Georg Heinrich Ludwig Nicolovius hat 1795 die Tochter Schlossers und Cornelia von Goethes, Luise Schlosser (1774–1811), also die Nichte Goethes, geheiratet: „Dieses Büchlein schenke ich Dir weil ich von Dir hoffe daß Du einer mit von denen seyn wirst welche die nächste [d. h. wohl die nachkantische] Generation werden besser machen helfen als die jetzige ist."[41]

Zur Religion finden sich darin wohl im Hinblick auf seine Tochter und Goethes Nichte Ansichten wie die folgende. Er lässt sie durch die „ehrwürdige Zoe" vertreten: „Die Religion braucht aber keine große Gelehrsamkeit, wird durch nichts mehr verdorben als durch diese."[42]

Ein „[drittes] Schreiben an einen jungen Mann, der die kritische Philosophie studiren wollte [...]" verfasste Schlosser nicht mehr. Schlosser starb 1799 – tödlich getroffen von der kritischen Philosophie?

---

40 Schlosser, 1795, S. 183, Fußnote.
41 Schlosser, 1794, S. 2.
42 Schlosser, 1794, S. 60; „ehrwürdige Zoe", S. 62. Die starke Anbindung Schlossers an eine christlich interpretierte metaphysische Realität kommt auch folgendermaßen zum Ausdruck, Schlosser, 1794, S. 82: „Am meisten aber hat die Christliche Religion dafür gesorgt jedem Menschen sein Allerheiligstes zu erbauen; sie die unter allen Religionen zugleich am engsten mit dem menschlichen Leben sich zu binden, und den Menschen am meisten über dasselbe zu erheben wußte. Hätte sie ihn auch nichts gelehrt als das stille tägliche Gebet ohne Priester, ohne Laren, ohne Weihrauch; sie würde schon die größte Wohlthäterin für die Menschen gewesen sein."

III

Der Streit um die richtige Zugangsweise zur metaphysischen Realität (diskursiv oder intuitiv) – ist aber schon in Platons Philosophie angelegt. Denn auch Platon glaubt neben dem diskursiven auch einen intuitiven Weg zu den Ideen zu kennen. Sie wäre eine theoretische Einsicht, die nicht durch Symbole vermittelt wird, sondern unmittelbar geschieht: „Das farblose, gestaltlose, wahrhaft seiende Wesen ist schaubar allein für der Seele Führer, die Vernunft (*nous*)" (*Phdr.* 247c6–8, vgl. 247c2–e6). Dieser Überstieg über die *Logoi* hinaus ist für die göttliche Erkenntnis (vgl. *Phdr.* 248a1), und d. h. für den besten Fall von Erkenntnis, möglich.

Hinsichtlich der realen anthropologischen Möglichkeit einer solchen unmittelbaren Erkenntnis bleibt jedoch für Platon auch der beste „real existierende" Philosoph, Sokrates, skeptisch:

> Und offenbar dann erst werden wir haben, was wir begehren und wessen Liebhaber wir zu sein behaupten, [d. h.] die Weisheit (*phronêsis*), [dann nämlich] wenn wir tot sein werden, wie die Rede uns andeutet, solange wir leben aber nicht. Denn wenn es nicht möglich ist, mit dem Leibe irgendetwas rein zu erkennen: so können wir nur eines von beiden, entweder niemals zum Wissen gelangen oder [erst] nach dem Tode (*Phd.* 66e1–6).

Statt der unmittelbaren Schau der „Wahrheit des Seienden" (*Phd.* 99c5) begnügt sich denn auch der platonische Sokrates mit einer „zweitbesten Fahrt" (*Phd.* 99c9–d1), d. h. mit einer mittelbaren Erkenntnis. Das ist die durch *Logoi* vermittelte Schau der „Wahrheit des Seienden" (*Phd.* 99e6). Da nämlich die unmittelbare Schau die Gefahr in sich birgt, dass man erblindet und dann gegebenenfalls überhaupt nichts mehr sieht, bleibt für den platonischen Sokrates nur die Prüfung der Kohärenz unserer *Logoi* als gangbare Methode der Philosophie zurück. Was mit dem Logos übereinstimmt, den Sokrates als den stärksten ansetzt (*hypothemenos*), das setzt er als wahr an, was nicht, als nicht wahr (vgl. *Phd.* 100a3–7; vgl. S. 65).

In einer heutigen Sprache könnten wir sagen: Die Evidenz einer „intellektuellen Anschauung" ist ein zu riskantes Wahrheitskriterium.[43] Deshalb haben wir uns damit zu begnügen, eine Proposition auf ihre Kohärenz mit der „stärksten" oder „am schwersten zu widerlegenden" (*Phd.* 85c8) Annahme zu überprüfen. Allerdings ist die Methode des Elenchos anstrengender als die einer unmittelbaren Schau, so wie es eben auch weniger anstrengend ist, mit Segeln zu fahren, als sich durch Ruder fortbewegen zu müssen. Die Methode des Elenchos hat

---

43 Vgl. Ferber, 2009a, S. 96–98.

zudem den Nachteil, dass sie nur zu Konsistenz, aber noch nicht zu Korrespondenz mit der Realität führt.[44] Es könnte also sein, dass auch die „stärkste" Annahme, nämlich die Hypothesis der Ideen (vgl. *Phd.* 100b5–7), zwar konsistent, aber ein Irrtum ist. So war bereits für Aristoteles die Ideenhypothesis ein Irrtum (vgl. *Metaph.* A 9, 991b3–9, vgl. S. 70).

Gleichwohl hat Platon an der sokratischen Methode des Elenchos bis zum *Philebos* (vgl. *Phlb.* 21c–22b) festgehalten.[45] In der philosophischen Digression des *Siebten Briefes* (vgl. *Ep.* VII, 342a5) spricht er sogar explizit von „wohlgesinnten Prüfungen (*elenchoi*)" (*Ep.* VII, 344b5) der „Erkenntnismittel" Name, Logos, Anschauungen und Wahrnehmungen. Da die philosophische Digression wiederholt – wohl in der Akademie – vorgetragen wurde (vgl. *Ep.* VII, 342a4–5), dürfen wir annehmen, dass sich Platon auch im Schulbetrieb der Akademie der sokratischen Methode des Elenchos bedient hat, um bei seinen Schülern die „Umwendung der Seele" (*R.* 521c6) zu bewirken.

Nun hat allerdings bereits die Priesterin Diotima Sokrates auf die *künftige* plötzliche Schau (*opsetai*) eines „von Natur wunderbar Schönen" (*Smp.* 210e4–5) aufmerksam gemacht. Ebenso stellt sie ihm in Aussicht, dass, wer auf die rechte Art und Weise die Knaben liebt, „beinahe wohl etwas vom Schönen erfassen dürfte" (*schedon an ti haptoito tou kalou*) (*Smp.* 211b6–7, übers. von R. F.). Im Höhlengleichnis der *Politeia* und seiner Auslegung wird die Schau der Idee des Guten von Sokrates sogar als eine reale menschliche Möglichkeit wenigstens den Philosophenkönigen und -königinnen in Aussicht gestellt (vgl. *R.* 516b4–7; 517c1; 518c8–d1; 540a8–9). So ist „im Erkennbaren als letztes die Idee des Guten kaum (*mogis*) zu sehen" (*R.* 517b8–c1). Ebenso spricht Sokrates von dem „in Wahrheit in barbarischem Schlamm vergrabenen Auge der Seele" (*R.* 533d2). Insbesondere aber soll der ideale Philosoph, der Philosophenkönig oder die Philosophenkönigin, zuletzt gezwungen werden, „den Strahl der Seele aufwärts richtend in das allem Licht Bringende hineinzuschauen" (vgl. *R.* 540a8–9). Mit Recht hat in diesem Zusammenhang H. Steinthal gegen mich herausgearbeitet, dass *mogis* (vgl. *R.* 517c1, *Ep.* VII, 343e2; 344b3) nicht bedeutet, dass die jeweils letzte Erkenntnis – hier die Erkenntnis der Idee des Guten – *noch nicht* erreicht wird. Sie wird vielmehr – wenn auch mit Mühe – *doch noch* erreicht.[46] Der platonische

---

44 Der Punkt ist im Anschluss an Vlastos, 1999, prägnant von Davidson, 2005d, S. 224, herausgearbeitet worden: „But there is not much comfort in mere consistency. Given that it is almost certainly the case that some of our beliefs are false (though we know not which), making our beliefs consistent with one another may as easily reduce as increase our store of knowledge."
45 Vgl. Davidson, 2005d, S. 234–235.
46 Steinthal, 1993, S. 99–102.

Sokrates stellt also die letzte Erkenntnis des Guten, die er selber zwar nicht erreicht, als etwas für die Philosophenkönige und -königinnen Erreichbares dar.

Hier stellt sich jedoch folgende systematische Frage: Offensichtlich sind auch die Seelen der Philosophenkönige und -königinnen inkarniert (vgl. *R.* 498d; 614a – 621d). An der Lehre von der Wiedergeburt, der Metempsychose oder Metensomatose, hat Platon bis ans Lebensende festgehalten (vgl. *Men.* 81b; *Phd.* 81e; 83e; *Phdr.* 248d; *Ti.* 42b; 90e; *Lg.* 903c – e). Inwieweit ist nun die intellektuelle Schau der Ideen, ungeachtet der Inkarnation der Schauenden, zumindest für die Philosophenkönige und -königinnen eine reale menschliche Möglichkeit? Zwar muss „jede Seele eines Menschen ihrer Natur nach das Seiende geschaut haben, oder sie wäre in dieses Sinnenwesen (*zô(i)on*) nicht gekommen" (*Phdr.* 249e4 – 250a1). Das Verständnis von Universalien ist ein anthropologisches Grundfaktum (vgl. *Phdr.* 249b6 – c1). Doch geschieht aufgrund der Inkarnation die Erinnerung durch das diskursive Denken:

> [D]enn der Mensch muss nach Gattungen Ausgedrücktes begreifen, indem er von vielen Wahrnehmungen zu *einem* durch Denken (*logismos*) Zusammengebrachten fortgeht. Und dies ist Erinnerung an jenes, was einst unsere Seele gesehen [...] (*Phdr.* 249b6 – c1).[47]

Wenn jedoch auch noch die Philosophenkönige und -königinnen inkarniert sind, so können sie wie der platonische Sokrates „nur eines von beiden, entweder niemals zum Wissen gelangen oder nach dem Tode" (*Phd.* 66e5 – 6). Ebenso gelangen sie mittels eines „widerlegungsfesten" oder „nichtwankenden Logos" (*aptôti tô(i) logô(i)*, *R.* 534c3) bestenfalls zur Konsistenz ihrer Ansicht über das Gute, aber noch nicht zur Wahrheit.

Daraus ergibt sich folgender Widerspruch: Der nach Platon beste „real existierende" Philosoph, Sokrates, gelangt nicht zur Weisheit, es sei denn nach dem Tode. Dagegen ist der beste „ideale Philosoph" oder die beste „ideale Philosophin", d. h. der Philosophenkönig oder die Philosophenkönigin, ungeachtet seiner bzw. ihrer Inkarnation, bereits im Leben zur Letzterkenntnis in der Lage. Wer ist nun „Platons Philosoph"[48] – der platonische Sokrates oder der Philosophenkönig bzw. die Philosophenkönigin? Wenn wir die Frage metaphorisch wenden, so lautet sie: Welches ist die platonische Methode der Philosophie, das Rudern oder das Segeln? Daran schließt sich die Frage an: Wie gelangen wir vom Ruderboot ins Segelschiff? Philosophisch lautet die Frage: Wie gelangen wir vom Elenchos, der

---

[47] Übers. von F. Schleiermacher mit kleiner Änderung von R. F.
[48] So der Titel eines berühmten Aufsatzes von Davidson, 2005d, S. 239: „Only in the *Philebus* is he [Socrates] once again Plato's spokesman, and, if I am right, again speaks in his own person so far as basic method is concerned. He is Plato's philosopher."

nur Konsens oder Konsistenz der Meinungen garantieren kann, zur intuitiven Erkenntnis der Wahrheit und sogar der letzten? Doch eine Antwort auf diese philosophische Frage geht weit über das Thema dieses Beitrages hinaus.[49] Wir kommen im nächsten Aufsatz auf die Frage zurück.

---

[49] Weiterführend Ferber 2007a, S. 107–121. Der dritte Abschnitt dieses Aufsatzes überlappt mit Ferber, 2007a, S. 85–87, vgl. hier S. 70–73. Ich danke Herrn lic. phil. Th. Hiltbrunner für die Durchsicht einer früheren Fassung.

„The Origins of Objectivity in Communal Discussion"

Einige Bemerkungen zu Gadamers und Davidsons Interpretationen des *Philebos*

> *Inwendig lernt kein Mensch sein Innerstes /*
> *Erkennen, Denn er mißt nach eigenem Maß ...*
> J. W. Goethe, *Torquato Tasso*

> In memoriam Franco Volpi

Abstract: The first part, "Der Hintergrund von Gadamers Phänomenologische Interpretationen", in Sein und Zeit traces the origins of Gadamer's interpretation of the Philebus in Sein und Zeit. Especially important is that Dasein is, thanks to speech (Rede), already outside of itself in the world. The second chapter, "Gadamers Dialektische Ethik", gives a short summary of the main points of Gadamer's interpretation of the Philebus. The third chapter, "Davidson's reinterpretation of Gadamer's Platos Dialektische Ethik, points especially to the fact that Davidson sees the "Socrates post Vlastos" in the interpretation of Gadamer at work: Because every man is already in possession of some basic truths, coherence is enough to lead to substantive truths. Davidson concludes that only in "interpersonal communication" "can be thought, a grasping of the fact of an objective, that is, a shared world". Thus, Davidson sees in Gadamer's interpretation of the Philebus his own theory of triangulation anticipated.

Es gehört zu den erstaunlichen Tatsachen der Philosophie des späten 20. Jahrhunderts, dass zwei ihrer herausragenden Repräsentanten ihre lange akademische Laufbahn mit demselben platonischen Spätdialog begonnen haben. Es sind dies Hans-Georg Gadamer (1900 – 2002) mit seiner 1928 angenommenen Marburger Habilitationsschrift *Platos dialektische Ethik. Phänomenologische Interpretationen zum Philebos* (1931) und Donald Davidson (1917 – 2003) mit seiner Dissertation *Plato's Philebus* (1949) an der University of Harvard.

Ursprünglich veröffentlicht unter: Ferber, R., „The Origins of Objectivity in Communal Discussion. Einige Bemerkungen zu Gadamers und Davidsons Interpretationen des *Philebos*", in: Gill, Ch./ Renaud, F. (Hrsg.), *Hermeneutic Philosophy and Plato. Gadamer's Response to the Philebus*, Sankt Augustin, 2010, S. 211–242 [Ferber, 2010a].

https://doi.org/10.1515/9783110637601-020

„[...] nisi ad Philebum redieris, prorsus intelligere non possis [...]" („[...] wer nicht auf den *Philebos* zurückgreift, kann überhaupt nicht erkennen, [...]") – diesen Ausspruch Friedrich Adolf Trendelenburgs (1802–1872) in seiner Berliner Antrittsrede *De Platonis Philebi consilio* (1837) scheinen *mutatis mutandis* Gadamer und Davidson zu bestätigen.[1] *Cum grano salis* ließe sich nämlich sagen: Wer nicht auf den *Philebos* zurückgreift, kann überhaupt nicht erkennen, was Philosophieren war und ist.

Gadamer wurde wohl durch seinen Lehrer Paul Friedländer (1882–1968) auf diesen Dialog gelenkt, Davidson aber durch Raphael Demos (1892–1968). Dessen Werk *The Philosophy of Plato* befand sich seit 1939 im Besitz Davidsons, und er war zusammen mit Donald C. Williams (1899–1983) Davidsons Thesis-Adviser.[2] Wir lesen in Demos' heute vergessenem Standardwerk: „In the *Philebus*, Plato is considerably more explicit concerning the abstract factors of the metaphysical situation than in any other of his writings; in an important sense, *the* Philebus *is the most important of Plato's dialogues.*"[3]

Eine *gemeinsame* Quelle dieses *gemeinsamen* Interesses am *Philebos* ist wohl Werner Jaegers (1891–1961) Buch: *Aristoteles. Eine Grundlegung einer Geschichte seiner Entwicklung* (Berlin 1923), gewesen, das Gadamer rezensiert hat (*GW* 5, 1985, S. 286–294) und das sich in der englischen Übersetzung Richard Robinsons (1902–1996) im Besitz Davidsons befand.[4] Gadamer hat Jaeger 1928 auch in Berlin

---

1 Trendelenburg, 1837, S. 1. Das vollständige Zitat lautet: „Platons *Philebos* bietet nicht, wie andere Dialoge das tun, nur das Vorspiel zu einer zukünftigen Fragestellung, sondern behandelt vollständig eine sehr bedeutende. Daher hielt man ihn schon seit alter Zeit für eine anschauliche Quelle und ein exemplarisches Beispiel der platonischen Philosophie, und keiner eifriger als Proklos, sodass einer, wenn er nicht auf den *Philebos* zurückgreift, überhaupt nicht erkennen kann (*nisi ad Philebum redieris, prorsus intelligere non possis*), wie die Kommentare des Proklos, seine gesamte Vorgehensweise und Theorie mit Platon zusammenhängen." (Übers. R. F.). Trendelenburg indiziert als Beleg Proklos, theol. Plat. I., c.5. III.c. 13. c21.
2 Ich bin für diese Information dem „Reference Staff Harvard University Archive Pusey Library" verpflichtet: „Two readers are listed on the acceptance certificate of *Plato's Philebus*, the 1949 dissertation by Donald Davidson. They are Raphael Demos, Professor of Philosophy and Donald Williams, Associate Professor of Philosophy. As is typically found in acceptance certificates, none of the men are listed as the main advisor; however Professor Demos' signature is placed first."
3 Demos, 1939, S. 7. Hervorhebung v. Davidson. Das Werk enthält folgende Widmung: „Dear Don, I'm glad Demos wrote this book so I could give it to you, Love, Babbie [oder Bobbie], June 1939.", Privatbibliothek Rafael Ferber. Zit. mit schriftlicher Erlaubnis von Frau Marcia Cavell.
4 „Jaeger, W., Aristotle: Fundamentals of the History of his Development. Oxford: Clarendon Press, 1948. Brown cloth, spine lettering in gold, 475p., second edition, with new preface correction + additions, Donald Davidson's copy, signed and dated by him. Nice copy." Ich bin für diese Information Frau Judith Lentze, Berlin, verpflichtet.

aufgesucht.[5] Davidson hat bei ihm zu Hause in Cambridge, Mass., eine Zeit lang wöchentlich diniert.[6] Der des Deutschen damals und später kaum mächtige Davidson erwähnt vielleicht auf Anregung Jaegers auch Gadamers Habilitationsschrift bereits in seiner Dissertation als „an important book".[7] Gadamer dagegen hat seinen 17 Jahre jüngeren Zeitgenossen wohl erst mit ‚kontinentaler Stilverspätung' zur Kenntnis genommen. Doch antwortet er in dem ihm gewidmeten Band der „Library of Living Philosophers" (1997) auf Davidsons Beitrag „Gadamer and Plato's *Philebus*" (1997).[8] Die Gemeinsamkeit von beiden bringt Gadamer in seiner „Reply on Donald Davidson" (1999) so zum Ausdruck: „[...], the point is that more and more what both of us mean by philosophy is what we find in Plato."[9] Auf dieses gemeinsame Philosophieverständnis spielt auch der dem Aufsatz Davidsons, „Gadamer and Plato's *Philebus*" (1997), entliehene Titel dieses Beitrages an:

---

5 Zu Gadamers Beziehung zu Jaeger vgl. das ausgezeichnete Buch von Grondin, 1999, S. 139, S. 144–146, insb. Anm. 34, Brief Gadamers an M. Heidegger vom 02.10.1928: „Im übrigen war unsere Unterredung nicht ohne Ergebnis. Vor allem gelang es mir, ihn [Jaeger] in einigen Einzelpunkten von der Richtigkeit einiger meiner Bemerkungen zu überzeugen, und ich hoffe, mit dieser Verstärkung meiner philologischen Glaubwürdigkeit meinen Einwendungen auch sonst einige Beachtung verschafft zu haben." Wichtig dürfte für Gadamer u. a. die These Jaegers, 1923, S. 248, zit. in Gadamer, 1985, 5, S. 167, gewesen sein: „Die Entwicklungsreihe *Philebos, Protreptikos, Eudemische Ethik, Nikomachische Ethik* ist von unwiderleglicher geschichtlicher Logik."
6 Zu Davidsons Beziehung zu Jaeger vgl. Davidson, 1999a, S. 34: „At some point during this period [1939] Werner Jaeger joined the faculty at Harvard. Used to the ways of German academia, he cast around for someone to become his follower and menial. Who was there who knew Greek and was interested in philosophy? He settled on me, and started inviting me to dinner once a week at his house. I was naturally impressed; he was the man who had written the three volumes of *Paideia*, and revised the accepted chronology for the composition of the *Nicomachean Ethics*." In der Bibliothek D. Davidsons befanden sich je ein Exemplar von Jaegers *Aristotle: Fundamentals of the History of his Development*, Oxford 1948, und *Paideia: The Ideals of Greek Culture*, New York/Oxford 1945, 3 vols signed by Donald Davidson. Ich bin für diese Information Frau Judith Lentze, Berlin, verpflichtet. In wessen Besitz diese nach dem Tode Davidsons im Jahre 2003 einem Antiquariat in Berkeley überlassenen Bände inzwischen gelangt sind, ist mir unbekannt.
7 Davidson, 1990, S. 36. Davidson hat zwar 1937 in München die Ausgabe von Friedrich Nietzsche: *Werke in zwei Bänden*, ausgewählt und eingeleitet von August Messer, Professor an der Universität Gießen, 2 Bände, Kröner Leipzig, 1930, erworben. Es finden sich darin aber keine Lesespuren. Zu Davidsons Abneigung, fremde Sprachen zu lernen, vgl. Davidson, 1999a, S. 17: „But the burden of memorizing those hundreds of lines of Greek put a serious crimp in my study time and permanently added to my (already not inconsiderable) distaste for the dirty work of mastering a foreign language."
8 Gadamer, 1997, S. 432–435.
9 Gadamer, 1997, S. 432.

„[T]he origins of objectivity in communal discussion".¹⁰ Danach gelangen wir nicht in einsamen cartesianischen Meditationen, sondern nur durch eine gemeinschaftliche Diskussion von mindestens zwei Personen zu Objektivität. Der Ursprung der Objektivität liegt demnach in der Intersubjektivität. Pointiert und abgekürzt ließe sich statt mit Descartes' „Je pense, donc je suis" mit Davidson sagen: „I think, therefore you are."¹¹ Freilich bedarf es zur Erreichung von „objectivity in communal discussion" noch eines dritten Faktors. Dafür verwendet Davidson die Metapher der „Triangulation".¹² Der damit ausgedrückte Leitgedanke ließe sich wiederum abgekürzt so formulieren: „I think, therefore you are, therefore is a world."

„Objektivität" entsteht danach erst im „Dreieck" von mindestens *zwei* Sprechern und *einem* Objekt. Die zweite und dritte dieser drei „Ecken" sind freilich nicht aus der ersten abgeleitet, sondern mit der ersten in demselben Prozess der Triangulation gleichursprünglich gegeben. So schreibt Davidson am Ende seines Aufsatzes „Gadamer and Plato's *Philebus*" (1997): „Coming to an agreement about an object and coming to understand each other's speech are not independent moments but part of the same interpersonal process of triangulating the world."¹³

Im Folgenden soll (I) kurz der Hintergrund von Gadamers „Phänomenologischen Interpretationen" in der Philosophie Heideggers (1898–1967) von *Sein und Zeit* (1927) dargestellt werden. Hernach (II) gehe ich zu Gadamers *Dialektischer Ethik* (1931) über, um zuletzt (III) Davidsons Reinterpretation (1997) von Gadamers „Dialektischer Ethik" herauszuarbeiten.¹⁴

---

10 Davidson, 2005b, S. 262–263: „Gadamer's book is, as he plainly intended, not only an eye-opening account of what is to be found in Plato, not only a stunning essay on the origins of objectivity in communal discussion: it is a demonstration of what the interpretation of a text can be."
11 Vgl. Davidson, 1999b, S. 207.
12 Davidson, 2001b, S. 105: „Our sense of objectivity is the consequence of another sort of triangulation, one that requires two creatures. Each interacts with an object, but what gives each the concept of the way things are objectively is the base line formed between the creatures by languages. The fact that they share a concept of truth alone makes sense of the claim that they have beliefs, that they are able to assign objects a place in the public world." Wie Føllesdal, 1999, S. 724, herausarbeitet, geht der Gedanke auf Quine, 1969, S. 28, zurück: „The learner has now not only to learn the word phonetically, by hearing it from another speaker, he also has to see the object; and in addition to this, in order to capture the relevance of the object to the word, he has to see that the speaker also sees the object."
13 Davidson, 2005b, S. 275.
14 Erst nach dem Abschluss dieses Aufsatzes ist mir der informative und interessante Aufsatz von Natali, 2007, bekannt geworden, der eingehende Werkbeschreibungen der Qualifikationsschriften von Gadamer und Davidson enthält und zusätzlich auch noch kulturgeschichtliche und

I

In der *Kritik der reinen Vernunft* schreibt Kant:

> [...], so bleibt es immer ein Skandal der Philosophie und allgemeinen Menschenvernunft, das Dasein der Dinge außer uns (von denen wir doch den ganzen Stoff zu Erkenntnissen selbst für unseren inneren Sinn her haben) bloß auf *Glauben* annehmen zu müssen und, wenn es jemandem einfällt es zu bezweifeln, ihm keinen genugthuenden Beweis entgegenstellen zu können (*KrV*, B XL).

Heidegger hat bekanntlich in *Sein und Zeit* erwidert:

> Der ‚Skandal der Philosophie' besteht nicht darin, daß dieser Beweis bislang noch aussteht, *sondern darin, daß solche Beweise immer wieder erwartet und versucht werden* (*SuZ*, § 43a, S. 205).

Die reale Existenz der Außenwelt ist nämlich auch für Heidegger kein Theorem, das aus dem Axiom „je pense, donc je suis" und dem Theorem der Existenz Gottes abgeleitet werden kann. Sie ist vielmehr eine Art von Axiom, das es nicht zu beweisen, sondern in seiner Verflechtung mit anderen Grundtatsachen „aufzuweisen" oder phänomenologisch zu erläutern gilt.

Heideggers *Sein und Zeit* lässt sich denn auch als phänomenologische Erläuterung der mit dem Dasein des Menschen gegebenen Grundtatsachen verstehen, die sich sozusagen als Axiome oder erste Prämissen des Menschseins fassen ließen. Der Ausdruck „Dasein" bedeutet dabei nicht Existenz im uns vertrauten Sinne, sondern das Seiende, das wir selbst sind: „Dieses Seiende fassen wir terminologisch als Dasein" (*SuZ*, § 4, S. 11). Der Mensch ist dementsprechend nicht wie bei Descartes welt- und mitweltlose *Substanz*, sondern Dasein, das sich zu sich selbst so oder so verhalten kann, d. h. *Existenz*.

Existenz wiederum bestimmt Heidegger aber folgendermaßen: „Das Sein selbst, zu dem das Dasein sich so oder so verhalten kann und immer irgendwie verhält, nennen wir Existenz" (*SuZ*, § 4, S. 12). In dieser Existenz des Menschen liegt auch sein Wesen: „*Das ‚Wesen' des Daseins liegt in seiner Existenz*" (*SuZ*, § 9, S. 42). Damit ist gemeint, dass das Wesen des menschlichen Daseins in seinem Selbstbezug besteht, insofern es meinem Sein um sein Sein geht. Anders gesagt: Das Wesen des Menschen besteht in seiner Reflexivität. Diese so verstandene

---

biographische Momente einarbeitet. Ich möchte hier nachdrücklich auf Natalis Aufsatz hinweisen.

Existenz aber vollzieht sich in der Zeit, insofern Sein auch Anwesenheit und Anwesenheit Gegenwart bedeutet (vgl. *SuZ*, § 6, S. 25).

Diese meine *Existenz* entfaltet Heidegger in den sogenannten „Existenzialien" (vgl. *SuZ*, § 9, S. 44). Dazu gehören mindestens drei: (a) „In-der-Welt-Sein", (b) „Mitsein" und (c) „Jemeinigkeit". Wir können sie auch als drei anthropologische Axiome bezeichnen. Als Dasein bin ich in der Welt mit anderen Menschen zusammen und es geht mir um mein Sein. Da ich als „Dasein" schon in der Welt und mit anderen Menschen bin, erübrigt sich ein Beweis für die Existenz der Außenwelt und des Fremdpsychischen. Jeder Beweis würde diese Tatsache schon voraussetzen.

Indem ich aber ein Sein bin, dem es um sein Sein geht, nehme ich hinsichtlich meines Seins ein Verhältnis ein, d. h. ich verhalte mich zu meinem Sein reflexiv: So kann ich mein Sein wählen und dabei „gewinnen" oder „verlieren" oder nur „scheinbar gewinnen" (vgl. *SuZ*, § 9, S. 42): Entsprechend dieser Wahl kann ich „eigentlich", „uneigentlich" oder „scheinbar eigentlich" sein. Damit versucht Heidegger „hinter" den cartesischen und auch sokratisch-platonischen Dualismus von Leib und Seele „zurückzugehen". Doch indem Heidegger mit diesem Begriff von Existenz „hinter" den Dualismus von Leib und Seele „zurückgeht", gewinnt er damit wieder das sokratische Anliegen der „Sorge um die Seele" (*meletê psychês*) (vgl. *Ap.* 30a – b) mit einer neuen Bedeutung zurück.[15] Zwar spricht Heidegger nicht von der „Seele", die es besonders zu pflegen gälte, da sie das eigentliche Selbst sei, – er spricht von „Dasein". Aber dieses Dasein ist explizit durch die Sorge um sein Dasein charakterisiert (vgl. *SuZ*, § 41). „Selbstsorge" dagegen wäre eine Tautologie (vgl. *SuZ*, § 41, S. 193), denn „Sorge" ist in diesem Sinne Selbstsorge (*cura sui*) oder „Sorge um sich" und nicht zuletzt auch „Sorge um den Tod" (*meletê thanatou*).

Indem es mir um mein Sein geht, stehe ich meinem Sein aber nicht gleichgültig gegenüber. Ich halte mein Sein wie Sokrates seine Seele implizit auch schon für ein „Worumwillen", einen Zweck oder ein Gut, zu dem ich mich reflexiv verhalte. Veranschaulichen wir dieses „ipsoreflexive" Verhältnis zu meinem Sein an

---

[15] Vgl. *SuZ*, § 42, S. 199, Anm. 1: „Die in der vorstehenden existentialen Analytik des Daseins befolgte Blickrichtung auf die ‚Sorge' erwuchs dem Verf. im Zusammenhang des Versuches einer Interpretation der augustinischen – das heißt griechisch-christlichen – Anthropologie mit Rücksicht auf die grundsätzlichen Fundamente, die in der Ontologie des Aristoteles erreicht wurden." Die augustinische Anthropologie weist über Ciceros *Hortensius*, vgl. *Conf.*, 3. Buch, 4. Abschnitt, auf die sokratische Frage nach dem für den Menschen Guten (*anthrôpinon agathon*) zurück. Der Anknüpfungspunkt ist wohl die Augustinus durch den „Hortensius" vermittelte Einsicht, *Conf.*, 4. Buch, 16. Abschnitt: „Nam quid mihi proderat bona res non utenti bene."

der auch von Heidegger (vgl. *SuZ*, § 51, S. 254, Anm. 1) erwähnten Novelle Leo Nikolajewitsch Tolstois' *Der Tod des Iwan Iljitsch*:

> Ihm [Iwan Iljitsch] war der Gedanke gekommen, daß jener andere Gedanke, der ihm vormals so völlig unmöglich vorgekommen war, vielleicht doch auf Wahrheit beruhen könnte: daß er nämlich sein Leben nicht in der rechten Art geführt hätte. Und ihm war ferner der Gedanke gekommen, daß vielleicht seine kaum merklichen Versuche, gegen das, was von höhergestellten Personen für gut gehalten wurde, anzukämpfen, daß diese kaum bemerkbaren Versuche, die er jedesmal sofort aufgegeben hatte, daß vielleicht gerade sie das Wahre gewesen seien und alle übrigen nicht das Wahre.[16]

„[D]as Wahre" ist hier auch das Authentische oder Eigentliche und in diesem Sinne auch ein Gut. Die Frage aber, was gut *für mich* ist, leitet nicht nur zur Frage über, ob das, was gut ist für mich, auch das ist, „was von *höhergestellten* Personen für gut gehalten" wird (Hervorhebung v. R. F.). Sie führt weiter zur Frage, was *für den Menschen* gut oder das *bonum humanum* (*anthrôpinon agathon*) ist.

Doch sosehr Heidegger die Dringlichkeit dieser Frage in seiner singulären Terminologie formal angezeigt hat, so hat er doch offengelassen, was das für den Menschen Gute inhaltlich und nicht zuletzt auch in moralischer Hinsicht ist. Ich kann nämlich entschlossen zu meiner Eigentlichkeit dem Jesuitenorden beitreten oder der SA und NSDAP.[17] Wenn ich richtig sehe, könnte Heidegger unter dem Einfluss von Hermann Hesses *Demian* (1925) gestanden haben:

> Wahrer Beruf für jeden war nur das eine: zu sich selbst zu kommen. Er mochte als Dichter oder als Wahnsinniger, als Prophet oder als Verbrecher enden – dies war nicht seine Sache, ja dies war letzten Endes belanglos. Seine Sache war, das eigene Schicksal zu finden, nicht ein beliebiges, und es in sich auszuleben, ganz und ungebrochen. Alles andere war halb, war Versuch zu entrinnen, war Rückflucht ins Ideal der Masse, war Anpassung und Angst vor dem eigenen Innern. Furchtbar und heilig stieg das neue Bild vor mir auf, hundertmal geahnt, vielleicht oft schon ausgesprochen, und doch erst jetzt erlebt. Ich war ein Wurf der Natur, ein Wurf ins Ungewisse, vielleicht zu Neuem, vielleicht zu Nichts, und diesen Wurf aus der Urtiefe auswirken zu lassen, seinen Willen in mir zu fühlen und ihn ganz zu meinem zu machen, das allein war mein Beruf. Das allein![18]

---

16 Übers. v. Johannes v. Guenther.
17 Vgl. zum nationalsozialistischen Engagement von Heidegger und einiger seiner Schüler die Dokumentation von Leaman, 1993, S. 47, zu der allerdings das englische Original Leaman, 1991, beizuziehen ist. Eine Sammlung von einschlägigen Texten von und zu Heidegger im Kontext des Nationalsozialismus enthält Schneeberger, 1962.
18 *Demian, Die Geschichte von Emil Sinclairs Jugend*, 6. Kap.: „Jakobs Kampf".

Heidegger erwähnt hinsichtlich des inhaltlich Guten nur konditional: „Wenn alles ‚Gute' Erbschaft ist und der Charakter der ‚Güte' in der Ermöglichung eigentlicher Existenz liegt, dann konstituiert sich in der Entschlossenheit je das Überliefern eines Erbes" (*SuZ*, § 74, S. 383–384). Damit wird dreierlei gesagt: (a) Wenn „alles ‚Gute'" Erbschaft ist, (b) der Charakter oder die Art der Güte in der Ermöglichung eigentlicher Existenz liegt, so gilt es, (c) sich – in der Entschlossenheit zu sich selbst – auch dieses Erbe anzueignen und zu überliefern. Verständlicher ausgedrückt: Wenn alles ‚Gute' Erbschaft ist, so gelangen wir zur Eigentlichkeit durch die entschlossene Aneignung unseres Erbes. Unser „Erbe" ist für Heidegger nicht zuletzt das „Erbe" der Griechen. Von der „ursprünglicher" gefassten und phänomenologisch aufbereiteten Tatsache der Existenz lässt sich jedenfalls auch der Weg zur Frage nach dem *bonum humanum* (*anthrôpinon agathon*) finden. Das aber ist das Thema und uns überlieferte Erbe des *Philebos*.

Von besonderer Bedeutung für Gadamer ist nun das sogenannte „In-Sein als solches" (*SuZ*, § 28) geworden. Darunter versteht Heidegger die Selbsterschlossenheit des Daseins. Durch diese Erschlossenheit versteht sich das menschliche Dasein immer schon irgendwie. Als „Stimmung" ist dieses Verstehen zuerst in einer vorsprachlichen Befindlichkeit vorhanden. Die Stimmung erschließt nonverbal und gleichursprünglich Welt, Mitdasein und Existenz: Im Verstehen von Existenz ist nämlich schon Welt mitverstanden, im Verstehen von Welt Existenz.

Im Verstehen wiederum gründet die Auslegung (*SuZ*, § 31). Auslegung heißt, etwas *als* etwas verstehen. Dies muss zuerst nicht durch Aussagen, sondern kann nonverbal geschehen. Doch dazu muss das auszulegende Etwas schon durch „Vorhabe", „Vorsicht" und „Vorgriff" verstanden sein: „Vorhabe" bedeutet, dass sich die Auslegung als Verständniszueignung schon in einem verstandenen Bewandtnisganzen bewegt; „Vorsicht", dass das verstandene Bewandtnisganze auf eine bestimmte Auslegbarkeit hin „angeschnitten" wird, und „Vorgriff", dass das verstandene und angeschnittene Bewandtnisganze in eine bestimmte Begrifflichkeit gebracht wird (vgl. *SuZ*, § 32, S. 150): *„Sinn ist das durch Vorhabe, Vorsicht und Vorgriff strukturierte Woraufhin des Entwurfs, aus dem her etwas als etwas verständlich wird"* (*SuZ*, § 32, S. 151).

Jedes Auslegen bedarf nun der Vorstruktur des Verstehens. Wissenschaftliche Erkenntnis darf jedoch nicht einfach voraussetzen, was sie erst beweisen will. Wenn wissenschaftliche Erkenntnis jedoch Auslegung ist, so setzt sie voraus, was sie erst beweisen will. Sie bewegt sich also in einem Zirkel. Diesem Zirkel gilt es aber nicht auszuweichen. Es gilt vielmehr, in ihn hineinzukommen. Denn in diesem Zirkel geschieht ursprüngliches Erkennen. Ursprüngliches Erkennen wiederum heißt, „sich jeweils Vorhabe, Vorsicht und Vorgriff nicht durch Einfälle und Volksbegriffe vorgeben zu lassen, sondern in deren Ausarbeitung aus den Sachen selbst her das wissenschaftliche Thema zu sichern" (*SuZ*, § 32, S. 153).

Doch auch wenn die Aussage nur ein abkünftiger Modus der Auslegung ist, so ist sie doch entscheidend für das Verstehen. Heidegger definiert sie wie folgt: *"Aussage ist mitteilend bestimmende Aufzeigung"* (*SuZ*, § 33, S. 156). Die Aussage aber ist zuerst *Rede*. Rede wiederum ist „gleichursprünglich" mit der vorsprachlichen Befindlichkeit des Verstehens. Das „In-der-Welt-Sein" spricht sich sozusagen als Rede aus. Die Rede wiederum ist das existenzial-ontologische Fundament der Sprache. Jede Rede ist Mitteilung, d. h. „Teilung" der Befindlichkeit und des Verständnisses mit dem Mitdasein. Sie hat ferner den Charakter der Hinausgesprochenheit: Sie ist schon bei einer Welt. Zur Rede als bedeutungsmäßiger Gliederung der Verständlichkeit des „In-der-Welt-Seins" gehören aber auch Hören und Schweigen (*SuZ*, § 34, S. 161). Beide setzen die Verständlichkeit des „In-der-Welt-Seins" voraus. Die Griechen – so Heidegger – haben kein Wort für Sprache, sondern nur ein Wort für Rede: das Wort *logos*. Die Grammatik sucht ihr Fundament in der Logik dieses *logos*. Diese Logik jedoch wurzelt in einer Ontologie des „Vorhandenen", nicht des „Zuhandenen".

Wichtig ist aber, dass Heidegger mit der Betonung des Logos im Sinne der *Rede* auch dem Gespräch eine besondere Bedeutung gegeben hat. Es ist eine einerseits abkünftige, andererseits gegenüber der *Sprache* primäre Form, wie sich das Dasein Welt erschließt.

Wiederum einfacher ausgedrückt: Im Unterschied zum Kalauer von Peter Paul Althaus (1892–1965) ist das Heideggersche „Dasein" also immer schon „ein Dortsein", d. h. es ist dank der *Rede* schon draußen bei einer Welt: „Dr. Enzian als Existentialist beweist / den Begriff des Daseins, indem er nie verreist / Wenn er reise, sagt er, würd' er fort sein, / und sein Dasein wäre dann ein Dortsein." „Dasein" aber *ist* „Dortsein".

II

„Dasein" *ist* „Dortsein", aber auch in einem konkreteren Sinne: Man musste damals auch zur *richtigen* Zeit am *richtigen* Ort, d. h. in den frühen Zwanzigerjahren in Marburg, *anwesend sein*. Es kann denn auch im Rückblick als eine glückliche Konstellation bezeichnet werden, dass Gadamer Heidegger (1889–1976) sowie Paul Friedländer (1882–1968) zu einem Zeitpunkt kennengelernt hat, als Heidegger dort an *Sein und Zeit* und Friedländer an seinem *Platon* gearbeitet hat.[19] In

---

19 So richtig Grondin, 1999, S. 142. Eine ausführlichere Schilderung von Heideggers Marburger Jahren gibt Martin, 2006, S. 107–122.

der Tat wäre die Habilitationsschrift Gadamers ohne diese beiden Lehrer schwerlich so verfasst worden, wie sie uns vorliegt.

Gadamer schreibt denn auch im Vorwort zu *Platos dialektische Ethik*: „Was der Verfasser der Lehre und Forschung Martin Heideggers verdankt, bekundet sich in vieler ausdrücklicher und unausdrücklicher Bezugnahme auf sein Werk *Sein und Zeit*, und mehr noch im Ganzen der methodischen Haltung, die Gelerntes weiterzubilden und vor allem in neuer Ausübung fruchtbar zu machen sucht".[20]

Gadamer hat sich auch m. W. im Unterschied zu anderen Schülern nie abfällig über die Person und das Werk seines Lehrers geäußert.[21] Die Verbundenheit Gadamers mit Heidegger blieb ebenfalls bis zu seinem Tod bestehen.[22] Der Einfluss Heideggers zeigt sich über das Terminologische hinaus auch darin, dass Gadamer die sogenannte „reine Buchstabenphilologie" relativierte und seine Interpretation von den Fragen leiten ließ, von denen die „Buchstaben" selber bewegt wurden.[23] Die Habilitationsschrift handelt eben nicht nur von Platon, sondern auch von der Sache Platons. Gadamer steht hier aber wie Heidegger im Banne des Husserl'schen Rufes „Zu den Sachen selbst" aus seiner Programmschrift „Philosophie als strenge Wissenschaft":

> Aber zu Philosophen werden wir nicht durch Philosophien. Am Historischen hängen bleiben, sich daran in historisch-kritischer Betätigung zu schaffen machen und in eklektischer Verarbeitung oder in anachronistischer Renaissance philosophische Wissenschaft erreichen zu wollen: das gibt nur hoffnungslose Versuche. *Nicht von den Philosophien, sondern von den Sachen und Problemen muß der Antrieb zur Forschung ausgehen.*[24]

„Die Sache und das Problem" aber ist noch für den späten Platon des *Philebos* die sokratische Frage nach dem, was für den Menschen gut oder nun in Heideggers Terminologie „das Eigentliche" ist. Gadamers Interpretation besteht nun aus zwei heterogenen Teilen: „I. Kapitel. Zur platonischen Dialektik" und „II. Kapitel. In-

---

20 Passus aus dem Vorwort von 1931, IV; im Anhang, Aus dem Vorwort zur ersten Auflage, 1931, Gadamer, 1985, 5, S. 159.
21 Vgl. zur Beziehung Gadamers zu Heidegger vor allem die einschlägigen Stellen bei Grondin, 1999, insb. S. 110–111, S. 131–134, S. 178–180, S. 185.
22 Zwei Tage nach Heideggers Tod, am 26. Mai 1976, schreibt Gadamer an dessen Frau Elfriede Heidegger: „Sie wissen es, wissen, daß kein Mann, selbst mein eigener Vater nicht, so viel für mich war wie Martin Heidegger. Von jenen frühen Jahren der ersten Inspiration und ersten Prägung an war die Präsenz Martin Heideggers für mich eine wahrhafte Frage des Seins oder Nichtseins, und es gehört zu den großen Bereicherungen meines Lebens, daß am Ende zwischen dem bewundernden Schüler und dem bewunderten Lehrer eine gelöste Freundschaft erwuchs." Zit. nach Grondin, 1999, S. 332, Anm. 27.
23 So Grondin, 1999, S. 158.
24 Husserl, 1910/11, S. 340.

terpretation des *Philebos*".²⁵ Ich möchte beim ersten Kapitel nur dreierlei hervorheben:

(a) Es geht Gadamer um eine „philosophische Interpretation historischer Philosopheme" (*GW* 5, 1985, S. 13). „Philosophische Interpretation" heißt, das Selbstverständliche zu verstehen, das „sich dem ausdrücklichen Zugriff des Begreifens zu entziehen strebt" (*GW* 5, 1985, S. 13). Insbesondere dürfte zu diesem Selbstverständlichen gehören, die platonischen Dialoge nicht als dramatisierte Traktate, sondern als „Einheit von Dialog und Dialektik" zu lesen (*GW* 5, 1985, S. 14). Das versucht zwar auch Friedländer, doch bekennt Friedländer umgekehrt in seinem Habilitationsgutachten, „durch die Analysen des Verfassers [Gadamers] in meiner eigenen Arbeit erheblich gefördert worden" zu sein.²⁶ Dieses Selbstverständliche zu sehen, ist eine Eigentümlichkeit der philosophisch-phänomenologischen Interpretation, da es als Selbstverständliches meist verborgen ist. „Was sich von selbst versteht", ist für Gadamer aber auch „eine positive Bestimmung der historischen Meinung eines Textes selbst" (*GW* 5, 1985, S. 13). Die scheinbar selbstverständliche „historische Meinung eines Textes selbst" entzieht sich in der Tat gerne „dem ausdrücklichen Zugriff des Begreifens" (*GW* 5, 1985, S. 13).

Der Vorgang ist allerdings kompliziert: Es soll nämlich vom eigenen Sachverständnis ausgegangen werden, „aber dies nicht in der Absicht, die Geschichte zu missbrauchen, um diese eigene Sache zu fördern, sondern umgekehrt, durchaus zu verstehen, was da verstanden war". Es geht sozusagen darum, im Lichte der „Sache selbst" das „Erkannte zu erkennen" (A. Boeckh) oder nun, mit dem späten Gadamer, zugespitzt: „das Verstandene zu verstehen".²⁷ Faktisch führt das dazu, dass Gadamer Platons *Philebos* im Lichte der Analysen von *Sein und Zeit* zu verstehen sucht.

(b) Weiterhin anerkennt Gadamer, dass „Aristoteles mit seiner Platokritik nicht ein historisch unbegreifliches Missverstehen seines Lehrers bekundet" (*GW* 5, 1985, S. 9). Er geht vielmehr davon aus, dass die aristotelische Projektion „eine eminent richtige Projektion" ist. Damit akzeptiert Gadamer auch die Existenz einer „ungeschriebenen Lehre" (vgl. *GW* 5, 1985, S. 224). Allerdings geht er

---

25 Für Inhaltsangaben vgl. Natali, 2007, S. 119 – 114, sowie insbesondere auch die Beiträge von Lafrance, 2010, und Szlezák, 2010b.
26 Vgl. das Habilitationsgutachten, Anhang 2.
27 Boeckh, 1877, S. 10 f.: „Hiernach scheint die eigentliche Aufgabe der Philologie *das Erkennen* des vom menschlichen Geist *Producirten*, d. h. des *Erkannten* zu sein. [- - -] Sieht man auf das Wesen der philologischen Tätigkeit selbst, indem man alle willkürlich und empirisch gesetzten Schranken wegnimmt und der Betrachtung die höchste Allgemeinheit giebt, so ist die Philologie – oder, was daßelbe sagt, die Geschichte – *Erkenntniss des Erkannten.*"

keineswegs so weit wie dann einige Mitglieder der Tübinger Schule, es als einen Notbehelf anzusehen, wenn wir Platons Philosophie aus seinen Dialogen zu erforschen suchen. Wie das Stichwort der „Einheit von Dialog und Dialektik" (*GW* 5, 1985, S. 14) andeutet, ist vielmehr die *dialogische* Entfaltung der platonischen *Dialektik* für Gadamer von ganz besonderem Interesse. Es ist dies ein Interesse, das auch im Titel der ins Englische übersetzten Aufsatzsammlung Gadamers *Dialogue and Dialectic* (1980) zur Sprache kommt.

(c) Offensichtlich ist nun, dass es zu Dialog und Dialektik der Rede bedarf. Die platonische Dialektik ist aus dem sokratischen Dialog entstanden und bereitet die aristotelische Apodeiktik vor. Die Absicht „der folgenden Skizze" Gadamers ist es nun, „die Herkunft des griechischen Wissenschaftsbegriffs, der in der aristotelischen Apodeiktik zur Reife gelangt ist, aus der platonischen Dialektik dadurch verständlich zu machen, dass ihr sachlicher Ursprung in der spezifischen Form sokratischer Gesprächsführung gezeigt wird" (*GW* 5, 1985, S. 17). Entscheidend ist für Gadamer dabei, dass die Rede „*in ausgezeichneter Weise ein Sprechen [ist], das den Anderen mitsprechen läßt*" (*GW* 5, 1985, S. 23). Mit dem hervorgehobenen Relativsatz „*das den Anderen mitsprechen läßt*" geht Gadamer zumindest andeutungsweise einen Schritt über Heidegger hinaus. Es ist ein Schritt in die Richtung seiner späteren These, wonach die Seele seiner Hermeneutik in der Überzeugung besteht, dass der andere Recht haben könnte.[28] (Allerdings würde hier wohl Sokrates einwenden, dass dazu „die Seele" des anderen zuerst umgewendet werden muss.)

Nachdem Gadamer dann in Analogie zu *Sein und Zeit* (vgl. *SuZ*, § 35–38) Verfallsformen des Sprechens gekennzeichnet hat – er betont im Gegensatz zu Heidegger nicht das „Gerede", sondern die „Missgunst" (*phthonos*) –, geht er über zur Charakteristik des sokratischen Dialoges. Sokrates zeige, dass jeder Mensch einen impliziten Anspruch auf ein Wissen um das Gute erhebe, das jedoch im Dialog als Scheinwissen enthüllt werde. Wichtig sei die im *Phaidon* gewonnene Einsicht, dass dazu die Methode der „zweitbesten Seefahrt" oder die Methode der Hypothesis unumgänglich ist.

Für Gadamers spätere Entwicklung ist aber die These entscheidend: „Die Intersubjektivität der Sprache beruht also auf einer Intersubjektivität des Weltverstehens und die Allgemeinbedeutung von Namen auf der Struktur dieses Verstehens als eines von praktischem Interesse geleiteten" (*GW* 5, 1985, S. 53). Das heißt: Es braucht wiederum zumindest dreierlei: *zwei* Sprecher und *eine* Welt, wobei das Verstehen zuerst von praktischem Interesse geleitet ist, somit letztlich von einem Interesse am Guten. Treffsicher charakterisiert Gadamer dann auch die

---

[28] Grondin, 1999, S. 158.

Idee des Guten wie folgt: „Die Idee des Guten ist überhaupt kein Seiendes mehr, sondern letztes ontologisches Prinzip. Sie ist selbst keine sachhaltige Bestimmung des Seienden, sondern das, was alles, was ist, in seinem Sein verstehbar macht (517c)" (*GW* 5, 1985, S. 56). Und weiter: „Die Idee des Guten ist – in dieser Hinsicht – nichts als das Ideal vollendeter [teleologischer] Erkennbarkeit und Erkenntnis" (*GW* 5, 1985, S. 56). Sie ist das, was wir eigentlich wissen oder verstehen wollen. Richtig formuliert denn auch Gadamer das später von Terry Penner so genannte „principle of real reference" folgendermaßen:[29] „Was ihm [dem Menschen] nützen soll, das muss ihm wirklich nützen, nicht nur scheinbar und nach dem Dafürhalten der anderen. Denn er erfährt es als das, was es ist, an sich selbst" (*GW* 5, 1985, S. 58).

Ob Platon nach Gadamer tatsächlich das schwierige Problem des „Einen und des Vielen" im *Philebos* gelöst hat, bleibt freilich angesichts der Forschung der letzten 70 Jahre eine offene Frage.[30]

Der zweite Teil von Gadamers Habilitationsschrift *Interpretation des ‚Philebos'* sei im Folgenden nicht referiert.[31] Ich beschränke mich auf den Paragraphen 14 „Die Entscheidung der Frage (59e – 67b)" und hebe drei Punkte hervor:

(a) Richtig ist, wenn Gadamer hinsichtlich der letzten schriftlichen Erläuterung der Idee des Guten feststellt: „[D]as Wesen des Guten [wird] in der Dreiheit von Maßhaftigkeit, Schönheit und Wahrheit sichtbar" (*GW* 5, 1985, S. 149). Allerdings bemerkt er auch: „Diese Umschreibungen der einheitlichen *idea* des Guten sind nicht ohne Absicht fern von aller terminologischen Eindeutigkeit" (*GW* 5, 1985, S. 149). Gadamer verweist hier richtig auf Friedländers einschlägige Bemerkungen (*GW* 5, 1985, S. 149, Anm. 35).[32]

(b) Nicht richtig ist, wenn Gadamer schreibt: „,Es selbst' [das Wesen des Guten] läßt Namen wie Abbild hinter sich und ist nicht im Logos zu erjagen. Es ist unsagbar" (*GW* 5, 1985, S. 130). Das ist insofern falsch, als die Idee des Guten nicht schlechthin unsagbar ist, vielmehr gilt es, sie durch einen „widerlegungsresistenten Logos" zu bestimmen (vgl. *R.* 534c3).[33] Einen Beweis dafür, dass Platon im *Philebos* seine Meinung in diesem Punkt geändert haben sollte, liefert Gadamer nicht.

(c) Richtig ist dagegen wiederum: „Die ganze Fragestellung des *Philebos* beruht auf der Voraussetzung, daß wir nicht göttliche Wesen, sondern Menschen sind" (*GW* 5, 1985, S. 156). Gleichwohl „[ist] auch das Gute des menschlichen

---

29 Penner/Rowe, 2005, S. 205 – 210.
30 Vgl. zum gegenwärtigen Forschungsstand insbesondere Erler, 2007, S. 256 – 257.
31 Vgl. dazu insb. die Aufsätze von Lafrance, 2010, und Szlezák, 2010b.
32 Vgl. Friedländer, 1969, III, S. 493, Anm. 77.
33 Vgl. Ferber, 2007a, S. 21, S. 25, S. 93.

Lebens aus der Orientierung an der Idee des Guten [zu] deuten" (*GW* 5, 1985, S. 156). Richtig scheint mir auch die Konklusion: „So erweist sich das Gute des faktischen menschlichen Daseins als eine Modifikation dessen, was eigentlich das Gute ist" (*GW* 5, 1985, S. 157). Zum Guten des faktischen menschlichen Daseins gehört auch die Lust. Die Verbindung aber zwischen dem Guten und der menschlichen Lust ist insofern herausgearbeitet, als die „reinen Lüste" (vgl. *Phlb.* 66c4–6) in die Gütertafel am Ende des *Philebos* (*Phlb.* 66a6–c6) aufgenommen werden. In der Tat hat denn auch Heidegger in seinem Habilitationsgutachten festgehalten: „Der Verf. sucht es [das systematische Zentrum] mit recht in der ‚Dialektik' Platos, so zwar, daß er nun auch erkennt, wie diese mit dem Seins-Wahrheitsbegriff der Antike innerlich verklammert ist."[34] Etwas ergänzend ließe sich sagen: Der Verfasser sucht das systematische Zentrum in der „Dialektik" Platons, so zwar, dass er nun auch erkennt, wie diese Dialektik mit dem Seins-Wahrheitsbegriff und dem Begriff der wahren Lust verklammert ist.

III

1992, also mehr als 60 Jahre nach dem Erscheinen von Gadamers Habilitationsschrift, schreibt Davidson im Rückblick auf seine eigene Dissertation: „Some half century ago, when I was writing my doctoral dissertation I discovered that by far the most profound commentary on the *Philebus* was Professor Gadamer's published dissertation."[35] Dieses Urteil ist aufrichtig, lesen wir doch in der Fußnote zu S. 36 seiner Dissertation:

> An important book on the *Philebus*, *Platos dialektische Ethik* by Hans-Georg Gadamer (Leipzig 1931), also stresses the connection between the dialectical and ethical aspects of the dialogue. Gadamer views dialectic, not as tool or method, but as establishing the ethical hierarchy directly through its relation to the phenomena. He therefore speaks not of Plato's ethical theory as being dialectical, but of the dialectic being ethical (p. III). This would make the major interest of the dialogue the dialectic, although it would make the ethical content essential to that interest.[36]

Der Titel *Platos dialektische Ethik* meint daher – so Davidson – nicht nur, dass die platonische Ethik dialektisch verfährt, sondern auch, dass die Dialektik selber ethisch oder eben eine Tugend ist. In seinem Beitrag „Gadamer and Plato's *Phi*-

---

34 Zit. in Grondin, 1999, S. 161. Vgl. zusätzlich den Anhang 1.
35 Davidson, 2005a, S. 252.
36 Davidson, 1990, S. 36.

lebus" (1997) wiederholt Davidson sein Lob aus dem Jahre 1949: „While he is a superb classicist, and discusses textual problems when they seem important,[37] his interest in the *Philebus* is entirely centered on its philosophical content. This makes Gadamer's book unique."[38]

Was konnte nun Davidson mehr als 60 Jahre später noch an Gadamers Habilitationsschrift interessieren? Wenn wir Davidsons Dissertation durchblättern, so finden wir zwar Gadamers Habilitationsschrift als „important book" erwähnt.[39] Ebenso nimmt Davidson auf die Gadamer'sche Bemerkung Bezug: „[...]: alles was durch Logos bestimmt ist und damit im Verfügungsbereich eines Wissens steht, erhält seine verbindende Gewissheit von der Dialektik: *Alle Wissenschaft und alle Techne ist solche positive Dialektik*" (*GW* 5, 1985, S. 17). Alle Wissenschaft und alle Technik enthält nämlich schon das mit dem menschlichen Logos und seiner Subjekt-Prädikat-Struktur gegebene Problem der Verbindung des Einen mit dem Vielen. Das ist ein Punkt, auf den Davidson in seinem Spätwerk *Truth and Predication* (2005) wieder zurückkommt.[40]

Die philosophische Bedeutung der Habilitationsschrift Gadamers und der Gadamer'schen Hermeneutik scheint Davidson allerdings erst aufgegangen zu sein, nachdem er seine eigene Bedeutungs- und Wahrheitstheorie entwickelt hat. Danach ist Wahrheit im Prinzip Kohärenz: „My slogan is: truth without confrontation."[41] Damit ergibt sich aber eine interessante Koinzidenz mit Gadamer und dem Heidegger von *Sein und Zeit:* Die gemeinsame These ist die vom intrinsisch auf Wahrheit bzw. Erschlossenheit bezogenen Charakter unseres Meinens:

> There are very good reasons to suppose that it is not possible that most, or even many of our simplest, and in this sense most basic, beliefs are false; we cannot be wrong in thinking there is a world outside our minds, a world that contains other people, plants and animals, pastures and mountains, buildings and stars. To argue for this view is a large task that I cannot undertake now; [...].[42]

---

37 Man vgl. zu diesem Urteil allerdings Natali, 2007, S. 121: „La critica posteriore non ha tenuto conto dei suoi interventi, e solo uno studioso [Milgiori, 1993, p. 76, 152, 172, 218, 262] le ha discusse esplicitamente, dandone un giudizio per lo più negativo."
38 Davidson, 2005b, S. 262.
39 Davidson, 1990, S. 111, Anm. 43. Das Zitat ist allerdings von Davidson fehlerhaft abgeschrieben und die Gadamer'sche Hervorhebung weggelassen. Vgl. für eine Inhaltsangabe der Dissertation Natali, 2007, S. 132–138.
40 Davidson, 2005c, S. 87: „Though Plato was aware of the problem of predication, he did not resolve it to his own satisfaction. He also realized that the problem was of great importance to philosophy; otherwise it would be impossible to understand why he devoted so much space to one aspect or another of the problem in the *Parmenides*, the *Sophist*, the *Politicus*, and the *Philebus*."
41 Davidson, 2001a, S. 137.
42 Davidson, 2005a, S. 253.

Davidson hat die Argumente dafür in seiner Abhandlung *A Coherence Theory of Truth and Knowledge* (1983) vorgetragen und 1987 mit einigen Retraktationen versehen. Verkürzt ist Davidsons Argument von der intrinsischen Wahrheit unserer fundamentalsten Meinungen eine *reductio ad absurdum* des skeptischen Argumentes, wonach unsere fundamentalsten Meinungen auch geträumt bzw. falsch sein könnten: Eine erfolgreiche Kommunikation zwischen einem Skeptiker und einem Realisten setzt bereits ein Einverständnis über gewisse Grundstrukturen der Außenwelt voraus. Damit nämlich unsere Gedanken den Inhalt haben können, den sie haben, müssen sie – im Großen und Ganzen – schon auf die Außenwelt zutreffen. Ein globaler Zweifel setzt sich also selber außer Kraft. Das bedeutet aber, dass ein globaler Irrtum etwa hinsichtlich der Realität der Außenwelt und des Fremdpsychischen logisch unmöglich ist.[43] Damit wiederholt Davidson unabhängig von Heidegger in gewisser Weise die These Heideggers, dass das Dasein schon in der Welt- und Mitsein ist (vgl. S. 318). Wir kommen deshalb auch zur Korrektur unserer Überzeugungen insbesondere hinsichtlich unserer philosophischen Begriffe nicht durch einen Vergleich mit der Wirklichkeit, sondern nur durch einen Vergleich unserer Meinungen untereinander.

Damit ist auch der Anschluss an den sokratischen Elenchos gegeben, den Davidson wie Gregory Vlastos (1907–1991) rekonstruiert.[44] Mit der Rekonstruktion von Vlastos übernimmt Davidson aber auch das „Problem des Elenchos":[45] Wie gelangen wir von der Widerspruchsfreiheit bzw. Konsistenz unseres Meinungssystems zur objektiven Wahrheit? Die Antwort, die Davidson bei Vlastos findet, gibt er in seinen eigenen Worten folgendermaßen wieder:

> It has been suggested that Socrates was convinced that every man is in possession of certain basic truths, so that wisdom can be achieved by weeding out the beliefs that are inconsistent with the basic truths. Whether or not Socrates believed or assumed this I do not know, but I think something like this is a sound idea.[46]

Der platonische „Sokrates *post* Vlastos" wäre also sozusagen hinsichtlich seiner Wahrheitstheorie ein „Davidson *ante* Davidson" gewesen.

Wenn nun aber Sokrates diese Wahrheiten gekannt hat, warum hat er sie dann nicht einfach in einem Traktat niedergeschrieben und in schriftlicher Form

---

43 Vgl. Ferber, 2003b, S. 137.
44 Vgl. Vlastos, 1999.
45 Vlastos, 1999, S. 58. Vgl. Ferber, 2007a, S. 116–120. Mit Recht hat bereits Natali, 2007, S. 139, auf den Einfluss von Vlastos' Theorie des Elenchos auf Davidson hingewiesen.
46 Davidson, 2005a, S. 253, mit Hinweis auf Vlastos, 1999, beifällig registriert von Vlastos, 1991, S. 15, Anm. 62: „I was pleased to find support for it from Davidson: […]."

der weiteren Öffentlichkeit mitgeteilt? Hier kommt Davidsons positive Einschätzung von Sokrates' mündlicher Dialektik und Schriftkritik – Davidson verweist auf *Phdr.* 275e – zum Tragen:

> So there are two vital aspects of the Socratic dialectic which transcend the mere attempt to convict a pretender to knowledge of inconsistency. One is that both participants can hope to profit; the other is that unlike a written treatise, it represents a process which engenders change. If it attains its purpose, an elenctic discussion is an event in which the meanings of words, the concepts entertained by the speakers, evolve and are clarified. In this respect it is a model of every successful attempt at communication.[47]

Ein schriftlicher Traktat dagegen verschleiert den Unterschied zwischen zwei verschiedenen Arten von Disputationen, nämlich einer alltäglichen, worin die involvierten Personen durch Hinweisdefinitionen klare Begriffe von alltäglichen Gegenständen wie Stein, Baum, Hund, Stuhl, Tisch, Bett oder Haus besitzen, und einer Diskussion, worin die verwendeten Begriffe selber unklar sind und nicht mehr durch Hinweisdefinitionen geklärt werden können. Das aber ist u. a. in philosophischen Disputationen der Fall:

> A written discussion veils this distinction almost completely. Writing reduces the number of active interpreters to one, the reader, thus eliminating the interaction of minds in which words can be bent to new uses and ideas progressively shaped. Writing may portray, but cannot constitute, the intersubjective exchanges in which meanings are created and firmed. Socrates was right: reading is not enough. If we want to approach the harder wisdom we must talk, and, of course, listen.[48]

Der Dialog ist also keineswegs nur ein Mittel, um unsere Gedanken auszudrücken. Er ist vielmehr ebenfalls ein Mittel, um unsere Gedanken überhaupt zu bilden und zu verstehen, was wir mit unseren Wörtern eigentlich meinen.[49] Deshalb ist ein philosophisches Verständnis ohne verbale mündliche Verständigung für Davidson eine Fiktion. Nun ist es aber in der Philosophie nicht so, dass es grundlegende *definientia* der wichtigsten Begriffe gibt, die sozusagen wie weiße Flecken auf der Landkarte nur darauf warten, von uns entdeckt zu werden. Dank unserer alltäglichen Verwendung dieser ungeklärten Begriffe halten wir uns selbst schon in diesen weißen Flecken auf: „Wähn' ich mich draußen, steh' ich mitten im Kreise!"[50] Die philosophischen Grundbegriffe können deshalb nicht explizit und von

---

47 Davidson, 2005a, S. 254.
48 Davidson, 2005a, S. 255.
49 Davidson, 2005a, S. 255.
50 Henrik Ibsen, *Peer Gynt*, 2. Akt.

außen definiert, sondern nur implizit oder von innen oder zirkulär erläutert werden:

> But the words and ideas we seek to define in philosophy, words like ‚justice', ‚beauty', ‚truth', ‚virtue', ‚knowledge', are as basic as you can get. Unless you are going to go in circles, everything can't be defined. These words and the work they do, confused and murky as they may be, are part of the foundations of our thinking. It is a mistake to try to dig deeper. Definition is not the way to make the foundations firm.[51]

Die Philosophie ist also keine Wissenschaft *more geometrico*, weil wir in der Philosophie nicht wie in der platonischen Mathematik von gewissen klaren Begriffen ausgehen könnten, „als ob wir um sie wüssten" (*hôs eidotes*, R. 510c6):

> [...]; as Socrates insists, he cannot teach people what virtue or justice are, for he does not know himself. I take this to mean, not that there is a clear concept available, but that the elenchus may, if properly conducted, help participants create a clearer idea.[52]

Der tiefere Sinn der sokratischen Unwissenheit scheint also nach Davidson nicht der gewesen zu sein, dass es ein letztes definitorisches Verständnis der entscheidenden philosophischen Begriffe gibt, das Sokrates nicht hatte. Es gibt vielmehr für uns Menschen überhaupt kein explizites definitorisches Verständnis der letzten Begriffe wie etwa des Guten. Der Elenchus aber kann uns helfen, die von uns im Alltag verwendeten Begriffe besser zu verstehen. Insofern ist nicht ein cartesisches „je pense, donc je suis" „the foundation[s] of our thinking". Das evolvierende Fundament unseres Denkens ist vielmehr das Ergebnis eines leicht störbaren Dialogs.

Sokrates scheint sich nun im *Philebos* von einem „foundationalism" des Guten als „voraussetzungslosem Anfang" (*anhypothetos archê*, R. 510b7) zu einem proto-davidsonschen „anti-foundationalism" bekehrt zu haben: Er verzichtet dort auf eine Wesensdefinition, wie er sie noch in der *Politeia* von den Philosophenkönigen verlangt hat (vgl. R. 534b–c), sondern begnügt sich mit drei Kriterien (*Phlb.* 65a).

Damit sind wir auch bei Davidsons Aufsatz über Gadamers *Philebos*. Ich möchte im Folgenden nicht den Inhalt dieses Aufsatzes wiedergeben, sondern nur auf zwei Punkte aufmerksam machen, nämlich einerseits, worin Davidson mit Gadamer übereinstimmt, und andererseits, worin er seines Erachtens einen Fortschritt über Gadamer hinaus erzielt.

---

51 Davidson, 2005a, S. 257.
52 Davidson, 2005a, S. 257.

Davidson stimmt darin mit Gadamer überein, dass eine freie Diskussion die Quelle menschlichen Verstehens ist:[53] Platon habe diese Wahrheit durch die sokratischen Dialoge offenbart und ausgedeutet. Damit unterstellt er aber nicht nur, dass das politische Recht auf Rede- bzw. Meinungsäußerungsfreiheit eine *conditio sine qua non* dialogischen Philosophierens ist (vgl. *Grg.* 461e). Er unterstellt Sokrates auch die von Vlastos dem Sokrates unterlegte Maxime: „Say-what-you-believe" (vgl. *Grg.* 506b, *R.* 346a, *Cr.* 49c – d).[54] Sie ist nach Davidson das moralische Moment „in serious philosophical conversation",[55] das er bereits im Titel von Gadamers „dialektischer Ethik" bzw. ethischer Dialektik sah (vgl. S. 326). Eine philosophische Dialektik ist also dann ethisch, wenn die Beteiligten darin sagen, was sie meinen, oder wenn sie aufrichtig sind, wie das schon Kant gefordert hat (vgl. S. 307). Platons Dialektik sei ethisch, weil sie aufrichtig sei.

Damit scheint Davidson in Gadamers Interpretation von 1931 auch seine eigene Theorie der Triangulation hineinzulesen: „I accept Gadamer's demonstration that the *Philebus*, more than any other of Plato's work, both illustrates and describes ‚the way we come to shared understanding', ‚the motives of a concern for the facts of the matter in a shared world'."[56] Eine „shared world" setzt eben das „Dreieck" von mindestens zwei Sprechern und einem „Gegenstand", hier dem Begriff des Guten, voraus.

Interessant ist nun aber die Kritik, die Davidson an Gadamer anbringt. Sokrates mache – so Davidson – im *Philebos* zwei Fortschritte, die Gadamer zumindest nicht explizit zu bedenken schien: (a) Einerseits lässt sich nicht nur Protarchos von Sokrates, sondern auch Sokrates von Sokrates widerlegen, nämlich der „frühe" vom „späten", und (b) andererseits setzt Davidsons Sokrates nicht mehr voraus, dass es ein festes Definiens des Guten zu entdecken gibt:

(a) „It was always the interlocutor who turned out to have inconsistent opinions, never Socrates. So even though Socrates sometimes seems genuinely to think he may learn something from the discussion, we are shown no real cases where this happens."[57] Im *Philebos* widerlegt Sokrates aber nicht nur die These von Philebos bzw. Protarchos, dass das Gute für den Menschen die Lust ist. Er widerlegt vielmehr auch seine eigene, dass das „größte Gut" für den Menschen die Einsicht ist (vgl. *Ap.* 38a), eine These, die er allerdings bereits in der *Politeia*,

---

53 Davidson, 2005b, S. 264: „[...], he [Gadamer] never backed away from the thesis that free discussion is the source of human understanding, nor from his recognition that Plato had revealed and exploited this truth."
54 Vgl. Vlastos, 1999, S. 43.
55 Davidson, 2005b, S. 265.
56 Davidson, 2005b, S. 273.
57 Davidson, 2005b, S. 273.

wenn auch nur kurz durch die Lächerlichkeit des Zirkelargumentes, entkräftet hat (vgl. *R.* 505b).[58]

> Allerdings: Der „späte" Sokrates kritisiert den „frühen" in mehrfacher Hinsicht: Einmal (a') gibt er die „Goldmedaille" nicht der Vernunft, sondern dem aus Vernunft *und* Lust ordentlich gemischten Leben. Dagegen (b') erhält die Vernunft nur die Silbermedaille. Schließlich (c') geht die Lust auch nicht leer aus, sondern erhält zumindest die Bronzemedaille, soweit sie rein ist. Zuletzt (d') kritisiert der „späte" Sokrates auch den „frühen", indem er „ahnt", dass es noch besseres als die „Goldmedaille" gibt, nämlich „das im Ganzen von Natur aus Gute" (*Phlb.* 64a1), das absolut Gute oder das „Weltgute", d. h. wohl die Idee des Guten oder das „Eine selbst" (vgl. Arist. *Metaph.* N 4, 1091b13–15),[59] wie Platons erster Interpret, Aristoteles, dann mitteilt. Das „im Ganzen von Natur aus Gute" (*Phlb.* 64a1), d. h. wohl die Sonne selbst, bleibt allerdings in der „zweitbesten Fahrt" (*Phlb.* 19c2–3) des *Philebos* „für uns" (*Phlb.* 64e5) nur in der Quasi-Einheit der „Nebensonnen" von „Schönheit, Symmetrie und Wahrheit" (vgl. *Phlb.* 65a2) sichtbar.[60]

Mit diesen vier Kritikpunkten geht der (späte) Sokrates zweifellos weit über das hinaus, was Platon den (frühen) in der *Apologie* vertreten lässt:

> Wenn ich aber sage, dass dies für einen Menschen das höchste Gut (*megiston agathon*) ist, jeden Tag über die Tugend und über die anderen Dinge, über die ihr mich reden gehört habt, zu diskutieren, indem ich mich und andere prüfe, dass aber ein Leben ohne Prüfung [von sich selbst und anderen] nicht lebenswert sei für einen Menschen dann werdet ihr euch von meinen Worten noch weniger überzeugen lassen (*Ap.* 38a1–6, Übers. v. R. F.).

(b) Entscheidender ist ein zweiter Gesichtspunkt. Zwar wird im *Philebos* auch gesucht, „was wohl das Gute ist" (vgl. *Phlb.* 13e5–6), doch wird die Wesensfrage am Schluss nicht beantwortet [auch wenn die oberste Stufe der am Schluss gebotenen Gütertafel mit dem Begriff des „Maßes" (*Phlb.* 66a6–8) auf die von Aristoteles überlieferte Identifikation des Guten mit dem „genauesten Maß" (*akribestaton metron*, Syrianos, *In Met.* 168, 33–35) anspielen mag].[61] Davidson interpretiert das aber nicht als „Aussparungsstelle" für eine letzte ungeschriebene Definition des Guten, die uns erst Aristoteles überliefert haben sollte. Danach ist im Gegensatz zum Homo-Mensura-Satz nicht der Mensch, sondern das Gute das

---

[58] Auf diese Selbstkritik des Sokrates hat bereits Frede, 1996, S. 221, hingewiesen: „But Socrates mitigates his own position too: it is Socrates, after all, who introduces the criteria that determine why knowledge alone cannot be sufficient for a satisfactory human liefe (21d ff.)."

[59] Vgl. Jaeger, 1955, S. 163: „Platon war vermutlich der erste, der den Begriff des inneren *manteuesthai*, [...] in philosophischem Sinne umgeprägt hat, als ein Ahnen nicht des Zukünftigen, sondern verborgener, tieferer Zusammenhänge."

[60] Vgl. Ferber, 2010b, hier S. 195.

[61] Vgl. Ferber, 1995a, S. 71, sowie Ferber, 1998b, S. 79, hier S. 207 f.

„genaueste Maß aller Dinge".[62] Davidson interpretiert die „Aussparung" dahingehend, dass das Ziel des Dialoges nicht im Voraus fixiert ist, sondern offengelassen wird. Der Dialog ist also ergebnisoffen, insofern das Ergebnis des Dialogs von der „Kunst des Unterscheidens, Urteilens und Auswählens" – und d. h. auch von den nicht vorhersagbaren Entscheidungen – der Dialogteilnehmer abhängt:

> The goal is not fixed in advance, for the goal is not represented as a matter of finding the nature of some single idea, but rather as knowing the art of discriminating, judging, selecting, and mixing the appropriate elements of a life in a way that exhibits measure, proportion, and stability. The cause of this mixture is not some abstract eternal principle, but the mind of the person who lives the life. The goal is in every sense a human goal: an end set by a human being for that human being. This human conclusion, reached in the course of a collaborative dialogue, seems to me what must, in the large part, have attracted Gadamer to the *Philebus* in the first place, and it exudes an attitude we find expressed throughout Gadamer's work.[63]

Platon scheint – so Davidson – im *Philebos* anzunehmen, dass das Gute für den Menschen (*anthrôpinon agathon*) nicht als einzelne Idee existiert, die vom „Auge der Seele" (*R.* 518c6, 533d2) einmal geschaut und das heißt verstanden werden kann.[64] Sie kann vielmehr erst durch die Tätigkeit des Dialogs gefunden werden. Ein Verständnis des Guten „jenseits des Dialoges" durch einen „Lichtstrahl der Seele" (*R.* 540a7) scheint es dagegen – so Davidson – für Platon im *Philebos* nicht mehr zu geben.[65]

> Putting these themes together, we must conclude that it is only in interpersonal communication that there can be thought, a grasping of the fact of an objective, that is, a shared world. Not only is it the case that the aim of conversation is ‚shared understanding'; we must also acknowledge that without sharing there is no understanding.[66]

---

62 Vgl. Ferber, 1995a, S. 71, vgl. hier S. 208.
63 Davidson, 2005b, S. 274.
64 Vgl. Ferber, 2007a, S. 102, Anm. 106.
65 Es mag sein, dass hier Davidson noch unter dem Einfluss der von ihm doppelt angestrichenen Zeilen von Demos, 1939, S. 75, steht: „In fact, whether a man's insight is genuine is proved by the fact that he is able to run the gauntlet of argument. In the *Philebus*, Plato is engaged in displaying the Good through discourse, *logos*." Von Davidson nicht mehr unterstrichen ist die Fortsetzung, Demos, 1939, S. 75: „Discourse reveals only the effects of the Good, for instance, measure, and self-sufficiency. By means of such conceptions the insight into the Good can be effectively employed to validate or criticize our ordinary empirical judgments of value."
66 Davidson, 2005b, S. 274. Vgl. jedoch für eine genaue Analyse der entscheidenden Stelle, *Phlb.* 65a1–5, Ferber, 2010b, hier S. 179–188.

Gadamer soll also im Prinzip Davidsons Theorie der „Triangulation" (vgl. S. 316) antizipiert oder zumindest ein implizites Verständnis dieser These *in praxi* demonstriert haben.

Gegen diese Entwicklung des Sokrates-Bildes bei Platon von einem (frühen) Sokrates, der an feste Definitionen glaubt, zu einem (späten) Sokrates, der diesen Glauben zumindest hinsichtlich des Guten aufgegeben hat, wendet Gadamer allerdings ein:

> I cannot see that the development of the image of Socrates in the early dialogues through the middle period to the later one has a different meaning than merely a dramatological one. The great number of scenes in which Socrates presents himself in the magical hand of the writer Plato is certainly overwhelming. But it is still the one Socrates.[67]

Neuere Forschungen scheinen eher dem „Sokrates-Unitarier" Gadamer recht zu geben – wenn auch nur in dem Sinne, dass Platon zumindest hinsichtlich der sokratischen Paradoxa bis zum Ende seines Lebens Sokratiker blieb.[68] Doch ist es nicht mehr Sache dieses Aufsatzes, der Frage nachzugehen, ob „Plato's philosopher" – Sokrates – sich unter der „Zauberhand" des Schriftstellers Platon im Laufe der Zeit vervielfältigt hat in: „Plato's philosophers" oder Platons „Sokra*tesse*".[69]

In einem Vortrag, den Gadamer 1946 als Rektor an der Universität Leipzig gehalten hat, spricht er von drei Charaktereigenschaften des Wissenschaftlers: Sachlichkeit, Entschiedenheit und Bescheidenheit.[70] Gadamer hat alle diese drei Eigenschaften verkörpert, auch wenn er es vielleicht wie seine Hermeneutik manchmal an Entschiedenheit fehlen ließ. Denn welche Interpretationen werden durch die „Deskriptionen" und die spätere Hermeneutik tatsächlich ausgeschlossen?[71] Hier bleibt Gadamer uns die Antwort schuldig.[72]

---

67 Gadamer, 1997, S. 434.
68 Vgl. weiterführend insbesondere Rowe, 2007a, sowie mit einer Korrektur an der Ansicht Rowes in Ferber, 2007c, hier S. 29–56, vgl. hier S. 23–33, S. 96–99.
69 Ich verdanke den Ausdruck dem Titel von Zuckert, 2009.
70 Grondin, 1999, S. 271.
71 Vgl. dazu allgemein die Kritik Krämers, 2007, insb. S. 191–206, etwa S. 292: „Wer nicht widerlegt sein will, der kann auch nichts beweisen, d. h., für ihn bleiben zuletzt nur dezisionistische Akte und Appelle übrig."
72 Zur damaligen politischen Einstellung Gadamers darf ich aus einem Brief Gadamers vom 20. Oktober 1986 an mich zitieren: „Nun möchte ich die Sache nicht in die Länge ziehen, sondern zu Ihrem freundlichen Brief nur noch eine kleine Information hinzufügen. / ‚Unentschiedenheit' ist eine haargenaue Beschreibung der fraglichen Jahre von 1932–34. Wer in Deutschland nicht Kommunist oder Sozialist war, hatte in diesen Jahren keine andere Wahl. Praktisch gab es keine Alternative. Aber man meinte nicht Hitler, wenn man die Deutschnationalen (Hugenberg) meinte,

Es ist letztlich etwas anderes, was Davidson aus Gadamers Interpretation extrahiert, nämlich dass sich die Bedeutung von philosophischen Ausdrücken, d. h. der jeweilige philosophische Begriff, nicht anders als durch einen disziplinierten oder eben dialektischen Dialog im Rahmen einer „Triangulation" zwischen zwei Sprechern und der gemeinten Sache herauskristallisiert. Das scheint zwar trivial zu sein, ist aber etwas Tieferes, als was Gadamers Habilitationsschrift leisten konnte, deren „Deskriptionen" auch zum *Philebos* ich seinerzeit vielleicht unangemessen als „Paraphrasen" charakterisiert habe.[73] Doch darf ich an dieser Stelle noch aus meinem Briefwechsel mit Gadamer aus dem Jahre 1986 zitieren, der sich im Anschluss an eine kleine Besprechung von Band 5 und 6 seiner *Gesammelten Werke* ergeben hat:[74]

---

und das taten große Teile des Bürgertums. Übrigens auch der bürgerlichen Presse, einschließlich der deutsch-schweizerischen. Insofern ist Ihre generelle Beschreibung nicht unzutreffend. Auch die ‚lockere' Sympathie meint genau das und gilt auch für die Zeit vor dem 30. Juni 1934. Nachher kam es erst zum Einparteienstaat. [...] Daß es im Jahre 1933 nicht möglich war, etwa eine Anmerkung zu drucken, die über diese Unentschiedenheit hinausging, die man auch weiterhin einzuhalten hatte, weil man nicht emigrieren wollte, wird Ihnen im Grunde wohl auch einleuchten." Zit. mit schriftlicher Erlaubnis von Frau Käte Gadamer-Lekebusch (1921–2004). Es soll hier jedoch nicht verschwiegen werden, dass ebenfalls Gadamer im November 1933 das „Bekenntnis der Professoren an den deutschen Universitäten und Hochschulen zu Adolf Hitler und dem nationalsozialistischen Staat" unterzeichnet hat, vgl. Leaman, 1993, S. 100.

73 Vgl. Ferber, 1986.

74 Vgl. Ferber, 1986. Da die Rezension schwer zugänglich ist, erlaube ich mir, daraus folgende Passage, Ferber, 1986, S. 29, zu zitieren, zu der ich inhaltlich immer noch stehe, die ich aber heute im Ton anders formulieren würde: „Daß gar die Idee des Guten bei Platon unsagbar sei, [...] ‚Diese Unsagbarkeit, dies *arrêton*, sollte man zunächst so nüchtern wie möglich nehmen' (ebd. S. 211) [...] kann nicht stimmen, vielmehr deutet eine entsprechende Stelle im *Siebten Brief*, wenn sie sich überhaupt auf die Idee des Guten beziehen lässt, darauf hin, daß die Idee des Guten nicht sagbar wie andere Mathemata sei (vgl. *Ep.* VII, 341c). Sie bedeutet aber noch nicht, daß sie überhaupt nicht sagbar sei, wie sich auch noch vieles andere gegen die z. T. provokativen, aber meist auch zu wenig präzisierten Thesen Gadamers einwenden ließe. Leider gehen auch die meisten der anderen neueren Studien zu Platon kaum über Deskriptionen und Paraphrasen des Inhalts im Stile von Vorlesungen für Hörer aller Fachbereiche hinaus, dies im übrigen unter Vernachlässigung eines großen Teiles der relevanten neueren Literatur." Umgekehrt schreibt Gadamer zu meiner Schrift *Platos Idee des Guten* (Ferber, 1984) in einem Brief vom 12.09.1985: „Das Gute als das Dritte – das kommt mir zwar richtig, aber all zu formal vor – mir schien *Phlb.* 65a die weniger formale Deutung auf das in allem Seienden Seiende nahezulegen, der ich selber gefolgt bin. / Aber in der Deutung des Sonnengleichnisses bin ich auf dem gleichen Wege wie Sie – es kann mir nur willkommen sein, wenn scharfsinnige Jüngere in Ihrer Weise weiterarbeiten. Auch Ihre Anerkennung Natorps (meines ersten Lehrers) tat mir gut. Heideggers ‚Ereignis' – das ist eine lange Geschichte zwischen Heidegger und mir, die vielleicht später einmal durch Veröffentlichung der Korrespondenz klar wird. Heidegger selber hatte wohl eingesehen, daß seine Verrechnung Platos

Natürlich kann ich nicht besonders erfreut sein, daß Sie den phänomenologischen Stil meiner Arbeiten als bloße Paraphrase empfinden. (Deskription freilich ist in den Augen eines Phänomenologen schon ein Ehrenwort.) Das sind Wertgesichtspunkte, die zwischen Ihnen und mir, zwischen Philologen und Philosophen, zwischen jungen und sehr alten Gelehrten normal sind und auch von meiner Seite mit ruhiger Zuversicht registriert werden.[75]

Aber wie Gadamer mir später mit der ihm eigenen Alters-Souveränität schreibt:

Im übrigen ist das ganz in Ordnung, wenn jüngere Forscher mit so alten Leuten nicht mehr viel anfangen können – bis man sie wiederentdeckt.[76]

---

auf Vorbereitung der Onto-Theologie fehl geht. (Vgl. Platos ungeschriebene Dialektik 1968, jetzt in B/6 meiner Ausgabe)." Zitiert mit schriftlicher Erlaubnis von Frau Käte Gadamer-Lekebusch.
75 Brief vom 6. Oktober 1986. Zit. mit schriftlicher Erlaubnis von Frau Käte Gadamer-Lekebusch.
76 Brief vom 20. Oktober 1986. Zit. mit schriftlicher Erlaubnis von Frau Käte Gadamer-Lekebusch.

Anhang

1 Gutachten Martin Heidegger[77]

Gutachten über die Habilitationsschrift von Dr. H.-G. Gadamer
Interpretationen des platonischen ‚Philebos'

Das Problem der vorliegenden Arbeit beschäftigte den Verf. in gewisser Weise schon, wenngleich noch etwas „äußerlich", in seiner Dissertation „Das Wesen der Lust nach den platonischen Dialogen" (1922), die unter Paul Natorps Leitung entstanden war. Herr Dr. G. wurde durch Hönigswald, Natorp, Nic. Hartmann und schließlich durch den Referenten von ganz verschiedenen Seiten her und unter den mannigfaltigsten systematischen Perspektiven in sein besonderes Forschungsgebiet, die antike Philosophie, eingeführt. Das verschaffte ihm nicht nur eine reiche Überschau über die herrschenden Probleme sondern auch eine erfreuliche Beweglichkeit des Fragens. Von allen seinen Lehrern hat er auch gelernt, daß sich die geschichtliche Überlieferung aus einem selbst gewonnenen produktiven Problemverständnis erschließt, so daß Herr Dr. Gadamer sich fortwährend um das Eindringen in die systematischen Probleme der Philosophie bemühte. Seine frühen Versuche nach dieser Richtung: „Metaphysik der Erkenntnis zu dem gleichnamigen Buch von Nicolai Hartmann", *Logos* XII (1924) – Zur Systemidee in der Philosophie. Festschrift zu P. Natorps 70. Geburtstag, 1924, zeigen noch die übliche Unterschätzung der Schwierigkeiten und bewegen sich vor allem noch allzu freimütig in leeren formalen dialektischen Argumentationen. Inzwischen wandte sich der Vf. einem konkreten Studium des Aristoteles zu, um dabei erst recht die Schwierigkeiten einer philosophischen Interpretation der antiken Probleme kennen zu lernen. Die Einsicht in die zentrale Ausrichtung der aristotelischen Metaphysik in der abendländischen Philosophie zwang zu einer gründlichen Beschäftigung mit der mittelalterlichen Scholastik, Kant, Hegel. Gleichzeitig wurde der Vf. mit den verschiedenen Richtungen der phänomenologischen Forschung vertraut.

Auf Grund dieser langjährigen und vielfältigen Vorbereitung konnte der Vf. wagen, den schwierigsten platonischen Dialog zum Thema einer Interpretation zu machen. Die Art, wie das in der vorliegenden Untersuchung geschieht, zeigt, daß der Vf. mitten in der heutigen Forschung steht, für die das Verhältnis des Aristoteles zu Plato erneut und in einer umfassenden Fragestellung Problem geworden ist. Herr Dr. G. sieht aber auch, daß das Wesentliche noch nicht getan ist,

---

[77] Ich bin für die Kopie dieser Gutachten dem Marburger Universitätsarchiv und für die Maschinenschrift der Gutachten Heideggers und Jaenschs Herrn Steffen Arndt verpflichtet.

wenn man sich von den immer noch nicht eindeutig überwundenen Vorurteilen freigemacht hat, wonach Plato, der „Idealist" identisch sein soll mit dem „neukantisch" interpretierten Kant und Aristoteles der „Realist" einem mittelalterlichen Scholastiker nachgeben soll.

Nach Überwindung dieser verwirrten und verwirrenden Vormeinungen gilt es allererst positiv das systematische Zentrum einer angemessenen Interpretation zu gewinnen. Der Verf sucht es mit recht in der „Dialektik" Platos, so zwar, daß er nun auch erkennt, wie diese mit dem Seins-Wahrheitsbegriff der Antike innerlich verklammert ist.

So ist es denn eines der Hauptergebnisse der vorliegenden Interpretation des „ethischen" Dialogs, daß Ethik, Logik, Metaphysik in eins zusammenfallen, daß Plato ebenso wie Aristoteles bei jeder scheinbaren Einzelfrage immer sokratisch aus dem Ganzen und auf das Ganze philosophieren.

Dieses Ergebnis kommt weder zu einer klaren systematischen Ausdeutung noch zu einer allseitigen Verwertung, was freilich eindringlichere systematische Überlegungen erforderte. Stattdessen versucht der Vf. mit gutem Blick und unter Beiziehung der Hauptstudien der platonischen Dialektik den inneren Zusammenhang zwischen Ontologie und Dialektik ans Licht zu bringen. Wichtig ist die Herausstellung des Wesenszusammenhangs zwischen *synthesis* und *diairesis*, jede dialektische Ausweisung verlangt beide. Durchschlagend zeigt der Vf. daß die Idee der *diairesis* keine Theorie der „absteigenden Methexis" darstellt, d.h. keine Theorie der Individuation. Dieses Problem wird in der antiken Theorie des *logos* der klassischen Zeit überhaupt nicht gestellt. Der *logos* begreift das Seiende nicht in seiner jeweiligen konkreten Vereinzelung, sondern je nur in dem, was es – als Seiendes dieser Art – immer ist.

Eines der in metaphysischer Hinsicht wichtigsten Lehrstücke des *Philebos* ist: die Lehre von den vier Gattungen des Seienden (23b–27b) [zgl. S. 106–120]. Sie ergeben sich als die ontologischen Strukturelemente des „Gemischten" als solchen und bestimmen so die formale Verfassung des „Guten" als „Mischung". Zwar muß der Verfasser zugeben, daß Plato den ontologischen Charakter dieser „Gattungen" noch nicht sieht, daß andererseits aber nur bei einer ontologischen Interpretation ein philosophischer Sinn in die platonischen Überlegungen zu bringen ist.

Das positive Zentrum des *Philebos* liegt in der Analyse der Arten der „Lust" [zgl. S. 126–182]. In ihr kommen stillschweigend die grundsätzlichen Überlegungen über die Dialektik (14c–19b) zur Anwendung.

Sofern nun das Zumischende als Gutes „wahr" sein muß, gibt die Wahrheit die leitende Hinsicht her, durch die die Analyse der Lüste geführt wird.

Die phänomenologischen Interpretationen des Vf. sind eindringend und neuartig. Sie stellen einen wertvollen Beitrag dar zur Geschichte der Affekten-lehre, deren zentrale Bedeutung für die Anthropologie durch Dilthey gezeigt wurde.

Die vorliegende Arbeit ist nicht nur als Interpretation eines platonischen Dialogs von großem Wert sondern ebenso sehr mit Beziehung auf die dem Vf. als weitere Aufgabe vorschwebende Durchdringung der Hauptprobleme der aristotelischen Ethik.

Eine historisch-systematische Untersuchung von dieser Qualität gibt immer auch, zumal wenn sie die antike Philosophie betrifft, ein sicheres Vertrauen für den Ernst und das Niveau des Philosophierens.

Soweit ich die innere Entwicklung des Vf. in den letzten fünf Jahren durchschauen kann, sofern sich gerade in der „Philosophie" überhaupt etwas daraus sagen läßt, darf Herr Dr. G. jetzt schon unter die hoffnungsvollsten Forscher auf dem Gebiete der antiken Philosophie gerechnet werden.

Seine Mitarbeit bei der unumgänglichen und schwierigen Einführung in die antike Philosophie ist besonders zu begrüßen, da er dabei jederzeit den rechten Weg der konkreten Interpretation einschlagen wird.

Sein vornehmes gediegenes Wesen verbürgt eine sichere Wirkung als Lehrer.

Todtnauberg (Schwarzwald), Anfang August 1928
Heidegger

Gutachten

über

die Habilitationsschrift von Dr. H. G. Gadamer.

Interpretation des platonischen „Philebos“.

Das Problem der vorliegenden Arbeit beschäftigte den Vf. in gewisser Weise schon, wenngleich noch etwas „äußerlich“, in seiner Dissertation „Das Wesen der Lust nach den platonischen Dialogen“ (1922), die unter Paul Natorps Leitung entstanden war. Herr Dr. G. wurde durch Hönigswald, Natorp, Nic. Hartmann u. schließlich durch den Ref. von ganz verschiedenen Seiten her und unter den mannigfaltigsten systematischen Perspektiven in sein besonderes Forschungsgebiet, die antike Philosophie, eingeführt. Das verschaffte ihm nicht nur einen weiten Überblick über die herrschenden Probleme, sondern auch eine wesentliche Beweglichkeit des Fragens. Von allen seinen Lehrern hat er auch gelernt, daß sich die geschichtliche Überlieferung nur einem selbstgewonnenen radikalen Problemverständnis erschließt, so daß H. Dr. G. sich fortwährend um das Eindringen in die systematischen Probleme der Philosophie bemühte. Seine früheren Versuche nach dieser Richtung: Metaphysik der Erkenntnis. Zu dem gleichnamigen Buch von Nic. Hartmann. Logos XII (1924) u. Zur Systemidee in der Philosophie. Festschrift zu P. Natorps 70. Geburtstag. 1924. zeigen noch die ehrliche Unterschätzung der Schwierigkeiten und bewegen sich vor allem noch allzu freimütig in leeren formalen dialektischen Argumentationen. Inzwischen wandte sich der Vf. einem konkreten Studium des Aristoteles zu, um dabei erst recht die Schwierigkeiten einer philosophischen Interpretation der antiken Probleme kennen zu lernen. Die Einsicht in die zentrale Auswirkung der aristotelischen Metaphysik in der abendländischen Philosophie zwang zu einer gründlichen Beschäftigung mit der mittelalterlichen Scholastik, Kant u. Hegel. Gleichzeitig wurde der Vf. mit den verschiedenen Richtungen

2 Gutachten Paul Friedländer

Ich füge als Philologe dem Gutachten des Herrn Heidegger einiges hinzu. Dr. Gadamer hat sich, nachdem er früher wohl in einem allzu *eng* begrenzten und ausschliesslichen Sinne „philosophiert" hatte, in den letzten Jahren einen soliden fach-wissenschaftlichen, nämlich philologischen Unterbau geschaffen. Er hat weit über das philosophische Gebiet hinaus, z. B. an antiker Dichtung, interpretieren gelernt. Er bewährt diese Fähigkeit in der vorliegenden Arbeit vorzüglich. Freilich bin ich überzeugt, daß die in der Einleitung mit voller Einsicht in den besonderen Charakter dieses platonischen Spätwerks skizzierte Aufgabe nicht so weit geführt ist, wie sie geführt werden kann. Die eigentliche Sprunghaftigkeit des Dialoges ist noch nicht überall scharf genug herausgearbeitet und damit zum Problem gemacht. Übersehen oder nicht deutlich gesehen sind mannigfache Fingerzeige des Dialoges, die über dessen eigentliches Thema hinausweisen. Die Interpretation – so frei und eindringlich sie sich vor allem in den phänomenologischen Partien bewegt – dringt doch an anderen Stellen nicht hinter das, was ich die Spielformen des Werkes nennen möchte.

Aber es wäre natürlich unbillig, wenn ich das, was ich selbst mich gerade zu leisten bemühe, und was immer nur annäherungsweise zu leisten ist, von dem Habilitanden forderte, und ich gestehe gern, daß ich durch die Analysen des Verfassers in meiner eigenen Arbeit erheblich gefördert worden bin. Ich kann das erweitern: die Zusammenarbeit mit Dr. G. ist mir und meinem Seminar in den letzten Jahren überhaupt mannigfach zugute gekommen. So schließe ich mich den Erwartungen des Herrn Heidegger und seinem Votum durchaus an.

3 Gutachten Erich Jaensch

Das Arbeitsgebiet der Philosophie ist heute so umfassend geworden, daß sich ihre verschiedenen Kreise nur noch teilweise überdecken. Dem nicht wesentlich von der Philosophiegeschichte ausgehenden Systematiker liegt dieser rein historische Gegenstand zu fern, als daß er sich ein Urteil hierüber erlauben könnte. Ich besitze die hierfür erforderlich klassisch-philologische und historische Schulung nicht und werde eines dilettantischen Urteils um so eher enthoben werden können, als wir nun an Herrn Kollegen Frank noch einen weiteren ausgezeichneten Kenner dieses Gebietes erhalten haben.

Was ich mir durch die Lektüre der Arbeit allein verschaffen konnte, ist ein allgemeiner Eindruck der darin zu Tage tretenden Art. Und dieser Eindruck ist, wie alles, was mir bisher von H.-G. G. bekannt geworden ist, fast restlos günstig. Es besteht zwischen der Arbeitsrichtung, die er gewählt hat und der von mir an unserer Hochschule vertretenen – trotz der großen Verschiedenheit der Gegenstände – eine tiefe Gemeinsamkeit. Sie liegt in der Ehrfurcht vor den Tatsachen, die den letzten Generationen in der Philosophie in vieler Hinsicht gefehlt hat. Wie nun in einer vielfach willkürlich, ohne rechtes Handwerkszeug immer gleich zum Letzten vordringenden Bewußtseinswissenschaft die eratische [sic] Wirklichkeit vergewaltigte [sic], so auch die historische. Es ist ein Zeichen der zunehmenden Ehrfurcht vor dem Gegebenen, daß – ebenso wie die Bewußtseinsforschung ihr weites Gebiet nur glaubt schrittweise und allmählich erobern zu können – so auch der Philosophiehistoriker, wie in vorliegender Arbeit hervortritt, heute eine gute Strecke mit dem Philologen zusammen geht, dessen Handwerkszeug nicht verschmäht und mit vorsichtigen Interpretationen beginnt.

Der von der Geschichte ausgehende Philosoph sollte allerdings ebenso wenig im Philologen aufgehen wie der an Psychologie und moderner Einzelforschung orientierte Systematiker reiner Sozialforscher sein darf. Aber im Gegensatz zum Schellingschen Zeitalter, wo man in noch jüngeren Jahren große Systeme aufstellen konnte, wäre heute ein Systematiker im Alter des Habilitanden beinahe eine komische Figur. Bei der Fülle der vorher zu bewältigenden Einzelarbeit gibt es in der systematischen Philosophie heute keine Frühreife, sondern durchaus nur Spätreife. Das Einzige, was in dieser Hinsicht verlangt werden kann, aber allerdings auch verlangt werden muß, ist das, daß der Zug zum Systematischen in der Einzelarbeit, von der der jüngere Forscher heute auszugehen verpflichtet ist, bemerkbar wird. Soweit ich sehen kann, befriedigt auch der Habilitand, auch [sic] in dieser Hinsicht. Seine Arbeit scheint mir Gewähr dafür zu geben, daß er dieses höhere Ziel, dem in der Philosophie das Historische – wie auch das Psychologische und überhaupt alle unsere Einzelarbeit – dient, fest im Auge behalten wird.

Erich Jaensch

4 Brief Hans-Georg Gadamers an Rafael Ferber

(Zitiert mit schriftlicher Erlaubnis von Frau Käte Gadamer-Lekebusch)

Professor DR. DRs. hc. Hans-Georg Gadamer, 6900 Heidelberg 1, Am Büchsenackerhang 53

12. 9. 85

Sehr geehrter Herr Kollege,
    Für die Übersendung Ihres Platonbuches danke ich Ihnen sehr. Eine scharfsinnige Arbeit. Das Gute als das Dritte – das kommt mir zwar richtig, aber all zu formal vor – mir schien Phlb. 65a die weniger formale Deutung auf das in allem Seienden Seiende nahezulegen, der ich selber gefolgt bin. / Aber in der Deutung des Sonnengleichnisses bin ich auf dem gleichen Wege wie Sie – es kann mir nur willkommen sein, wenn scharfsinnige Jüngere in Ihrer Weise weiterarbeiten. Auch Ihre Anerkennung Natorps (meines ersten Lehrers) tat mir gut. Heideggers 'Ereignis' – das ist eine lange Geschichte zwischen Heidegger und mir, die vielleicht später einmal durch Veröffentlichung der Korrespondenz klar wird. Heidegger selber hatte wohl eingesehen, daß seine Verrechnung Platos auf Vorbereitung der Onto-Theologie fehl geht. (Vgl. Platos ungeschriebene Dialektik 1968, jetzt in B/6 meiner Ausgabe). Mit Dank und Gruß, HGGadamer

PROFESSOR DR. DRs. h c. HANS-GEORG GADAMER · 6900 HEIDELBERG 1 AM BÜCHSENACKERHANG 53

12.9.85

Sehr geehrter Herr Kollege,

für die Übersendung Ihres Platobuches danke ich Ihnen sehr. Eine scharfsinnige Arbeit. Das Gute als das Dritte — das kommt mir zwar richtig, aber alles zu formal vor — und Phaidon 65a die weniger formale Deutung aus dem in allem Seienden Seienden nahe zu legen, der ich selber gefolgt bin.

Aber in der Deutung des Sonnengleichnisses bin ich auf dem gleichen Wege wie Sie — es kann mir nur willkommen sein, wenn scharfsinnige Jüngere an Ihrer Weise weiterarbeiten. Auch Ihre Anerkennung Natorps (mein erster Lehrer) hat mir gut. Heideggers 'Ereignis' — das ist eine lange Geschichte zwischen Heidegger und mir, die vielleicht später einmal durch Veröffentlichung der Korrespondenz klar wird: Heidegger selber hatte wohl eingesehen, dass sein Verrechnen Platos auf Vorbereitung der Onto-Theologie fehl geht. (Vgl. Platos unvollziehbare Dialektik 1968, jetzt in B/6 meiner Ausgabe)

Mit Dank und Gruß

H G Gadamer

Statt eines Nachwortes

Die Sekundärliteratur zu Platon ist so umfangreich und unübersichtlich geworden, dass kaum mehr ein Forscher auch nur die wichtigsten Beiträge seit Schleiermachers *Einleitung* (1804) gelesen hat. Auch der Verfasser konnte das nicht leisten. Deshalb ist es auch dem Verfasser unmöglich zu sagen, ob eine der vorgelegten Interpretationen wirklich neu ist oder er nicht etwas Wichtiges übersehen hat. Umso mehr ist er für kritische Hinweise auf Auslassungen oder Irrtümer dankbar.

Um aber einerseits einen Überblick zu geben und andererseits Spezialisten die Kritik zu erleichtern, sei hier eine Auswahl von einigen Mosaiksteinen und -steinchen angeführt, die zumindest nach der Meinung des Verfassers, wenn nicht neu, so doch in der Forschung noch wenig bekannt oder von ihr vernachlässigt sind.

Plato's *Apology*, Gorgias' *Defence of Palamedes* and Hippolytus' Defence in Euripides' *Hippolytus*

Speisung im Prytaneion als „transposition platonicienne" eines „Gesetzes" aus Aristophanes' *Fröschen*	4 f.

Sokrates: Tugend ist Wissen

Strategem „Wenn man etwas fangen will, muss man es zuerst loslassen"	15
Psychologischer Hedonismus als begriffliche oder analytische Wahrheit	16
Grund der Lächerlichkeit von Akrasia liegt in der praktischen Irrationalität	18
Beweis des sokratischen Paradoxons „Tugend ist Wissen" durch den kognitiven Gehalt der Gefühle von Lust und Unlust	19 f.
Beweisgang des Beweises von „Tugend ist Wissen"	23 – 28

Analogie der Fehlerquelle des sokratischen Paradoxons „Tugend ist Wissen" zu einer der Fehlerquellen von Anselms ontologischem Gottesbeweis   28

Was und wie hat Sokrates gewusst?

Oida („ich weiß") in *Ap.* 29b7 im Sinne von „ich glaube"   45 f.

Elenchein im sokratischen Sinne von „widerlegen" auch in *R.* 534c   49

Die sokratischen „Wissensansprüche" (*knowledge claims*) sind dianoetisch und nicht noetisch, sodass Sokrates zwar im dianoetischen, aber nicht im noetischen Sinne etwas weiß   52–56

***Deuteros Plous*, the Immortality of the Soul and the Ontological Argument for the Existence of God**

Der Ausdruck „*deuteros plous*" ist keine Metapher, sondern bedeutet eine sprichwörtliche Wendung   59

Der *prôtos plous* wird von Sokrates begangen, aber der Ausdruck „*prôtos plous*" nicht verwendet   59

Zwei verschiedene Interpretationen der „Flucht in die Logoi": die Standardinterpretation, wonach Logoi die „Wahrheit der Dinge" abbilden, und die Nicht-Standardinterpretation, wonach die Kohärenz der Logoi genügt, um zur „Wahrheit der Dinge" zu gelangen. Die sokratische „Flucht in die Logoi" ist im zweiten Sinne zu verstehen   63–67

Interpretation des *deuteros plous* durch Leibniz als Methode der Ausschließung von Irrtümern   67 f.

Das Problem der unbewiesenen Hypothesis bzw. des unbewiesenen Prinzips (*archê anapodeiktos*)   66

Wahrheitskern der Standardinterpretation   72

Vergleich des vierten und letzten Beweises für die Unsterblichkeit der Seele mit Descartes' ontologischem Gottesbeweis   72–79

Der entscheidende Einwand gegen den vierten und letzten Beweis für die Unsterblichkeit der Seele ist nicht der Einwand von Straton, sondern die *metabasis* vom allgemeinen Begriff von Seele oder „*soul-stuff*" zu einzelnen Seelen	78

Plato as Teacher of Socrates?

Unterscheidung des begehrlichen Seelenteils (*epithymêtikon*) von einer Empfindung (*propatheia*)	86 f.
Fünfteiliges Seelenmodell als Voraussetzung für das dreiteilige	88
Rehabilitation der Existenz von separaten Ideen als „dividing line" zwischen dem platonischen Sokrates der frühen und dem der mittleren Dialoge	98 f.

„Was jede Seele sucht und worumwillen sie alles tut"

Zwei verschiedene Interpretationen von „alles tun" (*panta prattein*)	95 f.
Nicht die Geschichte von Leontios ist das paradigmatische Gegenbeispiel zur sokratischen Akrasia-These, sondern die Geschichte vom Birnendiebstahl im zweiten Buch von Augustinus' *Confessiones*	99 f.
Ahnung als (im Liniengleichnis nicht erwähnter) Erkenntniszustand des platonischen Sokrates zwischen Meinung (*doxa*) und Wissen (*epistêmê*)	101, 111
Unterscheidung zwischen *actio hominis* (*praxis anthrôpou*) und *actio humana* (*praxis anthrôpinê*)	105 f.
Trilemma inhaltlicher Bestimmungen der Idee des Guten	109 f.

Ist die Idee des Guten nicht transzendent oder ist sie es doch? Nochmals Platons EPEKEINA TÊS OUSIAS

Elf Argumente gegen die Transzendenz (zweiter Stufe) der Idee des Guten	121 f.

Zwei Argumente für die Transzendenz (zweiter Stufe) der Idee des Guten   123 – 128

Alien causation und Vermeidung der Selbstprädikation der Idee des Guten   125

Hysteron-Proteron-Struktur der platonischen Realität und *Priority-Series* der Idealzahlen   127 f.

„Quintilianische" Interpretation der *daimonia hyperbolê*   129

Widersprüchliche Erfassung der Idee des Guten als Seiendes und Überseiendes   133 f.

Is the Idea of the Good Beyond Being? Plato's *epekeina tês ousias* Revisited (*Republic* 6, 509b8 – 10)

Formaler Beweis der Idee des Guten als *epekeina tês ousias* im Sinne von *epekeina tou ontos*   144 f.

Prämissen, unter denen es keine Selbstprädikation geben kann   144 f.

Unterscheidung zwischen *ens imaginarium* und *chimaera* bzw. *ens verbale*   145 f.

Warum hat Platon die ‚Ungeschriebene Lehre' nicht geschrieben? Einige vorläufige Bemerkungen

Drei verschiedene Antworten   153 – 157

Schriftkritik als Kritik schriftlicher Publikation für weitere Kreise   185 – 186

Elpis als ionisches Wort für eine gute Hypothesis   155

Who is the Measure of All Things in Plato?

Unterscheidung der platonischen Theologien in *theologia fabularis*, *theologia civilis* und *theologia philosophica*	172 f.

Plato's „Parhelia": Beauty, Symmetry and Truth. Some Comments Concerning Semantic Monism and Pluralism of the „Good" in the *Philebus* (65a1 – 5)

Wieder Ahnung als (im Liniengleichnis nicht erwähnter) Erkenntniszustand des platonischen Sokrates zwischen Meinung (*doxa*) und Wissen (*epistêmê*)	180, 195
Umgangssprachlicher und technischer Sinn von *idea*	181 f.
Schönheit, Symmetrie und Wahrheit als „Arten des Gegebenseins" des Guten	182 f.
Das Gute nicht mehr als dominantes, sondern inklusives Ziel	184
Quasi-Monismus und faktischer Trialismus des Guten	185
Eingeschränkte Erfassung der Einheit der Idee des Guten in der Quasi-Einheit von Schönheit, Symmetrie und Wahrheit	185
„Maß" (*metron*) und „Angemessenes" (*metrion*) als nicht-mathematisches *metaxy* zwischen Ideen und Sinnesphänomenen	186 f.
Die *Nomoi* als paradigmatisches Beispiel einer *comprehensive view* des guten Lebens	190
Kritik an einer *comprehensive view* des guten Lebens	189 f.
Die Sonne als symbolische Hypotypose des Vernunftideals einer teleologischen Erklärbarkeit der Welt	192
Die *Parhelia* als Fragmente einer teleologischen Erklärbarkeit	192 f.
Notwendiger Zirkel in der Erfassung des Guten	193 f.

Für eine propädeutische Lektüre des *Politikos*

Propädeutische Funktion des *Politikos* für jüngere Mitglieder der Akademie im Hinblick auf das „Genaue selbst" der ‚Ungeschriebenen Lehre'	201 – 203
Das „Angemessene" (*metrion*) wieder als ein nicht-mathematisches *metaxy* zwischen Sinnesphänomenen und Ideen	203 f.
Das Argument „aus den Künsten" (*ek tôn technôn*) für das Angemessene	204

„Auf diese Weise nun gebe ich selbst meine Stimme ab". Einige Bemerkungen zu Platons später Ideenlehre unter besonderer Berücksichtigung des *Timaios*

Logische Analyse des einzigen „direkten Argumentes" für die Existenz von Ideen im *Corpus Platonicum*	222 – 226
„Desubstanzialisierung" der Sinnesphänomene und „Substanzialisierung" des Raumes als implizite Lösung der im *Parmenides* erwähnten fünf Aporien der „Ideenlehre"	228 – 233
Geteilte Linie als Symbol für die „unbestimmte Zweiheit" (*aoristos dyas*)?	231 f.

Das Paradox von der Philosophenherrschaft im *Staat*, *Staatsmann* und in den *Gesetzen*. Einige Bemerkungen zur Einheit und Variation des platonischen Denkens

„Dogmatisches Minimum" von sieben Thesen im *Corpus Platonicum* mit Unterscheidung zwischen richtiger Meinung und Wissen als Ausgangspunkt	242 – 245
Philosophenherrschaft nur *kata brachy* („für begrenzte Zeit")	248

Einheit und Entwicklung im *Corpus Platonicum* 253–255

Hat Platon in der ‚Ungeschriebenen Lehre' eine „Dogmatische Metaphysik und Systematik" vertreten? Einige Bemerkungen zum Status Quaestionis

Die Prinzipien der ‚Ungeschriebenen Lehre' sind nicht Axiome, sondern oberste Gattungen eines dihairetischen Prozesses 262 f.

Kontrast zwischen *Ep.* VII, 343b7 – c5, und *Ep.* VII, 342e2 – 343a1 265 f.

Verdeckung des Erkenntnisziels durch die vier Erkenntnismittel 266 f.

Statt ungeschriebener „dogmatischer Metaphysik und Systematik" „Approximativismus" 260–270

Die „metaphysische Perle" im „Sumpf der Tropen". Einige Bemerkungen zur aristotelischen *Metaphysik*, Z 17, 1041b4 – 9

Platonisches und antiplatonisches Kriterium für die *Ousia* 276 f.

Ousia als „the occurrence of an essence" 282

Averroes' und Donald Williams' Vergleich der Kategorie der Substanz mit einer Perle 285

Widersprüchlichkeit der aristotelischen Ontologie weist auf den platonischen Universalienrealismus zurück 288–290

Platon und Kant

Einschränkung der These, dass Kant Platon nur aus *Brukkers Historia Critica Philosophiae* gekannt hat 296

Kants konstruktivistische Hermeneutik 297–300

Kant als Exeget des „Fünften" aus dem *Siebten Brief* 303

Moralische Interpretation der „Flucht in die Logoi"	305
Mogis („kaum") im Sinne von einem erhofften „doch noch"	310
„The Origins of Objectivity in Communal Discussion". Einige Bemerkungen zu Gadamers und Davidsons Interpretationen des *Philebos*	
Triangulation zwischen zwei Sprechern und einem Gegenstand als Grundstruktur eines Dialogs	316, 334
Gemeinsamkeit von Gadamer und Davidson	315
Hesses *Demian* als Einfluss auf Heideggers *Sein und Zeit*?	319
Philosophische Grundbegriffe nicht explizit definierbar	329 f.
Donald Davidson und Raphael Demos	314, 333
„Wiederholung" der Heidegger'schen These vom Dasein als Mit- und In-der-Welt-Sein durch Davidson	328 f.
Politische „Unentschiedenheit" Gadamers 1932 – 1934	334
Gutachten von Martin Heidegger, Paul Friedländer und Erich Jaensch über die Habilitationsschrift von Hans-Georg Gadamer	337 – 339

Synopse der Erstveröffentlichungen

1. Plato's *Apology*, Gorgias' *Defence of Palamedes* and Hippolytus' Defence in Euripides' *Hippolytus*; Quelle: Luise, F. de / Stavru, A. (Hrsg.), *Socratica III. Studies on Socrates, the Socratics and the Ancient Socratic Literature*, Sankt Augustin 2013: Academia Verlag, S. 201–203.
2. Sokrates: Tugend ist Wissen; Quelle: *Elenchos, Rivista di Studi sul Pensiero Antico* 11 (1991), S. 39–66.
3. Was und wie hat Sokrates gewusst?; Quelle: *Elenchos, Rivista di Studi sul Pensiero Antico* 28 (2008), S. 5–39.
4. *Deuteros Plous*, the Immortality of the Soul and the Ontological Argument; Quelle: Cornelli, G./Robinson, Th. M./Bravo, F. (Hrsg.), *Plato's* Phaedo. *Selected Papers from the Eleventh Symposium Platonicum*, Baden-Baden 2018: Academia Verlag, S. 221–223.
5. Plato as Teacher of Socrates?; Quelle: Tulli, M./Erler, M. (Hrsg.), *Plato in* Symposium: *Selected Papers from the Tenth Symposium Platonicum*, Sankt Augustin 2013: Academia Verlag, S. 443–448.
6. „Was jede Seele sucht und worumwillen sie alles tut"; Quelle: *Elenchos. Rivista di Studi sul Pensiero Antico* 34 (2013), S. 5–31.
7. Ist die Idee des Guten nicht transzendent oder ist sie es doch? Nochmals Platons EPEKEINA TÊS OUSIAS; Quelle: Barbarić, D. (Hrsg.), *Platon über das Gute und die Gerechtigkeit / Plato on Goodness and Justice / Platone sul Bene e sulla Giustizi*a, Würzburg 2005: Königshausen Neumann, S. 149–174.
8. Is the Idea of the Good Beyond Being? Plato's *epekeina tês ousias* Revisited (*Republic* 6, 509b8–10); Quelle: Nails, D./Tarrant, H. (Hrsg.), *Second Sailing: Alternative Perspectives on Plato, in Collaboration with M. Kajava and E. Salmenkivi*, Espoo 2015: Wellprint Oy, S. 197–203.
9. Warum hat Platon die ‚Ungeschriebene Lehre' nicht geschrieben? – Einige vorläufige Bemerkungen; Quelle: Rossetti, L. (Hrsg.), *Understanding the* Phaedrus. *Proceedings of the Second Symposium Platonicum*, Sankt Augustin 1993, 2016[2]: Academia Verlag, S. 138–155.
10. Who is the Measure of All Things in Plato? (unpublished).
11. Plato's „Parhelia": Beauty, Symmetry and Truth. Some Comments Concerning Semantic Monism and Pluralism of the „Good" in the *Philebus* (65a1–5); Quelle: *Elenchos, Rivista di Studi sul Pensiero Antico* 31 (2010), S. 51–76.
12. Für eine propädeutische Lektüre des *Politikos*; Quelle: Rowe, Ch. J. (Hrsg.), *Reading the Statesman. Proceedings of the III Symposium Platonicum*, Sankt Augustin 1995: Academia Verlag, S. 63–74.
13. „Auf diese Weise nun gebe ich selbst meine Stimme ab" – Einige Bemerkungen zu Platons später Ideenlehre unter besonderer Berücksichtigung des *Timaios*; Quelle: *Gymnasium: Zeitschrift für Kultur der Antike und Humanistische Bildung* 105 (1998), Universitätsverlag Winter, S. 419–444.

Der Verfasser dankt allen Verlagen für die Erlaubnis zum Wiederabdruck.

14. Das Paradox von der Philosophenherrschaft im *Staat*, *Staatsmann* und in den *Gesetzen*. Einige Bemerkungen zur Einheit und Variation des platonischen Denkens; Quelle: Karfík, F./Euree, S. (Hrsg.), *Plato Revived. Essays on Ancient Platonism in Honour of Dominic J. O'Meara*, in: *Quellen und Studien zur Altertumswissenschaft*, 317, hrsg. v. Erler, M./Gall, D./Koenen, L./Zintzen, C., Berlin 2013: De Gruyter, S. 261–277.
15. Hat Platon in der ‚Ungeschriebenen Lehre' eine „Dogmatische Metaphysik und Systematik" vertreten? Einige Bemerkungen zum Status Quaestionis; Quelle: *Méthexis, Revista argentina de filosofía antigua* 6 (1993), Sankt Augustin: Academia Verlag, S. 37–54.
16. Die „metaphysische Perle" im „Sumpf der Tropen": Einige Bemerkungen zur aristotelischen *Metaphysik*, Z 17, 1041b4–9; Quelle: *Allgemeine Zeitschrift für Philosophie* 26 (2001), S. 61–75.
17. Platon und Kant; Quelle: Neschke-Hentschke, A. (Hrsg.), *Argumenta in dialogos Platonis. Teil 1: Platoninterpretation und ihre Hermeneutik von der Antike bis zum Beginn des 19. Jahrhunderts*, Basel 2010: Schwabe, S. 371–390.
18. „The Origins of Objectivity in Communal Discussion". Einige Bemerkungen zu Gadamers und Davidsons Interpretationen des *Philebos*; Quelle: Gill, Ch./Renaud, F. (Hrsg.), *Hermeneutic Philosophy and Plato. Gadamer's Response to the* Philebus, Sankt Augustin 2010: Academia Verlag, S. 211–242.

Erwähnte Literatur

Adam, J. / Rees, D., *The Republic of Plato*, Cambridge 1963
Albert, K., *Über Platons Begriff der Philosophie*, in: *Beiträge zur Philosophie* 1, Sankt Augustin 1989
Allen, M. B., *Ficino's* Apology *Epitome and His Letter to Ferobanti*, in: *Synoptic Art. Marsilio Ficino on the History of Platonic Interpretation*, Studi e testi / Istituto Nazionale di Studi sul Rinascimento 40, Firenze 1998
Allen, R. E. (Hrsg.), *Studies in Plato's Metaphysics*, London 1965
Allen, R. E., *Plato's* Parmenides. *Translation and Analysis*, Oxford 1983
Angelelli, I. (Hrsg.), *Gottlob Frege. Kleine Schriften*, Hildesheim 1967
Apelt, O., *Platons Dialoge* Charmides, Lysis, Menexenos, Leipzig 1918 [Apelt, *Lysis*, 1918]
Apelt, O., *Platons Dialog* Politikos *oder* Vom Staatsmann, 2. Aufl., Leipzig 1922 [Apelt, *Politikos*, 1922a]
Apelt, O., *Platons Dialog* Philebos, Leipzig 1922 [Apelt, *Philebos*, 1922b]
Apelt, O., *Platons Dialoge* Timaios *und* Kritias, 2., durchgesehene Aufl., Leipzig 1922 [Apelt, *Timaios*, 1922c]
Apelt, O., *Platon. Der Staat*, 3. Aufl., Leipzig 1923 [Apelt, *Staat*, 1923a]
Apelt, O., *Platon. Gastmahl*, Leipzig 1923 [Apelt, *Gastmahl*, 1923b]
Apelt, O., *Platon,* Phaidon *oder über die Unsterblichkeit der Seele*, 3. Aufl., Leipzig 1928
Arpe, C., *Das ti ên einai bei Aristoteles*, Hamburg 1938
Arpe, C., „Substantia", in: *Philologus* 94 (1941), S. 65–78
Averroes, *Die Metaphysik des Averroes. Nach dem Arabischen übersetzt und erläutert von M. Horten*, in: Erdmann, B. (Hrsg.), *Abhandlungen zur Philosophie und ihrer Geschichte* 36 (1912), Nachdruck Frankfurt a. M. 1960
Ayer, A. J., *Sprache, Wahrheit und Logik*, aus dem Englischen übers. und hrsg. v. H. Herring, Stuttgart 1970
Bailey, D. T. J., „Logic and Music in Plato's *Phaedo*", in: *Phronesis* 50 (2005), S. 95–115
Baltes, M., „Is the Idea of the Good in Plato's *Republic* Beyond Being?", in: Joyal, M. (Hrsg.), *Studies in Plato and the Platonic Tradition. Essays Presented to J. Whittaker*, Aldershot, Hampshire 1997, S. 3–23 [wiederabgedruckt in: M. Baltes, *Dianoêmata. Kleine Schriften zu Platon und zum Platonismus*, Stuttgart / Leipzig 1999, S. 351–371]
Baltes, M., „Zum Status der Ideen in Platons Frühdialogen *Charmides, Euthydemos, Lysis*", in: Robinson, Th. M. / Brisson, L. (Hrsg.), *Plato. Euthydemos, Lysis, Charmides. Proceedings of the V Symposium Platonicum*, Sankt Augustin 2000, S. 317–323
Baltes, M. / Lakmann, M.-L., „Idea (dottrina delle idee)", in: Fronterotta, F. / Leszl, W. (Hrsg.), *Eidos – Idea. Platone, Aristotele e la tradizione platonica*, Sankt Augustin 2005, S. 1–24
Barnes, J., „Philodemus and the Old Academy", in: *Apeiron* 22 (1989), S. 139–148
Barnes, J., *The Toils of Scepticism*, Cambridge et. al. 1990
Barnes, J., *Aristotle's* Posterior Analytics. *Translated with a Commentary*, 2. Aufl., Oxford 1994
Bassenge, F., „Das *to heni einai, to agathô(i) einai* etc. etc. und das *to ti ên einai* bei Aristoteles", in: *Philologus* 104 (1960), S. 14–47, S. 201–222
Benson, H. H., *Socratic Wisdom: The Model of Knowledge in Plato's Early Dialogues*, Oxford 2000

Berkel, T. A. v., „Made to Measure, Protagoras' Metron", in: Ophuijsen, J. M. v. / Raalte, M. v. / Stork, P. (Hrsg.), *Protagoras of Abdera. The Man, His Measure*, Leiden / Boston 2013, S. 37–67

Berlin, I., *Liberty*, Oxford 2002

Berti, E., „L'idea del Bene in relazione alla dialettica", in: Reale, G. / Scolnicov, S. (Hrsg.), *New Images of Plato: Dialogues on the Idea of the Good*, Sankt Augustin 2002, S. 307–317

Bluck, R. S., *Plato's Meno. Edited with Introduction and Commentary*, Cambridge 1961

Bobonich, Ch., „Plato on *Akrasia* and Knowing Your Own Mind", in: Bobonich, Ch. / Destrée, D. (Hrsg.), Akrasia *in Greek Philosophy: From Socrates to Plotinus*, Leiden 2007, S. 41–60

Boeckh, A., „Rez. der Abhandlung J. F. Herbarts *De Platonis systematis fundamento commentatio*, Göttingen 1805", in: *Jenaische Allgemeine Literatur-Zeitung* 1808, S. 561–571 [Zit. nach dem Abdruck in: J. F. Herbart, *Sämtliche Werke*, in chronologischer Reihenfolge hrsg. v. K. Kehrbach und O. Flügel, Langensalz 1887, Bd 1. Zit. nach dem Neudruck der Ausgabe, Aalen 1964, S. 334–342] [Boeckh, 1808]

Boeckh, A., „Die Idee der Philologie oder ihr Begriff, Umfang und höchster Zweck", in: Bratuscheck, E. (Hrsg.), *Enzyklopädie und Methodologie der philologischen Wissenschaften*, Leipzig 1877, S. 2–29

Boethius, A. M. T. S., *Philosophiae consolationis libri V*, Savigliano ohne Jahresangabe (um 1474) [Zit. nach: Weinberger, W., *Corpus Scriptorum Ecclesiasticorum Latinorum* 67, Wien 1934]

Böhme, G., *Der Typ Sokrates*, Frankfurt 1988

Bonitz, H., *Disp. Platonicae duae: de idea boni; de animae mundanae apud Platonem elementis*, Dresden 1837

Bostock, D., *Plato's* Phaedo, Oxford 1986

Brentano, F., *Psychologie vom empirischen Standpunkt, II, Von der Klassifikation der psychischen Phänomene, mit Einleitung, Anmerkungen und Register*, hrsg. v. O. Kraus, Hamburg 1925

Brentano, F., *Versuch über die Erkenntnis*, aus seinem Nachlass hrsg. v. A. Kastil, erweitert und neu eingeleitet v. F. Mayer-Hillebrand, 2. Aufl., Hamburg 1970 (1. Aufl. 1926)

Brentano, F., *Psychology from an Empirical Standpoint. Translated by A. C. Rancurello / D. B. Terrelland / L. L. McAlister*, London 1973

Brickhouse, Th. / Smith, N. D., *Socratic Moral Psychology*, Cambridge 2010

Brisson, L., Timée / Critias. *Traduction inédite, introduction et notes avec la collaboration de M. Patillon pour la traduction*, Paris 1992

Brisson, L., „La Lettre VII de Platon, une autobiographie?", in: Baslez, M. F. / Hoffmann, Ph. / Pernot, L. (Hrsg.), *L'invention de l'autobiographie d'Hésiode à saint Augustin*, Paris 1993, S. 37–46

Brisson, L., *Le même et l'autre dans la structure ontologique du* Timée *de Platon. Un commentaire systématique du* Timée *de Platon. Seconde édition revue, pourvue de Corrigenda, d'Addenda, d'Index révisés et surtout d'une Bibliographie analytique nouvelle*, Sankt Augustin 1994 (1. Aufl. Paris 1974) [Brisson, 1994a]

Brisson, L., Parménide. *Traduction inédite, introduction et notes*, Paris 1994 [Brisson, 1994b]

Brisson, L., *Platon. Apologie de Socrate, Criton. Traductions inédites, introductions et notes*, Paris 1997

Brisson, L., „La Lettre VII de Platon. Une autobiographie?", in: Brisson, L., *Lectures de Platon*, Paris 2000, S. 16–24 [Brisson, 2000a]

Brisson, L., „Présupposés et conséquences d'une interprétation ésotériste de Platon", in: Brisson, L., *Lectures de Platon*, Paris 2000, S. 43–110, Annexe 3, S. 83–87 [Brisson, 2000b]
Brisson, L., „L'approche traditionnelle de Platon par H. F. Cherniss", Typoskript 2000, mit kleinen Modifikationen unter demselben Titel erschienen in: Reale, G. / Scolnicov, S. (Hrsg.), *New Images of Plato – Dialogues on the Idea of the Good*, Sankt Augustin 2002, S. 85–95 [Brisson, 2002a]
Brisson, L., „L'approche traditionnelle de Platon par H. F. Cherniss", in: Reale, G. / Scolnicov, S. (Hrsg.), *New Images of Plato – Dialogues on the Idea of the Good*, Sankt Augustin 2002, S. 85–97 [Brisson, 2002b]
Brisson, L., „L'histoire de l'Academie et la tradition platonicienne", in: Brisson, L. / Fronterotta, F. (Hrsg.), *Lire Platon*, Paris 2006, S. 249–260
Brisson, L., „Le tyran dans les *Lois:* la violance fondatrice. Une lecture de *Leg.* IV 709d–712a", in: Gastaldi, S. / Pradeau, J.-F. (Hrsg.), *Le philosophe, le roi, le tyran. Etudes sur les figures royale et tyrannique dans la penséee politique grecque et sa postérité*, Sankt Augustin 2009, S. 131–138
Brisson, L. / Castelnérac, B. / Plin, F., *Platon 1995–2000. Bibliographie*, Paris 2004
Brisson, L. / Plin, F., *Platon 1990–1995. Bibliographie*, Paris 1999
Brisson, L. / Pradeau, J.-F., *Platon. Le Politique*, Paris 2003
Bröcker, W., „Der philosophische Exkurs in Platons Siebentem Brief", in: *Hermes* 91 (1963), S. 417–425
Bröcker, W., „Nachtrag zum philosophischen Exkurs in Platons Siebentem Brief", in: *Hermes* 93 (1965), S. 132
Brumbaugh, R. S., „Digression and Dialogue: The Seventh Letter and Plato's Literary Form", Griswold, Ch. L. (Hrsg.), *Platonic Writings / Platonic Readings*, University Park, PA 1988, S. 84–92
Bubner, R., „Platon – der Vater aller Schwärmerei. Zu Kants Aufsatz ‚Von einem neuerdings erhobenen vornehmen Ton in der Philosophie'", in: Bubner, R., *Antike Themen und ihre moderne Verwandlung*, Frankfurt a. M. 1992, S. 80–93
Burkert, W., „Star Wars or One Stable World? A Problem of Presocratic Cosmogony (PD erv. Col. XXV)", in: Laks, A. / Most, G. W. (Hrsg.), *Studies on the Derveni Papyrus*, Oxford 1997, S. 167–174
Burkert, W., „Neanthes von Kyzikos über Platon", in: *Museum Helveticum* 57 (2000), S. 76–80
Burnet, J., *Plato's* Phaedo, Oxford 1911
Burnet, J., *Greek Philosophy*, I, *Thales to Plato*, London 1920 (1. Aufl. 1914) [Burnet, 1920]
Burnet, J., *Plato. Euthyphro, Apology of Socrates, Crito. Edited with Notes*, Oxford 1924
Burnyeat, M. F., „Socrates and the Jury: Paradoxes in Plato's Distinction Between Knowledge and True Belief", in: *Proceedings of the Aristotelian Society*, Suppl. Vol. 54 (1980), S. 173–191 [Burnyeat, 1980a]
Burnyeat, M. F., „Aristotle on Learning to be Good", in: Oksenberg Rorty, A. (Hrsg.), *Essays on Aristotle's Ethics*, Berkeley et al. 1980, S. 69–92 [Burnyeat, 1980b]
Burnyeat, M. F., „Platonism and Mathematics. A Prelude to Discussion", in: Graeser, A. (Hrsg.), *Mathematics and Metaphysics in Aristotle. Akten des X. Symposium Aristotelicum*, Bern / Stuttgart 1987, S. 213–240
Burnyeat, M. F., *The* Theaetetus *of Plato*, Indianapolis 1990
Burnyeat, M. F. (Hrsg.), *Socratic Studies*, Cambridge 1994

Burnyeat, M. F., „Plato", in: *Proceedings of the British Academy* 111 (2000), S. 1–22

Burnyeat, M. F., „The Truth of Tripartition", in: *Proceedings of the Aristotelian Society* 106 (2006), S. 1–23

Burnyeat, M. / Frede, M., *The Pseudo-Platonic Seventh Letter. Edited by D. Scott*, Oxford 2015

Bury, R. G., *The Philebus of Plato. Edited with Introduction, Notes and Appendices*, Cambridge 1897

Bury, R. G., *The Symposium of Plato*, 2. Aufl., Cambridge 1932

Calogero, G., „Gorgias and the Socratic Principle *Nemo Sua Sponte Peccat*", in: *Journal of Hellenic Studies* 77 (1957), S. 12–17

Calvo, T. / Brisson, L. (Hrsg.), *Interpreting the Timaeus-Critias. Proceedings of the IV Symposium Platonicum*, Sankt Augustin 1997

Campbell, L., *The Sophistes and Politicus of Plato. A Revised Text and English Notes*, Oxford 1867 [Nachdruck: New York 1973]

Cantor, G., *Grundlagen einer allgemeinen Mannigfaltigkeitslehre*, Leipzig 1883 [Zit. nach: *Gesammelte Abhandlungen, mathematischen und philosophischen Inhalts. Mit erläuternden Anmerkungen sowie mit Ergänzungen aus dem Briefwechsel Cantor–Dedekind*, hrsg. v. E. Zermelo, nebst einem Lebenslauf von A. Fraenkel, Berlin 1932. Nachdruck Hildesheim 1966]

Carone, G. R., „*Akrasia* in the *Republic:* Does Plato Change His Mind?", in: *Oxford Studies in Ancient Philosophy* 20 (2001), S. 107–148

Casertano, G., *Fedone, o dell'anima: drama etico in tre atti*, Neapel 2015

Centrone, B., „Rez. v. Ferber, *Platos Idee des Guten*, Zweite, durchgesehene und erweiterte Auflage, St. Augustin 1989", in: *Elenchos, Rivista di Studi sul Pensiero Antico* 11 (1990), S. 360–364

Centrone, B., „Personal Immortality in Plato. Another Noble Lie", in: Migliori, M. / Napolitano Valditara, L. M. / Fermani, A. (Hrsg.), *Inner Life and Soul*, Sankt Augustin 2012, S. 71–84

Chappell, T., *Reading Plato's Theaetetus. Translation and Commentary*, in: *International Plato Studies* 20, Sankt Augustin 2005

Charles, D., *Aristotle on Meaning and Essence*, Oxford 2000

Chen, L. C. H., *Acquiring Knowledge of the Ideas. A Study of Plato's Methods in the Phaedo, the Symposium and the Central Books of the Republic*, Stuttgart 1992

Cherniss, H., *Aristotle's Criticism of Plato and the Academy*, I, Baltimore 1944

Cherniss, H., *The Riddle of the Early Academy*, Berkeley 1945

Cherniss, H., „Some War-Time Publications Concerning Plato", in: *American Journal of Philology* 68 (1947), S. 113–146, S. 225–265

Cherniss, H., „The Relation of the *Timaeus* to Plato's Later Dialogues", in: *Ancient Journal for Philology* 15 (1957), S. 113–130 [Abgedr. in: Allen, R. E. (Hrsg.), *Studies in Plato's Metaphysics*, London 1965, S. 339–378]

Cherniss, H., *Die Ältere Akademie. Ein historisches Rätsel und seine Lösung*, übers. v. J. Derbolav, Heidelberg 1966

Cherniss, H., „A Much Misread Passage of the *Timaeus*", in: *American Journal of Philology* 75 (1954), S. 113–130 [Abgedr. in: Tarán, L. (Hrsg.), *Selected Papers*, Leiden 1977, S. 346–363]

Chiaradonna, R., „Esegesi e sistema in Plotino", in: Neschke-Hentschke, A. (Hrsg.), *Argumenta in dialogos Platonis. Teil 1: Platoninterpretation und ihre Hermeneutik von der Antike bis zum Beginn des 19. Jahrhunderts*, Basel 2010, S. 101–118

Christ, W., *Aristotelis Metaphysica,* Leipzig 1885
Collinge, N. E., „The Senate and the Essence", in: *Glotta* 49 (1971), S. 218–229
Cornford, F. M., *Plato's Theory of Knowledge, The* Theaetetus *and* the Sophist *of Plato*, London 1935
Cornford, F. M., *Plato's Cosmology. The* Timaeus *Translated with a Running Commentary*, London / New York 1937
Cornford, F. M., „The Doctrine of Eros in Plato's *Symposium*", in: Cornford, F. M., *The Unwritten Philosophy and Other Essays*, Cambridge 1950, S. 68–80
Cornford, F. M., „Mathematics and Dialectic in the *Republic* VI–VII", in: *Mind* 41 (1932), S. 27–52, S. 173–190 [Abgedr. in: Allen, R. E. (Hrsg.), *Studies in Plato's Metaphysics*, London / New York 1965, S. 61–95]
Costa, I., „Conoscere attraverso immagini nel FEDONE", in: Eustacchi, F. / Migliori, M. (Hrsg.), *Per la Rinascita di un pensiero critico contemporaneo. Il contributo degli antichi*, Mailand 2017, S. 137–148
Coulter, J. A., „The Relation of the *Apology of Socrates* to Gorgias' *Defense of Palamedes* and Plato's Critique of Gorgianic Rhetoric", in: *Harvard Studies in Classical Philology* 68 (1964), S. 269–303
Cresswell, M. J., „What is Aristotle's Theory of Universals?", in: *Australian Journal of Philosophy* 53 (1975), S. 238–247
Crombie, I. M., *An Examination of Plato's Doctrines*, 2, *Plato on Knowledge and Reality*, London 1963
Cross, R. C. / Woozley, A. D., *Plato's* Republic. *A Philosophical Commentary*, London 1964
Damschen, G., „Grenzen des Gesprächs über Ideen. Die Formen des Wissens und die Notwendigkeit der Ideen in Platons *Parmenides*", in: Damschen, G. / Enskat, R. / Vigo, A. G. (Hrsg.), *Platon und Aristoteles – sub ratione veritatis*, Göttingen 2003, S. 31–75
Dancy, R. M., *Plato's Introduction of Forms*, Cambridge 2004
Davidson, D., *Plato's* Philebus, New York / London 1990
Davidson, D., „An Intellectual Autobiography", in: Hahn, L. E. (Hrsg.), *The Philosophy of Donald Davidson* (Series: *The Library of Living Philosophers* 23), Chicago / La Salle 1999, S. 3–70 [Davidson, 1999a]
Davidson, D., „Reply to Thomas Nagel", in: Hahn, L. E. (Hrsg.), *The Philosophy of Donald Davidson, The Library of Living Philosophers* 23, Chicago / La Salle 1999, S. 207–209 [Davidson, 1999b]
Davidson, D., „A Coherence Theory of Truth and Knowledge" (1983), in: Davidson, D., *Subjective, Intersubjective, Objective*, Oxford 2001, S. 137–153 [Davidson, 2001a]
Davidson, D., „Afterthoughts" (1987), in: Davidson, D., *Subjective, Intersubjective, Objective*, Oxford 2001, S. 154–157 [Davidson, 2001b]
Davidson, D., „Dialectic and Dialogue", in: Davidson, D., *Truth, Language and History*, Oxford 2005, S. 251–259 [Davidson, 2005a]
Davidson, D., „Gadamer and Plato's *Philebus*", in: Davidson, D., *Truth, Language and History*, Oxford 2005, S. 261–276 [Davidson, 2005b]
Davidson, D., *Truth and Predication*, Cambridge / London 2005 [Davidson, 2005c]
Davidson, D., „Plato's Philosopher", in: *The London Review of Books* 7 (1985), S. 14–17 [Wiederabgedruckt in: Davidson, D., *Plato's* Philebus, New York 1990, S. 1–15, und in: Davidson, D., *Truth, Language and History*, Oxford 2005, S. 223–240] [Davidson, 2005d]

Delcomminette, S., *Le* Philèbe *de Platon: introduction al'agathologie platonicienne*, Leiden 2006
Delcomminette, S., „Aristote et le *Phédon*", in: Delcomminette, S. / D'Hoine, P. / Gavray, M.-A. (Hrsg.), *Ancient Readings of Plato's* Phaedo, Leiden / Boston 2015, S. 19 – 36
Demos, R., *The Philosophy of Plato*, New York 1939
Denyer, N., „The *Phaedo's* Final Argument", in: Scott, D. (Hrsg.), *Maieusis: Essays in Ancient Philosophy in Honour of Myles Burnyeat*, Oxford 2007, S. 87 – 97
Descartes, R., *Meditationes de Prima Philosophia*, Paris 1641
Descartes, R., *Meditations on First Philosophy*, Cambridge 1996
Detel, W., „Eine terminologische Rekonstruktion von Arist. Cat. 1 – 5", in: Enskat, R. (Hrsg.), *Amicus Plato magis amica veritas. Festschrift für Wolfgang Wieland zum 65. Geburtstag*, Berlin / New York 1998, S. 60 – 81 [Detel, 1998a]
Detel, W., „Metaphysik und Wissenschaftstheorie bei Aristoteles", in: *Internationale Zeitschrift für Philosophie* 1998, S. 199 – 229 [Detel, 1998b]
Diès, A., *Autour de Platon. Essais de crtitique et d'histoire*, II, *Les Dialogues – Esquisses Doctrinales*, Paris 1927
Diès, A., *Le* Politique, *dans* Platon, Oeuvres completes, IX, Ire partie, Paris 1935
Diès, A., *Philèbe, texte etabli et traduit*, Paris 1949
Diès, A., „Introduction", in: *Platon, Oeuvres complètes, VI, La* République, *Livres I–III, texte établi et traduit par E. Chambry*, Paris 1959
Dillon, J., *The Heirs of Plato*, Oxford 2003
Dixsaut, M., *Platon. Phédon, traduction nouvelle, introduction et notes*, Paris 1991
Dixsaut, M., *Métamorphoses de la dialectique dans les dialogues de Platon*, Paris 2001
Dixsaut, M., *Platon. Le désir de comprendre*, Paris 2003
Dixsaut, M., „Encore une fois le Bien", in: Dixsaut, M. / Teisserenc, F. (Hrsg.), *Études sur la* République *de Platon*, II: *De la science, du bien et des mythes*, Paris 2005, S. 225 – 254
Dodds, E. R., *The Greeks and the Irrational*, Berkeley 1951
Dodds, E. R., *Plato's Gorgias*, Oxford 1959
Dorandi, T. (Hrsg.), *Storia dei Filosofi, Platone e l'Accademia (PHerc. 1021 e 164), Filodemo*, ed., trad. e commento a cura di T. Dorandi, in: *Academicorum philosophorum index Herculanensis*, Neapel 1991
Döring, K., *Sokrates, die Sokratiker und die von ihnen begründeten Traditionen*, in: Ueberweg, F. / Flashar, H. (Hrsg.), *Grundriss der Geschichte der Philosophie. Die Philosophie der Antike, 2/1: Sophistik, Sokrates, Sokratik, Mathematik, Medizin*, Basel 1998, S. 139 – 364
Dörrie, H., „Les sources de Plotin", in: *Entretiens sur l'Antiquité classique V*, Vandoeuvres / Genève 1960, S. 3 – 32
Düsing, K., „Ontologie bei Aristoteles und Hegel", in: *Hegel-Studien* 32 (1997), S. 61 – 92
Düsing, K., *Hegel e l'Antichità classica, a cura e con una postfazione di S. Giammusso*, Neapel 2001
Eberle, St., „Rez. von Nortmann, 1997", in: *Archiv für Geschichte der Philosophie* 82 (2000), S. 218 – 224
Ebert, Th., *Meinung und Wissen in der Philosophie Platons. Untersuchungen zum* Charmides, Menon *und* Staat, Berlin / New York 1974
Ebert, Th., „IMMORTALITAS oder IMMATERIALITAS. Zum Untertitel von Descartes' Meditationen", in: *Archiv für Geschichte der Philosophie* 74 (1992), S. 180 – 202
Ebert, Th., *Platon*, Phaidon. *Übersetzung und Kommentar*, Göttingen 2004

Edelstein, L., „Platonic Anonymity", in: *American Journal of Philology* 83 (1962), S. 1–22
Eder, W., „Die ungeschriebene Lehre Platons: Zur Datierung des Platonischen Vortrags ‚Über das Gute'", in: Kalcyk, H. / Gullath, B. / Graeber, A. (Hrsg.), *Studien zur Alten Geschichte. Festschrift für S. Lauffer*, Band I, Rom 1986, S. 207–235
Egger, J. P., *Platons* Phaedon, *ästhetisch gewürdigt. II. Teil: Phädon, eine Tragödie*, Solothurn 1900
El Murr, D., „The Ethical Importance of the Idea of the Good in Plato's *Republic*", in: *Proceedings of the IX Symposium Platonicum*, Tokyo, 2–7 August 2010 (unveröffentlicht) [Mit Modifikationen erschienen unter dem Titel: „Why the Good?, Reality and the Desire of the Good in *Republic*, VI, 504b–506d", in: *Methexis* 27 (2014), S. 47–60] [El Murr, 2010]
El Murr, D., „Reflective Commentary (2): Appearance, Reality and the Desire for the Good", in: Goy-Stone, G. / El Murr, D. / Gill, Ch. (Hrsg.), *The Platonic Art of Philosophy*, Oxford 2013, S. 122–129
Emerson, R. W., *Representative Men*, London 1850 [Zit. nach: Bosco, R. A. (Hrsg.), *The Collected Works of Ralph Waldo Emerson*, V, Cambridge, Mass. 1987]
Erler, M., *Der Sinn der Aporien in den Dialogen Platons. Übungsstücke zur Anleitung im philosophischen Denken*, Berlin 1987
Erler, M., *Platon*, in: Ueberweg, F. / Holzhey, H. (Hrsg.), *Die Philosophie der Antike. Grundriss der Geschichte der Philosophie*, Band 2/2, Basel 2007
Ferber, R., „Phänomenologische Interpretationen antiker Autoren" (R. Ferber über Band 5 und 6 von Gadamers *Gesammelten Werken*), in: *Information Philosophie* 14 (1986), Heft 2, S. 28–30
Ferber, R., *Platos Idee des Guten*, 2., durchgesehene und erweiterte Aufl., Sankt Augustin 1989 (1. Aufl. 1984)
Ferber, R., „Sokrates: Tugend ist Wissen", in: *Elenchos, Rivista di Studi sul Pensiero Antico* 11 (1991), S. 39–66 [Ferber, 1991a]
Ferber, R., *Die Unwissenheit des Philosophen oder Warum hat Plato die „ungeschriebene Lehre" nicht geschrieben?*, Sankt Augustin 1991 [Ferber, 1991b]
Ferber, R., „Rez. v. K. Albert: ‚Über Platons Begriff der Philosophie' (Sankt Augustin 1989)", in: *Gnomon* 64 (1992), S. 662–667 [Ferber, 1992a]
Ferber, R., „Warum hat Plato die „ungeschriebene Lehre" nicht geschrieben – Einige vorläufige Bemerkungen", in: Rossetti, L. (Hrsg.), *Understanding the* Phaedrus, Sankt Augustin 1992, S. 121–138 [Ferber, 1992b]
Ferber, R., „Hat Plato in der ‚ungeschriebenen Lehre' eine dogmatische Metaphysik und Systematik vertreten? Einige Bemerkungen zum Status Quaestionis", in: *Methexis* 6 (1993), S. 37–54 [Ferber, 1993a]
Ferber, R., „‚Da sagte Glaukon in sehr lächerlichem Ton …' (R. 509c1–2) – Ein obszöner Witz Platos?", in: *Archiv für Geschichte der Philosophie* 75 (1993), S. 211–212 [Ferber, 1993b]
Ferber, R., „Für eine propädeutische Lektüre des *Politicus*", in: Rowe, CH. J. (Hrsg.), *Reading the* Statesman. *Proceedings of the III Symposium Platonicum, International Plato Studies 2*, Sankt Augustin 1995, S. 63–74 [Ferber, 1995a]
Ferber, R., *Platon, vorgestellt und ausgewählt von R. Ferber*, München 1995 [Ferber, 1995b]
Ferber, R., „Why Did Plato Maintain the ‚Theory of Ideas' in the *Timaeus*?", in: Calvo, T. / Brisson, L. (Hrsg.), *Proceedings of the Fourth Symposium Platonicum. Granada. Selected Papers*, Sankt Augustin 1997, S. 179–186 [Ferber, 1997a]

Ferber, R., „Perché Platone nel *Timeo* torna a sostenere la dottrina delle idee", in: *Elenchos, Rivista di Studi sul Pensiero Antico* 18 (1997), S. 5–27 [Erweiterte italienische Fassung von [Ferber, 1997a]] [Ferber, 1997b]

Ferber, R., „‚Auf diese Weise nun gebe ich selbst meine Stimme ab' – Einige Bemerkungen zu Platons später Ideenlehre unter besonderer Berücksichtigung des *Timaios*", in: *Gymnasium* 105 (1998), S. 419–444 [Erweiterte deutsche Fassung von [Ferber, 1997a]] [Ferber, 1998a]

Ferber, R., „Did Plato ever Reply to Those Critics, who Reproached Him for ‚Emptiness of the Platonic Idea or Form of the Good'?", in: Ostenfeld, E. N. (Hrsg.), *Essays on Plato's Republic*, Aarhus 1998, S. 51–58 [Ferber, 1998b]

Ferber, R., „‚The Occurrence of an Essence': ‚Dies aber ist die Ousia'. Einige Bemerkungen zur aristotelischen *Metaphysik*, Z 17, 1041b4–9", in: *Allgemeine Zeitschrift für Philosophie* 26 (2001), S. 61–75 [Erweitert in: Lazzari, A. (Hrsg.), *Metamorphosen der Vernunft: Festschrift für Karen Gloy*, Würzburg 2003, S. 63–82] [Ferber, 2001]

Ferber, R., „L'idea del bene é non é trascendente. Ancora su EPEKEINA TÊS OUSIAS", in: Bonazzi, M. / Trabattoni, F. (Hrsg.), *Platone e la tradizione platonica. Studi di filosofia antica*, Mailand 2003, S. 127–149 [Ferber, 2003a]

Ferber, R., *Philosophische Grundbegriffe 2*, München 2003 [Ferber, 2003b]

Ferber, R., „Warum und wie sich die philosophische Ethik im Verlauf der Neuzeit von der theologischen Ethik emanzipiert hat", in: *Ethica, Wissenschaft und Verantwortung* 12 (2004), S. 346–363

Ferber, R., „Ist die Idee des Guten nicht transzendent oder ist sie es doch? Nochmals Platons EPEKEINA TÊS OUSIAS", in: Barbarić, D. (Hrsg.), *Platon über das Gute und die Gerechtigkeit / Plato on Goodness and Justice / Platone sul Bene e sulla Giustizia*, Würzburg 2005, S. 149–174 [Erweiterte Version von [Ferber, 2003a]]

Ferber, R., *Warum hat Platon die „ungeschriebene Lehre" nicht geschrieben?*, 2., durchgesehene und um eine Retraktation erweiterte Aufl. von [Ferber, 1991b], München 2007 [Ferber, 2007a]

Ferber, R., „What Did Socrates Know and How Did He Know It?", in: Erler, M. / Brisson, L. (Hrsg.), *Gorgias – Menon. Selected Papers from the Seventh Symposium Platonicum*, Sankt Augustin 2007, S. 263–267 [Ferber, 2007b]

Ferber, R., „Was und wie hat Sokrates gewusst?", in: *Elenchos, Rivista di Studi sul Pensiero Antico* 28 (2007), S. 5–39 [Erweiterte deutsche Fassung von [Ferber, 2007b]] [Ferber, 2007c]

Ferber, R., *Philosophische Grundbegriffe 1*, 8., durchgesehene Aufl., München 2009 (1. Aufl. 1994) [Ferber, 2009a]

Ferber, R., *Concettii fondamentali della filosofia*, I, Torino 2009 [Ferber, 2009b]

Ferber, R., „The Origins of Objectivity in Communal Discussion. Einige Bemerkungen zu Gadamers und Davidsons Interpretationen des *Philebos*", in: Renaud, F. / Gill, Ch. (Hrsg.), *Hermeneutic Philosophy and Plato. Gadamer's Response to the* Philebus (*Studies in Ancient Philosophy* 10), Sankt Augustin 2010, S. 211–242 [Ferber, 2010a]

Ferber, R., „Platons Nebensonnen: Schönheit, Symmetrie und Wahrheit – Einige Bemerkungen zum semantischen Monismus und Pluralismus des ‚Guten' im *Philebos* (65a1–5)", in: Dillon, J. / Brisson, L. (Hrsg.), *Plato's* Philebus – *Selected Papers from the Eighth Symposium Platonicum* (*International Plato Studies* 26), Sankt Augustin 2010, S. 259–265 [Ferber, 2010b]

Ferber, R., „Plato's ‚Side Suns': Beauty, Symmetry and Truth. Comments Concerning Semantic Monism and Pluralism of the ‚Good' in the *Philebus* (65a1–5)", in: *Elenchos, Rivista di Studi sul Pensiero Antico* 31 (2010), S. 51–76 [Erweiterte englische Fassung von [Ferber, 2010b]] [Ferber, 2010c]

Ferber, R., „Platon und Kant", in: Neschke-Hentschke, A. (Hrsg.), *Argumenta in dialogos Platonis*. Teil 1: Platoninterpretation und ihre Hermeneutik von der Antike bis zum Beginn des 19. Jahrhunderts, Basel 2010, S. 371–390 [Ferber, 2010d]

Ferber, R., „*Ho de diōkei men hapasa psychē kai toutou heneka panta prattei*", in: Notomi, N. / Brisson, L. (Hrsg.), *Dialogues on Plato's* Politeia *(Republic)*. Selected Papers from the Ninth Symposium Platonicum, Sankt Augustin 2013, S. 233–241 [Ferber, 2013a]

Ferber, R. „Was jede Seele sucht und worumwillen sie alles tut", in: *Elenchos, Rivista di Studi sul Pensiero Antico* 34 (2013), S. 5–31 [Ferber, 2013b]

Ferber, R., „Das Paradox von der Philosophenherrschaft im *Staat, Staatsmann* und in den *Gesetzen*. Einige Bemerkungen zur Einheit und Variation des platonischen Denkens", in: Karfík, F. / Euree, S. (Hrsg), *Plato Revived. Essays on Ancient Platonism in Honour of Dominic J. O'Meara*, Berlin 2013, S. 261–277 [Ferber, 2013c]

Ferber, R., „Introduction to *Sophistae*", in: Luise, F. de / Stavru, A. (Hrsg.), *Socratica III*, Sankt Augustin 2014, S. 201–203

Ferber, R., *Key Concepts in Philosophy. An Introduction*. Trans. from German by L. Loeb, in: *Academia Philosophical Studies* 50, Sankt Augustin 2015 [Englische Übersetzung von [Ferber, 2009a]]

Ferber, R., „Plato as Teacher of Socrates?", in: Tulli, M. / Erler, M. (Hrsg.), *Plato in* Symposium: Selected Papers from the Tenth Symposium Platonicum, Sankt Augustin 2016, S. 443–448

Ferber, R., „*Deuteros Plous*, the Immortality of the Soul and the Ontological Argument for the Existence of God", in: Cornelli, G. / Robinson, Th. / Bravo, F. (Hrsg.), *Plato's* Phaedo. *Selected Papers from the Eleventh Symposium Platonicum*, Baden-Baden 2018, S. 221–230

Ferber, R., „Nachwort", in: *Platon, Apologie des Sokrates*, neu übersetzt und kommentiert v. R. Ferber, 2., überarbeitete und erweiterte Aufl., München 2019 (1. Aufl. 2011), S. 71–110

Ferber, R. / Damschen, G., „Is the Idea of the Good Beyond Being? Plato's *epekeina tēs ousias* Revisited (*Republic* 6, 509b8–10)", in: Nails, D. / Tarrant, H. (Hrsg.), *Second Sailing: Alternative Perspectives on Plato, in Collaboration with M. Kajava and E. Salmenkivi*, Espoo 2015, S. 197–203

Ferber, R. / Hiltbrunner, Th., „Enthält das Argument für die Ideen Ti. 51d3–52a7 einen Fehler?", in: *Gymnasium* 112 (2005), S. 461–467

Ferguson, A. S., „Plato's Simile of Light, I, The Simile of the Sun and the Line", in: *Classical Quarterly* 15 (1921), S. 131–152

Ferguson, A. S., „The Platonic Choice of Lives", in: *The Philosophical Quaterly* 1 (1950/1951), S. 13–33

Ferguson, J., „Sun, Line and Cave Again", in: *Classical Quarterly* 13 (1963), S. 188–193

Ferrari, F., „La causalità del bene nella *Repubblica* di Platone", in: *Elenchos, Rivista di Studi sul Pensiero Antico* 22 (2001), S. 5–37

Ferrari, F., „L'idea del bene: collocazione ontologica e funzione causale", in: *Platone. La Repubblica. Traduzione e commento a cura di M. Vegetti*, Elenchos 28/5, Neapel 2003, S. 287–325

Ficinus, M., *Omnia divinia Platonis opera, translatione Marsili Ficini, emendatione et ad Graecum codicem collatione Simonis Grynaei, summa diligentia repurgata, quibus subiectus et index quam copiosissimus*, Basileae in officina frobenia 1546

Ficinus, M., *PLATONIS PHILOSOPHI QUAE EXTANT graece ad editionem Henrici Stephani accurate expressa cum Marsilii Ficini interpretatione accedit varietas lectionis STUDIIS SOCIETATIS BIPONTINAE*, 4, Philebus vel de summo Bono. Ad morum doctrinam pertinens, ed. Bipontina, Biponti 1787

Fine, G., Peri Ideôn, *Aristotle's Criticism of Plato's Theory of Forms*, Oxford 1993

Fine, G., „Knowledge and Belief in *Republic* V–VII", in: Fine, G., *Plato on Knowledge and Forms: Selected Essays*, Oxford 2003, S. 225–251

Fine, G., „Knowledge and True Belief in the *Meno*", in: *Oxford Studies in Ancient Philosophy* 23 (2004), S. 41–81

Fine, G., „The ‚Two Worlds' Theory in the *Phaedo*", in: *British Journal for the History of Philosophy* 24 (2016), S. 557–572

Flashar, H., „Ältere Akademie. Aristoteles – Peripatos", in: *Die Philosophie der Antike*, 3, Basel/Stuttgart 1983

Floridi, L., *The Philosophy of Information*, Oxford 2011

Føllesdal, D., „Triangulation", in: Hahn, E. (Hrsg.), *The Philosophy of Donald Davidson* in: *The Library of Living Philosophers* 23, Chicago/La Salle 1999, S. 3–70, S. 719–728

Forcignanò, F., „Experiences Without Self-justification: The ‚Sticks and Stones' Argument in the *Phaedo*", in: Cornelli, G./Robinson, Th./Bravo, F. (Hrsg.), *Plato's Phaedo. Selected Papers from the Eleventh Symposium Platonicum*, Baden-Baden 2018, S. 249–254

Forschner, M., „Nachwort", in: Vorländer, K., *Geschichte der Philosophie mit Quellentexten, I, Altertum*, Hamburg 1990, S. 163–178

Frances, B., „Plato's Response to the Third Man Argument in the Paradoxical Exercise of the *Parmenides*", in: *Ancient Philosophy* 16 (1996), S. 47–62

Frankfurt, H. G., „Freedom of the Will and the Concept of a Person", in: *Journal of Philosophy* 48 (1971), S. 5–20

Frede, D., „The Final Proof of the Immortality of the Soul", in: *Phronesis* 23 (1978), S. 27–41

Frede, D., „Review of R. Ferber, *Platos Idee des Guten* (1984)", in: *The Review of Metaphysics* 39 (1985), S. 353–355

Frede, D., *Plato. Philebus. Translated with Introduction and Notes*, Indianapolis/Cambridge 1993

Frede, D., „The Hedonist's Conversion: The Role of Socrates in the *Philebus*", in: Gill, Ch./McCabe, M. M. (Hrsg.), *Form and Argument in Late Plato*, Oxford 1996, S. 213–248

Frede, D., Philebos, in: *Platon Werke, Übersetzung und Kommentar 3.2*, Göttingen 1997

Frede, D., *Platons Phaidon. Der Traum von der Unsterblichkeit der Seele*, Darmstadt 1999

Frede, D., „Life and Its Limitations: The Conception of Happiness in the *Philebus*", in: Dillon, J./Brisson, L. (Hrsg), *Plato's Philebus*, Sankt Augustin 2010, S. 3–16

Frede, M./Patzig, G., *Aristoteles. Metaphysik Z. Text, Übersetzung und Kommentar*, 2 Bde., München 1988

Frege, G., „Über Sinn und Bedeutung", in: *Zeitschrift für Philosophie und philosophische Kritik* 100 (1892), S. 25–50 [Nachdruck in: Angelelli, L. (Hrsg.), *Gottlob Frege. Kleine Schriften*, Hildesheim 1967, S. 143–162. Teile in englischer Übersetzung in: Geach, P./Black, M., *Translations from the Philosophical Writing of Gottlob Frege*, Oxford 1960, S. 60]

Frege, G., „Logik in der Mathematik", in: Frege, G., *Nachgelassene Schriften und Wissenschaftlicher Briefwechsel. Unter Mitwirkung von G. Gabriel und W. Rödding bearbeitet, eingeleitet und mit Anmerkungen versehen von H. Hermes, F. Kambartel, F. Kaulbach*, Hamburg 1969, S. 219–270

Frege, G., „Function and Concept", in: Beaney, M. (Hrsg), *The Frege Reader. Transl. Geach*, Malden/Oxford/Carlton 1997, S. 181–193

Friedländer, P., *Platon*, III: *Die platonischen Schriften, Zweite und Dritte Periode*, 2. Aufl., Berlin 1960

Friedländer, P., *Platon*, I: *Seinswahrheit und Lebenswirklichkeit*, 3., durchgesehene und ergänzte Aufl., Berlin 1964 [Friedländer, 1964a]

Friedländer, P., *Platon*, II: *Die platonischen Schriften, Erste Periode*, 3., durchgesehene und ergänzte Aufl., Berlin 1964 [Friedländer, 1964b]

Friedländer, P., *Platon*, III: *Die platonischen Schriften, Zweite und Dritte Periode*, 2. Aufl., Berlin 1960. Englische Übersetzung: Meyerhoff, London 1969

Fries, J. F., *Wissen, Glauben und Ahndung*, Jena 1805

Fritz, K. v., „Rez. von M. Schröder, *Zum Aufbau des Platonischen* Politikos (Diss. Berlin: Jena 1935)", in: *Gnomon* 12 (1936), S. 120–128

Fritz, K. v., „Die philosophische Stelle im siebten platonischen Brief und die Frage der ‚esoterischen' Philosophie Platons", in: *Phronesis* 11 (1966), S. 117–153

Fritz, K. v./Kapp, E., *Aristotle's Constitution of Athens and Related Texts*, New York 1950

Fronterotta, F., „Plato's *Republic* in the Recent Debate", in: *Journal of the History of Philosophy* 48 (2010), S. 125–151

Fujisawa, N., „*Echein, Metechein* and Idioms of ‚Paradeigmatism' in Plato's Theory of Forms", in: *Phronesis* 19 (1974), S. 30–58

Gabrieli, F., *Platone. La* Repubblica, *Libri V–X*, II, Mailand 1981

Gadamer, H.-G., *Platos Dialektische Ethik. Phänomenologische Interpretationen zum* Philebos, Hamburg 1931 [Nachdruck in: Gadamer, H.-G., *Platos dialektische Ethik und andere Studien zur platonischen Philosophie*, Hamburg 1968, XI–XIV, S. 1–178. Nachdruck in: Gadamer, H.-G., *Gesammelte Werke, 5, Griechische Philosophie*, Tübingen 1985, I, S. 3–163]

Gadamer, H.-G., *Wahrheit und Methode*, Tübingen 1960

Gadamer, H.-G., „Dialektik und Sophistik im siebenten platonischen Brief", in: *Sitzungsberichte der Heidelberger Akademie der Wissenschaften*, Philosophisch-historische Klasse (1964/2), Heidelberg 1964 [Nachdruck in Gadamer, H.-G., *Platos dialektische Ethik und andere Studien zur platonischen Philosophie*, Hamburg 1968, S. 221–247. Nachdruck in: Gadamer, H.-G., *Gesammelte Werke*, 6, Tübingen 1985, S. 90–115] [Gadamer, 1968a]

Gadamer, H.-G., „Amicus Plato magis amica veritas", in: Gadamer, H.-G., *Platos dialektische Ethik und andere Studien zur antiken Philosophie*, Hamburg 1968, S. 251–268 [Gadamer, 1968b]

Gadamer, H.-G., *Die Idee des Guten zwischen Plato und Aristoteles*, Heidelberg 1978

Gadamer, H.-G., *Dialogue and Dialectic*, New Haven 1980

Gadamer, H.-G., *Gesammelte Werke*, 5, 6, Tübingen 1985

Gadamer, H.-G., „Reply to Nicholas P. White", in: Griswold, Ch. L., Jr. (Hrsg.), *Platonic Writings/Platonic Readings*, New York 1988, S. 258–266

Gadamer, H.-G., „Reply to Donald Davidson", in: Hahn, L. E. (Hrsg.), *The Philosophy of Donald Davidson*, The Library of Living Philosophers 23, Chicago / La Salle 1997, S. 432–434

Gaiser, K., *Protreptik und Paranäse bei Platon. Untersuchungen zur Form des platonischen Dialogs*, Stuttgart 1959

Gaiser, K., *Platons ungeschriebene Lehre. Studien zur systematischen und geschichtlichen Begründung der Wissenschaften in der Platonischen Schule*, 2. Aufl., Stuttgart 1968 (1. Aufl. 1963)

Gaiser, K., „Plato's Enigmatic Lecture *On the Good*", in: *Phronesis* 25 (1980), S. 5–37

Geiszler, A., *Über die Idee der platonischen Apologie des Sokrates*, Beilage zum Jahresbericht des k. alten Gymnasiums zu Würzburg für das Studienjahr 1904/05

Gallop, D., „The Socratic Paradox in the *Protagoras*", in: *Phronesis* 9 (1964), S. 117–129

Gallop, D., *Plato. Phaedo. Translated with Notes*, Oxford 1975

Geach, P. / Black, M., *Translations from the Philosophical Writing of Gottlob Frege*, Oxford 1960

Gerson, L. P., „Plato's Development and the Development of the Theory of Forms", in: Welton, W. (Hrsg.), *Plato's Forms. Varieties of Interpretation*, Lanham 2003

Gertz, S., „From ‚Immortal' to ‚Imperishable': Damascius on the Final Argument in Plato's *Phaedo*", in: Delcomminette, S. / D'Hoine, P. / Gavray, M.-A. (Hrsg.), *Ancient Readings of Plato's* Phaedo, Leiden / Boston 2015, S. 240–255

Giannantoni, G., *Dialogo socratico e nascita della dialettica nella filosofia di Platone*, edizione postuma a cura di B. Centrone, Elenchos 43, Neapel 2005, S. 141–196

Gifford, M., „Aristotle on Platonic Recollection and the Paradox of Knowing Universals: Prior Analytics B 21, 67a8–30", in: *Phronesis* 44 (1999), S. 1–29

Gigon, O., *Sokrates*, 2. Aufl., Bern 1979 (1. Aufl. 1947)

Gill, Ch., „Platonic Dialectic and the Truth-status of the Unwritten Doctrines", in: *Méthexis. Revista argentina de filosofía antigua* 6 (1993), S. 55–72

Gill, Ch., „Rethinking Constitutionalism in *Statesman* 291–303", in: Rowe, Ch. J. (Hrsg.), *Reading the* Statesman. *Proceedings of the III Symposium Platonicum*, Sankt Augustin 1995, S. 292–305

Gill, Ch., *Afterword in Form and Argument in Late Plato*, Oxford 1996

Gill, Ch., „The Socratic Elenchus and Knowledge: Where Do We Go from Vlastos?", in: Karasmanis, V. (Hrsg.), *Socrates. 2400 Years Since His Death, Proceedings of the International Symposium (Athens-Delphi, 13–21 July 2001)*, Delphi 2004, S. 247–265

Gill, Ch. / McCabe, M. M. (Hrsg.), *Form and Argument in Late Plato*, Oxford 1996

Gkatzaras, T., „The Form of the Good in Plato's *Timaeus*", in: *PLATO JOURNAL: The Journal of the International Plato Society* 17 (2018), S. 71–83

Gloy, K., *Studien zur Platonischen Naturphilosophie im* Timaios, Würzburg 1986

Goldschmidt, V., „Sur l'emploi de deux termes de rhétorique dans la *République* de Platon", in: Moreau, J. (Hrsg.), *Permanence de la philosophie*, Neuchâtel 1977, S. 31–36

Gómez-Lobo, A., *Les fondements de l'éthique socratique, traduit de l'anglais (américain) par N. Ooms*, Paris 1996

Gonzalez, F., „Rez. von Ferber 1991", in: *Journal of the History of Philosophy* 32 (1994), S. 483–484

Gonzalez, F., *Dialectic and Dialogue. Plato's Practice of Philosophical Inquiry*, Evanston, Illinois 1998

Goodrich, W. J., „On *Phaedo* 96a–102a and on the *Deuteros Plous* 99d", in: *Classical Review* 17 (1903), S. 381–384

Gosling, J. C. B., *Plato*, London 1973
Gosling, J. C. B., *Plato. Philebus, Transl. with an Introduction*, Oxford 1975
Gosling, J. C. B. / Taylor, C. C. W., *The Greeks on Pleasure*, Oxford 1982
Gould, J., *The Development of Plato's Ethics*, New York 1955
Graeser, A., *Die Philosophie der Antike, II, Sophistik und Sokratik, Plato und Aristoteles*, in: Röd, W. (Hrsg.), *Geschichte der Philosophie*, II, München 1983
Graeser, A., *Philosophische Erkenntnis und begriffliche Darstellung. Bemerkungen zum erkenntnistheoretischen Exkurs des VII. Briefs*, in: *Akademie der Wissenschaften und der Literatur. Abhandlungen der Geistes- und Sozialwissenschaftlichen Klasse*, Mainz 1989
Graeser, A., „Wie über die Ideen sprechen?: *Parmenides*", in: Kobusch, Th. / Mojsisch, B. (Hrsg.), *Platon. Seine Dialoge in der Sicht neuer Forschungen*, Darmstadt 1996, S. 146 –166
Gramsci, A., *Lettere dal carcere*, Turin 1947 [*Letters from Prison, Selected, Translated from the Italian and Introduced by L. Lawner*, New York / Evanston / San Francisco / London 1973]
Greene, W. C., *Scholia Platonica*, Oxford 1938
Griswold, Ch. L., Jr., *Self-Knowledge in Plato's* Phaedrus, New Haven / London 1986
Griswold, Ch. L., Jr., „Plato's Metaphilosophy: Why Plato Wrote Dialogues", in: O'Meara, D. (Hrsg.), *Platonic Investigations*, Washington 1985, S. 1–33 [Nachdruck: durchgesehen und erweitert in: Griswold, Ch. L., Jr. (Hrsg.), *Platonic Writings. Platonic Readings*, New York / London 1988, S. 143 –167
Griswold, Ch. L., Jr., „Unifying Plato: Charles Kahn on Platonic *Prolepsis*", in: *Ancient Philosophy* 10 (1991), S. 243 –262
Grondin, J., *Hans-Georg Gadamer: Eine Biographie*, Tübingen 1999
Grote, G., *Plato and the Other Companions of Socrates*, 3. Aufl., London 1875 (1. Aufl. 1865)
Grube, G. M. A., *Plato's Thought*, London 1935
Grünwald, E., „Simmias und Kebes in Platons *Phaidon*", in: *Zeitschrift für das Gymnasialwesen* 64 (1910), S. 258 –263
Gulley, N., *The Philosophy of Socrates*, London 1968
Guthrie, W. K. C., *A History of Greek Philosophy, IV, Plato. The Man and His Dialogues: Earlier Period*, Cambridge / London / New York / Melbourne 1975, S. 221–235
Guthrie, W. K. C., *A History of Greek Philosophy, V, The Later Plato and the Academy*, Cambridge 1978
Hackforth, R., „Hedonism in Plato's *Protagoras*", in: *Classical Quarterly* 22 (1928), S. 39 –42
Hackforth, R., „Plato's Theism", in: *Classical Quarterly* 30 (1936), S. 4 –9
Hackforth, R., *Plato's Examination of Pleasure. A Translation of the* Philebus, *with Introduction and Commentary*, Cambridge 1945
Hackforth, R., *Plato's* Phaedo. *Translated with Introduction and Commentary*, Cambridge 1955
Hahn, L. E. (Hrsg.), *The Philosophy of Donald Davidson, The Library of Living Philosophers* 23, Chicago / La Salle 1999
Halfwassen, J., „Speusipp und die Unendlichkeit des Einen. Ein neues Speusipp-Testimonium bei Proklos und seine Bedeutung", in: *Archiv für Geschichte der Philosophie* 74 (1992), S. 43 –73 [Halfwassen, 1992a]
Halfwassen, J., *Der Aufstieg zum Einen. Untersuchungen zu Platon und Plotin*, Stuttgart 1992 [Halfwassen, 1992b]
Hardie, W. F. R., „The Final Good in Aristotle's Ethics", in: Moravcsik, J. M. E. (Hrsg.), *Aristotle. A Collection of Critical Essays*, Garden City New York 1967, S. 297 –322

Hare, R. M., *Moral Thinking: Its Levels, Method and Point*, Oxford 1981
Harte, V., „Quel prix pour la verite", in: Dixsaut, M. (Hrsg.), *La fêlure du plaisir. Etudes sur le Philebe de Platon*, I: *Commentaires*, Paris 1999, S. 385–401
Hartmann, N., *Ethik*, Berlin / Leipzig 1926
Hartung, G., „Die platonische Frage. Zur Kontroverse über Eduard Zellers Platonbild", in: Neschke-Hentschke, A. / Erler, M. (Hrsg.), *Argumenta in dialogos Platonis. Teil 2: Platoninterpretation und ihre Hermeneutik vom 19. bis zum 21. Jahrhundert*, Basel 2012, S. 247–264
Hathaway, R. F., „The Neoplatonic Interpretation of Plato", in: *Journal of the History of Philosophy* 7 (1969), S. 19–26
Heidegger, M., *Sein und Zeit*, in: *Jahrbuch für Philosophie und phänomenologische Forschung* 8 (1927) [Zit. nach der 11., unveränderten Aufl., Tübingen 1967] [SuZ]
Heidemann, J., *Platonis de ideis doctrinam quomodo Kantius et intellexerit et excoluerit*, Berlin 1863
Heitsch, E., *Platon über die rechte Art zu reden und zu schreiben*, Akademie der Wissenschaften und der Literatur. Abhandlungen der Geistes- und Sozialwissenschaftlichen Klasse 1987/4, Mainz / Stuttgart 1987
Herbart, J. F., *De Platonis systematis fundamento commentatio*, Göttingen 1805 [Zit. nach: Herbart, J. F., *Sämtliche Werke*, in chronologischer Reihenfolge hrsg. v. K. Kehrbach / O. Flügel, Langensalz 1887, Bd 1. Zit. nach dem Neudruck der Ausgabe, Aalen 1964, S. 313–327]
Hermann, K. F., *De loco Platonis de republica pag. 505 sqq., Ind. Lect.*, Marburg 1832
Hermann, K. F., *Vindiciae Disputationis De idea boni apud Platonem*, Marburg 1839 [Hermann, 1839a]
Hermann, K. F., *Geschichte und System der Platonischen Philosophie*, Erster Theil, die historisch-kritische Grundlegung enthaltend, Heidelberg 1839 [Hermann, 1839b]
Herwerden, H. v., „Ad Platonis libros de re publica", in: *Mnemosyne* n. F. 11 (1883), S. 332–350
Herzog, R., „Überlegungen zur griechischen Utopie: Gattungsgeschichte vor dem Prototyp der Gattung?", in: Vosskamp, W. (Hrsg.), *Utopieforschung*, 2, Frankfurt a. M. 1985, S. 1–20
Hiestand, M., *Das sokratische Nichtwissen in Platons ersten Dialogen. Eine Untersuchung über die Anfänge Platons*, Zürich 1923
Hirzel, R., „Ousia", in: *Philologus* 27 (1913), S. 42–64
Hobbs, A., *Plato and the Hero*, Cambridge 2000
Höffe, O., *Aristoteles*, München 1996
Hübner, J., *Aristoteles über Getrenntheit und Ursächlichkeit,* Hamburg 2000
Hume, D., *A Treatise of Human Nature, Edited with an Analytical Index by L. A. Selby-Bigge. Second Edition with the Text Revised and Variant Readings by P. H. Nidditch*, Oxford 1978
Hunter, R., *Plato and the Traditions of Ancient Literature. The Silent Stream*, Cambridge 2011
Huss, B., „Der Homo-mensura-Satz des Protagoras. Ein Forschungsbericht", in: *Gymnasium* 103 (1996), S. 229–257
Husserl, E., „Philosophie als strenge Wissenschaft", in: *Logos* 1 (1910/1911), S. 289–341
Ichikawa, J. / Steup, M., „The Analysis of Knowledge", in: Zalta, E. N. (Hrsg.), *The Stanford Encyclopedia of Philosophy (Summer 1918 Edition)*, 2018. URL = https://plato.stanford.edu/archives/sum2018/entries/knowledge-analysis
Irwin, T. H., *Plato's Moral Theory*, Oxford 1977

Irwin, T. H., *Plato's Ethics*, Oxford 1995
Isnardi Parente, M., „Per l'interpretazione dell'excursus filosofico della VII Epistola Platonica", in: *La parola del passato, Rivista di Studi Antichi* 19 (1964), S. 241–290
Isnardi Parente, M., „Platone e il Problema degli Agrapha", in: *Méthexis. Revista argentina de filosofía antigua* 6 (1993), S. 73–93
Isnardi Parente, M. (Hrsg.), *Platone. Lettere*, traduzione di M. G. Ciani, Milano 2002
Jaeger, W., *Studien zur Entstehungsgeschichte der* Metaphysik *des Aristoteles*, Berlin 1912
Jaeger, W., „Heinrich Maiers Sokratesbuch", in: *Deutsche Literaturzeitung* 36 (1915), S. 333–340
Jaeger, W., *Aristoteles. Grundlegung einer Geschichte seiner Entwicklung*, Berlin 1923, 2., veränderte Aufl., 1955
Jaeger, W., *Paideia. Die Formung des griechischen Menschen*, 3. Band, Berlin 1947
Jaeger, W., *Aristotle: Fundamentals of the History of His Development. Translated with the Authors Corrections and Additions by R. Robinson*, 2. Aufl., Oxford 1948
Jaeger, W., *Paideia. Die Formung des griechischen Menschen*, Berlin / New York 1934 [Nachdruck 1973]
Jäsche, G. B., *Immanuel Kants Logik. Ein Handbuch zu Vorlesungen*, Königsberg 1800
Jatakari, T., „Der jüngere Sokrates", in: *Arctos* 24 (1990), S. 19–45
Joseph, B. H. W., *Knowledge and the Good in Plato's* Republic, Oxford 1948
Jowett, B., *The Dialogues of Plato*, IV, Oxford 1871
Jowett, B., *Plato. Philebus. Translation with an Introduction*, 3. Aufl., Oxford 1892
Jowett, B., *The Life and Letters of Benjamin Jowett*, hrsg. v. E. Abbott / L. Campbell, London 1897
Kahn, Ch., „Plato and Socrates in the *Protagoras*", in: *Methexis* 1 (1987), S. 33–51
Kahn, Ch., „On the Relative Date of the *Gorgias* and the *Protagoras*", in: *Oxford Studies in Ancient Philosophy* 6 (1988), S. 69–102
Kahn, Ch., „Vlastos' Socrates", in: *Phronesis* 37 (1992), S. 233–258 [Kahn, 1992a]
Kahn, Ch., „Werner Jaeger's Portayal of Plato", in: Calder, W. M. (Hrsg.), *Werner Jaeger Reconsidered*, Atlanta 1992, S. 69–81 [Kahn, 1992b]
Kahn, Ch., „The Place of the *Statesman* in Plato's Later Work", in: Rowe, Ch. J. (Hrsg.), *Reading the* Statesman. *Proceedings of the III Symposium Platonicum*, Sankt Augustin 1995, S. 49–60
Kahn, Ch., *Plato and the Socratic Dialogue. The Philosophical Use of a Literary Form*, Cambridge 1996
Kahn, Ch., „The Thesis of Parmenides", in: *Review of Metaphysics* 22 (1969), S. 700–721 [Nachdruck in: Kahn, Ch., *Essays on Being*, Oxford 2009, S. 143–166] [Kahn, 2009]
Kahn, Ch., *Plato and the Post-Socratic Dialogue*, Cambridge 2013
Kamlah, W., *Platons Selbstkritik im* Sophistes, in: *Zetemata* 33, München 1963
Kamtekar, R., „Plato on the Attribution of Conative Attitudes", in: *Archiv für Geschichte der Philosophie* 88 (2006), S. 127–162
Kanayama, Y., „The Methodology of the Second Voyage and the Proof of the Soul's Indestructibility in Plato's *Phaedo*", in: *Oxford Studies in Ancient Philosophy* 18 (2000), S. 41–100
Kant, I., „Von einem neuerdings erhobenen vornehmen Ton in der Philosophie", in: *Berlinische Monatsschrift*, Mai 1796, S. 387–426, und in: Kant, I., *Werke in sechs Bänden*, hrsg. v. W. Weischedel, Bd. III, Darmstadt 1963, S. 377–397 [Kant, 1796a, A]

Kant, I., „Verkündigung des nahen Abschlusses eines Traktats zum ewigen Frieden in der Philosophie", in: *Berlinische Monatsschrift*, Dezember 1796, S. 485–504, und in: Kant, I., *Werke in sechs Bänden*, hrsg. v. W. Weischedel, Bd. III, Darmstadt 1963, S. 405–416 [Kant, 1796b, A]

Kant, I., *Handschriftlicher Nachlass*, 8, Opus postumum, 1. Hälfte, Berlin / Leipzig 1936

Kant, I., *Grundlegung zur Metaphysik der Sitten*, 1785 (= A), 1786^2 (= B), in: Kant, I., *Werke in sechs Bänden*, hrsg. v. W. Weischedel, Bd. IV, Darmstadt 1963, S. 11–102 [Kant, *GMS*, A/B]

Kant, I., *Kritik der reinen Vernunft*, 1781 (= A), 1787^2 (= B), in: Kant, I., *Werke in sechs Bänden*, hrsg. v. W. Weischedel, Bd. II, Darmstadt 1963 [Kant, *KrV*, A/B]

Kant, I., *Kritik der praktischen Vernunft*, Riga 1788 [Zit. nach der Akademieausgabe (AA), hrsg. v. der Königlich Preußischen Akademie der Wissenschaften, 1. Abteilung, 5. Band), S. 1–163, Berlin 1908] [Kant, *KpV*]

Kant, I., *Kritik der Urteilskraft*, Riga 1790 [Zit. nach der englischen Übersetzung: Bernard, J. H., *Critique of Judgment*, London 1892, rev. 1914) [Kant, *CJ*]

Kant, I., *Religion innerhalb der Grenzen der bloßen Vernunft*, 1793 (= A), 1794^2 (= B), in: Kant, I., *Werke in sechs Bänden*, hrsg. v. W. Weischedel, Bd. IV, Darmstadt 1963, S. 649–878. [Kant, *RGV*, A/B]

Kant, I., *Briefe*, hrsg. von J. Zehbe, Göttingen 1970

Kelsen, H., *Die Illusion der Gerechtigkeit. Eine kritische Untersuchung der Sozialphilosophie Platons*, im Auftrag des Hans-Kelsen-Institutes aus dem Nachlass hrsg. v. K. Ringhofer und R. Walter, Wien 1985

Klein, A., „Johann Georg Schlosser als Freimaurer in Emmendingen", in: Badische Landesbibliothek Karlsruhe (Hrsg.), *Johann Georg Schlosser. Eine Ausstellung der Badischen Landesbibliothek und des Generallandesarchivs Karlsruhe*, Ausstellungskatalog, Karlsruhe 1989

Klein, J., *A Commentary on Plato's* Meno, Chapel Hill 1965

Kleuker, J. F., *Die Republik des Platon, übersetzt von Herrn Kleuker*, II, Wien / Prag 1805

Kleve, K., „Did Socrates Exist?", in: *Grazer Beiträge* 14 (1987), S. 123–137

Knab, R., „Platons Siebter Brief. Einleitung, Text, Übersetzung, Kommentar", in: *Spudasmata* 110 (2006), S. 45–50

Kobusch, Th., „Schlegels Platonverständnis", in: Neschke-Hentschke, A. / Erler, M. (Hrsg.), *Argumenta in dialogos Platonis. Teil 2: Platoninterpretation und ihre Hermeneutik vom 19. bis zum 21. Jahrhundert*, Basel 2012, S. 51–65

Kobusch, Th. / Mojsisch, B. (Hrsg.), *Platon. Seine Dialoge in der Sicht neuer Forschungen*, Darmstadt 1996

Kock, Th., *Comicorum Atticorum Fragmenta*, I, Leipzig 1880

Krämer, H. J., *Arete bei Platon und Aristoteles. Zum Wesen und zur Geschichte der platonischen Ontologie*, in: *Abhandlungen d. Heidelberger Akademie der Wissenschaften, philos.-histor. Klasse* (1959/6), Heidelberg 1959

Krämer, H. J., „Retraktationen zum Problem des esoterischen Platon", in: *Museum Helveticum* 21 (1964), S. 137–167

Krämer, H. J., „Über den Zusammenhang von Prinzipienlehre und Dialektik bei Platon. Zur Definition des Dialektikers, *Politeia* 534 b–c", in: *Philologus* 110 (1966), S. 35–70

Krämer, H. J., „Das Problem der Philosophenherrschaft bei Platon", in: *Philosophisches Jahrbuch der Görres-Gesellschaft* 74 (1967), S. 254–270

Krämer, H. J., „Die grundsätzlichen Fragen der indirekten Platonüberlieferung", in: *Idee und Zahl. Studien zur platonischen Philosophie*, vorgelegt v. H.-G. Gadamer und W. Schadewaldt, in: *Abhandlungen der Heidelberger Akademie der Wissenschaften. Philosophischhistorische Klasse* (1968/2), Heidelberg 1968

Krämer, H. J., „Grundfragen der Aristotelischen Theologie", in: *Theologie und Philosophie* 44 (1969), S. 363–382, S. 481–505 [Krämer, 1969a]

Krämer, H. J., „EPEKEINA TÊS OUSIAS. Zu Platon, *Politeia* 509 B", in: *Archiv für Geschichte der Philosophie* 51 (1969), S. 1–30 [Krämer, 1969b]

Krämer, H. J., *Platone e i fondamenti della metafisica. Saggio sulla teoria dei principi e sulle dottrine non scritte di Platone con una raccolta dei documenti fondamentali in edizione bilingue e bibliografia*, Mailand 1982

Krämer, H. J., „Die Ältere Akademie, Grundriss der Geschichte der Philosophie", in: Flashar, H. (Hrsg.), *Die Philosophie der Antike, 3, Ältere Akademie – Aristoteles – Peripatos*, Basel / Stuttgart 1983, S. 1–174

Krämer, H. J., „Rez. v. Ferber. *Platos Idee des Guten*, 1984", in: *Philosophisches Jahrbuch* 94 (1987), S. 196–201

Krämer, H. J., „Fichte, Schlegel und der Infinitismus in der Platondeutung", in: *Deutsche Vierteljahrsschrift für Literaturwissenschaft und Geistesgeschichte* 62 (1988), S. 583–621

Krämer, H. J., *Dialettica e definizione del Bene in Platone. Interpretazione e commentario storico-filosofico di* Repubblica, *VI 531, B9–D2. Traduzione di E. Peroli. Introduzione di G. Reale*, in: *Vita e Pensiero, Pubblicazioni della Università Cattolica del Sacro Cuore*, Mailand 1989 [Krämer, 1989a]

Krämer, H. J., „Neue Literatur zum neuen Platonbild", in: *Allgemeine Zeitschrift für Philosophie* 13 (1989), S. 59–81 [Krämer, 1989b]

Krämer, H. J., *Platone e i fondamenti della metafisica. Saggio sulla teoria dei principi e sulle dottrine non scritte di Platone con una raccolta dei documenti fondamentali in edizione bilingue e bibliografia, Introduzione e traduzione di G. Reale*, 3. Aufl., Mailand 1989 [Nachdruck von Krämer, 1982] [Krämer, 1989c]

Krämer, H. J., „Zur aktuellen Diskussion um den Philosophiebegriff Platos", in: *Perspektiven der Philosophie, Neues Jahrbuch* 16 (1990), S. 85–107

Krämer, H. J., „Die Idee des Guten. Sonnen- und Liniengleichnis (Buch VI 504a–511e)", in: Höffe, O. (Hrsg.), *Platon, Politeia*, Berlin 1996, S. 179–203

Krämer, H. J., „Ist die Noesis bei Platon fallibel?", in: Jain, E. / Grätzel, St. (Hrsg.), *Sein und Werden im Lichte Platons, Festschrift für K. Albert zum 80. Geburtstag am 2. Okt. 2001*, Freiburg / München 2001, S. 111–121

Krämer, H. J., *Kritik der Hermeneutik. Interpretationsphilosophie und Realismus*, München 2007

Krämer, H., „Platons Definition des Guten", in: H. Krämer, *Gesammelte Aufsätze zu Platon*, hrsg. v. D. Mirbach, Berlin 2014, S. 236–240 [Erstdruck in: *Denken-Gedanken-Andenken. Zum 90. Geburtstag von Elsbeth Büchin*, Messkirch 2009, S. 135–140] [Krämer, 2014a]

Krämer, H., „Nochmals: Für die Frühdatierung des platonischen Vortrags *Über das Gute* bei Aristoxenos. Beitrag zur Festschrift für Prof. Dr. h. c. mult. G. Reale anläßlich seines 80. Geburtstages", in: H. Krämer, *Gesammelte Aufsätze zu Platon*, hrsg. v. D. Mirbach, Berlin 2014, S. 241–280 [Krämer, 2014b]

Krämer, H., „Rez. v. Ferber. *Platos Idee des Guten*, 1984", in: *Philosophisches Jahrbuch* 94 (1987), S. 196–201 [Nachdruck in: H. Krämer, *Gesammelte Aufsätze zu Platon*, hrsg. v. D. Mirbach, Berlin 2014, S. 475–484] [Krämer, 2014c]

Kranz, M., *Das Wissen des Philosophen. Platos Trilogie* Theaitet, Sophistes *und* Politikos, Diss., Tübingen 1986

Kraus, M., „Socrates' thea. The Description of Beauty in *Symposium* 211a and the Parmidean Predicates of Being", in: Tulli, M./Erler, M. (Hrsg.), *Plato in* Symposium: *Selected Papers from the Tenth Symposium Platonicum*, Sankt Augustin 2016, S. 270–277

Kraut, R., „Introduction", in: Kraut, R. (Hrsg.), *Plato in Plato*, Cambridge et al. 1992, S. 1–50

Kreienbrink, I., „Johann Georg Schlossers Streit mit Kant", in: Schmitt, R. (Hrsg.), *Festschrift für Detlev W. Schumann zum 70. Geburtstag*, München 1970, S. 246–255

Kühn, M., *Kant. Eine Biographie*, aus dem Englischen von M. Pfeiffer, München 2003

Kühner, R., *Ausführliche Grammatik der griechischen Sprache. Zweiter Teil: Satzlehre. In neuer Bearbeitung*, besorgt v. B. Gerth, Band I, Hannover/Leipzig 1898

Kutschera, F. v., *Platons Philosophie*, II, Paderborn 2002

Lafrance, Y., „Platon et la géométrie: la methode dialectique en *Republique* 509d–511 a", in: *Dialogue* 19 (1980), S. 46–93

Lafrance, Y., *Pour interpréter Platon, I, La Ligne en* République VI, *509d–511e. Bilan analytique des études (1804–1984)*, Montréal/Paris 1987

Lafrance, Y., *Pour interpréter Platon, II, La ligne en* République VI, *509d–511e. Le texte et son histoire*, Montréal/Paris 1994

Lafrance, Y., „Métrétique, mathématiques et dialectique en *Polititque* 283c–285c", in: Rowe, Ch. J. (Hrsg.), *Reading the Statesman. Proceedings of the III Symposium Platonicum*, Sankt Augustin 1995, S. 98–101

Lafrance, Y., „Lecture historique ou lecture analytique de Platon?", in: Fattal, M. (Hrsg.), *La Philosophie de Platon*, 1, Paris 2001, S. 375–403

Lafrance, Y., „Deux lectures de l'idee du bien chez Platon: *Republique* 502c–509c", in: *Laval theologique et philosophique* 62 (2006), S. 245–266

Lafrance, Y., „L'interprétation herméneutique du *Philêbe* par Gadamer. Contexte historique et terminologie herméneutique", in: Gill, C./Renaud, F. (Hrsg.), *Hermeneutic Philosophy and Plato. Gadamer's Response to the* Philebus, Sankt Augustin 2010, S. 41–64

Laks, A., *Médiation et coercition. Pour une lecture des „Lois" de Platon*, Villeneuve d'Ascq 2005

Laks, A., „Temporalité et utopie: remarques herméneutiques sur la question de la possibilité des cités platoniciennes", in: Lisi, F. L. (Hrsg.), *Utopia, ancient and modern, Contributions to the history of a political dream*, Sankt Augustin 2012, S. 19–38

Lange, F. A., *Geschichte des Materialismus und Kritik seiner Bedeutung in der Gegenwart, Erstes Buch, Geschichte ds Materialismus bis auf Kant*, hrsg. u. eingel. v. A. Schmidt, Frankfurt a. M. 1974

Leaman, G., *Heidegger im Kontext. Gesamtüberblick zum NS-Engagement der Universitätsphilosophen*, aus dem Amerikanischen von R. Alisch und Th. Laugstien, Hamburg 1993

Leaman, G., *Contextual Misreadings. A Dissertation Submitted to the Graduate School of the University of Massachusetts in Partial Fulfillment of the Requirements for the Degree of DOCTOR OF PHILOSOPHY, May 1991, Department of Philosophy*, unveröffentlichtes Ms. 1991

Ledger, G. R., *Recounting Plato*, Oxford 1989
Lee, E. N., „On the Metaphysics of the Image in Plato's *Timaeus*", in: *Monist* 50 (1966), S. 341–368
Leibniz, G. W., „Brief an Rémond", in: Gerhardt, C. J. (Hrsg.), *Die philosophischen Schriften v. G. Leibniz*, III, Berlin 1887, S. 637
Leibniz, G. W., „Brief an Arnauld vom 30. April 1687", in: Gerhardt, C. J. (Hrsg.), *Die philosophischen Schriften v. G. Leibniz*, II, Berlin 1887, S. 96–97
Leibniz, G. W., *Platonis Phaedo Contractus* (März 1676), in: Leibniz, G. W., *Sämtliche Schriften und Briefe*, hrsg. von der Akademie der Wissenschaften der DDR, 6. Reihe, Philosophische Schriften, 3. Band, Berlin 1980, S. 284–297
Lesher, J. H., „Socrates' Disavowal of Knowledge", in: *Journal of the History of Philosophy* 25 (1987), S. 275–288
Lesher, J. H., „Socrates' Disavowal of Knowledge", in: Prior, W. J. (Hrsg.), *Socrates. Critical Assessments*, I: *The Socratic Problem and Socratic Ignorance*, London / New York 1996, S. 261–274 [Nachdruck von Lesher, 1987]
Lewis, F. A., *Substance and Predication in Aristotle*, Cambridge 1991
Lisi, F. L., „The Form of the Good", in: Lisi, F. L. (Hrsg.), *The Ascent to the Good*, in: *Collegium Politicum* 1, Sankt Augustin 2007, S. 199–227 [Lisi, 2007a]
Lisi, F. L., „The Foundations of Politics in the Central Books of the *Republic*", in: Lisi, F. L. (Hrsg.), *The Ascent to the Good*, in: *Collegium Politicum* 1, Sankt Augustin 2007, S. 9–36 [Lisi, 2007b]
Lloyd, A. C., *The Anatomy of Neoplatonism*, Oxford 1990
Long, A. A., „Parmenides on Thinking Being", in: Rechenauer, V. G. (Hrsg.), *Frühgriechisches Denken*, Göttingen 2004, S. 227–251
Lorenz, H., *The Brute Within. Appetitive Desire in Plato and Aristotle*, Oxford 2006
Loriaux, R., *Le Phédon de Platon. Commentaire et Traduction, II, 84b–118a*, Namur 1975
Lotze, H., *Briefe und Dokumente*, zusammengestellt, eingeleitet und kommentiert v. R. Pester, mit einem Vorwort hrsg. v. E. W. Orth, Würzburg 2003
Luther, W., „Die Schwäche des geschriebenen Logos", in: *Gymnasium* 68 (1961), S. 526–548
Maier, H., *Sokrates, sein Werk und seine geschichtliche Stellung*, Tübingen 1913
Malcolm, J., *Plato on the Self-Predication of Forms. Early and Middle Dialogues*, Oxford 1991
Martens, E., *Sokrates. Eine Einführung*, Ditzingen 2004
Martin, B., „Heidegger zwischen Marburg und Freiburg", in: Verein für hessische Geschichte und Landeskunde e.V. (Hrsg.), *Die Philipps-Universität Marburg zwischen Kaiserreich und Nationalsozialismus*, Red. v. G. Hollenberg / A. Schwersmann, Kassel 2006, S. 107–222
Martinelli Tempesta, S., „Sul significato di *deuteros plous* nel *Fedone* di Platone", in: Bonazzi, M. / Trabattoni, F. (Hrsg.), *Platone e la tradizione platonica*, in: *Studi di filosofia antica*, Quaderni di Acme 58, Mailand 2003, S. 89–125
Mazzarelli, C., „*Politico*, introduzione, traduzione e note di Claudio Mazzarelli", in: Reale, G. (Hrsg.), *Platone, tutti gli scritti*, Mailand 1991, S. 315–424
McCabe, M. M., *Plato's Individuals*, Princeton 1994
Meinwald, C. C., *Plato's* Parmenides, New York / Oxford 1991
Meinwald, C. C., „Good-bye to the Third Man", in: Kraut, R. (Hrsg.), *Plato*, Cambridge et al. 1992, S. 365–396
Metry, A., *Speusippos. Zahl – Erkenntnis – Sein*, Bern 2002

Migliori, M., *Dialettica e verità. Commentario filosofico al* Parmenide *di Platone. Prefazione di* H. Krämer. *Introduzione di* G. Reale, Mailand 1990

Migliori, M., *L'uomo fra piacere, intelligenza e Bene. Commentario storico-filosofico al* Filebo. *Introduzione di* Th. A. Szlezák, Mailand 1993

Mignucci, M., „Plato's ‚Third Man Argument' in the *Parmenides*", in: *Archiv für Geschichte der Philosophie* 12 (1990), S. 143–181

Miller, M. H., Jr., *The Philosopher in Plato's* Statesman, Den Haag 1980

Miranda Nogueira Coelho, M. C. de, „Dispositivi dimostrativi utilizzati in tre modelli: Ippolito, Palamede e Socrate", in: Luise, F. de / Stavru, A. (Hrsg.), *Socratica III. Studies on Socrates, the Socratics and the Ancient Socratic Literature*, Sankt Augustin 2013, S. 213–220

Mollowitz, G., „Kants Platoauffassung", in: *Kantstudien* 40 (1935), S. 13–67

Momigliano, A., *The Development of Greek Biography*, Cambridge 1971

Moore, G. E., *Principia Ethica*, Cambridge 1903

Moreau, J., „L'argument ontologique dans le *Phédon*", in: *Revue Philosophique de la France et de l'Étranger* 137 (1947), S. 320–343

Morris, M., „Akrasia in the *Protagoras* and the *Republic*", in: *Phronesis* 60 (2006), S. 195–229

Morrison, D., „Substance as Cause (Z 17)", in: Rapp, Ch. (Hrsg.), *Aristoteles. Metaphysik. Die Substanzbücher (Z, H, Θ)*, Berlin 1996, S. 193–207

Moss, J., „Appearances and Calculations: Plato's Division of the Soul", in: *Oxford Studies in Ancient Philosophy* 34 (2008), S. 83–116

Mulhern, J. J., „Two Interpretative Fallacies", in: *Systematics* 9 (1971), S. 168–172

Murdoch, I., „The Sovereignty of Good Over Other Concepts", in: Conradi, P. (Hrsg.), *Existentialists and Mystics. Writings on Philosophy and Literature*, Vorwort v. G. Steiner, London 1997, S. 363–385

Murphy, N. R., „The *Deuteros Plous* in the *Phaedo*", in: *Classical Quarterly* 30 (1936), S. 40–47

Natali, C., „Due dissertazioni scritte in fretta. Gadamer e Davidson sul *Filebo* di Platone", in: *Methexis* 20 (2007), S. 113–143

Natorp, P., *Platos Ideenlehre. Eine Einführung in den Idealismus*, Leipzig 1903 (2. Aufl. 1922, 3. Aufl. Hamburg 1961)

Natorp, P., *Plato's Theory of Ideas. An Introduction to Idealism. Edited with an Introduction by* V. Politis, *Translated by* V. Politis / J. Connolly, *Postscript by* A. Laks, Sankt Augustin 2004

Nehamas, A., „Only on the Contemplation of Beauty is Life Worth Living (Plato, *Symposium* 211d)", in: *Gray Lectures*, Cambridge 2004, unveröffentlicht [Zit. in [Sheffield, 2006]]

Neschke-Hentschke, A. (Hrsg.), *Argumenta in dialogos Platonis. Teil 1: Platoninterpretation und ihre Hermeneutik von der Antike bis zum Beginn des 19. Jahrhunderts*, Basel 2010

Neschke-Hentschke, A. / Erler, M. (Hrsg.), *Argumenta in dialogos Platonis. Teil 2: Platoninterpretation und ihre Hermeneutik vom 19. bis zum 21. Jahrhundert*, Basel 2012

Neschke-Hentschke, A., „Platonexegese und allgemeine Hermeneutik (mit einem Methodenbeispiel zu Platon, *Politeia* VI, 509b8–b10: ... epekeina tês ousias presbeia(i) kai dynamei hyperechontos)", in: Neschke-Hentschke, A. / Erler, M. (Hrsg.), *Argumenta in dialogos Platonis. Teil 2: Platoninterpretation und ihre Hermeneutik vom 19. bis zum 21. Jahrhundert*, Basel 2012, S. 1–49

Nietzsche, F., „Einführung in das Studium der platonischen Dialoge, WS 1871–1872", in: Colli, G. / Montinari, M. / Müller-Lauter, W. / Pestalozzi, K. (Hrsg.), *Nietzsche Werke, Kritische Gesamtausgabe* 4, II, Berlin 1995, S. 7–188

Nortmann, U., *Allgemeinheit und Individualität: Die Verschiedenartigkeit der Formen in Metaphysik Z*, Paderborn 1997
O'Brien, D., „The Last Argument of Plato's *Phaedo*, II", in: *The Classical Quarterly* 18 (1968), S. 95–106
O'Meara, D., *Plotin. Une introduction aux* Ennéades, Fribourg 1992
O'Meara, D., „The Hierachical Ordering of Reality in Plotinus", in: Gerson, L. P. (Hrsg.), *The Cambridge Companion to Plotinus*, Cambridge 1996, S. 66–81
Otto, R., *Das Heilige, Über das Irrationale in der Idee des Göttlichen und sein Verhältnis zum Rationalen*, 17. Aufl., München 1963 (1. Aufl. 1931)
Owen, G. E. L., „The Place of the *Timaeus* in Plato's Dialogues", in: *Classical Quarterly* 47 (1953), S. 79–95
Owen, G. E. L., „Logic and Metaphysics in Some Earlier Works of Aristotle", in: Düring, I. / Owen, G. E. L. (Hrsg.), *Aristotle and Plato in the Mid-Fourth Century*, Göteborg 1960, S. 163–190
Owen, G. E. L., „Plato on the Undepictable", in: Lee, E. N., et al. (Hrsg.), *Exegesis and Argument. Studies in Greek Philosophy Presented to Gregory Vlastos*, in: *Phronesis* suppl. 1, Assen 1973, S. 349–361 [Nachdruck in: Owen, G. E. L., *Logic, Science and Dialectic: Collected Papers in Greek Philosophy*, hrsg. v. M. Nussbaum, London 1986, S. 138–147] [Owen, 1986]
Owens, J., „The Grounds of Universality in Aristotle", in: *The American Philosophical Quarterly* 3 (1966), S. 162–169 [Zit. nach Catan, J. R. (Hrsg.), *Aristotle. The Collected Papers of Joseph Owens*, New York 1981, S. 48–58]
Pakaluk, M., „The Ultimate Final Argument", in: *The Review of Metaphysics* 63 (2010), S. 642–677
Patt, W., *Formen des Anti-Platonismus bei Kant, Nietzsche und Heidegger*, Frankfurt a. M. 1997
Patzer, H., *Die philosophische Bedeutung der Sokratesgestalt in den platonischen Dialogen*, in: Flass, K. (Hrsg.), *Parusia. Festgabe für J. Hirschberger*, Frankfurt a. M. 1965, S. 21–43
Patzer, A., *Bibliographia Socratica*, Freiburg im Breisgau 1985
Patzer, A. (Hrsg.), *Der historische Sokrates*, Darmstadt 1987
Penner, T., „The Unity of Virtue", in: *Philosophical Review* 82 (1973), S. 35–68
Penner, T., „Plato and Davidson: Parts of the Soul and Weakness of Will", in: *Canadian Journal of Philosophy* Suppl. Vol. 16 (1990), S. 35–72
Penner, T., „The Death of the So-called ‚Socratic Elenchus'", in: Erler, M. / Brisson, L. (Hrsg.), *Gorgias – Menon. Selected Papers from the Seventh Symposium Platonicum*, Sankt Augustin 2007, S. 3–19 [Penner, 2007a]
Penner, T., „The Good, Advantage, Happiness and the Form of the Good: How Continuous with Socratic Ethics is Platonic Ethics?", in: Cairns, D. / Herrmann, F. G. / Penner, T. (Hrsg.), *Pursuing the Good. Ethics and Metaphysics in Plato's* Republic, in: *Edinburgh Leventis Studies* 4, Edinburgh 2007, S. 93–123 [Penner, 2007b]
Penner, T., „What is the Form of the Good the Form of? A Question About the Plot of the *Republic*", in: Cairns, D. / Herrmann, F. G. / Penner, T. (Hrsg.), *Pursuing the Good. Ethics and Metaphysics in Plato's* Republic, in: *Edinburgh Leventis Studies* 4, Edinburgh 2007, S. 15–41 [Penner, 2007c]
Penner, T. / Rowe, Ch., *Plato's Lysis*, Cambridge 2005
Peterson, S., *Socrates and Philosophy in the Dialogue of Plato*, Cambridge 2011
Pétrement, S., *Le Dualisme chez Platon. Les Gnostiques et les Manichéens*, Paris 1947

Philippson, R., „Sokrates' Dialektik in Aristophanes' *Wolken*", in: *Rheinisches Museum für Philologie* 81 (1932), S. 30–38
Popper, K., *The Open Society and Its Enemies*, I. *The Spell of Plato*, London 1945 [Übers. v. Feyerabend, P. K., Dr., *Die offene Gesellschaft und ihre Feinde*, I. *Der Zauber Platons*, Bern 1957]
Popper, K., *The Open Society and Its Enemies*, vol. 1: *The Spell of Plato*, London 1966
Popper, K., *Objektive Erkenntnis. Ein evolutionärer Entwurf*, Hamburg 1984
Porphyrios, *Isagoge et in Aristotelis Categorias Commentarium*, hrsg. v. A. Busse, in: *Commentaria in Aristotelem Graeca*, IV, 1, Berlin 1887
Press, G. A., *Who Speaks for Plato? Studies in Platonic Anonymity*, Lanham et al. 2000
Preus, M. / Ferguson, J., „A Clue to the Deuteros Plous", in: *Arethusa* 2 (1969), S. 104–107
Price, A. W., *Virtue and Reason in Plato and Aristotle*, Oxford 2011
Prichard, H. A., *Moral Writings. Edited with an Introduction by J. MacAdam*, Oxford 2002
Prior, W. J., *Unity and Development in Plato's Metaphysics*, London 1985
Prior, W. J., „Socrates Metaphysician", in: *Oxford Studies in Ancient Philosophy* 23 (2004), S. 1–11
Quine, W. V. O., *Ontological Relativity and Other Essays*, New York / London 1969
Quintilianus, *Institutionis oratoriae, libri XII*, hrsg. und übers. v. H. Rahn, Zweiter Teil, Bücher VII–XII, Darmstadt 1988
Radice, R., *La Metafisica di Aristotele nel XX secolo. Bibliografia ragionata e sistematica*, Mailand 1996
Rapp, Ch. (Hrsg.), *Aristoteles. Metaphysik. Die Substanzbücher (Z, H, Θ)*, Berlin 1996
Ratzinger, J., *Glaube, Wahrheit, Toleranz. Das Christentum und die Weltreligionen*, Freiburg et al. 2003
Rawls, J., *A Theory of Justice*, Cambridge, Mass. 1971
Rawls, J., *Political Liberalism. With a New Introduction and the „Reply to Habermas"*, New York 1996
Reale, G., *Per una nuova interpretazione di Platone. Rilettura della metafisica dei grandi dialoghi alla luce delle „dottrine non scritte"*, Mailand 1984
Reale, G., *I tre paradigmi stonci nell'interpretazione di Platone e i fondamenti del nuovo paradigma*, Neapel 1991
Reale, G., *Zu einer neuen Interpretation Platons. Eine Auslegung der Metaphysik der großen Dialoge im Lichte der „ungeschriebenen Lehren"*, übersetzt v. L. Hölscher, Paderborn 1993 [Reale, 1993a]
Reale, G., *Aristotele. Metafisica. Saggio introduttivo, testo greco con traduzione a fronte e commentario di Giovanni Reale. Edizione maggiore rinnovata, vol. 3, Sommari e commentario*, Mailand 1993 [Reale, 1993b]
Reale, G., *Per una nuova interpretazione di Platone. Rilettura della metafisica dei grandi dialoghi alla luce delle „Dottrine non scritte", Pubblicazioni del Centro di ricerche di Metafisica, Collana: Temi metafisici e problemi del pensiero antico. Studi e testi 3*, Mailand 1984 (20. edizione riveduta con l'aggiunta di tre nuove appendici, nuovi indici e aggiornamenti, Mailand 1997) [Erweiterte Fassung von Reale, 1984]
Repici, L., *Strato's aporiai on Plato's* Phaedo *in Strato of Lampsacus. Text, Translation and Discussion*, hrsg. v. M.-L. Desclos / W. W. Fortenbaugh, New Brunswick / London 2011, S. 413–442

Richard, M. D., *L'enseignement oral de Platon. Une nouvelle interpretation du Platonisme*, Paris 1986

Rickert, H., *Der Gegenstand der Erkenntnis. Ein Beitrag zum Problem der philosophischen Transcendenz*, Freiburg 1892 [Zit. nach der 2. Aufl., Freiburg 1916]

Riedweg, Ch., *Mysterienterminologie bei Platon, Philon und Klemens von Alexandrien*, Berlin 1987

Ritter, C., *Sokrates*, Tübingen 1931

Robin, L., *La théorie platonicienne des idées et des nombres d'après Aristote. Etude Historique et Critique*, Paris 1908

Robin, L., *Platon, Oeuvres complètes*, I, trad. nouvelle et notes par L. Robin (1. Éd. *Phédon*, Paris 1926), Paris 1950

Robin, L., *Platon, nouvelle édition avec bibliographie mise àjour et complétée*, Paris 1968

Robinson, R., *Plato's Earlier Dialectic*, 2. Aufl., Oxford 1953 (1. Aufl. 1941) [Robinson, 1953]

Robinson, R., *An Atheist's Values*, Oxford 1964

Rorty, R., *Philosophy and the Mirror of Nature*, Princeton 1980

Rose, L. E., „The *Deuteros Plous* in Plato's *Phaedo*", in: *The Monist* 50 (1966), S. 464–473

Ross, W. D. (Hrsg.), *Aristotle's* Metaphysics. *Revised Text with Introduction and Commentary*, I und II, Oxford 1924

Ross, W. D., „The Problem of Socrates", in: *Proceedings of the Classical Association* 30 (1933), S. 7–24

Ross, W. D., *Plato's Theory of Ideas*, Oxford 1951

Rossetti, L., „The ‚Sokratikoi Logoi' as a Literary Barrier. Toward the Identification of a Standard Socrates Through Them", in: Karasmanis, V. (Hrsg.), *Socrates. 2400 Years Since His Death, Proceedings of the International Symposium (Athens–Delphi, 13–21 July 2001)*, Delphi 2004, S. 81–94

Rowe, Ch., „Socrates and Plato on Virtue and the Good: An Analytical Approach", in: Reale, G. / Scolnicov, S. (Hrsg.), *New Images of Plato. Dialogues on the Idea of the Good*, Sankt Augustin 2002, S. 253–264

Rowe, Ch., „Les parties de l'âme et le désir du bien dans la *République*", in: Dixsaut, M. (Hrsg.), *Études sur la République de Platon. 2. De la science, du bien et des mythes*, avec la collaboration de F. Teisserenc, Paris 2005, S. 209–223 [Rowe, 2005a]

Rowe, Ch., „The Good and the Just in Plato's *Gorgias*", in: Barbarić, D. (Hrsg.), *Platon über das Gute und die Gerechtigkeit*, Würzburg 2005, S. 73–92 [Rowe, 2005b]

Rowe, Ch., „The *Symposium* as a Socratic Dialogue", in: Lesher, J. / Nails, D. / Sheffield, F. C. C. (Hrsg.), *Plato's* Symposium: *Issues in Interpretation and Reception*, Cambridge 2006, S. 9–22

Rowe, Ch., *Plato and the Art of Philosophical Writing*, Cambridge / New York 2007 [Rowe, 2007a]

Rowe, Ch., „The Form of the Good and the Good in Plato's *Republic*", in: Cairns, D. / Herrmann, F. G. / Penner, T. (Hrsg.), *Pursuing the Good. Ethics and Metaphysics in Plato's* Republic, in: *Edinburgh Leventis Studies* 4, Edinburgh 2007, S. 125–153 [Rowe, 2007b]

Rowe, Ch., *Plato. The Last Days of Socrates:* Euthyphro, Apology, Crito, Phaedo. *Translated with Introduction and Notes by Ch. Rowe*, London 2010

Runia, D. T., „Didactic Enumeration in the *Philebus* and other Platonic Writings", in: Dillon, J. / Brisson, L. (Hrsg.), *Plato's* Philebus, Sankt Augustin 2000, S. 104–109

Runia, D. T., „The Theme of ‚Becoming Like God' in Plato's *Republic*", in: Noburu, N. / Brisson, L. (Hrsg.), *Dialogues on Plato's Politeia (Republic). Selected Papers from the Ninth Symposium Platonicum*, in: *International Plato Studies* 31, Sankt Augustin 2013, S. 288–293

Russell, B., *A History of Western Philosophy and Its Connection with Political and Social Circumstances from the Earliest Times to the Present Day*, New York 1945

Ryle, G., „Plato's *Parmenides*", in: *Mind* 48 (1939), S. 129–151, S. 302–325

Ryle, G., *The Concept of Mind*, London 1949

Ryle, G., *Plato's Progress*, Cambridge 1966

Santas, G., „Plato's *Protagoras* and Explanations of Weakness", in: *Philosophical Review* 75 (1966), S. 3–33

Santas, G., *Socrates. Philosophy in Plato's Early Dialogues*, London / Boston / Henley 1979

Santas, G., „Two Theories of the Good in Plato's *Republic*", in: *Archiv für Geschichte der Philosophie* 67 (1985), S. 223–245

Santas, G., „The Form of the Good as Paradigm and Its Essence", in: Reale, G. / Scolnicov, S. (Hrsg.), *New Images of Plato. Dialogues on the Idea of the Good*, Sankt Augustin 2002, S. 359–378

Santas, G., *Understanding Plato's* Republic, Oxford / New York 2010

Santozki, U., *Die Bedeutung antiker Theorien für die Genese und Systematik von Kants Philosophie. Eine Analyse der drei Kritiken*, Kantstudien-Ergänzungshefte 153, Berlin et al. 2006

Saunders, T. J. (Hrsg.), *Plato. The Laws*, Harmondworth 1975

Sayre, K. M., *Plato's Late Ontology. A Riddle Resolved*, Princeton 1983

Sayre, K. M., „Plato's Dialogues in Light of the Seventh Letter", in: Griswold, C. L., Jr. (Hrsg.), *Platonic Writings / Platonic Readings*, New York / London 1988, S. 93–109

Scaltsas, Th., „Substantial Holism", in: Scaltsas, Th. / Charles, D. / Gill, M. L. (Hrsg.), *Unity, Identity and Explanation in Aristotle's Metaphysics*, Oxford 1994

Scheler, M., *Der Formalismus in der Ethik und die materiale Wertethik. Neuer Versuch der Grundlegung eines ethischen Personalismus*, Halle 1913/1916 [Zit. nach der 5., durchgesehenen Aufl., hrsg. mit einem Anhang v. M. Scheler, Bern / München 1966]

Schelling, F. W. J., *Abhandlung über die Quelle der ewigen Wahrheiten*, 1850 [Erstdruck in: Schelling, K. F. A., *Sämtliche Werke*, Stuttgart 1856–1861]

Schiller, J., „*Phaedo* 104–105: Is the Soul a Form?", in: *Phronesis* 12 (1967), S. 50–58

Schlegel, F., *Philosophische Vorlesungen aus den Jahren 1804 bis 1806. Nebst Fragmenten vorzüglich philosophisch-theologischen Inhalts*, I, Aus dem Nachlass des Verewigten hrsg. v. C. J. H. Windischmann, Bonn 1836

Schleiermacher, F. D., *Platon, Werke*, übers. mit Einleitungen und Anm., 5 Bde, Berlin 1804–1810

Schleiermacher, F. D., *Hermeneutik und Kritik mit besonderer Beziehung auf das Neue Testament. Aus Schleiermachers handschriftlichem Nachlasse und nachgeschriebenen Vorlesungen*, hrsg. von F. Lücke, 1838 [Nachdruck in: Schleiermacher, F. D., *Hermeneutik und Kritik*, hrsg. und eingeleit. von M. Frank, Frankfurt a. M. 1977, S. 69–306]

Schlosser, J. G., *Plato's Briefe nebst einer historischen Einleitung und Anmerkungen*, Königsberg 1792, um eine Neue Vorrede erweitert Königsberg 1795 [Schlosser, 1792]

Schlosser, J. G., *Das Gastmahl*, Königsberg 1794

Schlosser, J. G., *Plato's Briefe nebst einer historischen Einleitung und Anmerkungen*, Königsberg 1792, um eine Neue Vorrede erweitert Königsberg 1795 [Schlosser, 1795]

Schlosser, J. G., *Schreiben an einen jungen Mann, der die kritische Philosophie studiren wollte*, Lübeck / Leipzig 1797

Schlosser, J. G., *Zweites Schreiben an einen jungen Mann, der die kritische Philosophie studiren wollte, veranlasst durch den angehängten Aufsatz des Herrn Professor Kant über den Philosophischen Frieden*, Lübeck / Leipzig 1798

Schmitz, H., „Aristoteles und Platons (?) ungeschriebene Lehre", in: *Philosophisches Jahrbuch im Auftrag der Görres-Gesellschaft* 99 (1992), S. 142–157

Schofield, M., „Likeness and Likenesses in the *Parmenides*", in: Gill, Ch. / McCabe, M. M. (Hrsg.), *Form and Argument in Late Plato*, Oxford 1996, S. 49–77

Schneeberger, G., *Nachlese zu Heidegger. Dokumente zu seinem Leben und Denken*, Bern 1962

Schopenhauer, A., *Die Welt als Wille und Vorstellung*, in: *Arthur Schopenhauer's sämtliche Werke*, II, hrsg. von J. Frauenstädt, 2. Aufl., Leipzig 1916

Schopenhauer, A., *Über die vierfache Wurzel des Satzes vom zureichenden Grunde. Eine philosophische Abhandlung*, in: *Arthur Schopenhauer's sämtliche Werke*, VII, hrsg. von A. Hübscher, Leipzig 1941

Schöpsdau, K., *Platon, Nomoi IV–VII: Übersetzung und Kommentar*, in: Heitsch, E. / Müller, C. W. (Hrsg.), *Platon, Werke. Übersetzung und Kommentar. Im Auftrag der Kommission für Klassische Philologie der Akademie der Wissenschaften und der Literatur zu Mainz*, Abt. IX 2, zweiter Teilband, Göttingen 2003

Schröder, M., *Zum Aufbau des platonischen* Politikos (Diss. Berlin), Jena 1935

Schwaiger, C., *Kategorische und andere Imperative. Zur Entwicklung von Kants praktischer Philosophie bis 1785*, Stuttgart / Bad Cannstatt 1999

Scolnicov, S., „The Wonder of One and Many", in: Dillon, J. / Brisson, L. (Hrsg.), *Plato's Philebus. Selected Papers from the Eighth Symposium Platonicum*, Sankt Augustin 2010, S. 326–335

Scott, D., *Plato's Meno*, Cambridge 2006

Sedley, D., „The Dramatis Personae of Plato's *Phaedo, Philosophical Dialogues*. Plato, Hume, Wittgenstein" (Dawes Hicks Lectures on Philosophy), in: *Proceedings of the British Academy* 85 (1996), S. 3–26

Sedley, D., *The Midwife of Platonism. Text and Subtext in Plato's* Theaetetus, Oxford 2004

Sedley, D., „Three Kinds of Platonic Immortality", in: Frede, D. / Reis, B. (Hrsg.), *Body and Soul in Ancient Philosophy*, Berlin 2009, S. 145–162

Sedley, D., „The *Phaedo's* Final Proof of Immortality", in: Cornelli, G. / Robinson, T. / Bravo, F. (Hrsg.), *Plato's* Phaedo. *Selected Papers from the Eleventh Symposium Platonicum*, Baden-Baden 2018, S. 210–220

Seel, G., „Is Plato's Conception of the Form of the Good Contradictory?", in: Cairns, D. / Herrmann, F. G. / Penner, T. (Hrsg.), *Pursuing the Good. Ethics and Metaphysics in Plato's* Republic, in: *Edinburgh Leventis Studies* 4, Edinburgh 2007, S. 168–196

Seeskin, K., *Dialogue and Discovery. A Study in Socratic Method*, in: Neville, R. C. (Hrsg.), *SUNY Series in Philosophy*, New York 1987

Senger, H. v., *Strategeme: Lebens- und Überlebenslisten der Chinesen – die berühmten 36 Strategeme aus drei Jahrtausenden*, 5. Aufl., Wien 1990 (1. Aufl. 1988)

Sesonske, A., „Hedonism in the *Protagoras*", in: *Journal of the History of Philosophy* 1 (1963), S. 73–79

Sharples, R. W., *Plato*. Meno, Bristol 1984
Sheffield, F. C. C., *Plato's* Symposium: *The Ethics of Desire*, Oxford 2006
Sheffield, F. C. C., „Eros Before and After Tripartition", in: Barney, R. / Brennan, T. / Brittain, C. (Hrsg.), *Plato and the Divided Self*, Cambridge 2012, S. 211–237
Shelley, C., „Plato on the Psychology of Humour", in: *Humour* 16 (2003), S. 351–367
Shields, C., „Surpassing in Dignity and Power: The Metaphysics of Goodness in Plato's Republic", in: Anagnostopoulos, G. (Hrsg.), *Socratic, Platonic and Aristotelian Studies. Essays in Honor of Gerasimos Santas*, in: *Philosophical Studies Series* 11, Dordrecht / New York 2011, S. 281–296
Shorey, P., „Review of: A. Patin, *Parmenides im Kampf gegen Heraklit*, Leipzig 1899", in: *American Journal of Philology* 21 (1900), S. 200–216
Shorey, P., *The Unity of Plato's Thought*, Chicago 1903 [Zit. nach dem Nachdruck in: *Investigations Representing the Departments Greek, Latin, Comparative Philology, Classical Archaeology*, Chicago 1904] [Shorey, 1904]
Shorey, P., *What Plato Said. Abridged Edition*, Chicago 1933
Shorey, P., *Plato, Republic. With an English Translation*, II, Cambridge, Mass. 1935
Sier, K., *Die Rede der Diotima. Untersuchungen zum platonischen* Symposion, Stuttgart / Leipzig 1997
Skemp, J. B., *Plato's* Statesman. *Translated with Introductory Essays and Footnotes*, London 1952/1962
Slings, S. R. (Hrsg.), *Plato's* Apology of Socrates. *A Literary and Philosophical Study with a Running Commentary. Edited and Completed from the Papers of the Late E. de Strycker*, Leiden 1994
Slings, S. R., „Critical Notes on Plato's Politeia, VI", in: *Mnemosyne* 54 (2001), S. 158–181 [Slings 2001a]
Slings, S. R., „Critical Notes on Plato's Politeia, VII", in: *Mnemosyne* 54 (2001), S. 409–429 [Slings 2001b]
Slings, S. R., *Platonis Rempublicam, recognovit brevique adnotatione critica instruxit S. R. Slings*, Oxford 2003
Sonderegger, E., „Die Bildung des Ausdrucks *to ti ên einai* durch Aristoteles", in: *Archiv für Geschichte der Philosophie* 65 (1983), S. 18–39
Sonderegger, E., *Aristoteles*. Metaphysik Z 1–12. *Philosophische und philologische Erwägungen zum Text*, in: *Berner Reihe philosophischer Studien* 15, Bern 1993
Sonderegger, E., „Aristoteles, Met. XII – Eine Theologie?", in: *Méthexis. Revista argentina de filosofía antigua* 9 (1996), S. 58–83
Sonderegger, E., „Zur Sprachform des Ausdrucks *to ti ên einai*", in: *Rheinisches Museum für Philologie* 144, 1 (2001), S. 13–122
Souilhé, J., *La notion platonicienne de l'intermediaire dans la philosophie des dialogues*, Paris 1919
Sprague, R. K., „Platonic Unitarianism, or What Shorey Said", in: *Classical Philology* 71 (1976), S. 109–112
Stalley, R., „The *Philebus* and the Art of Persuasion", in: Dillon, J. / Brisson, L. (Hrsg.), *Plato's Philebus. Selected Papers from the Eighth Symposium Platonicum*, Sankt Augustin 2010, S. 227–236
Stefanini, L., *Platone*, I, Padova 1991 (1. Aufl. 1932, 2. Aufl. 1949) [Stefanini, 1991a]
Stefanini, L., *Platone*, II, Padova 1991 (1. Aufl. 1935, 2. Aufl. 1949) [Stefanini, 1991b]

Steinthal, H., „'Mógis' [kaum] und ‚Exaíphnes' [plötzlich]. Platon über die Grenzen der Erkenntnis", in: Neumeister, C. (Hrsg.), *Antike Texte in Forschung und Schule. Festschrift für W. Heilmann zum 65. Geburtstag*, Frankfurt a. M. 1993, S. 99–104

Steinthal, H., „Platons problematische Lehre", in: *Gymnasium* 103 (1996), S. 1–24

Stokes, M. C., *Plato's Socratic Conversations. Drama and Dialetic in Three Dialogues*, London 1986

Stover, J. A., *A New Text of Apuleius: The Lost Third Book of the* De Platone. *Edited and Translated with an Introduction and Commentary by J. A. Stone*, Oxford 2016

Strycker, É. de, „L'idée du Bien dans la *République* de Platon", in: *L'antiquité classique* 39 (1970), S. 450–467

Strycker, É. de / Slings, S. R., *Plato's Apology of Socrates. A Literary and Philosophical Study with a Running Commentary*, Leiden / New York / Köln 1994

Stumpf, C., *Das Verhältnis des Platonischen Gottes zur Idee des Guten*, Halle 1869

Sullivan, J. P., „The Hedonism in Plato's *Protagoras*", in: *Phronesis* 6 (1961), S. 10–28

Svavarsson, S. H., „Plato on Forms and Conflicting Appearances: The Argument of PHAEDO 74a9–c6", in: *Classical Quarterly* 59 (2009), S. 60–74

Szlezák, Th. A., „Dialogform und Esoterik. Zur Deutung des platonischen Dialogs *Phaidros*", in: *Museum Helveticum* 35 (1978), S. 18–32

Szlezák, Th. A., *Platon und die Schriftlichkeit der Philosophie. Interpretationen zu den frühen und mittleren Dialogen*, Berlin / New York 1985

Szlezák, Th. A., „Rez. v. Heitsch, Platon über die rechte Art zu reden und zu schreiben, 1987", in: *Gnomon* 60 (1988), S. 390–398

Szlezák, Th. A., *Come leggere Platone*, Milano 1991

Szlezák, Th. A, „Zur üblichen Abneigung gegen die AGRAPHA DOGMATA", in: *Méthexis. Revista argentina de filosofia antigua* 6 (1993), S. 155–174

Szlezák, Th. A., „'Menschliche' und ‚göttliche' Darlegung. Zum ‚theologischen' Aspekt des Redens und Schreibens bei Platon", in: Cancik, H. (Hrsg.), *Geschichte – Tradition – Reflexion. Festschrift für M. Hengel zum 70. Geburtstag*, in: *Griechische und Römische Religion* 11, Tübingen 1996, S. 252–263

Szlezák, Th. A, „Rez. von Ferber, 1991", in: *Gnomon* 69 (1997), S. 404–411 [Szlezák, 1997a]

Szlezák, Th. A., „Über die Art und Weise der Erörterung der Prinzipien im Timaios", in: Calvó, T. / Brisson, L. (Hrsg.), *Interpreting the* Timaeus *and the* Critias, Sankt Augustin 1997, S. 195–203 [Szlezák, 1997b]

Szlezák, Th. A., „Das Höhlengleichnis (Buch VII 514a521b und 539d541b)", in: Höffe, O. (Hrsg.), *Platon. Politeia*, Berlin 1997, S. 205–228 [Szlezák, 1997c]

Szlezák, Th. A., „Von der *timê* der Götter zur *timiôtês* des Prinzips. Aristoteles und Platon über den Rang des Wissens und seiner Objekte", in: Graf, F. (Hrsg.), *Ansichten griechischer Rituale, Geburtstags-Symposium für Walter Burkert*, Castelen bei Basel 15. bis 18. März 1996, Stuttgart / Leipzig 1998, S. 420–439

Szlezák, Th. A., „*Hous monous an tis proseipoi philosophous*. Zu Platons Gebrauch des Namens *philosophoi*", in: *Museum Helveticum* 57 (2000), S. 67–75

Szlezák, Th. A., „L'Idée du Bien en tant qu'*archê* dans la *République* de Platon", in: Fattal, M. (Hrsg.), *La Philosophie de Platon*, I, Paris / Budapest 2001, S. 345–372

Szlezák, Th. A., „Die Idee des Guten als *archê* in Platons *Politeia*", in: Reale, G. / Scolnicov, S. (Hrsg.), *New Images of Plato. Dialogues on the Idea of the Good*, Sankt Augustin 2002, S. 49–68

Szlezák, Th. A., *Die Idee des Guten in Platons* Politeia. *Beobachtungen zu den mittleren Büchern*, in: *Lecturae Platonis* 3, Sankt Augustin 2003 [Szlezák, 2003a]
Szlezák, Th. A., „Six Philosophers on Philosophical Esotericism", in: Michelini, A. N. (Hrsg.), *Plato as Author. The Rhetoric of Philosophy*, Leiden / Boston 2003, S. 203 – 221 [Szlezák, 2003b]
Szlezák, Th. A., *Platon und die Schriftlichkeit der Philosophie*, Teil II: *Das Bild des Dialektikers in Platons späten Dialogen*, Berlin / New York 2004
Szlezák, Th. A., „Von Brucker über Tennemann zu Schleiermacher", in: Neschke-Hentschke, A. (Hrsg.), *Argumenta in dialogos Platonis. Teil 1: Platoninterpretation und ihre Hermeneutik von der Antike bis zum Beginn des 19. Jahrhunderts*, Basel 2010, S. 411 – 433 [Szlezák, 2010a]
Szlezák, Th. A., „Gadamer und die Idee des Guten im *Philebos*", in: Gill, Ch. / Renaud, F. (Hrsg.), *Hermeneutic Philosophy and Plato. Gadamer's Response to the* Philebus, Sankt Augustin 2010, S. 157 – 174 [Szlezák, 2010b]
Szlezák, Th. A., „Review of Burnyeat, M.; Frede, M. (2015)", in: *Gnomon* 89 (2017), S. 311 – 323
Tarrant, H., *Plato's First Interpreters*, Ithaca 2000
Taylor, A. E., *Varia Socratica*, Oxford 1911
Taylor, A. E., *A Commentary on Plato's* Timaeus, Oxford 1928
Taylor, A. E., *Plato: The Man and His Work*, 2. Aufl., New York 1936
Taylor, A. E., *Plato. The Man and His Work*, 7. Aufl., London 1960 [Neuauflage von [Taylor, 1936]]
Taylor, C. C. W., *Plato. Protagoras. Translated with Notes*, Oxford 1976
Teichmüller, G., *Die Platonische Frage. Eine Streitschrift gegen Zeller*, Gotha 1876
Tennemann, W. G., *System der Platonischen Philosophie*, Vierter und letzter Band, Leipzig 1795
Thanassas, P., „Logos and Forms in *Phaedo* 96a–102a", in: *Bochumer Philosophisches Jahrbuch für Antike und Mittelalter* 8 (2003), S. 1 – 19
Thesleff, H., *Studies in Platonic Chronology*, in: *Commentationes Humanarum Litterarum* 70, Helsinki 1982
Thesleff, H., *Additional Notes on the „Third Symposium Platonicum"*, Bristol 1992, unveröffentlichtes Typoskript
Tiedemann, D., *Dialogorum Platonis Argumenta exposita et illustrata*, Zweibrücken 1786
Tietzel, H., *Die Idee des Guten in Platos Staat und der Gottesbegriff*, in: *Programm des Königlichen Gymnasiums zu Wetzlar für das Schuljahr von Ostern 1893 bis Ostern 1894*, Wetzlar 1894
Tordesillas, A. de, „*L'Apologie de Socrate* de Platon l'*Apologie de Palamède* de Gorgias", in: Luise, F. de / Stavru, A. (Hrsg.), *Socratica III. Studies on Socrates, the Socratics and the Ancient Socratic Literature*, Sankt Augustin 2013, S. 204 – 212
Trabattoni, F., *Scrivere nell'anima. Verità, dialettica e persuasione in Platone*, Florenz 1994
Trabattoni, F., „L'orientamento al bene nella filosofia di Platone", in: Reale, G. / Scolnicov, S. (Hrsg.), *New Images of Plato, Dialogues on the Idea of the Good*, Sankt Augustin 2002, S. 294 – 304
Trabattoni, F., *Platone. Fedone, a cura di Franco Trabattoni, traduzione di St. Martinelli Tempesta*, Torino 2011
Trendelenburg, F. A., „Das *to heni einai, to agathô(i) einai* etc., etc. und das *to ti ên einai* bei Aristoteles", in: *Rheinisches Museum für Philologie* 2 (1828), S. 457 – 483
Trendelenburg, F. A., *De Platonis Philebi consilio*, Berlin 1837

Tricot, J., *Aristote, La* Metaphysique, II, *Nouvelle edition entierement refondue, avec commentaire*, Paris 1991
Tulli, M., „Il Symposium Platonicum", in: *Atene e Roma* 35 (1990), S. 125–129
Vallejo-Campos, A., „The Theory of Conflict in Plato's *Republic*", in: Notomi, N. / Brisson, L. (Hrsg.), *Dialogues on Plato's* Politeia *(Republic). Selected Papers from the Ninth Symposium Platonicum*, Sankt Augustin 2013, S. 192–198
Vegetti, M., *Guida alla lettura della* Repubblica *di Platone*, Bari 1999
Vegetti, M., „Dialogical Context, Theory of Ideas and the Question of the Good in Book VI of the *Republic*", in: Reale, G. / Scolnicov, S. (Hrsg.), *New Images of Plato. Dialogues on the Idea of the Good*, Sankt Augustin 2002, S. 225–236
Vegetti, M., „Dialettica", in: Vegetti, M., *Platone. La* Repubblica, *traduzione e commento a cura di M. Vegetti, Libri VI–VII, V,* Neapel 2003, S. 405–434 [Vegetti, 2003a]
Vegetti, M., „*Megiston mathêma*. L'idea del ‚buono' e le sue funzioni", in: Vegetti, M., *Platone. La* Repubblica, *Libri VI-VII,* Neapel 2003, S. 253–86 [Vegetti, 2003b]
Vegetti, M., „*Un paradigma in cielo*". Platone politico da Aristotele al Novecento, Rom 2009
Vegetti, M., „To *agathon*: buono a che cosa? Il conflitto delle interpretazioni sull'idea del buono nella R*epubblica*", in: Neschke-Hentschke, A. / Erler, M. (Hrsg.), *Argumenta in dialogos Platonis. Teil 2: Platoninterpretation und ihre Hermeneutik vom 19. bis zum 21. Jahrhundert*, Basel 2012, S. 434–453
Verdenius, W. J., „Notes on Plato's *Phaedo*", in: *Mnemosyne, Bibliotheca Classica Batava* 11 (1958), S. 193–243
Verdenius, W. J., „Rez. v. Guthrie, *A History of Greek Philosophy* (4–5, 1975–78)", in: *Mnemosyne* 30 (1981), S. 415–416
Verdenius, W. J., „Another Note on Plato, *Phaedrus* 270AC", in: *Mnemosyne* 35 (1982), S. 333–335
Vlastos, G., „The Third Man Argument in the *Parmenides*", in: *The Philosophical Review* 63 (1954), S. 319–349 [Abgedr. in Allen, R. E. (Hrsg.), *Studies in Plato's Metaphysics*, London 1965, S. 231–263]
Vlastos, G., *Plato's* Protagoras *in Translation. Edited with an Introduction*, New York 1956
Vlastos, G., „Socrates on Acrasia", in: *Phoenix* 23 (1969), S. 71–88
Vlastos, G., „The Paradox of Socrates", in: Vlastos, G., *The Philosophy of Socrates, A Collection of Critical Essays*, New York 1971, S. 1–21
Vlastos, G., *Platonic Studies*, 2. Aufl., Princeton 1981 [Vlastos, 1981a]
Vlastos, G., „Rez. v. Krämer, *Arete bei Plaron und Arisroteles*, 1959", in: *Gnomon* 35 (1963), S. 641–655 [Abgedr. in Vlastos, G., *Platonic Studies*, 2. Aufl., Princeton 1981 (1. Aufl. 1973), S. 379–398 [Vlastos, 1981b]
Vlastos, G., „Socrates' Disavowal of Knowledge", in: *Philosophical Quarterly* 35 (1985), S. 1–31
Vlastos, G., *Socrates. Ironist and Moral Philosopher*, Cambridge 1991
Vlastos, G., „The Socratic Elenchus", in: *Oxford Studies in Ancient Philosophy* 1 (1983), S. 27–58 [Nachdruck in: Fine, G. (Hrsg.), *Plato 1. Metaphysics and Epistemology*, Oxford 1999, S. 36–63]
Vogel, C. J. de, „Problems Concerning Later Platonism", in: *Mnemosyne* 4 (1949), S. 197–216, S. 299–318 [Abgedr. und aus dem Englischen übers. v. J. Wippern, in: Wippern, J. (Hrsg.), *Das Problem der ungeschriebenen Lehre Platons. Beiträge zum Verständnis der Platonischen Prinzipienphilosophie*, Darmstadt 1972, S. 41–87]

Vogel, C. J. de, „Encore une fois le bien dans la *République* de Platon", in: *Zetesis*, Mélanges É. de Strycker, Antwerpen 1973, S. 40–56

Vogel, C. J. de, *Rethinking Plato and Platonism*, in: *Mnemosyne*, hrsg. v. A. D. Leeman, supp. 92, Leiden 1986

Vogt, K., „Why Pleasure Gains Fifth Rank: Against the Anti-Hedonist Interpretation of the *Philebus*", in: Dillon, J. / Brisson, L. (Hrsg.), *Plato's* Philebus. *Selected Papers from the Eighth Symposium Platonicum*, Sankt Augustin 2010, S. 250–255

Vries, G.-J. de, *Miscellaneous Notes on Plato*, in: *Mededelingen der Koninklijke Nederlandse Akademie van Wetenschapen and Letterkunde*, Nieuw Reeks, Deel 38, 1, Amsterdam / Oxford 1975

Vries, G.-J. de, „A Note on Plato's *Phaedrus*, 270a–c", in: *Mnemosyne* 35 (1982), S. 331–333

Weber, M., *Wissenschaft als Beruf*, München / Leipzig 1919

Wedin, M. V., *Aristotle's Theory of Substance*, Oxford 2000

Wehrli, F., *Die Schule des Aristoteles*, Heft 5, Straton von Lampsakos, 2. Aufl., Basel / Stuttgart 1969 (1. Aufl. 1950)

Weidemann, H., „Zum Begriff des *ti ên einai* und zum Verständnis von *Met. Z 4*, 1029b22–1030a62", in: Rapp, Ch. (Hrsg.), *Aristoteles*. Metaphysik. *Die Substanzbücher (Z, H, Θ)*, Berlin 1996, S. 75–104

Weil, S., *Étude pour une déclaration des obligations envers l'être humain*, 74, in: *Ecrits de Londres et dernières lettres*, 3. Aufl., Paris 1957

Weiss, R., „Thirst as Desire for Good", in: Bobonich, Ch. / Destrée, D. (Hrsg.), Akrasia *in Greek Philosophy: From Socrates to Plotinus*, Leiden 2007, S. 87–100

Wersinger, A.-G., „The Meaning of ‚Apollon … daimonias hyperbolês' in Plato's Republic 6, 509b6–c4: A New Hypothesis", in: Nails, D. / Tarrant, H. (Hrsg.), *Second Sailing: Alternative Perspectives on Plato, in Collaboration with M. Kajava and E. Salmenkivi*, Espoo 2015, S. 53–58

Westerink, L. G. (Hrsg.), *Damascius. Lectures on the* Philebus, *Wrongly Attributed to Olympiodorus. Text, Translation, Notes and Indices*, Amsterdam 1959

Whittaker, J., „EPEKEINA NOU KAI OUSIAS", in: *Vigiliae Christianae* 23 (1969), S. 91–104

Wichmann, O., *Platon und Kant. Eine vergleichende Studie*, Berlin 1920

Wiegand, W., *Der Staat. Buch VI–X*, in: *Platon. Sämtliche Werke in drei Bänden*, II, hrsg. v. E. Loewenthal, Berlin 1940

Wieland, W., *Platon und die Formen des Wissens*, Göttingen 1982

Wieland, W., *Platon und die Formen des Wissens*, 2. Aufl., Göttingen 1999

Wielen, W. van der, *De ideegetallen van Plato*, Amsterdam 1941

Wiggins, D., *Sameness and Substance*, Oxford 1980

Wilamowitz-Moellendorff, U. v., *Platon, Zweiter, Teil, Beilagen und Textkritik*, Berlin 1918

Wilamowitz-Moellendorff, U. v., *Platon, Leben und Werke*, I, Berlin 1919

Williams, D. C., „The Elements of Being", in: *Review of Metaphysics* 7 (1953), S. 3–18, S. 171–192

Wippern, J., „Seele und Zahl in Platons *Phaidon*", in: Heck, E. / Albrecht, M. v. (Hrsg.), *SILVAE. Festschrift für Ernst Zinn zum 60. Geburtstag, dargebracht von Kollegen, Schülern und Mitarbeitern*, Tübingen 1970, S. 272–288

Wippern, J., „Einleitung", in: Wippern, J. (Hrsg.), *Das Problem der ungeschriebenen Lehre Platons. Beiträge zum Verständnis der Platonischen Prinzipienphilosophie*, Darmstadt 1972, S. VI–XLVIII

Wittgenstein, L., *Letters to Russell, Keynes and Moore. Edited with an Introduction by G. H. v. Wright, Assisted by B. F. McGuiness*, Oxford 1974
Wittgenstein, L., „Bemerkungen zu einigen Gesprächen mit Wittgenstein", in: Rhees, R. (Hrsg.), *Wittgenstein. Porträts und Gespräche*, übers. v. J. Schulte, Frankfurt a. M. 1987
Wolf, U., *Die Suche nach dem guten Leben. Platons Frühdialoge*, Reinbek bei Hamburg 1996
Wolfsdorf, D., „Socrates' Avowals of Knowledge", in: *Phronesis* 49 (2004), S. 75–142
Woodruff, P., „Plato's Earlier Theory of Knowledge", in: Benson, H. H. (Hrsg.), *Essays on the Philosophy of Socrates*, Oxford / New York 1992, S. 86–106
Zande, J. van der, *Bürger und Beamter, Johann Georg Schlosser*, Stuttgart 1986
Zeller, E., *Die Philosophie der Griechen, in ihrer geschichtlichen Entwicklung dargestellt. Zweiter Teil, Zweite Abteilung: Aristoteles und die alten Peripatetiker*, 4. Aufl., Leipzig 1921
Zeyl, D. J., „Plato and Talk of a World in Flux, *Timaeus* 49a6–50b5", in: *Harvard Studies in Classical Philology* 79 (1975), S. 125–148
Zuckert, C. H., *Plato's Philosophers. The Coherence of the Dialogues*, Chicago / London 2009

Index locorum (Auswahl)

Aristoteles
Metaphysik
1041b4–9   273f., 279, 281, 284
1078a29–32   91
Physik
209b14–15   120, 147, 149f., 236
Topik
100b21–23   40

Descartes
Meditationes
AT VII, 67   58

Diogenes Laertios
Leben und Meinungen
II 32   30

Kant
KrV
A314/B371   295, 297

Platon
Apologie
22c–d   30
23a–b   30, 46, 50, 173
Euthyphron
11b   274
Gorgias
467c–468b   22, 37, 87, 95, 178, 185, 241
472d–474c   36
494c–500e   14, 26, 178
508e–509b   35, 37, 39f.
Lysis
219c–d   67, 105, 188, 243, 253
Menon
80d–85e   25
98b2–5   29, 31, 34f., 40, 44, 52, 223f., 241, 254, 289
Nomoi
662b3–4   41, 54, 191, 241
Parmenides
130c–134e   217, 226, 228, 233, 289

Phaidon
66e2–6   72, 103, 134, 156, 309
99e4–100a3   57f., 73, 82f., 305
107b1 (*anthrôpinê astheneia*) 73
Phaidros
274d–279c   27
Politeia
439e–440a   47, 97f.
505d11–506a2 47, 93f., 112f., 154–156, 181, 184, 186
508b12–509d   121
509b8–10 (*epekeina tês ousias*) 109, 115f., 118f., 123f., 130, 132, 139f., 207, 275
509c1–2   115, 117, 128, 146
509d–511e   40, 64, 72, 120
533c (Homologie) 50f., 60
Politikos
284d1–e8   110, 175, 187, 189, 201, 220
285d4–9   198, 211
Protagoras
352b–c   8, 10, 86, 88
353c–d   13, 15
354b–355d   13, 52
357a–e   19
357d–e (Tugend ist Wissen) 21, 37, 47, 241
Siebter Brief
342e–343c   164, 181f., 263, 265, 267f.
343a1 (*to tôn logôn asthenes*) 73, 135, 165, 224f., 263, 265, 268
Theaitetos
151e8–152a4   167
176b1–3   167
Timaios
51d3–51e6   35, 81f., 215, 222, 234, 241f., 254, 275, 289

Thomas von Aquin
Summa Theologiae
Ia, qu. II, art. 1 28
Ia–IIae, qu. 27, art. 1 ad 1 22
Ia IIa+e, Quaestio I (*De ultimo fine hominis*) 105, 107

Index rerum (Auswahl)

actio hominis versus *actio humana*   105, 349
aitias logismos (Rechenschaft über den Grund)   33, 35, 39, 44, 53, 223, 241
akrasia, siehe auch unter Willensschwäche   1, 8, 10f., 17f., 20–22, 24, 33, 37, 47f., 96, 98f., 347
akrasia-These versus *kratos*-These   11, 15, 17, 20f., 349
amathia (Unwissenheit)   21, 37, 47, 99
anamnêsis (Erinnerung)   25, 32, 35, 101
aretê (Tugend)   5, 7f.
astheneia, anthrôpinê (Schwäche, menschliche)   73
asthenes (schwach), siehe auch unter Schwäche   73, 263–265
auto takribes (das Genaue selbst)   110, 146, 175, 187, 197, 201–203, **205–208**, 211, 213, **218**, 220, 243, 253

Dasein   52, 313, 317f., 320f., 326, 328, 354
deon, to (das Verpflichtende)   110, 187, 203, 205, 210
deuteros plous (zweitbeste Fahrt)   57–60, 64, 68–71, 73, 82, 348
Dialektik (Kunst des Gesprächs)   44, 49, 54, **153–155**, 157, 160f., **164**, 218, 224, 263, 322–324, 326f., 329, **331**, 336, 338, 345
Dialektik versus Rhetorik   44, 224
dianoia (Verstand)   29, 33, 53, 101
dianoia versus *nous*   33, 52f.
dihairesis (Zergliederung)   49, 51, 126, 160, 201, 212, 231f., 263
doxa (Meinung)   2, 5, 9, **40**, 48, 52, 54, 101f., 111, 134f., 208, 236, 241, 244, 261–263, 265f., 268, 349, 351
Dritter Mensch   **124–126**, 128, 218, 226, **230**, 233, 237
Dualismus   318
dyas (Zweiheit)   71, 232, 262, 352

eidos (platonische Idee)   125, **200**, **221**f., 224, 228, 253, 297
eidos (bei Aristoteles)   279–286, 291
eikasia (Vermutung)   33, 40, 64f., 72, 101
Eine, das, siehe unter *hen, to*
ek tôn epistêmôn (Argument aus den Wissenschaften)   204
ek tôn technôn (Argument aus den Künsten)   204
elenchos (Widerlegung)   26, 40f., **48–50**, 89, 157, 295f., **309–311**, 328
endoxa (wahr-scheinliche, allgemein akzeptierte Aussagen)   39, 284
epistêmê (Wissenschaft)   10f., 25, 34, **40**, **51–53, 68**, 102, 111, 135, 147, 160, **167**, 207f., 211, **218**, 220, **223**f., 241, 263–266, 268, 302, 349, 351
epithymia (Begierde)   87f., 97, 101
erôs (Liebe), siehe auch unter Liebe   86–90
Erkenntnismittel   134, 136f., 212, 218, 224f., **263–268**, 302, 310, 353

Genaue selbst, das (Idee des Guten), siehe unter *auto takribes*
Gott (God)   24, 28, **30**f., 45f., **50**, 57f., 73–79, 106, 118, 132–135, 154, 156, 161, 164, 167, **171–176**, 192, 214, 226, 231, **235–237**, 259, 306, 317, 348

hapax legomenon (nur einmal Gesagtes)   131
Hedonismus (Lehre von der Lust als dem Guten)   13–17, 19, 22, 347
hen, to (das Eine)   125, **132**, 159, 219, 255, 349
homoiôsis theô(i) (Verähnlichung mit Gott)   167, **173–175**
Homologie (Übereinkunft)   40, 48, **50**f., 53, 224
Homo-Mensura-Satz   **167**f., 170f., 204, 208, 213, 219, 332
Hyperbel (Übertreibung)   128f.

Hypothesis (Voraussetzung) 34, 43, 53, **66**, 68f., 132, **154f.**, 223, 234–236, 310, 324, 350

Hypothesis, problem of unproved hypothesis 59, 61, **66–72**, 80–82, 348

Hysteron-Proteron-Struktur (ontologische Abhängigkeitsstruktur) 126, 233, 242, 275, 350

idea (umgangssprachlich im Griechischen: Merkmal, Form, Gestalt) 175, **181f.**, 236

idea (platonisch: Wesen) 59, 62, 65, **68–71**, 74, 78, 80–81, 85f., 89–91, 116–118, 125, 139, 162f., 175, 181, 187, 191, 200, 205, 213, 215, 228, 230, 237, 239, 295, 297, 333

idea (kantianisch) 146

Idealzahlen **110**, **127**, 148–150, **231f.**, 236, 262, 271, 350

Idee des Guten 23, 27, 37, 49–52, 54, 90, 93f., 102, 105, **107–110**, 115, **117–131**, **133–136**, **139–146**, 149f., 161, **175**, 178–181, 184–187, **193–195**, 200, 203, **205–207**, **209**, 211, **214**, 220, 236, **243**, 249, 253, 258f., 262, 268f., **305f.**, 310, 325f., 332, 335, 349–351

intentio auctoris versus *intentio operis* 96, 295, 299f.

Ironie (irony) 43, 53, **59**, **129**, 187

kairion, to (das Rechtzeitige, Angemessene) 186f.

kairos, ho 110, 203, 205, 210

knowledge claims (of Socrates) 29, 31, 348

Konstruktivismus 299f.

kratos-These versus *akrasia*-These 11f., 15, 17, 20f.

Liebe 10, 11, 24, 52, 137, **165**

Logos 2, 24, 27, 48f., **61f.**, **68f.**, 80, 87, 102, 122f., 137, 155, 158–160, 203, 209, 221, 223–226, 236, **263–268**, 275, 280, **287**, 305, 307, 309–311, **321**, 325, 327, 333, 338

Lust/Unlust **10–24**, 39, 47, 103f., 111, 165, 326, 331f., 337f.

megiston mathêma, siehe auch unter Idee des Guten 37, **93**, **121**, **135**, 139, 149, **200**

Meinung (richtige) versus Wissen 31, **34–46**, 52–55, 101–104, 154f., 163, 208, 222–224, 234, 241f., 244, 249, 254, 289, 302, 312, 349, 351

meletê psychês (Sorge um die Seele) 318

meletê thanatou (Sorge um den Tod) 318

metalêptikon, to (das Aufnehmende) 148f., 236

metaxy (zwischen) 71, **148**, **187**, **203**, 351f.

Metempsychose (Lehre von der Wiedergeburt) 156

metrion, to (das Angemessene) 110, 146, 186f., 197, **204–206**, 208–211, 213, 220, 351f.

metron (Maß) 170, 175, 186, 205–207, 332, 351

noêsis (Vernunft) 29, 33, 53, 101, 136f., 193, 232

nous (Vernunft) 53, **101**, 119, 121f., **132f.**, **136f.**, 175, 180f., 186, 212f., **223–226**, 263–269, 302, 309

nous, noesis (Vernunft) versus *dianoia* (Verstand) 33, 52f.

oida (ich weiß) 31, 45, 348

Ontologischer Gottesbeweis/ontologisches Argument 8, 24, 28, **73–80**

ousia (Wesen) 48, 54, 61, 102, 109, 115, 117–119, 121–128, 131–133, 137, 139–141, 143, 145, 163, 169, 264, **273–284**, 286–288, 290, 293, 350, 353

parhelia (Nebensonnen) 177–179, 182, 186, 188, 193–195, 351

Philosophie **245–246**, 249, 251f., 254f., 258–260, 262f., 267, 270f., 284f., 296f., **301–309**, 311, 313f., 316f., 322, 324, **329f.**, 337, 339, 344, 348

– Philosophieren (Tätigkeit des Argumentierens) 23, 32, 136f., 198, 201, 240, **244–247**, **252**, 255, 260f., 263, 314, 331, 338f., 343

– Philosophie versus Philosophieren   135 f., **252**, 255
– Philosoph   26, 49, 53, 89 f., 103–105, 107 f., 110, 136, 157, **161 f.**, 165, 176, 183, 193, 201 f., 206 f., 224, 236 f., 240, 244–247, 250, 322, 334
– Philosophenkönig/-königin   49, 69, 90, **103–105**, 107 f., 135, 156 f., 175, 180, **206 f.**, **243**, 248, 311
– Philosophiebegriff   52, 257 f., 260, 270
pistis (Glaube)   2, 33, 40, 46, 54, 101, 104
poion (Beschaffenheit)   134 f., 160, 164, 183 f., 209, 263 f., 266, 268
prepon, to   110, 187, 203–205, 210
Propädeutik   198, 210–212, 219–221
prôton philon (vorrangig Liebenswertes)   105, 188, 243, 253
prôtos plous   59

Reihenfolge/Chronologie der Dialoge   32, **173 f.**, 216 f., 219

Schriftkritik   147, **150–160**, 157 f., 329, 350
Schwäche (weakness), siehe auch unter *astheneia* und *asthenes*   **73**, 77, 135 f., 159, 164, **224 f.**, **263–266**, 268
stoicheia (Elemente)   227–229, 284–286
synagôgê (Zusammenführung) versus *dihairesis* (Zergliederung)   49, **51**, 126, 160, 201, 212, 231 f., 263
synholon   281, 283

theos (Gott), siehe auch unter Gott   132, **171–173**, 214, 235
Triangulation   313, 316, 331, 334 f., 354

Trope (Individualisierung eines Universalen)   282 f., 285, 287
Tugend, siehe auch unter *aretê*   **7–12**, 15, 21, 23–28, 30, 36, 38 f., 41, 43, 45, 104, 135 f., 163, **174**, 241, 244, 246, 308, 326, 332

Utopie/Atopie   245–248

Wahrheit (truth)   15–17, 19 f., 24, 26, 30, 33, 35, 40–46, **48**, **50 f.**, **58–65**, 105, 123, 125–127, 131, 135, 139, 141–143, 161, 168, 174, 177, **183–185**, 200, 236, 250, 253, 259 f., 269 f., 276, 289, 300 f., 305, 309–312, 319, 325–328, 331 f., 338
– Kohärenztheorie der Wahrheit   40 f., 48, 309, 327
– Korrespondenztheorie der Wahrheit   48, 50, 310
– Wahrheit als regulative Idee   300
– (Gott als) Wahrheitskriterium   50, 236
Widerlegung   11, 30, 48 f., 149, 217, 220 f., 227, 271
Wie-beschaffen-etwas[-ist], siehe auch unter *poion*   263–268
Willensschwäche, siehe auch unter *akrasia*   9 f., 37, 97 f.
Wissen   7–10, 12, 15 f., 21, **23–31**, **33–46**, **50–55**, 96, 101–104, 108, 111, 134, 151, 154–156, 160 f., 164, 205, 208, 214, **223 f.**, 234, 236, 241 f., 244, 246, **248 f.**, 251, 254, 259, 267, 271, **275**, 289, 299 f., 307, 309, 311, 322, 324 f., 327, 347–349, 351 f.
Wissen versus (richtige) Meinung   31, **34**, 40, 44, 208, 224, 249

Index nominum

Antike und mittelalterliche Autoren

Alexander v. Aphrodisias   148, 290
Aristoxenos   120, 148 f.
Arius Didymus   254
Asklepios/Asclepius   279
Augustinus   19, 99, 318, 349
Averroes   285, 353

Boethius   118

Celsus   133
Cicero   29, 250, 318

Damaskios   78, 180
Dikaiarchos   197, 210
Diogenes Laertios   30, 249

Eustathios   58

Ficinus   31, 62, 82, 112, 119, 129, 185

Herodian   97

Jamblich   124 f., 132

Neanthes von Kyzikos   296

Pausanias   58
Philodemos   197, 210
Plotin   110, 124 f., 127, 130 f., 250
Polybios   58
Porphyrios   288 f.
Proklos/Proclus   117, 122, 127, 131 f., 140–142, 314
Ps.-Alexander   132, 279

Quintilian   129, 350

Seneca   86
Sextus Empiricus   168, 249 f., 270
Straton von Lampsakos   77–79, 349

Thomas v. Aquin   22, 28, 37, 93 f., 105–107, 172, 192, 278, 291

Moderne und zeitgenössische Autoren

Adam, James   121
Albert, Karl   209, 235, 258, 260, 269 f.
Allen, Michael B.   31
Allen, Reginald E.   149 f., 153, 217 f., 226, 228
Angelelli, Ignacio   182
Apelt, Otto   34, 47, 52, 62, 83, 95, 112, 181, 194, 206, 231, 243, 274–276
Arpe, Curt   274, 278
Ayer, Alfred Jules   20

Bailey, Dominic T. J.   67
Baltes, Matthias   115, 121–124, 127, 130, 140, 242, 297
Barnes, Jonathan   80, 197, 270, 273, 287
Bassenge, Friedrich   278
Benson, Hugh H.   43
Berkel, Tazuko A. van   168
Berlin, Isaiah   191 f., 239, 289–291, 293, 314 f.
Berti, Enrico   49
Black, Max   182
Bluck, Richard S.   32, 62
Bobonich, Christopher   98
Boeckh, August   119, 298, 323
Böhme, Gernot   8, 33
Bonitz, Hermann   118, 130, 274, 277, 284, 291
Bostock, David   63 f., 293
Brentano, Franz   24, 42, 76, 87, 118
Brickhouse, Thomas   3, 96, 101
Brisson, Luc   41, 93, 115–117, 121, 128–131, 137, 140, 177, 187, 191, 206, 214, 216–218, 226 f., 231, 237, 248, 296

Bröcker, Walter 265
Brumbaugh, Robert S. 221
Bubner, Rüdiger 303
Burkert, Walter 182, 233, 237, 296
Burnet, John 4, 58, 60–63, 87, 170, 174, 182
Burnyeat, Myles Frederic 32f., 43, 46f., 53f., 73, 81, 96f., 101, 148, 152–154, 167, 170, 173f., 184, 192, 205, 219, 242, 296
Bury, Robert Gregg 52f., 90, 101, 183, 186, 188, 192, 194

Calogero, Guido 1f., 4
Calvo, Tomás 237
Campbell, Lewis 206
Cantor, Georg 125
Carone, Gabriela Roxana 47, 96
Casertano, Giovanni 61f., 80
Castelnérac, Benoît 93
Centrone, Bruno 35, 77, 260
Chappell, Timothy 174
Charles, David 286
Chen, Ludwig C.H. 103, 135
Cherniss, Harold 115–117, 127, 132, 148–151, 154, 200, 213, 216f., 227, 229f., 232
Chiaradonna, Ricardo 251
Christ, Wilhelm 279, 306
Collinge, Neville E. 275
Cornford, Francis 52, 68, 101, 112, 145, 155, 229
Costa, Ivana 63f.
Coulter, James A. 1–4
Cresswell, Max J. 289
Crombie, Ian M. 62, 64
Cross, Robert C. 145

Damschen, Gregor 100, 139, 142
Dancy, Russell M. 63
Davidson, Donald 33, 48, 69, 71, 96, 104, 180, 310f., 313–316, 326–335, 354
Delcomminette, Sylvain 70, 186
Demos, Raphael 106, 110, 180, 314, 333, 354
Denyer, Nicholas 74
Descartes, René 57f., 73–76, 78, 87, 316f., 348

Detel, Wolfgang 281, 287, 289f.
Diès, Auguste 5, 133, 181, 186, 189, 200
Dillon, John 4, 177, 191
Dixsaut, Monique 61–63, 83, 93, 115
Dodds, Eric Robertson 37, 43, 46, 87, 96, 101
Dorandi, Tiziano 197
Döring, Klaus 33
Dörrie, Heinrich 121
Düsing, Klaus 132, 282

Eberle, Stephan 278
Ebert, Theodor 63, 75, 83, 136
Edelstein, Ludwig 249
Eder, Walter 148
Egger, Johann P. 80, 83, 113
El Murr, Dimitri 94, 140
Emerson, Ralph Waldo 244
Erler, Michael 85, 93, 165, 186, 197, 249, 325

Ferguson, A. S. 118, 120, 155, 259
Ferguson, John 61, 78
Ferrari, Franco 93, 135
Fine, Gail 34, 48, 51, 53, 72, 108, 123f., 234
Floridi, Luciano 64
Føllesdal, Dagfinn 316
Forcignanò, Filippo 81
Forschner, Maximilian 263
Frances, Bryan 217
Frankfurt, Harry G. 98, 304
Frede, Dorothea 63, 73f., 111, 185f., 190, 194, 332
Frede, Michael 73, 81, 278f., 282, 292, 296
Frege, Gottlob 77, 125, 182, 185, 271, 286, 290
Friedländer, Paul 8, 14, 129, 132, 182, 188, 202, 244, 252, 314, 321, 323, 325, 343, 354
Fries, Jakob Friedrich 101
Fritz, Kurt von 207, 212, 265f.
Fronterotta, Francesco 93
Fujisawa, Norio 229

Gabrieli, Francesco 95, 113

Gadamer, Hans-Georg 58 f., 63, 152, 180, 186–188, 264, 297 f., 313–316, 320–327, 330 f., 333–337, 343, 345, 354
Gaiser, Konrad 148, 152, 156, 197 f., 201 f., 208, 235, 257 f.
Gallop, David 8, 17, 63 f., 69, 73, 79, 81 f.
Geach, Peter 182
Geiszler, Aloys 4 f.
Gerson, Lloyd P. 119
Gertz, Sebastian 78
Giannantoni, Gabriele 29, 41
Gifford, Mark 287
Gigon, Olof 8
Gill, Chistopher 45, 165, 210, 214, 220, 225, 313
Gkatzaras, Thanassis 175
Gloy, Karen 229
Goethe, Johann Wolfgang 300, 307 f., 313
Goldschmidt, Victor 129
Gómez-Lobo, Alfonso 30, 45
Gonzalez, Francisco J. 63, 92, 182, 225
Goodrich, Samuel G. 59
Gosling, Justin Cyril Bertrand 8, 14, 108, 123, 186
Gould, John 9, 22
Graeser, Andreas 18, 230, 265 f.
Gramsci, Antonio 195
Greene, William Chase 59
Griswold, Charles L., Jr. 27, 147, 163–165, 197, 211
Grondin, Jean 188, 315, 321 f., 324, 326, 334
Grote, George 209
Grube, George Maximilian Antony 58, 62, 82, 86, 145, 205
Grünwald, Eugen 81
Gulley, Norman 43
Guthrie, William Keith Chambers 8, 14, 207

Hackforth, Reginald 14, 59, 63, 69, 175, 186
Halfwassen, Jens 117, 120, 125, 131 f.
Hardie, William Francis Ross 184
Hare, Richard M. 35
Harte, Verity 185 f.
Hartmann, Nicolai 19, 337
Hartung, Gerald 249
Hathaway, Ronald F. 251

Heidegger, Martin 295, 315–322, 324, 326–328, 335, 337, 339, 343, 345, 354
Heidemann, Julius 295 f.
Heitsch, Ernst 162, 257 f.
Herbart, Johann Friedrich 119
Hermann, Karl Friedrich 116, 118
Herwerden, Henricus van 97
Herzog, Reinhart 245
Hesse, Hermann 319, 354
Hiestand, Max 33, 42
Hirzel, Rudolf 274
Hobbs, Angie 87
Höffe, Otfried 233, 289
Hübner, Johannes 287
Hume, David 11, 20, 285
Hunter, Richard 4
Huss, Bernhard 168
Husserl, Edmund 322

Ibsen, Henrik 329
Ichikawa, Jonathan 244
Irwin, Terence Henry 18, 43, 47, 95 f., 108, 123, 184
Isnardi Parente, Margherita 128, 177, 182, 257 f., 264, 268, 296

Jaeger, Werner 30, 101, 118, 133, 151, 159, 195, 252, 279, 314 f., 332
Jäsche, Gottlob Benjamin 304
Jatakari, Tuija 199
Joseph, Horace William Brindley 108, 123, 304
Jowett, Benjamin 55, 62, 192, 205

Kahn, Charles 14, 29 f., 32, 46 f., 67, 78, 81, 165, 197, 206, 210 f., 215 f., 218 f., 221, 226 f., 229, 231, 241, 245, 248, 252 f.
Kamlah, Wilhelm 217
Kamtekar, Rachana 37
Kanayama, Yasuhira Y. 58 f., 62 f., 66, 81 f.
Kant, Immanuel 24, 38, 55, 76, 79, 102, 107, 146, 169, 252, 255, 295–308, 317, 331, 337 f., 353
Kapp, Ernst 207
Kelsen, Hans 26, 209
Klein, Angela 304
Klein, Jacob 35

Kleuker, Johann Friedrich   120, 130
Kleve, Knut   85
Knab, Rainer   182, 296, 310
Kobusch, Theo   251
Kock, Theodor   97
Krämer, Hans Joachim   19, 28, 108, 117, 120, 123, 126, 131f., 136f., 140, 148f., 151f., 155–157, 161f., 164, 181, 183, 187, 191, 198, 202, 205, 207, 209, 212, 216, 220, 231, 233, 235–237, 242, 252, 257–261, 263, 267f., 270f., 275, 284, 334
Kranz, Margarita   202
Kraus, Manfred   91
Kraut, Richard   221
Kreienbrink, Ingegrete   303
Kühn, Manfred   300
Kühner, Raphael   150
Kutschera, Franz von   137

La Rochefoucauld, François de   10
Lafrance, Yvon   93, 117f., 120, 140, 155, 179, 207, 323, 325
Lakmann, Marie-Luise   297
Laks, André   191, 245, 248
Lange, Friedrich Albert   151, 169
Leaman, George   319, 335
Ledger, Gerard R.   201f., 216
Lee, Edward Nicholls   228, 231
Leibniz, Gottfried Wilhelm   28, 67, 240, 255, 285, 348
Lesher, James H.   44f., 55, 178
Lewis, Frank A.   289f.
Lisi, Francisco L.   93
Lloyd, Antony C.   127
Long, A. A.   78, 82
Lorenz, Hendrik   98
Loriaux, Robert   62
Lotze, Hermann   118
Luther, Wilhelm   157

Maier, Heinrich   12, 30
Malcolm, John   126f., 142
Martens, Ekkehard   33
Martin, Bernd   321
Martinelli Tempesta, Stefano   58f., 82
Mazzarelli, Claudio   206
McCabe, Mary Margaret Anne   218, 221, 230

Meinwald, Constance C.   217, 221, 230
Metry, Alain   132
Migliori, Maurizio   186f., 216f.
Mignucci, Mario   230
Miller, Mitchell H., Jr.   200, 203f., 212, 214
Miranda Nogueira Coelho, Maria Cecília de   1
Mollowitz, Gerhard   296
Momigliano, Arnaldo   8
Moore, George Edward   38, 209
Moreau, Joseph   74
Morris, Michael   96
Morrison, Donald   214, 275, 279, 293
Moss, Jessica   100
Mulhern, John J.   131
Murdoch, Iris   50, 110
Murphy, Neville R.   59, 62f., 65

Natali, Carlo   316f., 323, 327f.
Natorp, Paul   8, 62, 65, 151, 271f., 297, 335, 337, 345
Nehamas, Alexander   87f.
Neschke, Ada   177, 249
Neschke-Hentschke, Ada   140, 295
Nietzsche, Friedrich   74, 295, 315
Nortmann, Ulrich   278

O'Brien, Denis   74
O'Meara, Dominic J.   110, 127, 239, 255
Otto, Rudolf   119, 295
Owen, G.E.L.   210, 216, 218, 273
Owens, Joseph   216, 289

Pakaluk, Michael   73, 75
Patt, Walter   295f.
Patzer, Andreas   32f.
Patzig, Günther   278f., 282, 292
Penner, Terry   24, 33, 42, 46, 86, 93, 96, 178, 192f., 325
Peterson, Sandra   176
Pétrement, Simone   25
Philippson, Robert   91
Plin, Frédéric   93
Popper, Karl   145, 209, 269
Pradeau, Jean-François   187
Press, Gerald Alan   131, 314, 335
Preus, Mary   61

Price, Anthony W.   86, 92, 96
Prichard, Harold Arthur   47 f., 95 f., 106
Prior, William J.   46, 254

Quine, Willard Van Orman   316

Radice, Roberto   47, 274
Rapp, Christof   293
Ratzinger, Joseph   119
Rawls, John   184, 189 f., 192, 248
Reale, Giovanni   28, 61 f., 76, 83, 108, 206 f., 214, 217, 226, 257, 292
Repici, Luciana   77
Richard, Marie-Dominique   202
Rickert, Heinrich   128
Riedweg, Christoph   89, 177, 290
Ritter, Constantin   12
Robin, Léon   66, 74, 165, 202, 216, 219, 235, 297
Robinson, Richard   57, 67, 108, 122, 131, 157, 188 f., 298 f., 314
Rose, Lynn E.   61, 132, 175
Ross, William David   30, 62, 66, 70 f., 148–150, 179, 216, 273, 278, 291, 297
Rossetti, Livio   32, 147, 165, 214
Rowe, Christopher   32–34, 46, 60 f., 63, 65, 67, 69, 73 f., 80, 86, 88 f., 93, 96, 123, 130, 192 f., 197, 325, 334
Runia, David T.   174, 182
Russell, Bertrand   78, 125
Ryle, Gilbert   29, 210, 218, 253

Santas, Gerasimos   8 f., 108
Santozki, Ulrike   296
Saunders, Trevor J.   171 f., 178, 190 f.
Sayre, Kenneth M.   149 f., 185
Scaltsas, Theodore   286
Scheler, Max   19, 128
Schelling, Friedrich Wilhelm Joseph   130
Schiller, Jerome   71, 307
Schlegel, Friedrich   129, 211, 251 f., 257
Schleiermacher, Friedrich Daniel Ernst   10, 34, 49, 54, 62, 82, 103, 116, 119 f., 123, 130, 140, 151, 154, 163, 179, 198, 211, 252, 257, 259, 261, 266, 270, 297 f., 311, 347

Schlosser, Johann Georg   295 f., 300–304, 306–308
Schmitz, Hermann   260
Schneeberger, Guido   319
Schofield, Malcolm   217, 219, 228, 231
Schopenhauer, Arthur   295
Schöpsdau, Klaus   247
Schröder, Margarete   210, 212
Schwaiger, Clemens   295 f.
Scolnicov, Samuel   188
Scott, Dominic   32, 58, 141
Sedley, David   70, 74, 76, 81 f., 175
Seel, Gerhard   93, 108, 180 f.
Seeskin, Kenneth   7, 12, 25, 28
Senger, Harro von   15
Sesonske, Alexander   8
Sharples, Robert W.   34
Sheffield, Frisbee C. C.   87 f.
Shelley, Cameron   130
Shields, Christopher   93, 108 f.
Shorey, Paul   66, 78, 129 f., 151, 252 f.
Sier, Kurt   90 f.
Skemp, Joseph Bright   206
Slings, Simon Roelof   3 f., 30, 87, 101, 120, 122
Smith, Nicholas D.   3, 92, 96, 101
Sonderegger, Erwin   275 f., 278, 284, 290
Souilhé, Joseph   204
Spinoza, Baruch de   139, 141, 145, 261, 263
Sprague, Rosamond Kent   253
Stalley, Richard   190
Stefanini, Luigi   43, 67, 130, 133 f., 217 f., 229, 250, 253, 257, 269
Steinthal, Hermann   135, 212, 225, 235–237, 310
Steup, Matthias   244
Stokes, Michael C.   8
Stover, Justin A.   250
Strycker, Émile de   30, 101, 117 f., 120
Stumpf, Carl   118–120
Sullivan, John P.   8, 14
Svavarsson, Svavar Hrafn   81
Szlezák, Thomas Alexander   73, 93, 103, 108, 128 f., 132, 135, 150 f., 157, 162 f., 165, 180, 187, 200, 208, 214, 220, 225, 235, 245, 251 f., 267, 296, 304, 323, 325

Tarrant, Harold   82, 139, 250 f.
Taylor, Alfred Edward   8, 18 f., 30, 73, 90, 133, 181, 223 f.
Taylor, Christopher C. W.   8, 14, 17
Teichmüller, Gustav   249
Tennemann, Wilhelm Gottlieb   251
Thanassas, Panagiotis   59, 63
Thesleff, Holger   32, 125, 139, 169, 174, 195, 198 f., 201 f., 214, 216
Tiedemann, Dietrich   119, 297
Tietzel, Heinrich   140
Tordesillas, Alonso de   2–4
Trabattoni, Franco   61, 134 f., 137
Trendelenburg, Friedrich Adolf   183, 186, 278, 314
Tricot, Jules   278
Tucholsky, K.   10
Tulli, Mauro   85, 260

Vallejo-Campos, Álvaro   87
Vegetti, Mario   49, 93, 106, 130, 242
Verdenius, Willem J.   69, 156, 163
Vlastos, Gregory   8, 15 f., 24, 32 f., 43 f., 46, 48 f., 59, 65 f., 96, 125, 136, 142, 151, 162, 168 f., 218 f., 230, 252, 310, 313, 328, 331
Vogel, Cornelia J. de   117, 120, 133, 148 f., 152 f., 155, 187, 202
Vogt, Katja   184, 186
Vries, Gerrit Jacob de   133, 163

Weber, Max   192
Wedin, Michael V.   286
Wehrli, Fritz   77
Weidemann, Hermann   278
Weil, Simone   103, 137, 151, 279, 284, 291
Weiss, Roslyn   96, 98
Wersinger, Anne-Gabrièle   146
Westerink, Leendert Gerrit   117, 180
Whittaker, John   121
Wichmann, Ottomar   295
Wiegand, Wilhelm   95, 112
Wieland, Wolfgang   8, 33, 42, 151, 158, 162
Wielen, Willem van der   148 f., 153, 209, 271
Wiggins, David   290
Wilamowitz-Moellendorff, Ulrich von   32, 174, 216
Williams, Donald C.   282 f., 285, 314, 353
Wippern, Jürgen   71 f., 152, 236
Wittgenstein, Ludwig   38, 64, 137
Wolf, Ursula   33
Wolfsdorf, David   33
Woodruff, Paul   44, 88
Woozley, Anthony Douglas   145

Zande, Johan van der   300
Zeller, Eduard   151, 289
Zeyl, Donald J.   175, 227
Zuckert, Catherine H.   334

www.ingramcontent.com/pod-product-compliance
Lightning Source LLC
Chambersburg PA
CBHW031844220426
43663CB00006B/495